FRANÇOIS-RENÉ DE CHATEAUBRIAND

[法]夏多布里昂 著 程依荣、管筱明、王南方、罗仁携 译

MÉMOIRES D'OUTRE-TOMBE

墓畔回忆录

卷一 | 我的青年时代，及士兵和旅人生涯
卷二 | 我的文学生涯

四川文艺出版社

目　录

前言 1

卷一

我的青年时代，及士兵和旅人生涯

篇章一

狼谷 7

我哥哥和我姐姐的诞生——我来到这个世界 18

普朗古埃——心愿——贡堡——我父亲为我制订的教育计划——拉维纳莆——吕西儿——库巴尔家的小姐们——我是个坏学生 20

我外婆和她妹妹在普朗古埃的生活——我舅舅德·贝德伯爵在蒙舒瓦——我的乳母还愿 25

热斯里尔——埃维娜·马贡——跟两个小水手打架 36

帕基埃的信——迪耶普——我受的教育之变化——布列塔尼之春——历史上的森林——海边的原野——海上落月 41

出发去贡堡——古堡风貌 44

篇章二

多尔中学——数学和语言——我惊人的记忆力......48

贡堡度假——外省古堡生活——封建习俗——贡堡镇的居民......51

第二次贡堡度假——孔蒂团——圣马洛营地——一座隐修院——剧场——我的两个姐姐结婚——重返中学——我的思想开始转变......54

喜鹊事件——在贡堡度过的第三个假期——江湖医生——重返中学......59

法兰西遭侵犯——游戏——德·夏多布里昂神父......63

头一次领圣体——我离开多尔中学......65

贡堡布道——雷恩中学——与热斯里尔重逢——莫罗——里莫艾朗——我的三姐结婚......68

我被送到布雷斯特参加见习军官的入学考试——布雷斯特港——我与热斯里尔重逢——拉佩鲁兹——我回到贡堡......72

篇章三

散步——贡堡幽灵......76

迪南中学——布鲁塞——我回到父母身边......78

贡堡的生活——日日夜夜......79

我的角塔......84

由孩子变成大人......85

吕西儿......86

缪斯最初的气息......87

吕西儿的手稿……………………………………………………88

在狼谷写下的最后几行字——披露我生命的奥秘……91

爱的幽灵……………………………………………………93

谵妄两年——工作与幻想…………………………………95

秋天的欢乐…………………………………………………97

咒语…………………………………………………………98

诱惑…………………………………………………………99

生病——我害怕和拒绝当教士——去印度的计划……101

在我出生的城市中小住——对拉维纳莆和我的悲伤童年的回忆——我被召回贡堡——同我父亲诀别——我进军队服役——告别贡堡………………………………………103

篇章四

柏林——波茨坦——腓特烈…………………………107

我哥哥——我的表兄莫罗——我姐姐德·法尔西伯爵夫人………………………………………………………111

上流社会的朱莉——晚餐——波默勒尔——德·夏特纳太太…………………………………………………114

康布雷——纳瓦尔团——拉马迪涅尔…………………116

我父亲去世………………………………………………118

怀念——我的父亲会赞扬我吗？………………………120

返回布列塔尼——在我大姐家小住——我哥哥召我到巴黎……122

我在巴黎的孤独生活……………………………………124

引荐凡尔赛宫——同国王去狩猎………………………129

路过布列塔尼——迪耶普军营——同吕西儿和朱莉一道

3

重返巴黎..134

德利尔·德·萨勒——弗兰——一个文人的生活.................137

文人画像..139

罗桑玻一家——德·马尔泽尔布先生——他对吕西儿的偏爱——
我的女精灵的出现和变化..144

篇章五

布列塔尼的早期政治活动——君主制度一瞥.................147

布列塔尼三级会议的形成——三级会议开会的情况..............151

国王在布列塔尼的收入——该省的地方收入——灶税事
件——我第一次参加政治集会——舞台.........................154

我母亲在圣马洛隐居...156

神职人员——圣马洛城郊...158

幽灵——病人..160

一七八九年布列塔尼三级会议——暴动——我的中学同学
圣里弗尔被杀害..162

一七八九年——从布列塔尼到巴黎之行——途中的骚
动——巴黎景象——内克被免职——凡尔赛——王室
家庭的欢乐——全面暴动——攻克巴士底狱.................165

攻陷巴士底狱对朝廷的影响——富隆和贝蒂埃的脑袋......169

召回内克先生——一七八九年八月四日的会议——十月
五日白天——国王被押回巴黎..171

制宪会议..173

米拉波..174

国民议会开会的情景——罗伯斯庇尔............................178

社会——巴黎剪影 180
在这一片喧嚣中我所做的事——我的孤独日子——莫内小姐——我同德·马尔泽尔布先生确定我的美洲之行计划——波拿巴和我，两个无名少尉——我在圣马洛登船启程——离开故土时我最后的思索 185

篇章六

楔子 191
横渡大西洋 196
弗朗西斯·塔洛奇——克里斯托弗·哥伦布——卡蒙斯 ... 202
亚速尔群岛——格拉西奥扎岛 204
海上游戏——圣皮埃尔岛 207
弗吉尼亚海岸——落日——危难——我来到美国——巴尔的摩——乘客分手——塔洛奇 213
费城——华盛顿将军 217
华盛顿和拿破仑之对比 220

篇章七

从费城到纽约和波士顿之行——麦肯齐 224
北河——女乘客的歌声——斯威夫特先生——前往尼亚加拉大瀑布——维奥莱先生 226
我一身野人打扮——狩猎——美洲獾和加拿大狐狸——麝鼠——会捉鱼的狗——昆虫——蒙卡尔姆和沃尔夫 ... 229
奥农达加湖畔露营——阿拉伯马——采摘植物——印第安妇女和奶牛 231

易洛魁人——奥农达加人酋长——韦利和弗朗克人——好客的礼仪——古希腊人 233

从奥农达加湖至杰纳西河之行——蜜蜂——开垦地——殷勤好客——床——中魔的响尾蛇 236

印第安人一家——森林之夜——离开这家人——尼亚加拉的野人——戈登上尉——耶路撒冷 238

尼亚加拉瀑布——响尾蛇——我在深渊边上跌倒 240

在一间棚屋里度过的十二天——野人风俗的变化——生和死——蒙田——游蛇之歌——一个印第安少女的哑剧,米拉的原形 243

离题的话——从前的加拿大——印第安民族——风尚的衰败——宗教所传播的真正文明;商业引进的虚假文明——猎人——代理商行——狩猎——混血儿或焦木头——公司之间的战争——印第安语的消亡 245

美洲的前法国属地——遗憾——过去的怪癖——弗朗西斯·科南哈的信 248

篇章八

原始的美洲——加拿大湖——印第安人的小船船队——天性的毁灭——坟墓之山谷——河流的命运 251

俄亥俄河 252

青春泉——穆斯高古热人和西蒙诺勒人——我们的营地 ... 256

两个佛罗里达女人——俄亥俄河畔的废墟 257

穆斯高古热小姐是什么人——国王在瓦雷纳被捕——我中断旅行返回欧洲 262

美国面临的危险 272
返回欧洲——海上遇险 276

篇章九

我到圣马洛看望母亲——革命的发展——我的婚姻 280
巴黎——旧友新朋——巴尔特莱米神父——圣昂热——剧场 285
巴黎面貌的变化——科尔得利俱乐部——马拉 287
回顾 289
立法会议——俱乐部 290
科尔得利俱乐部 291
演说者 292
马拉和他的朋友 293
丹东——卡米耶·德穆兰——法布尔·埃格兰蒂纳 295
德·马尔泽尔布先生对流亡的看法 298
我赌博而且输了——公共马车奇遇——罗兰夫人——巴雷斯在埃米塔热——七月十四日的第二次联盟节——流亡的准备工作 300
我同哥哥一起流亡——圣路易的遭遇——我们越过边境 304
布鲁塞尔——在德·布勒特伊男爵家晚餐——出发找勤王军——里瓦罗尔——路遇普鲁士军队——到达特里维 307
勤王军——古罗马圆形剧场——阿达拉——亨利四世的衣衬 311
士兵生活——旧法国军队的最后代表 314
开始围攻蒂永维尔——德·拉巴罗纳骑士 316
继续围城——反差——树林中的圣人——布汶战役——

巡逻——不期而遇——一颗炮弹和一枚炸弹的效果 319

营地市场 322

架枪休憩的夜晚——荷兰狗——对殉道者的怀念——我
在前哨阵地的伙伴——欧多尔——尤利西斯 325

越过摩泽尔河——战斗——聋哑女人莉芭——进
攻蒂永维尔 326

撤围——进入凡尔登——普鲁士病——撤退——天花 330

篇章十

阿登妇女 334

利涅王子的供应车——那慕尔妇女——我在布鲁塞尔找到
我哥哥——我们永别 337

奥斯坦德——渡海至泽西岛——我被丢弃在根西岛上——
驾驶员的妻子——泽西岛——我舅舅贝德和他的一家——
岛上景色——德·贝里公爵——死去的家人和朋友——衰
老的不幸——我到英国——和热斯里尔最后一次见面 340

文学基金——霍鲍尔的顶楼——我的健康恶化——就
诊——伦敦的流亡者们 347

佩尔迪埃——文学工作——我同安岗的交往——我们的
散步——威斯敏斯特教堂一夜 350

困境——出乎意料的援助——俯临公墓的住宅——新难
友——我们的快乐——我表兄德·布埃塔阿代 354

盛大的节日——四十埃居用光——新的困境——客饭
主教——在伦敦酒馆午餐——卡姆登的手稿 357

我在外省工作——我哥哥的死——我的家庭的不幸——两

个法国——安岗的信 ... 360

夏洛特 ... 365

返回伦敦 ... 369

不寻常的会见 ... 371

篇章十一

我的性格缺陷 ... 375

《革命论》——它的影响——诗人勒米埃尔的侄儿的来信 ... 378

封塔纳——克莱里 ... 384

一个旺代农民 ... 387

同封塔纳散步 ... 390

我母亲的死——回归宗教 ... 393

《基督教真谛》——德·帕那骑士的信 ... 396

我的舅舅德·贝德先生——他的长女 ... 399

篇章十二

题外话：英国文学——旧派的衰落——历史学家——诗人——政论家——莎士比亚 ... 401

题外话：旧小说——新小说——理查森——瓦尔特·司各特 ... 406

题外话：新诗——贝蒂 ... 408

题外话：拜伦勋爵 ... 410

英国——从里士满到格林威治——与佩尔迪埃同行——布雷汉——斯托——汉普顿·科特——牛津——爱顿学院——私人生活习俗；政治风尚——福克斯——伯克——乔治三世 ... 417

英国人的私生活 422

政治风尚 423

流亡者返回法国——普鲁士公使发给我一张假护照,我变成拉萨涅,瑞士纳夫夏泰尔邦人——伦敦德利勋爵之死——我的士兵和旅人生涯结束——我在加莱上岸 426

卷二
我的文学生涯

篇章十三

迪耶普小住——两个社交圈子 431

我的《回忆录》写到哪里了? 434

一八〇〇年——法兰西的面貌——我到达巴黎 435

一八〇〇年——我在巴黎的生活 438

社会的变化 439

我经历的一八〇一年——《信使报》——《阿达拉》 441

我经历的一八〇一年——德·博蒙夫人:她的社交圈子 ... 446

我经历的一八〇一年——萨维尼的夏天 452

我经历的一八〇二年——塔尔玛 455

我经历的一八〇二年和一八〇三年——《基督教真谛》——预言的失败——最后成功的原因 458

《基督教真谛》(续篇)——作品的缺点 463

10

篇章十四

我经历的一八〇二年和一八〇三年——城堡——德·居斯蒂纳夫人——德·圣马丹先生——德·乌代托夫人和圣朗贝尔 468

法国南方之行（一八〇二） 474

我经历的一八〇二年和一八〇三年——德·拉阿尔普先生：他的死 488

我经历的一八〇二年和一八〇三年——会见波拿巴 490

我经历的一八〇三年——我被任命为驻罗马大使馆一等秘书 492

我经历的一八〇三年——从巴黎到萨瓦省的阿尔卑斯山之行 494

从塞尼山到罗马——米兰和罗马 498

菲舍红衣主教的宫殿——我的工作 501

篇章十五

我经历的一八〇三年——德·博蒙夫人的手稿——德·科德夫人的信 504

德·博蒙夫人到罗马——我姐姐的信 510

德·克吕登纳夫人的信 513

德·博蒙夫人之死 514

葬礼 518

我经历的一八〇三年——谢诺多莱先生、封塔纳先生、内克先生和斯塔尔夫人的信 519

我经历的一八〇三年和一八〇四年——写《回忆录》的初衷——我被任命为驻瓦莱公使——离开罗马..........525

篇章十六

我经历的一八〇四年——瓦莱共和国——参观杜伊勒利宫——蒙莫朗西公馆——我听见被处死的当甘公爵控诉——我辞职..........531

当甘公爵之死..........537

我经历的一八〇四年..........545

于兰将军..........549

德·罗维戈公爵..........553

德·塔莱朗先生..........558

各人的责任..........561

波拿巴：他的诡辩和悔恨..........562

从这个故事应该得出的结论——当甘公爵的死引发的敌对情绪..........566

《信使报》的一篇文章——波拿巴生活的变化..........568

尚蒂伊的废弃..........570

篇章十七

我经历的一八〇四年——我搬到米罗梅尼尔街——韦纳伊——阿列克西·德·托克维尔——梅斯尼尔——梅齐——梅雷维尔..........573

德·库瓦斯兰夫人..........576

维希、奥弗涅和勃朗峰之行..........580

回里昂 585
访大查尔特勒修道院 587
德·科德夫人之死 589

篇章十八

我经历的一八〇五年和一八〇六年——我回到
巴黎——东方之行 598
在君士坦丁堡，我登上载运希腊朝圣者到叙利亚去的
船只 604
我从突尼斯取道西班牙回法国 614
我对这次出游的思考——于连之死 624
一八〇七年、一八〇八年、一八〇九年和一八一〇年——
一八〇七年《信使报》的一篇文章——我购买狼谷，并在
那里隐居 627
《殉道者》 632
阿尔芒·德·夏多布里昂 637
一八一一年、一八一二年、一八一三年、一八一四年——
发表《纪行》——博塞红衣主教的信——谢尼埃之死——
我被研究院接纳为院士——演说事件 642
十年大奖——《革命论》《纳切兹人》 660
我的文学生涯的终结 664

前言

> 像云雾，像船只，像阴影……①
>
> 《约伯记》

由于我无法预料我何时寿终正寝，由于在我这样的年纪余下的日子纯属恩赐之物或者毋宁说遭罪，所以我要做一些说明。

到今年九月四日，我就满七十八岁：现在是离开这个舍我而去，而且我并不留恋的世界的时候了。

以这篇前言开始的《回忆录》，按照我的生涯的自然划分而划分。

令我时时感到窘迫的可悲的需要，迫使我卖掉我的《回忆录》。无人知道，我因为被迫抵押我的坟墓承受了多少痛苦。但是，我这最后的牺牲应该归咎于我立下的誓言和我的行为的始终如一。出于一种也许是怯生生的眷念之情，我视这部《回忆录》为我的密友，我不愿意同它分开。我的意图是将它留给德·夏多布里昂夫人：她可以按她的意愿将它发表

---

① 三句分别引自《圣经·约伯记》的第七章第九节、第九章第二十六节、第十四章第二节。故此处主语可有多解，但基本都指向逝去的事物。

或毁掉，今天我这个愿望比任何时候更加强烈。

啊！如果我在离开人世之前，能够找到一个相当富裕、相当有信心的人，将"公司"①的股份赎回，而且不必在我的丧钟刚刚敲响时就将作品付印，那该是多么好呀！有几位股东是我的朋友；好几位是千方百计帮助我的热心人；但是，股份最终也许会卖掉，转让给我不认识的第三者，而他们的家庭利益必定是优先考虑的事情；对于这些人，自然，我的长寿至少是一个损失，如果不是一件令人讨厌的事情的话。总之，要是我还能够支配这部《回忆录》的话，我兴许会将手稿保留而不发表，或者将它的发表时间推迟五十年。

这部《回忆录》是在不同时间、不同地点写成的。因此，我不得不加进一些楔子，描绘我所处的地点，以及故事衔接时支配我的感情。这样，我的不断变化的生活方式相互交错：在我显赫的时候，我会谈到我穷愁潦倒时的困窘；在我的苦难岁月里，我会重温我的幸福时光。我的青春岁月渗透到我的暮年之中，我成熟之年的庄重使我的轻浮岁月变得阴郁，我的太阳的光辉，从日出到日落，互相辉映，互相混杂，使我的叙述显得有点混乱，或者说，有一种无法形容的统一。我的摇篮中有我的坟墓，我的坟墓中有我的摇篮；我的痛苦变成快乐，我的快乐变成痛苦，而且在读完这部《回忆录》之后，我弄不清它究竟是一位棕发人还是一位白发人的故事。

我不知道，人们对这种我无法补救的混杂，会感到满意还是不满意。它是我的变化无常的命运的果实：作为写字台，暴风雨常常只给我留下我在海上遇难时的礁石。

人们催促我在有生之年就发表这部《回忆录》的某些章节，但我宁

---

① 一八三六年八月二十一日成立了"《墓畔回忆录》主权公司"，购买夏多布里昂这部计划完成的作品，并立即付给作者十五万六千法郎，还答应每年另外再付给作者一万二千法郎。

愿躺在我的棺材里说话；那样，我的叙述会伴随那些具有某种神圣色彩的声音，因为它们是从棺材底发出的。如果说我在这个世界经受了太多的痛苦，在另一个世界应该变成一个幸福的亡灵，从香榭丽舍透露出来的光线将在我最后的图画上散布光辉，保护它们：生命于我是不适合的；死亡于我也许更加相宜。

这部《回忆录》是我的偏爱之物：圣博纳旺蒂尔得到上天允许，死后继续写他的回忆录；我不敢奢望得到这样的恩惠，但是我希望变成鬼魂之后能够复活，至少能够改改清样。此外，当永恒用它的双手塞住我的耳朵的时候，在灰尘弥漫的聋人家庭里，我将听不见任何人讲话。

如果说在这本书里面，有哪一部分比其他部分更加令我怀念的话，那就是关于我的青少年时代的那部分，即我一生中最不为人所知的角落。在那里，我唤醒了一个只有我才知道的世界；在这个已经逝去的社会中漫游时，我只碰见往事和沉默；在我认识的人当中，今天还有多少人活着呢？

一八二八年八月二十五日，圣马洛城的居民就重修海塘一事，通过他们的市长给我写信。我赶忙回信；同时，作为对我的善意的交换，我恳求在格朗贝岛①上让给我几尺土地，作为我的葬身之所。此事由于工兵部队的反对，遇到一些困难。我于一八三一年十月二十七日终于收到市长奥维于斯先生的信。他对我说："你希望得到的海边的休憩之地，将由圣马洛居民怀着晚辈的敬爱之心准备妥当。可是，在此事的操劳之中，夹杂着忧伤的情绪。啊！但愿这个墓地长期空置着！然而，在人世所有东西都要逝去之后，名誉和光荣会长存。"我怀着感激的心情引用奥维于斯先生的这些美好的话：只有"光荣"这个词是多余的。

这样，我会在我如此喜爱的大海边长眠。如果我死在法国以外的地

---

① 格朗贝（Grand-Bé）：圣马洛城下海边的小岛，退潮时有路与陆地相连。

方，我希望我的遗体在第一次下葬之后五十年才运回我的祖国。但愿我的遗骸不要受到剖尸检查的亵渎；希望人们不要劳神，到我冰凉的脑袋和我停止跳动的心脏里寻找我的生命的奥秘。死亡丝毫不能揭示生命的秘密。乘坐驿车奔跑的尸体令我厌恶；轻盈的白骨运送起来方便得多：比诸让它们载负我的烦恼到处奔波，它们在这最后的旅行中不会那么劳顿。

一八四六年四月十四日脱稿于巴黎
一八四六年七月二十八日修改

卷一
我的青年时代,及士兵和旅人生涯

篇章一

狼谷

四年前，我从圣地回来①时，在离索克斯和夏特努不远的奥尔内村附近，买了果农的一栋房子，房子藏匿在树木繁茂的山林里。房屋四周高低不平的沙质地是一片荒弃的果园，果园尽头是一条小溪和一排矮栗树。我觉得这狭小的空间适于寄托我长久以来的梦想：spatio brevi spem longam reseces②。我在那里种下的树正在成长。它们现在还很矮小，我站在它们和太阳之间，可以荫蔽它们。一天，它们将偿还我的荫蔽，像我呵护它们的青春一样，护佑我的迟暮之年。这些树是我尽可能从我浪游过的各个地方挑选而来的：它们让我想起我的历次旅行，而且在我心灵深处孕育其他幻想。

如果有一天波旁家族重新登上宝座，作为对我的忠诚的报偿，我只

---

① 指巴勒斯坦。
② 拉丁文，贺拉斯的诗句，意思是："我们的生命如此短促，你不要抱长久的希望吧。"

要求他们让我变得富有，使我有能力买下这座房屋周边一带的树木，使其成为我的遗产的一部分。于是我萌生了野心，想将我的散步场所扩大几亩地：虽然我是一个到处奔走的骑士，但我有修道士的深居简出的爱好。从我搬进这座僻静的居所以来，我出门不过三次。待我的松树、我的杉树、我的落叶松、我的柏树长大，狼谷就会变成一座真正的查尔特勒修道院。当伏尔泰一六九四年二月二十日①在夏特内出生的时候，《基督教真谛》的作者一八〇七年选作隐居地的山丘是个什么模样呢？

我喜欢这块地方。对于我，它取代我父亲的田野。我用我的幻想和熬夜的产品支付它；依靠《阿达拉》的辽阔的蛮荒之地，我才有这小小的奥尔内蛮荒之地；而且为了给自己营造这片隐居地，我没有像美洲殖民者那样掠夺佛罗里达的印第安人。我对我的树木一往情深；我向它们奉献哀歌、十四行诗、颂歌。它们当中的每一棵都接受过我亲手的照料，我在它们根部都除过虫，我在它们叶子上都捉过毛虫。我对待每棵树都像对待我的孩子，给每棵都取了名字：这就是我的家，我唯一的家，我希望死在我的亲人身边。

在这里，我写了《殉道者》《阿邦塞拉奇末代王孙的奇遇》《从巴黎到耶路撒冷纪行》和《莫伊兹》；今天，在这秋夜里，我要做什么呢？一八一一年十月四日，我的生日和我进入耶路撒冷的周年纪念日②，我要开始撰写我一生的故事。那位今天将世界帝国送给法国的人，目的只是为了践踏法兰西。我钦佩他的天才，但我痛恨他的专制，此人将他的专横当作另一种孤独将我团团围住。但是，如果他压制现在，过去就会同他对抗，关于一切发生在他的飞黄腾达之前的事情，是与我毫无关系的。

---

① 实际上，伏尔泰一六九四年十一月二十一日出生于巴黎。
② 十月四日是圣弗朗索瓦·达西兹（François d'Assise）的节日，而夏多布里昂是一八〇六年十月四日进入耶路撒冷的。

我的感情大多埋藏在我心灵深处，或者体现在我的作品中虚构的人物身上。今天，当我仍然留恋我的空想但不再刻意追求它们的时候，我愿意重新攀登我的美丽年华的山坡：这部《回忆录》是在我的往事照耀下，为死神修建的圣殿。

由于我父亲的出身和他早年处境的艰难，造成他极为阴郁的性格。而他这种性格除了让幼年的我胆战心惊之外，还影响我的思想，使我在青春时代忧郁感伤，而且决定了我接受教育的方式。

我生来是贵族。按照我的说法，我利用了我的摇篮的偶然性。我保留这种属于丧钟已经敲响的贵族的对自由的坚定爱好。贵族经历了三个连续的时期：优越时期、特权时期、虚荣时期。它从第一时期走出之后，堕入第二时期，而毁灭于第三时期。

如果想对我的家族进行调查，可以通过查阅莫雷里编写的词典，阿尔让特雷、堂洛比诺、堂莫里斯撰写的几种布列塔尼史，迪帕兹编的《若干布列塔尼著名家族谱系史》《图森·圣吕克》《独眼龙》，以及昂塞尔姆撰写的《王国著名军官史》等书。

我的血统证明是由榭兰出具的；那时我姐姐吕西儿希望成为领教俸的修女，申请加入阿尔让蒂埃尔教士会，需要这个证明；后来，吕西儿又从那个教士会转到勒米尔蒙教士会。为了将我引荐给路易十六，为了让我加入马耳他修会，一直到我哥哥被引荐给同一个不幸的路易十六，我们都复制了这些证明。

我的姓最初写成布里恩，后来由于法语拼写的影响，改成布里昂。纪尧姆·勒布雷东的绰号是卡斯特伦-布里阿尼。在法国，任何姓氏都有不同的拼写方法。盖克兰怎么拼写呀？

大约在十一世纪初，布里恩家族用他们的姓氏给布列塔尼一座巍峨的城堡命名，而这座城堡变成夏多布里昂男爵领地的核心。夏多布里昂家族的纹章开始时是松果，连同下面的题铭："我播种黄金"。若弗鲁瓦·德·夏多布里昂男爵同圣路易一道去圣地。他在马叟尔战役中当了俘虏；他归来时，他妻子西比伊看到久别重逢的丈夫，惊喜欲绝。圣路易为了奖赏他，授给他和他的继承人一个撒满金百合花的盾形纹章，有贝雷隐修院的文件集为证：Cui et ejus haeredibus, sanctus Ludovicus tum Francorum rex, propter ejus probitatem in armis, flores lilii auri, loco pomorum pini auri, contulit.[①]

从最初开始，夏多布里昂家族就分为三支：第一支称为夏多布里昂男爵，是其他两支的始祖，在一○○○年以名为蒂埃尔讷的人开始；他是布里恩的儿子，阿兰三世的孙子，布列塔尼伯爵或领主；第二支称作"巴里都岩石老爷"或"昂热狮老爷"；第三支的称号是"博福尔老爷"。

当博福尔老爷这一支传到名为达姆勒内的人绝嗣时，这个谱系的旁支克里斯托夫二世取得莫尔比昂省盖朗德地区的部分土地。在十七世纪中叶，贵族的等级情况十分混乱，称号和姓氏被人僭越滥用。路易十四下令进行调查，以便恢复每个贵族应得的权利。根据为整顿布列塔尼贵族而在雷恩成立的法庭的判决，克里斯托夫因为能够提供祖先的贵族身份的证据，得以保持他的称号和纹章的享有权。这个判决是一六六九年九月十六日宣布的，内容如下：

> 根据国王（路易十四）为整顿布列塔尼省贵族而成立的法庭，一六六九年九月十六日宣布判决如下：王上的总检察长宣布，克里斯托夫·德·夏多布里昂，盖兰德的领主，出身于历史悠久的高贵血统，荣获骑士称号，并保持继续使用撒满无数金百合花的盾形纹章的权利，此判决是在他出示他的祖先的爵位的原始证书之后确定的……判决签署人：马莱斯克。

[①] 拉丁文："法国人之王圣路易，为了奖赏他的战功，授给他和他的继承人一个撒满金百合花的盾形纹章，取代金松果。"

此判决书证明，盖兰德的克里斯托夫·德·夏多布里昂是博福尔的领主夏多布里昂的直系后裔：根据历史文件，博福尔领主同头一批夏多布里昂男爵有亲缘关系。维尔纳韦、普莱西和贡堡的夏多布里昂，同盖兰德的夏多布里昂是兄弟关系，正如米歇尔的弟弟阿莫里的血统所证实的；而这位米歇尔是一六六九年九月十六日的判决书所讲的克里斯托夫的儿子。

在我被引荐给路易十六之后，我哥哥考虑通过让我获得某些被称为"普通权利"的权利，增加我作为幼子应该得到的财产。由于我是在俗的，又是军人，所以只有一个办法，那就是让我进入马耳他修会。我哥哥将有关证据寄到马耳他，随后他想以我的名义，在普瓦提埃召开的阿吉太纳大隐修院教士会议上提出申请，目的是让会议任命一个委员会成员，做出紧急决定。那时，蓬图瓦先生是隐修院的档案保管员、马耳他修会的副主事和系谱学家。

教士会议的主席是路易-约瑟夫·德·埃斯克太、大法官、阿吉太纳大隐修院长，和他在一起的还有弗雷斯龙大法官、洛朗西骑士、米拉骑士、朗雅梅骑士、布尔多内-蒙吕克骑士、布埃蒂埃骑士。一七八九年九月九日、十日和十一日，申请被接受。按照会议备忘录关于接受我的申请的用词，我"有不止一个理由"应该获得我恳求得到的恩惠，"经过慎重考虑"认为我的要求应该得到满足。

而这一切发生在夺取巴士底狱之后，在一七八九年十月六日事件和王室一家被递解回巴黎的前夜！而且这一年（一七八九年）八月七日召开的国民议会的会议上，已经废除了贵族称号！我只是一名卑微的陆军少尉，默默无闻，毫无影响，没有人庇护，没有财富，可是那些骑士和负责对我的证据进行审查的官员，怎么会觉得我"有不止一个理由"，应该获得我要求的恩惠呢？

我哥哥的长子（我于一八三一年将这一段加进一八一一年的初稿），

路易·德·夏多布里昂伯爵，娶奥格朗德小姐为妻，养了五个女儿和一个儿子，儿子名叫若弗鲁瓦。克里斯蒂昂，路易的弟弟，德·马尔泽布尔先生的曾孙和教子，外貌很像他哥哥，一八二三年他作为卫队龙骑兵上尉在西班牙服役，功勋卓著。后来，他在罗马加入耶稣会。随着人世的孤独渐渐消失，耶稣会会士来填补空缺。不久前，克里斯蒂昂死在都灵附近的基耶里。我又老又病，本来应该先走，但是由于他的德行，他被先召进天国，而我还要留下来为众多的过错哭泣。

在瓜分祖业时，克里斯蒂昂得到马尔泽布尔的土地，而路易得到贡堡的土地。克里斯蒂昂认为对等分配是不合法的，所以在离开人世时，放弃了那些不属于他的产业，并且将它们还给他哥哥。

凭我的贵族头衔，如果我像我父亲和我哥哥那样自命不凡的话，我可以认为自己是阿兰三世的孙子蒂埃纳的后代，布列塔尼公爵的弟弟。

上面这些夏多布里昂家族成员的血液两次同英国君主的血液混杂，若弗鲁瓦五世·德·夏多布里昂再婚时，娶安茹伯爵和亨利一世的女儿、安儒伯爵和马蒂尔德的孙女阿涅斯·德·拉瓦勒为妻；玛格丽特·德·吕济尼昂，英国国王的遗孀和胖路易的孙女，嫁给第十二位夏多布里昂男爵若弗鲁瓦五世。在西班牙王族里面，找得到第九位夏多布里昂男爵的弟弟布里昂，他同阿拉贡国王阿尔方斯的女儿结合。至于说法国的大家族，爱德华·德·罗昂娶玛格丽特·德·夏多布里昂为妻应该是可信的。据说，三十年战争的胜利者坦特尼克和王室总管盖克兰，同我们家族的三个分支均有联姻。蒂费纳·杜·盖克兰，贝特朗修士的孙女，将普莱西-贝特朗的产业让给它的表兄和继承人布里昂·德·夏多布里昂。在一些条约中，夏多布里昂家族常常被指定为和平的保证人，向法国国王、克利松、维特雷男爵提供担保。布列塔尼公爵将他们的会议文件寄给夏多布里昂家族。夏多布里昂家族的成员变成宫廷大臣，在南特法庭成为"要人"。他们受命维护布列塔尼省的安全，防止英国人入侵。布里昂一世参加了黑斯廷斯战役：他是厄东·德·庞蒂埃伯爵的儿子。一三〇九年，居伊·德·夏多布里昂，接受阿尔蒂尔·德·布列塔尼指派，随同他儿子出使罗马教廷，他是随行贵族之一。

如果我要把我在上面仅仅简要叙述的东西详细讲完，那就会显得过于冗长。考虑到我的两个侄子，我终于痛下决心做那条注释，取代我在本文中省略的东西；他们对旧时的苦难，大概不会同我一样轻轻带过。可是，今天有些人也太过分了：现在时兴称自己属于那些任人奴役的人，以自己是耕田人的子弟为荣。这些富于哲学意味的声明是否也流露几分扬扬得意之情呢？这不是站在强者一边吗？现在的侯爵、伯爵、男爵既没有特权，也没有土地，其中四分之三的人饿得奄奄待毙，他们互相贬低，互相不承认，互相对对方的出身提出怀疑；这些连姓氏也不为人承认，或者虽然被承认但身份有待核实的贵族，他们还会令人恐惧吗？而且，我希望大家原谅我沦落到背诵这些幼稚的玩意的地步。我的意图是介绍我父亲头脑中占统治地位的感情，而这种感情是我青年时代悲剧的症结。至于我本人，对于旧社会或新社会，我既不抱怨，也不兴高采烈。在前一种社会里，我是德·夏多布里昂骑士或子爵，在后一种社会里，我是弗朗索瓦·德·夏多布里昂。我更喜欢我的姓名，而不是我的贵族称号。

我的父亲大人像一个中世纪的大地主，也许很乐意称上帝为"天上的贵族"，而称尼科戴姆（《福音书》中的尼科戴姆）[①]为"圣贵族"。现在，让我们从夏多布里昂男爵们的直系后代、盖兰德的封建老爷克里斯托夫开始，经过我的生父，一直数到弗朗索瓦——狼谷的我这个没有仆从、没有钱财的老爷吧。

回溯由三支组成的夏多布里昂谱系，前两支已经绝嗣了，第三支，

---

① 尼科戴姆（Nicodéme）：犹太显贵，古犹太法庭成员，暗中是耶稣的弟子。

即博福尔老爷那一支，由于其中一个分支（盖兰德的夏多布里昂）得以延续，但家境败落，那是国家法律的不可避免的后果：依照布列塔尼的风俗习惯，贵族家庭的长子拿走三分之二的遗产，剩下的三分之一再由剩下的弟弟们分配。随着弟弟们成婚，他们继承的微薄遗产很快分光用尽；由于他们的孩子也按照三比一的比例分配遗产，弟弟们的幼子很快只能够分到一间鸽舍、一只兔子、一个养鸭塘、一只猎狗，尽管如此他们仍然是拥有一间鸽舍、一块潮湿的洼地、一片养兔林的"高贵的骑士和权威的老爷"。我们看到，从前的贵族家庭里有大量幼子；在两三代人时间里，还能看到他们的踪迹，后来他们就无影无踪了；他们渐渐沦为以耕耘为生，或者被工人阶级吸收，而外人不知道他们的下落。

大约在十八世纪初，继承我的家族的姓氏和纹章的族长是阿列克西·德·夏多布里昂，盖兰德的领主，米歇尔的儿子；这位米歇尔有一个兄弟，名叫阿莫里。米歇尔是那位克里斯托夫的儿子，由于前面讲过的判决，博福尔老爷和夏多布里昂男爵的贵族出身得以保持。阿莫里·德·盖兰德是鳏夫；他酗酒成性，终日饮酒；他和他的女仆们鬼混，把家中最珍贵的证书拿来盖奶油罐。

除了这位代表家族姓氏和纹章的族长，同时活着的还有他的表兄弗朗索瓦、阿莫里的儿子、米歇尔的弟弟。弗朗索瓦生于一六八三年二月十九日，是图什和维尔纳韦的几座小庄园的主人。他于一七一三年八月二十七日娶德·朗日谷夫人佩特罗尼耶-克洛德·拉穆尔为妻，生了四个儿子：弗朗索瓦-亨利、勒内（我的父亲）、皮埃尔（普莱西的领主）和约瑟夫（帕尔克的领主）。我的祖父弗朗索瓦于一七二九年三月二十八日去世；我小时候还见过我祖母，她那时年事已高，但她还有一双微笑的眼睛。她丈夫去世时，她住在迪南附近的维尔纳韦庄园。我祖母的全部遗产不超过五千镑年金，而她的大儿子拿走三分之二，即三千三百三十三镑；剩下一千六百六十六镑由三个弟弟平分，而且长子对这笔钱有先取权。

更糟的是，她的几个儿子都是有个性的人，不听从她的安排：长子弗朗索瓦-亨利，得到维尔纳韦庄园这份丰厚的遗产，但他拒绝结婚，去当了神父。他本可利用他的姓氏寻求好处，并用这些好处来支持他的弟弟们；他由于骄傲和漫不经心，没有提出任何要求。他躲藏在乡下的教堂里，先后在圣马洛教区担任过圣罗纳克和梅蒂涅克的本堂神父。他热爱诗歌；我读过他的不少诗。这位贵族具有拉伯雷式的愉快性格，对缪斯女神的崇拜令人惊奇。他把他的一切都送给别人，死的时候一文不名。

我父亲的三弟约瑟夫去了巴黎，将自己关在一间图书馆里：家人每年将他作为幼子应得的四百一十六镑寄给他。他在书堆中度过他的一生；他从事历史研究。在他短暂的一生里，他每年元旦给他母亲写一封信，这是他活着的唯一迹象。奇特的命运呀！这就是我的两位叔叔：一位是学问家，一位是诗人。我哥哥写的诗很有韵味；我的大姐法尔西夫人有写诗的天才；我的另一个姐姐吕西儿伯爵夫人，享有教俸的修女，本来可以凭几篇美妙的文章闻名于世的。而我，涂写了许多纸张。我的哥哥死在断头台上，我的两个姐姐在监狱里挨了一段时间之后，同痛苦的生活告别；我的两位叔叔留下的钱不够买棺材；文学给我带来了欢乐和痛苦，而如果上帝肯帮忙，我有希望死在一间医院里。

为了将她的长子和她最小的儿子培养成人，我的祖母竭尽全力，无暇再照顾另外两个儿子：我父亲勒内和我叔叔皮埃尔。按照它的题铭，这个"播种黄金"的家庭，从它的乡村别墅，遥望着它创建的富丽堂皇的修道院，那里埋葬着他们的祖先。作为九个男爵领地的领主之一，这个家族主持过布列塔尼的三级会议，在君主们的条约上签过字，充当过克里松①的担保人,可是它几乎无法为它的姓氏的继承人取得少尉军衔。

对于穷困的布列塔尼贵族,还有一个出路:皇家海军。家人曾经试图让我父亲走这条路。但是,必须首先到布雷斯特去,在那里生活,付给教师报酬,买制服、武器、数学器材,哪里去找这么多钱呢?虽然向海军部提出了申请,但由于没有后台的催促,始终收不到证书,维尔纳韦城堡的女主人焦虑得病倒了。

那时,我父亲表现了坚强的性格——这我是了解的。他那时大约十五岁,发现他母亲惴惴不安,于是走到母亲病榻旁边,对她说:"我不想成为你的负担。"听见这句话,我祖母哭起来(我无数次听我父亲讲述这个场面),说:"勒内,你想干什么呢?好好耕田吧。""种田不能够养活我们,让我走吧。""好吧,"祖母说,"到上帝希望你去的地方吧。"她哭着拥抱孩子。当晚,我父亲就离开母亲住的庄园,到达迪南;那里的一位亲戚给他在圣马洛的朋友写了一封推荐信。这个孤独的冒险者,登上一艘武装的双桅纵帆帆船;几天后,这艘船就扬帆启航了。

那时,小小的圣马洛城独自在海上维护法国国旗的荣誉。双桅纵帆帆船同红衣主教弗洛里派出的舰队汇合,去救援被俄国人围困在但泽的斯坦尼斯拉斯②。我父亲登岸参加战斗。在那场著名的战斗里,由勇敢的布列塔尼人布雷昂·德·普莱洛伯爵率领的一千五百名法国人,一七三四年五月二十九日同由慕尼黑指挥的四万莫斯科人展开激战。德·普莱洛,这位外交家、军人和诗人,被打死,而我父亲两次受伤。他乘船返回法国。他在西班牙海岸附近沉船落水,在加利西亚受到强盗袭击,被劫掠一空。他的勇气和他的纪律性使他小有名声。他到海岛上去,在殖民地发了财,为他的家庭的重新兴旺发达奠定了基础。我祖母

---

① 克里松(Clisson,一三三六——一四〇七):法国陆军统帅,曾站在法国国王一边同英国人作战。
② 斯坦尼斯拉斯(Stanislas,一〇三〇——一〇七九):波兰殉道者。

将她的小儿子皮埃尔·德·夏多布里昂托付给勒内；而皮埃尔的儿子阿尔芒·德·夏多布里昂，在一八一〇年耶稣受难日那天，被波拿巴下令枪毙。他是为君主制度献身的最后的法国贵族之一。我父亲负担起他弟弟的生活，虽然他由于长期受苦受难，养成了严厉的性格，而且终生不变。"Non ignara mali"[①] 并非永远符合事实的：厄运有它的严酷，也有它的温情。

德·夏多布里昂先生高大而干瘦；他有一个鹰嘴形的鼻子，薄而苍白的嘴唇，蓝绿色或青绿色深凹的小眼睛，好像狮子或古代蛮人的眼睛。我从未见过这样的目光：当他发脾气的时候，闪闪发光的眼珠仿佛要蹦出，像子弹一般朝你射过来。

我父亲身上唯有一种感情占统治地位，那就是对他的姓氏的感情。他通常的状态是深刻的忧郁和沉默；他的忧郁随着年岁增加而加深，仅仅在发怒的时候他才会打破沉默。他因为希望恢复家庭从前的辉煌而吝啬，在布列塔尼三级会议上对其他绅士态度倨傲，在贡堡对仆役们态度严厉，在家中他沉默寡言、专横和气势汹汹，人们看见他的时候，心中感到恐惧。假若他能活到革命爆发，而且更年轻一些的话，他也许会扮演一个重要角色，或者在他的城堡里被人杀掉。他肯定是有才能的。我不怀疑，如果他担任政府或军队的首领，一定会是一个出色的人物。

他从美洲回来之后，考虑结婚。一七四八年九月二十三日，在他三十五岁时，他同阿波利内-让娜-苏珊·德·贝德结婚；后者出生于一七二六年四月七日，是布埃塔阿代的领主昂热-阿尼巴尔·德·贝德伯爵老爷的女儿。他们择居圣马洛，而他们各自的出生地离开这座城市都只有七八法里[②]，所以他们可以从他们的住宅遥望他们出生地上方的天空。我的外婆玛丽-安娜·德·拉夫内尔·德·布瓦太耶，德·贝德夫人，

[①] 古罗马诗人维吉尔的史诗《埃涅阿斯纪》中的诗句："并非不知道苦难"。
[②] 一法里约合四公里。

一六九八年十月十六日出生在勒恩，在曼特农夫人的最后岁月里，在圣西尔读书；她将她所接受的教育传给她的女儿们。

我母亲是一个很聪明、想象力特别丰富的人，她在费奈隆、拉辛、塞维涅夫人的著作中吸取了营养，对路易十四宫廷的逸事很熟悉。她可以背诵整本《居鲁士》。阿波利内·德·贝德脸上棱角突出，矮小而其貌不扬；她优雅的举止，活跃的性格同我父亲的死板和沉默寡言形成反差。她喜欢交际而她丈夫喜欢孤独，她活跃热情而她丈夫呆板冷淡，她没有什么爱好不是与她丈夫的爱好相反的。由于她备感压抑，她从一个无忧无虑的小姐变成一个伤感的妇人。由于她想讲话的时候被迫沉默，她用叹息在表露在外的忧愁中获得补偿，而唯有她的叹息声打破我父亲的无言的忧愁。至于说宗教的虔诚，我母亲是一位天使。

一八一一年十月四日

我哥哥和我姐姐的诞生——我来到这个世界

我母亲在圣马洛生了第一个男孩。他取名为若弗鲁瓦，就像我的家族里的所有长子一样；他在襁褓时代死在摇篮里。跟随在他后面而来的，是另一个男孩和两个女孩，但他们都只活了几个月。

这四个孩子都死于脑出血。后来，我母亲生了第三个男孩，人们给他取名为让-巴蒂斯特；他后来成了德·马尔泽尔布[①]的孙女婿。在让-

---

[①] 马尔泽尔布（Malesherbes，一七二一—一七九四）：法国政治家，大革命中被处决。

巴蒂斯特之后，诞生了四个女儿：玛丽-安娜，贝尼涅，朱莉和吕西儿。这四个女孩都是出色的美人，但只有最大的两个在革命风暴之后还活着。美貌是一个无足轻重但又重要的东西，在其他无足轻重的东西消逝之后，它仍然存在。我是这十个孩子当中的最后一个。我的四个姐姐之所以能够降临人世，很可能是因为我父亲希望有第二个男孩，以保证他的姓氏能够流传下去。我抵抗着，我厌恶人生。

下面是我的领洗证书摘要：

一七八八年圣马洛镇户籍簿摘要

弗朗索瓦-勒内·德·夏多布里昂，勒内·德·夏多布里昂及其配偶阿波利内-让娜·苏珊·德·贝德之子，一七六八年九月四日出生，次日由我们——圣马洛的代理主教皮尔-亨利·努阿伊行洗礼。其兄让-巴蒂斯特为教父，弗朗索瓦兹-热尔特律德·德·孔塔德为教母，他们签了字，父亲亦签字。户籍簿签字人为：孔塔德·德·普鲁埃、让-巴蒂斯特·德·夏多布里昂、贝尼昂·德·夏多布里昂、代理主教努阿伊。

大家看得到，我在我的作品中弄错了：我的出生日期是十月四日，而不是九月四日；我的名字是弗朗索瓦-勒内，而不是弗朗索瓦-奥古斯特[①]。

我父母当时住的房屋位于圣马洛一条阴暗和狭窄的街道上，名为犹太人街。这座房子现在改成旅馆了。我母亲分娩的房间俯瞰通常空无一人的城墙；透过房间的窗口，可以望见一望无际的大海，海浪拍打着礁石。就像人们在我的户籍簿摘要中看到的，我的教父是我哥哥，教母是

[①] 在我出生之前二十天，一七六八年八月十五日，在法国另一端的另一座岛屿上，诞生了那位摧毁旧社会的人——波拿巴。（作者原注）

孔塔德元帅的女儿布吕埃伯爵夫人。我出生的时候奄奄一息。秋分时节的狂风掀起的巨浪怒吼着,让人听不到我的哭喊。以后,人们常常向我详细讲述当时的情景;他们的悲哀表情永远铭记在我心中。每当想到我当时生命垂危的情况,我就想起那块我出生的岩石①,想起我母亲让我蒙受生命之苦的房间,想起用怒吼摇晃我最初的睡眠的风暴,想起我的不幸的哥哥,是他将那个无时无刻不把我拖进苦难的姓名赐给我。上天似乎将这一切聚集在一起,让我的摇篮变成我的命运的缩影。

一八一一年十二月三十一日,于狼谷

普朗古埃——心愿——贡堡——我父亲为我制订的教育计划——拉维纳莆——吕西儿——库巴尔家的小姐们——我是个坏学生

我一出娘胎,就遭受第一次流放。父母把我送到普朗古埃去,那是一座位于迪南、圣马洛和朗贝尔之间的美丽村庄。我母亲的唯一的兄弟德·贝德伯爵在这座村庄附近建造了蒙舒瓦城堡。我母亲家的产业从城堡周围一直延伸到科尔瑟尔镇。我长期守寡的外祖母和她的妹妹布瓦太耶小姐住在和普朗古埃一桥之隔的小村庄里。那座村庄名叫修道院,因为村里有一座供奉纳扎雷特圣母的本笃会修道院。

我的奶妈没有奶水,另一位可怜的女基督徒给我喂奶。她祈求村庄

---

① 圣马洛城建立在大西洋边一块巨大的岩石之上。

的主保圣人纳扎雷特圣母保佑我，许诺我在七岁前为她穿白色和蓝色衣服。我出生刚几个小时，时间的重负已经标记在我脸上了。他们为什么不让我死掉呢？上帝的原则是让矢志卑微和纯洁的人保持生命，而那些追求虚荣的人则不一定做得到。

布列塔尼农妇的心愿今天是不合时宜的，但是，在孩子和上天之间设置一位圣母，并且让她分担人世的母亲的关怀，这毕竟是令人感动的事情。

三年之后，人们又将我带回圣马洛；我父亲七年前已经将贡堡的土地收回了。他想恢复祖先居住过的产业。他考虑无法通过谈判收回已经让给戈阿雍家族的博福尔庄园，落入孔代家族手中的夏多布里昂男爵领地也没有收回的希望，于是将目光转向贡堡。通过同科特康家族联姻，我的家族的好几个分支曾经占有这座城堡。贡堡地处布列塔尼抵抗诺曼底和英国入侵的必经之路，是由多尔主教任肯于一〇一二年建筑的；大塔建于一一〇〇年。迪拉元帅从他妻子马克洛微·德·科特康那里得到贡堡，而她母亲是夏多布里昂家族的后裔。元帅同我父亲达成协议。德·阿莱侯爵是皇家卫队骑兵掷弹手部队的军官；这位以骁勇著称的军官是科特康-夏多布里昂家族的最后继承人。以后，迪拉元帅作为我们的姻亲，将我哥哥和我引见给路易十六。

家人打算让我长大后为皇家海军效力。任何一位布列塔尼人生来都疏远宫廷，尤其我父亲。我们的三级会议中的贵族派头使他的这种感情变得更加强烈。

当我被送回圣马洛的时候，我父亲在贡堡，我哥哥在圣布里厄中学，我的四个姐姐生活在我母亲身边。

她将她的所有感情都倾注在她的长子身上；并非她不爱她的其他孩子，但是她对贡堡伯爵有一种盲目的偏爱。确实，我作为男孩，作为最年幼的孩子，作为"骑士"（人们这样叫我），同我的姐姐相比享有某些特权；但是，毕竟我是一个完全交由仆人照管的孩子。而且我母亲是一个聪明和品德高尚的人，她为社交活动和宗教义务操劳。德·普卢埃伯爵夫人，我的教母，是她的密友；她也常常同莫佩杜伊和特律布莱神父的亲戚见面。她喜欢政治、热闹和人多的地方，因为人们在圣马洛从事政治活动，就像萨巴的僧侣在塞德隆小山谷里一样热心[①]。她满怀热情地投入夏劳代事件。她把坏脾气、漫不经心、精打细算带到家中来，使我们看不见她的那些令人赞美的品德。她是讲究条理的，但她的孩子杂乱无章；她是慷慨的，但她显得吝啬；她有一颗温柔的心，但她动辄训斥人：我父亲令仆人生畏，我母亲令他们憎恶。

我双亲的性格决定了我一生的最初情感。我依恋照料我的女子。她是一位名叫拉维纳莆的杰出女性。当我写下她的名字的时候，我眼中噙着泪水，感激之情油然而生。拉维纳莆在家中担当类似总管的角色，她把我抱在怀里，偷偷地把她弄到的食物塞给我，为我擦眼泪，吻我，把我放在一个角落，随后又把我重新抱起来，嘴里不停地咕噜着："这孩子将来不会傲慢！他心地善良！他不会瞧不起穷人！瞧这孩子！"一边朝我嘴里灌葡萄酒，塞糖果。

我对拉维纳莆的幼稚的眷恋，很快被一种更加适合的友谊取代。

吕西儿是我的四姐，比我长两岁。她是这个家庭中最小的女儿，不受重视，她的衣服都是姐姐们穿过不要的。我们想象一下吧：一个瘦削的女孩，同她的年龄相比显得异常高大的身材，她举止笨拙，神情羞怯，讲话结结巴巴，什么东西也不会；让我们再给她穿上一件不合身的长袍，将她的胸脯裹在一件将她的两肋磨破的凸纹布上衣里，在她的脖子上套一个包棕色绒布的铁环，将她的头发挽在头顶，然后用一顶黑色无边女帽将她的头发罩住：这就是我回到家中时所看到的可怜的女孩，

[①]《圣经》故事，指最后审判时吹响号角之地。

她令我大吃一惊。谁都不会想到，在吕西儿羸弱的躯壳里面隐藏着才智，还有以后要显露出来的美貌。

她好像是送给我的一个玩具，但我丝毫不滥用我的权利。我成了她的保护人，而不是要求她对我唯命是从。每天上午，人们将我和她带到库巴尔家那两个穿黑衣裳的驼背姐妹那里。她们教我们朗读。吕西儿念得很糟糕，我念得更糟。她们骂她，我抓伤了驼背俩姐妹。结果，她们到我母亲那里去告状。我从此被人当作捣蛋鬼、反叛者、懒虫、蠢驴。这些看法逐渐被我父母接受。我父亲说，历来所有夏多布里昂骑士都是无赖，都是酒鬼，都是喜欢吵架的人。我母亲看见我那一身乱糟糟的礼服，叹口气，唠叨着。即使当我还是孩子的时候，父亲的言辞已经常常令我反感。当我母亲对我进行训诫，然后对我哥哥大加赞扬，称他为"英雄"的时候，我觉得自己真的准备破罐破摔，随时可能干那些人们认为我要干的一切坏事。

我的书法教师德普雷先生戴着海员的假发，同我父母一样对我不满意。他要求我根据他书写的样板，没完没了地抄写两行诗。结果我对这两行诗非常憎恶，原因倒不是诗中包含的语言错误：

> 我想对你说出我的想法：
> 你有一些我无法隐讳的缺点。[1]

伴随责骂的，还有他打在我脖子上的拳头。他称我为"阿肖克尔脑袋"[2]。是脓疱脑袋吗？我不懂"阿肖克尔脑袋"是什么意思，但我想那一定是个可怕的玩意儿。

圣马洛只是一块岩石。它从前耸立在盐田之中，由于海水涌入，变

---

[1] 布瓦洛的诗句。
[2] 在诺曼底地区，这种说法指不开窍的笨脑袋。

成海岛。由于海水冲击，一道海湾于七〇九年形成，使圣米歇尔山孤零零地屹立在波涛当中。今天，圣马洛只有一条堤道同陆地连接。这条堤道有一个诗意盎然的名字——"犁沟"。犁沟的一边被大海拍打着，另一边被改变方向而进入港内的潮水冲刷着。一七三〇年，一场暴风雨几乎将它完全毁坏。退潮的时候，港口是干涸的。而在大海东部和北部边缘，露出一片沙质细软的海滩。当年，我们可以环绕我祖先的岩上老屋漫步。附近和远处散布着礁石、堡垒、无人居住的小岛；皇家要塞、孔谢岛、塞章布勒岛和格朗贝岛。我的坟墓将建在后面这座小岛上。我在不知不觉之中做了最佳的选择：在布列塔尼语中，"贝"就是坟墓的意思。

在"犁沟"尽头，竖立着一个耶稣受难十字架，那里是一座面临大海的沙丘。沙丘的名字叫奥盖特。山丘顶竖立着一座古老的绞架；我们在绞架的支柱间玩抢四角游戏，我们同海边的鸟争夺场地。然而，我们在那里逗留时是不无恐惧的。

那里也是放牧羊群的几座小丘的结合点；右边是巴拉美下面的草场、圣-塞尔旺的驿道、新坟场、一个耶稣受难十字架和山丘顶的磨坊，和艾莱斯朋托斯[①]入口处阿希尔的坟丘上耸立的耶稣受难十字架和磨坊一样。

一八一二年一月，于狼谷

[①] 今天的达达尼尔海峡。

我外婆和她妹妹在普朗古埃的生活——我舅舅德·贝德伯爵在蒙舒瓦——我的乳母还愿

我快七岁了，我母亲把我带到普朗古埃，还我乳母许下的愿。我们在外婆家住下来。如果说我见识过幸福的话，那就是在这座房子里。

我外婆住在修道院村一条街上，屋外的花园筑成平台往下延伸，一直到山谷底部，那里有一眼泉水，四周环绕着柳树。德·贝德夫人不能走动了，但除此之外，她并没有老年人的种种不便。她是一位可爱的老太太，白白胖胖，清清爽爽，神情高贵，举止优雅，穿着古式的百褶长裙，戴一顶系在颈下的花边黑帽。她思想充实，说话庄重，态度严肃。她妹妹布瓦太耶小姐照料她的饮食起居。她同她姐姐一样善良，这是她们唯一相同的地方。布瓦太耶小姐是一个矮小瘦削的女子，性格愉快，喜欢说话，喜欢嘲弄人。她曾经爱过德·特雷米贡伯爵，伯爵答应娶她，但是他后来违背了自己的诺言。我姨婆歌颂她失去的爱情，并且聊以自慰，因为她是诗人。我记得她常常戴着眼镜，一边给她姐姐绣长筒手套，一边用浓厚的鼻音哼一首寓言性质的歌。歌是这样开头的：

一头老鹰爱上了一只黄莺，

而且，人们说，黄莺也爱老鹰。

我一直认为，对于一头鹰，这是蛮奇怪的。歌是以下面的叠句结束的：

啊！特雷米贡，这寓言难以理解吗？

唉！唉！！

世界上有多少事情同我姨婆的爱情一样啊！唉！唉！

我外婆把家中的事都交给她妹妹料理。她早上十一点吃午饭，然后睡午觉；她一点醒来；仆人将她抬到花园平台底下，安置在泉水周围的柳树下；她在那里打毛线，儿子和孙子们围在四周。那个时候，年迈是一种尊严；而今天它成了一个负担。到四点，仆人又把她抬回客厅。仆人彼尔将牌桌整理妥当；布瓦太耶小姐用火钳敲敲壁炉的铁板；过一会儿，邻居家的三位老姑娘就走出家门，应召而来。这三位小姐姓维德纳，父亲是一位破落贵族。她们没有瓜分父亲留下的微薄遗产，而是共同享有。她们从来没有分开过，也从未离开过她们出生的村庄。她们从童年时代开始就是外婆的朋友，她们每天听见约定的信号就过来，同她们的朋友玩纸牌。游戏开始了，老太太们争吵着：这是她们生活中的唯一事件，是一天当中她们平静的心绪唯一被打乱的时刻。到八时，晚餐时间一到，平静恢复了。我舅舅贝德和他的儿子、三个女儿常常同外婆一起共进晚餐。餐桌上，外婆讲许多陈年旧事，而舅舅讲他参加过的丰特鲁瓦战役，他除了吹牛，还加上一些有点露骨的故事，让几位正派小姐笑得前仰后合。九点，晚餐结束，仆人进来收拾；大家跪下，布瓦太耶小姐高声念祈祷。到十点，除了外婆，整栋房子进入梦乡。外婆叫她的贴身女仆给她念书，一直到清晨一点。

这是我一生当中接触的头一个社交圈子，也是头一个在我眼前消逝的社交圈子。我看见死亡走进这个宁静的、上天赐福的家庭，使它逐渐变得冷清，将房间的门一扇接着一扇永远地关上。我看见我外婆因为没有人陪伴，不得不放弃玩纸牌；我看见这些经常聚会的朋友人数越来越少，一直到我外婆自己也最后倒下那天。她和她的妹妹相互许诺，只要她们之中有一个撒手而去，另一个就要随即跟上。她们信守了诺言：德·贝德太太在布瓦太耶小姐死后几个月也过世了。在世界上，我可能是这些人存在过的唯一见证。从那个时候开始，我无数次观察到同样的事情；无数个社交圈子在我周围形成并且解散。人类关系中不可能的延续和永恒、我们身后的深深的遗忘、这种侵占我们的坟墓而且延伸到我们的家庭的无法战胜的沉默，不断使我正视孤独的不可避免。在死亡的焦躁之中，任何给我们端来一杯我们可能需要的水的手都是受欢迎的。啊！但愿这只手对于我们不是求之不得的！因为怎么能够抛下那只无数次亲吻过，而且我们希望永远贴在我们心口的手呢？

德·贝德伯爵的城堡离普朗古埃一法里路程，处于一个景色秀丽、居高临下的位置。那里一切都显得愉快，我舅舅的欢乐是无边无际的。

他有三个女儿：卡罗莉娜、玛丽和弗洛尔，和一个儿子——德·拉布埃塔阿代伯爵。后者是参议员，同他的父亲一样心胸开阔。蒙舒瓦是住在附近的表兄弟们聚会之地：他们在那里演奏乐器、唱歌、跳舞，从早到晚过节一般快乐。我的舅母德·贝德夫人看见我舅舅无忧无虑地挥霍他的财产和收入，当然感到生气；但是舅舅对她的话充耳不闻，而且她的坏脾气更增加了全家的欢快气氛；因为她本人就有不少怪癖：总有一条大恶狗跟随她左右，她还养了一头野猪，野猪的号叫令城堡终日不得安宁。我从我父亲阴沉但安静得出奇的家庭，来到这座天天过节似的闹哄哄的庄园时，觉得自己进入了真正的天堂。当我们的家搬到乡下之后，这种反差更加明显。从贡堡到蒙舒瓦等于从沙漠走进社会，从中世纪一位男爵的城堡走进一位罗马王子的别墅。一七七五年耶稣升天节那天，我从我外婆家出发，到纳扎雷特圣母院去，陪伴我去圣母院的有我的母亲、瓦太耶舅母、我的舅舅和他的孩子们、我的乳娘和我的奶兄弟。我穿着长礼服，脚蹬皮鞋，戴着手套，头戴一顶白帽子，腰上扎着一条蓝丝腰带。一丛让五世·德·布列塔尼时代种植的榆树组成梅花形，这座建在路边的修道院显得古朴苍老。穿过榆树林，我们走进公墓。基督教徒只能穿过坟地进入教堂：他们只有通过死亡才能接近上帝。

神父们已经在神职祷告席上就座；祭台被无数蜡烛照耀着，灯从各个拱顶垂下来；在这座哥特式建筑物里面，看得到远景和类似层层叠叠的地平线的东西。持权杖的神父在门口隆重地迎接我，将我引导到祭坛。人们在那里摆了三张椅子，我坐在中间，我的乳母坐在我左边，我的乳兄坐在我右边。

弥撒开始了。供奉祭品时，主持弥撒的神父转身向我，念祈祷；然后人们脱掉我的白色衣服，将衣服作为还愿物挂在圣母像的上方。人们给我再穿上一件紫色衣服。修院院长发表演说，大谈誓愿的灵验；他讲述同圣路易一起到东方去的德·夏多布里昂男爵的故事。他说，我将来可能也会到巴勒斯坦去朝觐纳扎雷特圣母；通过这位可怜人代替我所做的通达上帝的祈祷，她赐给我生命。修士给我讲述我的家族的历史，就像但丁的祖父给他讲述他祖先的故事一样；他本来还可以像卡却基达①一样，在演说中预言我的流放。

"你将知道别人的面包是多么咸，别人的梯子上下是多么艰难。你肩上更加沉重的包袱将是邪恶和不理智的伴侣；同他在一起你会摔跤。而他背信弃义、疯疯癫癫、大逆不道，将变成你的仇敌……他的行止将证明他的痴愚；至于你，独立自处最为适宜。"② 自从听见这位本笃会修士的劝诫之后，我一直梦想朝觐耶路撒冷，而我最终实现了这个愿望。

我被奉献给宗教了，我的纯洁的衣服放在祭台上：今天要挂在殿堂里的不是我的衣服，而是我的苦难。

人们将我送回圣马洛。圣马洛不是皇上赐封的阿莱特：阿莱特被罗马人建立在圣塞尔旺郊外，在朗斯河出海处名为索利多尔的军港那里，位置比较优越。在阿莱特对面，est in conspectu Tenedos③，不是阴险的希腊人的避难所，而是隐士亚伦的隐居之地。亚伦于五○七年在这座岛上

---

① 卡却基达（Cacciaguida）：意大利诗人但丁（Dante，一二六——三二）的祖先。
② 引自但丁《神曲》第十七篇。
③ 拉丁语："人们在对面看见特内多"。引自《埃涅阿斯纪》。

修建了他的住所;那是克洛维斯①战胜阿拉里克的时代;一位建立了小修道院,另一位建立了伟大的君主国,但修道院和君主国都倒塌了。

马洛,拉丁文是 Malclovius,Macutus,Machutes,在五四一年成为阿莱特主教。由于他对亚伦十分景仰,参观了这块地方。圣人死后,隐士的礼拜堂的小神父建立了马洛教堂。马洛变成这座岛屿的名称,后来又变成该城市的名称。

从阿莱特的第一个主教圣马洛到绰号为"栅栏"的幸运的让,一共经历了四十五个主教。让是一一四〇年授任的,他兴建了大教堂。阿莱特已经几乎完全被放弃了,"栅栏"让将主教府邸从那座罗马城市搬到建在亚伦岩石上的布列塔尼城市,这座城市日益扩大。

在法兰西国王和英国国王之间的战争中,圣马洛经受了许多苦难。

从结束白玫瑰和红玫瑰纠纷的英国亨利七世开始,德·里什蒙伯爵被送至圣马洛。布列塔尼公爵将他交给里查的大使们,大使们要把他送到伦敦去处死。伯爵从看守手里逃脱,躲在大教堂里,Asylum quod in ea urbe est inviolatissimum②。这种庇护权可以追溯到德落伊教祭司时代——他们是亚伦岛上最早的教士。

圣马洛主教是葬送不幸的吉尔·德·布列塔尼的三个宠臣(另两位是阿尔蒂尔·德·蒙托邦和让·安勾)之一。在《夏多布里昂和尚托歇的领主、法兰西和布列塔尼王族、一四五〇年四月二十四日在监狱中被宠臣的爪牙们勒死的可悲的吉尔的故事》一书就是这样讲的。

亨利四世和圣马洛之间达成妥协:该城有权进行平等的谈判,保护到城内避难的人,而且根据法兰西炮兵首脑菲利贝尔·德·拉吉什的命令,有权铸造一百门炮。由于该城的宗教、财富和它的海上骑士的声誉,没有什么地方比圣马洛城更像威尼斯了(除了阳光和艺术)。它的旗

---

① 克洛维斯(Clovis,四六五—五一一):法兰克人的国王,创立法兰克君主国。
② 拉丁语:"那是最不可侵犯的避难所"。

帜在所有船队上空飘扬，它同穆卡、苏拉特、本地治里①保持联系，一支由圣马洛人组成的队伍在南海探险。

从亨利四世时代开始，我出生的城市以它对法兰西的忠诚著称。一六九三年英国人炮击该城；同年十一月二十九日英国人对它狂轰滥炸，我同我的伙伴们常常在轰炸后的废墟中玩耍。一七五八年他们又炮击该城。

在一七〇一年的战争中，圣马洛人向路易十四提供了大量贷款。国王为了表示感激，确认他们有自卫的特权。他要求皇家海军的第一艘战船的船员全部由圣马洛及其领地的水手组成。

一七七一年，圣马洛人再次做出牺牲，贷款三千万给路易十五。著名的海军元帅安森②一七五八在堪加尔登陆，焚烧了圣塞尔旺。在圣马洛城堡里，拉夏洛代用牙签蘸着烟炱和水调制的墨水在布上写下他的回忆录。这本书曾经轰动一时，但现在谁也不提了。事件抹去事件，铭刻盖住铭刻，他们不过是隐迹纸本③的几页罢了。

圣马洛向我们的海军提供了最好的水手。在一六八二年出版的名为《圣马洛的军官、士官、水手的作用》的著作中，人们可以了解他们所起的作用。在《普通习惯法汇编》中有《圣马洛习惯法》。该城的档案有关航海史和航海法的文件相当丰富。

圣马洛是法国的哥伦布——雅克·卡蒂埃的故乡，是他发现了加拿大。圣马洛人还提醒人们，在美洲的另一端，有一些岛屿是以他们的名字命名的，叫圣马洛群岛。

圣马洛是世界上最伟大的航海者之一迪盖的故乡；今天，它向法兰

---

① 穆卡（Moka），也门港口；苏拉特（Surate）和本地治里（Pondichéry）都是印度的港口城市。
② 安森（Anson，一六九七——一七六二）：英国海军元帅。
③ 能够擦掉旧字写上新字的羊皮纸稿本。

西提供了絮尔古。法兰西岛①总督、著名的马赫·德·拉布多纳以及拉姆特里、莫佩杜伊和伏尔泰嘲弄的特律布莱神父都出生在圣马洛。对于一个面积比杜伊勒利宫还小的城市，这算是很不错的了。

拉默内神父将我的祖国的那些小作家远远抛在他的身后。布鲁塞②以及我高贵的友人德·拉费罗纳伯爵③也出生在圣马洛。

最后，为了不遗漏什么，我还要讲讲守卫圣马洛的狗。这些赫赫有名的狗是高卢时代的战犬的后裔。根据斯特拉邦的考证，它们同它们的主人一道参加了反对罗马人的对阵战。阿尔贝·勒格朗，多明我会修士，是一位同希腊地理学家同样严肃的作者。他说："晚上守卫这个重镇的责任是由几只忠诚的狗承担的。它们在城内巡逻，恪尽职守，万无一失。"一天晚上，它们冒失地咬了一位贵族的腿，结果被判处死刑。这件事成了今天一首名为《一路平安》的歌曲的题材。一切都成了笑料。人们将狗罪犯监禁起来；其中一只拒绝吃看守送来的食物，而看守眼泪汪汪，无计可施。高贵的动物宁愿饿死。狗同人一样，因为忠诚而受到惩罚。此外，卡皮托利山丘④同我的德洛斯⑤一样，是由狗守护的；当非洲人希比翁拂晓来祈祷的时候，它们并不吠叫。

圣马洛周围的城墙是在不同时期建造的，分为大墙和小墙，上面可以散步。圣马洛的防御设施，除了城墙，还有我讲过的城堡，以及安娜公爵夫人后来增加的塔楼、棱堡和壕沟。从外表看，这座岛城像一座花岗岩堡垒。

城堡和皇家要塞之间是大海拍打的海滩，那是孩子们聚会的地方。

---

① 当时法国的一个省份。
② 布鲁塞（Broussais）：著名医生。
③ 德·拉费罗纳（de la Ferronays，一七七二——一八四二）：外交家，一八二八至一八四二年担任法国外交部长。
④ 罗马的卡皮托利山丘是朱庇特神殿所在地。
⑤ 希腊爱琴海中的岛屿。

我是在那里长大的,海浪和海风是我的朋友。我最早体会的快乐之一是与风暴搏斗,或者同浪涛嬉戏:在岸边,我追逐它们,或者被它们追逐。另一种消遣是在海滩上用沙建筑房屋,我的伙伴们称之为"弗尔"。从那时起,我常常看见人们建造永恒的宫殿,但这些宫殿比我用沙垒造的宫殿倒塌得更快。

我的命运不可改变地确定了,人们放任我,让童年的我无所事事。对于一个将来要过水手的艰苦生活的男孩来说,学点有关绘画、英语、河海测量和数学的基本知识似乎已经绰绰有余了。

我在家中过着不用读书的日子。我们已经从我出生的房子里搬出:我母亲住在圣樊尚的一座公馆里,几乎就在通往"犁沟"的城门对面。城中的顽童是我最要好的朋友,我把他们带到家中,在院子里和楼梯上乱跑。在各个方面,我都同他们相像:我讲他们的语言;我有同样的行为举止;我的穿着同他们一样,衣冠不整;我的衬衣破破烂烂;我的每双袜子都有破洞;我脚上是脚跟磨平的烂鞋子,每走一步都要拖一下。我经常丢掉帽子,丢掉衣服。我的脸孔脏兮兮的,鼻青眼肿,伤痕累累。我那副尊容是那么奇特,以致我母亲在勃然大怒的时候,也会忍不住笑出声来,大声叫道:"他多么丑怪呀!"

我的同乡们身上有某种外国情调,让人想起西班牙。有些圣马洛家庭在加的斯①定居;有一些加的斯家庭住在圣马洛。海岛的位置、堤道、建筑形式、房屋、蓄水池、花岗岩的城墙使圣马洛和加的斯外表上很相似;当我看到后者时,想起了前者。

傍晚,圣马洛人被同一把钥匙锁在城内,他们成了一家人。风俗是如此敦厚,以致那些叫人从巴黎带回丝带和纱罗的少妇被视为庸俗风骚,她们的女伴因此感到害怕,赶快同她们分手。女人失足是闻所未闻

---

① 加的斯(Cadix):西班牙沿海城市。

的事情。阿柏维尔的一位伯爵夫人受到怀疑，结果导致一首哀歌流行，人们唱的时候还画十字。然而诗人情不自禁，仍然忠实于行吟诗人的传统，站在女人方面反对丈夫，称他为"野蛮的魔鬼"。

一年当中，城乡居民有几天在集市上聚会。集市在圣马洛周围的岛屿上和要塞里举行。退潮时，他们徒步去；涨潮时，他们乘船渡海。无数水手和农民，许多带篷的大车，成群的马、驴、骡，争先恐后的商贩，搭在岸边的帐篷，修士和善会的巡行队伍，举着旗帜和十字架在人群中蜿蜒而行。划桨和鼓着风帆的小艇来来往往；船舶进港或在锚地抛锚；炮声和钟声。这样的集市，真是人声鼎沸，熙来攘往。

我是唯一参加这种节日活动，但又不分享节日欢乐的人。我虽然人在集市，但我没有钱买玩具和点心。为了逃避人们对不幸者的鄙视，我坐在远离人群的地方，在那些潮水在岩石凹处留下的水洼附近。那里，我看着海鸥和各种海鸟飞翔，凝望远处的蓝天，掇拾贝壳，听海浪在礁石间轰鸣。傍晚，我并不感到更幸福。我讨厌某些菜，但父母强迫我吃掉。我用眼睛哀求弗朗斯，她在我父亲转头的当儿，眼明手快地将我的碟子收掉。关于火烛，也同样严格：不允许我靠近壁炉。在我的严厉的父母和今天的娇惯孩子的父母之间，有天壤之别。

但是，虽然我经历过一些今天的儿童不知道的痛苦，我也曾经体会过一些他们不了解的快乐。

人们今天无法体会那种宗教和家庭节日的隆重。在这样的盛会上，整个家乡和家乡的上帝都显得兴高采烈。圣诞节、元旦、主显节、复活节、圣灵降临节、圣让节对于我是心花怒放的日子。也许我的故乡的钟楼影响了我的感情和我的学业。从一〇五〇年开始，圣马洛人许愿"用他们的双手和钱财"重建夏特雷大教堂的钟楼。我不是也参加劳动，帮助将倒塌的钟楼尖顶重新竖立起来吗？莫努瓦神父说："同布列塔尼相比，太阳从来不曾照耀过一个信仰更加持久、更加忠贞不渝的地方。

十三个世纪以来，用来传播耶稣-基督的宗教的语言从来不曾被人玷污过，而且从未见过一个真正的布列塔尼人传播天主教以外的宗教。"

在我刚才讲到的节日里，我的姐姐们带着我，跟随巡礼的行列拜谒城内各处教堂，亚伦小教堂，维多利亚修院。我听见几个看不见的女人的声音，她们的和谐的赞歌同海浪的轰鸣交错在一起。冬天，在举行圣体降福仪式的时候，大教堂里挤满了人。当跪着的老水手、少妇、儿童手擎小蜡烛，念着祈祷的时候，当人群行祝圣礼、齐声念 Tantum ergo[①] 的时候，当歌声暂时停下，圣诞节的狂风吹动大教堂的彩绘玻璃窗、摇晃曾经回响过雅克·卡蒂埃和迪盖-特罗安的雄壮声音的正殿拱顶的时候，不用拉维纳莆吩咐，我就会合起双手，用母亲教给我的所有名字祈祷上帝。我看见天空开启了，天使们呈献我们的香火和誓愿；我垂下头：它那时还没承受那些如今沉重地压在我们身上的烦恼；这些烦恼是如此深重，以致我们现在在祭台下垂下它的时候，再也不想将它重新抬起来。

有的水手，结束盛典之后立即登船，信心百倍地朝黑暗奔去；另一名水手，刚刚回到港口，马上朝教堂被照亮的圆顶走去：就这样，宗教和危难经常共存，它们的形象一齐出现在我的思想里。我刚出生，就听见别人谈死：傍晚，一个男人摇着铃铛沿街行走，请基督徒们为他们的一位死去的弟兄祈祷。几乎每年都有船只在我眼前沉没，当我在海滩上嬉戏的时候，大海将外乡人的尸体冲到我脚下，他们客死在异国他乡。德·夏多布里昂夫人常常对我说，就像圣莫尼克对她的儿子所讲的那样："没有什么东西能够远离上帝。"人们把对我的教育托付给上帝：他对我确实充满教益。

由于我被奉献给圣母，我知道并且爱戴我的保护人，我常常将她

---

① 拉丁语"让我们开始吧"，此处是一首著名的圣歌。

同我的护守天神混淆。圣母像是善良的拉维纳莆用半个苏买的，她用四个别针将画像钉在我的床头。我本来应该生活在人们对玛丽亚讲这种话的时代："天上和人世的温和的圣母呀，慈悲的母亲呀，一切善良的泉源呀，你怀中孕育了耶稣-基督，美丽和非常温和的圣母呀，我感谢你，我向你祈祷。"

我首先学会背诵的是一首水手感恩歌：

> 我把希望，圣母呀，
> 寄托于您的帮助。
> 保护我吧，照顾我的生活。
> 当最后时刻来临，
> 结束我的生命，
> 请让我，圣母呀，
> 以最圣洁的方式死去。

此后，船舶遇难时，我听人唱过这首歌。今天，我还以念荷马的诗篇的乐趣，吟诵这首韵律蹩脚的歌曲。比起拉斐尔[①]的圣母，戴哥特式皇冠、身穿银色流苏装饰的蓝丝袍的圣母更能激发我的虔诚之心。

至少，要是这和平的"海之星"能够平息我生命的动荡多好呀！但是，我注定是动荡不安的，即使我的童年也如此。如同阿拉伯的椰枣树，我的茎一冒出岩石，就遭到风吹雨打。

---

① 拉斐尔（Raphaël，一四八三——五二〇）：意大利画家，画过许多圣母像。

热斯里尔——埃维娜·马贡——跟两个小水手打架

我讲过，我对吕西儿的女教师的过早的反叛使我得了个坏名声，而一个伙伴更使我臭名昭著。

我叔叔夏多布里昂·德·迪普莱西先生同他哥哥一样，也住在圣马洛。他也有四个女儿、两个儿子。我的两个堂兄（皮埃尔和阿尔芒）是我儿时最早的伙伴。后来，皮埃尔变成皇后的侍从，阿尔芒进中学念书，准备将来当神父。皮埃尔离开宫廷之后进入海军，在非洲海岸附近淹死。阿尔芒在中学被关了很长时间，一七九〇年离开法国，在贵族流亡期间为保王党服务。他勇敢地乘坐小船，二十次在布列塔尼海岸登陆。最后，在一八一〇年耶稣受难日，他为国王死在格勒那平原，此事我在讲述他的不幸遭遇时已经说过，将来还要讲到。

既然没有堂兄做伴，我就结识新朋友。

在我们所住的公馆的三楼，住着一位姓热斯里尔的贵族，他有一个儿子和两个女儿。这个男孩同我所受的教育完全不同，是一个被宠坏的孩子：他所做的一切都是可爱的。他特别喜欢打架，尤其喜欢鼓动别人打架，而他当裁判。他以恶劣的方式作弄带小孩散步的保姆，他的调皮捣蛋是众所周知的，而且人们将他那些劣行当作昭彰的罪过。他父亲听见这一切只是付之一笑，而且热斯里尔因此更加得宠。热斯里尔成了我最好的朋友，而他对我的影响之大是令人难以置信的。我在这样的导师引导下成长，尽管我的性格同他的性格截然相反。我喜欢独自一人游戏，从来不找碴儿跟别人吵架；热斯里尔最热衷起哄，孩子们的殴斗令他兴高采烈。如果有顽童同我讲话，热斯里尔就会对我说："你怎么能够饶他？"听见这话，我觉得我的荣誉受到损害，于是朝那放肆的家伙扑过去，不管对方年纪多大，个子多高。我的朋友在一旁观战，为我的勇气叫好,但从来不动手帮忙。有时,他将大批顽童聚集在一起,把他们分成两拨,然后在海滩上用石头展开激战。

另外一种游戏是热斯里尔发明的,似乎更加危险。涨潮和刮大风的时候,海浪从海滩方面拍打着城堡下部,浪花一直喷溅到塔楼上。离塔基二十尺高处,有一道花岗岩的护墙。狭窄的护墙滑溜溜的,成一道斜坡;通过护墙可以到半月形城堡,而城堡下面是壕沟。玩游戏的人要抓住两个浪头之间的瞬间,在海浪撞击或淹没塔基之前,越过那块危险的地点。当山一样的巨浪咆哮着朝你冲来的时候,如果你有片刻迟疑,它就会卷走你,或者把你朝城墙扔过去。我们之中没有人不愿意冒险,但是我看见有些孩子在尝试之前脸色煞白。

这种挑动别人斗殴、自己作壁上观的癖好,可能让人推断:此人将来不会是一个讲义气的人;然而,就是他,在一座比较小的舞台上,使雷古卢斯[①]的英雄主义黯然失色。只不过他生不逢时,没有赶上罗马和提图斯·李维[②]的时代罢了。他成为海军军官之后,卷进基贝隆事件[③]。事件结束之后,英国人继续炮轰共和军。热斯里尔跳进大海,游水靠近英国战舰,告诉他们,不幸的流亡分子已经投降,请他们停火。英国人想救他,朝他扔了一条绳索,催他上船。他在浪涛之中大声叫道:"我是讲信用的俘虏,我答应回去的。"随后,他游泳回到岸上。结果,他同松布勒伊及其伙伴一起被枪决。

热斯里尔是我的第一个朋友,我们两人在童年都受到不公正的待遇,但我们本能地觉得我们将来会令人刮目相看,这种想法将我们联结

---

① 雷古卢斯(Régulus,公元前三世纪):古罗马将军和政治家。
② 提图斯·李维(Tite-Live,公元前五十九年—公元一十七年):拉丁历史学家,《罗马史》的作者。
③ 基贝隆(Quiberon)事件:基贝隆是布列塔尼的一座海滨城市,一七九五年,一支由流亡分子组成的军队在英国人的帮助下,在那里登陆,结果许多人被俘,七百四十八人被枪决。

在一起。

我的故事的第一部分以两个事件结束，而这两件事使我所受的教育发生了重大变化。

一个星期天，我们在海滩上，在托马斯门的扇形拱门和"犁沟"一带。一些大木桩钉在沙里，以减少海浪对城墙的冲击。通常，我们爬到这些木桩顶部，观看海潮在我们脚下起伏。跟平常一样，木桩都被占据了；有几个小女孩混杂在小男孩里面。我在离岸最远的地方，我前面只有一个漂亮的小姐——埃维娜·马贡。热斯里尔的位置在另一头，在离岸最近的地方。潮水来了，刮着风。保姆和男仆们已经在喊叫："下来，小姐！下来，先生！"热斯里尔在等候滚滚的巨浪。当浪潮涌进木桩之间时，他推了坐在他旁边的孩子一把；后者倒在另一个孩子身上，结果整排人都倒了，但每个孩子都被后面的孩子挡住，只有最前面的小姑娘例外。我翻倒在她身上，而她没有任何人支撑，跌下去了。倒退的潮水将她卷走。我立即听见无数惊叫声，所有女仆都撩起裙子，下到海里，各人抓住自己的小家伙，打一巴掌。埃维娜被捞起来了。可是她说，是我把她推倒的。女仆们朝我冲过来，我赶紧跑了。我跑到家中地窖里躲起来。女仆的队伍追来了。幸亏我母亲和我父亲出去了。拉维纳莆勇敢地守住大门，掴敌人的前锋几个耳光。真正的罪魁祸首热斯里尔来援助我：他上楼回家，同他的两个姐姐一道朝进攻者泼水，扔煮过的苹果。天黑时，女仆们才解除包围。这个消息在城里传开了，刚刚九岁的夏多布里昂骑士被视为一个狠毒的人，是被圣亚伦从岛城清除的海盗的余孽。

还有另一个事件。

我同热斯里尔到圣塞尔旺去，那地方在城外，与圣马洛之间隔着商港。退潮的时候，到那里去要越过狭窄的石板桥，涨潮的时候桥被淹没。陪同我们的仆人在我们身后很远的地方尾随着。我们看见两个小水手从桥的另一端朝我们走来。热斯里尔对我说:"我们让这两个混蛋过去吗?"随后,他立即对他们嚷道:"鸭子,滚下水去!"两名小水手听不得讥笑,继续朝前走。热斯里尔往后退几步。我们站在桥头,在地上抓起卵石,朝小水手头上扔去。他们冲过来,迫使我们后退。他们也捡起石头,追赶我们,一直到我们的后备队——即我们的仆人——所在的位置。霍拉提乌斯①眼睛受伤,而我耳朵挨了一石头。那一石头非常厉害,我的左耳半被撕裂,耷拉在肩上。

我担心的不是伤痛,而是如何回家。我的那位朋友外出回家时,如果眼睛肿了,衣服撕破了,他会得到同情、爱抚、关怀,会给他换上新衣服。碰到同样情况,我会受到惩罚。虽然我的伤势严重,但弗朗斯无法说服我回家,因为我太害怕了。我到三楼热斯里尔家中躲起来,他用一条毛巾把我的头包起来。这条毛巾使他来劲了:他觉得我好像戴着主教帽。他将我打扮成大主教,让我同他和他的姐姐们一起唱大弥撒,一直闹腾到吃晚饭的时候。主教此时不得不下楼回家了。我的心激烈地跳动着。我父亲看见我满脸是血,面目全非,感到非常吃惊,但他什么也没有讲;我母亲发出一声惊叫。弗朗斯讲述了我的可怜遭遇,为我辩解。但我仍然被臭骂一顿。人们给我包扎耳朵,德·夏多布里昂先生和夫人决定尽快将我同热斯里尔分开。

我不知道德·阿尔图瓦伯爵是不是这一年来视察圣马洛的。当时人们为他演习了海战。我在堆满火药的棱堡上面,看见年轻的王子在海边被人群簇拥着。在他的显赫和我的卑微之中,有多少不为人知的遭遇!这样,如果我没有记错的话,圣马洛接待过两个法国国王:查理九世和查理十世。

这就是我儿童时代的情况。我不知道我所接受的严格教育是否原则

---

① 霍拉提乌斯(Horatus):传说中的古罗马英雄,绰号"独眼龙"。

上是好的，但我的亲人采用这种教育的时候并没有特别的意图，而是他们的性格使然。肯定的是，这种教育使我的思想与众不同。更加肯定的是，它给我的感情打上了忧伤的印记；这种忧伤来自我在软弱、缺乏远见和快乐的年代忍受痛苦的习惯。

有人会问，这种教养方式可能令我憎恨我的双亲吧？一点也不。想起他们的严厉，我几乎感到愉快。我尊重和敬仰他们的伟大品质。当我父亲去世时，我在纳瓦尔团的同事可以证明我的悲伤。我一生的安慰是从我母亲那里得来的，因为我的宗教信仰来自她那里。我从她那里获得基督教的真理，就像皮埃尔·德·朗格勒晚上在圣体前的灯火下钻研。如果他们早一些引导我投入学习，我的智力会得到更好的发展吗？对此我是怀疑的：海浪、风暴、孤独是我最早的导师，它们可能更适合于我的禀性。我的某些品质可能得益于这些大自然的教师。事实是，任何一种教育制度本身并不比其他教育制度优越。今天的孩子以"你"称呼父母，对父母毫不畏惧，他们是否更爱他们呢？热斯里尔在家中备受宠爱，而我在家中经常挨骂，但我们都是正直的人，是温顺和恭敬的孩子。某些你认为坏的东西会发挥你孩子的才能；某些你认为好的东西可能窒息孩子的才能。上帝自有道理：当上帝打算让我们在世界舞台上发挥作用的时候，他会指引我们。

一八一二年六月，于狼谷

帕基埃的信——迪耶普——我受的教育之变化——布列塔尼之春——历史上的森林——海边的原野——海上落月

一八一二年九月四日，我收到警察局长帕基埃先生的一封信，信中说：

> 警察局长先生恭请德·夏多布里昂先生今天下午四时，或明天上午九时到他的办公室。

警察局长要向我宣布的是一道叫我离开巴黎的命令。我退居到迪耶普。迪耶普最初名为柏特维尔，四百年前改为现名，是由英语词 deep 变来的。一七八八年，我随我所在团的第二营驻扎在那里。该城的房屋是砖砌的，但店铺玲珑精致，住在这样一个街道整洁、阳光明媚的城市里，意味着躲进我的青春年华里。当我在城内散步的时候，我看见阿尔克城堡的废墟，周围还有许多断垣残壁。人们没有忘记迪耶普是都盖纳[①]的故乡。我在家里，就可以看见大海。我坐在我的桌子旁边，凝望着它。它曾看见我诞生，它冲刷着我曾经长期流放的大不列颠的海岸。我眼前的海浪曾经载负我到美洲，把我送回欧洲，又载着我到非洲和亚洲的海岸漂泊。啊，大海，你好，我的摇篮，我的身影！我要向你讲述我的故事的下文：如果我撒谎，你的波浪曾经是我的生活的见证，它们可以向后人揭露我的虚伪。

我的母亲一直认为我应该接受古典教育。人们打算让我从事的水手

[①] 都盖纳（Duquesne，一六一〇——一六八八）：法国航海家，进行过几次远征，同柏柏尔人作战。

职业"可能不适合我的兴趣",她说。她认为,无论如何,培养我从事另一种职业的能力总是好的。她对宗教的虔诚使她也希望我献身宗教。她建议我上中学,在那里我可以学习数学、图画、击剑和英语。为了不吓唬父亲,她不提希腊文和拉丁文。但是,她打算让人先偷偷教我,等我有了长进才公开。我父亲接受了这个建议。他们决定送我进多尔中学。多尔位于圣马洛和贡堡之间,所以他们做出这种选择。

在我被送去上中学之前的那个非常严寒的冬天,我们住的公馆失火。我姐姐拉着我穿过浓烟,救了我一命。隐居在贡堡的德·夏多布里昂先生叫他太太住到他那里去,春天就得搬过去。

布列塔尼的春天比巴黎更加暖和,而开花的时间早三周。随着阿尔莫里克①各海湾吹来的微风,燕子、黄鹂、杜鹃、鹌鹑、夜莺等五种报春鸟飞来了。大地上开满了雏菊、蝴蝶花、长寿花、水仙、风信子、毛茛、银莲花,宛若罗马圣让德马昂和耶路撒冷圣十字圣殿周围荒地上的景色。林中空地被优雅、细长的蕨草装饰着。田野上染料木和荆豆灿烂夺目,它们的花朵像翻飞的蝴蝶。沿着树篱长满了草莓、覆盆子、堇菜,而树篱本身被山楂树、忍冬、荆棘点缀着,它们褐色弯曲的新枝绿叶茂盛,挂着璀璨的果实。蜜蜂和小鸟随处可见;昆虫和鸟巢令儿童驻足。在某些隐蔽的地点,爱神木和夹竹桃茁壮生长,同在希腊一样。无花果像在普罗旺斯一样正在成熟;每一棵苹果树都披戴着红艳艳的花朵,好像怀中捧着大束鲜花的乡村新娘。

在十二世纪,富热尔、雷恩、贝瑟莱尔、迪南、圣马洛和多尔一带被布雷舌良森林覆盖着,曾经是法兰克人和多莫奈人的战场。瓦司②说,当时人们在那里还看见野人、柏冷冬泉和一个金水池。十五世纪的

---

① 阿尔莫里克(Armonique):布列塔尼的古称。
② 瓦司(Wace,一一〇〇——一一七五):英属诺曼底诗人。

一个历史文件——《布雷舌良森林的风俗习惯》——证实了豪乌[①]的小说。文件说，森林占地辽阔，"有四个城堡、许多漂亮的池塘、漂亮的狩猎场——那里没有叫人中毒的动物，没有苍蝇、两百个乔木林、同样数目的甘泉；最著名的叫柏冷冬泉，泉水边是骑士蓬蒂斯的习武之处。"

今天，布列塔尼保持着原始的风貌：它被草木覆盖的沟壑所截断，远远看上去像一座森林，令人想起英国。这是仙女的居地，而且你们将看到我的确在那儿碰见过一位女精灵。狭窄的谷地被不可通航的小河浇灌。这些山谷被荒原和枝叶繁茂的冬青树隔开。海岸上，灯塔、礁石、石棚、罗马建筑、中世纪城堡的废墟、文艺复兴时代的钟楼连绵不断，一切都朝向大海。普林尼[②]称布列塔尼为"大西洋绚丽多彩的半岛"。

海边的原野在大海和陆地之间延伸着，那是水陆之间不明确的分界：田野上的云雀和海上的云雀在那儿比翼齐飞；犁和船在不到一箭之遥的距离耕耘着土地和海面。航行者和牧羊人互相借用词语：水手说"羊群般的波浪"，牧羊人说"羊的船队"。颜色各异的砂石、形形色色的贝壳点缀的沙滩、海藻、银色泡沫的流苏勾勒出麦地金黄色或绿色的边缘。我记不清在地中海哪个岛上，曾经见过一幅浮雕，浮雕表现海中仙女给刻瑞斯[③]的长袍下摆缀上齿形边饰。

但是，在布列塔尼，不可错过欣赏月亮在陆地上升起、在海上沉落的奇观。

月亮由天主任命，司掌黑暗的苍穹。月亮同太阳一样，有它的云彩、它的雾霭、它的投影。但是，它和太阳一样，并不是孤独的；一群星辰伴随它。随着它在天际朝我故乡的边岸逐渐下降，它更为肃穆，而且把这种恬静传给大海。顷刻之间，它在天边坠落，截断地平线，只露

[①] 豪乌（Rou）：不详。
[②] 普林尼（Pline，六一—约一一四）：古罗马作家。
[③] 刻瑞斯是希腊神话中的谷物女神。

43

出半边睡眼惺忪的脸庞，在波涛无精打采的弯曲中倾斜并且消逝。皇后周围的星星在尾随它沉没之前，似乎停顿一会儿，悬在浪尖之上。月亮没有躺下，一阵外海吹来的风粉碎了群星的形象，就像在隆重的仪式之后，人们熄灭了火炬。

一八一二年九月，于迪耶普

出发去贡堡——古堡风貌

我跟我的姐姐们到贡堡去。我们是五月上旬出发的。我母亲、我姐姐和我在黎明时离开圣马洛。我们乘一辆古式马车，车身金碧辉煌，踏板在车外，车身四角是橡栗形大红木球。八匹驭马打扮得像西班牙骡子一样，颈项下吊着铃铛，笼头上、马衣上、各种颜色的羊毛流苏上系着小铃。我母亲叹着气，而我的姐姐们叽叽喳喳，不停地说话。我在途中全神贯注，听着、看着，赞叹不已。这是浪游的犹太人迈出的第一步，从此永不回头。何况浪游者不只是从一个地方到另一个地方！他的生命、他的心灵也随着改变了。

在堪卡勒海边一座渔村里，我们停车休息。然后，我们穿过沼泽和躁动不安的多尔城。车从多尔中学门前经过——我很快要回到那里就读，然后朝腹地进发。

在死一般沉寂的四法里长的路程沿途，极目望去，只见花朵盛开的欧石南、刚刚翻过的荒地、黑色瘦瘠的短麦苗和稀稀疏疏的燕麦田。一群烧炭人牵着成溜的矮马，下垂的马鬃杂乱无章；留长发、穿宽袖外套的农民尖声吆喝着，驱赶骨瘦如柴的耕牛，尾随在沉重的犁铧之后，他们自己也像耕地的牲口。我们终于看见一道山谷了；山谷深处，离一泓池塘不远的地方，我们看见小镇的教堂的尖塔。在夕阳照耀的树林上方，耸立着封建城堡的塔楼。

我不得不停下笔来。我的心剧烈地跳动着，我甚至将我面前的桌子推开。我心中唤起的记忆以它们的力量和纷繁压迫着我。可是，它们对于其他人又算得了什么呢？

我们的车越过山岗，涉过一条小溪。半小时之后，我们离开大路，在树木按梅花形种植的林荫道旁边，沿着一条栽种千金榆的小路往前走，树顶的枝丫在我们头上犬牙交错。我进入树荫时的情景今天还历历在目，我还记得当时我心中的惊喜。

走出树荫，我们穿过一个栽种核桃树的前院；前院隔壁是花园和管理人的住房。然后，我们穿过一道门，进入长满青草的院子，人们称之为绿院。右边是长长的马厩和一排栗树；左边是另一排树。院子的地面逐渐升高，一直到院子深处，在两排树之间，古堡显出它的身影。它阴郁和肃穆的正面是一道护墙，墙上露出一条有顶棚和带雉堞和齿饰的走廊。这道护墙将两座建筑年代、材料、高度和大小不同的塔楼连接在一起，塔楼上端有雉堞，雉堞上面冠以尖屋顶，就像哥特式王冠戴上帽子。

在光秃秃的墙壁上，有几扇装有栅栏的窗子。一座台阶在填平的壕沟上取代了从前的吊桥；笔直和陡峭的台阶凡二十级，既没有护栏，也没有扶手。台阶通往开在护墙中央的古堡大门。大门上方，可以看到贡堡领主的徽号和一些缺口；从前，吊桥的支杆和锁链就是从缺口那里垂下的。

马车停在台阶脚下，我父亲下来迎接我们。家庭的团聚使他的脾气变得温和多了，他露出非常和蔼可亲的表情。我们登上台阶，进入一个阴暗的、尖形拱顶的前厅。再进去是一个小小的内院。

我们穿过内院，进入一座南边靠近池塘，并将两个小塔楼连接起来的建筑物。整个城堡呈四轮车的形状。我们现在进入从前称为守卫厅的大厅里。厅的两端各开着一扇窗户，侧面另有两扇窗户。为了扩大这四扇窗户，不得不凿开厚达八尺到十尺的墙壁。如同大金字塔的走廊，两条倾斜的走廊从大厅的外角通向两座小塔楼。在两座塔楼中的其中一座里面，一道盘旋的楼梯，将大厅同上一层连通：这就是城堡的轮廓。

绿院那边，主塔正面的建筑物朝北，是由一间现在当厨房使用、类似宿舍的四方形房间构成的。再加上前厅、台阶和小教堂。在房间上面，是档案室，或者称为徽章室、飞鸟室或骑士室，因为天花板上画满了各种颜色的徽章和小鸟。狭窄和呈四瓣形的窗洞非常深，甚至变成四周围着一圈花岗石长凳的小房间。还要加上古堡内各处的秘密通道和楼梯，禁闭室和棱堡，犹如迷魂阵般的内外走廊，不知通往何处的已经砌死的地道。到处是沉默、黑暗和石头的面孔：这就是贡堡。

我们在卫士厅里吃晚餐。我吃得自由自在，结束了我生命中的第一个幸福日子。真正的幸福是并不昂贵的；如果昂贵，那就不是真正的幸福了。

第二天，我一醒来就跑到古堡外面去玩，庆贺我开始了清静的生活。台阶朝向西北。当我坐在台阶边缘的时候，我面前是绿院，再过去是一片菜园，两边是树林：右边是来时我们经过的种成梅花形的树林，叫"小树林"；左边是"大树林"，由橡树、山毛榉、埃及无花果树、榆树和栗树组成。塞维涅夫人在她那个时代赞美过这些古老的树木。从那时算起，一百四十年过去了，树木变得更加葱郁。

在另一端，南面和东面，景色完全不同。从大厅窗口，可以远远看见贡堡镇的房屋、一个池塘、池塘边的堤围（通往雷恩的大道从堤上通过）、磨坊、堤围外放牧奶牛的草场。沿着草场，有一座小村庄；村庄中心有一座由贡堡的领主里瓦隆在一一四九年创建的隐修院；里面现在还可以看见他穿骑士铠甲的卧像。从池塘边开始，地面逐渐升高，形成一个由树木组成的圆形剧场。几座钟楼和贵族住宅的小塔楼屹立在树丛之上。在天边最远处，在西面和东面之间，看得到贝谢勒莱山的侧影。一个以修剪过的高大黄杨木作边缘的平台从这边环绕在城堡脚下，从马厩后面通过，多处跟沐浴园相通，而沐浴园过去是大树林。

如果画家提起笔，根据这个过于漫长的描绘，能够画出一幅与古堡的真实情况接近的草图吗？我想这是不可能的。但是，我今天仍然记忆犹新，好像就是我眼前的情景。在描写那些具体事物的时候，语言是这样无力，而记忆却显得那么强大！在开始谈到贡堡的时候，我的歌的头几段只可能令我自己着迷。你们去问问第洛尔[①]的牧民，为什么他对着他的羊群总是重复那三四个老调？那是山间的曲调，它们在山间回响，在溪流上空盘旋。

我头一次在贡堡逗留的时间很短。刚住了两个星期，我就看见多尔中学的校长波尔歇神父来到我家里；父母将我交给他，我含着眼泪跟随他走了。

[①] 第洛尔（Tyrol）：前奥地利帝国位于阿尔卑斯山地区的省份。

篇章二

多尔中学——数学和语言——我惊人的记忆力

　　我同多尔并不是毫不相干的。我的祖先纪尧姆·德·夏多布里昂是博福尔的领主，大教堂的第一个神职祷告席的创立人；而我的父亲作为家族的后代和代表，是议事司铎；多尔的大主教德·埃尔塞先生，是我们家的朋友。这位高级教士在政治上是温和派；他同他弟弟埃尔塞神父一道，手捧十字架跪在地上，在基贝隆的殉道广场被枪决。到达多尔中学之后，勒普兰斯神父负责照顾我，他教修辞学，而且他在几何学方面造诣很深。他是一个风趣的人，一表人才，喜欢艺术，肖像画画得不错。他教我学数学；埃戈尔神父是三年级的负责教师，教我学拉丁文；我在我房间里学数学，在课室里学拉丁文。
　　对于我这样一只猫头鹰，要习惯中学牢笼般的生活，让我的飞行节奏适应它的钟声，的确需要时间。我不可能有酒肉朋友，因为同一个连零用钱都没有的穷小子打交道不会有任何油水；我也不愿意委身于人，被别人保护，因为我憎恶保护人。在游戏当中，我不想指挥别人，但我也不愿意听从别人摆布。我既不能当暴君，也不适合当奴隶，而且我一生都如此。

但我很快变成一个聚会中心。此后，我在军队服役的时候，也表现出同样强的吸引力：我只是一名少尉，但晚上老军官都喜欢在我房间里聚会，他们更喜欢我的住所，而不是咖啡馆。我也弄不清这是怎么回事，可能是因为我容易理解别人的思想，接受别人的习惯做法。跟我喜欢读书和写文章一样，我也打猎和跑步。我既可以闲聊那些最平常的琐事，也可以谈论那些最高雅的题目。我对幽默不敏锐，甚至对之反感，尽管我也不是一个蠢人。除了讽刺和自负，我可以原谅任何错误；我很难不蔑视讽刺和自负。我觉得别人同我相比，都有超过我的地方，如果我偶尔觉得自己有什么长处，我会因此感到尴尬。

我的早期教育所掩盖的优点在中学里苏醒了。我的学习天赋很好，我的记忆力非同一般。我在数学方面取得很快的进步，我概念清楚，令勒普兰斯神父感到惊讶。同时，我对语言表现出了浓厚的兴趣。学习拉丁文的基础知识对其他学生是件苦事，而我不费吹灰之力。我迫不及待地盼望上拉丁文课，把它当作数字和几何图形之后的休息。不到一年，我就稳坐第五名。出奇的是，我用拉丁文写诗得心应手，以致埃戈尔神父称我为"哀歌诗人"，而且我这个名声一直留在我的同学中间。

至于我非同一般的记忆力，请看下面两个例子。我背熟了对数表，即你给我一个几何数，我就可以凭记忆告诉你对应的算术数，反之也如此。

通常，大家在校内小教堂做完晚祷之后，校长读一段经文。然后，他随便指定一个学生重复他念的内容。在祷告之前，我们已经玩得疲惫不堪，困得要死；我们胡乱找一张长凳坐下，想方设法躲在一个阴暗角落里，这样就不会被校长看见，也就不会被提问了。告解座是大家争着占据的地方，因为那里最隐蔽。一天晚上，我有幸进入了这个港湾，自认为万无一失。可是校长觉察我的意图，决定拿我开刀，以儆效尤。他用很长时间、慢慢地念了一篇说教的第二点。学生们个个都在睡觉。不知出于什么偶然，我在我的告解座里倒是醒着的。校长只看见我的脚，以为我同别人一样也在睡觉，他突然叫我的名字，问我他刚才念了什么。

说教的第二点列举了人们可能冒犯上帝的各种方式。我不仅讲出了问题的实质，而且我按照说教的次序，几乎一字不漏地重复了长达数页的深奥难懂的文章。小教堂里响起一片啧啧赞美声。校长叫我过去，轻轻在我面颊上拍了一下。作为奖赏，他允许我第二天可以睡到早餐时起床。我谦虚地避开同学们的称赞，但充分利用了给予我的优待。这种对文字的记忆力我没有完全保持下来，后来让位于一种更加奇特的记忆力，以后我可能有机会讲到。

有一样东西使我感到屈辱：记忆力常常意味愚蠢。它是头脑笨拙者的品质，因为记忆加重头脑的负担，使它更加迟钝。可是，如果我们没有记忆，那么我们会是什么模样呢？我们会忘记我们的友情、我们的爱情、我们的欢乐、我们的事业。如果不能记忆的话，天才无法汇集他的思想，最敏锐的心灵会失去它的温情。我们的存在会成为不断流逝的现在的连绵不断的瞬间，过去将不复存在。啊！我们的悲哀！我们的生命是如此虚妄，它仅仅是我们的记忆的倒影。

一八一二年九月，于狼谷
一八四六年六月修改

贡堡度假——外省古堡生活——封建习俗——贡堡镇的居民

我要在贡堡度过假期。巴黎附近的城堡生活同偏僻的外省城堡生活大不相同。

在领地范围内，贡堡只有荒原、几个磨坊、两个森林：布尔古埃森林和塔诺艾尔森林。但在这个地区，木材几乎是毫无价值的。然而，贡堡享有许多封建特权。这些权利是多种多样的，有的规定某些活动要缴纳费用，或者规定一些起源于旧制度的习惯做法，还有一些当初仅仅是娱乐。

我父亲恢复了某些娱乐性质的活动，以免它们失传。当全家聚在一起的时候，我们参加这些哥特人的游戏，其中主要有三种："鱼贩跳船""刺人像靶"和一种叫"昂热维纳"的集市。穿木鞋和长裤的农民观看游戏，这样的人和这样的游戏今天都不存在了。游戏中，优胜者有奖，失败者受罚。

刺人像靶保存了古代骑士比武的传统，这种游戏可能跟封地时代的兵役制度有关。这种游戏在康热[1]的书中有详尽的描写。罚金要用古代铜币支付，金额可以高达两枚"金羊"，每枚值巴黎铸造的钱币二十五苏。

昂热维纳集市每年九月四日，即我出生的日子，在池塘边的草场上举行。规定仆从们都要带上武器，举着领主的旗子来到古堡；然后，他们到集市维持秩序，协助收牲口税。当时，每头牲口都要向贡堡公爵交税，是王权税的一种。这时候，我父亲大摆宴席。大家跳舞三天：主人

---

[1] 康热（Cange，一六一〇——一六八八）：法国学者。

们在大厅里，有小提琴伴奏；仆从们在绿院里，有风笛伴奏。大家唱歌，欢呼，用火枪射击。人群的喧闹同牲口的叫声混杂在一起，人们在花园和树林里逛来逛去。贡堡在一年之中，至少有这么一次显得有点欢乐气氛。

我这个人一生的经历很奇特，既有幸参加过刺人像靶比赛，也听人宣读过《人权宣言》；既见过布列塔尼农村自由民的民团，也见过法国国民卫队；既见过贡堡领主的旌旗，也见过革命的旗子。我似乎是封建习俗的最后的见证人。

古堡接待的客人当中，有小镇居民和附近的贵族。这些上流社会的人是我最早的朋友。我们由于虚荣心，太重视我们在这个世界上扮演的角色。巴黎资产阶级嘲笑外省小城资产阶级；宫廷贵族嘲笑外省贵族；名人蔑视卑微无闻的人。他们不曾想过，时光会惩罚他们的自负，在后代眼中，他们是同样可笑或无足轻重的。

当地最著名的首富[①]是一位名叫波特莱的先生，他曾是东印度公司的船长，喜欢讲有关本地治里的故事。由于他讲故事的时候，将两肘支在桌上，我父亲很想把碟子往他脸上扔过去。然后是烟草仓库的老板洛纳先生。他同雅各布一样，是一个有十二个孩子的家庭的父亲：九个女孩，三个男孩。最小的男孩达维德是我的游戏伙伴。一七八九年，这位老先生想成为贵族，他可真会挑选时候！在这座房子里，欢乐多，债也多。税务监督热柏尔、财政检察官波秋、收税官科尔维西埃和教堂主持夏尔梅尔神父，是贡堡的常客。我在雅典没有见过更加有名的人物。

德·波秋-布瓦、德·沙多-达西、德·坦特尼亚克等先生，一两位其他贵族，星期天到教区教堂来听弥撒，然后到城堡主人家吃午饭。我

[①] 指领主老爷之后，代表自由民的人。

们同特雷莫杜一家的关系最密切。这家人有丈夫、漂亮的妻子、非婚生的姐姐和几个孩子。他们住在一间农舍里，唯一的贵族标记是一个鸽子棚。特雷莫杜家族现在还有人在。他们比我明智和幸福，如今还生活在我三十年前离开的古堡附近。他们现在还做当年我去他们家吃黑面包时所做的工作。他们从来没有驶出我早已离开的港口。当我写这页文字的时候，他们可能在谈论我；我责怪自己披露他们的姓名，侵犯了他们以此保护自己的平淡无闻。长期以来，他们怀疑他们听见谈论的人是不是"小骑士"。贡堡的本堂神父塞万（我儿时常常听他讲道）对此也表示将信将疑。当年他将我抱在他的膝盖上，他无法想象，我这个同农民厮混在一起的顽童如今竟然是宗教的捍卫者。他最后终于相信了，而且在讲道中提到我的名字。这些值得钦佩的人，以为我此刻同儿童时代和青年时代的我一样单纯、一个模样，可是，我经过时间的乔装打扮，已经变了，他们还会认得我吗？在他们同意拥抱我之前，我不得不说出自己的名字。

我给我的朋友们带来了不幸。一位过去对我感情深厚、名叫罗尔的猎场看守人，被一个盗猎者杀害了。这个谋杀事件对我打击甚大。人类的牺牲是多么奇特、多么令人费解的事情呀。为什么最昭彰的罪行和最显赫的光荣是让人类流血呢？我想象罗尔手捧着自己流出的肠子，挣扎着回到他的茅屋，在那里死去。我有过报复的念头；我要同杀人犯搏斗。在这方面，我是与众不同的：对于冒犯，我最初感觉迟钝；但是事情铭刻在我的记忆里，而且随着时间推移，印象越来越深刻，而不是消失。对事情的记忆可能在我心中沉睡几个月、几年，有一天它突然带着新的力量苏醒了，而我的伤痛比头一天更加强烈。但是，如果说我不原谅我的敌人，我并没伤害他们；我是记恨的，但我并无报复之心。即使我有报复的力量，我也没有这样做的决心。仅仅在不幸的时候，我才是危险的。那些对我施加压力，以为这样能够使我让步的人错了；逆境对于我，犹如土地对于安泰①：我在我母亲的怀抱里吸取力量。一旦幸福将我从她怀中夺走，我就会窒息。

一八一二年十月，于狼谷

第二次贡堡度假——孔蒂团——圣马洛营地——一座隐修院——剧场——我的两个姐姐结婚——重返中学——我的思想开始转变

我怀着依依不舍的心情离开贡堡，回到多尔。第二年，由于有在泽西登陆的计划②，圣马洛附近建立了军营。贡堡驻扎了一些部队。德·夏多布里昂先生出于礼貌，先后向都兰团和孔蒂团的上校指挥官提供住房：一位是德·圣西蒙公爵，另一位是德·科奘侯爵。每天有二十名军官是我父亲餐桌上的客人。这些外人的玩笑令我感到不快；他们的散步扰乱了我的树林的平静。由于看见孔蒂团的中校维尼亚古在树下骑马狂奔，我头脑中闪现了去旅行的念头。

当我听见我们的客人谈论巴黎和宫廷的时候，我感到悲哀；我设法弄懂什么是上流社会。我发现了一些模糊和遥远的东西，但我很快感到

---

① 安泰（Antée）：希腊神话英雄，大地是他的母亲。
② 从一七七八年开始，法国支持美国反对英国殖民统治的斗争，曾经计划攻占泽西岛。

困惑了。从单纯和平静的外省，放眼看这个世界，我感到眩晕，犹如从高耸入云的塔楼上俯瞰地面一样。

然而，有一样东西令我着迷：阅兵。每天，值班卫队以鼓和军乐为前导，在绿院列队走过。德·科奘先生提议带我去参观海边的军营，我父亲同意了。

带我去的是德·拉莫朗戴先生。他是一位很善良的贵族，但由于穷困，他沦落为贡堡的土地代管人。他身穿一套灰色羽纱服，衣领上有一道银色条纹。头上戴一顶灰色毡风帽，帽子的尖角往前倾斜。他让我跨坐在他身后的马臀上，那匹牝马名叫伊沙白利。我抓住系在他衣服上用来插猎刀的腰带。我兴高采烈。当克鲁德·德·比利翁和德·拉穆瓦尼翁议会主席的父亲还是孩子的时候，他们到乡下去，"人们用篮子将他们放在驴子的两边，一边一个，由于拉穆瓦尼翁比较轻，在他的篮子里加些面包，以保持平衡。"（德·拉穆瓦尼翁主席的《回忆录》）。

德·拉莫朗戴先生抄近路：

兴高采烈，意气风发，
穿越树林，越过小河；
因为树林中不见人影，
像弗朗索瓦那样高兴。

我们停下来，到一间本笃会修道院吃午饭。修道院由于修士不多，不久前合并到该修会的另一个中心去了。我们在那里只看见负责管理财产和经营林木的修士。他在院长的图书馆为我们安排了一顿极好的午餐：我们吃了许多新鲜鸡蛋，还有大条的鲤鱼和白斑狗鱼。穿过内院的拱廊，我看见池塘边有一些高大的埃及无花果树。为了给我们表演，斧头朝树脚砍去，树顶摇晃着，倒在地上。从圣马洛来的木匠锯着带绿叶的枝条，或者将倒下的树干锯成方木。目睹这些被砍伐的森林，这间无人居住的修院，我的心在流血。以后，教会寺庙的浩劫使我回忆起这间修道院的衰落；这种败落是浩劫的先兆。

到达圣马洛之后，我找到德·科奘侯爵；我在他引导下参观了营区的街道。帐篷、架在一起的枪支、拴在短桩上的马匹，连同大海、船舰和远处城内的钟楼，构成一幅美妙的图画。我看见德·洛泽公爵穿着轻骑兵制服、骑着一匹柏柏尔马，飞奔而过。他是象征一个行将结束的世界的人物之一。德·卡里辇王子来到军营，娶了德·波瓦加林先生的女儿。姑娘有点跛，但颇有姿色。这件事轰动一时，引发了拉克雷太尔家的长子今天还在打的官司。可是，这些事情同我的生活有什么关系呢？蒙田说："当我的朋友逐渐记起整个事件的时候，他们将他们的叙述尽量往后推延。结果，如果故事是好的，他们毁掉其中的精华；如果故事不好，你会咒骂他们的记忆太好，或者他们的判断太糟糕。我看见有些十分有趣的故事在老爷嘴里变得非常枯燥乏味。"我害怕我是这样一位老爷。

当德·莫朗戴先生将我带到圣马洛的时候，我哥哥在那里。一天晚上，他对我说："我带你看戏去，快戴上帽子。"我手忙脚乱，跑到地窖里找放在顶楼的帽子。一个巡回喜剧团刚刚到达该城。我见过木偶；我想象剧场里的驼背丑角会比街头的丑角有趣得多。

我怀着激动的心情，走进城内一条空无一人的街道，看见一座用木头建造的大房子；我穿过漆黑的走廊，心中不免惴惴。小门打开了，我同我哥哥进入一间已经坐满一半的包厢。

布幕拉开，演出开始。演出的是《家父》[①]。我看见两个人一边在舞台上散步，一边讲话，而大家盯着他们。我以为他们是操纵木偶的演

[①] 一部狄德罗写的戏剧。

员，站在吉戈涅太太的茅屋前聊天，一边等候尚未到达的观众。可是，我看见他们高声谈他们的私事，而且观众一声不响，听他们聊天，对此我感到非常惊诧。另外一些人走上舞台，挥动手臂，痛哭流涕，而且大家似乎都受了感染，也放声大哭，这时候我更加惊讶了。布幕降下来，可是我完全弄不懂是怎么回事。我哥哥在两出戏之间，下楼到休息室去。由于我腼腆，一个人待在包厢那些不相识的人当中，这实在是很苦的事情；我宁愿被关在中学里面。这就是我对索福克勒斯和莫里哀的艺术的首次印象。

我在多尔读书的第三年，发生的大事是我的两个姐姐出嫁：玛丽阿内嫁给德·马里尼公爵，贝尼涅嫁给德·凯布里阿克公爵。她们随她们的丈夫前往富热尔，这意味着一家人要拆散了。我的两位姐姐在同一天、同一个时刻、在贡堡小教堂的同一座祭台前接受婚配降福。她们哭着，我母亲流着泪。当时，我对她们的痛苦感到吃惊，但今天我理解了。现在，每逢我参加洗礼或结婚仪式，我都会含着苦涩的微笑，心中不免酸楚。除了出生的不幸，我不知道有比生孩子更大的痛苦。

就在这一年，像我家中发生变化一样，我自己身上也发生了急剧的变化。一个偶然的机会，我得到两本十分不同的书：一是未经删改的《贺拉斯》，一是《草率从事的忏悔》。这两本书对我思想的震动是难以置信的：在我周围崛起了一个奇特的世界。一方面，我揣想在我这个年龄无法理解的秘密，一种同我的存在不同的存在，超越我的视力的快乐，异性的性质不明的魅力——我只见过这个性别的母亲和姐姐；另一方面，拖着脚镣、口中喷火的鬼魂告诉我，只要隐瞒一次罪恶，就要蒙受永世的苦刑。我失眠了；夜晚，我似乎看见黑色的和白色的手掌轮番在我的窗帘前晃动，我想象白手是教会所惩罚的，这个想法更增加了我对地狱的魔影的恐惧。我徒然地在天上和地狱里寻找双重神秘的解释。我不仅受到精神上和肉体上的打击，天真无邪的我还要同早熟的感情风暴和对迷信的恐惧做斗争。

　　从那时起，我感到这个火焰迸发了几星火花，而这个火焰传播着生命。我领会《埃涅阿斯纪》第四卷，读《特勒马科斯历险记》①；突然，我在迪东和厄榭里②身上发现了令我激动的美丽；我对这些令人赞叹的诗句和古典散文的和谐变得敏感。一天，我带着激越的感情流畅地翻译了卢克莱修的诗句"Aeneadum genitrix, hominum divûm que voluptas"③，以致埃戈尔先生把书夺过去，强迫我背诵希腊文词根。我偷偷藏匿一本提布卢斯④的书。当我读到"Quam iuvat immites ventos audire cubantem"⑤的时候，那种快感和忧郁之情似乎披露了我自己的性格。马西隆⑥那些包括"罪人"和"浪子回头"等训诫的书同我形影不离。人们让我翻阅这些书，因为他们不知道其中令我感兴趣的东西。我从小教堂里偷了一些小段的蜡烛，以便夜晚读那些有关心灵骚动的吸引人的描写。我入睡的时候，口中嗫嚅着断断续续的句子，极力模仿作者的温存、和谐和优雅；这位作家在散文中极成功地传达了拉辛式的和谐。

　　如果说我以后能够比较真实地描写心灵中那些夹杂基督教式悔恨的冲动，我相信我得益于使我同时认识两个敌对王国的巧合。一本坏书对我的思想的蹂躏，在另一本书在我心中引起的恐惧中得到纠正，而这种恐惧又被没有遮掩的图画引起的萎靡不振的思想所冲淡。

---

① 《特勒马科斯历险记》(*Le Télémaque*)：法国作家费奈隆（一六五一——一七一五）的著作。
② 忒勒玛科斯爱上的女精灵之一。
③ 希腊文："埃涅阿斯子孙的母亲啊，男子和诸神的快乐。"
④ 提布卢斯（Tibulle，约公元前五十五－约前一十九）：罗马诗人。
⑤ 希腊文："当人们躺下时，听狂风怒号是多么温柔……"
⑥ 马西隆（Massillon，一六六三——一七四二）：法国传教士。

喜鹊事件——在贡堡度过的第三个假期——江湖医生——重返中学

我们在讲到不幸事件的时候，常常说祸不单行；在感情方面，情况也一样：它们一起到来，像缪斯诸女神或复仇三女神一样。在恶习开始折磨我的同时，我身上出现了荣誉感。灵魂的飞扬，使你的心灵在腐败之中不被败坏；这是放置在毁灭人的因素旁边的补偿性质的因素，好像爱情要求青年实现的奇迹和它强加的牺牲的取之不尽的源泉。

天晴时，中学寄宿生星期四和星期天外出活动。教师经常带我们去多尔山，山顶上有几处高卢-罗马遗址。从巍然屹立的山岗上，可以极目眺望大海和沼泽；夜晚，沼泽上飞舞着磷火。我们散步的另一个目的地，是厄第修会隐修院旁边的草坪；厄第是历史学家梅再莱的兄弟，该修会的创始人。

五月的一天，埃戈尔神父，当周的值班学监，把我们带到那个地方。他让我们随便游戏，但他明令禁止爬树。他将我们丢在一条长满青草的小路上，自己走开，去读他心爱的书去了。

路边有一些榆树，其中最高大的一棵顶上赫然有一个喜鹊巢。我们以极大的兴趣望着树顶，互相指着正在抱窝的母喜鹊，心里痒痒的，很想攫取这美妙的猎物。但是，谁敢冒这样的风险呢？命令是那么严厉，老师就在附近，树是那么高！一切希望都寄托在我身上，因为我爬树像猫一样灵活。我犹豫不决，后来，好胜之心终于占了上风。我脱掉衣服，抱着树，开始往上爬。树是光秃秃的，但在树干三分之二高的地方有一个丫杈，喜鹊的巢穴就在其中一个树枝的末端。

我的同学们聚集在树下，为我的勇气叫好，一边看着我，一边望着教士可能倒回的那个方向。他们因为喜鹊蛋即将到手而高兴得跺脚，又因为害怕受到惩罚而胆战心惊。我靠近鸟巢，喜鹊飞走了。我取了蛋，将蛋放在衬衣里，开始下树。我在两条相对的树枝之间滑了一下，跨在树枝上。树是修剪过的，无论左边或右边都没有能够放脚的地方，我不能直起身子抓住树干。这样，我悬在五十尺高的空中。

突然，一声叫喊："学监来了！"我立即被我的朋友们抛弃，就像这种情况下常常发生的那样。只有一位名叫戈比昂的同学试图来救我，但他被迫放弃这个很讲义气的行动。为了摆脱困境，唯一的办法是用手抓住一条树枝，吊在半空，然后用脚抱住丫杈下的树干。我冒着生命危险完成了这个动作。在危难之中，我没有扔掉我的宝贝。可是，我本来应该把那玩意扔掉的，那样会好一些，就像我以后扔掉许多别的东西一样。下树的时候，我划破了手，磨伤了胸脯和腿，而且我压破了喜鹊蛋。教士根本没有看见我在榆树上；我相当巧妙地掩饰了我的血迹，但是我身上的闪亮的金黄色无法逃过他的眼睛。他对我说："走，先生，你要挨鞭子。"

如果此人向我宣布将对我的处罚改为死刑，我也许会感到快乐。在我所接受的原始教育之中，丝毫没有耻辱的概念。在我的整个一生当中，我宁愿接受任何苦难，也不愿意当众被羞辱。我心中感到愤慨，我以男人的，而不是孩子的声调对他说，我绝不允许他或者别人碰我。我的话激怒他，他说我造反，一定要整整我，以儆效尤。"我们瞧吧。"我反驳他说。随后，我若无其事地去和同学玩球，这令他十分惊讶。

我们回到学校。值班教师叫我进入他的房间，命令我俯首就范。我激昂的感情让位于号啕大哭。我对埃戈尔神父说，他是我的拉丁文教师，我是他的弟子，他的学生，他的孩子，他不会让他的学生出丑，从此无脸见同学；我还说，他可以将我关禁闭，只给我吃面包、喝清水，不让我课间游戏，给我记过；我会记住他的宽宏大量，并且因此更加爱他。我在他面前跪下来，双手合在一起，以耶稣-基督的名义求他饶恕我，但他对我的哀求充耳不闻。我满腔愤怒地站起来，使劲朝他的大腿踢了一脚，他发出一声叫喊。他瘸着腿跑到房间门口，紧紧关住房门，然后朝我走过来。我躲在他的床后面，他隔着床用戒尺扑打我。我抓起他的毯子作盾牌。在战斗中我情绪激昂，高声叫道：

Macte animo, generose puer！①

顽童引用名著，我的敌人不禁乐了。他提议休战，我们达成协议：我同意听任校长裁决。校长说我的不是，但同意免除那种我所拒绝的处罚。当杰出的神父放我走的时候，我感激涕零地吻他的袍子的袖子，以致他不得不向我祝福。荣誉感使我进行的第一次战斗就这样结束了。荣誉变成了我终生的偶像，我为它多次牺牲了安逸、快乐和财富。

我十二岁那年的假期是忧伤的。勒普兰斯神父陪我回到贡堡。我外出时，都由我的家庭教师陪同。有时我们散步走到很远的地方。他当时因为肺病奄奄一息；他忧郁而沉默寡言；我也并不比他快乐。我们常常一言不发，一前一后散步几个钟头。一天，我们走进一座树林；勒普兰斯先生转脸问我："应该走哪一条路啊？"我毫不犹豫地回答说："太阳正在落山，它此刻照射着大塔的窗户：朝那边走吧。"晚上，勒普兰斯先生对我父亲讲了此事：未来的旅行家在这个判断中已经崭露头角了。以后，我多次在美洲看见日落，每次我都想起贡堡的树林：我的记忆互相呼应着。

勒普兰斯神父希望家人给我一匹马，但是我父亲的想法不同，他认为一名海军军官只要会开船就够了。我没有办法，只能偷偷骑那两匹拉车的粗壮牝马，或者那匹高大的花斑白马。这匹花斑白马和蒂雷纳②的

---

① 拉丁语："勇敢些，高贵的孩子！"拉丁诗人维吉尔的诗句。
② 蒂雷纳（Turenne，一六一一——一六七五）：法国元帅，三十年战争中屡建战功。

花斑白马不同，不是罗马人所称的、专门培养来救援主人的战马。这是一匹脾气暴躁的马，碎步跑的时候喜欢用蹄子刮地；当我要它跳过壕沟的时候，它咬我的腿。虽然我一生过的是鞍鞯人的生活，但从来没有为马匹操太多的心。与我童年接受的教育必然产生的效果相反，我上马的姿势优雅，但不够稳当。

从多尔沼泽带回的间日疟使我摆脱了勒普兰斯先生。我的父亲不相信医生，但信任江湖骗子。一位江湖医生刚好从村里经过，他叫人把他找来。那位江湖医生保证二十四小时内将我治好。第二天，他来到家里，穿着用金边装饰的绿色衣服，头上戴着搽了粉的松垮垮的假发，细纹布的宽大袖口脏兮兮的，手指上戴着假钻石，黑缎绣花短裤已经磨损，泛蓝的白袜子穿了洞，皮鞋的扣子特别大。

他掀开床帷，给我拿脉，看我的舌头，然后用意大利口音咕噜了几句话，说必须给我服泻药。他给我一小块焦糖吃。我父亲同意他的处理，因为他认为任何病都来自消化不良，治任何病都要让病人服泻药，彻底清洗肠胃。

半小时之后，我开始剧烈呕吐。人们赶快去告诉父亲，他大发雷霆，要把江湖医生从窗口扔下去。而那个可怜虫脱掉衣服，卷起衬衣袖子，做一些滑稽可笑的手势。他每做一个手势，头上的假发就晃来晃去。他重复我的叫唤，然后加上一句："是吗？拉旺第耶先生呢？"拉旺第耶先生是镇上药店的老板，仆人赶快叫他来救命。在我的痛苦之中，我不知道我是因为吃了江湖郎中的药而叫唤，还是因为看见他那副模样而笑得上气不接下气。

他们止住了过量的催吐药引起的后果，我重新站立起来。我们的各种疾病是将我们逐渐推回港口的微风。我见到的第一个死人是一位圣马洛的议事司铎。他死时卧在床上，脸孔由于最后的痉挛而变形。死亡是美丽的，它是我们的朋友。可是我们不认识它，它出现在我们面前的时候戴着假面具，而这张面具令我们恐惧。

秋末，家人将我送回中学。

一八一二年十月底，于迪耶普

法兰西遭侵犯——游戏——德·夏多布里昂神父

警察局一纸命令，迫使我躲到迪耶普；此后，我得到允许，从迪耶普回到狼谷，继续我的写作。大地在敌军士兵的铁蹄下颤抖，敌人甚至侵入我的家乡。我同最后的罗马人一样，在蛮族入侵的喧嚣声中写作。白天，我记述的是那些同当天发生的事件一样动荡的事件；晚上，我回忆在坟墓中沉睡的那些无声无息的年代，重温我童年的恬静。面对各个民族的宽广的现实和它们的壮阔的前途，一个人的过去是多么狭窄和短暂呀！

数学、希腊文和拉丁文占据了我在中学度过的整个冬天。学习以外的时间用来玩那些童稚年代的游戏；那些游戏在各个地方都是一样的。英国儿童、德国儿童、意大利儿童、西班牙儿童、易洛魁[①]儿童、贝督因[②]儿童都玩滚铁环、掷球。儿童是同一个大家庭的弟兄，只是在他们失去处处一样的纯真之后，他们才失去他们的共同特点。这时，被气候改变的感情、政府和风俗习惯，造成不同的民族；人类不再和平相处，

---

① 北美的印第安人。
② 北非和亚洲西部的游牧民族。

不再讲相同的语言。社会才是真正的巴别塔。

  一天上午，我正在学校的大院里玩捉人游戏，仆人过来说有人找我。我跟随仆人走到门口，看见一个肥胖的男人，脸孔红红的，举止粗鲁，一副粗嗓门，手里拿着一根棍子，头上戴着未卷好的黑色假发，一件破长袍撩起来塞在口袋里，鞋子上布满灰尘，袜子穿了洞。"小鬼，"他对我说，"你不是贡堡的德·夏多布里昂骑士吗？""是的，先生。"我回答说，对此人这样称呼我感到惊讶。"而我，"他口沫横飞地继续说，"我是你家族的最后一位长辈，我是德·夏多布里昂神父：你好好看看我吧。"骄傲的神父将他的手伸进他的细纹旧绣花短裤的兜里，拿出一枚用脏纸包着的发霉的六法郎埃居，朝我扔过来。然后，他继续他的徒步旅行，同时嘴里气恼地咕噜着。以后我得知，孔代王子曾经提议这位乡绅兼堂区助理司铎充当波旁公爵的家庭教师。这位傲慢的神父回答说，王子是夏多布里昂男爵领地的拥有者，他应该知道这片领地的继承人可以雇家庭教师，但自己绝不会给任何人当家庭教师。高傲是我家族的通病。这个缺点在我父亲身上表现得咄咄逼人；我的哥哥将它发展到可笑的程度，而且将这个毛病或多或少地传给他的长子。尽管我有共和倾向，也不敢说完全幸免，虽然我小心翼翼地遮掩着。

一八一三年十二月，于狼谷

头一次领圣体——我离开多尔中学

我第一次领圣体的时间快到了，在家里这是决定孩子前途的时刻。对于基督教青年来说，这个宗教仪式相当于罗马人的穿成年袍。德·夏多布里昂夫人来参加儿子的头一次领圣体仪式；这个儿子皈依她的上帝之后，要离开她了。

我的虔诚是出自内心的，我感化整个学校。我的目光热烈，我反复施行的小斋令我的老师们感到不安。他们害怕我虔诚过度；明智的宗教极力抑制我的热情。

听我忏悔的神父是厄第修会隐修院的院长，他五十岁，表情严肃。每次我来到告罪亭前的时候，他忧心忡忡地问我。他对我的过失的轻微性质感到吃惊，无法将我向他披露的微不足道的秘密同我的惶惶不安联系起来。复活节越接近，他越是急切地问我。"你对我没有隐瞒什么吧？"他对我说。而我总是回答："没有，我的神父。"他放我走的时候满脸狐疑，叹着气，眼睛盯着我，似乎要洞穿我内心的秘密；而我离开他的时候，脸色苍白，像罪人一样沮丧。

我应该在神圣的礼拜三接受赦罪。从星期二晚上到星期三，我不停地祈祷，怀着恐惧的心情读《草率从事的忏悔》一书。星期三下午三时，我们出发到修道院去。我的父母陪伴我。德·夏多布里昂夫人作为基督教徒和母亲，看见她儿子就要去领圣体，心中感到自豪，这是我以后的虚名绝对不能引起的。

到达教堂后，我在祭坛前跪下，我这样待着，像死了一样。当我站起来向修道院院长所在的圣器室走去的时候，我的双膝发抖。我倒在神父脚下，用完全走样的声音念我的忏悔。"好，你没有忘记什么吧？"耶稣-基督的代言人对我说。我一言不发。他又提这个问题。我仍然说：

65

"没有,我的神父。"他冥想了一会儿,请示授权使徒束缚和解放灵魂的主。这时,他下了决心,准备给我赦罪。

上天的雷霆也不会这样令我恐惧,我大声叫道:"我还没有都说出来!"这位可怕的裁判,这位至高无上的主的代表,这个令我如此畏惧的面孔,变成最温柔的牧羊人。他拥抱我,泪如雨下。他说:"说吧,我亲爱的孩子,勇敢些!"

在我一生当中永远不会再有这样一个时刻。我感到无比轻松,好像在我身上移开了一座大山。我幸福得流泪。我敢说,从这一天开始,我被塑造成一个诚实的人。我感觉,我以后绝对不会在悔恨中偷生:犯罪的悔恨应该是多么惨烈,既然我为了隐瞒儿时的缺点蒙受了那么多痛苦!可是,这个宗教是多么神圣呀!它能够这样控制我们的善良的本性!什么样的道德箴言能够取代这些基督教的教诲呢?

第一次认错之后,以后就没有什么能够难倒我了。被我隐瞒的、别人也许付之一笑的儿时的过错,经过了宗教的清洗。修道院院长感到十分为难;他本来想推迟我领圣体的时间,可是我马上就要离开多尔中学,而且不久之后要进海军服役。他以极大的洞察力,从我年幼时所犯的过错的性质本身,发现了我的习性的本质,无论这些过错是多么微不足道。

他是头一个洞悉我的未来前途的秘密的人。他猜到我未来的爱好。他对我并不隐瞒他在我身上看到的好东西,但他也预见了我未来的不幸。"总之,"他补充说,"你赎罪的时间不够;但是你以勇敢的,虽然迟到的认错洗刷了你的罪愆。"他抬起手,念了赦罪的那些话。这次,这只令人惊恐的手臂洒在我头上的是天上的甘露;我低下头,接受圣水;此时,我的感受与天使的至福类似。我跑过去,投进在祭坛脚下等待的我的母亲的怀抱。在我的老师们和我的同学们眼中,我变成另一个人;我走路步履轻盈,昂着头,表情开朗,体现了忏悔的完全胜利。

第二天是神圣的星期四,我被接纳参加这令人感动的、崇高的仪式;在《基督教真谛》中,我曾经徒然地试图描绘仪式的场面。我在其中本来会重新感到我惯常的卑屈:我的花边和我的衣服不及我的伙伴的花边和衣服漂亮;但是,这一天完全属于上帝,完全是奉献给上帝的。我现在完全明白信仰是什么。我对祭台上的牺牲品的真实存在,同对我身边母亲的存在同样敏感。圣体放在我嘴唇上的时候,我觉得自己的五脏似乎都被照亮了。我因为崇敬而浑身发抖。我唯一担心的世俗的事情,是害怕亵渎圣体。

> 我向你呈奉的圣饼,
> 权作天使的食物,
> 上帝自己用小麦的花粉
> 将它制成。

(拉辛)

我还想象殉难者的勇气。此刻,我甚至能够在拷问架上或在狮子群中,公开表明我对基督的信仰。

我喜欢回顾这些幸福的感情,在我心灵中,它们在这个世界的苦难发生之前不久产生。将这些感情同我即将描绘的激动相比,看看在三四年之间内,心灵所体会的由虔诚和宗教带来的一切甜蜜和神益,和由激情带来的诱惑和痛苦,人们可以在两种快乐之间进行选择;人们会看到应该到哪一边去寻求幸福,特别是安宁。

在我头一次领圣体三周之后,我离开多尔中学。这间中学给我留下愉快的回忆。我们的童年在经她美化的地点留下了几许痕迹,好像花儿给它碰过的物体留下芬芳。今天,想到我最初的同学们和最初的老师们四散各地,我还十分感慨。勒普兰斯神父,被任命担任鲁昂附近的一个有俸圣职，不久就去世；埃戈尔神父在雷恩教区得到一个本堂神父的职位；而我看见善良的校长波尔歇神父在革命开始时死去：他是一个有教养的人，为人温和、淳朴。我将永远带着亲切和崇敬的感情思念这位微贱的罗林[①]。

贡堡布道——雷恩中学——与热斯里尔重逢——莫罗——里莫艾朗——我的三姐结婚

我在贡堡找到足以向我的虔诚提供营养的东西，是一次布道；我参加了布道的全过程。我在古堡的台阶上，同男女农民在一起，从圣马洛主教手中接受坚振礼。随后，人们竖起十字架。在固定十字架的时候，我帮忙扶着它。十字架现在还在，耸立在我父亲去世的那座塔楼对面。三十年来，这个十字架从未见过这座塔楼的窗口出现人影；它不再被古堡的孩子们顶礼膜拜；每年春天，它徒然地等待孩子们归来；结果，它看见的只是燕子——这些我儿时的伴侣，燕子对它们的巢穴的忠诚超过人类对祖屋的忠诚。如果我的一生是在十字架下度过的，如果我的头发只是被用青苔覆盖十字架的时光催白，那么我会多么幸福呀！

不久，我启程去雷恩。我要在那里继续我的学业，上完我的数学课，然后参加海军见习军官的选拔考试。

德·法约尔先生是雷恩中学校长。在这间布列塔尼的居矣莱中学[②]

[①] 罗林（Rollin，一六六一——一七四一）：法国教育家，主张人文主义教育。
[②] 居矣莱（Juilet）中学：指由奥拉托利会会员们创办的一间中学。

里，有三位杰出的教师：二年级的夏多吉隆神父，教修辞的热梅尔神父，教物理的马尔尚神父。住宿生和走读生都很多，班级很大。这间中学从前的毕业生热弗鲁瓦和然格内[①]，即使放在巴尔贝中学和布来西中学[②]，也会给这些学校增光。德·巴尔尼骑士在这里学习过，在指定给我住的房间里，我睡的就是他从前睡过的床。

在我心目中，雷恩是巴比伦，雷恩中学是一个世界。教师和学生的人数众多，建筑物、花园、院子的宽敞宏伟，都超出我的想象，可是不久我就习以为常了。在校长的圣名瞻礼日，我们放了假；我们以自己的方式放开嗓门唱那几段美妙的颂歌：

> 啊，忒耳普西科瑞，啊，波林尼亚，
> 来吧，来满足我们的心愿吧，
> 理智邀约你们参加！

我对我的新同学的影响，可以同我在多尔对我的老同学的影响相比；为此，我挨了几顿揍。布列塔尼孩子脾气暴躁，休息日到名为塔堡尔的本笃会修士公园散步的时候，同学们互相挑战。我们将圆规绑在木杆的一端当作武器，或者徒手搏斗；搏斗的激烈程度视对抗的性质而定。战场有仲裁人，由他们决定战斗是否结束，怎样才算获胜。搏斗在战斗一方承认战败时才停止。我在这间学校又与我的老朋友热斯里尔重逢；他跟在圣马洛一样，常常充当冲突的裁判。一天，我要和青年贵族圣里弗尔（他后来是革命的第一个牺牲品）较量一番，热斯里尔愿意当我的助手。我被我的对手压在身下，但我拒绝投降，结果我为我的高

---

① 热弗鲁瓦（Geffroy，一七四三——一八一四）：文学批评家；然格内（Ginguené，一七四八——一八一六）：历史学家和评论家。两人都是布列塔尼人。
② 都是巴黎的著名中学。

傲付出了沉重的代价。我跟朝断头台走去的让·德马雷斯特[①]一样,说:"我只感谢上帝。"

在这间中学里,我碰见两个后来以不同方式成名的同学:莫罗将军和里莫艾朗[②];后者是炸弹的发明人,此刻在美洲当神父。吕西儿只留下一张画像,而这张蹩脚细密画就是里莫艾朗的作品;在革命造成的困境中,他变成画家。莫罗是走读生,里莫艾朗是住宿生。在同一个时代,在同一个省份,在同一座小城,在同一间学校里,竟出现这么多命运如此奇特的人物,这实在是十分稀罕的事情。我在此不禁要讲一个里莫艾朗作弄值周学监的故事。

学生回到宿舍后,学监通常在宿舍里转一圈,看看有什么问题。为此,他透过每个房门上挖的小孔观察。里莫艾朗、热斯里尔、圣里弗尔和我住在同一个房间里。

"作恶的动物是一道美妙的菜肴。"[③]

我们曾经好几次用纸堵住小孔,但都白费力气。学监将纸顶开,看见我们正在床上乱跳或者糟蹋椅子。

一天晚上,里莫艾朗催我们赶快上床熄灯,但没有把他的计划告诉我们。不久,我们听见他起床,走到门口,然后又上床。一刻钟以后,学监悄悄来了。由于他对我们不放心(而且他不无道理),他在我们房门口停下来,听着,瞧着,看不到光线……

"是谁干的?"他冲进房间,大声叫道。里莫艾朗笑得喘不过气来,而热斯里尔装蒜,用浓重的鼻音问:"什么事呀,学监先生?"同里莫艾

---

① 让·德马雷斯特(Jean Desmarest,一五九五——一六七六):法国作家。
② 莫罗(Moreau,一七六三——一八一三):一七九三年入伍,有战功。后来拿破仑指责他同保王党勾结,将他处死。里莫艾朗(Limoëlan,一七六八——一八二六):一七九九年炸弹爆炸事件的主要策划者之一;后来流亡美国。两人都是布列塔尼人。
③ 引自拉封丹的寓言《猴子和猫》。

朗一样，圣里弗尔和我躲在被子里面偷笑。

人们从我们嘴里什么也没有掏出来，我们是勇敢的。我们四个都被关进小地窖。圣里弗尔在一道通往猪舍的门下搜索，把头钻到里面，一头猪跑过来，几乎把他的脑袋啃了。热斯里尔溜进酒窖，弄开一桶酒，葡萄酒淌了一地；里莫艾朗拆了一堵墙；而我，新时代的佩兰·当丹[①]，爬到地下室的气窗上，用我的演说吸引了一群街头顽童。对学监如此恶作剧的同学（爆炸装置的可怕发明人），令人想起儿童时代的克伦威尔[②]，他用墨水涂抹另一位弑君者的脸孔，而后者在他的名字之后签署了处死查理一世的判决书。

虽然雷恩中学的教育有极浓厚的宗教色彩，但我的热忱降低了：老师和同学人数众多，提供了许多娱乐的机会。我的语言学习有进步；我成了数学尖子，对这门课特别喜爱，凭这一点，我本来可以当一名好的，甚至出色的海军军官。在各个方面我都容易上手。我对严肃的事情和对愉快的事情都有兴趣：在写散文之前，我先写诗；艺术使我激动；我非常喜欢音乐和建筑。尽管我对任何事很快就感到厌烦，但我愿意做那些烦琐的事情，我的坚持战胜我的厌恶。我从来没有放弃一件值得完成的事情；有些事我用我一生当中的十五年或二十年时间去追求，热情饱满，始终如一。

我的聪明也表现在次要事情上。我下棋机智，会打台球、打猎、击剑；我的绘画不错。如果有人教我练嗓子，我唱歌也会很好。这一切，再加上我所受的教育，军人和旅行家的生活经历，让人感觉我毫无学究气，从来不让人感觉我愚笨或自负，我也从来没有旧文人的怪僻，也没有新文人的傲慢和刚愎自用，更不用说嫉妒和不可一世的虚荣心了。

我在雷恩中学度过了两年。热斯里尔比我早一年半离开。他进入海

[①] 拉辛的喜剧《诉讼人》（一六六八）中的人物，想站在屋顶上判决。
[②] 克伦威尔（Cromwell，一四八五——一五四〇）：英国政治家。

军。在这两年当中，我的三姐朱莉结了婚。她嫁给孔代团的上尉德·法尔西公爵，同她丈夫在富热尔安家，我的大姐和二姐已经住在那座城市里了。朱莉的婚礼在贡堡举行，我参加了仪式。婚礼上我碰见德·特隆若利公爵夫人，她后来以她在断头台上表现的勇气令人瞩目。她是德·拉鲁艾里侯爵夫人的表妹和密友，卷进侯爵夫人的阴谋活动。在此之前，我只见过自己家中的女性，当我看见一个外面的女子如此美丽时，有点感到不知所措。生活的每一步向我展示一个新的前景。我听见充满激情的既遥远又迷人的声音向我走来。我被这新鲜的美妙声音吸引着，急忙朝这些美人奔去。当时，我像埃勒吉斯大主教，对每位神灵奉献不同的香火。但是，焚香的时候，我唱的颂歌能否和祭司的诗一样，被称为"馨香"呢？

一八一三年十二月底，于狼谷

我被送到布雷斯特参加见习军官的入学考试——布雷斯特港——我与热斯里尔重逢——拉佩鲁兹——我回到贡堡

朱莉结婚之后，我启程去布雷斯特。我离开雷恩这间大型中学的时候，并没有我在离开小小的多尔中学时的那种恋恋不舍的感情。可能我已经失去对一切都感到新奇的天真；时光开始使我的纯真失去敏锐了。在新情况下，我的良师益友是我的舅舅拉夫内尔·德·布瓦太耶，他是舰队司令。他的一个儿子，波拿巴军队中的一位非常杰出的军官，娶我姐姐法尔西公爵夫人的独女为妻。

到达布雷斯特之后，我找不到我的海军军官学校学员证书，不知是什么东西耽误了。我束手无策，不能参加正规学习。我舅舅把我放在暹逻街寄宿，吃海军军官学校的客饭，同时将我介绍给海军司令埃克托尔公爵。

我头一次处于无人过问的状态。我将自己禁闭在孤独的本能之中，而不去结识我未来的同学。我经常接触的人只是我的剑术、图画和数学教师。我以后要在许多地方看见的大海在布雷斯特冲刷着阿尔莫里克半岛的末端。越过突兀的海岬，极目望去，只见一望无际的海洋和未知的世界。在这个空间里，我的想象力纵情翱翔。我常常在热古弗朗斯码头一带，找一根倒在地上的桅杆坐下，观察人群的运动：建筑工人、水手、军人、海关官员、苦役犯在我面前走来走去；旅客们上船下船，驾驶员指挥操作，木匠锯着木头，制绳工编织绳索，见习水手给锅炉点火，烟囱里冒出浓烟和沥青的清新气味。在船舶和商店之间人们搬运着、滚动着成捆的商品、成袋的食物和炮兵的辎重。这边，大车往后倒退，下水装货；那边，滑车提起重物，而吊车放下石块，疏浚船挖掘冲积地；要塞重复着信号，小艇来回穿梭，船只起锚或者进港。

我的头脑对社会，对于它的善和恶，充满模模糊糊的想法。我萌生一种莫名的忧伤；我离开我坐的桅杆；我沿着海堤往上走，来到一个看不见港口的拐角处。在那个地方，除了一道泥炭质的山谷，什么也看不见；但是，我仍然听见大海深沉的低吟和人群的喧嚣。我在小河边躺下来。我时而望着流水，时而凝视小嘴乌鸦飞翔，享受笼罩在我周围的宁静，或者倾听造船捻缝工的锤声，我纵情遐想。在我的遐想中，如果风儿送来升帆的军舰的鸣炮声，我会眼睛噙着泪水，全身战栗。

一天，我在港口散步，向最靠近外海的地方走去。天气炎热，我躺在沙滩上睡着了。突然，我被一声巨响惊醒。我睁开眼睛，就像奥古斯特打败塞克斯都·庞贝之后，在西西里岛的锚地观看三层桨战船。大炮不断轰鸣。锚地里到处是舰船：法国大舰队在签订和约之后[①]回港了。战船扬着帆，硝烟弥漫，旌旗飘扬，雄姿招展，抛锚停下或者继续在波浪上颠簸。从来没有别的东西比这件事使我对人类精神有一个更崇高的认识。天主曾经对大海说过"你不会去得更远。Non procedes ampliùs"[②]；此时此刻，人类似乎向天主借用了什么。

布雷斯特倾城出动，都赶来了。小艇离开舰队，在莫勒登岸。艇上的军官们脸孔被太阳晒得黑黑的，露出从另一个半球带回的奇特的表情，还有一种我说不出的快乐、骄傲和勇气，犹如那些刚刚捍卫了国旗的荣誉的人。这个如此勇敢、如此著名的舰队，这些苏弗朗、拉莫特-皮盖、迪·古埃迪·德斯坦的战友，逃过了敌人的炮火，但却倒在法国人自己的炮火之下！

我注视这支英勇的部队走过。突然，一位军官离开他的同伴，跑过来抱住我的脖子：此人是热斯里尔。他看来长高了，但由于他胸部挨了一剑，身体虚弱而无精打采。他当晚就离开布雷斯特回家去。我以后只见过他一次，那是在他英勇死去前不久。我以后会讲到，他是在什么情况下死的。热斯里尔的突然出现和离开使我下了决心，而这个决心改变了我一生的进程。前面已经写过，这个年轻人对我的命运有极大的影响。

人们可以看出我的性格如何形成，我的思想倾向，我的才能最初受到什么样的打击，因为我可以把我的天才当作一件坏事来谈，无论这个天才是罕见的或者平庸的，无论它配不配这个名称，因为我找不到其他更恰当的词。如果我同其他人更相像的话，我也许会更加幸福；能够毁灭我身上的才能，而不夺去我的精神的人也许是我的朋友。

当布瓦太耶公爵带我到埃克托尔先生家去的时候，我听那些年轻

[①] 同英国签订和约之后。
[②] 引自《圣经·约伯记》。

和年迈的水兵讲述他们的战斗故事,介绍他们见识过的国家。此人从印度归来,彼人到过美洲;这位即将起锚周游世界,那位要去地中海的港口,访问希腊海岸。我舅舅把人群中的拉佩鲁兹[1]指给我看;这位新时代的库克[2]后来丧身在风暴之中。我倾听着,观察着,一言不发。但是,当天晚上,我失眠了:我想象我将进行的战斗,发现未知的土地。

无论如何,看见热斯里尔回到他父母那里,我想没有什么东西能够阻碍我回到我自己的父母身边。如果我不是独立不羁,厌恶各种形式的役使,我可能很喜欢到海军服役,但我生性不愿意被人使唤。旅行吸引我,可是我只喜欢按照我自己的意愿独自成行。总之,我既没有通知我舅舅拉夫内尔,也没有等候证书,在未得到任何人允许的情况下,一天上午我启程回贡堡了;对于我的家人,我似乎从天而降。

虽然我很害怕父亲,但我胆敢做出这样的决定,对此我今天仍然感到惊讶。同样令人吃惊的,是家人对我的态度。我以为我父亲会大发雷霆,结果我受到亲切的欢迎。我父亲只是摇摇头,似乎说:"多么轻率的举动呀!"我母亲由衷地拥抱我,同时嘴里嘀咕着;我的吕西儿则心花怒放。

一八一四年一月,于狼谷

---

[1] 拉佩鲁兹(La Pérouse,一七四一——七八八):法国著名航海家,到过美洲、亚洲许多地方,后来死于海难。
[2] 库克(Cook,一七二八——一七七九):英国著名航海家和探测家。

篇章三

散步——贡堡幽灵

从这部《回忆录》上一节的写作日期——"一八一四年于狼谷",到今天的"一八一七年七月于蒙布瓦西耶",三年零十个月过去了。你听见帝国崩溃了吗?没有。没有任何东西扰乱这些地方的平静。然而,帝国在沉沦:在我的生活中,巨大的废墟倒塌了,就像倾翻在一条未知河流中的罗马残骸。但是,对于与此无关的人,事件并无意义:从上帝手中逃脱的几年将以无边的沉寂惩罚这一切喧嚣。

前一章是在奄奄一息的波拿巴专制统治下,在他的荣耀的最后光辉下写成的;我在路易十八的统治下开始写这一章。我在离国王很近的地方见过他们,我的政治幻想破灭了,犹如我继续记述的这些比较甜蜜的空想。先说说令我重新提笔的原因吧:人的心灵是一切东西的玩物,人们无法预计什么微不足道的事情会给它带来欢乐或痛苦。蒙田已经注意到这一点,他说:"为了扰乱我们的心灵,并不需要原因,一个无缘无故的思想就能支配它,令它动荡。"我此刻在博丝和佩尔斯交界处的蒙布瓦西耶。这块土地上属于德·科尔贝尔公爵夫人的城堡在革命中被卖掉，然后被拆除。现在只剩下两座用栅栏隔开的独立的小屋，那是从前守门人的住房。现在的英国式花园，保留若干它从前的法国式的齐整划一的痕迹：笔直的通道、林荫小径环绕的矮树丛使花园显得庄重，好像一处废墟。

昨天晚上，我独自散步；头上的天好像是秋天的天空；不时有一阵寒风刮过来。我停步看着太阳：它钻进阿吕埃楼塔上空的云彩；加布里埃尔[①]曾经是这座塔楼的女主人，两百年以前她曾经像我一样看着太阳坠落。亨利和加布里埃尔今日安在？这部回忆录出版之后，我也会如此。

一只斑鸫栖息在一棵白桦树的高枝上，它的啁啾使我从遐想中惊醒。这神奇的声音蓦然使我记起父亲的庄园。我忘记刚刚目睹的灾难，突然回到过去的岁月，重新看见那些有斑鸫鸣叫的田野。当年，我还没有经验，我听鸟儿鸣叫的时候，同今天一样忧郁，但那种忧郁来自一种对幸福的模糊的渴望。我现在的忧郁来自对那些权衡过、判断过的事物的认识。当年，贡堡树林的鸟儿的歌唱使我怀念我自己认为已经达到的幸福；蒙布瓦西耶花园的同样的歌声，让我想起我在追求无法企及的幸福中失去的岁月。我现在不需要再学习什么。我比别人走得更快，我经历了人生。时光的流逝，拖着我往前走；我甚至不敢肯定能够写完这部回忆录。我还能够在树林旁边散步多久呢？利用我余下的不多的时光吧。赶快描写我的青年时代吧，趁我还记忆犹新。这位永远抛下迷人海岸的航海者，看着渐渐远去、即将消失的陆地，写下他的日记。

一八一七年七月，于蒙布瓦西耶

[①] 加布里埃尔（Gabrielle d'Estrée）：法国国王亨利四世的情妇。

迪南中学——布鲁塞——我回到父母身边

我讲述到我回贡堡,受到父亲、母亲和姐姐吕西儿怎样的欢迎。

读者可能没有忘记我的三个姐姐都结婚了,她们住在位于富热尔周围的新家里。我哥哥的野心开始膨胀,他在巴黎的时间比在雷恩的时间更多。他买了一个行政法院审查官的职务,后来他又将这个职务卖掉,进入军界。他加入皇家骑兵团;他向往外交使团,跟随德·拉吕泽尔纳伯爵出使伦敦;在那里,他同安德烈·谢尼埃① 相遇。当我们的动乱爆发的时候,他差一点就得到驻维也纳大使的职位。他请求出任君士坦丁堡,但他碰到一位可怕的对手:米拉波。后者以与宫廷党联合为代价,得到任命的许诺。我回贡堡居住的时候,我哥哥离去不久。

我父亲躲在他的庄园里,不再出来,即使召开三级会议的时候也如此。我母亲在每年复活节前后到圣马洛住六个星期。她等待这段时间就像等待她的解放一样,因为她憎恶贡堡。旅行前一个月,大家就谈论这件事,好像谈论一件冒险事业;人们开始进行准备;让马休息。出发前夕,大家七时睡觉,次日清晨二时就起床。到三时,我母亲心满意足地出发了;她用一整天时间走这十二法里的路程。

吕西儿在阿尔让蒂埃尔教士会议上被接受为修女,但还要得到勒米尔蒙教士会议的认可。等候期间,她躲在乡下。

至于我,在我从布雷斯特逃回之后,我表达了当神父的愿望。事实上,我只是在争取时间,因为我不知道自己想干什么。家人把我送到迪南中学,让我完成人文科学的学习。我的拉丁文比我的老师还好;我开始学习希伯来文。鲁亚克神父是中学校长,杜阿梅尔神父是我的老师。

---

① 安德烈·谢尼埃(André Chénier,一七六二——一七九四):法国诗人。

迪南环境优美，城内有许多古树，周围环绕着城墙和古老的城楼。它坐落在一座高高的山岗上，山岗脚下流淌着直通大海的朗斯河；它居高临下，俯瞰着林木葱郁的山谷。迪南的矿泉水是小有名气的。这座历史名城是杜克洛的诞生地；在它保存的古物中有盖克兰[①]的心脏。英雄的遗骸在革命时期被人偷走，差一点被一名玻璃匠研成碎末作颜料。难道颜料是用来再现战胜祖国的敌人的画幅？

我的同乡布鲁塞先生同我一道在迪南读书。老师每星期四带学生去游泳，犹如教皇阿德里安一世时代的教士，或者胡诺利于斯皇帝[②]统治下的囚徒。有一次，我几乎淹死；另一次，布鲁塞先生被水蛭咬了；水蛭不知好歹，没有料到它们的前途[③]。迪南同贡堡和普朗古埃的距离相等。我时而去蒙舒瓦看望贝德舅舅或贡堡的家人。德·夏多布里昂先生觉得把我留在家里省钱；我母亲希望我坚持当神父的志愿，但又不愿意强迫我，不再坚持要我在迪南住宿；不知不觉之中，我就待在家里了。

我仍然热衷于回顾我父母的美德，尽管这只是令人感伤的往事；但是，我更乐于再现这幅仿佛根据中世纪文稿的插图描绘的图画。从现时到我即将描写的时代，有几个世纪的间隔。

贡堡的生活——日日夜夜

我从布雷斯特回来的时候，四位主人（我父亲、我母亲、我姐姐和

---

① 盖克兰（Guesclin，一三二〇——三八〇）：法国元帅。
② 胡诺利于斯（Honorius，三八四—四二三）：西方的第一个皇帝。
③ 后来，布鲁塞广泛利用水蛭治病。

我）住在贡堡。一名厨师、一名侍女、两名男仆和一个马夫构成全部仆从队伍。一条猎狗和两匹老牝马占据马厩的一角。这个城堡可以容纳一百名骑士，加上他们的夫人、他们的侍从、侍童、达戈贝尔王[1]的战马和猎犬群。这十二条渺小的生命似乎消失在城堡里。

除了几个贵族、到议会去为自己辩解而路过求宿的德·蒙卢埃特侯爵和德·戈荣-玻夫公爵，古堡长年累月不见一个外人。那两位过路贵族通常冬天来，骑着马，手枪挂在马鞍架上，腰里别着刀，身后跟着一名同样骑马的仆人，仆人背后马臀上载着一个装衣服的大箱子。

我的父亲总是毕恭毕敬，不戴帽子、冒着风雨站在台阶上迎接他们。乡下人被引进屋之后，喜欢讲他们的哈诺弗勒战争，他们家中发生的事情和他们打官司的故事。晚上，人们将他们带到北塔，在"克里斯蒂娜皇后"的套房里就寝。那个房间里有一张七尺见方的大床，罩着双重的用绿纱和红绸制的床帷，支撑床帷的是四个镀金的爱神。第二天清晨，我下楼到大厅里，透过窗子凝望霜冻覆盖的田野，只见两三个旅人在池塘边孤寂的堤上走过：那是我们的客人骑马朝雷恩[2]进发了。

这些外乡人对生活了解不多，可是，多亏他们，我们的视野超越我们庄园的地平线，扩展到几里外的地方。他们一走，惯常的生活又恢复了：我们平时生活在一家人的小圈子里，星期天同村中的自由民和邻近的贵族聚聚。

星期天，当天气晴朗的时候，我母亲、吕西儿和我穿过小树林，沿着一条乡间小路到教区教堂去；碰到下雨，我们就取道贡堡村可恶的街道。马罗尔神父乘坐的轻马车是由四匹白马拉的，那些马是在匈牙利从土耳其人手中夺来的战利品；我们没有这样的福分。我父亲每年只去教区教堂一次，为的是领复活节圣体；其他时间，他都留在古堡的小教堂

---

[1] 公元六二八年至六三八年的法兰克王。
[2] 雷恩（Rennes）：布列塔尼首府。

里听弥撒。我们坐在老爷的长凳上，面对着与祭台比邻的勒内·德·罗昂①的黑色大理石坟墓，接受恭维和祈祷：这是人类荣耀的形象；棺材前面有几缕馨香！

　　傍晚，星期天的消遣结束；而且不是每周都有。天气恶劣的季节，几个月没有人来敲城堡的大门。如果说贡堡镇的欧石南上笼罩着忧郁气氛，那么古堡里面的忧郁更加浓重。人们走进它的拱门时，感觉同进入格勒诺布尔的查尔特勒修道院一样。当我在一八○五年参观这间修院的时候，我穿过一片荒地，而且景象越来越凄凉；我以为到了修院，这种景况就会结束了；但是，在修院的围墙里面，修士们的花园比森林更加荒凉。终于，在建筑物的中央，在这一切孤寂的包围之中，我找到了修士的古墓。永恒的沉寂——此地的神圣，从这个圣殿，将它的威严扩展到周围的山岗上和森林里。

　　贡堡的沉闷气氛由于我父亲的木讷和孤僻变得更加浓重。他非但不把家人和仆从紧紧聚合在自己周围，反而让他们分散在古堡的各个角落。他的卧室在东边的小塔里；他的书房在左边的小塔里；三把黑皮椅子和一张铺满契证和文书的桌子就是他书房的全部家具。壁炉上画着夏多布里昂家族的系谱树，在一个窗口挂着从手枪到喇叭短筒的各式武器。我母亲的套房高踞在大厅上面，夹在两个小角塔之间：室内铺设着镶木地板，装饰着威尼斯多面镜。我姐姐的卧室在母亲的套房隔壁。侍女的房间远离母亲的卧房，在大塔正屋里。我住在楼梯顶一间孤独的小房里，从内院上楼可以到达古堡的各个部分。楼梯底下的拱形地窖是父亲的随身男仆和其他用人的房间，而厨娘守着西大塔。

　　无论寒暑，我父亲每天清晨四时起床，随后马上到内院门口叫醒他的随身仆人。仆人五时给他送去咖啡；然后他在书房里开始工作，一

---

① 勒内·德·罗昂（Renée de Rohan）：一位亲王的女儿，埋葬在堂区教堂里。

直到中午。我母亲和我姐姐八时分别在自己房间里吃早餐。我起床无定时；按规定我应该一直学习到中午，但大多数时间我无所事事。

十一时半响午餐铃，十二时用膳。大厅兼作餐室和客厅：我们在大厅的东角就餐。餐后，我们到大厅西头的大壁炉前坐下来。大厅四壁装饰着护壁板，漆成灰白色，墙上挂着从弗朗索瓦统治时期一直到路易十四时期的古老画像，其中包括孔代和蒂雷纳①的画像；一幅表现埃克扎在特鲁城下被阿希尔杀死②的油画挂在壁炉上面。

饭后，大家齐坐一堂，直到二时。如果是夏天，我父亲下午去钓鱼，到菜园或古堡周围散步。如果是冬天，他去打猎，而我母亲躲进小教堂，在祈祷中打发掉几个钟头。小教堂是一间阴暗的祈祷室，墙上挂着最著名的绘画大师的杰作。谁也不会想到布列塔尼深处的一座封建古堡会收藏这么多古画。其中阿尔巴内③的铜版画《耶稣之家》至今还保留在我身边：对于我，这幅画就是贡堡的唯一纪念了。

父亲外出，母亲在祈祷，吕西儿躲进她的房间，我回到我的斗室或者到野外去玩耍。

八时，晚餐钟响了。晚餐后，如果天气好，全家到大门台阶上坐下来。夜幕降临时，我父亲用猎枪射击从雉堞中飞出来的猫头鹰。母亲、吕西儿和我凝望着天空、树林、太阳的余晖和最早出现的星星。十时，我们进屋睡觉。

秋夜和冬夜是以另一种方式度过的。晚饭后，我们一家人离开饭桌来到壁炉边，母亲斜靠在一张暹罗花布的沙发榻上，床边摆着一张独脚圆桌，桌上点着一支蜡烛；我和吕西儿坐在炉子旁边；仆人收拾好餐具走了。这时，父亲开始在厅里踱来踱去，一直到就寝的时刻。他身穿一

---

① 孔代和蒂雷纳：均为十七世纪法国的著名将领。
② 古希腊神话故事。
③ 阿尔巴内（Albane，一五七八——一六六〇）：意大利画家。

件长毛绒白袍，或者说一种唯独在他身上才看得到的类似斗篷的东西。他半秃的脑袋上端端正正地戴着一顶白色大便帽。由于厅子很大，蜡烛只能照亮一个角落，所以父亲远离壁炉时我们就看不见他了；我们只听见他在黑暗中行走的脚步声；随后，他白袍白帽，耷拉着长长的苍白的面孔，慢慢踱回亮处；他逐渐从黑暗中出现时简直像一个幽灵。他踱到大厅另一头的时候，吕西儿和我低声交谈几句；他走近时，我们便一言不发。他走过我们身边时问道："你们在谈什么呀？"我们胆战心惊，什么也不回答；他继续散步。剩下的时间，我们只听见他有节奏的步伐、母亲的叹息和风儿的呜咽。

古堡的大钟敲十点了，我父亲戛然止步。那个使挂钟抬起来的发条似乎同时也终止了它的脚步。他掏出怀表，上好发条，然后端着一个点着蜡烛的银烛台，进西边小塔一会儿，马上又端着烛台走出来，朝东角塔的卧室走去。吕西儿和我伫立在他经过的路上；我们吻他，祝他晚安。他一言不发，俯身向我们伸过他干瘦和凹陷的面颊，然后继续走他的路，直到消失在塔的深处，而我们听见他关门的响声。

符咒解除了。由于父亲在场而变成石像的母亲、姐姐和我，现在都恢复了生命的功能。解除魔法后我们的头一个结果是滔滔不绝的谈话。沉默使我们受到压抑，但它为此付出了沉重的代价。

滔滔不绝的话语过后，我把侍女叫来，我将我母亲和我姐姐送回她们的房间。在我退出之前，她们要求我看看床底、壁炉、门后，检查楼梯、过道和走廊。关于古堡中盗贼和鬼魂出没的传说困扰她们。人们相信，一位木腿的贡堡公爵，三个世纪以前去世的，不时在古堡中出现，有人在角塔的大楼梯上见过他；他的木腿有时单独同一只黑猫散步。

一八一七年，于蒙布瓦西耶
一八四六年十二月修改

我的角塔

我母亲和我姐姐就寝前听的全是这类故事。她们上床时怕得要死。我回到我的角楼；女厨娘重返她的大塔，而男仆们下楼到他们的地下室去。我的角塔的窗口对着内院；白天，我看见对面远处护墙的雉堞，那里生长着荷叶蕨，还有一棵野杏。夏天，几只乳燕啁啾着钻进墙洞，它们是我仅有的伴侣。晚上，我只看见一小块天空，和几个星星。当月亮闪烁，往西坠落的时候，月光透过菱形的窗口照射在我床上。猫头鹰在塔楼之间飞来飞去，在月亮和我之间往返，我的床帷上映着它们的翅膀的抖动的影子。由于我住在最偏僻的角落，面对着走廊入口，黑暗中的任何声响都逃不过我的耳朵。有时，风儿似乎在轻步疾走；有时，它发出呻吟；突然，我的门被剧烈地摇晃着，地窖传来几声轰鸣，然后沉寂下来，随后又重新开始。早上四时，古堡的主人在古老的拱门入口处叫醒他的随身男仆，他的喊叫听上去似乎是黑夜的最后一个幽灵的声音。对于我，这声叫喊等于蒙田的父亲叫醒他儿子的悦耳的音乐。①

我父亲固执地要一个孩子独自睡在高高的塔楼上，这样做可能有些不当，但最终变得对我有好处。对待我的这种粗暴方式造就了我的男人的勇气，可是并未剥夺我丰富的想象力；人们今天想剥夺青年的这种敏锐。父亲强迫我挑战鬼魂，而不让我相信没有鬼魂。他常常带着嘲讽的微笑问我："骑士先生害怕吗？"他甚至会要求我同死人睡在一起。我善良的母亲对我说："我的孩子，一切事情要上帝同意才能发生，只要你是虔诚的基督教徒，就不必害怕鬼怪。"比起一切哲学论据，母亲的话更使

---

① 法国十六世纪作家蒙田在他的《随想录》中回忆说，他父亲在他年幼时用乐器将他唤醒。

我安心。我取得了完全的成功。结果，在我孤寂的塔楼上，晚上的风成了我的随心所欲的玩具，我的想象的翅膀。我的想象力一经点燃之后，到处扩散，在任何地方都找不到足够的食粮，可能会吞噬天空和大地。现在我要描写的就是这种精神状态。我重返我的青年时代，尝试找到过去的我，也许我永远做不到，虽然我蒙受了苦难。

一八一七年八月，于蒙布瓦西耶

由孩子变成大人

我从布雷斯特回到贡堡，我的生活就发生了彻底的变化：孩子不见了，成年人出现了，连同他的欢乐逝去了，他的烦恼留下了。

首先，在真正的激情出现之前，我对一切都感到迷恋。在餐桌上我不敢讲话，也不敢吃东西；在沉闷的晚饭之后，我终于溜掉。我的激动是令人难以置信的。我不能一口气下台阶，不然我会直冲下去。我不得不在石级上坐下来，让我的激情平静下来。但是，我一到绿院和树林，我就开始跑、跳、蹦、嬉戏、开心，直到弄得精疲力尽，心脏突突跳着，陶醉在打闹和自由之中。

我父亲常常带我去打猎。我对打猎产生了兴趣，而且将这兴趣提高到狂热的程度。我还记得我在那片田野上打死第一只兔子。秋天，我常常在池塘边齐腰深的水里待上四个或五个钟头，等待野鸭。即使今天，当一条狗突然停下的时候，我都不能保持冷静。然而，在我对狩猎的热情之中，有寻求独立的因素。跳越壕沟，在田野上、在欧石南丛中漫游、提一条枪在荒凉的地方闲逛,掌握力量和孤独,这就是我的保持纯真的方式。在奔跑中,我常常跑得很远,以致累得不能走路;森林看守人不得已用树枝编成担架,将我抬回家。

可是,打猎的乐趣对我是不够的,我被一种我不能控制,也不能理解的对幸福的渴望激励着,我的思想和我的心灵似乎正在建造两座空空如也的寺庙,没有祭台也没有牺牲。我还不知道要在庙里供奉哪个神灵。我在我姐姐吕西儿身边成长,我们的友情是我们的全部生活。

吕西儿

吕西儿身材修长,容貌姣好,但是态度凛然。她满头乌黑的长发映衬着苍白的面孔,常常用她充满悲哀和热情的目光凝望天空或者周围的景物。她的步态、她的声音、她的微笑和她的外表透露出某种幻想和痛苦的神情。

吕西儿和我之间是互无补益的。我们谈论的世界是我们内心的世界,同我们周围的真实世界很少有共同点。她把我当作她的保护人,我把她当作朋友。她时有一些悲哀的念头,我无法消除:她年方十七,已经叹惋自己失去了青春年华;她希望离家进修道院隐居。她有无穷无尽的忧虑、哀愁、伤感,而一个寻而不获的词语,一个萦绕心怀的冥想常常使她蒙受几个月的愁苦。我经常看见她用手撑着头沉思默想,像石雕像一样静止不动;她的生命力转向内心的活动,不再显露于外表;甚至她的胸脯也不起伏。她的姿态、她的悲哀、她的秀美使她宛如一个阴郁的精灵。我极力抚慰她,但片刻之后,我自己也陷入无法解释的绝望。

将近傍晚,她喜欢独自读几页《圣经》。她最喜欢的祈祷场所是那田间的交叉路口,那儿竖着一个石十字架和一株像画笔一样直指天空的细长的杨树。我虔诚的母亲十分欣悦,说她女儿就是那些被称作"洛尔"的露天教堂里祈祷的早期基督教教徒的形象。

心灵的专注在我姐姐身上产生了非凡的精神效用:她夜晚做一些有预见的梦,醒后她似乎能够洞察未来。大塔的楼梯口有一个挂钟,在寂静中滴答作响;有时夜不成寐的吕西儿到挂钟地面的梯级上坐下来,她借助她那盏摆在地上的油灯的微光凝视着钟面。当两枚指针午夜重叠在一起,并在这非凡的重合中敲响骚乱和罪恶的时刻时,吕西儿听见远方传来的丧钟。八月十日①前夕她在巴黎,同我另外两位姐姐住在卡尔梅修道院②附近。一天,她朝镜子里望了望,大叫一声说:"我看见死神进来了。"如果吕西儿在喀里多尼亚③长满欧石南的灌木丛里,本来可以成为司各特笔下具有超人视力的天仙;但在阿尔莫里克④的灌木丛里,她只是一个天生丽质、才气横溢,但命运乖蹇的孤独女郎。

缪斯最初的气息

我姐姐和我在贡堡过的生活,增加了我们的青春和我们的性格的狂

---

① 指一七九二年八月十日。那一天,巴黎革命群众占领了杜伊勒利宫。
② 巴黎的一座女修道院。
③ 喀里多尼亚是苏格兰的旧称。
④ 即布列塔尼。

热。我们的主要解闷方式是并肩在大树林散步，春天脚下踏着报春花，秋天踏着落叶，冬天踏着印有小鸟、松鼠和白鼬足迹的白雪。我们像报春花一样年轻，像落叶一样忧郁，像初雪一样纯洁；在我们的娱乐和我们之间存在着协调一致。

在我们的一次散步中，吕西儿听见我如痴如醉地谈论孤独，于是对我说："你应该将这一切描写出来。"这句话启发了我的灵感。一丝神圣的气息在我身上拂过。我开始琅琅吟诗，好像这是我从小就讲的语言。日日夜夜，我歌唱我的快乐，即我的树林和山谷；我写了许多短小的田园诗，完成描写大自然的图画。在我写散文很久之前，我就开始写诗。德·封塔纳先生认为，我掌握了两种方法。

友爱的吕西儿对我的才能的期待是否如愿以偿？对于我，多少东西成了徒然的期望！在艾斯希尔[①]写的《阿加门农》中，一名奴隶站在阿尔告斯宫的高塔上；他的眼睛搜寻着舰船归来的信号；但是，时间过去了，星星隐没了，火把熄灭了。许多年之后，当约定的火光终于在海面出现的时候，在岁月的重压之下，这个奴隶已经变成驼背老人；他只能收获不幸；而合唱队朝他唱道："老人是阳光下漂泊的影子。"

吕西儿的手稿

在灵感的最早飞扬中，我邀请吕西儿仿效我。我们常常整天磋商，交换我们的诗作，交流我们的计划。我们一起写作。按照我们的本能，

[①] 艾斯希尔（Eschyle，公元前二二五—公元前四五六）：古希腊悲剧诗人。

我们翻译了《约伯记》[1]和卢克莱修[2]的最优美和最忧郁的段落：Taedet animam meam vitae meœ[3]，I'Homo natus de muliere[4]，Tum porro puer, ut saevis projectus ab undis navita[5]。等等。吕西儿的思想与感情融为一体，她的思想很难摆脱她的心灵，但是，当她能够将她的思想表达出来的时候，她就无与伦比了。她留下三十多页手稿；只要读过这些作品，你无法不深受感动。这些作品的优雅、温柔、深沉，充满激情的敏感，是希腊才智和日耳曼才智的结合。

日出

多么温柔的光线照亮了东方！是否年轻的晨曦睁开她美丽的、惺忪的睡眼？迷人的女神呀，快点，离开你新婚的睡床，穿上你紫红的长袍。但愿一条柔软的腰带束住你，但愿没有鞋催促你的纤纤细步，但愿没有饰物亵渎你打开阳光之门的素手。瞧，你已经在绿荫覆盖的山岗上升起。你金色的头发卷成环形，垂在你玫瑰色的脖子上。从你嘴里，散发出清新和芳香的气息。温柔的女神呀，整个大自然冲你微笑；你独自垂泪，而鲜花盛开了。

月光下

贞洁的女神！你是如此的纯洁，即使廉耻的潮红也不能跟你娇嫩的光芒混同，我斗胆向你倾诉我的感情。同你一样，我不必为我的心灵感到羞耻。但是，想起人们的不公正和盲目，我同你一样黯

---

[1] 《约伯记》：《圣经》中的一卷书。
[2] 卢克莱修（Lucrèce，公元前九十三—前五十）：拉丁诗人和哲学家。
[3] 拉丁文，意思是：我的心灵厌倦生活。
[4] 拉丁文，意思是：女人赐给男人生命。
[5] 拉丁文，意思是：孩子如同被狂风抛弃的水手。

然神伤。同你一样,这个世界的错误和悲惨令我沉思。然而,你,苍穹的公民,你永远保持开朗;我们星球上升起的暴风骤雨在你平和的月轮上滑过。体惜我的忧伤的女神呀,将你冷静的安详洒在我的心灵里吧。

贞女

天之骄女呀,可爱的贞女,如果我在一张粗劣的画布上勾勒出你的轮廓,我会说你是童贞的化身,生命之春的智慧,暮年的美丽,困境中的幸福。你不会犯下我们的谬误,你洒下的都是纯洁的眼泪,你的微笑只有天上仙女才有。可是,美丽的贞女呀!你周围布满危险,嫉妒向你射出一支支毒箭。你会颤抖吗,可爱的纯洁?你会躲避威胁你的危险吗?不,我看见你站着入睡了,头靠着祭坛。

我哥哥有时到贡堡来看望我们这些隐居者,但每次都匆匆忙忙。他通常带着一个年轻人一起来,此人是布列塔尼议会的参议德·马菲拉特尔先生。他是诗人马菲拉特尔的表弟。我想,吕西儿在不知不觉之中,对我哥哥的这位朋友萌生了倾慕之情,而这被窒息的感情是她郁郁寡欢的根本原因。何况,她有卢梭的怪癖,虽然她没有卢梭的傲气:她觉得周围的人合谋为难她。一七八九年,她由姐姐朱莉陪同去巴黎;朱莉去世时,她表达了崇高的眷念之情。从德·马尔泽尔布先生到尚博特尔,认识她的人都赞扬她。在恐怖年代,她被投进雷恩的地牢,而且差一点被送到变成监狱的贡堡关押。从监狱释放出来之后,她同德·科德先生[①]结婚;一年之后,她成了寡妇。在我流亡归来时,我重新见到我

[①] 他同吕西儿结婚时六十九岁,而吕西儿只有三十二岁;婚后不到一年他就死了。

这位童年的朋友。我以后会讲她是如何死的,以及她的死给我带来的痛苦。

在狼谷写下的最后几行字——披露我生命的奥秘

下面是我从蒙布瓦西耶回来之后,在隐居中写下的最后几行字。在我的隐居生活中挤满了美好的青少年,在他们匆匆走过的行列中,他们隐匿和歌颂了他们的父亲,现在我要丢下这一切了。我不再看见装点我的弗洛里迪娜的墓地的玉兰花,用于纪念哲罗姆①的耶路撒冷松树和黎巴嫩柏树,格拉纳达月桂,希腊梧桐,阿尔莫里克橡树;在这些树下,我描绘了布兰卡,歌颂了西莫多塞,塑造了韦莱达②。这些树伴随我的梦想发芽和长大;它们是树精。它们就要成为另一个帝国的臣民,它们的新主人会像我爱它们一样爱它们吗?他会让它们逐渐萎蔫,可能将它们砍倒:我在土地上不应该留下任何东西。在向奥尔内森林告别的时候,我想起我向贡堡树林告别的情景:我的一生是不断的告别。

吕西儿引发的我对诗歌的兴趣,等于火上加油。我的感情得到新的飞跃;我思想中萌生追求名声的虚荣心。一段时间,我相信我的天才;但是,我很快对自己产生了理所当然的戒心,开始怀疑我的才能,就像我一贯的想法那样。我把自己的写作看作是一种邪念。我嗔怪吕西儿在

---

① 哲罗姆(Jérôme,三四七—四二〇):拉丁教神父,主要从事《圣经》的研究。
② 布兰卡、西莫多塞、韦莱达:都是夏多布里昂在他的作品中创造的人物。

我身上诱发了这种不幸的倾向。我搁下笔,哀叹我未来的光荣,就像人们哀叹自己失去的光荣一样。

我回复我童年的游手好闲,更加感到我的青年时代所缺乏的东西:对于我自己,我也是一个奥秘。我每次看见女人都手足无措;如果有女人同我说话,我就满脸通红。我本来就够腼腆了,在女人面前更甚,以致我宁愿接受任何折磨,也不愿意单独同一个女人在一起。但是,女人一走开,我又依依不舍,无限眷念。维吉尔、提布卢斯和马西隆①的图画清晰地显现在我的头脑中,但是我母亲和我姐姐的形象以它的纯洁遮盖一切,使人的本性试图揭开的纱幕更加厚重;母子之爱和姐弟之爱使我对那种不那样无私的感情产生误解。如果将后宫最美的女奴交给我支配,我也不知道向她们提什么要求。偶然的情况开导了我。

家在贡堡庄园附近的一位邻居,同他的太太一起到古堡来住几天,那位太太长得非常漂亮。有一次,不知道村里出了什么事情,大家都跑到大厅一个窗口去观看。我头一个到达窗子旁边,那位太太跟着我也到达那里;我想把位置让出来,转身对着她;她无意间挡了我的路,我被夹在窗口和她之间。我完全六神无主了。

从此刻起,我隐约发现,以一种我不了解的方式爱和被爱应该是至高无上的幸福。如果我做了别的男人所做的事情,我可能早就了解我身上孕育着的感情将带来怎样的欢乐和痛苦。但是,在我身上,一切东西都具有非同一般的性质。由于我热烈的想象力,我的腼腆,我的孤僻,我非但没有向外扩张,反而更加内省。由于缺乏实在的对象,我以我强劲而模糊的向往呼唤一个幽灵,它须臾不离开我。我不知道,人类心灵

---

① 维吉尔(Virgile,约公元前七十一—一十九):拉丁诗人;提布卢斯(Tibulle):公元前的拉丁诗人;马西隆(Massillon,一六六三—一七〇二):法国神父,担任过主教,发表过几次著名的悼词。

的历史是否提供了类似的事例。

一八一七年十一月，于狼谷

爱的幽灵

　　这样，我以我见过的所有女人作基础，为自己塑造了一个女人：她有那位将我拥在怀中的女邻居的身材、头发和微笑；我给她配上村中某个少女的眼睛，另一名少女的鲜艳。挂在客厅墙上的弗朗索瓦时代、亨利时代和路易十四时代的贵夫人的画像给我提供了不同的风韵，我甚至从挂在教堂的圣母像中窃取了某些妩媚。

　　这位迷人的美人同我形影不离，但人们看不见她的身影。我同她交谈，好像同一个真实的生灵；她随着我的感情的变化而改变模样：没有戴面纱的阿佛洛狄忒，身披蓝天和沾满甘露的狄安娜，戴着微笑假面具的塔利亚，象征青春的赫柏①——她常常变成改造我的本性的仙女。我不停地修改我的画像：我在我的美人身上取下一个饰物，换上一个新的。我也常常改变她的服装；我向一切国家、一切世纪、一切艺术、一切宗教借用。然后，我重新将我的草图和颜色分开；我唯一的女人变成千万个女人，在她们身上，我将分别欣赏那些我曾经放在一起膜拜的迷人之处。

---

① 阿佛洛狄忒（Aphrodite）是罗马神话中的爱神；狄安娜（Diane）是罗马神话中的狩猎神，塔利亚（Thalie）是司掌喜剧的缪斯；赫柏（Hébé）是希腊神话中的青春女神。

皮格马利翁①不会比我更爱他的雕像；令我尴尬的问题是如何讨好我自己的雕像。我自惭形秽，我拼命给自己加上我并不具备的东西。我像卡斯托耳②和波鲁克斯③一样纵马飞奔；我同阿波罗一样演奏竖琴；我比战神更加熟稔武器、更有力量。在这些臆造的故事之上，我还加上多少编造的事迹！莫尔文的女儿的影子，巴格达和格雷那德的女苏丹，古代城堡的女主人，浴池，香水，舞蹈，亚洲的享乐，好像受了魔杖的点化，一切都听我支配。

瞧，一位年轻的女皇走过来，身上缀满钻石，戴着鲜花（我的女精灵总是这样）。她深夜来找我：穿过柑橘园、在海浪冲刷的宫殿的走廊里、在那不勒斯或迈锡尼④散发清香的海岸边，在恩底弥翁⑤照耀的爱的天空之下；她，这个伯拉西特列斯⑥的活雕像，在一群静止的雕像、在黯淡的图画和月光悄悄染白的壁画的包围之中，姗姗向我走来了。她走在大理石板上的轻盈的脚步声同浪涛的不被觉察的低鸣混杂在一起。帝王的嫉妒困扰着我们。我在埃纳⑦原野的君主面前跪下：当她将她十六岁的头俯向我的面孔的时候，她柔软如丝的秀发轻拂着我的脸，而她的手搭在我因为尊敬和满足而跳动的胸脯上。

当我走出梦境，又变成一个可怜的、默默无闻的布列塔尼人，没有光荣，没有美貌，也没有才能，不能引起任何人注目，任何女人都不会垂青于我。每念及此，我就感到绝望：我不再敢抬起眼睛，看那伴随我

---

① 皮格马利翁（Pygmalion）：希腊神话中的塞浦路斯王子，也是著名的雕刻家。他对自己完成的一座少女雕像非常爱慕，后来爱神赐给雕像以生命，成了他的妻子。
② 卡斯托尔（Castor）：希腊神话中的美男子。
③ 波鲁克斯（Pollux）：希腊神话中的英雄。
④ 那不勒斯和迈锡尼都是意大利的港口城市。
⑤ 恩底弥翁（Endymion）：希腊神话中的牧童，美男子。
⑥ 伯拉西特列斯（Praxitéle）：古希腊雕刻家。
⑦ 埃纳（Enna）：位于意大利西西里岛。

的光彩夺目的形象了。

谵妄两年——工作与幻想

谵妄①持续了整整两年。在这期间，我处于精神极为兴奋的状态。我本来就木讷，此时更加沉默寡言；我本来还读读书的，此时丢下了书本；我变得更加孤僻。种种症候表明，我处于激烈的感情动荡之中。我眼睛凹陷了；我日益瘦削；我夜不成寐。我变得分心、忧愁、容易冲动、举止粗暴。我以一种孤独、古怪、奇特，但充满快乐的方式打发日子。

古堡北面是一片荒原，荒原上布满了德洛伊教祭司②的巨石。日落时，我找一块石头坐下来。金黄的树顶、霞光灿烂的大地、透过玫瑰色云彩闪烁的金星使我又陷入遐思。我真希望能够同令我梦牵魂绕的理想伴侣一起观赏这美丽的景色。我凝神注视夕阳。我把我的美人托付给它，让它领着容光焕发的她去拜谒宇宙。晚风摧毁昆虫在草尖上织的网，云雀在卵石上歇脚，眼前的情景让我回到现实。我心情忧郁，神情颓丧，踏上回城堡的归途。

夏季那些暴风骤雨的日子，我登上西边塔楼。古堡顶下的雷鸣、塔楼尖顶上哗哗作响的滂沱大雨、划破云天使铜风标闪烁发光的电光使我

---

① 青年夏多布里昂受到"感情波浪"的冲击，陷入幻想之中。他臆造了一个理想的伴侣拉·希菲德，寄托他全部青春的诗情和幻想。这种状态从一七八四年夏天到一七八六年夏天，持续了两年。
② 古代克尔特人和高卢人的一种宗教，信徒常在森林中祈祷。

激动不已。就像伊斯门在耶路撒冷城墙上所做的那样,我呼唤闪电,希望闪电给我送来阿尔米德。①

如果天气晴朗呢?我穿过大树林②;树林周围是草场;草场被栽种的杨柳隔开。我在其中一棵柳树上布置了一块栖身之地,像一个鸟巢似的。在那里,我隔绝在天地之间,以黄莺为伴消磨时光;我的仙女就在我身旁。我也把她的形象同沾满清新露水、夹杂夜莺悲鸣和微风呜咽的美好春夜联系在一起。

其他时候,我沿着荒芜的小路、长满芦苇的湖水漫步。我留意那些从无人涉足的地点传来的声响;我竖耳倾听每一棵树;我仿佛听见月光在树丛中歌唱。我想再现这些乐趣,可是我感到笔拙词穷。我不知道在讲话的腔调中、在竖琴的颤抖中、在号角或口琴的圆润或清亮的乐声中,怎么还能够找到我的女神。如果要讲述我同我的爱情之花所做的美好旅行,那就会过分冗长;我们手牵着手参观著名的废墟、威尼斯、罗马、雅典、耶路撒冷、孟斐斯、迦太基③;我们穿越海洋;我们向奥大息蒂的棕榈树、向安汶岛和蒂多雷岛④芬芳的树木祈求幸福;我们在喜马拉雅山巅去唤醒曙光;我们走下"圣河",它的波浪环绕着用金球装饰的宝塔;我们在恒河边睡眠,而一只梅花雀在一条竹制小舟的桅杆上唱印度语的船歌。

土地和天空对于我都不再有任何意义:我尤其忘记了天空。但是,虽然我不再向它表达我的心愿,它仍然倾听我的隐秘的苦难的声音,因

---

① 化用意大利诗人塔索(一五四四——五九五)的叙事诗《耶路撒冷的得救》。诗中,巫师伊斯门保卫城市,抵抗基督教教徒的进攻。
② 古堡附近的一座树林。
③ 孟斐斯(Memphis):古埃及城市;迦太基(Carthage):古代非洲城市,现在只剩下废墟。
④ 安汶岛:印度尼西亚的岛屿,十七世纪是荷兰在印尼的主要殖民地;蒂多雷岛(Tidor):印尼的一个岛屿。

为我在受苦，而痛苦在祈祷。

秋天的欢乐

季节越凄凉，越适合我的心绪。霜冻使出门变得不那么容易，把村民隔绝开来。没有他人干扰，我们感到更加自在。

秋天的景象令人触景生情：它如同我们的落叶般的岁月，它如同我们的落花般逐渐枯萎的年华，它如同我们的云彩般飞逝的幻想，它如同我们的逐渐变得暗淡的智慧，它如同我们的阳光般逐渐变得冷漠的爱情，它如同我们的河流般冻结的生命，同我们的命运有神秘的关联。

看见暴风雨的季节归来、天鹅和野鸡飞过、乌鸦在池畔草地上聚会、夜幕降临时到大树林高高的橡树上栖止，我有一种不可言喻的快乐。傍晚，当一股淡蓝的烟云在林中路口升起，当风儿呜咽哀鸣、吹动枯萎的苔藓，我内心感到无限的欣悦和满足。如果我在一块休闲地的尽头碰见一名农夫，我会停下来端详这个在麦穗下挥镰收割的人。他用犁铧翻动他的坟墓的泥土，将滚热的汗水同冬天冰凉的雨水混在一起。他正在挖掘的犁沟是他死后还要继续存在的纪念碑。我美丽的女守护神对这一切能够有什么作为呢？她施展魔法，把我送到尼罗河边，将淹没在沙漠里的金字塔指给我看，就像这些犁沟将来会被欧石南掩盖一样。我庆幸自己已经把我对至福的向往寄托在人类现实以外的地方。

傍晚，我独自驾着小船在灯芯草和荷花漂浮的池塘之中漫游。那里，聚集着准备离开我们远徙的燕子。我全神贯注，不放过它们的每一声呢喃。塔韦尼埃①在孩提时代倾听旅人讲故事也不会那么专心。日落时,它们在水上嬉戏,追逐昆虫,一齐冲上天空,仿佛为了考验它们的翼力似的。它们俯冲回到湖面,然后悬在芦苇上。芦苇在它们的重量下微微弯曲,到处听得见它们叽叽喳喳的啭鸣。

咒语

夜色正在降落;芦苇摇动着它们的由杆茎和利剑组成的田野;芦苇间,羽族的队伍——黑水鸡、野鸭、椋鸟、沙锥——沉默着;湖水拍打着边岸;从沼泽和树林里传出秋天的萧瑟。我将小船停在岸边,返回古堡。一走进房间,我就打开窗子,凝视天空,开始念我的咒语。我同我的女巫登上云天。被她的头发和面纱缠裹着,我随着暴风雨,摇晃树木的顶梢,撼动群山的顶峰,或在海面掀起巨浪。到空间潜游,从上帝的宝座下降到深渊之门,万物任由我的爱情摆布。在自然界的一片混沌之中,我如痴如醉,既幻想危难又幻想快乐。朔风的气息只给我带来快感;雨的呜咽邀请我到女人胸脯上睡眠。我对这个女子讲的话本来应该赋予暮年以意义,温暖坟墓的大理石。女巫什么都不知道,什么都知道,既是处女又是情人,是纯洁的夏娃,是堕落的夏娃;这位令我感情狂热的女巫是神秘和激情的结合。我将她供奉在祭台上,向她顶礼膜拜。我因为被她爱而感到骄傲,这更增加我的深情。她在行走吗?我俯身让她践踏,或者亲吻她的足迹。她的微笑令我惶惑;她的声音令我颤

---

① 塔韦尼埃(Tavernier,一六○二——一六八九):十七世纪法国著名旅行家。

栗；如果我触摸她碰过的东西，我会因为欲望而颤抖。她湿润的嘴呼出的气息透彻我的骨髓，变成血在我血管中流动。她的一瞥足以使我飞到大地的另一端；只要同她在一起，我什么冷漠也不畏惧！在她身边，狮子的洞穴会变成宫殿，千百万年太短促，不能熄灭我心中燃烧的激情。

精神上对偶像的崇拜同这种狂热结合在一起：由于我的想象力的另一种作用，这位将我抱入怀中的佛律内[①]，对于我也是光荣，更是荣耀；完成最崇高牺牲的德行，孕育最杰出思想的天才，让人约略了解这种幸福是什么。在我的奇妙的创造物身上，我同时找到灵魂的一切享乐。由于被这双重的欢愉压迫甚至淹没，我从此弄不清我真实的存在是什么：我是人，也不是人；我变成云彩、风、声音，我变成纯粹的精灵，会飞翔的生命，歌唱至高无上的幸福。我蜕掉我本性的躯壳，同我幻想的少女融合，为了她身上有我，为了更亲近我的美人，为了同时成为感情的接受者和赐予者，爱情和爱情的对象。

突然，在我的狂热的感情激荡之中，我扑倒在床上；我在痛苦中辗转；我辛酸的眼泪抛洒在床上，但谁也看不见我这白白流淌的凄凉的眼泪。

诱惑

很快，我觉得我无法继续在塔上待下去了。我摸黑下楼，像一个谋杀犯一样，悄悄打开台阶上的门，到树林里去游荡。

---

① 佛律内（Phryné）：古希腊的交际花。

我四处乱走，迎着风儿和暗影，挥舞手臂。然后，我靠着一棵大树的树干。我看见被我惊动的乌鸦从一棵树飞到另一棵树，或者凝望在大树光秃秃的树梢上面游动的月亮。我愿意住在这死亡的世界里，它具有坟墓的阴暗。我既不感到寒冷，也不感到夜的潮湿；如果此时听不见村庄的钟声，黎明冰凉的气息也不会将我从沉思中唤醒。

在布列塔尼大多数村庄里，人们通常在黎明时分为死者鸣钟。钟敲三下，声音单调、凄凉、有田野的寂寥。对于我生病和受伤的灵魂，没有什么比钟声更能够表达它蒙受的生存的苦难了，而钟声宣告生存的终结。我想象在偏远的小屋中死去的牧人，然后他被人埋葬在一个同样无名的公墓里。他来到这片土地上干什么呢？而我自己，我为什么要来到这个世界？既然我始终是要走的，比起在重负下、冒着正午的炎热结束旅行，不如趁着早晨的清凉、及早到达目的地不是更好一些吗？内心的欲望使我的面孔通红，离去的念头好像突然而来的快乐攫取我的心灵。在我年轻、容易犯错误的年代，我常常希望在领受了幸福之后不要再活下去：在最初的成功之中，强烈的幸福感令我渴望毁灭。

由于我越来越紧地同我的幽灵捆绑在一起，由于不能享受那并不存在的东西，我同那些残疾人一样，幻想他们无法企及的幸福，而他们所梦想的快乐无异于地狱的苦刑。而且，我已经预感我未来命运的苦难。由于我善于给自己制造苦难，我将自己置身于两种绝望之间：有时我认为自己是一个毫无价值的人，碌碌无为；有时我觉得我身上的长处将永远得不到赏识。一种秘密的本能告诉我，即使我在这个世界上走下去，也不会得到任何我期望的东西。

一切都加深了我的厌恶之情带来的苦涩：吕西儿是不幸的；母亲没有给我安慰；我父亲让我感到生活的苦痛。年迈使他的心灵和他的身体更加僵硬；他不断监视我，对我严加申斥。当我从野外游荡归来，看见他坐在台阶上的时候，我宁愿被人打死也不愿意进入古堡。然而，这只是推迟了我的苦难：吃晚餐的时候我不得不露面。我一言不发，蜷缩在我的椅子里，两颊沾着雨水，头发乱蓬蓬的。在我父亲注视下，我纹丝不动，额上沁着汗，心乱如麻。

现在，我到了需要一点勇气承认自己的弱点的时候了。试图自杀者表现的并非他的心灵的力量，而是他性格的虚弱。

我有一支猎枪，扳机有毛病，常常失灵。我往枪里装了三发子弹，来到大树林的一个偏僻地点。我将子弹推上膛，将枪筒末端塞进嘴里，我把枪托朝地面敲打。我将这个动作重复了几次，但枪没有响。守林人的出现动摇了我的决心。我是一个不自觉的宿命论者，认为结束我的生命的时候还没有到来，于是将执行计划的时间推迟到另一天。如果当时我自杀成功，我的一切将同我一道被埋葬；人们对那导致我的灾难的故事就会一无所知；我会是那些无名的不幸者当中新的一员，我就不会让别人循着我的忧伤的痕迹跟踪我，就像循着血迹跟踪一个受伤者。

被这些图画扰乱了心绪，而且试图模仿这些疯狂举动的人，那些因为我的幻想而怀念我的人，他们应该记住：他们听见的只是一个死者的声音。我永远不会相识的读者呀，什么东西都没有留下来：我现在成了上帝的掌中物；永恒的上帝曾经对我进行审判。

生病——我害怕和拒绝当教士——去印度的计划

不规律的生活带来的一场病结束了折磨我的苦恼；缪斯对我的最早的启迪和最早的感情冲击正是由这种苦恼造成的。这些令我心灵不堪重负的感情，这些还处于朦胧状态的感情，好像四面八方汹涌而来的大海的风暴。面对方向不定的狂风，我这个没有经验的水手不知道怎样驾驭我的风帆。我呼吸困难，发着高烧。父母派人到离贡堡五六里远的小城巴佐希请一位名叫希弗代尔的著名医生，这位医生的儿子在德·拉鲁艾里侯爵夫人的事件中起了作用。医生对我进行了仔细的检查，开了药方，并且说最重要的是我必须改变生活方式。

我有六个星期处于危险状态中。一天上午，我母亲到我房间里来，坐在我床边，对我说："现在是你下决心的时候了。你哥哥有办法为你谋取一个有俸圣职。但是，在进修道院之前，我要听听你的意见，因为虽然我希望你从事教士的职业，但我更希望你成为一个上流社会的人，而不是一个被人议论的神父。"

读者根据前面我所写的内容，不难判断我虔诚的母亲的建议来得是不是时候。我在我一生的主要事件中，对应该避免的事情是十分敏悟的；荣誉感驱使我。当教士吗？对于我，这是一个可笑的念头。当主教吗？圣职的威严令我敬畏，祭坛令我却步。我会像一个主教，努力培养德行，或者满足于掩盖自己的邪恶吗？我感觉自己太懦弱，无法做到前面这一点；我又太率直，无法做到后面这一点。那些认为我虚伪和野心勃勃的人其实对我很不了解：我在社交界之所以永远无法成功，正是因为我既没有野心，也不虚伪。野心在我身上最多表现为强烈的自尊。我也许有时想当部长和国王，那是为了嘲弄我的敌人；但是，二十四小时之后，我就会把我的公文包和王冠从窗口扔出去。

于是，我对母亲说，我没有足够的决心去当神父。这是我第二次改变志愿：我不愿意当水手，我也不愿意当神父。剩下的只有从军了。我喜欢这一行。但是，我怎么能够失去我的独立，并且接受欧洲式的纪律的约束呢？我有一个奇怪的念头：我要到加拿大去开垦森林，或者到印度一个王公的军队中效力。由于所有男人身上都存在的矛盾，一个理智如我父亲的人，对我的冒险计划并不感到太突兀。他因为我的犹豫而责怪我母亲，但决定将我送到印度去。人们先把我送到圣马洛：那里正在为一条要到本地治里去的战船配备火力。

在我出生的城市中小住——对拉维纳莆和我的悲伤童年的回忆——我被召回贡堡——同我父亲诀别——我进军队服役——告别贡堡

两个月过去了，我独自待在这座岛城里。拉维纳莆不久前在那里去世。我到她此刻空空如也的床榻边哀悼她，看见我儿时当作活动摇篮的柳条童车。在这架小车里，我学会在这悲哀的世界上站立。我想象我年迈的保姆，从病榻上用她微弱的目光望着这活动的摇篮。我生命的第一个纪念物同我义母的最后遗物相对无言。她离开这个世界的时候，为她的乳儿向上天祈求幸福。想到乳母对我如此始终如一、如此无私、如此纯洁的眷念，我的心因为爱、惋惜和感激而破碎了。

而且，我找不到我儿时的圣马洛了。从前我在船舶的缆索间玩耍；现在港内看不到船了。我出生的公馆现在变成旅店。我刚刚离开我的摇篮，世界已经面目全非。在我度过童年时光的地方我成了异乡人，碰见我的人问我是谁，唯一的原因是我的头在地面上长高了几分；可是，不用多少年，我的头会重新朝地面倾斜。我们的生活和我们的幻想变化得多么快啊，多么频繁啊！一些朋友离去了，另一些取代他们；我们的关系变化了：我们始终会有一段时间，不能享有今天享有的东西；我们始终有一段时间，失去我们曾经享有的东西。人类没有一贯的、始终如一的生活；他们的生活是一段段接驳起来的，而这是他们的悲哀。

从此我失去伴侣；我来到我从前用沙构筑城堡的舞台，campos ubi Troja fuit①。我在空无一人的海滩上行走。退潮后海滩的景象，犹如幻想破灭后我们周围残存的荒凉的空间。八百年之前，我的同胞阿贝拉尔怀着对他的爱洛伊丝的怀念，同我今天一样凝望着海浪；同我一样，他看着船只渐渐消失（ad horizontis undas②）；他的耳朵同我的耳朵一样倾听着波浪单调的声响。在浪涛的拍打声中，我沉湎于我从贡堡带来的忧郁的思绪之中。最后，我漫步到名为拉瓦尔德的岬头，在岬头的顶端坐下，心中充满苦涩。我记得，从前每逢集市，我就躲在这些岩石下面；我的同伴们陶醉于欢乐的时候，我在这里吞噬着眼泪。我现在并不感到自己比从前更加被人爱抚，也不比从前更加幸福。我很快就要离开我的祖国，去浪迹天涯。这些想法使我悲伤欲绝，我恨不得跳进大海里去。

一封信将我召回贡堡。我回到家里，同家人一道吃晚饭。我父亲对我一言不发，我母亲叹着气，吕西儿似乎十分懊丧。十时，大家离开饭厅。我问我姐姐，她什么都不知道。次日八时，父亲叫仆人来找我。我走下塔楼：我父亲在他办公室里等我。

"骑士先生，"他对我说，"你哥哥给你弄到一张纳瓦尔团的少尉证书。你明天动身去雷恩，再从那里到康普莱。这里是一百路易，省着点用。我年迈多病，活不长了。好好做人吧，不要坏了名声。"他拥抱我。我感觉这布满皱纹和表情严厉的脸孔激动地贴着我的脸孔，这是我父亲最后一次拥抱我。

我平时如此敬畏的德·夏多布里昂伯爵此刻变得异常亲切。我吻着他瘦骨嶙峋的手，哭了。那时，他已经部分瘫痪，这种情形一直持续到他丧命。他的左臂痉挛，不得不用右手将左臂压住。就这样，他把他那柄用过的剑交给我；然后，不等我缓过神来，就将我带到在绿院等候的

---

① 拉丁文："特洛伊所在的平原"（《埃涅阿斯纪》）。
② 拉丁文："一直到天边的波浪"。

轻便马车旁边。他让我先上车。车启动了,我望着台阶上泪流满面的母亲和姐姐。

我沿着池塘边的堤道往上走;我望着我的燕子栖息的芦苇、穿过磨坊的小溪和草场。我朝古堡瞥了一眼。这样,我像犯了过失的亚当,朝未知的土地走去:世界展现在我面前,and the world was all before him[①]。

从那天以后,我只回过贡堡三次:我父亲死后,我们都回来服丧,分遗产,告别。另一次,我陪我母亲回贡堡,因为我哥哥要把我嫂嫂带回布列塔尼,母亲要准备家具。结果,我哥哥并没有回来;他和他年轻的妻子不久就被刽子手砍了头,无缘享用我母亲为他们准备的枕头。最后,去美洲之前,我在前往圣马洛登船途中,第三次路过贡堡。由于古堡没有住人,我不得不住在管家家中。我在大树林漫步的时候,从一条阴暗的小径尽头远远望见荒凉的台阶、紧闭的大门和窗户,我感到很凄凉。我心情忧闷地回到村里;我叫人备马,半夜就启程了。

经过十五年的别离之后,在我重新离开法国赴圣地之前,我赶到富热尔拥抱我剩下的亲人。我没有勇气去朝拜那一片田野,我在那里度过了我一生中最富有活力的岁月。今天的我是在贡堡的树林中长大的;我在那里开始感受我拖累终身的那种烦恼的打击,还有那种给我带来痛苦和幸福的忧伤。在那里,我曾经尝试理解我的心灵;在那里,我看见我的家庭团聚,然后离散。我父亲曾经在那里幻想恢复他的名望,恢复家庭的产业。这个幻想也被时光和革命粉碎了。我们兄弟姐妹六个,今天只剩下三个:我哥哥、朱莉和吕西儿已经不在了;我母亲由于悲痛,抑郁而死;我父亲的尸骨被人从坟墓里挖掘出来。

如果我死后我的作品能够存在,如果我能够留下我的名字,可能有一天,某个旅人在我的《回忆录》的指引下,会来参观我描写的这些地

[①] 英文:"全世界站在他面前"(弥尔顿语)。

方。他将认出古堡；但他不会看到大树林：我的梦想的摇篮像这些梦一样烟消云散了。古老的主塔孤单地屹立在岩石之上，痛惜那些橡树——它的老伙伴；过去是这些大树护卫它，使它免受风暴的袭击。我现在同主塔一样孤独；同它一样，我看见曾经美化我的岁月、呵护我的家庭倒塌了。幸亏我的生命与我度过青少年时代的塔楼不同，并非那样牢固地建筑于地面，而且人类和他们亲手建造的塔楼相比，对风暴没有那样强的抵御能力。

篇章四

柏林——波茨坦——腓特烈

在贡堡和柏林之间,一名充满幻想的年轻人和一位年迈的部长不可同日而语。我在前面写过这样的话:"在多少地点我着手写这部《回忆录》,而在何处我将把它写完?"

在我上次搁笔和我重新提笔写这部《回忆录》的今天,差不多四年时间过去了。中间发生了千百件事情;我变成了另一个人,一位政治家;我对政治的兴趣甚微。我保卫了法国的自由,只有自由才能够使合法的王权继续。同保守党人一道,我将德·维莱尔先生扶上台;我看见德·贝里公爵去世,我发表了悼念他的文章。为了同各方面和解,我决定避开;我接受驻柏林大使的职位。

我昨天到达波茨坦,这座过去飘扬军旗、今天没有驻军的兵营;我在虚假的雅典研究虚假的于连。在无忧宫[①],人们让我看一张桌子,一位

---

① 无忧宫:离波茨坦两公里的王宫。

德意志的伟大君主曾经在那里将一些高深的格言改写成短小的法语诗；用木雕猴子和鹦鹉装饰的伏尔泰的房间①；佯装尊重外省，实则蹂躏它们的那个人的磨坊；战马"恺撒"和猎兔狗狄安娜、铃兰、牝鹿、骄傲、巴克斯的坟墓。不信教的国王甚至为他的爱犬建造陵墓，以亵渎对坟墓的宗教虔诚。他出于对虚无的炫耀而不是对人类的轻蔑，将自己的坟墓建在狗坟旁边。人们带我去参观已经开始毁坏的新王宫。在波茨坦的古堡里，人们保留烟草的痕迹、破烂和肮脏的椅子，总之，变节王子的一切污秽。这些地方使恬不知耻者的污秽、不信神者的放肆、暴君的专制和士兵的荣耀同时永存。

只有一样东西吸引我的注意：指针指着子夜的挂钟，那是腓特烈②断气的时刻。我被这幅图像的静止不动愚弄了：时光并不停止它的流动。并非人使时光停止不前，而是时光使人静止不动。再说，我们在生活中扮演的角色并不重要；我们的学说的光辉或者默默无闻，我们的富有或穷困，我们的欢乐或痛苦都不能改变对我们的岁月的度量。无论时针在金的钟面或木的钟面转动，无论大小不同的钟面镶嵌在戒指的底盘里或填满大教堂的圆花窗，时间的长短是一样的。

在一座新教教堂的地下室里（地下室上面就是还俗的分立派教徒的讲坛），我看见戴皇冠的诡辩家的坟墓。棺材是青铜铸造的；你敲它的时候，它咚咚作响。睡在这青铜棺材里的宪兵甚至连他显赫的声名也不能叫醒，能够叫醒他的只有军号，当他在他最后的战场，面对战神的时候。

我觉得很有必要改变我的印象，所以参观大理石宫的时候，我心情感到一阵轻松。当我还是一名可怜的军官，穿过他的部队的时候，这

---

① 一七七〇年至一七七二年，伏尔泰曾经应邀到普鲁士国王腓特烈二世宫中做客两年。

② 腓特烈二世（Frédéric Ⅱ，一七一二——一七八六）：即大腓特烈，普鲁士国王。

位叫人建造宫殿的国王同我讲了几句得体的话。至少，这位国王同样具有普通人的弱点；由于他同他们一样平庸，他沉湎于寻欢作乐。今天有必要劳神去区分这两副骷髅吗？这两个人从前是不同的，一位是大腓特烈，一位是腓特烈-纪尧姆①。无忧宫和大理石宫同样是没有主人的废墟。

总之，我们时代发生的事件的巨大使过去的事件显得渺小，虽然同马伦戈、奥斯特里茨、耶拿、莫斯科战役相比，罗斯巴茨、里埃尼次、托尔高等地的战斗只是小冲突，腓特烈同别人相比，在被链条锁在圣赫勒拿岛②的巨人面前，不会太相形见绌。普鲁士国王和伏尔泰是以奇特方式系在一起的两个人物，他们将永世长存。后者以他的哲学摧毁一个社会，而同样的哲学帮助前者建立了一个王国。

柏林的夜是漫长的。我住在一间属于德·迪诺公爵夫人的公馆里。到夜色降临，我的秘书就丢下我走了。如果宫廷里没有为尼古拉大公和大公夫人③的婚礼而举行的庆祝活动，我就待在自己家里，独自守在阴郁的火炉旁边。我只听见布兰德门的哨兵的叫喊，和更夫走在雪地上的脚步声。我用什么来消磨时光呢？读书吗？我没有书。还是继续写我的《回忆录》吧？

我的故事讲到我在从贡堡去雷恩的路上。在雷恩，我住在一位亲戚家里。他很高兴地对我说，一位他认识的太太要到巴黎去，她车上刚好有一个空位，他有把握说服那位太太捎带我。我接受了，但心里却诅咒他的热心。他办妥了事情，马上将我介绍给这位旅伴。她是一位服装商人，举止轻盈而洒脱；她看见我的时候，笑了起来。半夜，马匹来了，我们出发。

---

① 腓特烈-纪尧姆（一六二〇——一六八八）：普鲁士国王。
② 圣赫勒拿岛（Sainte-Hélène）：大西洋中的英属岛屿，一八一五年至一八二一年，战败的拿破仑被囚禁在那里。
③ 后来的俄国沙皇和皇后。

这样，在深夜，我独自同一个女人关在一辆驿车里。一辈子不曾看见一个女人而不脸红的我，怎样从我梦幻的高度走下来，接近这令人恐惧的现实呢？我手足无措；由于害怕碰到罗斯太太的袍子，我蜷缩在角落里。她同我说话，而我嗫嚅着，不知如何回答。她不得不交付车费，张罗一切，因为我什么都不懂。天亮的时候，她重新以惊奇的目光看看我，因为带上了我这个傻瓜而后悔不迭。

路上的景色开始变了，我再看不见布列塔尼农民的装束，再听不到他们的口音。我的情绪低沉，这更增加了罗斯太太对我的轻蔑。我知道这位太太对我做何感想，我还保留这头一次同人打交道给我留下的印象，时光至今仍然没有完全将它抹去。我生来孤僻，但并不怕羞；我有我这个年纪的谦虚，但没有这个年纪的拘谨。当我看到我由于自己善良的一面而显得可笑时，我的孤僻变成无法克服的腼腆。我一句话也讲不出来：我觉得我有东西要隐藏，而这要隐藏的东西是一种品德；我决定自己躲起来，以维护我的纯真。

我们快到巴黎了。在圣西尔站，宽广的道路和整齐的树木令我感到吃惊。很快，我们到达凡尔赛。柑橘园和它的大理石台阶令我赞叹不已。美洲战争的胜利给路易十四宫廷带回了战利品。统治宫廷的女皇正值青春，风华正茂。面临崩溃的王权似乎从来不曾这样巩固。而我这个默默无闻的路人，在这些富丽堂皇毁灭之后仍然活着，而且我还要活下去，目睹同我刚刚离开的树林一样满目凄凉的特里农森林。

终于，我们进入巴黎。我发现所有人都面带讥讽。我好像贵族勒布索涅克[①]，认为看着我的人都在嘲弄我。罗斯太太急于摆脱我这个蠢货，叫车夫把我们送到马伊街的欧洲旅店。我一下车，她就对看门人说："给这位先生开一个房间。"然后加上一句，"为你效劳。"一边做了一个行屈

[①] 勒布索涅克（Le Pourceaugnac）：莫里哀戏剧中的人物。

膝礼的样子。我以后没有再看见罗斯太太。

一八二一年三月,于柏林
一八四六年七月修改

我哥哥——我的表兄莫罗——我姐姐德·法尔西伯爵夫人

一个女人在我前面爬那个又黑又陡的楼梯,手里拿着一把贴有标签的钥匙;一个萨瓦①人跟在我后面,提着我的小旅行箱。我们登上四楼,女仆打开房间,萨瓦人将我的箱子搁在椅子的扶手上。女佣对我说:"先生需要什么吗?"我回答说:"不要。"响起了三声口哨;女佣叫道:"走吧!"她突然走出去,关上房门,同萨瓦人一道冲下楼梯去了。当我独自一人关在房间里的时候,我内心出奇地感到凄凉,差一点就要立即动身回布列塔尼了。我以前听说过的有关巴黎的种种传说在我头脑里涌现。我尴尬万分。我想睡觉,但床没有铺好;我肚饿,但不知道去哪里吃饭。我害怕失礼:要不要叫旅店的人?要不要下楼?我应该问谁?我冒险将头伸出窗外:我看见底下一个井一般的小小内院,有人在那里走来走去,但他们绝对不会想到四楼的囚徒。我回到肮脏的放床凹室旁边,重新坐下来,百无聊赖地看着覆盖内墙的墙纸上的人物。远处传来一阵响声,而且声音越来越大,越来越近。我的门打开了,进来的是我哥哥和我的一位表兄。这位表兄是我母亲的一个姐妹的儿子,我那位姨

---

① 萨瓦:法国东部的一个省。

妈的婚姻颇不顺心。罗斯太太对我这个傻瓜毕竟还有点怜悯，叫人按照她在雷恩得到的地址，通知我哥哥我已经到达巴黎。我哥哥拥抱我。我表兄莫罗是一个高大、肥胖的人，满身烟草气味，吃饭狼吞虎咽，话很多，走路匆匆忙忙，上气不接下气，老是半张着嘴，舌头有一半吊在外面；他认识所有的人，终日在赌场、前厅和沙龙里鬼混。"啊，骑士，"他大声叫道，"你到巴黎了。我带你到夏特纳太太那里去怎么样？"这个我第一次听说的女人是谁呢？这个建议令我对我表兄莫罗十分反感。"骑士先生也许需要休息，"我哥哥说，"我们去看法尔西夫人吧，然后他回来吃饭、睡觉。"

我心里一阵欣喜：在冷漠的人群当中，对家人的回忆是一个安慰。我们出发了。我表兄莫罗大发雷霆，说我的房间太不像话，命令旅店老板至少要让我搬到下一层去。我们登上我哥哥的马车，动身到德·法尔西夫人住的女修院去。

朱莉为了看病，来巴黎已经有一段时间了。她姣好的面容、她的优雅、她的才智立即吸引了许多人。我说过，她生来就有写诗的天才。她曾是她那个世纪最讨人喜欢的女性，后来她变成了圣女。卡隆神父撰写了她一生的故事。这些到处寻找完美灵魂的使徒，对这些灵魂神父认为来自造物主的爱心。"当一个完美的灵魂升天的时候，"神父以早期基督教徒的纯洁和希腊精神的朴实说，"上帝会将她放在自己膝盖上，称她为自己的女儿。"

吕西儿发出令人心酸的哀叹，"致我失去的姐姐"。卡隆神父对朱莉的赞美和解释印证了吕西儿讲的话。神父写的故事也证明我的《基督教真谛》中所讲的内容是真实的，可以佐证我的《回忆录》中的某些内容。

纯洁的朱莉开始感到悔恨；她以苦修赎救她的兄弟；她以她的著名的非洲主保圣女为榜样，成了一名殉道者。

《义人的一生》的作者卡隆神父是我的同乡，流亡中他自称为弗朗索瓦·德·保罗；他的名望是由受苦受难者披露的，即使在波拿巴声名显赫的时代，他也是一位名人。一位被放逐的副本堂神父的声音并没有被使社会动荡的革命的轰动所掩盖。似乎为了写我姐姐的德行，他专门从国外回来。他在我们的废墟中寻找，发现了一名牺牲者，和一座被遗忘的坟墓。

当这位圣徒传的新作者描写朱莉的苦行的时候，人们仿佛在讲道中听见波舒哀对拉瓦利耶尔的歌颂。

"她敢碰一个如此娇嫩、如此亲爱、如此珍贵的躯体吗？难道人们一点也不怜香惜玉？相反！灵魂针对的主要是它，好像针对她的主要引诱者。灵魂为自己设立了界石；她从四面八方被围困，只有对着上天，她才能呼吸。"

在朱莉的可尊敬的传记作者所写的最后几行里，我无不惶恐地看到了我的名字。在如此高贵的品德旁边，微末如我者所做的一切算得了什么呢？我在伦敦流亡期间曾经收到我姐姐的信，我是否完成了她嘱咐我所做的一切呢？向上帝奉献一本书够吗？难道我不应该向他奉献我的生命？不过，这个生命符合《基督教真谛》吗？如果我的感情在我的信仰上投下阴影，我为宗教刻画的形象或多或少闪光有什么紧要？我并没有持之以恒；我并没有穿上苦衣；我的临终圣体的上衣本来可以吸干我的汗水。可是，由于旅途劳顿，我在路边坐下了。虽然如此，我应该重新站立起来，到我姐姐已经到达的地方。

朱莉荣耀之极：卡隆神父为她立传，吕西儿哀悼她的死。

一八二一年三月，于柏林

上流社会的朱莉——晚餐——波默勒尔——德·夏特纳太太

我在巴黎见到朱莉的时候,她处在上流社会的流光溢彩之中;她出现的时候,身上覆盖着花朵,脖子上戴着项链,穿着圣克莱芒[①]禁止早期基督教徒穿戴的薄薄的香纱。圣巴齐尔[②]希望夜的环境归于孤独者,而清晨属于其他人,以便享用大自然的肃默。而对于朱莉,黑夜是她赴那些欢乐的聚会的时刻;在她以欢愉的心情写下的那些诗句中,这是最迷人的地方。

朱莉比吕西儿漂亮得多;她有温柔的蓝眼睛,棕色的鬈发。她的手和手臂白净、优雅,举手投足仪态万方,给优美的身段更增添几分妩媚。她光艳照人,表情活泼,喜欢笑而不作态,笑的时候露出一排珍珠般闪闪发光的牙齿。许多路易十四时代的女人画像很像朱莉,其中包括莫特马尔三姐妹的画像。但是,朱莉比德·孟德斯庞夫人更加优雅。

朱莉以一个姐姐才有的温情迎接我。在她缀满丝带、玫瑰花和花边的怀抱中,我觉得受到呵护。没有什么东西能够取代一个女人的爱恋、体贴和献身精神。人们可能被兄弟和朋友忘记,可能被同伴抛弃,但他的母亲、他的姐姐或他的妻子永远不会这样对待他。当哈罗德[③]在黑斯廷斯战役中被打死后,没有人能够在众多的死尸中认出他,结果求助于死者心爱的年轻姑娘。她来了,而不幸的王子被有天鹅脖子的伊迪丝找

[①] 圣克莱芒(Saint Clément):教皇(八八—九七)。
[②] 圣巴齐尔(Saint Basite):希腊教大主教。
[③] 哈罗德(Harold Ⅱ,约一〇二〇——〇六六):英格兰的最后一个盎格鲁-撒克逊国王。一〇〇六年,哈罗德在黑斯廷斯(Hastings)附近的战斗中阵亡。

到了:"Editha swanes-hales, quod sonat collum cycni。"①

我哥哥将我送回旅店。他吩咐为我准备晚饭,然后离去。我独自一人吃饭,我睡觉的时候心情忧伤。我在巴黎的第一个夜晚思绪起伏,怀念我故乡的欧石南,面对暗淡的前途颤抖。

第二天上午八时,我的胖表兄来了;在此之前,他已经跑了五六个地方。"好吧,骑士!我们吃早饭去。我们同波默勒尔一起吃饭;今晚我带你到夏特纳太太那里去。"看来这是无法躲避的邀请,我接受了。一切都像表兄所预料的那样。早餐之后,他要带我去参观巴黎,把我拖去看王宫附近那些最肮脏的街道,告诉我一个年轻人可能碰到的危险。我们准时到达餐馆吃晚饭。我觉得端上来的食物十分粗劣。客人的谈话向我展示另一个世界。话题是宫廷、财政计划、学士院的会议、女人和男女私通的绯闻,新上演的戏、走红的男女演员和作家。

客人当中有几个布列塔尼人,包括德·居耶骑士和波默勒尔。后者善于辞令,描绘了波拿巴的几次战役,说我将来在文学方面会出人头地。在帝国时期,波默勒尔由于仇恨贵族博得一定的名声。当他得知一个贵族变成王室侍从的时候,他兴高采烈,大声叫道:"在这些贵族头上,又多一个夜壶了!"可是,波默勒尔本人自称是贵族,而且他是有根据的。他将自己的姓写成波默勒,暗示自己是塞维涅夫人的书信中提到的波默勒家族的后代。

晚饭后,我哥哥想带我去看戏,但我的表兄要带我到夏特纳太太那里去,于是我去看我命中注定要看的那个女人。

我看见的女子已经不年轻了,但她仍然有几分魅力。她亲切地接待我,尽量让我感到自在,问一些有关我来自的那个省和我要去服役的那个团的情况。我笨拙而拘谨。我暗示我表兄设法缩短这次访问。但是,

---

① 拉丁文,"Editha swanes-hales",即天鹅的脖子。

他对我看也不看一眼，大谈我如何了不得，说我在母亲怀抱里就开始作诗，同时请我歌颂夏特纳太太。她帮助我摆脱了这艰难的处境。她说她很抱歉，有事不得不外出，并且邀请我第二天早上去看她；她说话的声音是如此温柔，我情不自禁答应了。

  第二天，我独自来到她家里。我看见她躺在一间布置得很雅致的卧房里。她说她有点儿不舒服，而且她有晚起床的坏习惯。这是我第一次在一个既不是我母亲，也不是我姐姐的女人床边。她注意到我前一天晚上的腼腆，但她有办法克服我这个毛病，结果我讲起话来居然滔滔不绝。我忘记我说过什么；但是我现在似乎还记得她脸上的惊讶表情。她向我伸过她半裸的手臂和秀美的手，微笑着对我说："我们会把你变成一个斯斯文文的人。"我甚至没有吻这只美丽的手，我拘束不安地退出了。第二天，我启程到康布雷去。这位夏特纳太太是什么人？我一无所知。她像一个迷人的影子，在我生活中掠过。

一八二一年三月三十日，于柏林

康布雷——纳瓦尔团——拉马迪涅尔

  驿车车夫将我送到兵营。我的姐夫德·夏多布尔子爵（他娶了守寡的德·凯布里阿克公爵夫人、我姐姐贝尼涅），为我给该团的一些军官写了举荐信。德·盖南骑士，一个很容易相处的人，让我同一些有才干的军官同桌吃饭，其中有阿夏尔、马伊斯兄弟、拉马迪涅尔。莫特马尔是该团的上校团长，德·安德烈泽尔公爵是少校团副：我特别受到后者的关照。我往后同这两位都有重逢的机会：一位变成我在贵族院的同僚，另一位因事找过我，我很高兴地向他提供了帮助。同生活的不同时期相识的人见面，回顾他们生活中和我们自己生活中发生的变化，这种重逢的快乐中夹杂着凄凉。他们好像我们在身后留下的路标，使我们重温走过的道路，但往事如烟了。

我到达军营的时候穿着平民服，二十四小时之后，我就换上一身军服；我感觉好像我从来都是军人似的。我的制服是蓝色和白色的，如同我以前穿的许愿礼服。我的青年时代和童年时代一样，是在相同的颜色下度过的。习惯上，少尉们对新到的军官要作弄一番，但我并没有受到这样的待遇；我不知道人们为什么不敢同我开这样的玩笑。我进入军营还不到两周，大家已经把我当作老同事了。我轻易地学会了使用武器，掌握了理论知识；我在教官的赞扬声中，得到下士和中士军衔。我的房间变成上尉军官和年轻的少尉军官们的聚会之地：前者给我讲他们的战斗故事，后者向我吐露他们的爱情秘密。

拉马迪涅尔拖着我，从他热爱的一位美丽的康布雷姑娘门前走过；一天有五六次。他长得很难看，脸上满是麻子。他向我讲述他的爱情故事，一边大杯喝醋栗汁，有时由我来付钱。

如果我不讲究服饰打扮的话，本来一切都会尽善尽美的。那时，人们仿效普鲁士军服的严谨：小帽子，头上紧密的小环形鬈发，脑后直挺挺的束发，制服扣得严严实实。我很不喜欢这种打扮。上午，我服从这些约束，但晚上，当我估计不会被头头撞见的时候，我就戴上一顶比较大的帽子；请理发师放下我的鬈发，解开我脑后的辫子；我解开衣扣，敞开上衣。我以这种随意和不修边幅的模样，同拉马迪涅尔一道，到他的残酷的弗拉芒德窗下去献殷勤。一天，我迎面碰见德·安德烈泽尔先生。"怎么回事，先生？"可怕的少校说，"你要坐三天禁闭。"我觉得有点丢面子。但是，谚语讲得好：祸兮得福。这件事使我从我朋友的爱情中解放出来。

在费奈隆的坟墓旁边，我重读了《特勒马科斯历险记》[①]：我离母牛和高级教士的博爱故事远得很呢。

我的职业生涯的开端给我留下愉快的回忆。"百日"之后，我随国王穿过康布雷城。我寻找我住过的房屋和我经常光顾的咖啡馆，但是我没有找到。人事全非了。

一八二一年三月，于柏林

我父亲去世

我在康布雷开始我的军旅生活的那一年，得知腓特烈二世逝世的消息。今天我在这位伟大国王的侄儿身边担任大使，在柏林写我的《回忆录》的这一部分。当年，得知国王去世这个对于公众来说重要的消息之后不久，跟着来的是一个令我痛苦的噩耗：吕西儿通知我，父亲被中风夺去了生命。他死在昂热维纳节后第三天；昂热维纳节是我童年最快乐的节日之一。

在我查阅的正式文件当中，我找到我父母的死亡公证书。这些文件以特殊方式标志"世纪的死亡"，我把它们当作历史文件记录在下面。

贡堡堂区一七八六年死亡登记簿第八页反面记载如下：

[①] 费奈隆（Fénelon，一六五一——七一五）：法国作家,《特勒马科斯历险记》是他的一部作品。

高贵和有权势的勒内·德·夏多布里昂老爷,骑士,贡堡公爵,戈格勒、普莱西-来皮内、布雷、多尔的马莱司特瓦和其他庄园的领主,高贵和有权势的阿波里内尔-雅内-苏扎内·德·贝德夫人,贡堡公爵夫人的配偶,九月六日晚约八时在贡堡辞世,享年约六十九岁;遗体安放在贡堡教堂的遗骸盒内,于同月八日在上述城堡的地下室安葬,在场的有贵族先生们、司法官吏先生们、其他署名如下的显贵的自由民们。记录簿上的签名人是:德·柏蒂布瓦伯爵、德·蒙卢埃特、德·夏多达西、德洛内、莫罗,律师努里·德·莫理,诉讼代理人埃尔梅,律师和税务监督柏蒂,教区本堂神父罗比物、勒杜阿林,德·特雷韦莱克长老,本堂神父塞万。

在由罗丹先生一八一二年颁发的证书核对本中,十九个有关死者头衔的词,如"高贵和有权势的老爷"等,被画去了。

伊尔-维兰省第一区圣塞尔旺镇共和六年死亡登记簿第三十五页正面记载如下:

　　法兰西共和国六年牧月十二日,让巴斯雷,园丁,和约瑟夫布兰,短工,向我——塞尔旺镇民选公众事务官员雅克布达斯——报告,阿波里内尔-雅内-苏扎内·德·贝德,勒内-奥古斯特·德·夏多布里昂的寡妇,今天下午一时在位于本镇拉巴吕的女公民古荣的住所去世。根据该报告并经过我核实,我出具本证明书,由让·巴斯雷和我签字证明,约瑟夫·布兰申明自己不会签字。

　　同上年月日于镇政府。签字人:让·巴斯雷和布达斯。

在第一张登记记录中,旧社会还存在:德·夏多布里昂先生是一位"高贵和有权势的老爷",等等;证人是"贵族先生们、显贵的自由民们"。

证人当中，我发现有那位从前冬天从贡堡过路的德·蒙卢埃特侯爵，和塞万神父——他无法相信我就是《基督教真谛》的作者。一直到我父亲去世，他们都是忠实的朋友。但是，我父亲在他的坟墓里没有安稳多久：当人们将旧法兰西扔进垃圾堆的时候，他被人从坟墓里挖出来了。

在我母亲的公证书里，世界变了个样儿：新世界，新世纪。日历推算法和月份都变了。德·夏多布里昂夫人变成一个"住在女公民古荣的住所"的穷苦妇人；只有一名园丁和一名不懂签字的短工是我母亲死亡的证人。既没有亲戚，也没有朋友；没有葬礼；革命是唯一的见证。

怀念——我的父亲会赞扬我吗？

德·夏多布里昂先生的去世使我悲痛：他的死更好地向我显示了他的价值；现在，我忘记了他的严厉，也忘记了他的弱点。晚上，我仿佛仍然看见他在贡堡的大厅里踱来踱去；想起家中的种种情景，我的心就软了。虽然他对我的爱常常是以严厉的方式表现出来的，但这种爱事实上仍然是强烈的。凶恶的蒙吕克元帅[①]在受到可怕的创伤之后，变得脾气暴躁，用一块白布遮住他的伤口。在他失去他儿子之后不久，这位杀人如麻的军人责怪自己过去对孩子太过严厉。

他说："这可怜的孩子只知道我对他态度冷淡，轻视他；他认为我从来不曾看到他的长处，爱他，尊重他。有谁知道我心中对他的一片深情

---

① 蒙吕克元帅（Montluc，一六〇二—一六七七）：法国元帅，在塔尔纳省首府拉巴斯堂斯被围困时脸部受伤。

呢？难道他不应该享有父爱的一切快乐和一切恩惠吗？为了维持这虚假的面具，我抑制自己的感情，忍受心中的痛苦，结果我失去同他谈话的快乐，他的爱，他对我感情冷漠，因为他从我这里得到的只是粗暴的待遇，他感觉到的只是专横的态度。"

我对我父亲的感情远不是"冷漠"的，尽管他"态度专横"，我从未怀疑他深情地爱我。如果上帝在他之前将我召去，他会十分痛苦，对此我是深信不疑的。但是，假若他同我一起留在这个世界上，他对我获得的声名会感到高兴吗？文学的声誉可能伤害他的贵族的自尊；他在他儿子的才干中看到的也许只是堕落；驻柏林大使的职衔本身是靠笔，而不是靠剑取得的，不会令他十分满意。此外，他身上的布列塔尼血统使他在政治上持批评态度，他极力反对赋税，与宫廷势不两立。他阅读《莱德报》《法兰克福报》《法兰西信使报》，推崇《两个印度的哲学史》一书夸张的文笔。他称雷纳尔神父为一个"伟人"。在外交上，他是反穆斯林派；他断言四万俄罗斯"顽童"将踩着土耳其士兵的肚皮过去，夺取君士坦丁堡。虽然他是反土耳其的，但由于他过去在格但斯克[①]的遭遇，对"俄罗斯顽童"心怀怨恨。

在文学和其他声誉上，我同德·夏多布里昂先生有相同的感觉，但出于不同的理由。历史上没有任何声誉能够吸引我；如果需要为自己的利益俯身在我脚下拾取世界上最崇高的声誉，我也不愿意费这个力气。如果我能捏合我这团泥的话，可能出于我对妇女的感情，我要使自己成为女人；或者，如果我成了男人的话，我先要赋予自己以美貌；然后，为了同烦恼这个凶恶的敌人做斗争，我可能适于当一名高傲但无名的艺术家，用我的才能抚慰我的孤独。思量短暂和轻微的生命，除去一切虚假的表象，只有两个东西是真实的：理智的信仰和青春的爱情，即未来

[①] 格但斯克（Dantzick）：波兰港口。

和现在。剩下的都不值得劳神了。

我父亲的死结束了我生命的第一幕。我的祖屋变得空空如也；对此我感到惋惜，就像这些房屋也会感到被抛弃而形影相吊一样。从此，我失去了主宰，享受充分的自由：这种自由令我恐惧。我如何使用它？我把它奉献给谁？我怀疑自己有这种力量，我在我自己面前却步。

一八二一年三月，于柏林

返回布列塔尼——在我大姐家小住——我哥哥召我到巴黎

我请准了假。德·安德烈泽尔被任命为庇卡底团的中校，离开康布雷，我充当他的信使。我穿过巴黎，在那个地方我一刻钟也不愿意停留。我重新看见我的布列塔尼荒原的时候，我快乐的心情超过那些被放逐到我国、后来返回家园的那不勒斯人重新看见波尔迪齐海岸和索兰特田野时的心情。我们全家在贡堡聚集；我们解决了财产分配的问题；此后，我们就各奔东西了，像那些飞离父母巢穴的鸟儿。从巴黎回来的哥哥重返巴黎，我母亲到圣马洛定居；吕西儿随朱莉而去；我有一部分时间是在德·马里尼夫人、德·夏多布尔夫人和德·法尔西夫人家中度过的。我大姐的城堡马里尼离富热尔三法里，位于两个湖泊之间，藏匿在树林、岩石和草场当中。我在那里度过了几个月无忧无虑的生活，直到一封巴黎来信扰乱了我的平静。

我哥哥在开始服役和娶罗桑玻小姐为妻的时候，还没有脱下道袍；因为这个缘故，他不能坐上四轮华丽马车。他迫不及待的野心使他产生了让我享受宫廷荣誉的念头,以便为他的擢升铺平道路。当吕西儿被阿尔让蒂埃尔教士会议接纳时,她已经取得属于贵族的证据。这样一来,一切都准备就绪了。德·迪拉元帅将充当我的保护人。我哥哥对我说,我正在走上富贵之路;我已经得到骑兵上尉的军衔,尽管这纯粹是一个荣誉称号;今后我很容易就可以进入马耳他修会,凭此我可以得到很多的好处。

这封信对于我犹如晴天霹雳:回到巴黎,被引荐进宫——而我在一间客厅里,碰见三四个不相识的人就浑身不自在!只幻想过默默无闻的生活的我,却要去懂得野心勃勃!

我的第一个反应是答复我哥哥说,他是长子,支撑我们的姓氏是他的责任;而我是一个布列塔尼的不见经传的幼子,我不会退役,因为战争可能爆发;而且,如果说国王的军队需要一名士兵的话,他的宫廷不会需要增加一名穷贵族。

我赶忙将这封浪漫的信读给马里尼听,可是她听后发出几声尖叫;她把德·法尔西夫人叫来,这位姐姐对我进行讽刺;吕西儿本来会支持我,但是她不敢跟两位姐姐唱反调。她们将我的信夺走了,而我是一个碰到有关自己的事情就显得优柔寡断的人,我告诉哥哥我马上出发。

我的确出发了;我出发到巴黎去,是为了被引荐给欧洲首屈一指的宫廷,是为了以最显赫的方式开始生活,可是我却好像一个被人拖去服苦役的人,或者一个将要被判处死刑的人。

一八二一年三月,于柏林

我在巴黎的孤独生活

我沿着我头一次走的路线进入巴黎；我住进马伊街同一间旅店：我只知道这个旅店。我的房间在我以前住过的房间旁边，是一间临街的稍大的套房。我哥哥或者因为我的举止令他尴尬，或者因为他怜悯我的腼腆，从不带我到社交场合，也不将我介绍给任何人。他住在福塞-蒙玛特尔街；我每天三时到他那里吃午饭；然后我们分手，一直到第二天才见面。我的胖表兄已经离开巴黎。我有两三次从夏特纳太太的公馆前面走过，但是我不敢问看门人她是否还在那里。

秋天来临了。我每天六时起床，到骑马场骑马，吃早饭。幸亏我当时迷恋于希腊文：我翻译《奥德修记》和《居鲁士的教育》①，一直到下午二时，中间我还学点历史。到两点钟，我穿好衣服，到我哥哥家去。他问我做了什么事，看见了什么东西，我总是回答说："什么都没有。"他耸耸肩膀，不再理我。

一天，外面传来一阵响声，我哥哥跑到窗口，叫我，因为我总是缩在房间深处的一张扶手椅里，从来不愿意离开那个角落。我可怜的哥哥预言我将终身默默无闻，一事无成。

到四时，我回到我住的旅店。我坐在我的窗子后面。这个时候，两个十五六岁的年轻人到街对面一间旅店的窗口画画。他们发现了我的规律，就像我发现他们的规律一样。他们不时抬头看看他们的邻居。我对他们的关注心中无限感激，他们是我在巴黎的唯一的交往。

夜色临近的时候，我常常去看戏；我喜欢人群的冷漠，尽管在门口买票和混杂到观众当中令我略感不快。我修改了我在圣马洛看戏时得到

---

① 希腊历史学家色诺芬的作品。

的印象。我看见圣-于贝尔迪夫人扮演阿米德①。我觉得她同我想象中的女魔法师相比,似乎欠缺点什么。当我不将自己关在歌剧院和法国人剧场的时候,我便沿着街道或者河岸散步,直至晚上十点或十一点。甚至在今天,每当我看见一排排路灯的时候,我就记起当年我沿着这条路前往凡尔赛进宫时,我是多么惴惴不安。

回到旅店之后,我有一段时间垂头坐在炉火旁边,沉默不语。我没有波斯人的想象力,将火焰视为银莲花,将火炭视为石榴。我听见车辆来来往往,它们从远处传来的轰隆声令我想起海浪在布列塔尼海岸上的低语,或者风儿在贡堡树林中的呼啸。这些令人想起孤寂的声响的世俗的声音唤起我心中的怀念之情;我追念我过去的痛苦,或者我想象这些马车所载的人物的故事。我看见灯火辉煌的客厅、舞会、爱情、征服。很快,我想到自己,我住在一间小旅店里,透过窗口看着外面的世界,在我的住屋的回声中听它的声音。

卢梭认为,多亏他的率直和别人对他的教育,他忏悔了他生活中那些可疑的享乐。他甚至设想人们会一本正经地质问他,要求他坦白同那些维也纳妓女所犯的罪愆。如果我同巴黎妓女有什么瓜葛的话,我也不会认为自己有必要以此来教育后辈。但是,我一方面太腼腆,另一方面太狂热,不会被这些烟花女子引诱。当我从这些强拉过路人的可怜女人中间穿过的时候(就像圣克鲁斯那些拉客的马车夫一样),我感到厌恶和恐怖。对于我,这种冒险的快乐只适合于过去的年代。

在十四、十五、十六和十七世纪,不完善的文明、迷信、异域和半开化的习俗给一切东西披上离奇浪漫的色彩:性格是夸张的,想象力特别丰富,生活是神秘和隐蔽的。晚上,在公墓和寺庙的高墙周围,在城墙的阴影下,沿着市场的链条和壕沟,在妓院周围,在那些狭窄和没

---

① 十七世纪的一出著名歌剧的女主人公,讲的是一位女魔术师爱上一名军官的故事。

有路灯的街巷里,在那些埋伏着强盗和杀人犯的地方,在那些有时在火把下、有时在黑暗中进行聚会的场所,要赴某个爱洛伊丝的约会要冒着生命的危险。必须真正爱恋,才会这样铤而走险。因为要违反普遍的风俗,必须做出重大的牺牲。不仅要应付不测,以身试法,而且不得不战胜自身的习惯势力,家庭的权威,家庭习惯的束缚,良心的对抗,基督教徒的恐惧和义务。所有这些桎梏使感情变得更加强烈。

我在一七八八年,不可能尾随一个饥不果腹的可怜女人,在警察的监督之下,让她把我拖进她的破屋。但是,在一六〇六年,我很可能冒一次类似巴松皮埃尔①所精心描绘的风险:

"五个月或六个月之前,"元帅说,"我每次走过小桥(当时还没有新桥)的时候,一个漂亮女人,在招牌为'两个天使'的商店工作的缝纫女工,向我行屈膝礼,而且用目光送我离去。她的行为引起我的注意,我也瞧着她,比较认真地向她致敬。

"每当我从枫丹白露来到巴黎,走过小桥的时候,她一看见我,就站在小店门口,在我走过时对我说:'先生,我是你的仆人。'我向她回礼,不时转过身,看见她目送我,一直到我走远。"

巴松皮埃尔获得一次约会,他说:"我得到的是一位非常美丽的女人,二十岁,戴着睡帽,身上穿着一件很单薄的衬衣,和一条绿色粗布短裙,脚上是一双女式高跟拖鞋,一件浴巾披在肩上。我很喜欢她。我问她能否同她再次见面。"

"'你如果想同我再次相会,'她回答说,'那要到我姨妈家去。她住在教士镇巷,靠近菜市场,离熊街不远,是圣马丹街那边的第三个门。从晚十点到十二点,我在那里等你,再晚一些也行;我会把门打开。入口处有一条小径,你赶快走过去,因为我姨妈的房间和那里相通;你会

---

① 巴松皮埃尔(Bassompierre,一五七九——一六四六):法国元帅,著有《回忆录》。

看到一个台阶，上去就是三楼。'我十点钟到达，找到了她告诉我的门，而且里面灯火辉煌，非但三楼如此，四楼和二楼也一样；但是，门关着。我敲门，说我来了；可是我听见一个男人的声音问我是谁。我转身回到熊街，然后又再次倒回去。我看见门开了，我一直走上三楼，我在那里看到，火光是燃烧的褥草发出的，两个赤裸裸的身体躺在房内的桌子上。我大吃一惊，急忙退出。出门时，我迎面碰见两名殡葬工；他们问我找什么；而我为了让他们闪开，拔出佩剑；我走过去了。我回到住所的时候，对刚才看见的未曾料到的情景仍然心有余悸。"

按照两百四十年前巴松皮埃尔提供的地址，我也去赴约。我穿过小桥，走过菜市场，沿着圣德尼街往前，一直到右手的熊街；与熊街相通的左边第一条巷子是教士镇巷。它那似乎被时光和火灾熏黑的街牌给了我希望。我找到圣马丹那边的第三个门，历史学家提供的情况是多么准确啊！但，不幸得很，我最初以为仍然保存的两个半世纪的历史在这个地方消失了。房屋的正面是现代的；无论第二层、第三层或第四层都没有灯光。屋顶下的顶楼窗口，有一道旱金莲和香豌豆的花叶边饰；楼下是一间假发店，玻璃橱窗后面挂着许多圈头发。

我非常沮丧，走进假发店。从罗马征服时期开始，高卢女人一直将她们金黄的头发卖给那些发色不那么艳丽的人；我的布列塔尼女同胞今天在赶集的时候，还会将自己头上天然的毛发剪下来，去换取印度头巾。我对正在一片铁梳上编织假发的师傅说："先生，你没有买一个年轻缝纫女工的头发吧？她住在小桥边那间叫'两个天使'的小店里。"他有点迷惑不解，未置可否。我表示非常抱歉，离开了，穿过迷魂阵般的一束束头发。

我沿着街道漫步。没有二十岁的缝纫女工对我行屈膝礼；没有率直、无私、温情脉脉的年轻女人，"戴着睡帽，身上穿着一件很单薄的衬衣，和一条绿色短裙，脚上是一双女式高跟拖鞋，一件浴巾披在肩上"。

一个不久就要寿终正寝的老妇人差一点要用她的拐杖揍我。她可能就是约会中的姨妈吧。

巴松皮埃尔讲的故事是多么美妙呀！他为什么能够享受如此痴情的爱恋呢？其中有个道理。在那个时代，法国人划分成两个明显不同的阶级，一个是统治阶级，一个是半奴隶阶级。缝纫女工将巴松皮埃尔拥在怀里，好像女奴拥抱半个神仙；他令她产生荣耀的幻觉。在所有女人当中，只有法国女人才会陶醉于这种幻觉。

可是，谁能向我们披露惨祸的原因呢？是"两个天使"的可爱的缝纫女工的尸体同另一个尸体躺在桌子上吗？另一个尸体是谁的？丈夫的？或者巴松皮埃尔听见声音的那个男人？在爱情之前，鼠疫或者嫉妒赶到教士镇街吗？围绕这样一个题材，可以纵情遐想。在诗人的故事中加进民间传说，殡葬工的到达，巴松皮埃尔拔出佩剑，用这段奇遇可以编一出绝妙的情节剧。

你也会赏识我这个年轻人在巴黎的纯洁和节制。在这个首都，我可以为所欲为，就像在人人按自己意愿行事的泰莱梅修道院[①]一样。然而，我并没有滥用我的独立。我仅仅跟一个二百一十六岁的老妓女有来往。她从前钟情于一位法国元帅，贝阿尔纳的情敌（他们向德·蒙莫朗西小姐献殷勤），德·昂特拉格小姐的情人；后者是德·韦纳伊侯爵的妹妹，对亨利四世颇多非议。我即将觐见的路易十六断断不会想到，我同他的家族还有这样一段秘密关系。

一八二一年三月，于柏林

---

① 拉伯雷的小说《巨人传》中的一座修道院。

引荐凡尔赛宫——同国王去狩猎

不可避免的那一天来临了。我迫不得已,必须到凡尔赛。我被引荐的前一天,我哥哥把我送到凡尔赛,带我到德·迪拉元帅家中。元帅是一个风流人物,但他的思想非常平庸,甚至对自己的优雅的举止有某种属于平民的看法。然而,这位慈祥的元帅令我十分害怕。

次日清晨,我独自进宫。在凡尔赛的华丽面前,其他一切都不足为道了,即使在旧王室被遣散之后也如此:路易十六的影响仍然留在那里。

穿过卫队厅的时候,一切都很顺利,因为我历来喜欢武装的排场,并不感到不自在。但当我进入小圆厅,混杂在朝臣当中时,我就感到难受了。人们看着我,我听见有人问我是谁。要理解引荐在当时的重要性,必须了解王室从前的威望。"新来者"的命运是奇特的;人们避免对他显出轻蔑的保护人的态度,这种态度同彬彬有礼构成大老爷的无法模仿的风度。谁知道这个初出茅庐的人会不会变成王上的宠臣呢?人们之所以尊重他,是因为他可能有幸变成国王的侍从。今天,我们更加热衷于拥进宫廷,而且并不抱幻想——这是奇怪的事情:一个被迫靠讲实话为生的朝臣离挨饿只有一步之遥。

当宣布国王起身的时候,不被引荐的人退出了。我觉得我的虚荣心得到某种满足:我并不因为留下而感到骄傲,但是,如果退出我会感到屈辱。国王的卧室打开了。我看见国王按照礼仪,从服役的第一侍从手里接过帽子,结束他的穿着打扮。国王往前走,去做弥撒。我鞠躬致敬,德·迪拉元帅通报我的名字:"陛下,德·夏多布里昂骑士。"国王看我一眼,向我答礼;他迟疑着,好像想停下来同我说话。我本来会充满自信地回答他的问话,因为我此刻完全摆脱了羞怯。我觉得,同将军、国家元首、政府首脑讲话是很平常的事情，我并没有特殊的感觉。国王对我无话可说，比我更加尴尬，他走过去了。人类命运的虚浮呀！这位我头一次看见的君主，叱咤风云的路易十六，此刻离他走上断头台只有六年时间！对这位在确认贵族身份之后，被引见给圣路易的显赫儿子的新朝臣，国王只是漫不经心地看了一眼；这位朝臣在将来证实他的忠诚之后，会负责在众多骸骨中分辨他的遗骨，引荐给他的骨灰[①]！对于权杖和荣誉的双重王权，这是表达尊敬的双重贡品！路易十六可以像耶稣回答犹太人那样回答审判官："我让你们看见许多优秀的作品，为了哪一个作品，你们如此粗暴地对待我？"[②]

我们跑到廊厅，等候王后从教堂回来时从那里经过。她很快出现了，被一大群衣衫华丽的人簇拥着。她向我们行了一个高贵的屈膝礼；她看上去喜气洋洋。这双以无比优雅的姿势，掌握那么多国王的权杖的美丽的手，在被刽子手捆绑上断头台之前，要在巴黎裁判所附属监狱里补缀寡妇的破衣服！

如果说我哥哥让我同意做出牺牲，但要想让我把这个牺牲再往前推进就由不得他了。他枉然地哀求我留在凡尔赛，以便傍晚出席王后的游戏。他对我说："你的姓名将通报给王后，而且国王会同你说话。"为了阻止我逃离。他无法提供更加充分的理由。我急于回到我备有家具的旅店里，隐藏我的荣耀，庆幸逃离宫廷，但是我前面还有一七八七年二月十九日，那个发生四轮马车事件的可怕日子。

德·库瓦尼公爵叫人通知我，我将和国王一起去圣日耳曼森林狩猎。我大清早就出发，赶赴我的苦刑。我身穿"新来者"制服，绿上装、红绣花短裤、长筒袖口、马靴，腰上挂着猎刀，镶金饰带的法国小帽。

[①] 一八一五年，成立了一个委员会，负责在马德莱娜公墓辨别路易十六和王后玛丽-安托瓦内特的遗骨，夏多布里昂是该委员会成员。

[②] 引自《福音书》。

我们四个"新来者"在凡尔赛聚齐了：我、德·圣马苏尔兄弟和德·奥特弗伊伯爵。德·库尔尼公爵向我们宣布了注意事项：他叮嘱我们别干扰对猎物的追踪。如果有人在猎物和国王之间穿过，他会发脾气的。集合地点是瓦尔，在圣日耳曼森林里面。这座森林是王室向博沃元帅征用的。按照惯例，头一次参加狩猎的被引荐贵族由御马厩提供马匹。

狩猎开始了：刀光剑影，吆喝声。有人叫道："王上！"国王出来了，登上他的马车；我们也坐上马车跟随在后。在随同国王奔跑、狩猎和我从前在布列塔尼荒原上的奔跑、狩猎之间，有天壤之别；与我以后在美洲同野人一道奔跑和狩猎相比，更是不可同日而语。我的一生充满这样的反差。

我们来到集合地点。那里，许多马匹被人牵着，在树下等候，显得迫不及待的样子；成群的男人和女人；几乎遏制不住的猎犬群；犬的吠叫、马的嘶鸣、号角的鸣响构成一幅非常生动的画面。我们国王的狩猎，让人同时想起君主王朝的古老的和新的习俗，克洛迪昂、息而培里克、达戈里尔特①的剽悍的消遣，弗朗索瓦一世、亨利四世和路易十四的风流。

我读过许多描写狩猎的书，想象我眼前到处是德·夏多布里昂伯爵夫人、德·埃当贝公爵夫人、加布里埃尔·代斯特雷、拉瓦利埃、孟德斯班。我从历史角度想象这次狩猎，所以我感觉很自在；而且我在森林里，那是我的家园。

下车后，我把我的便条交给管理马匹的官员看，他给我一匹名叫"幸福"的牝马。这是一匹轻快的马，嘴很小，很容易受惊，非常任性。它常常竖起耳朵，是我的命运的生动形象。国王出发了，猎队跟随在

---

① 克洛迪昂（Clodion，死于公元四六〇）：法兰克部落的首领；希尔佩里克（Chilpéric，六七五—七二一）：纽斯特里亚国王；达戈里尔特（Dagobert，六九九—七一六）：法国中世纪法兰克人黑洛温王朝国王。

后，走不同的路线。我留在后面，对付"幸福"，因为它不愿意俯首就范；然而，我终于骑上马背，但大队伍已经走远了。

开始，我对"幸福"驾驭得不错；它被迫放慢奔跑，垂下脖子，摇晃着满是泡沫的嚼子，歪歪斜斜地跳着小步往前。但是，当我们接近狩猎地时，就没法控制它了。它伸长头甲，用鬃甲撞我的手，全速冲进一群猎人中间；它横冲直撞，直至碰到一位妇人骑的马才停下来；在一些人的哄笑，和另一些人因为害怕而发出的惊叫中，那位妇人的坐骑几乎被撞翻。今天，我极力想记起这位妇人的名字，但我没有做到。她彬彬有礼地接受了我的道歉。这只是新来者的意外事故。

对我的考验还没有结束。一个半小时之后，我骑马穿过一条空无一人的长长的森林过道。过道尽头是一座独立的房屋；于是我想起那些分布在御林苑当中的宫殿，那是为纪念那些长发高卢王和他们的神秘的娱乐而建造的。正在这时，传来一声枪响。"幸福"突然转身，低头钻进矮树丛，把我带到狍子刚被击中的地点：国王出现了。

此刻，我记起德·库瓦尼公爵的叮嘱，但为时太晚：可恶的"幸福"什么蠢事都干了。我跳下地，一只手将我的牝马往后推，另一只手拿着低垂的帽子。国王看看我，发现一个新来者在他之前赶到猎物倒下的地点。他没有发脾气，而是发出爽朗的笑声，同时用天真的口气说："它没有坚持多久。"这是我从路易十六嘴里听见的仅有的一句话。人们从各个方向赶来了。他们看见我正同国王说话，十分惊讶。新来者夏多布里昂以他的两件意外事故引起轰动。但是，他既不懂得利用好的机遇，也不懂得利用坏的机遇，就像他此后一贯的行为那样。

国王将另外三只狍子追赶得精疲力竭。新来者只能追逐头一只；我同我的同伴到瓦尔等候狩猎队伍归来。

国王回到瓦尔了。他很高兴，讲述狩猎中发生的故事。人们动身回凡尔赛。我哥哥又感到失望：我没有穿好衣服，在国王脱靴这个庆祝胜利和犒赏的时刻，守候在他身边，而是自己坐进马车回巴黎。我很高兴从我的荣誉和我的痛苦中解放出来，我郑重地向我哥哥宣布，我决定回布列塔尼。

我哥哥很高兴让国王知道他的姓氏，他希望将来有朝一日条件成熟时，通过被引荐，完成我没有做到的事情。他不反对一个想法如此怪诞的兄弟离去。

这就是我对城市和宫廷的第一个印象。社会比我从前想象的更加丑恶。但是，如果说它令我感到恐惧的话，它并没有使我泄气。我模模糊糊地感觉，我比我目睹的东西优越。我对宫廷产生了强烈的厌恶之情；这种我无法掩饰的厌恶，或者毋宁说鄙视，将阻碍我成功，或者将使我从我生涯的顶点跌落下来。

而且，如果说我对社会评头品足但对它并不了解的话，社会本身根本无视我的存在。在我开始的时候，谁也没有料到我可能具有的价值；当我重返巴黎的时候，人们对我的看法并没有改善。自从我以可悲的方式出名之后，很多人对我说："如果在你年轻的时候我们见过面，我们早就会注意你了！"这种恭维是在人们功成名就之后产生的错觉。人的外貌是相差无几的。卢梭枉然地说，他生有一双漂亮的小眼睛；同样肯定无疑的是（有他的画像为证），他像一名小学教师，或者一名爱发牢骚的鞋匠。

为了同宫廷一刀两断，我要说，在我从布列塔尼归来，同我两个小姐姐吕西儿和朱莉定居巴黎之后，我比任何时候更加陷入我的孤僻习惯之中。人们会问我，我被引荐入宫之后，下文如何呢？事情就此为止了。——"你不再同国王打猎了吗？"——"就像我不同中国国王打猎一样。""你不再回凡尔赛吗？"——"我有两次到达塞夫勒。我缺乏勇气，又回到巴黎。"——"你从你的地位得到什么好处哪？"——"任何好处都没有。"——"那么你忙什么呢？"——"我度日如年。"——

"这样说,你不觉得你有野心了?"——"有的。靠手腕和钻营,我成功地在《缪斯年鉴》上刊登了一首田园诗,但由于希望和恐惧,这首小诗的发表几乎要了我的小命。我宁愿丢弃国王赐的所有的华丽马车,而去谱写一首浪漫曲:《啊,我心爱的风笛呀!》或者《关于我的朝三暮四的情人》。"

对于别人,我是无所不能的;对于我自己,我是一个废物:这就是我。

一八二一年四月,于柏林

路过布列塔尼——迪耶普军营——同吕西儿和朱莉一道重返巴黎

上一章的全部内容是我在柏林写的。为了参加德·波尔多公爵的洗礼,我回到巴黎;而且出于对离开外交部的德·维莱尔先生的政治上的忠诚,我辞去大使职务。随着这部《回忆录》逐渐逝去的岁月充实,它对于我好像一个沙漏的内球,标志我生命的尘土跌落了多少。当全部沙漏完时,我不会翻转我的玻璃钟。愿上帝给我这样的力量。

在我被引荐之后,我在布列塔尼堕入的新的孤独状态。它同贡堡时期的孤独状态不同。它不像过去那样全面、那样严重,而且坦率地说,也不像过去那样是被迫的。我随时可以离开这种状态;它失去它过去的价值。一位有纹章的年迈的女领主和一位年迈的男爵,在他们的封建庄园里,将他们最小的女儿和他们最小的儿子留在身边,表现出英国人所谓的"个性"：在这种生活中，丝毫没有外省的、狭窄的东西，因为他们过的是非同一般的生活。

在我的姐姐们家中，外省就在田野上。我们到邻居家跳舞，演戏；我在戏中有时充当蹩脚的演员。冬天，在富热尔，必须忍受小城的社交生活、舞会、聚会、宴请，而我不可能像在巴黎那样被人忘记。

另一方面，在我头脑中，对军队和宫廷的看法发生了变化。我身上有一种我讲不清楚的东西在躁动，对抗这种缄默无闻，要求我从阴影中走出来。朱莉厌恶外省，天生的才气和美貌将吕西儿推向一个更大的舞台。

我在生活中感到苦恼，而这种苦恼告诉我，这不是我应该过的生活。

然而，我一贯喜欢田野，而马里尼的田野是迷人的。我所在的团改换了驻地：第一营驻扎在勒阿弗尔，第二营驻扎在迪耶普；我属于第二营。我被引荐入宫使我成了一个大人物。我对我的职业发生了兴趣。我参加训练工作。部队将新兵交给我，我在海边卵石上训练他们。反映我一生的几乎所有舞台的画幅，背景都是大海。

在勒阿弗尔，拉马迪涅尔既不理会他同宗的拉马迪尼耶尔[①]，也不理会著文攻击波舒哀的西蒙[②]、波尔罗亚尔、本笃会修士、塞维涅夫人称为小贝凯的解剖学家；但是他在迪耶普同在康布雷一样，堕进了情网。他倒在一位肥胖的科舒瓦女人的石榴裙下，她的帽子加上头发足有半尺高。她不算很年轻了。由于一个奇特的偶然，她名叫科舒。看来，她是迪耶普出身的安娜-科舒的孙女，而安娜-科舒在一六四五年寿高

---

① 拉马迪尼耶尔是一位当地学者，出生于一六七三年，夏多布里昂的同僚似乎同他没有亲戚关系。
② 实际情况是，主要是波舒哀写文章攻击西蒙(Richard Simon，一六三八—一七一二)。

一百五十岁。

一六四七年,安娜·德·奥地利跟我一样,从她房间的窗口望着大海;为了散心,她观看那些放火小船①燃烧。她叫那些忠于亨利四世的民众看管年轻的路易十四;她给予这些民众许多恩惠,"尽管他们的诺曼底话很难听"。

迪耶普也保留若干我在贡堡见过的封建赋税:要向自由民沃克兰征收三头猪和三苏最古老的钱币;每头猪嘴里要含着一只柑橘。

我回富热尔生活了半年。那里,势力最大的是贵族小姐德·拉贝里内,她是我前面讲过的德·特隆若利公爵夫人的姨妈。我对孔代团一位军官的妹妹,一个说不上艳丽但讨人喜欢的女人颇有好感。我胆量不够,不敢垂青美人。对一个不完美的女人,我才敢奉献我的殷勤。

德·法尔西夫人一直在生病,终于决定离开布列塔尼。她说服吕西儿同她一道去;吕西儿又克服了我对巴黎的厌恶,说服了我。于是,一窝鸟中的最年轻的三只结成了亲切的同盟,一起前往巴黎。

我哥哥结了婚,住在邦迪街他岳父德·罗桑玻庭长家里。我们同意在那附近安家。德利尔·德·萨勒住在圣德尼郊区上面的圣拉扎尔的小楼里;通过他的介绍,我们在那些小楼里选定一套住宅。

一八二一年六月,于巴黎

---

① 指十七和十八世纪用于实施海上火攻的小船。

德利尔·德·萨勒——弗兰——一个文人的生活

不知道为什么，德·法尔西夫人同德利尔·德·萨勒经常来往；此人因为写了几本胡说八道的哲学书，从前曾被樊尚城堡[①]接纳。在那个时代，只要涂几行散文，或者在《缪斯年鉴》上发表一首四行诗，就可以变成一个人物。德利尔·德·萨勒是一个大好人，诚恳但非常平庸，稀里糊涂，白白浪费着他的岁月；他的作品不少，但他把他的书当成旧货拿到国外去卖，在巴黎是谁都不读的。每年春天，他到德国去充实他的思想。他肥胖而衣冠不整，口袋里常常塞一卷邋遢的纸，经常看见他将纸掏出来，站在街角将他的思想偶得记在上面。他在他的半身雕像的底座上，亲自写下他向布封的雕像借来的这句铭词："上帝，人类，自然，他解释了这一切"。德利尔·德·萨勒解释了一切！这样的骄傲是挺逗的，但令人沮丧。谁能够以真正的天才自诩？我们这样的人，不是也可能被类似德利尔·德·萨勒这样的幻觉所陶醉吗？我可以打赌，借用那句话的作者，以天才自诩的作家，实际上只是一个蠢材。

我之所以花这么多篇幅谈我们住在圣拉扎尔的独立小楼里的邻居，这是因为他是我碰见的第一个文人，是他将我引入其他文人的圈子。

由于我的两位姐姐在身边，我在巴黎的生活比较容易忍受；我对学习的爱好也减少了我的厌恶之情。在我眼中，德利尔·德·萨勒是一只鹰。我在他家中看见过卡邦·弗兰·德·奥利维埃[②]；此人爱上了德·法尔西夫人。她把这不当一回事，而弗兰是认真的，因为他自认为是一个好伴侣。弗兰介绍我认识他的朋友封塔纳，后者也成了我的朋友。

[①] 樊尚城堡位于巴黎东面，曾经是王室府第。
[②] 卡邦·弗兰·德·奥利维埃（Carbon Moins des Oliviers，一七五七——一八〇六）：记者和戏剧作家。

弗兰的父亲是兰斯河泊森林管理处的主管，但弗兰本人没有受过认真的教育。他是聪明人，有时显得颇有才气。没有谁长得比他更丑的了：矮小而浮肿，两只突出的眼睛，竖起的头发，肮脏的牙齿；尽管如此，他的神情还不至于太猥琐。他过的生活是当时巴黎一切文人过的生活，值得讲给大家听听。

弗兰住在马扎里内街一套住宅里，离住在盖内戈街的拉阿尔普不远；两个穿号衣的萨瓦人服侍他；晚上，他们跟随他出门，白天在他家里通报来访者。弗兰经常去法兰西剧场看戏；当时这间剧场搬到奥代翁，主要上演喜剧。布里亚尔刚刚下台，塔尔玛①登场了。拉里夫、圣法尔、弗勒里、莫雷、达赞谷尔、迪加赛、格兰梅斯尼尔、孔达夫人、圣瓦尔夫人、迪加桑夫人、奥利维尔夫人正在走红，而马尔斯小姐，蒙维尔的女儿，即将在蒙塔西耶剧场崭露头角。女伶们捍卫作者，有时给他们提供发财的机会。

弗兰只有他家庭提供的金额有限的膳宿费，靠借贷度日。在议会休假前夕，他把他的两位萨瓦仆人穿的号衣、他的两块表、他的戒指和床上用品拿去典当，用典当得的钱去还债，然后回兰斯。他在兰斯过了三个月，然后又回到巴黎，用他父亲给他的钱从当铺里把典当的物品赎出，重新开始这种生活的循环；他总是快快活活，受人欢迎。

一八二一年六月，于巴黎

---

① 布里亚尔比塔尔玛差不多大五十岁。

文人画像

从我在巴黎定居到全国三级会议召开的两年时间里，这个社交圈子扩大了。我当时会背诵德·帕尔尼①骑士的哀歌，现在还记得。我写信给他，要求去看他，这位我喜欢的诗人。他礼貌地给我回了信。我来到他位于克莱里的住宅。

我看见一个还相当年轻的人，气宇不凡，高瘦的个儿，脸上有麻子。他回访我；我将他介绍给我的姐姐们。他不喜欢我们这圈人；由于政治原因，他很快从我们当中排除出去了：他当时属于旧党。我没有见过一个人与自己的作品如此相像的作家。这位诗人是奥克里尔人，他需要的只是印度的天空、一眼泉水、一棵棕榈树和一个女人。他害怕嘈杂，试图过一种默默无闻的生活，因为懒惰而放弃一切。他之所以能够从躲藏的暗影中被人发现，那是因为他在寻欢作乐的时候，顺便拨动了竖琴：

> 愿我们幸福和富有的生命，
> 像轻轻呜咽的小溪，
> 在爱情的卵翼下悄悄流动，
> 在它的床上拥抱碧波，
> 细心寻觅灌木的荫蔽，
> 不在平原上留下痕迹。

无法摆脱的懒惰使德·帕尔尼骑士从一个暴躁的贵族变成一个可悲

---

① 德·帕尔尼（Parny，一七五三——一八一四）：法国诗人。

的革命者;他攻击受迫害的教会和被送上断头台的神父,不惜任何代价购买他的安宁,迫使歌颂埃莱奥诺[①]的缪斯的用下流的语言讲话——那是卡米娜·德斯穆兰[②]为了出卖爱情而讨价还价的语言。

《意大利文学史》的作者在尚福尔之后混进革命,我们同他相识是因为我们是同乡,我们都是布列塔尼人。金盖内由于写了一部相当优美的诗剧《齐尔梅的忏悔》而进入上流社会,他的文学声誉使他在内克的办公室里谋得一个低微的职位,并且因此得到进入总监督署的敲门砖。一位我不认识的人向金盖内争夺他的成名之作《齐尔梅的忏悔》;但是,事实上,这本书是他写的。

雷恩诗人精通音乐,写浪漫曲。随着他逐渐攀附名人,他从一个谦虚的人变得渐渐盛气凌人。在全国三级会议召开之前,尚福尔利用他起草的在报纸上发表的文章和在俱乐部发表的演说:他傲慢自负。在第一届联盟节上,他说:"这是一个美好的节日!为了使节日更加光辉,我们应该在祭坛的四角烧死四个贵族。"他表达的这个愿望并非他个人的发明;在他之前很久,联盟成员路易·多雷昂在一篇名为《阿雷特公爵的宴席》的文章中就写过:"必须将新教牧师们都绑在圣让节营火上当柴烧,并且将亨利四世装进放猫的酒桶。"

金盖内事先得到将进行革命屠杀的消息。金盖内太太将即将到来的灾难通知我的姐姐们和我的妻子,并且向她们提供了避难所。她们住在一个名叫费厚的死胡同里,离发生屠杀的卡尔梅修道院只一步路。

在恐怖时代之后,金盖内几乎变成国民教育的首领。就在这时候,他按照《我栽树,看见它长大》的曲调,在蓝色钟面饭馆唱《自由之树》。人们认为他有哲学家的心满意足,于是派他到一个被废黜的国王身边当

[①] 埃莱奥诺(Eléonone):不详。
[②] 卡米耶·德斯穆兰(Camille Desmoulins,一七六〇—一七九四):政治家和政论作者。

大使。他从都灵写信给塔莱朗先生，说他战胜偏见，让宫廷接纳他的穿短睡袍的妻子。他从一个庸人变成要人，从要人变成傻子，从傻子变成笑柄，并且以批评家和《旬报》独立撰稿人的身份结束他的文人生涯。天性使他回到社会使他偏离的位置。他的学问是二手的，他的散文沉闷，他的诗工整，有时是愉快的。

金盖内有一个朋友——诗人勒布朗。金盖内好像一个世故的聪明人，保护这位诗人；而勒布朗以他的天才为金盖内增添光彩。没有比这对宝贝扮演的角色更加滑稽的事情了，他们亲密合作，尽力互相帮忙，就像在各个领域里两个能人所能做的那样。

勒布朗确实是又一个昂毕雷先生。他的感情是冷静的，就像他不动声色的昂奋。他的住处是蒙马特大街一间楼上的房子，全部家当是杂乱堆在地板上的书籍，一张帆布床；两块当床帷的肮脏毛巾在一只生锈的三角铁架上摇摇晃晃，半只水罐靠着一张露出麦秆的扶手椅。并非布朗手头拮据，而是他吝啬，醉心于伤风败俗的女人。

在沃特勒伊的"仿古"晚宴上，他扮演品达[①]的角色。在他写的抒情诗中，有一些遒劲有力和优美的段落，例如题为《复仇者号战船》的颂歌，名为《巴黎近郊》的颂歌。他的哀歌出自他的头脑，而不是出自他的心灵。他的新颖之处是刻意创造的，而不是自然表现的。他创造的东西都是艺术的成果；他为了歪曲词的意义和寻求耸人听闻的词的组合而绞尽脑汁。勒布朗真正的才干仅仅表现在讽刺方面；他的名为《好和坏的玩笑》的书简诗受到当之无愧的赞扬。他的某些讽刺短诗可以同卢梭的同类作品相提并论。启迪他的主要是拉阿尔普。还要为他讲一句公道话：他在波拿巴统治时期是独立的，他写了一些辛辣的诗句，揭露压制自由的那个人。

---

① 品达（Pindare，公元前五一六—前四三八），古希腊诗人。

但是，无可否认，我在巴黎认识的这个时期的文人当中脾气最大的是尚福尔。他染上了那个造就雅各宾党人的毛病，因为他出身的偶然而不原谅别人。他辜负那些接待过他的家庭的信任；他用恬不知耻的语言描绘宫廷的习俗。人们无法否认他的聪明和才智，但是这种聪明和才智还不足以流芳后世。当他发现在革命的旗子之下，他无法得到任何东西的时候，他就将他攻击社会的手举起来针对自己。对于他的骄傲，红帽子只不过是另一种王冠，激进的共和主义不过是另一种高贵，而马拉和罗伯斯庇尔之流是其中最大的贵族。他因为在痛苦和眼泪的世界里看到地位的不平等而愤怒，而且在刽子手的封建制度中他注定只是一个平民，他决定自戕，以逃避那些优越的罪行。他没有成功。死神嘲笑那些呼唤它，并且将它同虚无混为一谈的那些人。

德里尔神父是我一七八九年在伦敦认识的，我没有见过靠德·埃格蒙夫人生活而且使她活下去的吕利埃尔，也没有见过巴利索、博马歇和马蒙泰尔。同样，我也没有见过谢尼埃，他对我的攻击颇多，但我从来没有反驳；他在法兰西学士院的地位酿成我生命里的一次危机。

当我重读十八世纪的大部分作家的作品时，我对他们的声名和我从前对他们的赞赏感到羞愧。或者语言进步了，或者语言退步了，或者我们向文明靠近了，或者我们变得更加野蛮，肯定无疑的是，在这些我年轻时钦佩不已的作家身上，我发现了某种衰退的、过时的、灰暗的、僵死的、冷漠的东西。甚至在伏尔泰时代的那些最伟大的作家当中，我也发现了一些缺乏感情、思想和文笔的东西。

我的失望应该归咎于谁呢？我害怕自己是首恶。我生来是一个革新者，我可能会将我感染的疾病传给新一代。因为害怕，我徒然地对我的孩子们大声疾呼："不要忘记法语！"他们像利穆赞回答胖大官儿一样答复我："他们是从人们称为吕代斯的那座慷慨、有威望和著名的学府来的！"①

　　正如人们看到的，这种将我们的语言希腊化和拉丁化的倾向并非始自今日。拉伯雷纠正过，但它在龙沙身上重新出现了；布瓦洛对他进行了抨击②。今天，因为科学，它又死灰复燃；我们的革命家生来热爱希腊文，他们强迫我们的商人、农民学会公亩、公升、公里、毫米、十克：政治推动龙沙化。

　　在这里，我本来可以讲讲我当时已经认识的拉阿尔普先生，但我还是留在后面再说吧。我本来可以在我的作家群像中加上封塔纳的画像；可是，尽管我同这位杰出人物相识于一七八九年，但一直到我流亡英国之后，我同他的交情才因为患难而日益增长，而且这种交情从来不因为顺境而减弱。我以后会满怀眷念之情回忆这一切。我只会描绘不再抚慰大地的天才。当我开始记述他的童年的时候，突然传来他去世的消息。我们的生命是转瞬即逝的，如果我们不在晚上记下早上发生的事情，由于工作的阻碍，我们就不会再有时间写下了。但是，这并不妨碍我们浪费岁月，让一寸寸光阴随风散去，而对于人，这一寸寸光阴是永恒的根基。

一八二一年六月，于巴黎

---

① 引自拉伯雷的小说《巨人传》。
② 布瓦洛责怪龙沙"用法语讲希腊语和拉丁语"。

罗桑玻一家——德·马尔泽尔布先生——他对吕西儿的偏爱——我的女精灵的出现和变化

如果说我的爱好和我的姐姐们的爱好使我进入文学界，我们的地位迫使我们经常光顾另一个社交圈子。对于我们，我嫂嫂的家自然是第二个交际圈子的中心。

勒佩尔蒂埃·德·罗桑玻庭长在我到达巴黎的时候，是轻浮作风的典型；但他在临死时表现了无比的勇气。在那个时代，思想和风俗习惯都乱了套，这正是革命即将到来的征兆。法官们因为穿长袍而脸红，并且嘲笑他们父辈的庄重。拉穆瓦尼贡、莫莱、塞吉埃、阿格示等人想去打仗，而不愿意审判。庭长夫人们不再愿意待在家中当令人尊敬的母亲，她们走出阴暗的公馆，要在光辉的冒险事业中显露自己。讲道台上的神父避免提耶稣-基督的名字，只说"基督教徒的立法者"；部长们一个接着一个倒台；权力从所有人手中跌落。最高雅的腔调，在城市里是当美国人，在宫廷里是当英国人，在军队里是当普鲁士人。是哪一个国家的人都可以，但不能是法国人。大家做的，大家说的，是一连串的自相矛盾。人们声称保留神父作导师，但反对宗教；不是贵族不能担任军官，但人们痛骂贵族；沙龙里高谈平等，但军营里棍棒呈威。

德·马尔泽尔布先生有三个女儿，德·罗桑玻夫人、德·奥尔内夫人、德·蒙布瓦西耶夫人。他更喜欢德·罗桑玻夫人，因为她的观点同他的观点接近。德·罗桑玻庭长也有三个女儿：德·夏多布里昂夫人、德·奥尔内夫人、德·托克维尔夫人；他还有一个儿子；这个儿子的杰出才智被完美的基督教精神遮掩了。德·马尔泽尔布先生在他的子女、孙子和重孙的包围中自得其乐。在革命开始的时候，我好几次看见他来到德·罗桑玻夫人家中，因为政治问题而慷慨激昂。他扔掉假发，躺在我嫂嫂房间的地板上，在一片可怕的吵嚷声中任由成群的孩子戏弄。如果他不是有时显得粗暴生硬的话，他是一个仪态平常的人。你一听他讲话，就知道他出身世家，是一位高级法官。他天生的品德由于他混在其中的哲学而显得有点矫揉造作。他是一个充满科学精神、正直和勇敢的人，但他急躁，容易冲动。有一天，在谈及孔多尔塞①时，他甚至对我说："此人曾经是我的朋友；今天，我会毫不犹豫地将他像狗一样宰掉！"他无法抵挡革命的浪潮，而他的死给他带来光荣。如果不是灾难使他在世人面前表现自己，这位伟人的价值可能不会为人了解。一位威尼斯贵族死了，但他在古老宫殿的废墟中恢复了声誉。

德·马尔泽尔布先生的坦诚态度使我无拘无束。他觉得我懂一些东西，这是我们的第一个共同点。我们谈植物学和地理学，这是他喜欢的题材。正是在同他的谈话当中，我萌生了去北美洲旅行的念头，为的是看看赫恩见过、后来麦肯齐②又见过的海洋。政治上，我们也有相同的见解：我们最初的困惑表现为我们的宽宏大量的意见，这同我的独立性格是符合的；我对宫廷的天生的厌恶更加助长这种倾向。我站在德·马尔泽尔布先生和德·罗桑玻夫人一边，反对德·罗桑玻先生和我哥哥；人们给我哥哥起了个绰号："疯狂的夏多布里昂"。如果革命不是以犯罪开始的话，我也会卷进去的。我看见第一个用长矛举着的头颅，我后退了。在我眼中，屠杀从来不是一个值得称颂的东西，也不是自由的论据。我不知道有什么比恐怖分子更加卑屈、更加令人鄙视、更加怯懦、更加狭隘的东西。在法国，我没有见过那些为沙皇和他的警察服务的无

---

① 孔多尔塞（Condorcet，一七四三——一七九四）：法国政治家、哲学家和数学家。
② 赫恩（Hearne）和麦肯齐（Mackenzie）：都是英国探险家，曾经到过美洲南部一些地区。

耻的布鲁图[①]吗？平均主义者、改革者、屠夫变成了仆从、间谍、告密者，而且，更加不可思议的是，变成了公爵、伯爵和男爵。多么野蛮的世纪！

最后，更让我亲近这位著名老人的，是他对我姐姐的偏爱。尽管吕西儿非常腼腆，人们借助一点香槟酒，就让她同意在一出小戏中扮演角色，在德·马尔泽尔布先生的生日那天演出。她在演出中如此楚楚动人，使这位老人晕头转向。他比我哥哥更加积极地帮助她从阿尔让蒂埃尔教士会教士转为勒米尔蒙教士会教士。为此，必须提供四代血统的严格和复杂的证据。尽管他有哲学家的睿智，但他仍然坚持出身原则。

我进入社交界，我对这时期的人和社会的描绘要跨越约两年时间，从一七八七年五月二十五日第一次贵族会议闭幕开始，到一七八九年五月五日全国三级会议开幕时为止。在这两年时间，我的姐姐们和我并非一直住在巴黎；我们在巴黎的时候也不一直住在同一个地点。我现在要倒回去，把我的读者带到布列塔尼。

何况，我始终被我的幻觉弄得神魂颠倒。虽然我远离森林，但过去的岁月，在远离故乡的情况下，给我打开了另一种孤独。在古老的巴黎，在圣热尔曼-德普雷，在寺庙的内院里，在圣德尼的地下室，在圣人小教堂里，在圣母院里，在旧城的狭小街道上，在阴暗的爱洛伊丝门，我重新看见我迷人的女精灵。但是，在哥特式的桥拱下，在坟墓的包围之中，她显得气息奄奄：她脸色苍白，忧郁的眼睛看着我。这仅仅是我曾经喜爱的梦幻的阴影和幽灵。

一八二一年六月，于巴黎

[①] 布鲁图（Brutus，公元前八十五—前四十二）：前四十四年三月刺死罗马独裁者恺撒的密谋集团领袖。

篇章五

布列塔尼的早期政治活动——君主制度一瞥

一七八七年和一七八八年，我在布列塔尼的各个住所是对我进行政治启蒙教育的学校。外省的三级会议是按照全国三级会议的模样组成的。所以，预示全国动乱的外省动乱在两个有三级会议的省份——布列塔尼和多菲内——爆发了。

两百年来不断发展的变化终于到头了：法国经历了从封建君主制度到全国三级会议的君主制度、从全国三级会议的君主制度到议会君主制度、从议会君主制度到绝对君主制度的转变，现在通过法官和王权之间的斗争，正在向代议制的君主制度发展。

莫普议会、省议会以及按人头计票制度的建立、第一届和第二届显贵大会、御前全体会议、大法官裁判所的组成、新教徒世俗权利的恢复、酷刑的部分取消、徭役的取消、赋税的平均分配是正在进行的革命的一连串证据。可是，当时人们看不见这些事件的整体，每个事件似乎是孤立的。在一切历史时期，有一个原则思想。如果只看到一点，人们就看不到汇集到中心点的全部光线；人们不能一直追溯到赋予活力和整体运动的隐蔽的因素，如同机器中的水和火。因此，在革命开始的时候，那么多人相信只要粉碎某个轮子，就可以阻挡激流涌动，或者阻止蒸汽爆炸。

十八世纪是精神活跃的世纪，而不是物质活跃的世纪，它本来不可能这么迅速地改变法律，如果它没有碰见它的媒介物——议会，尤其是巴黎议会。议会变成了哲学体系的工具。任何观点如果没有议会赋予它权力、用意志将它强化、给它增添舌头和臂膀，它就会因为软弱和狂热而死去。革命总是由合法或非法的团体发动的，现在和将来都如此。

议会有理由进行报复：绝对君权剥夺了它的权力，而且这种权力被三级会议滥用。强制登记、审判会议、流放使法官深得民心，促使他们要求自由；但事实上，他们并非自由的诚恳的支持者。他们要求举行全国三级会议，但不敢承认他们是在为他们自己争取立法和政治的权力。他们以这种方式加快了他们所继承的团体的复苏；这个团体一旦恢复了生命，做的第一件事就是将他们限制在他们的专长——司法——之内。人们几乎总弄不清自己的利益所在，无论驱动他们的是智慧或者热情。路易十六恢复了议会，而议会迫使他召开三级会议；全国三级会议变成国民议会，不久又变成国民公会，摧毁了王权和议会，处死了公正之来源的法官和君主。但是，路易十六和议会这样做了，因为他们不知不觉成了一场社会革命的工具。

因此，全国三级会议在所有人的头脑里酝酿，只是人们不清楚这将导致什么结果。对于大家，问题是填补赤字——这个今天任何一个银行家都可以解决的问题。用如此剧烈的药物来医治一个如此轻微的疾病，证明人们被引向不明确的政治领域。一七八六年是唯一财政状况清楚的一年，收入为四亿一千二百九十二万四千镑，支出为五亿九千三百五十四万二百镑；赤字为一亿八千零六十一万八千镑；由于节省了四千万镑，赤字减少为一亿四千万镑。在这个预算中，王室支出达到两千七百二十万的庞大数字，君主的债务、购买庄园和王室的挥霍成为沉重的负担。

人们希望按照一六一四年的形式恢复全国三级会议。历史学家总是以这种形式为例，仿佛从一六一四年以来，人们从未听说过全国三级会议，也从来没有要求召开这种会议。然而，贵族和僧侣于一六五一年在巴黎聚会，要求召开全国三级会议。现在还有一本厚厚的会议文件和讲话汇编。权力巨大的巴黎议会当时非但没有支持前面两个等级的愿望，而且解散了他们的被视为非法的会议；这是事实。

既然在这个问题上我已经开了头，我还要指出另一个严重事实，是那些凑热闹写过法国史或者正在写的人所忽视的。人们谈"三个等级"，将它们当作构成全国三级会议的主要成分。可是，一些大法官裁判所常常只指定一个和两个等级的议员。一六一四年，昂布瓦兹大法官裁判所没有指定僧侣议员，也没有指定贵族议员；迪门莱新堡裁判所既没有派遣僧侣议员，也没有派遣第三等级议员。皮伊、拉罗舍尔、勒洛哈盖、加莱、上马尔什、夏特罗没有指定僧侣议员；而蒙迪耶和卢瓦没有指定贵族议员。可是，一六一四年的三级会议名为全国三级会议。因此，古代编年史的表达方式比较准确，在讲到我们的全国性大会的时候，按照实际情况，称之为三级会议，或自由民显贵大会，或大贵族和大主教会议，而且赋予这些会议以同等的立法权。在一些省份，第三等级虽然出席，但通常并不争吵，这中间有一个很自然的，但不为人注意的原因。第三等级夺得了司法权，并且把军人从中赶出；除了在几个贵族会议里，它的成员作为审判官、律师、检察官、书记官、文书，在这方面以绝对的方式施行统治。它制定民法和刑法，而且它依靠篡夺的议会权力，甚至行使着政治权力。公民的财富、荣誉和生命有赖于它：一切都要服从它的决定，它执法的剑可以要任何人的脑袋。当它独自享受无边的权力的时候，在那些它曾经以卑躬屈膝的姿势出现的大会上，它何必去争那一点点权力呢？

人民变成僧侣躲在教堂里，用宗教观点统治社会；人民变成征税员、银行家，藏在财界，用金钱统治社会；人民变成法官，藏在法庭里，用法律统治社会。这个伟大的法兰西王国，尽管在它的局部和省一级是贵族的，但在国王的领导之下，从整体上说它是民主的；王国和国王融洽无间，步调几乎总是一致的。这就是它长期存在的原因。法兰西的历史要重新改写，或者毋宁说，法兰西的历史还没有写出来。

上面提到的所有大问题在一七八六年、一七八七年和一七八九年争论得最多。我的同胞们的脑袋在他们的天生的冲动之中，在外省、僧侣和贵族的特权之中，在议会和三级会议的冲突之中，找到令他们激动的丰富材料。曾经有一段时间担任布列塔尼总督的德·卡洛纳先生，由于支持第三等级的事业，更加扩大了分歧。蒙莫朗西先生、蒂阿尔先生是软弱的领导人，无力使宫廷党实施统治。贵族同由贵族统治的议会勾结，有时反对内克先生、德·卡洛纳先生和塞斯大主教，有时拒绝它在自己最初的抵抗中支持过的人民运动。贵族们集会，进行讨论，提出抗议；乡村和城镇集会，进行讨论，发表针锋相对的意见。灶税事件更是火上浇油，增加了敌对情绪。要了解这一切，有必要解释布列塔尼公国的形成。

一八二一年九月，于巴黎
一八四六年十二月修改

布列塔尼三级会议的形成——三级会议开会的情况

布列塔尼三级会议与所有欧洲的封建三级会议相像，但形式多少有些不同。法兰西国王取代布列塔尼公爵的权力。一四九一年，安娜女公爵的婚约不仅将布列塔尼当作嫁妆送给查理八世和路易十二，而且达成妥协，结束了从夏尔·德·布卢瓦和德·蒙福尔伯爵时代就开始的分歧。布列塔尼认为，女儿们是公国的继承人；法国则坚持，只有男孩才能继承；一旦香火断了，布列塔尼作为一块大封地，应该归还法国。查理八世和安娜，然后是安娜和路易十二，在他们的权利和要求上相互做了让步。克洛德——安娜和路易十二的女儿，变成弗朗索瓦一世的妻子；她在死时，根据在瓦纳召开的三级会议提出的请求，将布列塔尼公国让给她丈夫，一五三二年颁布的南特诏书规定将布列塔尼公国并入法国，同时保证这个公爵封地的自由和特权。

那时候，三级会议每年举行一次；从一六三〇年起，改为两年举行一次。王室代表宣布会议开始。三个等级的代表在教堂或修道院的大厅里聚集。每个等级自己进行讨论，即分别举行三个会议。每个等级都有自己争论不休的问题；而当僧侣、贵族和第三等级聚在一起，举行全体大会的时候，争论变成一场混战。朝廷煽动不和；在这狭小的会场同在广阔的战场一样，才能、虚荣和野心都在行动。

嘉布遣会修士格雷古瓦·德·洛斯特雷南，在他编的《法语-布列塔尼语词典》的题词中，是这样对我们的布列塔尼三级会议的老爷们讲话的：

> 如果说，只有罗马的演说家有资格以恰当方式赞颂罗马元老院庄严的大会，我有资格尝试歌颂你们庄严的大会吗？你们的大会以

再恰当不过的方式，再现了古罗马和新罗马的庄重和尊严。

洛斯特雷南证明，克尔特语是雅非的长子戈梅带到欧洲来的原始语言之一，而今布列塔尼人尽管个子矮小，却是巨人的后裔。不幸的是，由于戈梅的布列塔尼后代长期同法兰西分开，让他们的一部分封号湮没了，他们不太重视那些将他们同通史联系起来的契据；这些契据的真实性值得怀疑，但契据鉴定专家对此又过分认真。

布列塔尼三级议会召开期间，是一连串的宴会和舞会。代表们到司令官先生家赴宴，到贵族会议主席先生家赴宴，到僧侣会议主席先生家赴宴，到三级会议司库先生家赴宴，到总督先生家赴宴，到议会主席先生家赴宴。人们到处赴宴，而且喝酒！在餐厅的长桌周围，坐着盖克兰的农夫，迪盖-特罗印的水手，他们腰上佩着旧日卫队的铁剑和搏斗用的短刀。所有亲自参加三级会议的贵族颇像出席波兰议会；这个波兰是徒步的，而不是骑马的，是斯基泰人的波兰，而不是萨尔马特人的波兰。[1]

不幸得很，他们玩得太过分了。舞会没完没了。布列塔尼人是以擅长跳舞和以他们的优美舞曲著称的。塞维涅夫人描绘过这些在荒原包围中的政治盛宴，就像晚上在欧石南丛生地上举行的仙女和巫师的宴席一样。她写道[2]：

你不幸身为布列塔尼人，我现在告诉你一些关于我们的三级会议的消息。德·肖内先生星期日晚上到达维特雷，出席这闹哄哄的会议。星期一他给我写信，我应邀出席他的晚宴。一共是两桌，每

---

[1] 斯基泰人（Scythes）是古代黑海沿岸的一个民族；萨尔马特人（Sarmates）是起源于伊朗的游牧民族，公元一世纪占领斯基泰王国，到达多瑙河。
[2] 这封信是塞维涅夫人写给她女儿的。

桌十四位客人，先生在一桌，夫人在另一桌。数不尽的佳肴，成盘的烤肉没有动就端走了。为了那堆积如金字塔的水果，要将房门升高一些才行。我们的父辈不会出这样的点子，因为他们无法理解为什么房门比人还高……晚宴之后，洛克马里亚先生和科特洛贡先生同两个布列塔尼女人跳快三步和小步舞；与他们美妙的舞姿相比，朝臣们就相形见绌了。他们的步伐有波希米亚人和下布列塔尼人的风姿，准确和谐，令人叹为观止……

  这是夜以继日的娱乐、吃喝、寻欢作乐，大家都参与。我没有见过三级会议；这是一个相当美妙的玩意儿。我不相信别省开会有我们省这样大的排场。会场想必挤得满满的，因为没有人去打仗，也没有人进宫。只有小旗手（小塞维涅先生）例外，他有一天可能也会同其他人一样来参加……无数礼物，年金，道路和城市的补偿，十五和二十张大饭桌，持续不断的游戏，没完没了的舞会，一个星期三场戏，闹哄哄的场面：这就是三级会议。我忘记了，人们喝了三四百桶酒。

  布列塔尼人很难原谅塞维涅夫人的嘲讽。我没有那么严厉，但我不喜欢她说："你以十分愉快的方式，跟我谈论我们的苦难：我们不再那样经常被处以车轮刑了：为了维持正义，仅仅一周一次。确实，在我看来，绞刑现在是小菜一碟。"这是滥用宫廷的戏谑语言，巴雷尔曾经以同样优雅的方式谈论断头台。一七九三年，南特的溺水事件被人称为"共和党人的婚礼"。群众暴虐仿效王室暴虐的彬彬有礼的风格。

  一些巴黎的妄自尊大之徒，陪同国王的朝臣来出席三级会议。他们说，我们这些乡绅用白铁皮衬着我们的口袋，以便将司令官先生的烧鸡块带回去给我们老婆吃。因为这些讥笑，有人付出沉重的代价。从前，萨布朗伯爵由于说话刻薄，在那里丢了性命。这位行吟诗人和普罗旺斯国王的后裔，像瑞士人一般高大，在拉蓬附近被莫尔比汉的一位矮小的猎兔者打死了。这个"凯"①同他的对手相比，祖宗同样显赫：如果说圣埃尔泽阿尔·德·萨布朗是圣路易的近亲的话，非常高贵的"凯"的叔祖圣科朗坦，在加隆时期是坎佩尔的主教——那是三百年前的事情。

一八二一年九月，于巴黎

国王在布列塔尼的收入——该省的地方收入——灶税事件——我第一次参加政治集会——舞台

国王在布列塔尼的收入来自无偿馈赠、皇室产业的出产、印花税等。馈赠的多少按照需要而定；皇室产业的出产估计在三十万到四十万法郎之间。

布列塔尼有自己的收入，以应付它的支出。对酒类和酒类流通所课的"大捐"和"小捐"每年可达两百万法郎；最后，还有灶头税。人们很难想象灶头税在我们历史上的重要性；然而，它对法国革命的影响犹如印花税对美国革命的影响。

灶头税（census pro singulis Focis exactus）②是一年交一次的赋税，或者说是对平民的每个灶头所课的人头税。随着灶头税逐步增加，该省的

---

① "非常高贵的凯"是让·弗朗索瓦·德·凯拉特理（Jean-François de Kératry）的绰号，他在一七三五年杀死萨布朗，因为后者讲布列塔尼人的坏话。
② 拉丁文，意思是：每个灶头应该缴纳的税。

债务得以偿还。在战争时期，每年的开支高达七百万法郎以上，这个数字超过收入。人们曾经考虑用来自灶头税的钱建立一个本金，而且将这个本金变成由灶头税纳税人享受的年金。这样一来，灶头税就会变成借贷了。不公正（尽管按照习惯法，这是一种"合法的"不公正）之处是只对平民课灶头税。各个乡镇不断提出意见；但是对特权比对金钱更加重视的贵族，根本不考虑设立一种他们也要缴纳的捐税。一七八八年十二月，当后来酿成流血事件的布列塔尼三级会议召开时，这就是问题之症结。

当时人们的思想受到各种因素的影响。贵族会议、土地税、谷物交易、即将召开的全国三级会议、项链事件、御前全体会议、《费加罗婚礼》、大法官裁判所、卡里奥斯特洛和梅斯梅①，还有无数其他严重和微不足道的事情，在所有家庭里都成了争论的题目。

布列塔尼贵族自己决定在雷恩召开会议，抗议成立御前全体会议。我出席会议。这是我平生第一次参加政治集会。我听见那些喊叫声感到惊愕和开心。人们站在桌子上、椅子上，激动地挥动手臂，抢着发言。拄着木腿的德·特雷马尔加侯爵用响亮的声音说："我们都到司令官蒂阿尔先生家去。我们要对他说：布列塔尼贵族到你家门口来了，他们有话要对你讲。连国王也不会拒绝接见他们！"听见这些雄辩的言辞，一片叫好声在大厅拱顶下回响。他接着说："国王也不会拒绝接见他们！"口哨声和跺脚声变得更加响了。我们到达蒂阿尔家。这个朝臣是一位色情诗人，思想温和而轻浮，对我们的吵嚷非常厌烦；他视我们为"胡胡"、野猪、猛兽；他很想离开这个阿尔莫里克，一点也没有想阻碍我们进入他的公馆的意思。我们的演说家向他解释了我们的来意，然后我们起草了如下申明："我们申明，在新的司法机构中或行政机构中，那些接受

---

① 卡里奥斯特洛（Cagliostro，一七四三——一七九五）：意大利冒险家；梅斯梅（Mesmer）：德国医生，他声称在"动物磁气"中发现了治疗一切疾病的妙药。

任何不为布列塔尼宪法承认的职务的人是可耻的。"我们挑选了十二名贵族,将这个请求呈交给国王。他们到达巴黎的时候,被关进巴士底狱,但很快就放出来了。他们被视为英雄;回来的时候,被戴上了月桂花环。我们穿着礼服,礼服上缀着银底黑斑纹的螺钿大纽扣,纽扣周围写着拉丁文格言:"宁死不屈。"① 我们战胜大家都曾战胜过的宫廷,而且我们同它一道跌入深渊。

我母亲在圣马洛隐居

这时候,我的始终按计划行事的哥哥决定设法让我进入马耳他修会。为此,首先要让我取得教士身份。圣马洛主教库图瓦·德·普雷希尼能够做这件事。我于是来到我母亲隐居的那座我出生的城市。她身边没有孩子;她白天在教堂里度过;晚上织毛线。她的消遣方式是无法想象的。有一个上午,我在街上碰见她腋下夹着一只拖鞋——她把拖鞋当成祈祷用的经书了。几位老朋友不时到她隐居的房子里,回顾从前的美好时光。我们俩单独在一起的时候,她给我念她即兴编的韵文故事。在其中一个故事里,魔鬼同异教徒搬走烟囱,而诗人叫道:

> 魔鬼在街上
> 走着,走着,
> 不到一个钟头,

---

① 布列塔尼徽章上的拉丁文名言:Potius mori quam foedari。

他无影无踪。

"我觉得,"我说,"魔鬼走得并不快呀。"但是,德·夏多布里昂夫人对我说,我根本没有弄懂她的故事。可爱的母亲!

她有一首很长的民歌,名为《蒙福尔·加纳·圣马洛城一只野鸭的真实故事》。一位老爷将一个花容月貌的姑娘关在蒙福尔城堡里,企图破坏她的贞操。她透过一扇天窗,望见圣尼古拉教堂。她用噙泪的眼睛望着圣人,乞求他,而她奇迹般地走出城堡。但是她落到坏蛋的仆人们手里,他们企图侮辱她,因为他们设想他们的主人已经这样做了。可怜的姑娘手足无措,四处张望,希望有人来搭救她。但是,她只看见城堡的水塘里有一群野鸭。她再次祈祷圣尼古拉,她哀求他让这些飞禽证明她的无辜;如果她丧生,不能实现她向圣尼古拉许下的心愿,那就让飞禽以它们的方式、以她的名义去实现。

姑娘当年死了。五月九日,转移圣尼古拉的遗骨时,一只野鸭由一群小鸭陪同,来到圣尼古拉教堂,在真福的救星的画像前飞来飞去,拍着翅膀向他致敬。然后,他回到水塘里,留下一个孩子作祭品。一段时间后,小鸭不知不觉中也飞走了。两百多年时间里,同一只鸭子,在每年的同一天,带着小鸭,来到蒙福尔的圣尼古拉大教堂。故事是一六五二年撰写和印刷的。作者的话十分有道理:"在上帝眼中,一只野鸭是无足轻重的;但是,她也要向伟大的主表达敬意;圣弗朗索瓦的蝉更是微不足道,可是它的嘶鸣使天神的心灵陶醉。"可是,德·夏多布里昂夫人依据的是一个并不确切的传统说法。她的歌谣中,被关在蒙福尔城堡里的姑娘是一位公主。她为了逃避老爷的凌辱,变成鸭子。关于我母亲写的抒情歌曲,我现在只记得一段:

美人变成鸭子,

美人变成鸭子,

她穿过栅栏飞走,

来到长满浮萍的池塘里。

一八二一年十月,于巴黎

神职人员——圣马洛城郊

由于德·夏多布里昂夫人是一个真正的圣女,她得到圣马洛主教的许诺,给予我教士身份。主教是有顾忌的:在他看来,将教士身份给予一个在俗的教徒和军人是类似出卖圣职的亵渎行为。库图瓦·德·普雷希尼先生今天是贝藏松大主教,法国贵族院议员。他是一个善良和有功绩的人。他当时还年轻,受到王后的保护,正处在上升时期。以后,他用更好的办法达到这个目的:迫害。

我身穿制服,腰上配着剑,跪在主教面前;他在我头上剪了两三绺头发,这叫作剃发礼。这样,我就得到了符合手续的证书。如果我的贵族身份凭据被马耳他修会接受,连同这些证书,我可能得到二十万镑的年金。从教会方面看,这可能是一个流弊;但从旧制度的政治来看,这是一件好事。将优抚金发给持剑的士兵不比发给戴头巾的教士更好一些吗?教士兴许会在巴黎大街上把丰厚的修士薪俸吃掉。

我通过上述办法得到教士身份,致使那些信息不灵的传记作家说,我先进入教会。

那是一七八八年。当时我养着几匹马。我骑马在田野上漫步,或者沿着波浪——我喧哗不停的老朋友——奔跑。我下马同波浪嬉戏。墨西拿[①]全家吠叫着,在我膝间跳动,抚摸我。我骑行到遥远的地方欣赏大海的景色,我不满足于故乡的风光。

在方圆五六里范围内,没有比圣马洛城郊更迷人的地方了。从朗斯河口溯流而上到迪南,两岸的景色令游人心旷神怡。沿着河岸、岩石和翠绿的植物、沙滩和森林、小河湾和小村庄,封建时代的布列塔尼古堡和布列塔尼商人的现代住宅。这些现代住宅是圣马洛商人在最繁荣的时期建造的。那时,他们家资巨万,竟至在欢宴时,将钱币拿来烩煮,然后从窗口把滚烫的钱币扔给老百姓。那些住宅富丽堂皇。博纳拜,德·拉索德勒先生的府邸,有一部分是用热那亚运来的大理石建造的,那种豪华气派即使在今天的巴黎也是难以想象的。名为"拉布里阳代""勒博斯""海山""鸽舍"的别墅用柑橘园、喷泉和雕像装饰着。有时,在一片整齐的松树林后面,越过草坪,再穿过椴树组成的拱廊,花园沿着斜坡一直延伸到海边。从花坛的郁金香上望过去,大海向我们展示她的船舶、她的平静和她的暴风雨。

每个村民,既是水手也是农夫,是一座带园子的白色农舍的主人。在园子里栽种的蔬菜、醋栗、玫瑰、蓝蝴蝶花等主要作物当中,我们可以看到一株卡晏[②]茶、一棵弗吉尼亚[③]烟草、一株中国花,总之,是对另一个海岸、另一个太阳的纪念。这是房屋主人经历的路线和地图。大海边的农民是健壮的诺曼底人。女人高大、瘦长、灵敏,身穿灰呢紧身上衣、花格的短绸裙、带花点的白长筒袜。一个细平布或细麻布的宽檐帽遮住前额,帽耳往上收成贝雷帽的样子,或者像面纱一样飘动。春天,每日清晨,这些姑娘乘船而来,仿佛入侵者似的,给集市送来用篓子装

[①] 希腊神话中的六头女妖。
[②] 法属圭亚那首府。
[③] 今天美国的弗吉尼亚州。

的水果和用贝壳盛的凝乳。当她们用一只手扶着头上装满牛乳或花朵的黑罐的时候,当她们的白帽的饰带在那一双蓝眼睛周围飘拂的时候,北欧神话中的战争女神(其中最年轻的名叫"前途")或者雅典头顶供品篮的少女也没有她们那么优雅。这样的图画今天还看得到吗?这些女人大概已经不在人世了。她们仅仅存活在我的记忆之中。

一八二一年十月,于巴黎

幽灵——病人

我离开母亲,到富热尔附近去看望我的姐姐们,在德·夏多布尔夫人家住了一个月。她在乡下的两栋房——拉斯卡尔代和勒普莱西,位于一个到处是岩石、荒原和森林的地区,邻近以塔楼和战斗出名的圣-奥班-迪-科尔米耶。姐姐的代管人是利维雷尔先生,前耶稣会会士。他碰见过一桩怪事。

当他被委任为拉斯卡尔代庄园的代管人的时候,老德·夏多布尔伯爵刚刚去世。利维雷尔住进城堡,负责守护工作;他在此之前没有见过老伯爵。头一个晚上,他独自一人睡在那里。他看见一个老人走进他的房间。他脸色苍白,穿着睡袍,戴着睡帽,手里拿着一根光线微弱的蜡烛。这个人影走近壁炉,将烛台放在炉台上,拨旺炉火,在扶手椅上坐下来。利维雷尔先生浑身发抖。经过两个小时的静默之后,老人站起来,重新拿起烛台,关上门,走出房间。

次日,代管人将他碰到的事情讲给佃农听。佃农根据他的描述,断定那个幽灵就是他们的老主人。事情并不就这样结束。当利维雷尔先生到树林里去的时候,他看见鬼魂跟在他后面;每当他在田野上越过篱笆的时候,他看见亡灵跨在篱笆上。一天,可怜的代管人壮着胆对鬼魂说:"德·夏多布尔先生,你饶了我吧。"幽灵回答说:"不。"利维雷尔是一个冷静和讲究实际的人,不会胡说八道。他把他的遭遇讲给一切愿意听的人听;他的故事每次都是一样的,每次都那样言之凿凿。

稍迟一点,我在诺曼底陪伴一位患脑膜炎的善良军官。人们安排我们住在一间农舍里,当地一位老爷借一张旧壁毯给我们,将我的床和病人的床隔开。为了减轻他的痛苦,人们用冰雪给他擦澡;在酷刑当中,他冷得直哆嗦,手指发青,紧绷着的脸变成紫色,牙齿咬得嘣嘣响,光着头,长长的胡须从他的尖下巴往下垂,挂在他赤裸、瘦削和湿漉漉的胸脯前。

当病人激动的时候,他张开一把伞,以为这样可以避免流泪。要是这个办法可靠,那么就应该为方法的发明人竖立一座雕像了。

我唯一的美好时光是到村庄教堂的公墓里散步;教堂建在山坡上。死者、几只鸟和正在坠落的太阳是我的伴侣。我怀想巴黎的社交生活、我的童年、我的女精灵、贡堡的树林——在空间上它近在咫尺,在时间上我离它那么遥远。我回到我的病人身边:这是盲人牵着盲人走路!

哎!一次打击、摔一跤、精神上的一时痛苦就剥夺了荷马、牛顿和波舒哀的天才,而这些神圣人物非但不能激起深刻的同情、痛苦和永久的怀念,还可能成为讪笑的对象!很多我认识和热爱的人在我身旁丧失理智,好像我身上带着能够传染的疫苗。我只能用一种悲哀的想法解释塞万提斯的杰作和他残忍的快乐。只要审视整个人生,权衡善和恶,真希望发生一件可以导致忘却的事故,作为逃避自我的方法。快乐的酒鬼是幸福的人。把宗教放在一边,幸福是忘记自己和到达临终之日而不曾感受生活。

我将我完全治愈的同乡带了回去。

一八二一年十月，于巴黎

一七八九年布列塔尼三级会议——暴动——我的中学同学圣里弗尔被杀害

同我一起回布列塔尼的吕西儿夫人和德·法尔西夫人想重返巴黎。但由于省内的骚乱，我无法离开。三级会议将在（一七八八年）十二月底举行。雷恩市府和布列塔尼其他市府相继做出决定：在"灶头税"解决之前，议员不得从事任何其他活动。

为了主持贵族会议，德·布瓦热兰公爵匆匆忙忙赶到雷恩。贵族们都收到个别通知，包括那些像我这样由于太年轻尚无发言权的人。我们可能遭到攻击，在考虑选票的同时要计算兵力。我们走上我们的岗位。

三级会议开始之前，在德·布瓦热兰先生家开了几次会。仍然是我见过的那种乱糟糟的场面。德·居耶骑士、德·特雷马尔加侯爵、我舅舅德·贝德伯爵（因为他肥胖，被人称为"洋蓟"，而另一位贝德因为瘦长则被称为"芦笋"）爬上椅子高谈阔论，弄折了好几张椅子。德·特雷马尔加侯爵，木腿海军军官，给他的等级树立了许多敌人。一天，大家议论建立一所军事学校，培养穷苦贵族子弟。一位第三等级的代表叫道："我们的子弟呢？他们能够得到什么？""医院。"特雷马尔加回答说。这句话传到群众当中，引起强烈反应。

在这些会议当中，我发现我的一个性格特点，而且这个特点在我以后的政治活动和军事生涯中得到证实：我的同事和朋友越是激动，我越是冷静。我对讲台上的夸夸其谈或大炮的轰鸣都无动于衷；我从来不向言辞或大炮致敬。

我们辩论的结果是：贵族将首先讨论一般议程，在其他问题解决之后才考虑灶头税。这个决定与第三等级的决定是针锋相对的。贵族们不太相信僧侣，因为僧侣经常背弃他们，尤其在雷恩大主教担任僧侣会议主席的时候。这位主教圆滑、审慎，有点将卷舌音念成不卷舌音，但说话娓娓动听；他正在窥伺进入宫廷的机会。巴黎来的蹩脚作家编辑的报纸《人民哨兵》不断煽动仇恨。

三级会议在皇宫广场的雅各宾修院举行。我们带着我刚才讲过的想法进入会场；我们刚坐下，民众就将我们包围起来。一七八九年一月二十五日、二十六日、二十七日和二十八日是不幸的日子。德·蒂阿尔伯爵的军队人数很少；他是一个优柔寡断和软绵绵的人，他犹豫不决，不敢行动。雷恩法律学校(校长是莫罗)派人去南特找年轻人来支援。他们来了四百人；尽管司令官一再哀求，仍然无法阻止他们进城。在蒙莫朗西广场和咖啡馆举行的不同倾向的集会常常演变成流血冲突。

我们被围困在会议大厅里，感到不能再这样下去，于是决定持剑冲出去。这是一个壮烈的场面。我们的主席一声令下，我们一齐拔出佩剑，在"布列塔尼万岁"的喊声中汹涌而出，朝围攻者冲去。民众用喊叫、石块、铁棒和枪弹迎击我们。我们在包围我们的浪潮般的人群中打开一个缺口。好几位贵族被打伤、被拖曳、被殴打，鼻青脸肿，遍体鳞伤。我们费了好大的劲才突围出来，各自回家。

随后，在贵族、法律学校学生和他们的南特朋友之间发生一些争斗。有一场决斗在皇家广场公开进行。年迈的海军军官卡拉利厄受到攻击，但他以令人难以置信的勇气搏斗，赢得年轻对手的一片掌声。他维护了自己的荣誉。

另一堆人聚在一起。德·蒙布歇伯爵对一个名叫乌里雅克的大学生说:"先生,这是我们之间的事。"人们在他们四周围成一圈。蒙布歇将乌里雅克的剑打落在地,把剑还给他,大家相互拥抱,人群散了。

至少,布列塔尼贵族没有以不体面的方式屈服。它拒绝向全国三级会议派遣代表,因为召集会议的方式违背了该省的基本法律。大量贵族参加王储的军队,在孔代或夏雷特手下战斗,不少人在旺代之战中捐躯。如果他们当时参加全国大会,他们可能改变会议多数派的构成吗?这是不可能的:在社会大变动之中,个人的抵抗对自己是体面的事情,但无法改变局势。然而,如果当时有一位如米拉波,但观点相反的天才是布列塔尼贵族,他可能造成什么局面就很难讲了。

年轻的布瓦于和我的中学同学圣里弗尔在开会之前,在去贵族会议的路上就死了。布瓦于的父亲帮助圣里弗尔,护卫他,但没有成功。

读者,请你停下来:你看看革命让我们抛洒的头几滴血吧!按照上天的意志,这几滴血是从我的一个童年伙伴的血管中流出的。设想当时倒下的不是圣里弗尔,而是我自己,人们谈到我的时候,会说谈到大屠杀的头一个牺牲者时所说的话:"一个名为夏多布里昂的贵族,在去三级会议会场的路上被杀害了。"这几个字会取代我冗长的故事。圣里弗尔在这片土地上会扮演我的角色吗?他注定要声名显赫还是默默无闻呢?

现在,读者,请你走过去。请跨过这条将旧世界和新世界分隔开来的血的河流。你正在走出旧世界,你将死在新世界的入口。

一八二一年十月,于巴黎

一七八九年——从布列塔尼到巴黎之行——途中的骚动——巴黎景象——内克被免职——凡尔赛——王室家庭的欢乐——全面暴动——攻克巴士底狱

一七八九年在我们历史上和人类历史上是非常著名的一年。这一年年初，我在布列塔尼荒原上。一直到相当晚的时候，我才离开该省。在我到达巴黎之前，已经发生了午夜餐屋被抢劫、全国三级会议开幕、三级会议变成国民议会、网球场誓言、六月二十三日王室会议、僧侣和贵族同第三等级汇集等一系列事件。

在我去巴黎的路上，骚乱是严重的。在村庄里，农民拦截车辆，检查护照，盘问旅行者。越靠近首都，情况越是混乱。穿过凡尔赛的时候，我看见军队驻扎在柑橘园，炮兵辎重停在大院中央，国民议会会场临时搭建在宫殿广场上，议员们在好奇地旁观，宫廷人员和士兵在当中走来走去。

在巴黎，街道上挤满了购买面包的人；路人在墙脚边高谈阔论；商人走出他们的店铺，在门前打听和传播新闻；煽动者在王宫聚集，卡米耶·德穆兰开始崭露头角。

我同德·法尔西夫人和吕西儿夫人下车，刚刚走进里舍利厄街一座配备家具的公馆，暴动就开始了。民众拥到修道院，释放了几名根据头头的命令抓起来的王室卫队士兵。驻扎在荣军院的炮兵营的士官加入群众队伍。军队的哗变开始了。

朝廷有时退让，有时抵抗，既顽固又虚弱，既慷慨激昂又胆小如鼠，遭到米拉波的奚落。米拉波要求把军队调开，但王室拒绝：它接受羞辱，但没有消除羞辱的根源。巴黎流传谣言，说一支军队从蒙马特的下水道开进来了，龙骑兵将把路障强行推开。有人要求居民撬起街石，搬到六楼，用石头砸暴君的哨兵。大家开始行动。在这一片混乱之中，内克收到被免职的命令。新成立的政府由德·布拉特伊先生、德·拉加莱兹耶尔先生、德·布尔格利元帅、德·拉沃吉荣先生、德·拉波特先生和福隆先生组成。他们取代德·蒙莫朗西先生、德·拉吕泽尔纳先生、德·圣普里斯特先生和尼韦尔内先生。

一位刚到达的布列塔尼诗人，求我将他带到凡尔赛。在帝国天翻地覆的时候，还有人参观花园和喷泉。在最严重的事件发生时，那些蹩脚文人特别有这种闲情逸致。他们的句子或诗行高于一切。

在望弥撒的时间，我把我的品达体诗人带到凡尔赛的长廊里。小圆厅灯火辉煌。内克的免职使人们受到激励，他们觉得胜利在望了。桑松和西蒙①可能也混杂在人群里面，目睹王室家庭的快乐。

王后带着她的两个孩子过来了。孩子金黄的头发似乎在等待王冠。十一岁的德·昂古莱姆女公爵天真的矜持引人注目，高贵的血统和少女的纯洁使她美丽，她像高乃依所写的《朱莉的花环》中的橙花，仿佛在说：

我享有出身的豪华。

小王子在他姐姐的呵护下，而德·图施先生跟随在他的学生后面。他看见我，殷勤地把我指给王后看。王后微笑着朝我瞥了一眼，以优雅的方式向我致意，就像我被引见那天一样。我永远不会忘记她那不久之后就要消逝的目光。玛丽·安托瓦内特微笑的时候嘴的形状非常迷人，令我不能忘怀。一八一五年，经过发掘，人们发现这个不幸女人的头颅；对她的微笑的记忆（多么可怕呀！）使我认出公主的下颌骨。

---

① 桑松（Sanson）：处死路易十六的刽子手；西蒙（Simon）：鞋匠，路易十七托付给他抚养。

凡尔赛的反击在巴黎引起很大反响。我在回城路上,迎面碰见许多人,他们手里捧着内克和奥尔良公爵的半身雕像,雕像上披着黑纱。他们大声叫道:"内克万岁!奥尔良公爵万岁!"在这些喊叫声中我听见一个更大胆、更出乎意料的声音:"路易十七万岁!"叫这个孩子万岁!如果不是我在贵族院提醒,在他家庭的墓铭上,连他的名字都会被人遗忘。假如路易十六退位,路易十七登上宝座,宣布奥尔良为摄政王,会出现什么情况呢?

在路易十五广场,德·朗贝斯克王储率领着由德国人组成的皇家卫队,迫使民众后退到杜伊勒利宫,打伤一个老头。突然,警钟敲响了。擦刀枪工匠的铺子被人破门而入,荣军院的三百条步枪被抢走。人们拿起长矛、棒子、叉子、军刀、手枪;人们抢劫了圣拉扎尔,烧毁了路障。巴黎选民控制了首都政府;到晚上,六万公民组织起来,分发了武器,编成国民卫队。

七月十四日,夺取巴士底狱。我作为旁观者,目睹了这场以几名残废军人和一位胆小的司令官为敌人的进攻。如果人们坚持不开门,民众绝不可能进入要塞。我看见放了两三声炮,但开炮的不是荣军,而是已经登上塔楼的王室卫队士兵。德·洛内①从他躲藏的地点被揪出来,在受尽凌辱之后,在市政府的台阶上被人打死。市长弗莱塞勒被手枪击毙。一些没有心肝的愚人觉得这个场面非常精彩。在凶杀当中,人们开始狂欢,像奥东和维特利乌斯统治时期罗马骚乱中发生的情景一样。人们让"巴士底的胜利者"乘坐出租马车游行,这些兴高采烈的醉鬼在酒吧被宣布为胜利者。妓女和无套裤汉开始耀武扬威,尾随着他们。路人因为恐惧而毕恭毕敬,在英雄面前脱帽;在胜利的喜悦中,有几位英雄因为疲劳过度而死去。巴士底狱的钥匙被大量复制,寄给世界各个角落

---

① 德·洛内(De Launay):巴士底监狱的守备司令。

有地位的傻瓜。我有多少次错过发迹的机会呀！如果我这个旁观者，叫人在胜利者登记簿上写上我的名字，那么我今天可能享有一笔优抚金。

专家们赶来剖析巴士底。临时咖啡馆在帐篷下开张；游人如鲫，摩肩接踵，好像在圣热尔曼或龙赏赶集。许多车辆鱼贯而来，停在塔楼下，在一片烟雾中，人们正在拆毁塔楼，将石头抛下。衣着讲究的女人、时髦的青年站在哥特式废墟的不同高度，和那些在人群的欢呼声中赤膊上阵的拆墙工人混杂在一起。参与这次盛会的，有最著名的演说家、最出名的男女演员、最红的女舞蹈家、最显要的外国人、宫廷贵族和欧洲国家的大使。旧法兰西到那里死亡，新法兰西在那里开始生命。

任何事件，不管它本身是如何悲惨或如何可恶，当它在严重的形势下发生，并且具有划时代性质的时候，都应该引起重视。在夺取巴士底狱这个事件中，应该看到的（也是当时人们没有看到的），不是解放人民的暴力行为，而是这种行为的结果——解放——本身。

人们赞赏应该谴责的东西，意外事件，而看不到人民的命运因此发生的变化，风俗、思想、政治权力的改变，这是人类的新生，攻克巴士底狱犹如一场流血的狂欢，开辟了新生的世纪。粗暴的愤怒造成废墟，而在这种愤怒之下隐藏着在废墟中为新大厦奠基的智慧。

误解这个具体事件的伟大意义的民族，对事件的伟大精神意义是清楚的：在他眼中，巴士底是他被奴役的标志：这个标志竖立在巴黎的入口处，面对蒙福孔的十六根柱子，犹如扼杀他的自由的绞架。在铲平这座国家要塞的时候，民众认为粉碎了军事的桎梏，以心照不宣的方式宣布自己将取代被他解散的军队。大家知道，变成士兵的人民将创造什么奇迹。

一八二一年十一月，于巴黎

攻陷巴士底狱对朝廷的影响——富隆和贝蒂埃的脑袋

凡尔赛被巴士底倒塌的响声惊醒,好像看到王位倒塌的前兆;凡尔赛由狂妄变得沮丧。国王赶紧跑到国民议会,就坐在会议主席的椅子上发表了一篇演说。他宣读将部队调开的命令,在一片赞美声中他回到王宫。于事无补的姿态!各个派别都不相信对立派的转变。俯首听命的自由或失去尊严的权力得不到敌人的原谅。

八十名议员从凡尔赛出发,向首都人民宣布和解;醒悟。巴伊先生被任命为巴黎市长,德·拉法耶特先生被任命为国民卫队司令。德·拉法耶特是一位令人尊敬的学者,但我是在这个可怜人倒霉的时候才认识他的。革命的每个时期都有它所需要的人。有的人跟随革命一直走到底;有的人开个头就撒手不干了。

所有人都走了。朝臣们去巴塞尔、洛桑、卢森堡和布鲁塞尔。德·波利尼亚克夫人在逃跑途中碰见内克。德·阿尔图瓦伯爵和他的三个儿子流亡国外;他带走上层僧侣和一部分贵族。军官受到造反士兵的威胁,任由潮流将自己冲开。路易十六独自留下来,连同他的两个孩子、几名妇女、王后、两位王姑、伊丽莎白夫人[①],面对着全国民众。王储[②]留下来,一直到瓦雷恩逃亡;但对他哥哥,他帮不了大忙。尽管他通过在贵族会议上表示赞成按人头计算选票,决定了革命的命运,但革命不信任他。他作为王储,对国王兴趣甚微,对王后不理解,而且他们也不喜欢他。

国王十七日来到市政府,迎接他的是十万像神圣联盟的僧侣一样

---

① 指路易十六的姐姐。
② 王储:未来的路易十八。

全副武装的市民。巴伊先生、莫罗·德·圣梅里先生和拉利-托朗答尔先生流着泪向他慷慨陈词，拉利-托朗答尔先生更是呜咽不止。国王也感动了。他将一个大三色徽章贴在自己的帽子上。人们立即宣布他为"正直的人、法国人之父、自由人民的国王"；而人民为了自己的自由，准备砍下这个被称为"正直的人、法国人之父、自由人民的国王"的人的头颅。

在这次修复关系之后没有几天，我同我的姐姐以及几个布列塔尼人，站在我们旅店的窗前。我们听见有人大声叫道："关门！关门！"一群衣衫褴褛的人从街口走过来；这群人举着两面我们从远处看得不甚清楚的旗子。当他们走近的时候，我们才看清是两颗披头散发和脸容毁损的人头，被马拉①的先驱们用两支长矛举着。是富隆和贝蒂埃的脑袋。大家都从窗口后退；我留我那里。杀人犯停在我面前，将长矛伸向我，一边唱着歌，蹦着，跳着，将灰白的头靠近我的面孔。其中一颗头的眼睛滑出眼眶，吊在死者灰白的脸上；长矛从张开的嘴里穿出，咬在牙齿之间。"强盗！"我叫道，无法抑制我满腔的愤怒，"这就是你们理解的自由吗？"如果我有一支枪，我会向这些无耻之徒开火，像对付狼一样。他们号叫着，猛敲马车出入的门，想冲进来，将我的头同他们杀害的人的头摆在一起。我的姐姐们很不安；旅店的胆小鬼拼命责怪我。被人簇拥的杀人犯没有时间进攻房屋，离开了。这两颗头，还有以后我会碰见的其他的头，改变了我的政治态度。我憎恶吃人肉的宴席，我萌生了离开法国到某个遥远国度去的念头。

一八二一年十一月，于巴黎

---

① 马拉（Marat，一七四三——七九三）：法国大革命中资产阶级民主派雅各宾派的著名领袖之一。

召回内克先生——一七八九年八月四日的会议——十月五日白天——国王被押回巴黎

七月二十五日，内克先生被召回财政部，受到热烈欢迎，为他举行了仪式。他在卡洛纳和答布罗之后，是蒂尔戈的第三个继承人。他很快落后于形势，变得不得民心。一个如此严肃的人，依靠一个平庸和轻浮如佩泽[①]者的手腕，居然能够上升到部长位置，这是那个时代的奇闻。用借贷制度取代捐税制度的报告[②]，引起思想震动。妇女们议论开支和收入问题。人们第一次看懂或者自以为看懂财务报告中的某些内容。以托马斯[③]式的色彩写成的这些报告树立了财政部长的初步威信。这位银行家是擅长记账，但办法不多的经济学家；是高贵但自负的作家；是正直的人，但不具备崇高的品德。他是旧时戏剧开场之前，站在前台向观众介绍剧情的人物；在幕布升起时，他就退场了。内克先生是斯塔尔夫人[④]的父亲。他不会想到，后代记得的只是他作为他女儿的父亲的光荣，他的虚荣心无法接受这一点。

在国民议会八月四日晚的会议上，君主制度像巴士底狱一样被拆毁了。那些出于对过去的仇恨，今天大声反对贵族的人，忘记了一个事实：是贵族的一个成员，德·诺阿耶子爵，在德·埃吉荣公爵和马蒂厄·德·蒙莫朗西的主持下，推翻了革命所指控的大厦。按照一位议员的动议，废除了封建赋税、狩猎税、鸽舍税、禁猎区税、什一税、实物

---

① 佩泽（Pezay）：总理莫莱巴的宠信。
② 该报告由内克提出。
③ 托马斯（Thomas）：十二使徒之一。传说中他是典型的怀疑论者，他不相信他看见的东西。
④ 斯塔尔夫人（Madame Staël，一七六六—一八一七）：法国著名女作家。

地租、等级特权、城市特权、各省特权、个人奴隶身份、领主司法权、官职买卖制度。对法国古老政体的最严重打击是由贵族完成的。贵族开始革命，平民予以完成。就像古老法国的光荣归功于法兰西贵族一样，年轻法国的自由也归功于他们，如果法国有自由的话。

驻扎在巴黎周围的部队撤走了。但是，由于一个使国王左右为难的矛盾意见，弗朗德团又被调到凡尔赛来。卫队宴请该团的军官。人们的头脑兴奋起来了。宴会过程中，王后带着王子出现；军官们为国王一家干杯。国王也来了，军乐队演奏了激动人心和受欢迎的曲子：《啊，里夏尔，我的国王！》。这个消息传到巴黎，反对派舆论立即抓住这件事。人们大声说，路易拒绝批准《人权宣言》，打算同德斯坦伯爵逃到梅斯。马拉传播这个谣言；他那时已经写好《人民之友》。

十月五日来临了。我没有目睹这天发生的事件。有关消息六日清晨就传到首都。同时，有人对我们说，国王要来访问。我在客厅里是腼腆的，但我在公共广场却很勇敢。我觉得我这个人耐得住寂寞，但登上论坛也不怯场。我跑到香榭丽舍大街。首先出现的是炮车、泼妇、女贼和妓女骑在炮筒上，嘴里讲着最猥亵的语言，做着最下流的动作。然后，在包括男女老少的人群簇拥下，卫队徒步过来了，他们同国民自卫军交换马匹、剑、肩带；每个马匹上都有两三名卖鱼女贩、醉醺醺和衣着不整的荡妇。随后来的是国民议会议员的队伍；跟着，国王的马车出现；车辆在一片黑压压的长矛和刺刀的海洋中滚动。衣衫褴褛的拾荒者，腰上挂着刀、身上系着血淋淋的围裙、袖子卷起来的屠户跟随在车门旁边；一些脸孔黝黑的无赖爬在车顶上；还有人攀附在仆役站的踏脚板上、车夫的座位上。人们开着枪，叫喊着："瞧，面包铺的老板，老板娘，小伙计！"作为国王的旗号，面对圣路易的儿子，两只瑞士戟将两名卫队士兵的脑袋举在空中；那是由塞弗勒的理发师烫过发、擦过粉的脑袋。

天文学家巴伊在市政府向路易十六宣布,"人道、尊敬和忠实的"人民刚才征服了国王;而"非常感动和非常高兴的"国王宣布,他是"心甘情愿"来到巴黎的。对暴力和恐惧的可耻伪装那时让所有党派和所有人蒙受了羞辱。路易十六不是虚假,而是孱弱。孱弱不是虚假,但它取代虚假并且起虚假的作用。神圣和受虐待的国王的品德和苦难应该引起敬仰之情,人们的任何评论都近乎亵渎。

一八二一年十一月,于巴黎

制宪会议

议员们离开凡尔赛,十月十九日在总主教府举行第一次会议。十一月九日,他们转移到杜伊勒利宫附近的骑马场。一七八九年年底,颁布了没收教会财产、摧毁旧司法、发行指券[①]的法令,巴黎市府关于建立第一个搜索委员会的决定,和追捕德·费哈斯侯爵的授权令。

虽然制宪会议有可指责之处,但从它完成的伟大工作和取得的巨大成就来说,仍然不失为世界各国出现过的最著名的人民大会。如果它满足于全国三级会议的陈请表,而不试图越雷池一步,那会是怎样一个情况呢?在三个世纪里,人类的经验和智慧所酝酿、发现和建立的一切都集中在这些陈请表里面。这些文件指出旧君主制度的各种弊病,提出医治的药方;提出实现各种自由的要求,包括新闻自由的要求;提出在工

---

① 指券:一七八九年至一七九七年在法国流通的一种以国有财产为担保的证券。

业、制造业、贸易、道路、军队、税收、财政、学校、公共教育等各方面的改进措施。我们越过罪恶的深渊，经历无数光荣，但并未得到什么利益；共和国和帝国没有起任何作用：帝国只是调节共和国发动起来的群众的暴力；它给我们留下中央集权，这种强有力的行政机构我认为是一件坏事，但在地方权力被摧毁、无政府状态和愚昧肆虐的时候，这也许是取代地方权力的唯一办法。除此之外，从制宪会议召开以来，我们并没有前进。它完成的工作犹如一位古代名医[1]完成的工作，即将科学的界标往后推移，并且固定下来。让我们谈谈几位制宪会议人物吧，而且让我们从米拉波开始。他是这些人物的缩影，而且是他们之中最突出的一位。

米拉波

他由于生活的放荡和偶然，参与了最重大的事件，混迹在惯犯、绑架者和冒险家中间。米拉波，贵族的辩护士，民主派的代表，集格拉古[2]和唐·璜、卡体里那和古斯曼·德·阿尔法拉什[3]、红衣主教黎塞留和红衣主教德·莱兹[4]、摄政时期的乱党分子和革命的野蛮人于一身。此外，他身上还有"米拉波"家族的痕迹；这个流亡的佛罗伦萨家族保留

---

[1] 希波克拉底（Hippocrate，公元前四六〇—前三七七）：古希腊名医。
[2] 格拉古（Gracchus）：古罗马著名的平民家族，兄弟两人试图在罗马实行土地改革。
[3] 古斯曼·德·阿尔法拉什（Gusman d'Alfarache）：十七世纪初一部西班牙小说中的人物，风流倜傥。
[4] 黎塞留（Richelieu，一五八五——一六四二），德·莱兹（de Retz，一六一三——一六七九）：均为十七世纪法国政治家。

但丁歌颂过的那些森严壁垒的宫廷和那些著名乱党分子的某些东西；这个家族已经归化法国，意大利中世纪的共和精神和我们的中世纪的封建精神，在它的一连串非凡人物身上汇合。

米拉波的丑陋以他的家族的特殊美为基础，产生阿里恺提的同胞米开朗琪罗的《最后审判》中那种刚毅的面孔。天花在演说家脸上留下的痕迹，更像烧伤后留下的焦痂。大自然塑造这样的头颅，要么是为了帝国，要么是为了绞架；它雕凿的这双臂膀，要么拥抱一个民族，要么劫掠一个女人。当他凝视民众，摇晃他那一头浓密头发的时候，他令人驻足；当他举起他的爪子，露出他的指甲的时候，庶民发狂般跑开了。在一次会议的可怕的混乱中，我看见他站在讲坛上，脸色阴沉，丑陋而且不动声色。他令人想起弥尔顿笔下的混沌，在混乱中岿然不动，超然物外。

米拉波像他的父亲和他的叔叔，他们同圣西门一样，信手写出不朽的文章。人们给他准备演说的草稿，他在其中摘取适合他的思想的东西。如果他全文照搬，他会念得结结巴巴；从他偶尔加进的词句，人们可以发现演说不是他写的，那是一些他所特有的词语。他的精力来自他的堕落；而这种堕落并非产生于冷漠的感情；它们有深刻的、热烈的、疾风暴雨般的感情作为支撑。恬不知耻的风俗在毁灭道德观念的同时，给社会带来一种野蛮人；人类文明中的这些野蛮人像哥特人一样擅长破坏，但缺乏哥特人的创造力：后者是原始本性的大孩子，前者是堕落天性的早产畸形儿。

我在宴会上见过米拉波两次，在伏尔泰的侄女德·维莱特侯爵夫人家见过一次，另一次在王宫，他跟夏普利耶介绍我认识的反对派议员在一起。夏普利耶死于断头台，同我的哥哥和德·马尔泽尔布先生埋在同一座坟墓里。

米拉波讲话时滔滔不绝，尤其是关于他自己的事。这个狮子的儿子自己也是一头脑袋充满幻想的狮子；这位遇事如此讲求实际的人，想象和语言却非常浪漫、非常富于诗意、非常热烈。从他的感情的激扬和他表现的献身精神中，我们可以认出索菲①的情人。他说："我觉得这个女人非常可爱……我了解她的灵魂，大自然的手在璀璨的时刻塑造了这个灵魂。"

米拉波在严肃的讨论中夹杂爱情故事和引退的愿望，这让我着迷。他还有另一个让我感兴趣的地方：他曾经受到他父亲严厉的管教；他父亲同我父亲一样，保留了维护家长绝对权威的不可动摇的传统。

这位重要宾客大谈对外政策，对内部政策几乎只字不提，而这正是他关心的问题。但是，对于那些由于他们对苦难和罪行装作无所谓而自称高人一等的人，他有时用几句话流露他极度的轻蔑。米拉波生性慷慨，重视友情，不计较恩怨。尽管他伤风败俗，他无法违背自己的良心；他的腐败仅仅涉及他自己，他正直和坚定的思想不会将谋杀说成崇高的智慧；他不赞赏屠宰场和垃圾场。

然而，米拉波不乏骄矜。他过分吹嘘自己；虽然他为了当选为第三等级的代表把自己说成呢绒商人（贵族等级当众干了蠢事，将他排挤出去），他是热爱他的出身的："野性难驯的鸟，它的巢在四座塔楼之间"，这是他父亲的话。他忘不了他曾经出入宫廷，乘坐华丽马车同国王一道狩猎。他要求别人封他以伯爵称号；他重视他的徽号，当所有人脱下号衣的时候，他让他的仆人穿上。他动辄提到海军司令科利涅，"他的亲戚"。《箴言报》曾经称他为里凯②。他有一天大发雷霆，对一位记者说，"你是否知道，你同你们的里凯一道，在三天时间里让欧洲迷失了方向？"他常常重复那个无耻但颇著名的玩笑："在另一个家庭里，我的子爵弟弟会是一个风趣的人，但不是良民；在我家里，他是一个笨蛋和善

---

① 索菲（Sophie）：即德·莫尼埃伯爵夫人，米拉波写给她的信很有名。
② 里凯（Riquet）：贝洛童话中的人物，丑陋但聪明。

良的人。"某些传记认为这句话是子爵讲的,他将自己同家庭其他成员的卑微做比较。

米拉波在感情深处是君主派。他有一句名言:"我想让法国人消除对君主制的迷信,而代之以对它的崇拜。"这正是发生的事情:上天因为我们滥用天才惩罚我们,让我们悔恨我们的成功。

米拉波用两种手段煽动舆论:一方面,他立足于群众之中,自称是他们的保护人,但同时又鄙视他们;另一方面,虽然他是他的等级的叛逆,但由于等级的亲缘关系和共同利害,他对他的等级保持同情。这样的事情不会出现在维护特权阶级利益的平民身上;由于贵族的薄情和不可改变的本性,如果此人不出身于他们的行列,他就会被他的派别抛弃,而不能拉拢贵族。而且贵族阶级不能临时造就一个贵族,因为贵族是时间的女儿。

米拉波提供一个范例。人们幻想通过摆脱道德的束缚变成政治家。这种模仿结果只制造一些小坏蛋;某人以堕落和偷盗自诩,事实上他只是放荡和无赖;某人认为自己是邪恶的,但他只是卑鄙;某人吹嘘自己是一个罪犯,但他只是一个下流坯。

米拉波将自己出卖给宫廷,而宫廷收买了他。但对于他本人,事情来得太快;对于宫廷,事情来得太迟。在一份年金和一个大使职位面前,他用他的声誉冒险。克伦威尔准备用他的前途去交换一个头衔和嘉德勋章。米拉波虽然骄傲,但并不自视太高。现在,现钞和职位的丰盈提高了良心的价格,没有几十万法郎和高官厚禄休想办成一件事。坟墓将米拉波从他的许诺中解放出来,使他免受他看来无法克服的灭顶之灾:他活着,会在善良中显露他的软弱;他的死,使他在恶行中保持了他的力量。

我们吃完晚饭之后,议论米拉波的敌人。我坐在米拉波旁边,一言不发。他用他高傲、罪恶和天才的目光注视我这个沉默的年轻人,然后，他将手搭在我肩上，对我说："他们永远不会原谅我的优越！"我今天还感觉这只手的分量，仿佛撒旦火热的爪子碰过我。

当米拉波将他的目光盯着一个沉默的年轻人的时候，他对我未来的命运是否有预感？他想过他有一天会出现在我的记忆中吗？我注定要成为达官贵人的历史学家：他们曾经在我面前列队走过，而我没有将自己挂在他们的外套上，让自己随着他们去见后代。

米拉波承受了那些声名应该长存的人物身上发生的变化；他从先贤祠迁出，搬到阴沟，又从阴沟迁回先贤祠；时间是他的踏脚板，使他上升到时光赋予他的全部高度。今天，我们再看不见真实的米拉波，而是理想化的米拉波，画家为了使他成为他所代表的时代的象征或神话而绘制的米拉波。这样一来，他变得更加虚假和更加真实了。在这么多名人、这么多演员、这么多事件、这么多废墟当中，将只有三个人留存，他们当中的每一个从属于三个伟大革命时代中的一个：米拉波代表贵族，罗伯斯庇尔代表民主，波拿巴代表专制；君主制什么也没有。为了这三个人的名声德行不能承认，法兰西付出了沉重的代价。

一八二一年十一月，于巴黎

国民议会开会的情景——罗伯斯庇尔

国民议会开会的趣味是我们的议会所不能比拟的。人们很早起床，以便在挤得满满的听众席上占一个位置。议员到达的时候，嘴里还吃着东西，谈着话，用手比画着。议员们按照观点，分别集中在会场的不同位置。宣读会议记录；然后讨论商定的题目，或者特别的动议。讨论的对象不是某个乏味的法律条款；议程中极少与破坏无关的内容。人们要么赞成，要么反对；大家都是即兴发言，或好或坏。争论非常激烈；听众也加入讨论，对演说人鼓掌，叫好，吹口哨，喝倒彩。主席摇着铃铛；议员们坐在自己的长凳上互相指责。小米拉波揪住对手的衣领；大米拉波叫道："不要谈论三十票！"一天，我坐在反对党保王派后面；我面前是一位多菲内省的贵族，黑脸孔，小个子，他在他的座位上暴跳如雷，对他的朋友说："我们冲上去吧，拿着剑，去治治那些无赖！"他指着多数派那边。中央市场的卖菜大嫂在听众席上织毛线，听见这句话，站起来；她们手里举着毛裤①，嘴上翻着泡沫，齐声大叫："把他吊在路灯杆上！"米拉波子爵、洛特雷克和几个青年贵族想冲上主席台。

很快，这一片嘈杂声被另一片喧哗掩盖了：拿着长矛的请愿者出现在栅栏边上。"人民快饿死了，"他们说，"现在应该采取措施，惩罚贵族，应付局势。"主席向这些公民表示敬意，回答说："我们眼睛盯着叛徒，议会将惩罚他们。"这时，爆发了新的喧哗。右派议员说，我们正在走向无政府状态；左派议员反驳说，人民可以自由表达他们的愿望，他们有权利对那些坐在国民议会内的专制制度的维护者表示不满。他们向至高无上的人民指着他们的同事，而人民在路灯旁边等候他们。

晚上的会议比上午的会议更加吵吵嚷嚷：在分枝吊灯之下，人们讲话更加流利，更加大胆。当时，马场会堂是一个名副其实的剧场，上演着世界上最伟大的悲剧之一。头一批人物属于旧制度；他们的可怕的取代者躲在他们身后，很少讲话，或者完全沉默不语。在一场激烈的辩论结束时，我看见一个人走上讲坛。他相貌平常，表情阴郁而呆板，头发整齐，衣着清洁，好像一个大家族的管理员，或一位注重仪表的乡村公

---
① 指她们手中正在编制的毛裤。

证人。他做一个既冗长又枯燥的报告，没有人听他讲话。我问此人姓什么：罗伯斯庇尔。挥舞鞋子叫喊的女人准备离去，而且木鞋已经将大门碰得嘭嘭作响。

社会——巴黎剪影

革命前，当我阅读各国民众骚乱的历史的时候，我无法想象人们在这种情况下怎么能够生活。蒙田在一个他每转一圈都可能被神圣联盟成员或新教徒绑架的庄园里，居然能够那么愉快地写作，对此我是十分惊讶的。

革命让我懂得这种生活是可能的。危机发生的时候，人们的生活双重化。在一个正在解体和重新组建的社会里，两种精神的斗争、过去和未来的碰撞、旧风俗和新风尚的混合形成一种不容人有片刻厌烦的过渡性组合。感情和性格以它们在一个秩序井然的城市中不可能具有的力量表现自己。违反法律、放弃义务、习惯和礼仪，甚至危险，增加了这种混乱的趣味。度假的人群在大街上散步，他们摆脱他们的教育家，暂时回到自然状态，只是在他们被套上放纵所孕育的新暴君的枷锁时，他们才会重新感到社会约束的必要。

当希腊的柱型同哥特风格混杂，或者毋宁说将哥特风格等同于恐怖时期之后杂乱堆放在小奥古斯蒂娜修道院的各个世纪的废墟和坟墓时[①]，

[①] 一七九六年，按照画家勒努瓦尔的建议，被毁坏的寺庙的艺术品都集中到这间修道院。

我只能通过将一七八九年和一七九〇年的社会同路易十二和弗朗索瓦第一时期的结构相比，才能更好地描绘这个社会。只是我谈到的废墟是有生命的，而且在不断变化。在巴黎的各个角落，都有文学集会、政治社团和文艺演出；未来的名人在人群中游荡而不为人辨识，犹如在享受光明之前在忘河边踯躅的亡灵。我在马雷剧场看见古维翁元帅，他在博马舍的《有罪的母亲》一剧中扮演一个角色。人们从斐扬派俱乐部跑到雅各宾派俱乐部，从舞厅、赌场跑到王宫派那里，从国民议会的讲坛跑到露天讲坛。人民议员、骑兵马队、步兵巡逻队在大街上川流不息。在一个穿法国衣服、头发上擦了粉、腰上佩着剑、腋下夹着帽子、脚上穿皮鞋和丝袜的男人身边，走着一个留着短发、没有擦粉、身穿英国燕尾服、系美国领带的人。剧场里，演员公布消息；正厅里唱起革命歌曲。应景的短剧吸引人群：一名神父出现在舞台上；民众叫道："神父！神父！"而神父回答："先生们，国民万岁！"人们在听了号叫《萨依哈》[1]之后，跑到布发歌剧院听芒迪尼和他妻子、维嘎诺尼和罗维第诺唱歌；在观看绞死法弗哈之后，人们去欣赏迪加宗夫人、圣奥庞夫人、加尔里娜、小奥利维尔、宫达小姐、莫雷、弗勒里和初出茅庐的塔尔玛演出。

庙宇大街和意大利人大街的人行道，杜伊勒利宫花园的林荫道，都挤满漂亮女人。格雷特里的三个女儿艳如桃花，特别醒目。她们三个不久都死了。格雷特里在谈到他的长女的时候说："她坐在我的膝上，永远安息了。她死的时候同她活的时候一样美丽。"无数车辆在交叉路口来来往往，从无套裤汉中间穿过；有人在那里见过漂亮的德·布封夫人[2]；她独自坐在德·奥尔良公爵的敞篷马车里，停在某个俱乐部门口。

在拉罗什福科公馆，在德·普瓦夫人、德·埃南夫人、德·西米阿纳夫人、德·沃德勒伊夫人的晚会上，在几位仍旧开放的高等法官的沙

---

[1]《萨依哈》(ça ira)：当时流行的一首革命歌曲。
[2] 博物学家布封的儿媳，德·奥尔良公爵的情妇。

龙里，仍然看得到贵族社会的优雅和情调，在内克先生家中，在德·蒙莫朗西伯爵家中，在各位部长家中（连同德·斯塔尔夫人，德·埃吉荣公爵夫人，德·博蒙夫人和德·塞里伊夫人），笼罩着时尚的无拘无束，聚集着法国的新名流。穿着国民卫队军官制服的鞋匠跪着量你的脚的尺寸；星期五拖着黑色或白色袍子的僧侣，星期天戴着圆形帽子，身穿市民的衣服；嘉布遣会修士刮光了胡子，在郊区小咖啡馆看报；而在一群疯疯癫癫的女人当中，一位修女正襟危坐：她是一位被撵出修道院的嬷嬷。群众参观开放的修道院，就像旅行者在格拉纳达参观废弃的阿朗布拉宫，或者像他们在提布尔①、在西比尔寺的柱廊下休憩。

并且，在废墟中，在晴朗的天空下，在大自然的平静和诗意之中，有许多决斗和恋爱，狱中的结识和政治的友爱，神秘的约会。在正在消逝的世界的沉闷的喧哗中，在正在崩溃的社会的遥远的响声中，有偏僻、沉默和孤独的散步，其中夹杂永恒的誓言和难以表达的温情；但旧世界的崩溃威胁着这些事件脚下发生的幸福。如果人们二十四小时不相见，就不能肯定能够重新见面。一些人走上革命道路，另一些人在策划内战；有人启程前往俄亥俄，打算在野人当中修建他们的城堡；另一些人去同王储们汇合。这一切都进行得轻松愉快，而口袋里常常一个苏也没有。保王党人断言，这几天议会将通过一项决议，事情就会解决；革命党人对前途的看法同样轻率，宣布同自由一道，和平和幸福即将到来。人们唱着：

亚伦的圣烛，
普罗旺斯的火炬，
如果它们不照亮我们，

---

① 提布尔（Tibur）：意大利城市。

就在法国点燃大火；

我们不能碰它们，

但我们希望剪烛花。

现在看看人们是如何评论罗伯斯庇尔和米拉波的！《星报》说："禁止法国人民讲话同将太阳埋在土里或关进窟窿里一样，不是人力所能及的事情。"

在这些破坏的节日里，杜伊勒利宫变成了巨大的监狱，关满被判刑的人。被判死刑的人一边等候囚车、剃发和身上的红衬衣晾干，一边在玩耍，而且人们透过窗口，望见王后俱乐部炫目的灯光。

成千的小册子和报纸问世。《信徒行动报》[①]刊登讽刺文章、诗和歌曲，答复《人民之友》和由封塔纳编的君主派俱乐部的报纸《调停者》；马莱-迪邦在《信使报》的政治栏和同一报纸的文学栏中同拉哈尔柏和尚福尔针锋相对。尚普色讷兹、德·博内侯爵、里瓦洛尔、小米拉波、奥诺雷·米拉波——大米拉波，一边吃晚餐，一边作漫画和编《名人小年鉴》消遣。随后，奥诺雷去提出战争法，或者提议没收教会财产。他在声明他只会在刺刀威胁下才会离开国民议院之后，到雅伊太太家过夜。"平等"[②]在蒙鲁日石矿山拜谒了魔鬼之后，回到蒙索公园主持狂欢；狂欢的组织者是拉克鲁。未来的弑君者继承他家族的传统：他是双料的男妓，放纵使他耗尽精力，他任由野心吞噬。洛泽已经憔悴，在梅内门他那间小屋里同歌剧院的舞女们吃夜宵；这些舞女当时是德·诺阿耶、德·狄龙、德·舒瓦泽尔、德·纳博纳、德·塔莱朗等先生和其他几位风流雅士宠爱的人；他们这几个人当中现在还剩下两三个木乃伊。

那些在路易十五统治末期和路易十六统治时期以伤风败俗而闻名

[①] 保王党报纸。
[②] 指德·奥尔良公爵，他的名字是菲利普-平等。

的朝臣,大部分参了军,几乎所有人都参加美洲战争,将他的勋章饰带涂成共和的颜色。当革命处于低水平的时候,它使用他们;他们甚至变成革命军队的头一批将军。如德·洛泽公爵,沙尔托伊斯卡公主的浪漫情人,拦路抢劫女人的强盗;如洛弗拉斯,他"今天跟这个,明天跟那个"——这是宫廷的高贵和斯文的隐语。德·洛泽后来变成德·比隆公爵,在旺代为国民公会统率共和军:多么可悲的事情呀!德·贝赞瓦尔男爵,这位腐败的上流社会的虚伪和无耻的揭露者,垂死的旧君主制度的天真的跑腿,在巴士底事件中受到牵连,结果就因为他是瑞士人,被内克和米拉波救了一命:多么可怜呀!这样的人,碰到这样的事件,他们能够有什么作为呢?革命一旦壮大,就轻蔑地抛弃这些王权的轻浮的叛徒:它过去需要他们的邪恶,它现在需要他们的头颅;它不看重任何人的血,甚至迪贝里①的血。

一八二一年十二月,于巴黎

---

① 迪贝里(du Barry,一七四三——七九三):路易十五的宠妃,恐怖时代被送上断头台。

在这一片喧嚣中我所做的事——我的孤独日子——莫内小姐——我同德·马尔泽尔布先生确定我的美洲之行计划——波拿巴和我,两个无名少尉——我在圣马洛登船启程——离开故土时我最后的思索

一七八九年酝酿的措施一七九〇年完成了。最初交由国家控制的教会财产被充公。《教士法》颁布,贵族身份被取消。

我没有参加一七八九年的联盟节:一场相当严重的病使我卧床不起。但是,在此之前,我在马尔斯校场推过小车,很开心过一阵。德·斯塔尔夫人对这个场面做过生动的描述。我没有见过德·塔莱朗先生在路易神父主持下唱弥撒,也没有见过他腰上挂着马刀,接见君士坦丁堡苏丹的大使,这是我永远引为遗憾的事情。

米拉波在一七九〇年失去民心;他同宫廷的关系是显而易见的。内克辞去部长职务,退出政府,谁也不愿意挽留他。王姑们拿着国民议会发的护照,启程前往罗马。德·奥尔良公爵从英国归来,宣布自己是国王非常谦卑、非常顺从的仆人。宪法之友社在各处成立,统属于巴黎总社,接受它的指示,执行它的命令。

我的性格适合于公众生活:公共事业对我有吸引力,因为我在人群中能够保持我的孤独,而不必同我的腼腆搏斗。然而,沙龙具有普遍活动的性质,与我的行为的冲突略少一点,而且我无意中结识了一些新朋友。

我认识了德·维莱特侯爵夫人。她丈夫的名声受到恶意的中伤,他同国王的弟弟在《巴黎报》上写文章。风韵犹存的德·维莱特夫人失去她十六岁的女儿;这位小姐比她妈妈更加楚楚动人,德·帕尔尼骑士为她写下了可以传世的诗句:

> 她魂归天国，
> 甜蜜地进入梦乡，
> 对它的法则没有怨言：
> 这样，微笑消失了，
> 林中小鸟的歌声沉默了，
> 从此不见踪迹。

我所在的团驻扎在鲁昂，一直到相当晚的时候，仍然遵守纪律。关于被议会最后判决的喜剧演员波尔迪埃的处决问题，我们团同民众达成协议。如果他多活二十四小时的话，这位昨天晚上被判绞刑的人，第二天就是英雄了。可是，在纳瓦尔团的士兵当中，终于发生了哗变。德·莫特马尔侯爵流亡国外，军官们跟随他出走。我既没有采纳，也没有拒绝新观点；由于我不愿意攻击这些新观点，也不愿意为之服务，所以我不打算流亡，也不打算继续军旅生涯。我退伍了。

我在摆脱各种羁绊之后，一方面我同我哥哥和德·罗桑玻庭长之间发生了相当激烈的争吵；另一方面，我同然格内、拉阿尔普、尚福尔的争论也很激烈。此外，我对当时提出的问题之所以感兴趣，只是出于对自由和人类尊严的一般概念；个人政治令我厌烦；我真正的生活在那些更加崇高的领域。

巴黎日夜挤满人的街道使我不能再随意游荡。为了找一个荒无人烟的地方，我躲进剧场。我坐在包厢深处，在拉辛的诗句、萨齐尼的音乐或歌剧院的舞蹈中，我的思想纵情驰骋。在意大利人剧场，我连续观看二十遍《蓝胡子》《丢失的木鞋》，这样做颇要一些勇气。我这样自寻烦恼是为了解除烦恼，就像躲在墙洞里的猫头鹰。正当君主制度倒塌的时候，我既听不见百年旧拱顶的爆裂声，也听不见滑稽歌舞剧刺耳的喧哗；既听不见讲坛上米拉波洪亮的声音，也听不见剧场里科兰对巴贝唱的台词：

> 无论下雨、刮风或落雪，
> 当漫漫长夜，要把它缩短。

由然格内夫人派来的莫内先生，矿业主任，和他的女儿，有时扰乱我的孤独。莫内小姐坐在包厢前座，我坐在她背后。我一方面感到高兴，一方面有些埋怨。我不知道她是否讨我喜欢，我是否爱她；可是，我很怕她。当她离去时，我因为不再看见她而感到喜悦，但同时又有几分留恋。然而，我有时会不辞劳苦，到她家中去看她，陪她散步。我让她挽着我的胳膊，而且我也稍稍挽紧她的胳膊。

当时我的主要的想法是到美洲去。为了实现美洲之行，必须有一个有益的目的。我打算去发现（就像我在这部《回忆录》和我的其他著作中讲过的那样）通往美洲西北部的道路。这个计划并非来自我的诗人天性。当时谁都不关心我。我那时和波拿巴一样，是一个完全不知名的少尉。我们同时从我们的卑微地位出发，我到孤独中去寻找我的声名，而他到人群中去寻找光荣。那时，我并不迷恋任何女子，令我梦萦魂绕的是我的女精灵。我把同她一道去探索新世界的森林当作最大的幸福。由于另一天性的影响，我的爱情之花，我的阿尔莫里克森林的无名幽灵变成佛罗里达树荫下的《阿达拉》。

对这次旅行，德·马尔泽尔布先生起了推波助澜的作用。我早上去看他。我们伏在地图上，比较北极圈的曲线，我们推算从白令海峡到哈得孙湾的距离；我们阅读英国、荷兰、法国、俄国、瑞典和丹麦航海家和旅行家写的各种游记和故事，我们打听从陆路到北极海岸的路线；我们分析需要克服的困难，为了对付严寒的气候、野兽的袭击、食物的匮乏需要采取的措施，这位著名人物对我说："如果我年轻一些，我会同你一道去，这样我就看不见眼前的这么多罪行、卑鄙和疯狂。可是，在我这个年龄，应该留在我们居住的地方，一直到死。有船的时候，别忘了给我捎信，将你的进展和发现告诉我。我要让部长们关心这件事。很可惜你不懂植物学！"听了这番话之后，我翻阅了图纳福尔、杜阿梅尔、贝尔纳·德·于西厄、格洛雅甘等人的著作、卢梭的《词典》《基础植物志》；我跑御花园，而且认为自己已经变成林奈①了。

一七九一年一月，我终于认真下了决心。混乱的局面在加剧；只要有一个贵族姓氏就可能受到迫害。你的看法越正直、温和，就越遭人怀疑、被人追究。我决定急流勇退。我让我哥哥和姐姐们留在巴黎，我启程回布列塔尼。

我在富热尔碰见了德·拉鲁艾里侯爵。我求他给我写一封信给华盛顿。"阿尔芒上校"（在美洲，人们这样称呼侯爵）在独立战争中是一位杰出人物。他在法国的名声是因为他参与了保王党人的阴谋；这次阴谋造成德西尔家族中一些人受害，他们是可歌可泣的。他因为组织这次阴谋而蒙难，他被挖掘出来，被人认出，使他的客人和朋友受到连累。德·拉鲁艾里是拉斐德②和洛泽③的对头，拉罗什雅克兰的先驱，但他比他们更加有才华。他比头一位更经常参加战斗；他和第二位一样，曾经拐走歌剧院的几个女伶；他本来应该成为第三位的战友。他曾经同一位美国少校在布列塔尼森林中漫游，陪伴他们的是一只骑在马臀上的猴子。由于他行为勇敢，思想自由，受到雷恩法律学校学生的爱戴。他是被关进巴士底狱的十二位布列塔尼贵族之一。他相貌堂堂，身材和举止优美，表情刚毅，好像画像中神圣联盟的那些青年贵族。

---

① 林奈（Linné，一七〇七——一七七八）：瑞典博物学家。
② 拉斐德（La Fayette，一七五七——一八三四）：法国政治家，曾经参加北美独立战争。
③ 洛泽（Lauzun，一七四七——一七九三）：曾经参加北美独立战争。

我选择圣马洛登船启程，是为了同我母亲拥抱告别。我在这部《回忆录》的第三篇章，对你们讲述过我路过贡堡的情景，以及那些令我压抑的感受。像我从前计划的印度之行一样，我在圣马洛待了两个月，进行各种准备工作。

我同一位名叫德雅尔丹的船长达成交易：他本来打算将圣绪尔比斯修道院的院长纳戈尔神父，和好几位由他率领的修士带到巴尔的摩去。如果在四年之前，这些旅伴对于我会更加适合一些：我已经从一个虔诚的基督教徒变成了一个无神论者，即一个脆弱的人。我的宗教观点的变化是通过阅读哲学著作完成的。我真心实意地相信，宗教思想有无能为力的一面；无论他在其他方面如何优越，总有一些他无法解释的真理。这种温和的骄矜使我变了；我认为宗教思想缺乏哲学思想才具有的那种力量。短视的智慧以为可以看见一切，因为它是睁着眼睛观察的；优越的智慧能够闭着眼睛观察，因为他看见的一切都是内在的。总之，有样东西使我受到致命打击：我在心灵深处感到无缘无故的绝望。

我哥哥的一封信使我永远记住我启程的日期。他从巴黎写信给母亲，告诉她米拉波去世的消息。收到这封信的第三天，我在锚地登上那艘已经装载我的行李的船。起锚了，对远航者这是一个庄严的时刻。领水员将船引导到港外，他离去时，太阳正在坠落。天色灰暗，微风习习，离船几链远的地方，海浪沉重地拍打着礁石。

我凝视着圣马洛。我在那儿丢下了泪流满面的母亲。我遥望着我和吕西儿常去做礼拜的教堂的钟楼和圆屋顶、房屋、城墙、堡垒、塔楼和海滩；我同热斯里尔和其他朋友幼时在那儿一道度过了我的童年。在我四分五裂的祖国失去一位无法取代的伟人[①]时，我撒手而去了。我对祖国和我自己的命运同样感到迷茫：谁将沉没？法兰西还是我自己？有朝

[①] 指米拉波。

一日，我还能看见法兰西和我的亲人吗？

船驶到海峡出口，夜幕已经降临，周围一片沉寂。城内点燃了万家灯火，灯塔也亮了：我祖屋的那些颤动的灯光照耀着在礁石、波涛和黑夜包围中我的航程，同时微笑着同我告别。

我只带走了我的青春和幻想。我踏过这块土地上的尘土，数过这一片天空的星星，而我现在离开这个世界，到一个土地和天空对我都陌生的世界去。如果我能够到达航行的目的地，那么会发生什么事情呢？我可能在极北的海岸漂泊，那叱咤风云、毁灭过那么多代人的失去和平的年代对我也许会毫无影响；我也许不会目睹这场翻天覆地的变革。我也许不会拿起笔，从事这不幸的写作生涯；我的名字也许会默默无闻，或者只得到一种为嫉妒者所不屑但平静安逸的光荣。谁知道，也许我会重渡大西洋，也许我会像一名全盛时期的征服者，定居在我冒险探索和发现的偏远的国度里。

不！为了改变这儿的苦难，为了变成一个同过去的我迥然不同的人，我应该回到我的祖国。孕育我的大海将成为我第二次生命的摇篮。我首次远航时她载负着我，好像我的乳母把我抱在她的怀中；好像倾听我诉说我最初的痛苦和最初的欢乐的女友把我抱在她的双臂里。

风停了，落潮的海水把我们带到外海，岸上的灯火渐渐模糊，最后全然消失了。由于沉思、淡淡的怅惘和更加朦胧的期望，我困倦了。我走下甲板进入我的船舱。我躺在吊床上被摇晃着，轻轻拍打船侧的波涛噼啪作响。起风了，桅杆上升起了风帆。次日清晨我登上甲板时，再也看不见法兰西的土地了。

这是我命运的转折："再出海去 Again to sea！"（拜伦）

一八二一年十二月，于巴黎

篇章六

楔子

  在我这个默默无闻的少尉登船启程赴美洲三十一年之后，我登船启程前往伦敦，手持一张措辞如下的护照："护照，请对持照人德·夏多布里昂子爵大人、法国贵族院议员、国王派往大不列颠陛下处的大使予以通行便利，等等。"没有体貌特征。我显赫的声名应该在各处使人认识我的面孔。专门为我一个人租用的汽船将我从加莱送到多佛尔。一八二二年四月五日，当我踏上英国土地的时候，要塞鸣炮向我致敬。一位军官代表司令官陪同我检阅仪仗队。我下榻在"造船匠"旅店，旅店主人和仆役们毕恭毕敬，脱帽迎接我。市长夫人以全城最美丽的太太的名义邀请我出席晚会。我的大使馆随员比英先生恭候我到达。精美的晚宴为大使先生洗尘，但大使先生完全没有胃口，也丝毫不感觉疲倦。民众聚集在我的窗下，唱起欢迎的歌曲。那位军官又倒回来，不顾我的反对，在我门前布置了岗哨。次日，我用我主子的钱发放了丰厚的犒赏之后，坐上由两名衣着华丽的车夫驾驶的轻马车；在隆隆的礼炮声中，四匹彪悍的马拖着车,大步小跑着,载着我向伦敦驶去。我的随从乘另外几辆马车跟在我后面,穿号衣的报信使者伴随车队。我们穿过坎托贝丽,引起约翰-布尔和同我们交错而过的豪华马车的注意。在布莱克-里世,过去强盗们经常光顾的蛮荒之地,我看见一座崭新的村庄。不久,笼罩伦敦城的漫天烟雾出现在我眼前。

我堕进这个充满煤烟的蒸汽的深渊,就像跌进鞣靼人的炉子;我穿过这座我熟悉的城市,到达位于波特兰广场的大使馆。代办乔治·德·卡拉芒伯爵先生,大使馆秘书马塞吕斯子爵、埃·德卡兹男爵、德·布尔格内先生,大使馆的随员们,彬彬有礼地迎接我。人们给我递上英国部长们和外国大使们的名片,此前他们已经得知我即将到任的消息。

一七九三年五月十七日我曾到达同一个伦敦;当时,我是一个卑微和无知的旅行者,从泽西岛来到南安普敦。市长夫人不知道我路过;市长威廉·史密斯十八日给我开了一张前往伦敦的路条,附上一张"外侨证明"。关于我的体貌特征,上面用英语写道:"弗朗索瓦·夏多布里昂,流亡军的法国军官,身高五尺四寸,棕色颊髯和头发。"我谦卑地同几位度假水手一道乘坐一辆最廉价的马车;我在最便宜的饭馆吃饭;我进入这座由皮特先生统治的富裕和著名的城市的时候,我是穷困潦倒、疾病缠身和默默无闻的。我住在一间月租六先令的顶楼里,那座房屋位于一条名为托顿汉-考尔路的小街的尽头,是我的一位布列塔尼堂兄为我准备的。

> 啊!老爷呀,愿你今天
> 如此荣耀显赫的生活,
> 同那些幸福时光不同! ①

---

① 引自伏尔泰的诗。

然而，我在伦敦陷入另一种默默无闻。我的政治地位掩盖了我的文学声誉。在联合王国里，没有哪个蠢人不更加重视路易十八的大使，而不是《基督教真谛》的作者。我将看看在我死后，或者我在乔治四世身边不再取代德卡兹公爵之时——同我一生别的事情一样，我接替他的职位是同样奇怪的事——情况将如何变化。

作为法国大使，我到达伦敦之后最大的乐趣，是将我的马车停在街心公园一角，到大街小巷和那些老百姓居住的简陋的郊区集镇上散步。那些街道是我过去经常光顾的地方；那些集镇在同样的痛苦笼罩下是苦难的藏身之所，当年不知道次日是否有面包的我，同我患难与共的朋友常常到这些不为人知晓的地方去。如今，我桌上摆着三道或四道菜。在那些过去向我敞开的那些狭小和穷困的房屋门口，我如今只看见陌生的面孔。我不再看见那些可以从手势、步态、样式陈旧的衣着辨识出来的游荡的同胞们。我不再看见那些殉道的神父，他们围着打裥颈圈，戴着大三角帽，身穿磨破的黑色长袍，过路的英国人向他们致敬。两旁宫殿林立的宽广街道如今被打通了，出现一些新建的桥梁，路边栽种了树木。波特兰广场附近的摄政王公园取代了从前布满牛群的草场。以前从我顶楼的天窗可以远远看见的公墓，如今消逝在一座建筑物的围墙之内。当我到利物浦勋爵家去的时候，我费好大劲才找到查理一世的断头台的位置，现在那里是空无一物的广场；新建筑物逐渐扩充地盘，向查理二世的雕像包围过来，让人忘记那些值得记忆的事件。

在包围我的乏味的豪华排场之中，我多么怀念那个动乱和眼泪的世界呀！那时候，我同不幸的侨民们分享苦难。一切都变了，苦难本身也同繁华一道逝去，这是千真万确的事情！我流亡的弟兄们现在怎么样哪？有的死了，有的经历了不同的命运：他们同我一样看见他们的亲人和朋友消逝；他们在他们祖国比在异乡土地上更加不幸。在这块土地上，我们不是有我们的集会、我们的娱乐、我们的节日，尤其是我们的青春吗？有些母亲、有些在逆境中开始生活的少女，把她们辛勤劳动的果实拿来，为的是跳跳祖国的舞蹈，散散心。友情在劳作之后傍晚的谈话中、在汉斯泰德和报春花山的草地上结成。在由破屋改成的我们亲手装饰的小教堂里，我们于一月二十一日和王后忌日做祈祷，我们的流亡的乡村本堂神父的悼词令我们感动不已。我们沿着泰晤士河漫步，有时目睹满载世界财富的船舶靠岸，有时欣赏里斯满的农村房屋，而我们自己是如此贫困，失去了自己的家园。这一切才是真正的福分！

一八二二年，当我重新回来时，迎接我的不是那位打开我们顶楼的门、对我称兄道弟、睡在我床边的一张破床上、以他单薄的衣服作被子、用月光照明、冷得哆嗦的我的朋友，我在火把照耀下，从两排仆人中间走过，仆人之后是五名或六名毕恭毕敬的秘书。在我通往布满金子和丝绸的客厅的路上，"老爷、爵爷、阁下、大使先生"不绝于耳。

"我求求你们，先生们，让我安静一点吧！别再叫'爵爷'了！我怎样打发你们呢？你们到办公室里去开心吧，就当我不在这里一样。你们以为我会把你们这些玩意当一回事吗？你们以为我蠢得可以，会认为因为我换了一身衣服，就换了一个人吗？你们会说，伦敦德利侯爵要来访，威林顿公爵求见，坎宁先生找我，格维迪尔夫人要我十点钟赏光，到她的歌剧院包厢里去，曼斯菲尔德夫人约我午夜到阿尔迈克①。饶了我吧！我往哪里躲好？谁来解救我？谁能够使我摆脱这些折磨呢？回来吧，我那些穷困和孤独的日子！复活吧，我流亡中的伙伴！我们走吧，我的睡行军床和睡草垫的伙伴，我们到乡下去，到一个为人不屑的小酒店的花园里，坐在一张木头长凳上喝一杯劣质茶，聊聊我们疯狂的希望和我们的忘恩负义的祖国，倾诉我们的烦恼，设法互相帮助和援助一位比我们更加穷困的亲戚吧。"

---

① 指阿尔迈克沙龙，伦敦贵族当时在那里举行舞会。

这就是住进伦敦大使馆头几天我的感受和想法。当我在肯辛顿公园里，用一种不那么沉重的忧郁麻醉自己的时候，我才能逃避大使馆的令我压抑的忧郁。公园本身一点也没有变。只是树长高了一些；在仍然寂静的园子里，鸟儿平静地筑巢。甚至不再时兴在那里集会了；而过去，当法国人当中最漂亮的女人——雷卡米埃夫人——走过的时候，身后跟随一大群人。在肯辛顿空无一人的草坪旁边，我喜欢观看马群和时髦男女的车辆在海德公园奔跑，其中有我的没有载人的轻便双轮马车，而我重新变成流亡小贵族，沿着小径往上走，那位被驱逐的神父过去在那里读经。

在肯辛顿公园里，我酝酿了《革命论》；由于我重读了我的海外游历日记，我写成了《阿达拉》的爱情故事；也是在那个公园里，在一片低沉、金黄色、仿佛被极光照耀的天空下，我在田野上长时间漫游之后，用铅笔记下描写勒内的爱情的初稿。晚上，我将我白天思索的成果记在《革命论》和《纳奇兹人》中。这两部手稿是同时并进的，尽管我缺钱买稿纸，而且因为没有线，我用从房间内的木条上拔出的钉子将稿纸钉在一起。

这些焕发我的最初灵感的地点使我感到它们的力量；它们现在反射着往事的温柔的光芒；我感觉自己正在重新提笔写作。在大使馆里浪费了多少时光呀！同在柏林一样，要在此地继续我的《回忆录》，时间是不缺乏的。这部《回忆录》是我用骸骨和废墟建造的大厦。我在伦敦的秘书们希望早上去野餐，晚上去跳舞：好极了！男士们，彼得、瓦朗坦、刘易斯，上酒馆去了；女士们，罗斯、佩吉、玛丽亚，去逛街了；求之不得。他们将大门的钥匙留给我：看门的事就托付给大使先生了。如果有人敲门，他就去开门。人全走了；只剩下我一个：动手干活吧。

我刚才说过，二十年之前，我在伦敦写了《纳奇兹人》和《阿达拉》的初稿；而我的《回忆录》正好写到美洲之行的时候：这两件事凑在一起，真是奇妙极了。把这二十二年一笔勾销吧，就像它们从我生命中一笔勾销一样，我们向新世界的原始森林进发吧。到上帝高兴的时候，我才会写关于我的大使馆的故事。然而，只要我在这里待几个月，我就有余暇从尼亚加拉瀑布写到德国的勤王军，从勤王军写到我流亡英国，法国国王的大使可以在他流亡的国度讲述他流亡的故事。

一八二二年四月至九月，于伦敦

一八四六年十二月修改

横渡大西洋

前一篇章以我在圣马洛登船结尾。不久，我们就驶出英吉利海峡。西面滚滚而来的巨浪表明：我们已经进入大西洋了。

那些从未出海的人，很难体会远航者从船舷四望只看见大洋的严峻面孔时的感情。在水手危险的生涯中，有一种由于远离陆地而来的独立不羁。他们把人类的情感留在岸上了。在他们离开的世界和他们寻求的世界之间，他们的爱和祖国，仅仅是载负他们的海水。不必再履行义务，不必再回访，不再读报纸，不再谈论政治。甚至水手的语言也不同一般：这是海洋和蓝天的语言，是沉默和暴风雨的语言。你生活在水上世界，你周围的人与陆地上的人有不同的衣着、趣味、作风、脸孔。他们有海豹的粗犷，也有飞鸟的轻盈。他们脸上没有社交生活的忧愁。他们脸上布满的皱纹好像收拢的船帆的褶子。在海上，脸上的皱纹是被海风，而不是被岁月挖掘的。这些人的皮肤被盐所浸渍，坚硬，呈红色，犹如海浪拍打的礁石的表面。

水手对他们的船舶一往情深。他们离船时伤心痛哭，归船时喜极而泣。他们无法留在家人当中。虽然他们无数次誓言不再去海上冒险，但他们终究不能离开大海，就像一个年轻人无法离开一位暴躁和不忠实的情妇的怀抱一样。

在伦敦和普利茅斯的码头上，不难发现一些在船上出生的水手：他们从小到老从不上岸；他们只是从他们的漂浮的摇篮边观看陆地，他们是那个他们并未进入的世界的旁观者。在这种变得如此狭窄的生活空间里，头顶云彩，脚踩深渊，一切对于水手都变得有生气：一只锚、一张帆、一根桅杆、一门炮，都是人们钟爱之物，它们都有自己的故事。

船帆在拉布拉多半岛①海岸附近撕破了；帆篷长用一块你现在看见的布将它补好。

在三明治群岛②的珊瑚礁中走锚之后，是这只锚拯救了船。

在好望角的狂风中，桅杆折断了；当时桅杆是一根，现在由两根组成，结实多了。

在切萨皮克湾③的战斗中，只有大炮没有被摧毁。

船上最令人感兴趣的消息：刚刚扔下测程仪；船速为十节。

中午天气晴朗；有人在测量，看看我们在什么纬度。

有人在计算：按照正确航线，船又行驶了多少海里。

指针偏了多少度：我们已经朝北航行了。

沙漏不通畅：要下雨了。

航迹上出现了信天翁④：我们要遭遇暴风雨了。

---

① 拉布拉多半岛（Labrador）：北美东部的半岛，今属加拿大。
② 三明治群岛（îles Sandwich）：大西洋南部岛屿。
③ 切萨皮克湾（Chesapeake）：美国东部海湾。
④ 信天翁又被人称作"暴风雨之鸟"。

南面看见飞鱼：很快就会风平浪静。

西面的云雾中露出一角晴空：那是风的脚，明天风要从那边吹过来。

水变了颜色；我们看见漂浮的木头和水藻；我们远远看见海鸥和鸭子；一只小鸟飞来停在横桁上：应该朝外海航行，因为我们已经靠近陆地，半夜靠岸不当。

柳条笼里关着一只公鸡。这只鸡颇受宠，甚至被视为神圣；其他鸡死光了，唯独它活下来。它之所以出名，是由于它在一场战斗中引吭高歌，就像在农庄的一群母鸡当中一样。甲板下养着一只猫：带绿色条纹的毛，秃尾，长须，站得稳稳的，在船的前后颠簸和左右摇晃中保持平衡。它已经两次周游世界，在一次沉船中附在一只酒桶上得以逃生。小水手用蘸了葡萄酒的硬饼干喂鸡，而猫先生只要高兴，有权在大副的皮大衣里面睡觉。

老水手像老农夫。的确，他们的收获是不同的。水手过的是漂泊生涯，而农夫从不离开他的耕地。但是他们都熟识天上的星星，并且在耕耘中预见未来。他们的预言家，对一个来说是云雀、红喉雀、夜莺，对另一个来说是信天翁、杓鹬、翠鸟。傍晚，他们都归去：一个躲进他的船舱，另一个走进他的茅屋。这都是脆弱的住所。摇撼他们的居室的飓风丝毫不能扰乱他们平静的良心。

> If the wind tempestuous is blowing,
>
> Still no danger they descry;
>
> The guiltless heart its boon bestowing,
>
> Soothes them with its Lullaby...

狂风呼啸时，他们看不见任何危险；纯洁的心灵抚慰他们，将他们轻轻摇晃。睡吧，宝贝，睡吧，宝贝……

水手不知道死亡会在何处突然袭来，他将在哪一个海岸丢掉性命。也许在他临风最后长叹一声之后，就会被卷进大海，抓住两条桨，继续他的旅行；也许他会被埋葬在一个荒凉的小岛上，从此销声匿迹，犹如他在横穿大洋时孤独地躺在吊床里睡眠一样。

船本身就是一道风景。它对舵的最轻微动作都十分敏感。无论它是半马半鹰的有翅怪兽，还是飞马，它都听从驾驶员调度，就像马匹听从骑手驾驭一样。无论船舶顶着狂风侧航，或者顺风疾驶，船桅和缆绳的典雅、横桁上走钢丝的水手的轻盈、船的千姿百态使这个精巧的机器成为人类智慧的奇迹。时而海浪撞击船体，浪花四溅；时而平静的海水迎着船头，顺从地一分为二。大大小小的旗帜、风帆使这海神的宫殿绚丽夺目。最低的帆完全展开，胀得圆鼓鼓的；最高处的帆的中部绷得很紧，好像妖艳女人的乳房。船被劲风吹动着，将它的龙骨当作犁铧，气势磅礴地耕种着海的田野。

在这条沿途既看不见树木，也看不见村庄、城市、尖塔、钟楼和坟墓的海路上，在这条既无圆柱又无里程碑，唯有波浪当界石、海风当驿站、星辰当火炬的大路上，当人们并不寻求未知的土地和海洋的时候，最美妙的奇遇是两船相会。远在天边时，人们通过望远镜已经互相发现了。两船各朝对方驶去。船员和乘客簇拥在甲板上。两只船互相靠近，升起旗帜，把帆收一半，将船打横。当一切都沉静下来的时候，两位船长站在船尾艉楼上，用传声筒互相喊道："船名？属哪个港口？船长姓名？从哪里来？航行几天哪？纬度和经度？上帝保佑你们！"水手们放帆；帆又张开了。两船的水手和乘客望着对方离去，一言不发。有些人去寻找亚洲的太阳，有些人去寻找欧洲的太阳，这些太阳也将看见他们死去。时光在陆地上比风在海洋上更迅速地带走和分开旅人。人们在远处相互挥手："上帝保佑你们！"永恒是共同的归宿。

如果碰到的是库克或拉佩鲁兹①的船呢？

我那艘圣马洛船的水手长从前是商船上的货主代表，名叫皮埃尔·维尔纳夫；由于我善良的乳娘维尔纳浦，他的姓本身就引起我好感。他在印度曾在巴伊·德·絮弗朗手下服役，在美洲曾在德斯坦公爵手下服役；他的阅历极为丰富。皮埃尔倚靠在船头，在艏斜桅旁边，就像荣军院的壕沟里一位坐在葡萄架下的老兵。他嘴里咬着一块嚼烟，鼓着腮巴，向我描绘临战前的准备，炮声大作时甲板的震动，跳动的炮弹对炮架、大炮、船架的打击。我请他给我谈论印第安人、黑人和殖民者。我向他请教人们的穿着、树的形状、土地和天空的颜色、水果的滋味；我问他菠萝的味道是否比桃子更佳，棕榈是否比橡树更加漂亮。他以我知道的东西做比喻，向我解释一切：棕榈是一棵大白菜，印第安人穿的袍子像我祖母穿的袍子，骆驼像一匹驼背的驴子，所有东方人都是胆小鬼和强盗。维尔纳夫是布列塔尼人，我们当然不免讲一些对风光秀丽的故乡表示赞美的话。

钟声打断我们的谈话。值班、起床、点名、用餐都是按照钟声进行的。早上，钟声一响，水手们就在甲板上排好队，脱掉身上的蓝衬衣，换上晾在桅的侧支索上的另一件衬衣。换下的衬衣立即放进一个小木桶里去洗，那也是这间海豹寄宿学校的寄宿生擦洗黝黑的脸孔和沾满柏油的爪子的地方。

中午和晚上吃饭时，水手们围成一圈，面前放着饭盒，轮番将他们的锡勺子放进在船的摇晃中波动的汤里，公平而井然有序。那些肚子不饿的水手，将他们自己的一份硬饼干和咸肉卖给别人，换一块烟草或一杯烧酒。乘客们在船长的客舱里用餐。当天气晴朗时，人们在船尾挂一

---

① 库克（Cook，一七二八——一七七九）：英国著名航海家；拉佩鲁兹（La Pérouse，一七二六——一七八八）：法国著名航海家。

张帆布，于是我们面对蔚蓝的大海，露天用餐；大海的蔚蓝被微风吹起的白色浪花点缀着。

晚上，我用大衣将自己包裹起来躺在上甲板上。我注视头顶上空的星星。鼓起的风帆给我送来微风的清凉，使我在苍穹下摇晃。我迷迷糊糊，被微风吹拂着；在改变梦境的时候，我也改变了天空。

在船上，乘客和水手是不同的人。他们属于另一种环境；他们的命运在陆地上。有一些去寻找财富，另一些去寻找安宁；有的返回他们的祖国，有的离开他们的故乡；还有人远航是为了了解各地人民的风俗，研究科学和艺术。在这间随着旅行者一道旅行的流动旅店里，人们有闲暇结识朋友，听冒险故事，萌生厌恶之情，或者结成友谊。当那些融沙恭达罗[1]的高雅与克莱丽斯[2]的美丽为一体的女人，那些英国血统和印第安血统的年轻女人来来往往的时候，就形成锡兰的香风缔结和拆散的姻缘；这些姻缘像香风一样甜蜜，像香风一样随风飘散。

一八二二年四月到九月，于伦敦

---

[1] 沙恭达罗：印度古典文学中的著名女性。
[2] 克莱丽斯：英国十八世纪小说家理查森作品中的女主人公。

弗朗西斯·塔洛奇——克里斯托弗·哥伦布——卡蒙斯

与我为伴的乘客当中,有一个英国人。弗朗西斯·塔洛奇曾在炮兵中服役。他是画家、音乐家和数学家,讲好几种语言。纳戈尔教士,圣绪尔比斯修道院院长,从前遇见这位信奉英格兰教的军官,使他变成一名天主教徒。这次,他将他的新门徒带到巴尔的摩去。

我同塔洛奇接触比较多。由于我当时笃信哲学,我鼓励他回到他父母身边去。我们眼前的情景使他赞叹不已。晚上,当甲板上只剩下值班军官和几名默默抽烟斗的水手时,我们起身:Tuta aequora silent[①]。船只随着沉闷和缓慢的海浪行驶,而火星随着船沿的白色泡沫奔跑。无数星星在漆黑的苍穹闪烁,那是一片无边的大海,那是天空和海浪上的无限!与这个我在其中头顶苍穹、脚踏无限的黑夜相比,上帝的伟大从来不曾令我这样困惑。

西风,加上无风的时间,延缓了我们的行程。五月四日,我们才到达亚速尔群岛附近。六日,将近早上八时,我们看见峰顶岛。这座火山曾长期俯瞰没有船舶航行的大海:晚上是无益的灯塔,白天是无人注视的信号。

看见陆地从海底冒出来是一件奇妙的事情。克里斯托弗·哥伦布,受到反叛的水手围攻,准备在到达航行目的地之前就返回欧洲。黑夜中,他发现看不见的沙滩上有一个微小的灯光。那些飞翔的鸟将他引导至美洲。一间土人住的草棚所透露的灯光向他揭示一个新世界。哥伦布此刻的感情,想必同《圣经》所描写的创世主在创造世界之后,看见他

[①] 拉丁文:"沉默和寂静的大海"(引自维吉尔《埃涅阿斯纪》)。

的完美作品时的感情一样。哥伦布创造了一个世界。热那亚航海家①的早期生活经历之一,是朱斯蒂尼亚尼在他发表的希伯来文诗篇的注释中所写的:Caeli enarrant gloriam Dei②。

一四九八年,瓦斯科·德·伽马③到达马拉巴尔④海岸时,想必也同样感到惊奇。而地球上的一切都在变化:一个新的大自然出现了;千万个世纪以来遮掩一部分地球的幕布拉开了。人们发现了太阳的一部分,它"像一个大丈夫或者巨人"⑤每天走出的地点。人们看见这位毫无遮掩的智慧和灿烂的东方巨人。他神秘的历史同毕达哥拉斯⑥的旅行,同亚历山大的征战,同十字军东征交错在一起;它的芬芳穿过阿拉伯田野和希腊海传到我们身边。欧洲向它派遣一位诗人,向他表示敬意:特茹河⑦的天鹅在印度海岸上让人听见它悲伤和优美的声音;卡蒙斯⑧向印度海岸借用了光辉、名声和苦难;他留给它的只是财富。

一八二二年四月到九月,于伦敦

---

① 哥伦布(一四五〇——五〇六)热那亚。
② 拉丁文,引自《圣经》:"苍穹叙述上帝的光荣"。
③ 伽马(Vasco de Gama,一四六九——五二四):葡萄牙航海家。
④ 马拉巴尔(Matabar):在印度。
⑤ 引自《诗篇》。
⑥ 毕达哥拉斯(Pythagore,公元前五七〇—前四八〇):古希腊哲学家和数学家。
⑦ 古代伊比利亚半岛上河流。
⑧ 卡蒙斯(Camaëns,一五二四——五八〇):葡萄牙诗人。

亚速尔群岛——格拉西奥扎岛

当卡蒙斯的外祖父冈萨洛·维洛发现亚速尔群岛①的时候，如果他能预见未来的话，他准会保留一块六尺长的租借地，以便安葬他孙子的尸骨。

我们选择了一个不适当的地点下锚，下面是岩石，水深四十五寻。我们的锚地前方的格拉西奥扎岛上，山岗略有起伏，好像一个伊特鲁利亚②双耳水瓮的曲线。山坡上种满绿色的小麦，散发着小麦馨人的芬芳，尤其在亚速尔群岛收割的季节。我们在绿色地毯上，看见用垒叠的红白相间的火山石构成的田野的轮廓。一个修道院，这个旧世界的建筑物，坐落在山顶。山脚下，在一个满布卵石的小海湾里，看得见圣克鲁斯城的红色屋顶的倒影。整个海岛，连同它犬牙交错的海湾、岬角、湾叉，都倒映在波浪之中。与海面垂直的岩石构成岛屿的外围。画面深处，在格拉西奥扎岛那边，皮克火山的圆锥坑上云雾缭绕，显出无边的天际。

船长决定让我同塔洛奇和大副上岸。水手们将小艇放下海。小艇朝距离约两海里的海岸驶去。我们看见岸上人群骚动。一条平底船向我们驶来。船很快到达听得见讲话的距离，我们看见船上坐着一群修道士。他们用葡萄牙语、意大利语、法语向我们喊话，我们用同样的语言回答他们。气氛颇紧张，我们的船只是第一艘敢于顶住潮水，在那危险地段下锚的大船。另一方面，岛上居民头一次看见三色旗；他们弄不清我们是从阿尔及尔还是从突尼斯来的。海神不认得"希柏尔"号非常骄傲的旗子。当他们看到我们有人类的面孔，而且我们听得懂他们讲的话的时

---

① 亚速尔群岛（Agores）：大西洋的一个群岛，葡属。
② 意大利古地区名。

候，高兴极了。修道士们将我们接过船，兴高采烈地带我们前往圣克鲁斯城。由于一排猛烈的三角浪涌过来，我们登陆碰到一些困难。

全岛居民都向我们奔来。四五名拿着生锈长矛的警官抓住我们。我身上穿的皇家制服为我争了面子，我被他们当作我们这个代表团的要人。他们将我们带到地方长官住地，一座简陋的小屋里。长官阁下身穿一套蹩脚的绿色服装，上面有镶饰带留下的痕迹，他以庄严的方式接见我们。他允许我们在那里补给。

修道士们将我们带到他们的修道院，那是一座有凉台、光线充沛的建筑物。塔洛奇碰见一位同胞，此人是主修道士。他过去在泽西岛当水手；一次，他的船只在格拉西奥扎岛沉没，唯有他被人救起。他是聪明人，顺从地听别人给他讲教理；他学会葡萄牙语和几个拉丁词。他的英国人身份给他提供了方便，人们让他改变信仰，变成修道士。这位泽西水手享受由教会提供的住房、衣服和食物，他觉得这比爬到桅杆顶收帆舒服得多。他还记得他从前的职业。由于他很久以来没有讲他自己的语言，很高兴有人听得懂他的话。他像一名真正的见习舵手那样开怀大笑、讲粗话。他带我们在岛上散步。

村内的房子是用木板和石块建造的。外走廊给房子增添了几分美丽，使棚屋气氛和谐，因为屋子里阳光充足。农民几乎都以种葡萄为生，他们半裸着上身，被阳光晒得黝黑。妇女们个子矮小、黄皮肤，好像白人和黑人的混血儿，但她们看上去很有精神；她们将头上的山梅花、胸前的念珠当作花冠和项链，显出一种天真的妖艳。

山坡上葡萄枝闪闪发光；用葡萄酿制的酒的品质接近亚速尔群岛的出产。水很少，但泉水低鸣、有无花果树和礼拜堂的地方都有水；礼拜堂的门上有画作装饰。牌楼的尖形拱肋上画着岛上的风景和海景。我看见一群蓝色无蹼野鸭飞来停在无花果树上。树上没有叶子，但点缀着水晶一般红色的果实。当树被垂下翅膀的淡蓝色飞鸟点缀的时候，它的果实红得璀璨夺目，而树上突然长出天蓝色的嫩叶。

迦太基人很可能知道这个亚速尔群岛；肯定无疑的是，曾经在科尔武岛[①]出土过腓尼基钱币。据说，最早在这座岛屿上登陆的现代航海家看见一座骑马的雕像，雕像伸着右臂，手指西方，如果这座雕像不是装饰旧时罗盘地图的版画的话。

我在《纳奇兹人》的草稿中，设想夏克达斯从欧洲归来，在科尔武岛上岸，看见这座神秘的雕像。他让我想起传说的故事，同时以如下方式表达我在格拉西奥扎岛的体会："我走近这座非凡的雕像。在海浪冲刷的雕像底部，刻着不认识的文字；青苔和硝盐粘在古老铜像的表面；翠鸟高踞在巨人的头盔之上，不时发出轻微的叫声；贝壳粘在青铜战马的两胁和马鬃上。当人们将耳朵凑近马的翕动的鼻翼时，似乎听见隐隐约约的轰鸣。"

在散步之后，我们到教士那里吃了一顿丰盛的晚餐，我们同主人彻夜饮酒。次日中午，食品装载完毕，我们回到船上。教士们答应为我们传递寄往欧洲的信件。由于刮起了强劲的东南风，船只一度处于危险之中。我们卷绞盘起锚。但是，锚卡在岩石里，丢失了，就像我们预计的那样。我们启航了。由于风力不断增强，我们很快将亚速尔群岛抛在身后。

---

① 科尔武岛（Îles de Corvo）：葡萄牙属岛屿，东亚速尔群岛的最北端。

海上游戏——圣皮埃尔岛

Fac pelagus me scire probes, que carbasa laxo.①

缪斯呀，请帮助我证明，我熟悉我扬帆行驶的大海。

这是我的同胞纪尧姆·勒布雷东六百年前讲的话。我又回到大海身边，重新面对它的寂寥；但是，穿过我梦幻的理想世界，真实的法国和事件展现在我面前，它们是严肃的告诫者。白天，当我想躲避其他乘客的时候，我躲进大桅的桅楼。在水手们的掌声中，我轻巧地爬上去。我在那里坐下来，俯视着大海的波涛。

双重蔚蓝的空间好像一块摊开的画布，等候一位绘画大师的未来创作。水的颜色同液态玻璃的颜色相同。又长又高的波浪汹涌澎湃，让我们瞥见大洋的广袤。这些晃动的景色让我懂得，为什么《圣经》将上帝面前摇晃的土地比喻成醉汉。有时，由于缺少突出点，这似乎是一个狭小和有限的空间；但是，如果碰到波浪抬起头，潮水模仿远处的海岸弯下身子，一群海狗在天际经过，那么就出现一个衡量的比例尺。广袤展现了；尤其笼罩海面的浓雾，似乎更增加了大海的无垠。

从桅楼上下来——就像我从前从柳树上下来一样，我仍然独来独往：我吃一片船上的硬饼干、一点糖和一个柠檬作晚餐；然后，我裹着大衣在甲板上躺下，或者到甲板下睡进我的帆布吊床。我只须伸开手臂，就可以从我的床榻进入我的棺材。

风迫使我们向北航行。我们靠近新地岛的海岸。几块浮冰在冰凉和苍白的蒙蒙细雨中漂动。

---

① 拉丁文："海上东南风起了，西北风将息"。

持三叉戟的人①有从他们先辈那里继承的游戏。当他们过赤道的时候，必须接受洗礼。过赤道或者过新地岛，仪式是一样的；而且无论在何处，化装活动的头头都是海神。对于水手，赤道和患水肿是同义词，所以海神有一个大肚皮。这样，即使过赤道，海神也将船上所有的羊皮和皮衣披在身上。他蹲在大桅楼里，不时发出吼声。大家都望着他：他沿着侧支索下来，摇摇晃晃，熊一样笨重，如同一根蝇子草。他又吼叫一声，跳着，抓起一个水桶，装满海水，浇在那些未曾越过赤道、或者未曾到过结冰纬度的人身上。人们跑开，躲在甲板下，跑到舱口，爬到桅杆上。而海神追逐着，靠一份丰厚的酒钱事情才能了结。这是安菲特里忒②的游戏，如果在尤利西斯时代③，年迈的海神为大家所熟悉，荷马也会像赞美普洛透斯④一样，歌颂这种游戏；但在当时，人们只在赫拉克勒斯石柱上看见他的头；他隐藏的身体遮盖着世界。

我们朝圣皮埃尔岛和密克隆岛⑤驶去，打算在那里再进行休整。一天上午，在十点和十二点之间，我们靠近圣皮埃尔岛，到达它旁边；它的海岸像隆起的黑色小山包，透过轻雾显现在我们面前。

我们在该岛首府前面抛锚。我们看不见城市，但是我们听见陆上传来的声响。乘客们急忙要下船；圣绪尔比斯修道院院长由于晕船，病得一塌糊涂，人们不得不将他抬上岸。我单独住一间房子；我等候起风驱散眼前的雾，以便看清我的住地，还有这个可以称为影子国的主人的面目。

圣皮埃尔的港口和锚地位于该岛东海岸和一座狭长的名为狗岛的小

---

① 指水手。
② 安菲特里忒（Amphitrite）：海神的妻子，手中也持三叉戟。
③ 尤利西斯时代：指古希腊神话时代。
④ 普洛透斯（Protée）：希腊海神。
⑤ 圣皮埃尔岛和密克隆岛：大西洋中的岛屿，在纽芬兰岛附近。

岛之间。港口名为犬岛，往陆地缩进去，形成一片洼地。光秃秃的小山集中在岛的中央，其中有几座延伸开来，高耸在海滨上，其他小山脚下有一条狭长的泥炭质平地。从镇内望去，可以看见瞭望哨所在的山岗。

总督的房子面对着码头。教堂、诊所、食品商店也在同一个地点；再过去，是海军专员和港务监督的住宅。再往前，沿着布满卵石的海岸，是该镇唯一的街道。

总督是一位非常殷勤和彬彬有礼的军官，我在他家中吃了两三次饭。他在堡垒前的斜坡上种了几种欧洲带来的蔬菜。饭后，他带我去参观他称为菜园的地方。

从一小方块开花的蚕豆地里，传来一阵天芥菜的清香。这清香并不是由祖国的微风吹来的，而是新地的蛮荒的风带来的，同被流放的植物没有关系，同记忆和快感的温馨没有联系。在这未经嗅闻、未经净化、未经扩散的芳香里，在这改变了日出、耕作和世界的芳香里，有悔恨、怀念和青春的全部悲哀。

我们从菜园向山岗攀登。我们在瞭望台的桅杆下停步。法国的新国旗在我们头上飘扬；像维吉尔笔下的女人一样，我们凝望着大海，flentes[①]。它将我们同祖国的土地隔开！总督是不安的；他属于那种因循守旧的人；而且他在这个地方感到无聊；这个偏僻的角落对于我这样的空想家是适合的，但对于一个忙于事务、身上没有这种能取代一切的激情、并将余下的世界忘诸脑后的人是难挨的。我的主人打听关于革命的消息，我向他询问有关前往西北通道的情况。他处在荒漠前沿，但他对因纽特人一无所知，他从加拿大收到的只是一些山鹑。

一天上午，我独自到鹰角去，为的是看看太阳从法国那边升起。那里，冬天积蓄的水形成一道瀑布，瀑布的最后一级跌进海里。我坐在一

---

① 拉丁文："流着眼泪"。

块岩石的凸出部分，双脚垂在悬崖下翻滚的浪涛之上。一个年轻姑娘出现在山坡上；尽管天气严寒，她光着腿，踏着露水走路。她头上扎着印度头巾，露出一束黑发；头巾上戴着一顶用当地芦苇编的船形或摇篮形的帽子。她身上饰有白色花边的衬衣上别着一枝淡紫色的欧石南花。她不时弯腰，采摘一种人们称为野生茶的芳香植物的叶子。她一只手采摘，放进另一只手提着的篮子里。她远远看见我。她一点也不惊慌，过来坐在我身边，将篮子放在附近，而且同我一样双脚垂在海浪上，凝望着太阳。

有几分钟我们一言不发。后来，我鼓起勇气，说："你摘什么啊？野果的季节已经过了。"她羞涩而自豪地抬起乌黑的大眼睛，回答我："摘茶叶。"她把她的篮子给我看。"你把茶叶送给你父亲和母亲吗？""我父亲同纪尧姆去捕鱼了。""你们冬天在岛上干什么呢？""我们织网，在冰上打洞，钓鱼；星期天我们去望弥撒，参加晚祷，唱圣歌；然后，我们在雪上游戏，看男孩猎白熊。""你父亲快回来了吧？""啊，不！船长带纪尧姆到热内去了。""可是，纪尧姆会回来吗？""啊！会的。到下一个季节，等渔民们回来的时候。他会给我带回一件花格紧身褡、一条纱裙和一串黑项链。""你是为风儿、山岗和大海打扮啊。要不要我给你寄一件紧身褡、一条裙子和一串项链呢？""噢！不要！"

她站起来，拿起篮子，顺着一条陡峭的小路，沿着冷杉林跑去。她用响亮的嗓门唱一首布道的圣歌：

> 心中燃烧着永恒的热情，
> 我的愿望奉献给上帝。

在她走过的路上，惊起一些漂亮的鸟儿；那些鸟因为头上的羽冠，被人称作白鹭。她好像是飞鸟中的一员。她走到海边，跳进一艘船，升起帆，坐在舵旁，她真像命运女神。她离我而去了。

"噢，是的！""噢，不是，纪尧姆！"青年水手顶风驾船的形象将圣皮埃尔岛可怕的岩石变成温馨的土地：

L'isole di Fortuna or a vedete.①

我们在岛上度过了两周。从它的凄凉的海岸，我们遥望新地岛更加凄凉的海岸。岛内小山向四面伸展，最高的一座一直延伸到罗德里格湾。山谷里，花岗石同红色和带绿的云母混杂在一起，上面布满泥炭藓和地衣。

小湖是由露礁溪、库阿尔溪、糖块溪、凯伽里物溪、情人脑袋溪汇流而成的。这些水塘被人称作"萨瓦""黑角""拉弗内尔""鸽子笼""鹰角"。当旋风刮来的时候，它将水面撕开，暴露几块水下的草地，但水波重新织成的面纱立即又将草地覆盖起来。

圣皮埃尔岛的植物同拉普尼②和麦哲伦海峡的植物一样。越靠近北极，植物的数量越少。在斯皮茨伯格③，人们只看见四十来种显花植物。换了地方，有些种类的植物灭绝了。有些生长在冰原北部的种类到南方山上落户；另一些本来是浓密和寂静的森林的产儿，逐渐变小，生命力减弱，在大洋弯弯曲曲的海滩上抑郁而死。

在圣皮埃尔岛，沼泽中生长的欧洲越橘（vaccinium fuliginosum）变小了，变得萎靡不振。它很快就会埋葬在充当他的肥料的柔软的苔藓之中。我是一棵浪游的植物，我采取谨慎的措施，要在海边消失——那是我故乡的风景。

---

① 意大利文：你面前是幸运之岛。是意大利诗人塔索《耶路撒冷的解放》中的诗句。
② 拉普尼：欧洲最北部地区。
③ 斯皮茨伯格（Spitzberg）：挪威的一个半岛。

圣皮埃尔岛的山坡上长满没药树、欧楂树、杜鹃、落叶松、黑杉，后者的嫩芽可以酿制抗坏血病的啤酒。这些树不超过人的高度。大洋的风截去它们的顶端，摇晃它们，使它们像蕨草一样匍匐，随后，它钻进乱纷纷的森林，让树木重新直立起来；它在那里既找不到树干，也没有枝丫，也没有拱顶，也没有回声，不可能发出呻吟；它在那儿发出的声音，不及在欧石南上发出的声音响亮。

这些生长不良的树林同新地岛高大的森林形成鲜明的对比。在相距不远的新地岛，杉树披着银色地衣（alectoria trichodes），仿佛是白熊登树时留下的毛，它们是这些树上的奇特的旋木雀。在这座由雅克·卡蒂埃①发现的岛上，沼泽里常常看见熊走过的痕迹，仿佛是羊圈附近田野上的小路。彻夜回响着饥饿的野兽的号叫，旅人在听见同样凄凉的海浪声时才会感到放心；这如此难以接近、如此粗暴的海浪变成伙伴和朋友。

新地岛的南端接近拉布拉多半岛查理一世角的纬度；再往上几度，北极风光就开始了。根据旅行者的叙述，这些地区是迷人的。晚上，太阳碰到地面，似乎就停在那里，一动也不动，然后再升上天空，而不是降到地平线之下。山岗披着白雪，山谷长满驯鹿啃噬的白色苔藓，大海里到处是鲸鱼，布满漂浮的冰块，整个景色似乎同时被夕阳的余晖和日出的光彩照耀着，发出闪烁的光芒。人们不知道自己目睹的是世界的诞生还是世界的没落；同夜晚在我们的树林中歌唱的小鸟类似的一只小鸟，发出如泣如诉的啁啾。此刻，爱情将因纽特男子引导到冰雪的岩石上，他的女伴在那里等候他。这大地尽头的婚礼既不乏壮丽，也不乏幸福。

一八二二年四月至九月，于伦敦

---

① 雅克·卡蒂埃（Jacques Cartier，一四九四——五五四）：法国航海家，他于一五三四年首先在加拿大登陆。

弗吉尼亚海岸——落日——危难——我来到美国——巴尔的摩——乘客分手——塔洛奇

在装载了食品和购置了一个新锚（取代在格拉西奥扎岛丢失的锚）之后，我们离开圣皮埃尔岛。我们朝南驶去，到达北纬三十八度。风平浪静，我们与马里兰和弗吉尼亚遥遥相望。在经历北极雾沉沉的天空之后，现在是晴空万里；我们看不见陆地，但是我们已经嗅到松树林的芳香。晨曦和曙光，日出和日落，黄昏和夜色都是令人赞叹的。我不禁长久地凝望着金星，它的光芒似乎包围着我，就像过去我的女精灵的秀发。

一天晚上，我在船长室里读书，晚祷钟响了。我去同我的同伴们一道祈祷。军官和乘客占据后艄楼；布道牧师手里拿着《圣经》，站在比他们稍前的位置，靠近舵；水手们随便挤在甲板上。我们站立着，面向船头。所有的帆都收了。

即将坠入波涛的圆太阳，在无垠的空间里，显露在船只的缆索之间。由于船尾不断摇晃，似乎这个光辉的天体每时每刻都在改变位置。当我描绘这个你在《基督教真谛》中可以重新读到的景象时，我的宗教感情同这种情景是一致的；但是，唉！当我亲身经历这一切的时候，我记得很清楚：我在海上欣赏的不仅是光辉作品的创造者上帝本身；我看见一个不认识的女人和她奇妙的微笑；天空的种种美丽来自她的气息；我宁愿用永恒交换她的一次爱抚。我想象她躲在宇宙的布幕之后，为我的目力所不及。啊！为什么我没有能力撕破这块幕布，将这位理想的女人拥抱在我心上，为了爱情死在她的怀抱之中呢？这爱情是我的灵感、我的失望、我的生命的源泉！当我沉湎于这些对于我的未来"猎人"生涯非常适合的遐想的时候，一件事故打断了我的思考和幻想。

我们热得透不过气来；在风平浪静中，没有扬帆的船在桅杆的重压之下，在波浪中猛烈地摇晃着。我在甲板上被烤得难受，而且被摇晃得疲倦了，想洗个澡。尽管船外没有放小艇，我仍然从艏斜桅跳进海里。最初，一切都很顺利，好几位乘客仿效我。我不看船只一直往前游；当我掉头看时，潮水已经将船推到很远的地方。水手们感到紧张了，将一条绳缆扔给其他游泳者。船周围已经出现几条鲨鱼，船员向鲨鱼开枪，想将它们赶走。浪很大，我游起来很费劲，回程缓慢。我身下是深渊，鲨鱼随时可能咬掉我的一只胳膊或者一条腿。船上，水手长叫人将一只舢板放下海，但是要先架一个滑车，这耗费了许多时间。

幸运得很，这时刮起一阵几乎不为人觉察的微风；船开始听从舵的调度，靠近我；我未能接近绳缆，但是同我一样冒失的朋友们将它抓住了；当人们把我们往船帮上拖的时候，我处在绳缆的末端，其他人的重量都压在我身上。船上的人把我们一个个拉上船，这花了很长时间。船在继续摆动；每朝相反方向摆动一次，我们就陷进六七尺深的水里，或者悬挂在同样高度的空中，像串在一条线上的鱼。最后一次我浸入水中时，我差不多晕了过去；再摆动一次，我就没命了。人们将我拉上甲板时，我只剩下半条命了。如果我当时淹死，对于我和其他人那是多么痛快的解脱呀！

这次事故后两天，我们看见陆地了。当船长将陆地指给我看的时候，我的心急剧地跳动着：美洲！水面几棵枫树的尖顶让人模模糊糊看见它的身影。尼罗河口的棕榈树曾以同样方式向我指示埃及海岸。一位领水员登上我们的船；我们进入切萨皮克湾。当晚，我们开出一艘小艇，去购买新鲜食品；我加入这个队伍。很快，我就脚踏美洲的土地了。

我举目四望，有好一会儿静止不动。在古代和近代，这个大陆在很长时间里也许不为人知晓；这个大陆经历的野蛮时期，哥伦布到达以后开始的第二个时期；欧洲君主统治在这个新世界的动摇；旧社会在年轻的美洲结束；一种不为人知的共和国的出现宣告人类思想的变化；我的国家在这些事件中所起的作用；这些海和这些海岸之所以能够独立，部分归功于法国国旗和法国人的血；在冲突和沙漠中走出一个伟人；在纪尧姆·佩恩买过一小块树林的地方，现在是华盛顿居住的繁华都市；美国将法国曾经用武力支持的革命再送回法国；最后，我自己的命运，我将我纯洁的缪斯献给不同性质的激情；我在这片蛮荒之地试图完成的发现，这片蛮荒之地将它辽阔的王国扩展到这个陌生和狭小的文明帝国的后面；这就是当时我头脑中涌现的想法。

我们朝一个居民点走去。弗吉尼亚的没药树、雪松、嘲鸫和山雀，以它们的装束和身影，以它们的歌声和色彩，宣告另一种气候。我们步行半小时之后，来到一座房子面前；这座房子既像英国人的庄园，又像克里奥人[①]的棚屋。欧洲的奶牛群在栅栏围着的草场上放牧，条纹皮的松鼠在栅栏上游戏。黑人在锯木头，白人在种烟草。一位十二三岁、几乎一丝不挂的异常美丽的黑人少女，好像年轻的夜神，给我们打开栅栏。我们买了玉米点心、鸡、鸡蛋、牛奶，然后带着我们的大肚瓶和篮子回到船上。我将我的丝手巾送给非洲少女：在这片自由土地上接待我的是一名奴隶。

我们起锚，进入巴尔的摩的锚地和港口。我们的船靠近时，水面变狭窄了。海水是平静和光滑的。我们仿佛沿着一条两边是大街的懒洋洋的河流溯水而上。巴尔的摩好像一座湖底的城市展现在我们面前。在该城对面，耸起一座长满树木的山包，山包脚下开始建造房屋。我们在港口码头抛锚。我在船上睡觉，第二天才下船。我带着行李住进一间客栈。修道士们住在为他们准备的房子里；随后，他们分手，四散到美洲

---

① 克里奥人（Créole）：指白人和当地土著人的混血儿。

各处。

弗朗西斯·塔洛奇后来怎么样哪？一八二二年四月十二日，我在伦敦收到如下的来信：

> 我最亲爱的子爵，从我们在巴尔的摩登岸到现在，三十年过去了，很可能你甚至忘记了我的姓名；但是，根据我心中的感觉判断（我的心仍然是恳切和忠诚的），你不会这样的，我甚至相信你不会不高兴重新见到我。尽管我们近在咫尺（你看这封信的日期就知道），但我很清楚有许多东西将我们分开。只要你表示有同我见面的愿望，我就会急忙向你证明，我仍然同从前一样。你始终如一的忠实朋友
>
> 弗朗西斯·塔洛奇
>
> 又及：我知道你今天地位显赫，而且你是当之无愧的。但是，我非常珍惜对德·夏多布里昂骑士的记忆，所以我不能像对一位大使那样给你写信……看在我们过去的情分上，请原谅我措辞不恭。
>
> 四月十二日星期五，
波特兰广场三十号

这么说，塔洛奇在伦敦；他并没有当神父，他结了婚，他的故事结束了，同我的故事一样。这封信证明我的《回忆录》的真实，以及我的记忆的确实可信。如果对方没有突然出现，谁能够证实三十年前在海面缔结的交情和友谊呢？而这封信向我展示了已经过去的非常阴暗的情景！一八二二年，塔洛奇跟我在同一个城市里，在同一条街道上；他住的房屋就在我的房屋对面，就像从前我们生活在同一条船上，躺在同一个甲板上，舱门对着舱门。多少其他朋友我再也看不见了！人，每天晚上躺下的时候，可以计算他失去的东西，只有他的年岁不离开他，

尽管岁月已经流逝；当他检阅它们的时候，点它们的名，它们回答道："到！"没有一个不回答。

一八二二年四月至九月，于伦敦

费城——华盛顿将军

　　巴尔的摩像所有美国大都市一样，当时没有现在的规模。那是一座漂亮的小城，清洁，繁荣；那里的风俗和社交习惯同欧洲的风俗习惯有许多共同点。我向船长交付了船费，请他吃了一顿晚饭。公共马车每周开往宾夕法尼亚三次，我订了座位。清晨四时，我上马车，行驶在新世界的道路上。

　　这里的路是人走成的，而不是修建的，地面相当平坦。几乎没有树，孤零零的农场，稀落的村庄，法国的气候，燕子掠过水面，像在贡堡池塘上空一样。

　　在赴费城路上，我们碰见赶集的农民、公共车辆和私人车辆。我记得费城是一座美丽的城市，街道宽广，有些还种了树，从南到北、从东到西交叉成直角。特拉华河同它西岸的街道平行，静静地流淌着。如果在欧洲，这算得上是一条相当大的河流了，但在美洲，人们提都不提它；它的河岸不高，亦不引人入胜。

　　在我这次旅行时（一七九一年），费城尚未扩展到舒尔基尔河；靠近这条支流的土地分成几部分，那里到处都在建造房屋。

　　费城的外貌是单调的。总的来说，合众国的新教徒城市所缺乏的，是宏伟的建筑物。年轻的宗教改革运动并不迎合想象力,很少建造古代天主教用来装饰欧洲的那种圆屋顶、那种高耸的殿堂、那种双塔。在费城,在纽约,在波士顿,没有任何高耸在大片墙壁和屋顶之上的建筑物;这样的平整看上去是凄凉的。

我先住在一间客栈里,随后我在一间公寓里租了一套房间;公寓里住着圣多明各的移民和法国侨民,他们的想法和我不同。一块自由土地向逃避自由的人提供避难场所:没有什么更加能够证明这个勇敢行动——绝对君权的拥护者自愿向一个绝对民主的国家流亡——的高贵价值了。

一个像我这样的人来到美国,充满对古代人民的热情,到处寻找早期罗马的严谨作风,但看到的却是车辆的豪华、谈话的轻浮、财富的不均、银行和赌场的伤风败俗、舞厅和剧场的喧哗,我自然感到非常愤慨。在费城,我以为到了利物浦或布里斯托尔。居民的装束是整洁的:身穿灰袍子、头戴清一色小帽、面孔苍白的公谊会女教徒是美丽的。

那时候,我非常钦佩共和国,尽管我并不相信这在我们的时代是可能的。我了解古代的自由,那种自由是刚诞生的社会的产物;但我不了解产生于智慧和旧文明的自由,代议制的共和国用以证明其实际存在的自由。为了成为自由人,人们不再被迫耕种一小块地,人们可以埋怨艺术和科学、留钩形指甲和肮脏的胡子。

我到达费城当晚,华盛顿将军不在那里;我不得不等候一个星期。我看见他坐在一辆马车里,马车由四匹矫健的马拖着快速驶过。按照我当时的想法,华盛顿必定是辛辛纳图斯[①];坐马车的辛辛纳图斯有点令我的二九六年的罗马共和国感到困惑。独裁者华盛顿除了是一个用刺牛棒戳牛和扶犁的乡巴佬之外,难道还是别的什么吗?但是,当我将介绍信

---

① 辛辛纳图斯(Cincinnatus):公元前五世纪罗马的独裁官,出身农民,打败敌人后解甲归田。

交给他的时候,我却重新看到古罗马人的纯朴。

一座同周围房屋没有什么不同的小屋是美国总统的宫殿。没有门卫,甚至没有仆役。我敲门;一个年轻女侍开门。我问他将军是否在家,她回答说在。我告诉她我有一封交给他。女侍问我的姓名,但我的名字不好念,她记不住。她低声对我说:"Walk in, sir.(请进,先生。)"她在前面带路,穿过一个英国房屋中当前厅的狭窄走廊,将我引进一间会客室,请我在那里等候。

我并不感到激动:灵魂的崇高和财富的巨大并不使我望而生畏。我钦佩前者,但并不被它压倒;后者令我怜悯,而不是尊敬。人的面孔不会使我惊慌不安。

过了几分钟,将军进来了。他个子高高的,神态毋宁说冷静而沉着,而不是崇高,他同他的画像很相似。我将介绍信递给他;他打开信,赶忙看下面的签名,大声叫道:"阿尔芒上校!"他是这样称呼他的,而且德·拉鲁艾里侯爵也是这样签的名。

我们坐下来。我好歹向他解释我的旅行动机。他用英语和法语单词回答我,以惊讶的表情听我说;我看出这一点,略带激动地说:"同你缔造一个国家相比,发现西北通道是比较容易的事情。""Well, well, young man!(是的,是的,年轻人!)"他大声说,同时向我伸出手。他邀请我次日吃晚饭,然后我告辞了。

我不会错过这次约会。连我在内,只有五六位客人。谈话以法国革命为主题。将军把巴士底狱的钥匙给我们看。这种钥匙我是见过的,是当时人们到处散发的幼稚玩具。复制钥匙的人,三年之后本来可以将关押国王的监狱的锁寄给美国总统,正是这把锁给予法国和美国自由。如果华盛顿见过堕落的"巴士底狱的胜利者",他可能会不那么尊重这座监狱的遗物。这场革命的庄严和伟大并非来自血淋淋的狂欢。一六八五年撤销南特敕令①的时候，圣安托万郊区的群氓带着一七九三年劫掠圣德尼教堂的同样热情，拆毁了夏朗东的新教教堂。

我十时同主人告别，以后没有再见过他。他第二天出发了；而我继续我的旅程。

这是我同公民士兵、世界的解放者会面的情景。在我小有声名之前，华盛顿已经进入坟墓。我像一个完全陌生的人从他面前走过；他那时正处在光灿夺目的时期，而我是完全默默无闻的；我的名字在他的记忆中匆匆走过；但他的目光注视过我，我感到荣幸！我觉得我毕生受到这个目光的鼓舞：在伟人的目光中，有一种道义的力量！

一八二二年四月至九月，于伦敦

华盛顿和拿破仑之对比

波拿巴刚刚去世。既然我刚才敲过华盛顿的门，于是头脑中自然而然地将美国的创始人和法国皇帝做一番对比。更凑巧的是，在我写这几行字的时候，华盛顿已经不在人世了。在智利歌唱和战斗的埃尔西拉②，在旅途中停下来，讲述迪东③之死；我在我的宾夕法尼亚之行开始时停下来，将华盛顿和波拿巴做一番对比。我本来可以在讲述我跟拿破仑的

---

① 南特敕令（Edit de Nantes）：一五九八年法国国王亨利四世在南特颁布的宗教宽容法令。
② 埃尔西拉（Ercilla，一五三三——五九四）：西班牙军人和诗人。
③ 迪东：传说中迦太基的创建者。

会见时做这件事；但是，如果我的《回忆录》在写到一八一四年之前，我就进入坟墓，那么人们就永远不会知道我对这两位上帝的使者的看法了。我想起卡斯特尔诺①，同我一样的驻英国大使；他同我一样曾经在伦敦写他的回忆录。写到第七卷最后一页时，他对他儿子说："在第八卷我要谈这件事。"但卡斯特尔诺回忆录的第八卷根本不存在：这个事例警告我要抓紧时间。

华盛顿跟波拿巴不同，不属于那种超过人类高度的种族。他身上没有任何惊人之处；他并未置身于广阔的舞台；他不曾同那个时代最能干的将军和最强大的君主打交道；他没有从孟菲斯转战维也纳，从加的斯转战莫斯科：他在内部狭小的圈子里，在一片无名的土地上，带着一小帮人进行自卫。他并未发动战争，取得可以同阿尔贝尔②和法尔撒尔③的胜利相媲美的胜利；他没有推翻王位，用王位的残余组成新王朝；他不曾让那些国王在他门口说：

他们让人等得太久，阿提拉厌烦了。④

华盛顿的行动被某种无声无息的东西包围着；他行动缓慢；他仿佛感觉肩负未来自由的重负，担心损害它。这位新式英雄承担的并非他自己的命运，而是他的国家的命运；他不允许使用并不属于他的东西冒险；但是，这种深深的谦卑放射多么耀眼的光芒！到华盛顿的剑曾经闪光的树林中去搜寻吧：你在那里找得到什么呢？华盛顿在他的战场上留

---

① 卡斯特尔诺（一五二〇—一五九二）：法国外交家和军人，曾担任法国驻英国大使。
② 阿尔贝尔：中亚细亚地名，公元前四世纪亚历山大大帝在那里取得对波斯国王大流士三世的决定性胜利。
③ 法尔撒尔：希腊城市，公元前一世纪恺撒在那里打败庞贝。
④ 引自高乃依的悲剧《阿提拉》。

下合众国当作战利品。

波拿巴没有这位严肃的美国人的任何特点。他在一片古老的土地上进行有声有色的战斗；他想的只是创建功名；他肩负的只是他自己的命运。他似乎知道，他的使命是短暂的，从那么高的地方冲下的激流将很快流走；他急于享受和滥用他的光荣，好像享受转瞬即逝的青春。他仿效荷马的神圣们，企图迈四步就走到世界尽头。他出现在一切海岸上；他匆忙将自己的名字写进各民族的大事记中；他将王冠掷给他的家族成员和士兵们；他在他的建树、他的法律、他的胜利中是匆遽的。他俯视着世界，用一只手打倒国王们，用另一只手击败革命巨人；可是，在粉碎无政府状态的时候，他窒息了自由，而最终在他最后的战场失去他自己的自由。

每个人按照他完成的功业得到报偿：华盛顿使一个国家取得独立；这位平静的法官，在他的同胞的叹惋中，在各族人民的崇拜中，在自己家中悄然长眠。

波拿巴剥夺一个民族的独立：他从一个被废黜的皇帝变成被流放的囚徒，人们由于惊魂未定，认为海洋还不是可靠的监狱。他死了：在那个征服者曾经叫人宣布过那么多丧礼的大门口，公布的这个消息既不能令行人止步，也不令他们感到惊讶：公民们有什么好哀悼的？

华盛顿的共和国留存下来了；波拿巴的帝国毁灭了。华盛顿和波拿巴都是民主的儿子：他们都出身于自由，前者对自由是忠诚的，而后者背叛它。

华盛顿是他的时代的需要、思想、智慧和舆论的代表；他帮助思想运动，而不是阻挠它；他希望得到他应该得到的东西，他被指定完成的东西；因此，他的事业是连贯和持久的。此人很少惊天动地的举动，因为他有正确的分寸，将他自身的存在同他的国家的存在融为一体。他的光荣是我们的财富；他的声名像那些公众的圣殿，从那里流出丰沛和永不干涸的泉水。

波拿巴也可能丰富共同的财富；他的行为影响世界上最聪明、最勇敢、最光辉的民族。如果他能将崇高同英勇结合在一起，如果他同时是华盛顿和波拿巴，如果他能任命自由作为他的光荣的承受人，这个民族今天在世界上将占据什么样的地位啊？

但是，这个巨人并未将他自己的命运同他同代人的命运联系在一起；他的天才是现代的，他的野心却是旧式的；他看不到他一生的奇迹超过一顶王冠的价值，这哥特式的饰物对于他是不适合的。有时他冲进未来，有时他后退到过去；而且，无论他跟随时代的潮流或者逆流而上，他都带动或者阻遏浪潮。人群在他眼中只是强有力的手段；在他们的幸福和他的幸福之间没有建立任何感应；他答应解放他们，结果他给他们戴上锁链；他与他们隔绝，他们远离他。埃及国王并不将埋葬他们的金字塔建立在开花的田野上，而是在寸草不生的沙漠之中。这些庞大的陵墓好像耸立在孤独中的永恒：波拿巴按照它们的形象建造了他的纪念碑。

篇章七

从费城到纽约和波士顿之行——麦肯齐

我急于继续旅行。我来这里要看的不是美国人，而是某种同我了解的人完全不同的人，某种与我的思想的惯常秩序更加协调的东西；我非常想投身这个事业，但除了我的想象力和我的勇气，我对此毫无准备。

当我形成寻找西北部通道的计划时，人们不了解北美是否通过与格陵兰岛相连，延伸到北极，或者北美是否通向某个与哈得孙湾和白令海峡毗邻的海。一七七二年，赫恩在铜矿河出口，即北纬七十一度十五分、西经一百一十九度十五分处，发现了海。

在太平洋沿岸，库克船长和随后的航海家的努力留下一些疑问。一七八七年，一艘船只自称进入北美内海。根据这条船的船长叙述，人们从前视为加利福尼亚以北的连绵海岸，只是一些非常狭窄的列岛。英国海军部派温哥华核实这个报告，结果证明这个报告是虚假的。温哥华尚未进行他的第二次旅行。

一七九一年，在美国，人们开始议论麦肯齐的活动。他于一七八九年六月三日从蒙塔涅湖边的奇佩旺堡垒出发，通过他以自己的姓名命名的河流，进入大海。

这个发现本来应该改变我的方向，让我直接向北。但我对改变我同德·马尔泽布尔先生共同确定的计划有所顾忌。因此，我想往西走，直到加利福尼亚以北与西北海岸的交会处，再从那里，依照大陆的轮廓，始终沿着海岸向前，我认为将会到达白令海峡；绕过美洲北面最后一个岬角，沿着北极海岸向东，通过哈得孙湾、拉布拉多半岛和加拿大返回美国。

为了完成这个不可思议的长途跋涉，我拥有什么手段呢？什么也没有。大多数法国旅行家都是单独行动的，完全靠自己的力量；他们极少是被政府和公司雇佣的，或者得到它们的资助。英国人、美国人、德国人、西班牙人、葡萄牙人，在他们国家的援助下，完成我们国家的孤立无援的个人所开创、但半途而废的事业。麦肯齐，以及他以后的好几位其他探险者，为了美国和英国的利益，在美洲辽阔的版图上进行多次远征，那正是我为了扩大我的国家的领土曾经幻想过的。假若我获得成功，我会有幸给这些不为人知的地区用法语命名，使我的国家在大西洋岸边有一块殖民地，从强大的竞争敌手那里将一本万利的皮毛生意夺过来，阻止这个对手开辟通往印度的最短通道，而使法国成为这条道路的主人。这些计划我都记录在一七九六年我在伦敦发表的《革命论》中，而且这些计划是从我一七九一年写的游记草稿中摘引出来的。这些日期证明，无论凭愿望或凭实际工作，我是那些北极探险者的先驱。

在费城，我未得到任何鼓励。那时我就感觉，这首次旅行的目的将无法达到，我这次旅行仅仅是第二次更加漫长的旅行的序幕。我把我这个意思写信告诉德·马尔泽布尔先生；在等待来日的时候，我答应将我在科学方面失去的东西献给诗。确实，虽然我在美国没有碰到我在那里寻找的东西——北极世界，但我在那里遇见一位新缪斯。

一架类似将我从巴尔的摩载来的公共马车把我送到纽约。这是一座欢快、人口众多的商业城市，但远未达到它今天的规模，更不用说与几年之后的情况相比了，因为美国的发展比这部手稿更加迅速。我到波士顿去瞻仰美国自由之战的第一个战场。我参观列克星敦[1]。像以后我在斯巴达所做的那样，我在那里寻找"为服从祖国的神圣法律"[2]而死的战士的坟墓。这是世事相互关联的值得记忆的例子！一七六五年，英国议会通过的一个财政议案，造成一七八二年地球上出现一个新帝国，而在一七八九年，欧洲最古老的帝国从世界上消逝！

一八二二年四月至九月，于伦敦
一八四六年十二月修改

北河——女乘客的歌声——斯威夫特先生——前往尼亚加拉大瀑布——维奥莱先生

我在纽约登上开往北河上游城市阿尔巴尼的邮船。乘客很多。第一天傍晚，我们吃一顿包括水果和牛奶的便餐。妇女们坐在甲板的长凳上，男人们坐在她们脚下。谈话未能持续很久：面对大自然的优美图画，大家宁愿保持沉默。突然，不知谁叫道："瞧，这是阿斯吉尔[3]被捕

---

[1] 列克星敦（Lexington）：北美独立战争的头一场战斗的战场。
[2] 指莱奥尼达斯（Léonidas，死于公元前四八〇年）墓碑上的铭文。他是斯巴达国王，温泉关战斗的英雄。
[3] 阿斯吉尔：美国人俘虏的英国军官，在法国王后说情后获释。

的地方。"人们请费城公谊会的一位女教徒唱一首名为《阿斯吉尔》的民歌。我们航行在两座山之间；女乘客的歌声传到远处的波浪之上，或者，当我们的船擦过岸边的时候，在山谷中引起共鸣。歌中的士兵是一个年轻的情人、诗人，有幸引起华盛顿的注意和那位倒霉王后的慷慨干预。他的命运给景色的浪漫色彩增添了魅力。当波拿巴即将登上玛丽-安托瓦内特的宝座的时候，我现在已经失去的朋友德·封塔纳为了纪念阿斯吉尔，讲了一番勇敢的话。美国军官似乎被宾夕法尼亚女人的歌声感动了：祖国过去的动乱使他们更加珍惜今天的平静。他们激动地注视着这片过去战马驰骋、闪烁刀光剑影、此刻沉浸在深深的宁静之中的土地。这些地方现在被余晖照射成金黄色，听见山雀的鸣叫、巴隆贝鸟的咕咕声、嘲鸫的歌唱，而当地居民凭倚在紫葳镶边的栅栏上，望着我们的船只在他们面前驶过。

到达阿尔巴尼之后，我带着介绍信，去寻找斯威夫特先生。斯威夫特先生在英国让给美国的这片土地上，同那些被圈起来的印第安部落做皮毛生意，因为当时那些文明强国，不论是共和制的还是君主制的，都在美洲随意瓜分那些并不属于他们的土地。斯威夫特先生听了我的叙述之后，向我表达了非常合乎情理的反对意见。他首先说，我不能在没有援助、没有支持、没有通过那些必定要经过的英国、美国和西班牙哨所的介绍信的情况下，独自进行这样大规模的旅行。他还说，即使我能够顺利克服这一切，到达那些冰天雪地的地点，我也会冻死或饿死。他建议我逐渐适应气候，学习苏人[①]语、易洛魁语、因纽特语，到皮货商和哈得孙海湾公司的代理人当中去生活。有这些经验作基础，过四年或五年之后，我在法国政府的协助之下，才可以开始我那冒险的使命。

这些意见，尽管我内心承认它们是正确的，仍然使我感到不快。如

[①] 苏人：北美印第安人的族。

果我一意孤行，我也许会直闯北极，就像从巴黎到蓬图瓦兹一样。我向斯威夫特先生掩盖了我的不快，我请他帮我找一名向导和几匹马，以便到尼亚加拉和匹兹堡去。在匹兹堡，我将沿俄亥俄河顺流而下，并且收集对完成未来行动有用的资料。我头脑里仍然牵挂着我的第一个计划。

斯威夫特先生为我雇了一名荷兰人，他能讲好几种印第安方言。我买了两匹马，随后离开阿尔巴尼。今天，从这座城市到尼亚加拉之间的广大地区都开垦了，住了人；而在当时，很大一部分地方是没有人烟的。

渡过穆哈尔克河之后，我进入从来未经砍伐的森林，我沉浸在无羁无绊的陶醉中。我在树木中间穿行，向左，向右，心中想："这里，不再有道路，不再有城市，不再有君主，不再有共和国，不再有总统，不再有国王，不再有人类。"而且为了试试我是否恢复了我的与生俱来的权利，我做了一些随心所欲的举动，这颇令我的向导生气，他认为我发疯了。

咳！我认为在森林中只有我自己，可是，当我抬起我的高傲的头颅时，我突然看见一座棚屋。在这间棚屋里，我看见我生平头一次看见的野人，我吃惊得目瞪口呆。他们一共有二十来个，有男有女，脸上都乱画了花纹，半裸着身体，耳朵轮廓清晰，头上插着乌鸦羽毛，鼻孔上穿着铁环。一个擦了粉、卷了发的矮个子法国人，穿着苹果绿服装，粗毛呢上衣，平纹细布的襟饰和袖口，拨动着一只小提琴，在教易洛魁人跳玛德隆·弗里凯舞。维奥莱先生（这是他的姓名）在野人当中是舞蹈教师。人们用海狸皮和熊火腿付学费。在美国独立战争时期，他曾经是罗尚博将军[①]的厨房小伙计。我们的军队走后，他留在纽约，决定向美

[①] 罗尚博将军（Rochambeau，一七二五——八〇七）：法国元帅，曾率领法国军队支持起义反对英国的美洲人。

国人传授艺术。随着他的成功，他的眼界扩大了，这位新俄尔甫斯[1]甚至来到新世界的野人当中传播文明。跟我谈到野人的时候，他总是对我说："这些野人先生和野人太太。"他非常赞扬他的学生的灵巧；确实，我从来没有见过这样跳舞的。维奥莱先生把提琴夹在下巴和胸口之间，调试他那神奇的乐器。他对易洛魁人叫道："回到你们的位置去吧！"这一帮人像魔鬼一样跳着。

一个卢梭的信徒，通过由罗尚博的厨房小伙计组织的舞会，来深入野人的生活，这难道不是一件难以接受的事情吗？我很想笑，但我遭到无情的嘲弄。

一八二二年四月至九月，于伦敦

我一身野人打扮——狩猎——美洲獾和加拿大狐狸——麝鼠——会捉鱼的狗——昆虫——蒙卡尔姆和沃尔夫

我在印第安人那里买了一套衣服：两张熊皮，一张作大氅，一张作床垫。除此之外，我再配上凸纹红绒无边圆帽、宽袖上衣、腰带、唤狗的号角、皮毛商人的皮背带。我的头发在我裸露的脖子上飘拂；我蓄着长胡子：我像野人、猎人和传教士。人们邀请我参加次日的狩猎，去打美洲獾。

这种动物在加拿大几乎绝种了，像海狸一样。

---

[1] 俄尔甫斯（Orphée）：希腊神话中的英雄和诗人，善弹竖琴的歌手。

天没亮，我们就登船，沿着一条从森林流出的河流逆水而上；这种动物是在树林中发现的。我们一共有三十来个人，其中有印第安人，也有美国和加拿大的皮毛商人。一部分人带着猎狗，同船队并排前进，妇女们背着我们的食品。

我们没有碰见美洲獾，但是我们打死一些猞猁和一些麝鼠。过去，当印第安人不小心杀死这类动物的时候，他们都要举行仪式进行哀悼，因为大家都知道，麝鼠是人类的母亲。最善于观察的中国人断然肯定说，鹌鹑是由老鼠变成的，黄鹂是鼹鼠变成的。

河上的鸟和河里的鱼为我们的餐桌提供了丰富的食品。人们训练狗潜水：它们冲进河里，一直沉到河底抓鱼。我们围坐在大堆的篝火四周，妇女们利用篝火煮饭。

我们睡觉必须面孔朝下，避免烟火熏我们的眼睛；我们头上飘逸的烟雾使我们免受蚊虫的叮咬。

在显微镜下，各种食肉昆虫都是了不起的动物，它们可能是过去的飞龙，它们的外形是一样的；随着物质能量的减弱，那些水蛇、狮身鹰头怪兽的个子变小了，成为今天的昆虫。挪亚时代大洪水之前的巨人成了今天矮小的人类。

一八二二年四月至九月，于伦敦

奥农达加湖畔露营——阿拉伯马——采摘植物——印第安妇女和奶牛

维奥莱先生为我写了一封信，把我介绍给奥农达加人；奥农达加人是六个易洛魁部族之一的残余。我首先抵达奥农达加湖。荷兰人挑选一块建营的场地；有一条小河从该湖流出，我们的营地设在小河拐弯处。我们往地里打了两个叉形木桩，桩之间相距六尺；然后，我们在木桩之间搭上一根横杆。白桦树皮的一端垂在地上，另一端搭在横杆上，构成我们的宫殿的倾斜的屋顶。我们用马鞍当枕头，将大衣当被子。我们将一些小铃铛系在马脖子上，让它们在营地附近树林中溜达，它们不会走远的。

十五年后，当我在死海边离约旦河几步远的萨巴沙漠上野营时，我们的马匹——那些阿拉伯的轻快的子孙，仿佛在听教长讲故事，并且参与安塔拉和约伯的神马的传奇。

我们住进我们的棚屋时，才下午四时。我拿起我的步枪，到附近转悠。鸟很少。只有孤零零的一对在我前面飞来飞去，好像我故乡树林中那些小鸟；从雄鸟的颜色，我认出白麻雀，鸟类学家的 passer nivalis[①]。我还听见白尾海雕唱歌，那歌声是很容易辨别的。飞翔的白尾海雕将我引至一条两边是光秃秃的石山的狭窄山谷里；半山坡上，有一座破破烂烂的棚屋；一条瘦奶牛在下面草地上走动。

我喜欢小房子："A chico pajarillo chiro nidillo[②]，小鸟住小屋。"我坐在小屋所在的石山对面的山坡上。

---

① 仓鹗。
② 西班牙文，意即后文"小鸟住小屋"。

过了几分钟，我听见山谷里传来讲话的声音。三个男人牵着五六匹肥壮的奶牛；男人们放奶牛吃草，同时用棍子将那匹瘦奶牛赶开。一个野人妇女从板屋里出来，朝她惊慌的牲口走去，呼唤它。奶牛向她跑去，并且伸长脖子哞哞叫着。种植园主在远处威胁印第安女人；女人走回她的板屋，身后跟着她的奶牛。

我站起来，走下山坡，穿过山谷，爬上对面的石山，来到小屋门口。

我用人们教我的话问好："Siegoh！我来了。"印第安女人没有如习惯所要求的那样，以同样的方式答复："你来了"，而是一声不吭。于是，我抚摸着奶牛，印第安女人黄色和伤心的脸孔显出激动的样子。我因为不幸的女人和奶牛的相依为命的关系而感动：哭泣那些谁也不哭泣的苦难是甜蜜的。

我的主人带着尚未消除的疑虑看了我一会儿，然后她走过来，用手抚摸着她的贫穷和孤独的伴侣的头。

我被这种信任的表示所鼓舞，用英语说——因为我的印第安语已经用完了："她瘦得很啊！"印第安女人用她蹩脚的英语回答说："她吃得很少。She eats very little." "他们粗暴地赶她。"女人回答说，"我们俩对此习以为常了，Both。"我又说："这片草场是你的吗？"她回答说："这片草场是我丈夫的，他死了。我没有孩子，白鬼子把他们的奶牛赶到我的草场来放牧。"

我没有任何东西送给这位上帝的创造物。我们分手了。我的女主人对我讲了许多我听不懂的话，无疑是对我的前途的良好祝愿。这些祈愿之所以未被上帝听见，那并非她的过错，而是接受祝愿的人本身的毛病。并非所有人都有相同的享受幸福的能力，就像并非所有土地都能收获一样。

我回到我的棚屋里，等候我的是一顿土豆和玉米。傍晚是美妙的；

湖面像一面没有镀锡的平整的镜子，没有一丝涟漪；呜咽的小河洗刷着我们的弥漫苹果清香的半岛。杜鹃反复吟唱它的歌曲：随着小鸟改变它发出爱情呼喊的位置，歌声有时来自远方，有时就在附近。谁也不呼喊我。哭泣吧，可怜的威廉！"Weep，poor Will！"

一八二二年四月至九月，于伦敦

易洛魁人——奥农达加人酋长——韦利和弗朗克人——好客的礼仪——古希腊人

第二天，我去拜访奥农达加人酋长。我上午十时到达他的村庄。我立即被野人孩子包围起来，他们对我讲他们的语言，中间夹杂几句英语和几个法语单词。他们高声喧哗，显得兴高采烈的样子，就像我以后在希腊登岸时在高隆见到的土耳其孩子一样。这些印第安部落被圈在白人的开垦地中间，他们拥有马匹和牛群。他们的棚屋堆满用具；这些用具有些是在魁北克、蒙特利尔、尼亚加拉、底特律买的，另一些是在美国市场上买的。

当我们在北美内陆奔走的时候，在各种野蛮民族当中，看到文明民族所熟知的各种形式的政府，但这些政府处于原始状态。如果外国人不曾剥夺易洛魁人的机会，使他们不能继续发挥他们的天才，他们看来是一个注定能够征服其他印第安部落的种族。当别人头一次用火器对付这个勇敢的种族时，他们一点也不感到吃惊。他们面对子弹的呼啸和大炮的轰鸣神态自若，仿佛这是他们听惯的响声；他们对此并不比对一场雷雨更加留意。一旦他们弄到一支火枪，就会比欧洲人更善于使用。他们并不因此放弃棍棒、割头皮的刀、弓和箭；但是他们加上马枪、手枪、匕首和斧头。为了表现他们的英勇，他们似乎永远感到武器不够。这些世界豪杰，身上佩戴着欧洲和美洲的双重杀人武器，头上插着翎饰，耳朵轮廓清晰，脸上涂得五颜六色，手臂上刺着花纹、染着血，在为反对入侵者而寸土必争的土地上，变得威风凛凛和骁勇异常。

奥农达加酋长是一个真正的老易洛魁人，他身上保存着这片蛮荒之地的古老传统。

认识酋长的英国人每次见到他都称他为 the old gentleman。不过，"老绅士"身上一丝不挂；他头上插着羽翎，一条鱼骨穿透他的鼻孔，在他像奶酪一般光滑和浑圆的脑袋上，有时戴上三角形的帽子，象征欧洲的荣誉。韦利[①]不是同样翔实地描绘了历史吗？法兰克人的首领基尔贝里克用酸奶油搽头发，将嘴唇涂成绿色，穿着五颜六色的衣服或者兽皮制的宽松大衣。在韦利笔下，他是一位出色的王子，甚至炫耀他的家具和马车，荒淫无度，几乎不信奉上帝，常常作弄他的大臣。

酋长殷勤接待我，让我坐在席子上。他能说英语，听得懂法语；我的向导懂易洛魁话，所以交谈毫无困难。在谈话中，老人对我说，虽然他的民族总是在同我的民族打仗，但他对我们始终怀着崇敬之心。他抱怨美国人；他觉得他们是不讲道理和贪婪的，而且后悔在瓜分印第安土地的时候，他的部落没有增加英国人的份额。

女人们给我们端上饭菜。用欧洲文明的观点看来，好客是野人剩下的最后美德；人们知道，他们过去就有这个传统；火炉有祭坛的威严。

当一个部落从树林中被赶出来之后，或者有人上门求宿的时候，外

---

① 韦利（Velly，一七〇九——一七五九）：《法国史》的作者。

乡人开始跳一种称作"乞求人之舞"的舞蹈。孩子摸着门槛,说:"外乡人来了!"而主人说:"孩子,把人带进屋子。"外乡人在儿童陪同下走进房屋,坐在炉灰上面。女人唱起慰劳歌:"外乡人找到母亲和妻子,太阳将和从前一样为他升起,为他降落。"

这些习俗似乎是从希腊人那里学来用的:地米斯托克利[①]在阿德迈特家中拥抱灶神和主人年轻的儿子;(我可能在迈加拉[②]践踏了可怜的女人的炉子,炉子底下藏着福基翁[③]的骨灰瓮);而尤利西斯在阿尔喀诺俄斯[④]建家中哀求阿雷戴:"高贵的阿雷戴,累再诺尔的女儿,我在遭受了残酷的苦难之后,跪倒在你面前……"讲完这句话,英雄后退一步,在炉灰上坐下来。

我跟年迈的酋长告别。魁北克城被占领时他在场。在路易十五统治的可耻年代里,加拿大战争的故事给我们些许安慰,好像在伦敦塔中找到我们古代的历史。

蒙卡尔姆[⑤]在没有援助的情况下,负起保卫加拿大的重任,他面对的是经过休整、数量多三倍的敌军部队,他成功地战斗了两年。他打败了洛敦勋爵和艾伯克龙比将军。最后,他开始倒运。他在魁北克城下受伤,倒下;两天之后,他一命归天。他的部下将他埋葬在一个由炮弹炸开的洞穴里,这是与他的军事功绩相称的坟墓!他高贵的敌人沃尔夫死在他对面。他以他的生命偿付了蒙卡尔姆的生命,获得为捍卫法兰西国

[①] 地米斯托克利(Thémistocle):希腊神话人物,他躲在他的敌人摩洛索斯人之王阿德迈特(Admète)家中。
[②] 迈加拉(Mégare):古希腊城市。
[③] 福基翁(Phocion,公元前四〇二—前三一八):雅典政治家和将军。
[④] 阿尔喀诺俄斯(Alcinoüs):希腊神话中的淮阿喀亚王,瑙西索厄斯的儿子。
[⑤] 蒙卡尔姆(Montcalm,一七一二—一七五九):法国将军,一七五九年战死于魁北克。

旗而牺牲的荣耀。

一八二二年四月至九月，于伦敦

从奥农达加湖至杰纳西河之行——蜜蜂——开垦地——殷勤好客——床——中魔的响尾蛇

我的向导和我重新上马。我们的道路变得更加艰难，成堆的伐倒的树木是仅有的标志。树干用来在小溪上架设桥梁，或者填塞坑洼。美国居民当时纷纷迁往杰纳西河流域的开发地。按照土壤的好坏、树木的质量、河水经过的位置和河水的丰沛程度，这些开发地的卖价或高或低。

人们注意到，垦殖者还没有来，蜜蜂就先到了。它们是耕种者的先驱，它们是正在诞生的工业和文明的象征。它们并非美洲的土著，是随着哥伦布的帆船到达的；在这个花卉的新世界里，这些和平的征服者掠夺的只是土人不知道用途的宝物。它们利用这些宝物，仅仅是为了使宝物原生地的土壤变得更加富饶。

在我途经的大路两边，开垦地展现原始状态和文明状态的奇妙混杂。在过去仅仅回响野人的叫喊和猛兽的吼声的森林里，人们看见一块耕耘过的土地；在同一地点，你可以看见印第安人的小屋和种植者的住宅。某些已经完工的住宅使人联想到整洁的荷兰农庄；有些住宅正在施工，只有天空作屋顶。

我在这些住宅里受到接待。我在里面常常看见享受欧洲舒适设施的家庭：桃花心木的家具、钢琴、地毯、镜子。这样的住宅离易洛魁人居住的小屋仅仅几步路。傍晚，当佣工带着斧头从树林或田野上归来时，人们打开窗子。我的主人的女儿们，头顶金黄的卷发，面对着蛮荒的景色，在瀑布的低鸣中，在钢琴伴奏下唱庞道尔菲托·德·帕埃兹爱洛的二重唱或者西马洛扎[①]的歌曲。

在那些最好的土地上，建立了市镇。在古老的树林中，高耸着新钟楼的尖顶。由于英国人走到哪里，他们国家的风俗习惯也跟随到哪里。在穿越了那些荒无人烟的地区之后，我远远看见一块在树枝上摇晃的客栈招牌。猎人、种植者、印第安人在这样的车马店里聚会：我是第一次在那里歇息，我发誓这也是最后一次。

走进这间小客栈，令我惊讶的是那张围着一根柱子展开的圆形大床。每位房客往床上一躺，脚顶中央的柱子，脑袋枕在圆圈的周边上。这样，睡觉的人排列得井然有序，好像一只轮子的辐条或者一把扇子的扇骨。经过一番犹豫，我上了床，因为床上一个人也没有。当我开始模模糊糊入睡的时候，我感觉有什么东西碰到我的身体：那是我的肥壮的荷兰向导的腿。我毕生未曾碰见比这更加可怕的事情。我跳出这个装人的筐子，由衷地诅咒我们的善良的祖先给我们留下的习俗。我裹着毯子到月光下睡觉，这样的伴侣对于睡眠的旅人是愉快、清新和纯洁的。

在奥农达加河岸边，我们找到一只渡船。一群垦殖者和印第安人同我们一道过河。我们在被蝴蝶和花朵点缀的草原上扎营。由于我们不同的服装，由于营火四周不同的人群，由于我们系着的或放牧的马匹，我们好像一个穿越沙漠的旅行队。在那里，我碰到一条对笛声着迷的响尾蛇。希腊人也许会将我的加拿大人变成奥尔甫斯；将我的笛子变成一架

[①] 这两位意大利作曲家的主要作品发表于一七七〇年至一八〇〇年之间。

竖琴；将蛇变成塞尔伯尔①，或者欧里狄克②。

一八二二年四月至九月，于伦敦

印第安人一家——森林之夜——离开这家人——尼亚加拉的野人——戈登上尉——耶路撒冷

我们朝尼亚加拉进发。在我们离瀑布还有七法里或八法里地的时候，我们在一片橡树林中看见几个野人围着一堆营火；他们身旁是一条小溪，我们自己也想在那里露营，并利用他们的篝火。我们洗刷了马匹，自己也洗漱一番，然后上前同游牧部落搭讪。我们盘着腿，同印第安人一样坐在篝火周围，开始烤玉米棒子。

这家人由两名妇女、两个吃奶的孩子和三名战士组成。谈话是泛泛的，即我用有限的词说话，再加上许多手势。然后，每人在自己所在的位置就地入睡。只有我无法入眠。我到旁边去，坐在一株匍匐在溪边的树根上。

月亮升到树顶上；夜空皇后从东方带来的馥郁的微风好像她清新的气息率先来到树林中。孤独的星辰冉冉升起：她时而宁静地在蔚蓝的天空里驰骋，时而越过好像笼罩皑皑白雪的山巅的云彩。如果没有树叶的坠落、乍起的阵风、灰林鸮的哀鸣，周围本来是一个万籁俱寂的世界；

---

① 塞尔伯尔（Cerbère）：神话中的三头怪犬，负责守卫地狱。
② 欧里狄克（Eurydice）：希腊神话人物，奥尔甫斯的妻子。

远处不时传来尼亚加拉瀑布低沉的咆哮，咆哮声在寂静的夜空越过重重荒原，最后湮灭在孤独的森林之中。在这样的夜晚，一位不认识的缪斯出现在我面前；我听见她的歌声；我借助星光，把这些歌声记录在我的书上，像一位平庸的音乐家写下某位伟大的和声大师口述的乐音。

次日，印第安男人将自己武装起来，女人们收拾行李。我向我的主人们分赠一点火药和一点朱砂。我们碰碰额头和胸脯，随后就分手了。土人们发出前进的呐喊，女人跟在后面，包裹在皮毛中的孩子悬挂在她们肩上；孩子们掉头看我们。我目送这个队伍离去，直到他们完全消逝在森林的树木之间。

野人负责英国人管辖区的尼亚加拉瀑布的治安。这些相貌奇特的宪兵手里拿着弓和箭，阻止我们过境。我不得不派荷兰人到尼亚加拉要塞，要一张进入英国人统治区的通行证。这是有点令我难受的事情，因为我记得法国过去曾经是下加拿大和上加拿大的主人。我的向导拿着通行证回来了。这张纸我现在还保存着；通行证上的签名是：戈登上尉。在耶路撒冷的我的单人小室的门上，我看到同样的英文名字，这难道不是一件奇怪的事情吗？"十三名朝觐者在房内门上留下姓名：第一位名叫查理-朗巴，他在耶路撒冷的时间是一六六九年；最后一位是约翰-戈登，他路过的时间是一八〇四年。"(《从巴黎到耶路撒冷纪行》)

一八二二年四月至九月，于伦敦

尼亚加拉瀑布——响尾蛇——我在深渊边上跌倒

我在印第安人的村庄里停留两天；在那里，我又给德·马尔泽尔布先生写了一封信。印第安女人从事多种多样的活动；她们把婴儿放在树枝编成的网里，网悬挂在紫红色的大山毛榉上。草上布满露水，馨香的风从树林里吹出来，而当地种植的棉田里，棉桃已经绽开了，好像白色的玫瑰。几乎不为人觉察的微风在上空吹拂着；母亲们不时站起来，看看她们的孩子是否睡得安稳，是否被鸟儿吵醒。

从印第安村庄到大瀑布，距离大约为三四法里。我的向导和我用了三四个小时才到达那里。在六英里之外，一道雾柱就告诉我们，那就是瀑布所在地了。我走进树林的时候，内心因为欢乐和恐惧而激动。树木挡住了我们的视线，使我看不见大自然献给人类的最壮观的景象之一。

我们下马。牵着缰绳，穿过树丛和荆棘，到达尼亚加拉河岸边，来到瀑布上游七八百步的位置，我继续往前走，在急速飞驰的河水边，向导抓住我的胳膊拦住我，只见河水如离弦之箭，沿着岩石的斜面飞奔而下。河水跌落前的寂静与它跌落时的轰鸣形成反差。《圣经》经常把一个民族与大河相比，而此处是一个濒死的民族。它因为奄奄一息而失声，朝永恒的深渊奔去。

向导始终没有松手，因为我觉得自己仿佛被河流吸引着，不由自主地想纵身跳下去。我时而朝上游、朝河岸望去，时而朝下游、朝将河流一分为二的岛屿望去。在岛那边，河流蓦然不见踪影，好像被凌空斩断似的。

我的心情是惊愕和一种无法形容的赞美，一刻钟后，我朝瀑布走去。你们可以在《革命论》和《阿达拉》中读到我对瀑布所作的两种描绘。

今天，大路一直通到瀑布。在美国和英国①两边都有小客栈；深壑下建立了一些磨坊和手工作坊。

面对如此壮丽、纷繁的景色，我无法表达那些使我激动的思想。在我前半生的荒漠里，我不得不臆造一些人物来点缀我的生命；我用我自身的养料塑造的这些生命是我在其他地方找不到的：他们就在我身上。我把《阿达拉》和《勒内》对往事的回忆安排在尼亚加拉瀑布旁边，以显示瀑布的凄清。如果人类不把他的命运和不幸置身其间，对于冷漠无情的天和地，一个不停倾泻的瀑布算得了什么呢？沉溺于山水的孤独，能够同谁谈论这伟大的景象呢！波浪、岩石、林木、激流，都自生自灭！你如果给心灵找到一个伴侣，山丘动人的盛装、流水清新的气息，一切都会变得令人陶醉。白天的旅行、黄昏甜蜜的憩息、江河的横渡、苔藓上的休眠，都将唤起心中最深沉的温情。我让韦莱达②坐在阿尔莫里克的沙滩上，让西莫多塞③坐在雅典的柱廊下，让布兰卡坐在阿尔罕布拉宫的④大殿里。亚历山大在所到之处都建立城市，我在我生活过的地方都留下梦幻。

我观赏过阿尔卑斯山的瀑布和山上的羚羊，我也观赏过比利牛斯山的瀑布和山上的羚羊。我曾经逆尼罗河而上，但未曾到达瀑布所在的位置，这些瀑布变成激流。我不谈泰尔尼和蒂瓦尼蔚蓝的景色，废墟上优雅的彩虹或诗人创作诗歌的题材：

    Et praeceps Anio a Tiburni lucus

---

① 当时加拿大属英国。
② 韦莱达(Velléda)：夏多布里昂的另一部著作《殉道者》中的人物。
③ 西莫多塞(Cymodocée)：《殉道者》中的人物。
④ 阿尔罕布拉宫(Alhambra)：西班牙安达卢西亚地区摩尔人王国的宫殿和城堡，建于一二三八——五五六年；布兰卡(Blanca)：夏多布里昂的小说《阿邦塞拉奇末代王孙的奇遇》中的人物。

湍急的阿里奥和神圣的蒂布尔森林①。

这一切在尼亚加拉面前都相形失色。我凝视的这个瀑布，不是由我这样无足轻重的旅人，而是由传教士们介绍给旧大陆的。他们为上帝寻求僻静之所，看见大自然的奇迹就下跪，唱着赞歌接受殉难。我们的教士们向美洲壮丽的风光致敬，并且用他们的血给这些风光祝圣。我们的战士向底比斯②废墟鼓掌欢呼，带枪向安达卢西亚③致敬。法兰西的全部民族特性表现在我们的兵营和我们的祭坛这双重的军队身上。

我牵着马，缰绳缠在手臂上。这时，一条响尾蛇在灌木丛中咝咝作响。受惊的马直立起来，朝瀑布倒退。我无法解下缠在手臂上的缰绳。马越来越惊慌，拖着我走。它的前蹄已经离开地面了；它在深渊边缘蹲下，依靠胁部力量才没有掉下去。如果这时候马看见新危险蓦地一惊，而朝里转身，那么我就没命了。要是我在加拿大森林里丧命，我的灵魂会给至高无上的圣坛奉献什么呢？是各种祭品、优秀著作、若克和拉勒芒神父④的德行，还是虚掷的生命和可悲的空想？

这并非我在尼亚加拉碰到的唯一危险。有一条藤梯，是土著为下到瀑布底的盆地而用的；藤梯此时断了。由于我极想从下往上看瀑布的景色，就不顾向导的劝告，沿着一块几乎笔直的岩石冒险而下。虽然脚下有翻腾、轰鸣的河水，我的头脑是清醒的，我一直走到离底部四十来步的地方。在那儿，笔直的岩石光秃秃的，没有任何东西可以攀附。我用手抓住最后一棵树根，半悬在空中。但是，由于我自身的重量，我觉得手指渐渐松开了。很少有人像我这样经历过这么难挨的两分钟。我精

---

① 贺拉斯的诗句。
② 底比斯（Thèbes）：古埃及城市。
③ 安达卢西亚（Andalousie）：西班牙南部城市，那里古建筑颇多。
④ 十七世纪的法国耶稣会会士，曾到加拿大传教。

疲力尽，终于松手了。我跌了下去。万幸的是，我落在一块岩石的凸角上。我本来难免粉身碎骨的，但这时我感觉并无大碍。我离深渊仅有半步，居然没有滚到里面去。可是，当寒冷潮湿开始透彻筋骨时，我发现事情没有那么简单，我尚未脱身。我左臂肘以上的地方折断了。我朝在上面看着我的向导挥手求救，他跑去找土著。他们通过一条水獭才能走的小径用柳条把我拉了上去，并且把我抬到他们村子里。我的伤只是简单骨折，两块夹板、一条绷带、一条悬吊三角巾就足以使我痊愈了。

一八二二年四月至九月，于伦敦

在一间棚屋里度过的十二天——野人风俗的变化——生和死——蒙田——游蛇之歌——一个印第安少女的哑剧，米拉的原形

我在照料我的尼亚加拉印第安人家中住了十二天。我看见从底特律或位于伊利湖以南和以东地区来的印第安人从那里经过。我了解他们的习俗，用一些小礼物交换他们的古老风俗的遗物，因为这些风俗已经不复存在。然而，在美国独立初期，野人还吃俘虏，或者不如说吃被杀死的俘虏。一位英国上尉用一只汤勺在印第安人的锅里盛汤，结果从中捞出一只手。

生和死是印第安风俗中保存得最完好的部分，因为它们不像将它们分开来的那部分生命那样轻易消逝；它们并不是有去无回的一时的事情。为了表示对新生儿的尊敬，人们仍然用家族最古老的名字——例

如他祖母的名字——给他命名，因为名字都是从母系中借用的。从此刻起，孩子就取代他借用名字的妇女的位置；人们同他讲话的时候，对他以这个名字复活的亲属关系相称；这样一来，一个叔叔可能以"祖母"来尊称他的侄儿。这个表面看来可笑的习惯其实是令人感动的。这个习惯复活了死去的祖先；它在幼年的弱小中再现了暮年的虚弱；它使生命的两个极端、家庭的开始和结束互相接近；它赋予祖先以永生，并且设想他们仍然活在他们的后代中间。

关于死者，找到印第安人重视圣骨的原因是轻而易举的事情。文明民族为了保持对祖国的怀念，运用文学和艺术；它们建造城市、宫殿、塔楼、纪念柱、方尖碑；它们在从前耕种过的田地里留下犁沟；姓名镂刻在青铜和大理石上，行为记录在编年史中。

对于孤独的民族，这一切都不存在：他们的姓名不刻在树木上；他们的棚屋几个小时就建好，顷刻间便不见踪影；他们犁地仅仅擦过地面，甚至不能形成犁沟。他们的传统歌曲随着歌唱者去世而湮没。因此，新世界的部落只有一种纪念碑：坟墓。你掠夺野人先辈的骨骸，就是掠夺他们的历史、他们的法律，甚至他们的上帝；你在他们的后代当中夺去了他们曾经存在的证据。

我想听我的主人唱歌。一个名叫米拉的印第安少女，十四岁，长得很漂亮（仅仅在这个年龄，印第安女人是漂亮的），她唱了一些十分动听的东西。这是不是蒙田提到过的歌曲呢？"游蛇呀，停下来；停下来，游蛇，让我的姐姐照你的模样画个样子，做一条漂亮的腰带，送给我的情人：这样，它永远有你的美貌，你的才能，其他蛇都甘拜下风。"

《随笔》的作者在鲁昂遇见一些易洛魁人，按照他的印象，他们是一些很通情达理的人。他加上一句说："可是，他们没有穿短裤！"

如果我有一天出版我青年时代的《随想》，或像克莱芒·德·亚历山德里①所说的,《杂谈》,读者会在其中看到米拉。

一八二二年四月至九月,于伦敦

离题的话——从前的加拿大——印第安民族——风尚的衰败——宗教所传播的真正文明;商业引进的虚假文明——猎人——代理商行——狩猎——混血儿或焦木头——公司之间的战争——印第安语的消亡

今天的加拿大人不再是卡蒂埃、尚普兰、拉翁唐、莱斯波、拉菲托、夏勒瓦②和《告诫信》所描写的那个样子。十六世纪和十七世纪初还是纵情遐想和风俗纯真的时代;奇妙的想象力反映纯朴的天性,纯真的风俗表现野人的朴实。一六〇三年,尚普兰在他的第一次加拿大之行结束时说:"在夏勒湾附近偏南的地方,有一座岛屿,那里居住着一种可怕的怪物,野人称之为古古。"加拿大有它的巨兽,就像暴风角有它自己的巨兽一样。荷马是所有这些发明的真正祖先;不外是独眼巨人③、海怪④、

---

① 克莱芒·德·亚历山德里(Clément d'Alexandrie):公元三世纪初的希腊教父和哲学家。
② 卡蒂埃(Jacques Cartier,一四九一——一五五七)、尚普兰(Samuel Champlain,一五六七——一六三五)、拉翁唐(La Hontan,一六六六——一七一五)、莱斯加波(Lescarbot),拉菲托(Laffiteau),夏勒瓦(Charlevoix,一六八二——一七六一):都是到"新世界"探险的法国探险家,其中不少人回国后著书写下他们的经历。
③ 独眼巨人(Cyclopes):希腊神话人物。
④ 海怪(Charybde):希腊神话中的动物。

六头女妖[1]、吃人妖魔或古古。

北美野人，不包括墨西哥人，也不包括因纽特人，今天不到四十万，分布在落基山脉内外；有些旅行家甚至估计只有十五万人。印第安人的风尚的衰败是同他们部落人数的减少同时发生的。宗教传统弄乱了；加拿大耶稣会会士推广的教育将外来思想同土著的本来思想混杂在一起。从那些粗糙的寓言，我们可以看出基督教信仰被弄得面目全非；大多数野人将十字架作为装饰物佩戴，而信奉新教的商人向他们出售天主教神父送给他们的东西。应该说，印第安人对我们很有感情，他们仍然怀念我们。在美洲森林中，"黑袍"（传教士）仍然受到尊重，这是我们祖国的光彩，是我们宗教的荣耀。在我们曾经是他们的头一批客人的树下，在我们走过的土地上，在我们向他们托付坟墓的地方，野人继续爱我们。

当印第安人赤身露体，或者身披兽皮的时候，他们身上有一种伟大和崇高的东西；此刻，褴褛的欧洲服装并不能遮掩他们的裸露的身体，而是他们的苦难的证据：他们是商行门口的乞丐，不再是森林中的野人。

终于，形成一个由殖民者和印第安人生育的混血人种。由于他们的皮肤的颜色，人们给他们起了一个绰号，称之为"焦木头"；他们充当他们的双亲所属的种族之间的贸易经纪人。他们讲他们父亲和母亲的语言，但他们也有两个种族的缺点。这些文明天性和野蛮天性的混血儿，有时投靠美国人，有时投靠英国人，将皮毛贸易的垄断权交给他们。他们使哈得孙公司和西北公司等英国公司，与哥伦比亚-美国皮毛公司和密苏里皮毛公司等美国公司之间保持竞争；他们自己也被商人猎取，而且同各个公司雇佣的猎人一起进出狩猎区。

---

[1] 六头女妖（Scylla）：希腊神话中的女妖，住在意大利墨西拿海峡的岩礁上。

美国独立战争是他们唯一知道的战争。他们不知道血是为一小撮商人的利益流的。一八一一年，哈得孙湾公司将红河边上的一块地卖给塞尔扣克伯爵[①]；这块殖民地建立于一八一二年。西北公司或加拿大公司感到不快。这两间公司和不同的印第安部落结成同盟，都得到"焦木头"的协助，大打出手。这些内部冲突在哈得孙湾的冰冻的荒漠上进行，详细情况是骇人听闻的。一八一五年六月，正当滑铁卢战役的时候，塞尔扣克伯爵的殖民地被摧毁了。在这两个舞台上——一个是举世闻名的，一个是默默无闻的，人类蒙受的苦难是相同的。

你不要到美洲去寻找夏勒瓦所讲述的那些人为建成的政治制度吧：休伦人的君主制，易洛魁人的共和国。类似这种毁灭的东西已经或正在欧洲完成，甚至就在我们的眼皮底下。一四〇〇年前后，一位波斯诗人，在条顿人修会的宴会上，用古波斯语歌颂他的国家的古代武士的战功，谁也没有听懂。结果，作为报酬，人们赐给他一百个空核桃。今天，随着牧羊人和农夫逐渐死去，下布列塔尼语、巴斯克语、盖尔语正在简陋的窝棚里逐渐消逝。

在英国人统治的康沃尔[②]，土著的语言在一六七六年左右灭绝了。一位渔民对旅行者说："我只认识四个或五个讲布列塔尼语的人，都是同我一样的老人，六十岁到八十岁之间；年轻人一个字也不懂。"

奥利诺科[③]的部落已经不复存在；他们的方言只剩下被释放的鹦鹉在树顶上重复的那十来个词，就像那只在罗马宫殿的栏杆上学讲希腊语的阿格丽品娜的斑鸠。我们的现代语言是拉丁文和希腊文的残余，迟早这将是它的命运。从最后一名讲法语–高卢语的神父的笼中飞出的乌鸦，

---

① 塞尔扣克伯爵（Thomas Douglas Selkirk，一七七一—一八二〇）：加拿大人，一八一〇年担任哈德孙湾公司的领导。
② 康沃尔（Cornouailles）：位于加拿大东南部。
③ 奥利诺科（Orénoque）：拉丁美洲一条河的名称。

将在废弃的钟楼顶对跟我们的继承人无关的种族说："请接受你们熟识的这个嗓门的最后努力：你们将终止这一切演说。"

成为波舒哀吧，为了在鸟的记忆里，你的作为最终成果的杰作，比你的语言，比你在人们当中的记忆，活得更加长久！

一八二二年四月至九月，于伦敦

美洲的前法国属地——遗憾——过去的怪癖——弗朗西斯·科南哈的信

在谈到加拿大和路易斯安那时，在凝视旧地图上法国在美洲广阔的前殖民地时，我常常想，我的国家的政府怎么会丢掉这些殖民地呢？它们在今天，本来会成为我们的繁荣的取之不尽的源泉。

从阿卡迪亚和加拿大到路易斯安那，从圣劳伦斯河口到密西西比河口，新法兰西的领土包括最早的十三州联邦：其他十一个州，连同哥伦比亚区、密歇根、西北、密苏里、俄勒冈、阿肯色，过去都属于我们，就像由于我们在加拿大和路易斯安那的继承人（英国人和西班牙人）的割让，它们今天属于美国一样。包括东北部的大西洋、北部的北极海、西北部的太平洋俄国属地、南部的墨西哥湾之间的整个地区，即是说，三分之二的北美领土本来会承认法国的法律。

我担心复辟王朝由于与我在此表达的思想相反的思想而失败。留念过去的怪癖，这个我与之不断斗争的怪癖，如果它只是通过剥夺国王对我的宠幸而推翻我，不会造成任何损失；但是，它很可能推翻王位。政治上停滞不前是不可能的；重要的是要随着人类的智慧前进。尊重时代的大多数人吧。以崇敬的心情对待过去的世纪吧，它们因为我们先辈的威望和对他们的记忆而变得神圣；但是，不要试图朝过去倒退，因为它们不再反映我们的真正性质，而且如果我们试图抓住它们，它们就会烟消云散。据说，大约在一四五〇年，埃克斯拉-沙贝尔圣母院的教士会议，叫人打开查理大帝的坟墓。人们看见皇帝坐在一张金椅子里，他变成骷髅的手里拿着一本用金子书写的福音书，面前放着权杖和金盾牌；他身边有他的装在金套子里的宝剑。他身穿皇帝的长袍。一条金链使他的头保持直立；头部盖着一块裹尸布，遮住他脸部的位置，上面顶一个皇冠。有人碰一下这个残存的尸体，它立即倒下，变成灰尘。我们过去在海外占有广阔的领土，它们为我们过剩的人口提供居留地，为我们的商业提供市场，为我们的海军提供补给地。现在，我们被别人从人类重新起步的新世界排斥出来。在非洲、亚洲、大洋洲、南海的岛屿上、两个美洲的大陆上，英语、葡萄牙语、西班牙语用来表达几百万人的思想；而我们，未能继承我们的勇敢和天才的征服，仅仅在路易斯安那和加拿大几个由外国人统治的小镇上，听得见柯尔贝尔[①]和路易十四的语言：它留存在那里，仅仅是作为我们的厄运和我们的错误政策的证据。

现在，在加拿大的森林上，是哪个国王的统治取代了法国国王的统治？是那个昨天叫人给我写了如下信件的国王：

子爵先生：

我收到国王陛下谕旨，邀请阁下于本月六日星期四到此地进晚

[①] 柯尔贝尔（Jean-Baptiste Colbert），法国政治家，路易十四时期的参政大臣。

餐和过夜。

非常谦卑和非常顺从的仆人　弗朗西斯·科南哈

一八二二年六月四日,于温莎皇家城堡

我命中注定要遭受王公的折磨。我暂时搁笔;我重新越过大西洋;我治愈了我在尼亚加拉瀑布摔断的胳膊;我脱下身上的熊皮;我重新穿上我的绣金礼服;我走出易洛魁人的棚屋,来到联合王国的君主、印度的统治者、大不列颠陛下的王宫;我离开了我的耳朵轮廓清晰的主人和戴珍珠的野人少女;同时祝愿科南哈夫人①像米拉一样可爱,保持仅属于春天和我们高卢诗人称为四月的岁月。

一八二二年四月至九月,于伦敦

---

① 科南哈夫人是乔治四世的宠姬,当时已是半老徐娘。

篇章八

原始的美洲——加拿大湖——印第安人的小船船队——
天性的毁灭——坟墓之山谷——河流的命运

  戴珍珠的少女的部落出发了；我的荷兰向导拒绝陪我到尼亚加拉瀑布以外的地方去。我向他支付了报酬，加入准备沿俄亥俄河顺流而下的商人队伍。在出发之前，我朝加拿大湖泊瞥了一眼。没有什么东西比这些湖泊的景色更加凄凉的了。
  一望无际的大洋和地中海开辟了通往各国的道路，而它们的海岸上住着或曾经居住过文明、人数众多和强大的民族；加拿大的湖泊是光秃秃的水面，与水面相连的是一无所有的陆地：孤寂之中的孤寂。没有居民的海岸遥望着没有船舶的大海；你从荒凉的海面登上阒无人烟的海滩。
  伊利湖周长超过一百法里。两个世纪之前，湖滨的居民被易洛魁人消灭了。目睹印第安人乘着皮艇在这以风暴驰名、过去挤满蛇的湖泊上冒险，实在是可怕的事情。印第安人把他们的神挂在船尾，在翻腾的波浪中冲进漩涡。与船帮齐平的浪涛似乎随时要将小艇吞没。猎狗将前爪撑在船帮上，吠叫着，而它们的主人保持深邃的沉默，用他们的短桨有节奏地击打着水面。小艇依次前进：在头一条小船的船头，站着酋长，他重复着由两个元音组成的号子"乌阿"。"乌"是低沉的，拖得很长；"阿"是尖锐和短暂的。最尾的小艇上是另一位首领，也站着，操纵一只像舵的桨。其他战士蹲在船舱里。人们穿过浓雾，迎着风，只看见印第安人头上的羽毛，吠叫的猎狗的伸长的脖子，两位既是舵手又是占卜者的酋长的肩膀：他们仿佛是湖泊之神。

在旧世界里，加拿大河流是没有历史的。恒河、幼发拉底河、尼罗河、多瑙河和莱茵河的命运不同。它们在它们两岸什么变化没有看见过！这些牧人在源头可以一步跨过的河流，让征服者抛洒了多少血汗！

一八二二年四月至九月，于伦敦
一八四六年十二月修改

俄亥俄河

从加拿大的湖泊出发，我们到达肯塔基河和俄亥俄河交汇处的匹兹堡。那里，风景变得绚丽多彩。这个风景秀丽的地区叫肯塔基，是以流经它的河流的名称命名的。那个名字的意思是"血河"。它取这个名字是由于这条河流的美丽。在长达两个世纪以上的时间里，切罗基人和易洛魁人争夺这片狩猎地。

在这些地区，欧洲人是否比那些被消灭的美洲人更加有德行，更加

自由呢？在这些人类享受原始独立的荒漠里，奴隶们将不必在他们主人的皮鞭下耕种土地吗？监狱和断头台将不会取代敞开的茅屋和鸟儿用作抱窝之地的高耸的鹅掌楸吗？

土地的富饶不会引发新的战争吗？肯塔基将不再是"血地"吗？艺术的建筑物会比大自然的建筑物更好地装点俄亥俄河两岸吗？

沃巴什、大希布利尔、翼河或坎伯兰河、切罗基或田纳西、黄滩过去了，我们到达一个涨水时常常被淹没的狭长半岛。那里的纬度是三十六度五十一分，俄亥俄河和密西西比河在那里汇合。两条河以相同的力量碰撞，各自降低速度；在几千年时间里，它们在同一条航道里并肩而眠，但并不混同，好像两个起初不同的民族，后来汇合在一起，组成一个统一的民族；好像两位著名的对手，在战斗之后，睡在同一张床上；好像两个敌对家族的夫妻，最初并没有在新房里分享命运的愿望。

我也一样，如同江河的强大水流，我将我生命的小河有时流到山那边，有时流往另一边；随心所欲地犯些错误，但从未做过坏事；与富饶的平原相比，我更喜欢穷困的山谷，我在花朵旁而不是在宫殿旁边滞留。而且，我如此醉心于我的旅行，以致我几乎不再想到极地。一帮商人允许我和他们同行，他们是从佛罗里达的克雷克人那里来的。

我们启程前往当时统称为佛罗里达，而现在包括亚拉巴马、佐治亚、南卡罗来纳、田纳西等州的地区。我们大致沿着从纳奇兹到纳什维尔的大路（途经杰克逊和弗洛伦斯），而这条大路经过克诺斯维尔和塞勒姆，又转回到弗尔吉里。弗尔吉里当时是一个很少人光顾的地方，但巴特拉姆[①]考察过它的湖泊的风景。佐治亚和海滨佛罗里达的种植者深入到克雷克人的各个部落里，购买马匹和半驯化的牲口；这类牲口在掘有水井的大草原上无限繁殖，我让阿达拉和夏克达斯在这些水井边憩息。

---

① 巴特拉姆（John Bartram，一六九一—一七七七）：美国博物学家和探险家。

他们甚至远行至俄亥俄河。

我们被清凉的风吹拂着。俄亥俄河由于许多小河汇入而扩宽了,有时流向我们面前的湖泊,有时钻进树林。湖心隆起一些小岛。我们扬帆朝其中一个大岛驶去。上午八时,我们登岸了。

我穿越一片草原,草原上点缀着开黄花的绮丽千里光、有玫瑰色花冠的阿洒和有紫红色冠毛的奥贝拉里阿。

印第安人留下的废墟引我注目。这个遗址和大自然的青春之间的反差,这蛮荒中的人类建筑物令人惊诧不已。什么人曾经在岛上住过?他姓什么?他的种族?他什么时候从这里经过?他活着的时候,他藏匿的世界是否不为地球其他三部分所知?此人沉默的时候也许正当某些伟大民族惊天动地的时候,可是后者也归于沉寂。

在淡绿的茎上吊着玫瑰色花朵的罂粟丛中,冒出蜿蜒的沙丘、废墟或山包。只要碰过植物,茎和花的芳香就留在手指上。花儿残留的芬芳是孤独中度过的生命所留在记忆中的形象。

我观察睡莲,它准备在日落时将它白色的百合花藏在波浪之中;伤心树要等到黑夜来临才绽开它的蓓蕾。

金字塔形的月见草高达七至八尺,有墨绿花边的椭圆叶子,它有不同的习惯和不同的命运:它的黄花傍晚才微微绽开,一直到金星降到地平线之下;它在星光下继续开放;日出时它光灿夺目;上午过去一半时间,它开始凋谢;到正午,它变成尘埃。它仅仅生活几个小时;但是,如果天气晴朗,它会加快它的行程,在金星和晨曦的气息之间夭亡。然而,生命的短暂又有何妨?

一条小溪旁长满捕蝇草;无数蜉蝣在周围嗡嗡鸣叫。还有蜂鸟和蝴蝶,穿着华丽的服装,同花坛的绮丽多彩争芳斗艳。在这些散步和观察当中,我常常对它们的微末感到惊讶。什么!令我感到压抑,并且将我赶进森林的革命在我身上没有激起任何庄严的东西吗?什么!在我的祖国天翻地覆的时候，我却去谈论风景、植物、蝴蝶和花朵？人们用最微末的东西来衡量最伟大的事件。多少人对这些事件无动于衷？另外还有多少人对这些事件一无所知？世界上的全部人口估计为十一亿到十二亿；每秒钟有一个人死去。这样，在我们生存、我们微笑、我们欢乐的每一分钟，有六十个人死去，有六十个家庭在哀叹、在哭泣。生命是一个持续不断的瘟疫。这条缠绕我们的哀悼和丧葬的锁链不会断裂，它在延长；我们自己也将变成它的一环。此外，虽然我们为这些严重的灾祸哭泣，但是世界上，比四分之三还多的人永远不会听见谁说起这些灾祸！在取得传播到离我们坟墓不过几里远的声名之后，让我们喘口气吧！让我们沉浸在幸福的海洋中去吧！我们的幸福的每一分钟在不断更新的六十副棺材中间流去！

　　Nam nox nulla diem, neque noctem aurora sequuta est,
　　Quae non audierit mixtos vagitibus aegris
　　Ploratus, mortis comites et funeris atri.①
　　没有白天跟随黑夜，没有黑夜跟随日出；日出没有听见夹杂痛苦号叫的哭泣，而痛苦号叫是死亡和葬礼的伴侣。

一八二二年四月至九月，于伦敦

---

① 拉丁文，卢克莱修的诗句。

青春泉——穆斯高古热人和西蒙诺勒人——我们的营地

佛罗里达的野人说，在某个湖泊中央有一座岛，岛上生活着世界上最美丽的女人。穆斯高古热人曾经数次试图征服该岛；但这个伊甸园在皮舟前面消失了，这是我们无法实现的幻想的本来形象。

这个地方还有一口青春泉：有谁会希望再生呢？

在我眼皮底下，这些神话差不多变成现实。在我们最没有思想准备的时候，我们看见一道湾汊里驶出一队小艇，有的被人用桨划动着，有的扬着风帆。他们在我们岛上登陆。船上载着两家克雷克人，其中一家是西蒙诺勒部族的，另一家是穆斯高古热部族的，在他们当中还夹杂谢罗基部族的人和"焦木头"。这些野人之俊美使我十分诧异，他们一点不像加拿大野人。

西蒙诺勒人和穆斯高古热人都相当高大，但他们的母亲，他们的妻子和他们的女儿却是美洲最矮小的女人，形成鲜明的对比。

登岸来到我们身边的印第安女人是谢罗基人和卡斯蒂利亚人的混血儿，身材高挑。她们当中有两位好像圣多明各和法兰西岛的克里奥尔人，但黄色皮肤，举止典雅，与恒河女人相似。这两位佛罗里达堂姊妹成了我的人物原型，一位成了阿达拉，一位成了塞吕塔。只是她们比我描绘的形象更加美丽，因为我无法表达这不断变化和难以捉摸的表情，也无法表达她们的容貌的种族和地域特征。在这椭圆的脸上，在这仿佛透过淡橘黄色烟雾看见的肤色上，在这如此乌黑和如此温柔的头发里，在这双微微开启的光滑的眼皮半遮掩的大眼睛里，总之，在印第安女人和西班牙女人的双重诱惑中，有某种难以形容的东西。

客人的到来稍稍改变了我们的行止；我们的捐客开始打听马匹的情况，我们决定在种马场附近安顿下来。

我们扎营的平原上到处是公牛、奶牛、野牛、水牛、鹤、火鸡、鹈鹕。飞禽用白色、黑色和玫瑰色点缀大草原绿色的背景。

强烈的感情令我们的商贩和猎人激动。并非地位、教育、偏见的激情，而是天生的、饱满的、充沛的情欲，它们直奔它们的目标，见证是无名树林深处一棵倒下的树，一个无法重新寻觅的山谷，一条名不见经传的河流。西班牙男人和克雷克女人的关系构成这些艳遇的背景，"焦木头"在这些浪漫故事当中扮演主要角色。有一个著名故事，讲述一个烧酒商人如何被一名"画成的女人"（妓女）引诱和弄得倾家荡产。这个故事改编成名为《塔巴密伽》的西蒙诺勒语长诗，在森林中被人传唱。印第安女人也被殖民者掠夺，很快被抛弃在彭萨科拉，在那里抑郁而死。她们的不幸增加了《抒情诗集》的篇幅，可同施曼娜[①]的悲歌排在一起。

一八二二年四月至九月，于伦敦

两个佛罗里达女人——俄亥俄河畔的废墟

大地是迷人的母亲。我们诞生在她的怀抱。我们在孩提时，她让我们吮吸她充满奶水和蜜汁的乳房；青年和壮年时，她向我们慷慨献出她清凉的水、她的粮食、她的果实；无论何处，她都向我们提供荫凉、沐浴之地、餐桌和床榻；我们死时，她向我们重新敞开她的襟怀，用青草和鲜花盖住我们的躯体，同时悄悄用她的滋养改变我们，让我们在某种

---

① 施曼娜（Chimène）：法国十七世纪剧作家高乃伊的作品《熙德》中的女主人公。

优雅的形式下再生。当我醒来，第一眼望着头顶的天空时，我就是这样想的。

猎人们出发从事他们每日的劳作。我同妇女和儿童待在一起。我的眼睛不再离开我的两位森林女神：一位是骄傲的，一位是忧郁的。她们同我讲的话我一句也听不懂；她们也听不懂我的话。但我去打水，装满她们的盆子；我去拾柴，烧旺她们的篝火；我去采摘苔藓，铺成她们的床榻。她们穿着短裙、西班牙式开缝长袖上衣、印第安青年的紧身褡和大衣。她们的光腿裹着桦树皮的花边；她们用灯芯草束住她们的头发；她们将玻璃珠串成链条和项链。她们耳朵上垂挂着红色的果实；她们有一只会说话的虎皮鹦鹉——阿密德①的鸟儿；她们将鹦鹉搭在肩上，当作装饰绿宝石，或者好像十世纪的贵夫人，给它套上头罩，擎在手上。为了使胸脯和胳膊变得结实，她们用美洲的阿必亚或叟筛涂抹四肢。在孟加拉国，寺庙的舞蹈女郎咀嚼油莎草；在东方国家，埃及舞女咀嚼希俄的乳香；佛罗里达女郎用她们带蓝色的白牙齿吸取利济档巴尔的浆液和啃噬里巴利②的根，后者兼有当归、枸橼和香草的芬芳。她们生活在她们自身散发的芳香之中，好像橙树和某些花朵被它们自己的叶子和花萼散发的馨香包围。作为消遣，我在她们头上插了一些饰物，她们笑着显出害怕的样子，但听从我摆布；她们是相信巫术的，以为我在施展魔力。她们当中一个，那位"骄傲女郎"，常常祈祷；我觉得她是半个基督教徒。另一位用软绵绵的声音唱歌，每句歌词结尾都发出令人困惑的喊叫。有时，她们之间用激动的声调说话，我觉察其中有嫉妒的意味，面色忧郁的那位哭泣着，但不久也就平静下来。

---

① 阿密德（Amide）：十七世纪的法国作家基诺（Philippe Quinault，一六三五—一六八八）的同名悲剧中的女主人公。
② 此处植物中文名称为音译。

虽然我是软弱的，但我寻找软弱的事例，以便鼓励自己。卡蒙斯[①]在印度不是爱过一名野性的黑女奴吗？而我，为什么我在美洲不能向两位淡黄皮肤的年轻妃子奉献我的殷勤呢？卡蒙斯不是向他的"野蛮的女奴"奉献诗篇吗？他对她说：

这个女囚使我变成囚徒，因为我时刻不能忘怀她，我不吝惜我的生命。在我眼中，在清香的花束中，玫瑰从来不曾这样迷人……她乌黑的头发激发爱情；她的容貌这样甜蜜，甚至白雪也想随她改变颜色；她的欢乐伴随着含蓄：她是一个外国女人；不，一个女蛮子。

人们去捕鱼。太阳快落山了。近景是萨撒弗拉、鹅掌楸、木豆树和橡树，它们的枝丫上是一丛丛白色的苔藓。近景后面，耸立着最优美的树——香木瓜树，人们可能将它当作雕制的银花柱，柱上顶着一个科林斯水瓮。远景中突出的是没药树、玉兰和枫树。

太阳坠落在这个幕布之后：一道光线透过乔木的拱顶射下来，像包藏在深暗的树叶中的一颗闪闪发光的宝石。在树干和枝丫间四散的光线在草地上投下逐渐变粗的圆柱和蠕动的曲线。下面是百合花、杜鹃花、卷成一团的大束的藤蔓；上面是云彩：有些静止不动，形如岬角或古老的塔楼；另一些飘浮着，犹如玫瑰的烟雨或平滑的锦缎，形状不断变化着。人们看见云彩中火炉打开炉门，炭火堆积如山，铁河流动。一切都是光亮的、耀眼的、金色的、丰沛的，充满光明。

一七七〇年莫雷暴动之后，有些希腊家庭来到佛罗里达避难。他们

[①] 卡蒙斯（Camoëns，一五二四——五八八）：葡萄牙诗人、作家。

可能以为自己仍然生活在爱奥尼亚①的气候里——那时，由于人们心怀爱情，气候也变得柔弱无力。在斯莫那，傍晚大自然在沉睡。

我们右边，是俄亥俄要塞的遗址；我们左边，是野人从前的营地。我们所在的岛屿幻影般出现在波浪之中，在我们眼前摇晃着它双重的景象。在东方，月亮在远处山岗上憩息；在西方，苍穹溶化成一片钻石和蓝宝石的海洋，已经潜入一半的太阳似乎正在其中消融。神话中的动物守卫着；大地怀着景仰之心，仿佛向天空顶礼膜拜，而它怀中散发的琥珀香成为露水，重新落在它身上，就像在祈祷者身上应验。

离开我的伴侣之后，我在一丛树木旁边休息：它的幽深阻隔了光明，造成我坐的地方幽暗。苍蝇在戴黑纱的灌木丛中闪闪发光，但碰见月亮的光芒就变得无影无踪。人们听见湖水涨退的响声，金鱼的跳动，会潜水的野鸭发出罕见的叫声。我的眼睛盯着湖面；我渐渐进入那些在世上奔跑的人所熟悉的昏昏欲睡的状态：我什么也记不清了。

我觉得自己同大自然在一种泛神论的状态中生活、成长。我背靠一株玉兰树的树干，随即进入梦乡。我的睡眠在希望的迷糊背景上飘浮。

当我走出忘河②时，我在两个女人中间。她们不想唤醒我；她们静悄悄地坐在我旁边。或者她们假装睡觉，或者她们真的在打盹儿，她们的头靠在我肩上。

一阵微风吹过小树林，将玉兰花的花雨洒在我们身上。这时，年轻的那位西蒙诺勒姑娘开始唱歌：谁对自己的生命没有把握，就断断不要让它冒这样的风险！人们无法知道情欲经过旋律的过滤在男人心中会产生什么效果。回答歌声的是一个粗暴和嫉妒的声音：一个"焦木头"在叫他的两个表妹。她们哆嗦一下，站起来。天开始发亮了。

---

① 爱奥尼亚（Ionie）：指古代小亚细亚中西部沿海地区及邻近岛屿。公元前一〇〇〇年希腊人曾在此居住。
② 忘河（Léthé）：神话中的地狱河流，亡灵饮其水，即忘记过去。

除了少一个阿斯帕西娅^①，我在希腊海岸边，重新看到这样的场面。我日出时登上圆柱围绕的帕提侬神庙，我看见基西拉岛、斯米托斯山、科林斯的卫城、坟墓、废墟沉浸在金黄的阳光之中，被大海反射着，在萨拉米纳和多洛的微风中散播着馨香。

我们在湖边结束了我们无言的航行。中午，营地拆除了，以便查看克雷克人想出卖、掮客想买的马匹。按照习惯，妇女和儿童都被叫来，在庄严的交易中充当证人。各种年岁和各种颜色的种公马、马驹、母马和公牛，奶牛和牝犊，开始在我们周围躲避和狂奔。在这一片混乱之中，我同克雷克人被冲散了。一大群马和人聚集在一座树林边缘。突然，我远远看见我的那两个佛罗里达女子。一个"焦木头"和一个西蒙诺勒人用他们强劲有力的手将她们放在两匹柏柏尔马的臀上。啊，熙德②呀！为什么我没有你的骏马巴比埃萨，去追赶他们呀！骑手开始飞奔，大队伍跟随在他们身后。马匹在水牛和公牛的尖角当中尥蹶子、跳、蹦、嘶鸣，它们的蹄子在空中碰撞，它们的尾巴和鬃毛染上了血，飞舞着。一群贪婪的飞虫包围这一群野性的马。我的佛罗里达姑娘不见了，像地狱之神夺走的克瑞斯③的女儿。

你看，我的故事都有头无尾；我只保留那些匆匆过去的东西的影子。我将来到香榭丽舍去的时候，我的身上带着比任何人都多的影子。错误来自我的天性：我不懂得利用机会。对别人所关心的东西我毫无兴趣。除了宗教，我没有任何信仰。即使我成了牧师或者国王，宗教的权杖和国王的权杖对我有什么用处呢？我对荣誉和天才，劳作和消遣，富裕和穷困也许都感到厌倦。我对一切都感到厌烦。随着岁月，我艰难地

---

① 阿斯帕西娅（Aspasie）：雅典政治家伯里克利的情妇，交际花。
② 熙德（Cid，一〇四三——一〇九九）：十一世纪西班牙声名卓著的军事统帅，民族英雄。
③ 克瑞斯（Cérès）：古罗马宗教所信奉的女神。

带着我的烦恼前行，而且没有到处虚掷生命。

穆斯高古热小姐是什么人——国王在瓦雷纳被捕——我中断旅行返回欧洲

弗朗索瓦二世死后，龙沙① 这样描绘准备前往苏格兰的玛丽·斯图亚特：

> 你启程，一身这样的装束，
> 唉，离开美丽的国家
> （你曾执掌它的权杖），
> 你一言不发，水晶般的
> 泪水滴在你胸前，
> 你满脸愁容，穿过
> 王宫以泉水的名字
> 命名的漫长的林荫道。

当剩下我一人独自在草原上漫游的时候，我是否像在枫丹白露散步的玛丽·斯图亚特？肯定的是，我的思想，如果不是我整个人的话，被"一面长长的、轻薄的、飘动的黑纱"包裹着，这仍然是古代新派诗人龙沙的话。

---

① 龙沙（Ronsard，一五二四——一五八五）：法国诗人。

魔鬼将穆斯高古热小姐抢走之后，我从向导那里得知，一个"焦木头"爱上这两个女人当中的一个，对我很嫉妒，于是同另一个表妹的哥哥——一个西蒙诺勒青年——合谋，抢走了我的"阿达拉"和"塞吕塔"。向导们毫无忌讳，称她们为"画成的女人"，这使我的虚荣心受到损害。更令我感到屈辱的是，受人宠爱的我的情敌是一只瘦小、丑陋和漆黑的蚊子，他具有昆虫的一切特点；按照大喇嘛的昆虫学家的定义，昆虫是肉在内、骨在外的动物。在我的不幸遭遇之后，我感到空荡荡的孤独。我的女精灵宽宏大量，跑来安慰我这个不忠诚的男人，就像朱莉①原谅她的圣-普勒同巴黎佛罗里达女郎的瓜葛。但是，我没有好好接待她。我急忙离开蛮荒之地，我以后在那里唤醒我的黑夜中沉睡的伴侣。我不知道我是否偿还了她们赐给我的生命；至少，为了赎罪，我使其中一位变成处女，使另一位变成清白的妻子。

我们重新越过蓝山，在奇利科希周围，我们走近欧洲人的垦殖地。关于我此次旅行的主要目的，我没有得到任何有用的情况；但我沿途所见，是一个诗的世界：

> 像玫瑰花上的一只蜜蜂，
> 我的缪斯满载战利品归来。②

我在一条小溪旁边看见一座美国式房屋，房屋的一边是农庄，另一边是磨坊。我进入屋内，请求主人提供食宿，受到很好的接待。

女主人带我爬上楼梯，进入水磨机上面的一个房间。我的窗子被常春藤和电灯花装饰着，面对一条小溪；狭窄和孤零零的小溪在两排厚密的柳树、桤木、檫木、罗望子树、卡罗莉娜杨柳中间流过。长满青苔的

---

① 朱莉（Julie）：卢梭的小说《新爱洛伊丝》的女主人公。
② 夏多布里昂自己的诗句。

水轮在树荫下转动,抛下一道长长的水帘。鲈鱼和鳟鱼在漩涡的泡沫中跳跃;鹡鸰在两岸飞来飞去,翠鸟在水面上抖动着蓝色的翅膀。

为什么我未能同想象的忠诚的"忧伤女郎"待在那里呢?我坐在她的脚边遐想,头靠在她膝盖上,听水流潺潺、水轮转动、石磨吱呀作响、筛子过筛、磨粉机阀板有规则地敲打,呼吸流水的清新和精磨大麦散发的芬芳。

夜色降临了。我下楼到农庄的客厅里。照亮客厅的只是在炉子里燃烧的玉米秆和小蚕豆荚。主人的枪支横放在枪架上,在月光下闪闪发光。我坐在壁炉边的一张凳子上,旁边有一只松鼠,它不断在一条大狗的脊背上和纺车的搁板之间跳来跳去。一只小猫蜷缩在我的膝盖上,观看松鼠的游戏。磨坊女主人在炭火上架了一口大锅,火焰像一顶金光四射的王冠拥抱着黑黝黝的锅底。当土豆在锅里翻滚的时候,我借助火光读书消遣;我低头看见地上我的两腿之间有一张英国报纸。我看见如下的大字标题:"Flight of the King"(国王逃跑)。这是关于国王出逃和他在瓦雷纳被逮住的报道。报纸也谈到流亡人数的增加和法国军官在王储旗下聚集的消息。

我的思想突然发生变化。在阿密德的花园里,勒诺[①]在荣誉镜中看出他的软弱;尽管我不是塔索的英雄,同样的镜子摆在一个美洲果园的中央,照出我的模样。在隐藏在无名树林中的一间磨坊的茅草屋顶下,我耳中回响着刀枪的铿锵,人群的喧哗。我突然中断我的旅行,对自己说:"回法国去吧。"

这样,我心目中的责任感推翻我最初的意图,带来我一生的曲折中最早的波折。波旁王朝并不需要一个默默无闻的布列塔尼青年贵族从海外归来为它效劳,就像在他成名之后也不需要他效劳一样。如果我当时

[①] 阿密德(Armide),勒诺(Renaud):典出意大利诗人塔索(一六四四——一六九五)的史诗《被解放的耶路撒冷》。

继续旅行,用那张改变我的生活的报纸点燃我的烟斗,谁也不会发现我缺席;我那时是默默无闻的,我的生命并不比我的烟斗冒出的烟更有分量。我和我的良心之间的简单较量将我抛掷到世界舞台上。我本来可以自由地决定我应该做的事情,因为我是这场冲突的唯一证人;但是,在所有证人当中,我最害怕在这个证人眼中丢脸。

为什么今天,孤寂的伊利湖和安大略湖,带着辉煌的博斯普鲁斯海峡不曾有的魅力,出现在我的脑海之中呢?这是因为,当我在美国旅行的时候,我充满幻想;法国的动乱同我的生命同时开始;在我身上,在我的国家里,没有任何东西是已经完成的。对于我,这些时光是甜蜜的,因为它们让我想到家庭所唤醒的感情的纯洁,和青年时代的欢乐。

十五年之后,当我结束我的东方之行时,由于残渣和眼泪而膨胀的共和国,如同洪水的一道激流,堕入专制政治。我不再抱幻想;我的记忆从此在社会和情感中寻找源泉,失去纯真。我对我的东方和西方朝觐都感到失望,我并没有发现通往北极的通道,在尼亚加拉瀑布旁边我并没有取得我寻找的光荣,我把它留在雅典的废墟之上。

我到美洲去是为了当旅行家,我回到欧洲是为了当战士,但这两种生涯我都没有坚持到底。一个妖魔从我手中夺走棍棒和剑,交给我一支笔。十五年之前,当我在斯巴达凝望夜空时,我想起那些曾经看见我平静和不安的睡眠的国家。在德国树林里,在英格兰长满欧石南的原野上,在意大利田野上,在大海之中,在加拿大森林里,我已经向我在海伦①和墨涅拉俄斯②的祖国上空见过的同样的星星致敬。可是,对着这些星星呻吟对我有什么好处呢?它们是我的浪游生涯的静止不动的证人。将来有一天,它们的目光会不倦地追随我;此刻,它们对我的命运无动于衷,我不会要求这些星星青睐我,也不会要求它们将旅人在他走过的

---

① 海伦(Hélène):希腊传说中最美丽的女人,特洛伊战争的间接起因。
② 墨涅拉俄斯(Ménélas):希腊神话中的斯巴达国王,海伦的丈夫。

地方留下的生命还给我。

如果今天我重返美国,我会认不出这个国家。在从前树木林立的地方,我会看见耕耘的田野;从前我披荆斩棘开路的地方,我会看见宽广的大路;在纳奇兹,塞吕塔的棚屋被一座大约五千人的城市取代;夏克达斯今天可能是国会议员。我最近收到谢罗基人印刷的小册子,呼吁我这个"新闻自由的捍卫者"维护野人的利益。

在穆斯高古热人、西蒙诺勒人、希卡萨人那里,有名为雅典、曼哈顿、迦太基、孟菲斯、斯巴达、佛罗伦萨的城市。有名为哥伦比亚的郡和名为马伦戈的郡。在我碰见欧布里老爹和默默无闻的阿达拉的地方,所有国家都留下一个名字作为纪念。肯塔基有它的凡尔赛,一个叫波旁的地区的首府名为巴黎。

所有逃到美洲的流亡者、被压迫者都带来了他们对祖国的思念。

...falsi Simoentis ad undam

Libabat cineri Andromache.①

在自由的保护下,美国在它的怀抱中,提供大多数古代和现代欧洲著名地点的形象和纪念。阿德里安②在他的罗马乡下的花园里,叫人再现他的帝国的建筑物。

三十三条大路从华盛顿出发,就像从前罗马的道路将卡皮托利山作为起点。这些大路又分成许多分支,通往美国各处,全长二万五千七百四十七英里。许多大路沿途建立了驿站。今天,人们乘公共马车到俄亥俄或尼亚加拉,犹如我们过去雇一名印第安导游和翻译。

交通工具是双重的:到处是由运河连接起来的湖泊和河流;人们可以沿着陆地上的道路,乘坐划桨或扬帆的小艇、马拉的驳船或汽船

---

① 拉丁文:"在一个假西莫伊人身旁,安德洛玛克祭奠赫克托尔的亡魂。"(《埃涅阿斯纪》)

② 阿德里安(Adrien,卒于公元七九五年):意大利籍教皇。

266

旅行。燃料是取之不尽的，因为巨大的森林在贴近地面的地方蕴藏着煤矿。

美国的人口逐年增加。从一七九〇年至一八二〇年，人口增加百分之三十五。人们估计，它的人口将达到一千二百八十七万五千人。以每二十五年翻一翻的速度增长，到一八五五年它将达到二千五百七十五万人，而在二十五年后的一八八〇年，他的人口将超过五千万。

人类的活力使荒漠变得全面繁荣。过去看不见船只的加拿大湖泊今天呈现一幅码头的景象，三桅舰、巡航舰、民用船在那里同印第安人的独木舟、小艇交错，就像在君士坦丁堡的海面上，双桅战船同三桅帆船、小艇和轻舟混杂在一起。

密西西比河、密苏里河、俄亥俄河不再寂寞：三帆船逆江而上；两百多条汽船使它的两岸充满生机。

这张本身就足以令美国繁荣的内海航运网，并未降低它的远洋运输的发展速度。美国的船舶覆盖一切大海，从事各种各样的事业，让西方的星条旗飘扬在东方受尽屈辱的海岸上。

为了完成这惊人的计划，必须想象波士顿、纽约、费城、巴尔的摩、查尔斯敦、萨凡纳、新奥尔良这样的城市。它们夜晚灯火通明，挤满马匹和车辆，到处是咖啡馆、博物馆、图书馆、舞厅和剧场，提供各种各样奢侈的娱乐。

然而，不要到美国去寻找那将人同其他被创造的生命区别开来的东西，这是它永垂不朽的根源和它的生命的装饰。在这个新共和国，文学是不存在的，尽管无数机构呼唤它的到来。美国人用实在的活动取代精神的活动；请不要将他在艺术上的平庸归结为他的低劣，因为他没有将注意力放在这方面。他被各种各样的原因抛掷到这片荒漠之上，农业和商业是他关注的问题；在思想之前，必须生活；在种树之前必须把树木砍掉，以便耕种。最早的垦殖者头脑中充满宗教的争论，确实将争论的热情一直带到森林里；但是，他们必须肩上扛着斧头，首先去征服荒漠，在他们劳作的空隙，只有他们锯的榆树当作他们的课桌。美国人没有攀登过各民族的年龄的梯级；他们把他们的童年和青年留在欧洲了；他们不曾经历摇篮的牙牙学语；他们只是通过对他们以后未曾再见的祖国的怀念享受家园的温馨；他们哭泣故园永久的失落和有关它的传闻的魅力。

在新大陆，没有古典文学，也没有浪漫文学和印第安文学；古典文学，美国人没有样板；浪漫文学，他们并没有经历中世纪；印第安文学，美国人蔑视野人，对森林厌恶之极，把它当作囚禁印第安人的监狱。

因此，人们在美洲看到的并不是非凡的文学，真正的文学；这是一种为社会的不同习俗服务的应用文学；这是工人、商人、水手和耕种者的文学。机械学和科学方面是成功的，因为科学有物质的一面：富兰克林和富尔顿驾驭了闪电和蒸汽，为人类造福。美洲的责任是赋予人类一种发明，依靠它任何大陆从此不会逃脱航海者的探索。

诗和想象是一小部分游手好闲者的专利，在美国被视为生命的童年和晚年的天真游戏，他们离晚年甚远。

因此，进行严肃研究的人都必然应该是从事他们国家的商业的人，甚至是商业革命的推波助澜者。但，有一件可悲的事情值得注意：从参与美国动乱的最早的一批人到现在的人，才干迅速退化了；然而，这些人是相互衔接的。共和国的几位前总统具有宗教的、朴素的、崇高的、沉静的性格，而在我们的血腥的共和国和帝国的喧闹中丝毫没有这种性格的痕迹。包围美国人的孤寂对他们的性格产生了作用；他们默默地实现了他们的自由。

华盛顿总统向人民发表的告别演说具有古代那些最庄严的人物的风度。总统说：

政府文件证明，在我履行我的职责期间，我严格遵循我刚才重新提到的原则。至少我的良心告诉我，我是恪守这些原则的。在重新回顾我在职期间的行为时，我虽然未曾犯过任何有意识的错误，但我深知我的缺点，不会不想到我很可能犯了许多错误。无论错误的性质如何，我诚恳地请求上帝排除或消散它们可能造成的恶果。我希望我的国家将始终以宽容之心看待这些错误，在我怀着热情和正直向它奉献了我四十五年的生命之后，因为才能不足而造成的错误会被遗忘，就像我本人即将长眠，被人遗忘一样。

当杰斐逊[①]的两个孩子当中的一个死去后，他在他的蒙蒂萨洛的寓所写道：

我所受的损失的确是巨大的。其他人可以失去他们大量拥有的东西；但是，我哪，我却要为失去我绝不可少的一半而悲痛。我的暮年从此仅靠一条生命的纤细的线维系着。也许我注定要目睹父爱这条最后的联系断裂！

极少感动人的哲学在此却是很动人心弦的。我们在此看到的不是一个游手好闲者的无病呻吟：杰斐逊于一八六二年七月四日去世，享年八十四岁，是他的国家实现独立后的第五十四年。他的遗骸覆盖着一块石头，墓志铭只有几个字："托马斯·杰斐逊，独立宣言的作者。"

[①] 杰斐逊（Jefferson，一七四三——一八二六）：美国政治家，一八〇一——一八〇九担任美国总统。

伯里克利[1]和狄摩西尼[2]为年轻的希腊人致悼词，但他们为之战斗的民族在他们之后不久就泯灭了；布雷肯里奇[3]在一八一七年悼念那些以他们的血使一个民族诞生的年轻美国人。

有一套记载杰出美国人的书，八开本，四卷；更加奇特的是，有一套记载一百余名印第安首领的生平的传记。罗甘，弗吉尼亚的首领，在邓莫尔勋爵[4]面前讲了这番话："去年春天，克拉斯帕上校在未受到任何挑衅的情况下，杀害了罗甘的所有亲人，在活着的任何创造物的血管里，都不再流动我的血。这就是激励我复仇的东西。我设法复仇，我杀了许多人。将来会有人哭泣罗甘的死吗？谁也不会。"

虽然美国人并不热爱大自然，但他们却专心研究博物学。图文森德从费城出发，徒步穿越隔开大西洋和太平洋的广大地区，把他的许多观察记录在他的日记里。托马斯·赛[5]，在佛罗里达和洛基山旅行之后，写了一本关于美国昆虫的著作。威尔逊[6]，一位织布工人出身的画家，完成一批相当精美的油画。

关于真正的文学，虽然作品不多，在小说家和诗人当中毕竟有几位值得一提的人物。一位名叫布朗[7]的公谊会教徒的儿子，是《维兰德》的作者，而《维兰德》是新派小说的泉源和榜样。布朗和他的同胞相反，说："我更喜欢在森林中游荡，而不是打麦子。"而小说的主人翁维兰德是一个清教徒，上天命令他杀死他妻子。他对她说："为了实现上帝的旨意，我把你带到这里来。你应该死在我手里。"我抓住她的两只胳膊，

---

[1] 伯里克利（Périclès，公元前四九五—前四二九）：古代雅典最伟大的政治家。
[2] 狄摩西尼（Démosthène，公元前三八四—前三二二）：古希腊的政治家。
[3] 布雷肯里奇（Brackenridge，一七六〇—一八〇六）：美国政论家。
[4] 邓莫尔勋爵（Dunmore）：美国独立之前的英国殖民总督。
[5] 图文森德（Townsend）和托马斯·赛（Thomas Say）都是十九世纪初的美国作家。
[6] 威尔逊（Wilson，一七六六—一八一三）：美国鸟类学家。
[7] 布朗（Brown，一七七一—一八一〇）：美国小说家。

她尖叫几声，企图挣脱，说："维兰德，我不是你妻子吗？而你想杀我，啊！不！求求你！求求你！"只要她能讲话，她就喊叫着，哀求他。维兰德杀死他妻子，并且在死者的遗体旁边感到无法言喻的快乐。我们的现代文明的恐怖在此是有过之而无不及的。布朗是读卡莱比·威廉的书长大的，他在《维兰德》中模仿了《奥瑟罗》的一个场面。此时，美国作家库柏、华盛顿-欧文①不得不躲到欧洲，为的是在那里找到专栏和读者。英国大作家的语言在原始的大自然当中，被克利奥尔化了，外省化了，野蛮化了；人们不得不出版美国熟语汇编。

至于说美国诗人，他们的语言读起来是令人愉快的；但是他们并不特别出色。可是，《献给傍晚的微风》《山上日出》《急流》，还有另外几首诗，都是值得一读的。哈勒克讴歌了临死的波扎利，而乔治·希尔曾经在希腊的废墟中游荡："啊，雅典！你是孤独的皇后，失掉皇位的皇后！帕提侬，庙宇之王，你看见你同时代的纪念碑让时光夺去它们的祭司，他们的上帝。"

我这个拉赫拉德和阿德朗迪德②海岸的旅行者，我喜欢听古代不知道的土地哀叹旧世界失去自由的声音。

---

① 库柏（Cooper，一七八九——一八五一），华盛顿·欧文（Washington-Irving，一七八三——一八五九）：都是美国作家，他们在欧洲享有众多读者。
② 拉赫拉德（l'Hellénie）和阿德朗迪德（l'Atlantide）：这两个词似指"失去自由"的"旧世界"的土地。

美国面临的危险

但是，美国能够保持它的政府形式吗？各个州会不会分裂？一位弗吉尼亚议员不是表示支持主张维护奴隶制的古代自由吗？而一位马萨诸塞议员不是捍卫无奴隶的现代自由吗，就像基督教所做的？

北方各州和南方各州在思想和利益上不是对立的吗？远离大西洋的西部各州不会要求建立特别的制度吗？一方面，联邦制度有无足够的力量维护联合，迫使每个州留在联邦里面？另一方面，如果增加总统的权力，专制，连同独裁者的卫队和特权，会不会上台？

美国同其他国家的隔离使它能够诞生和壮大。联邦制的瑞士能够在我们当中存在，为什么？因为它是一个小国、穷国，四周被群山环绕。它是为国王们培养士兵的苗圃，旅行者的散步场所。

美国人民由于与旧世界隔绝，仍然生活在孤独之中；它的荒凉是它的自由。但是，它的生存条件已经开始恶化。

墨西哥、哥伦比亚、秘鲁、智利、布宜诺斯艾利斯的民主制度的存在是一个危险，尽管这种民主非常混乱。当美国旁边只有一个大洋对岸的王国的殖民地的时候，任何严重的战争都是不可能的；但是，难道不害怕竞争吗？如果双方扩军备战，如果好战精神控制华盛顿的后代，一位将军可能出现在王位上：荣誉喜欢王冠。

我说过，北部、南部和西部各州的利益是不同的；美国人都知道这一点。如果这些州退出联合，人们会用武力去制服它们吗？那样，会在社会躯体中散播多么严重的敌对因素呀！那些分裂的州能够维护它们的独立吗？那时，在这些州里，什么分歧都可能发生！这些海外共和国，一旦分裂出去，只可能成为在社会平衡中毫无分量的脆弱单位，或者它们将相继被它们当中的一个所制服（且将联合和外国干预的严重问题放在一边）。肯塔基州的居民是一个更加粗犷的种族，他们更加勇猛，更加善战，似乎可能变成取胜的州。在这个可能吞噬其他州的州里，个人权力不久便会建立在民众权力的废墟之上。

我谈了战争的危险，我还应该提醒注意长期和平的危险。美国从她解放时开始，除了几个月时间，一直享有完全的和平。当成百次战役震撼欧洲的时候，他们却放心地耕耘他们的土地。由此带来人口的繁盛和财富的丰足，连同过剩的财富和人口带来的一切不便。

如果在一个不尚武的民族中发生冲突，人们顶得住吗？财富和风尚会同意做出牺牲吗？如何弃绝生活中喜好温存的习性。及对舒适和软绵绵的安逸的追求？印度由于躺在软绵绵的轻纱里，经常遭受外族统治。一个自由社会需要的，是一种被战争节制的和平状态，和一种用和平调节的战争状态。美国人头戴橄榄枝的冠冕由来已久，提供橄榄枝的树并不是这个国家天生的产物。

唯利是图的思想开始侵入美国人的头脑；在他们身上，利益成了他们民族的恶习。在几个州，银行的活动已经受到限制，而破产威胁共同的财富。只要自由产生金钱，一个工业共和国就创造奇迹；可是，当金钱已经到手或者耗尽的时候，共和国就会丧失对独立的热爱。这种热爱并非建立在道德感情之上，而是来自对利益的渴求和对工业的迷恋。

此外，在没有共同宗教和共同利益的各个州当中，很难创造一个祖国；各个州诞生于不同时期，有不同根源，今天生活在不同土地上，沐浴着不同阳光。在一个路易斯安那的法国人和一个佛罗里达的西班牙人之间，在一个纽约的德国人和一个新英格兰、卡洛来、佐治亚的英国人之间，有什么关系呢，虽然他们都被称作美国人？这位是轻浮的，喜欢决斗；这位是天主教徒、懒惰并且傲慢；这位是路德教教徒，勤劳而不使用奴隶；这位是圣公会教徒，率领黑人垦殖；这位是清教徒和商人；要多少个世纪才能使这些成员变得一致啊！

一个腰缠万贯的贵族，带着对荣誉和称号的追求，随时准备登场。人们以为，在美国占统治地位的是一种普遍的一致，这是完全错误的。有些团体互相瞧不起，它们之间从来不打交道；某些沙龙里，主人的高傲超过四代世袭的德国王子。这些高贵的平民贵族向往贵族门第，虽然知识的进步使他们变成平等和自由的人。他们当中有些人言必称他们的祖先，傲慢的大贵族，看起来是杂种纪尧姆①的私生子和伙伴。他们炫耀用蛇、蜥蜴和新世界的虎皮鹦鹉装饰的旧世界的骑士纹章。一位比斯开的年轻贵族带着短斗篷和雨伞来到共和国的土地上；如果他自称为"侯爵"，他在汽船上会被人敬重。

财富的巨大不平等更加严重地威胁平等精神。有的美国人享有一百万或两百万的收入；所以，上流社会的美国人已经不能像富兰克林那样生活。真正的绅士由于对他的新国家感到厌倦，到欧洲去寻找旧东西；人们可以在旅店里碰见他们；他们同英国人一样，怀着荒唐的念头或者忧郁的心情"游历"意大利。这些卡罗来纳或弗吉尼亚的游荡者在法国买下毁弃的修道院，在默伦②用美国树建造英国式花园。那不勒斯往纽约派遣了歌手和化妆品商人，巴黎送去了时装和丑角，伦敦派遣了青年侍者和拳击家。但异国情调的娱乐并未使合众国更加快乐。为了消遣，人们在那里纵身跳进尼亚加拉瀑布，四周围着五万垦殖者——死亡都不能令其露出笑容的半野人。

出奇的是，在财富的不平均到处蔓延和贵族开始出现的时候，外部强大的平均主义要求迫使工厂主和地主们掩饰他们的奢侈，隐藏他们的财产，因为他们担心被邻居杀害。人们不承认行政权力；人们随意驱赶他们自己选择的地方掌权人，并且用新人取代。这并不扰乱秩序；实际

---

① 杂种纪尧姆（Guillaume-le-Bâtard，一〇二八——〇八七）：英国国王（一〇六六——〇八七在位）。
② 法国巴黎附近的一座城市。

的民主受到尊重，而人们嘲笑由同一个民主在理论上提出的法律。家庭观念很少存在；孩子一到工作年龄，就应该像羽毛丰满的鸟儿，用自己的翅膀飞翔。从这些迅速变成孤儿的一代被解放的人和从欧洲到达的新移民当中，形成流浪的人群；他们开垦荒地，挖掘运河，到处谋生而不固定在一个地方。他们开始在荒漠中建造房屋，而业主只偶尔来一次，住几天。

一种冷漠的、严酷的自私自利在城市中盛行；皮阿斯特[①]和美元，钞票和银子，地产的涨跌，谈话都离不开这些内容；人们可能以为自己在股票交易所或者大商店的柜台旁边。报纸上充斥生意经和粗野的废话。美国人是否不知不觉受到气候规律的影响？按照这个规律，植物界得益，而活着的人类受到损害。这个规律受到若干杰出人物的批评，但反对意见并没有使它完全被否定。人们可以调查，美国人在哲学民主当中是否过早衰竭了，就像俄国人在文明专制中过早衰竭一样？

总之，美国给人殖民地的印象，而不是祖国的印象。他们没有过去，风俗习惯是依靠法律形成的。在政治思想进入上升阶段的时候，这些新世界的公民进入各民族的行列，这就是他们为什么变化得这样快的原因。固定不变的社会在他们那里似乎是不可能的，一方面由于人们对此非常厌恶，另一方面，由于人们无法原地不动和由于这种支配他们的运动的必要，因为在灶神游荡的地方，人们是无法安定的。美国人被放置在连接海洋的大路上，处于同他们的国家一样崭新的进步观点的领先地位，他们从哥伦布那里得到的使命毋宁说是发现另外的世界，而不是创造它们。

---

① 皮阿斯特：许多国家的货币名称。

返回欧洲——海上遇险

正如我前面已经说过的,我从荒漠回到费城,而且在路上像拉封丹笔下的老头一样,匆忙写下"我刚刚讲述的东西"[①],但我没有收到我等候的汇票。这是我下半生的银钱拮据的开始。财富和我一碰面,就互相厌恶。据希罗多德[②]说,某些印度蚂蚁拾取成堆的黄金;按照阿太纳[③]的说法,太阳送给海格立斯一条金船,到厄律提亚岛[④]登陆——那里是赫利阿得斯人的巢穴。尽管我是蚂蚁,我没有属于印度大家族的荣幸;尽管我是航海者,我从来都是乘坐杉木船只航行。一艘这样的船将我载回欧洲。船长同意我赊欠他的船费。一七九一年十二月十日我同好几个同胞登船;他们同我一样,由于各种原因返回法国。船的目的港是勒阿弗尔[⑤]。

从特拉华河口一出海,我们就碰上西风;这股风用十七天时间将我们吹到大西洋彼岸。我们常常降帆航行,至多升起最小的帆。太阳只露过一次脸。船舵大致听从操纵,躲避迎面的波浪。我在阴影中横渡大西洋;我觉得大海从来不曾这样阴沉过。我自己更加阴沉,我在生活中刚迈出一步,就失望而归了。波斯诗人费里克-艾丁说:"无法在海上建造宫殿。"我心中感到一种莫名的沉重,好像自己正在朝一个重大灾难走去。我凝视着海浪,向它们询问我的命运;或者我写作,海的骚动使我感到不便,而不是令我担心海的威胁。

---

① 引自拉封丹的寓言《老头和三个年轻人》。
② 希罗多德(Hérodote,约公元前四八四—约前四二五):古希腊历史学家。
③ 阿太纳(Athénée,公元二至三世纪):古希腊学者。
④ 厄律提亚岛(Erythia):想象的岛屿。
⑤ 勒阿弗尔(LeHavre):法国北方港口。

随着我们接近欧洲,风暴非但没有平静下来,反而变得更加频繁,但风力同样猛烈。由于风暴一成不变地肆虐,结果在灰白的天空和铅灰色的海面,有一种杀气腾腾的平静。船长因为无法测量太阳的高度,感到担心;他爬上桅杆的侧支索,用望远镜朝天际瞭望。他在艏斜桅上布置一名水手进行观察,还在大桅楼上布置另一名瞭望哨。波浪变短了,海水改变颜色,表明我们靠近陆地了。但是,这是什么地方呢?布列塔尼水手有这样一个谚语:"看见美丽岛①的人看见他的岛屿;看见格洛亚②的人,看见他的欢乐;看见乌艾桑③的人鲜血淋漓。"

有两个晚上,在浪涛的尖叫声中,在风儿吹打缆绳的轰鸣中,在覆盖和显露甲板的海浪的冲击下,我在上甲板走来走去。我们周围是一片咆哮的巨浪。我被这些冲撞和打击弄得疲倦了,第三个夜晚降临时,我去睡觉了。天气十分可怕;浪头击打着船只,变成飞溅的浪花,船的骨架仿佛要散开了。在这些喧哗中,我的吊床吱吱叫着,摇晃着。不久,我听见大捆的缆绳从甲板的一边滚到甲板的另一边,我感觉船只似乎在掉头。货舱楼梯的盖子掀开了;一个可怕的声音在叫船长。黑夜和风暴中传出的这个声音有某种令人恐惧的东西。我用心听着;我似乎听见船员们在议论陆地的位置。我跳下床;一个浪头冲进船尾仓房,淹没了船长的房间,掀翻了桌子、床、柜子、家具和武器,一切都乱成一团,滚来滚去;我走上被淹没一半的上甲板。

当我从中仓把头伸出去的时候,我看到的壮丽景象令我大吃一惊。船曾经尝试掉头,但未能成功,船在风的推动下搁浅了。借助从云中钻出来但立即又钻回去的缺损的月亮的光芒,透过黄色的雾,我们在船的两侧,看见巨石嶙峋的海岸。在我们陷入的狭长海峡里,巨浪排山倒

---

① 美丽岛(Belle-Isle):布列塔尼的最大岛屿。
② 格洛亚岛(Groie):美丽岛北面的一个小岛。
③ 乌艾桑岛(Ouessant):布列塔尼的一个小岛,以危险著称。

海；有时它们飞溅成浪花和星点；有时它们展现一个油光光的透明的平面，按照浅滩的颜色，平面呈现黑色、黄铜色和绿色的花纹。在两三分钟时间里，深渊的呐喊和风的吼叫混杂在一起；过一会儿，人们听见海水流动，暗礁嘶鸣，远处浪涛在轰响。从船的深处传出的声响令最勇敢的水手也感到恐慌。船头带着沙沙的声音划破厚重的波浪，在舵那边，湍急的海水形成漩涡，好像水闸放出的水。在这一片嘈杂中，没有任何东西比类似瓶子灌水的低沉的响声更令人惊惧了。

在手提灯照耀下，罗盘地图、海图、航海日志摊开放在一个鸡笼上。在罗经柜里，一阵风吹灭了灯火。人人都在以不同方式议论陆地。我们在不知不觉中已经驶入英吉利海峡；船碰到浪就打旋儿，在盖纳塞岛和奥里涅岛之间漂流。看来，沉船是不可避免的了，乘客们抓住他们最珍贵的东西，希望挽救它们。

船员当中有一些法国水手；在没有神父的情况下，其中一位唱起献给《救苦救难的圣母》的颂歌，这是我童年时代学会的第一首歌曲。当年，我在母亲注视下，面对布列塔尼海岸反复唱这首歌。信奉新教的美国水手将他们的心愿同他们的信奉天主教的法国伙伴的歌声汇合在一起；危难教人认识他们的弱点，并且使他们同心合力。乘客和水手都聚集在甲板上。为了不被海浪冲走，或者在船的摇晃中不跌下海，有的抓住索具，有的抓住船壳板，有的抓住绞盘，有的抓住锚嘴。为了砍掉桅杆，船长叫道："斧头！斧头！"船舵无人掌握，旋转着，发出吼叫。

还有一个办法可以试试。水砣测量表明，船离横卧在航道上的沙滩只有四寻；海浪可能使我们越过沙滩，将我们冲到比较深的水域。但是，谁敢抓住舵柄，担负起挽救大家的使命呢？只要稍有不慎，我们就完了。

船上有一个生来不怕死的人，在危难中挺身而出。一名纽约水手站到驾驶员撂下的岗位上。我今天还记得当时的情景：他身穿衬衣、布裤，光脚，蓬着一头散乱的湿发，用两只强劲有力的手紧握着舵柄；同时，他掉转头，望着船尾那个应该挽救我们或者毁灭我们的浪头。浪头过来了，高耸连绵，席卷整个航道，像涌进另一片海洋的潮水。在浪头之前到达的，是一只巨大的白鸟，它平静地翱翔着，好像死亡之鸟。船似乎撞着什么，船尾的龙骨碰到海底；大家都静默着，所有面孔都变得铁青。浪来了：在它冲击我们的时候，水手将舵摆动一下；船几乎要碰到沙滩，翘起了尾部，而涌来的巨浪吞没我们，将我们抬起。人们扔下水砣，水深二十七寻。乌拉声直冲云霄，我们还加上一句："国王万岁！"上帝完全没有听见这声对路易十六的祝愿；它只是为我们自己造福。

我们虽然离开了这两座岛屿，但并没有摆脱危险。我们无法驶过格兰维尔海岸。后退的潮水带动我们，我们绕过拉胡格角。我在这几乎变成现实的海难当中，丝毫不感到慌乱，而且也并不因为得救而感到欢乐。比诸任由时光驱赶，年轻时抛下生命会更好一些。次日，我们进入勒阿弗尔港。全城居民都跑来看我们。我们的顶桅折断了，我们的小艇冲跑了，舣楼被铲平了，每次颠簸时船舱都进水。我下船，走上防波堤。一七九二年一月二日，我重新踏上故乡的土地——虽然我以后还要离开它。我带回来的不是北极地区的因纽特人，而是两个不知属于哪个种族的野人：夏克达斯和阿达拉。

一八二二年四月至九月，于伦敦

篇章九

我到圣马洛看望母亲——革命的发展——我的婚姻

我写信给我在巴黎的哥哥，详细描写了我横渡大西洋的经过，解释我回国的原因，并且请他借钱给我支付船费。我哥哥回答说，他已经将信转给母亲了。德·夏多布里昂夫人立即回信，使我能够还清我拖欠的钱，并且离开勒阿弗尔。她告诉我，吕西儿在她身边，还有贝德舅舅和他一家。这些消息使我下决心到圣马洛去；在那里，我可以就我的下次流亡问题征求舅舅的意见。

革命像河流，越流越宽广；我发现，同我离去时相比，革命扩大了，而且泛滥了；我离开它的时候，米拉波在制宪会议里面，而现在，丹东在立法议会里面。

一七九一年八月二十七日签订的皮尔尼兹条约在巴黎公布了。一七九一年十二月十四日，当我还在风浪中颠簸的时候，国王宣布，他已经就德国扩军问题写信给日耳曼的各位君主（尤其向特莱维的选帝侯）。路易十六的兄弟们、孔代亲王、德·卡洛纳先生、德·米拉波子爵和德·拉凯伊先生立即受到指控。从十一月九日开始，此前公布的一道法令已经针对流亡者，但是我急于参加的正是这些被放逐者的队伍；别人可能会望而生畏，但是强者的威胁总是使我站在弱者一边，因为我无法忍受胜利者的骄傲。

从勒阿弗尔到圣马洛途中，我亲眼看见法国的分裂和苦难：城堡被烧毁和荒弃；纱厂老板们出走了；女人到城里去避难。村庄和小镇在隶属于巴黎的科尔得利俱乐部下属俱乐部的暴虐统治下呻吟；以后，科尔得利俱乐部与雅各宾俱乐部合并。雅各宾俱乐部的对立派，君主立宪社，或斐扬派，不再存在了；无套裤汉的可耻称呼已家喻户晓。人们对国王以"否决先生"和"我的卡佩"①相称。

我受到母亲和家人的亲切接待，但他们抱怨我回得不是时候。我舅舅德·贝德伯爵准备同他妻子、儿子和女儿到泽西岛去。问题是要设法为我筹钱，使我能去同王储们汇合。我的美洲之行已经用去我的一部分财产；由于取消封建特权，我以幼子身份分得的产业几乎荡然无存：由于我同马耳他修会的关系，我应该享受的利益同教会的其他财产一样落入政府手中。这一切凑在一起，决定了我一生最重要的行动：家人给我娶亲，以便让我找到去为一个我并不热爱的事业送死的办法。

在圣马洛，有一位德·拉维涅先生，他是圣路易骑士，洛里昂的前司令官。德·阿尔图瓦伯爵巡视布列塔尼时，住在他家中。王子对他的主人十分赏识，答应以后满足他的一切要求。

德·拉维涅先生有两个儿子，其中一个娶德·普拉利埃尔小姐为妻。婚后出生的两个女儿都还年幼，成了失去父母的孤儿。长女嫁给德·普莱西-帕帕尔斯科伯爵，船长，他的父亲和祖父都是海军元帅，他自己现在是海军准将，佩戴红勋章绶带，在布雷斯特海军学校当学生总管；

---

① 法国大革命时，人们给路易十八的粗俗名称。

281

幼女住在祖父家,当我从美洲回来,到圣马洛的时候,她十七岁。她皮肤白皙,苗条而娇嫩,很漂亮;她像一个小女孩,一头天然卷曲的金发垂在肩上。人们估计她有六十万到七十万财产。

我的姐姐们,有意让我娶同吕西儿关系甚好的德·拉维涅小姐为妻。事情酝酿过程中是瞒着我的。我只是远远见过她三四次;当我在沙滩上与我的老情人——大海——嬉戏的时候,我看见她在"犁沟"上,我是从她的玫瑰色皮袄、她的白长袍和她被风吹拂的鬈发认出她的。我觉得自己没有任何当丈夫的资格。我充满幻想,有许多憧憬;由于闯荡,我生命的活力倍增。我被缪斯折磨着。吕西儿喜欢德·拉维涅小姐,认为这件婚事可以使我获得独立的财产。我说:"按你们的意思办吧!"在我身上,从事社会活动的我是不可动摇的,私人生活中的我则完全听人摆布,而且为了避免一个小时的烦扰,我愿意当一个世纪的奴隶。

事情很快得到祖父、叔伯和主要亲戚的赞同,问题是要说服德·沃维尔舅舅——一位坚定的民主派。他反对他的侄女同一个我这样的贵族结婚,尽管我与贵族毫无共同之处。人们以为可以克服这个障碍,但我虔诚的母亲要求我们的婚礼由一名"未宣誓"的神父主持,这样,婚礼就只能秘密举行了。德·沃维尔先生得到这个消息,向法庭提出控告,指责我们绑架、违反法律,借口是德·拉维涅小姐是由他祖父抚养大的。变成德·夏多布里昂夫人的德·拉维涅小姐以法律的名义被带走,安置在圣马洛的维多利亚女修院,等候法庭裁决。

在这一切当中既没有绑架,也没有违法、冒险和爱情;这件婚事只有传奇故事的坏方面:事实真相。经过辩护,民事法庭判决婚姻有效。两家家长赞同,德·沃维尔先生不再追究。拥护《教士的公民组织法》的教士得到不少钱,不再反对为婚配降福;随后,德·夏多布里昂夫人走出女修院——吕西儿陪她住在那里。

这是一个我需要了解的新人。她给我带来了我想得到的一切。我不知道有谁比我夫人更加聪明。从你的表情，她就能猜出你的思想和想讲的话，什么事都瞒不过她。她聪敏，有教养，写东西笔下生花，说话头头是道；她佩服我，但没有读过我的作品，因为她担心在其中碰到同她的看法不同的思想，或者发现别人低估了我的成就。她喜欢发表意见，而且她了解情况，看法常常是中肯的。

德·夏多布里昂夫人的缺点——如果她有的话，来自她太多的优点；我的非常确凿的毛病来自我的优点太少。人们很容易做到忍让、耐心、殷勤和好脾气，当人们什么都不在乎，对一切都感到厌倦，对好事和坏事都以绝望和令人绝望的方式回答的时候："这有什么关系呢？"

德·夏多布里昂夫人比我更好，尽管她不那么容易接近。我对她的态度是否无可指责呢？我对我的伴侣是否倾注了她应该得到的感情呢？她对此是否有过抱怨？作为她付出的始终如一的感情的报偿，她享受过幸福吗？她分担了我的厄运；她坐过恐怖时代的监狱，受过帝国的迫害，尝过复辟王朝的苦难，而且她不曾享受做母亲的欢乐，无法抚慰她的忧伤。她如果同别人结婚，也许会有孩子，在孩子身上她会倾注她的全部母爱；她不曾享受令风华正茂的女子感到安慰的母亲的荣誉和温情，她在孤独中迈向晚年。由于她常常不同我住在一起，而且对文学反感，分享我的姓氏的光荣并没有给她带来补偿。只是为了我，她才显得羞怯和胆小；她的经常性的不安情绪剥夺了她的睡眠和治愈她的痛苦的时间：我是她经常生病和反复发作的根源。我能够将她有时对我缺乏耐心，同我给她造成的忧伤相提并论吗？她克服障碍，开办了玛丽-泰雷兹诊所；我能够将我的优点同她的品德相比较吗？我做的工作在这位女教徒的成就旁边算得了什么呢？当我们两人将来到上帝面前报到的时候，受到谴责的将是我。

总之，当我审视我的天性和它的缺陷的时候，能够断言这件婚事损害了我的命运吗？我可能会有更多的闲暇和休憩；我可能会在某些社交圈子里和某些名人那里受到更好的接待；但是，在政治上，虽然德·夏多布里昂夫人令我气恼，可是她从未阻止我的行动，因为，在这方面同在荣誉方面一样，我只根据我的感情做出判断。如果我是独立的，我会写出更多的作品吗？我的作品会更好一些吗？如果我在国外结婚，我可能会停止写作，放弃我的祖国。读者将会看到，我不是有这种机会吗？如果我不结婚，由于我生性的弱点，我会不会落进某个品行不端的女人手中呢？我难道不会像拜伦一样，浪费和玷污我的时光？今天，我年事已高，狂热的爱情已经舍我而去；我今天只留下空虚和遗憾：不被人尊重的单身汉，受骗或醒悟；对于那些不想听我的陈旧歌曲的人反复歌唱的老鸟。我的愿望的完全满足不会给我的竖琴增加一根琴弦，给我的歌声增加一个更动情的声调。我的感情的限制、我的思想的隐秘，可能更加增加了我的歌声的力量，以一种内在的热情、暗暗燃烧的火焰激励我的作品，这种火焰在爱情自由的空气中也许会被吹散的。由于被一个不可解脱的羁绊限制着，我开始时以少量苦涩的代价获得我今天品味的甜蜜。在我生命的苦难中，我只保留不可治愈的部分。因此，我对我妻子怀着亲切的感激之情，她对我的眷念既感人，又深刻、诚恳。她总是激励我尊重义务——如果不是激发我执行义务的力量——使我的生命更加庄重、更加高贵、更加令人尊敬。

一八二二年四月至九月，于伦敦
一八四六年十二月修改

巴黎——旧友新朋——巴尔特莱米神父——圣昂热——剧场

我于一七九二年三月底结婚；四月二十日，立法会议向刚刚继承王位的弗朗索瓦二世宣战。同月十日，人们在罗马将伯努瓦·拉布尔列为真福者：这就是两个世界。战争使剩下的贵族纷纷跑到国外。一方面，迫害变得变本加厉；另一方面，留在国内的保王派都被视为胆小鬼。我必须到我远道归来寻找的那个阵营里去。我的舅舅贝德和他一家坐船到泽西岛去了，而我同我妻子和我姐姐——吕西儿和朱莉——来到巴黎。

我们叫人在圣日热曼区租了一套房子，房子在名叫菲鲁的死胡同里，是一座名为"维莱特"的小公馆。我急于结识朋友。我去看那些过去有联系的文人。在新面孔当中，我看见博学的巴尔特莱米神父和诗人圣昂热[1]。按照尚特卢沙龙的看法，神父过分突出了雅典的闺房。奥维德[2]的译者并不是一个缺乏才气的人；才干是一种禀赋，一个孤立的东西；它可能同其他精神力量汇合在一起，也可能和它们分开。圣昂热就是一个证据；他极力使自己不显得愚蠢，但他仍然做不到这一点。我一直很欣赏贝纳丹-圣皮埃尔的笔调，但他缺乏才能，而且不幸得很，他的性格同他的才能属于同一水平。由于他才智有限，也由于他缺乏高尚的灵魂，在《人性研究》中，有多少描写是败笔！

吕勒利耶尔于一七九一年，在我前往美国之前，突然去世。我以后在圣德尼见过他的小房子，还有喷泉和爱神雕像，雕像下面刻着这样的诗句：

---

[1] 圣昂热：他真正姓名是昂热-弗朗索瓦·法利欧（Ange-François Falio，一七四七——一八一〇），他翻译了奥维德的作品。
[2] 奥维德（Ovide，约公元前四三—公元一七）：古罗马最伟大的诗人之一。

> 埃格蒙和爱神曾在此逗留：
> 他俊美的形象
> 倒映在波动的泉水中：
> 埃格蒙走了；唯有爱神羁留。

当我离开法国时，巴黎的剧场还在上演《埃庇米尼得斯的觉醒》①，回响着这样的唱段：

> 我爱我们的保卫者的
> 战斗品德，
> 可是，我憎恨
> 残暴民众的狂热。
> 在可怕的欧洲，
> 愿我们永远自由，
> 也愿我们永远善良，
> 保持法兰西精神。

我回来的时候，《埃庇米尼得斯的觉醒》不再上演；要是有人唱这首歌，那就是谋害作者了。现在演出《查理九世》②。这个剧能够风靡巴黎是由于当时的形势。警钟、手持匕首的民众、对国王和神父的仇恨是这个悲剧的幕后彩排，而演出是公开的。初出茅庐的塔尔玛继续走红。

当悲剧染红街道的时候，田园剧却风靡剧场。台上只看见天真的牧人和纯洁的牧羊姑娘。在芦笛的呜咽中，在喁喁私语的蒂尔西斯和边打

---

① 《埃庇米尼得斯的觉醒》（*Epiménide*）：一部由德·奥利维尔（Carbon de Flins des Oliviers）写的喜剧。
② 《查理九世》（*Charles IX*）：一部由谢尼耶（Marie-Joseph Chénier）写的悲剧。

毛线边列席国民会议的平民妇女面前，田野、小溪、羊群、鸽子、茅屋下的黄金岁月复活了，而他们在进剧场之前，观看了断头台的表演。如果桑松有时间，他可能也会扮演卡兰这个角色，而泰胡阿涅·德·梅里古尔小姐也许会扮演巴代。国民会议议员以自己是最宽恕的人自诩。他们是好父亲、好儿子、好丈夫，他们带孙子去散步；他们喂孙子吃饭；他们被孙子天真的游戏感动得流泪；他们温柔地将他们的羊羔抱在怀里，将载着受害者去受刑的大车的"马马"指给他们看。他们讴歌大自然、和平、同情心、善良、天真、家庭的节操；为了人类的至福，这些因为善良而怡然自得的人以极敏锐的同情心，叫人砍掉他们邻居的头颅。

一八二二年四月至九月，于伦敦

巴黎面貌的变化——科尔得利俱乐部——马拉

与一七八九年和一七九〇年相比，一七九二年的巴黎发生了很大变化。这不再是新生的革命，而是一个被引入歧途的醉醺醺的人民，越过深渊，朝自己的命运走去。表面看来，人民不再那样吵嚷，好奇，匆忙；但他是面带杀机的。街道上，看见的只是恐惧或胆怯的面孔，为了避人耳目而悄悄沿着墙根溜走的人，或者正在寻找猎物的闲逛者。胆怯的、低垂的目光避开你，或者尖锐的目光盯着你，猜度你的意图，洞穿你的心思。

丰富多彩的服装不见了，人们披上宽袖上衣；这种新世界的制服只是未来囚徒的最后一身衣裳。法国焕发青春时表现的社会放纵，一七八九年的自由，这种正在灭亡的、但还未达到无政府状态的任性的、乱糟糟的自由，在人民的权杖下，已经逐渐平静下来。大家觉得平民专制正在走近；确实，这种专制是年轻的、有生命力的和充满希望的，但它比过时的旧王权专制更加可怕。因为变成统治者的人民无处不在，当他变得暴虐的时候，暴君就无所不在。这是一个无处不在的提比略[①]的普遍存在。

巴黎民众中混杂了南方来的暴徒；为了准备八月十日事件和九月屠杀，丹东召来了马赛人的先头部队，可以从他们的褴褛服装、黑色皮肤、卑鄙和罪恶的神态中认出他们；这是另一种罪恶的神态，"in vultu vitium"[②]，邪恶挂在脸上。

在立法会议上，我看不到一个熟面孔：米拉波和我们的动乱的头一批偶像，或者不在了，或者失去了他们的祭台。为了接上被我的美洲之行打断的历史线索，有必要回顾在此之前发生的事情。

一八二二年四月至九月，于伦敦
一八四六年十二月修改

[①] 提比略（Tibère，公元前四二—公元三七）：罗马第二个皇帝。
[②] 拉丁文。

回顾

　　一七九一年六月二十一日国王逃跑，使革命向前迈进一大步。国王于同月二十五日被逮回巴黎，第一次被废黜，因为国民议会宣布它的法令具有法律效力，而不需要国王批准或接受。高等法庭，在革命法庭成立之前，在奥尔良成立。从这时开始，罗兰夫人[①]就要求处死王后；后来，革命也将罗兰夫人本人处死。群众在马斯校场集会，反对中止国王的权力，要求对他进行审判。九月十四日接受宪法并未使事态平息。问题在于是否宣布废黜路易十六。如果做了这件事，就不会犯下一月二十一日的罪了。法国人民对君主制和后世的立场正在发生变化。反对废黜的制宪议会成员以为自己在挽救王权，而实际上他们在葬送它。那些要求废黜的人以为在葬送它，可能会挽救它。政治上，结果几乎永远与预见相反。

　　一七九一年九月三十日，制宪议会举行最后一次会议。在此之前，五月十七日颁布的关于禁止任职期满的成员重新当选的法令，孕育了国民公会。对于普遍事物，没有比针对个人或团体的个别决定更加危险、更加无力、更加无法执行的了，即使这些决定受人尊敬也罢。

　　九月二十九日关于群众社团的法令，使这些社团更加凶猛。这是制宪议会的最后一次法令；第二天，它就解散了，它留给法国的是一场革命。

[①] 政治家罗兰（参看下一节注①）的妻子。她的沙龙对当时的政治活动有极大影响，吉伦特派成员经常光顾。后来她被处死。

立法会议——俱乐部

一七九一年十月一日成立的立法会议在横扫一切的旋风中展开它的工作。动乱使各省在流血；在冈城，人们陶醉在屠杀中，并且把贝尔赞斯先生的心脏吃掉了。

国王否决了针对流亡分子的法令和剥夺未宣誓教士一切待遇的法令。这些行动更增加了混乱。佩蒂翁被任命为巴黎市长。一七九二年一月一日，议员们指控流亡王储；二日，他们确定一月一日这一天为自由四年元旦。二月十三日左右，巴黎街头出现红帽子，市政府叫人制造长矛。三月一日，流亡者宣言发表。奥地利拿起武器。巴黎分裂成或多或少对立的区。一七九二年三月二十日，立法会议决定采用死亡机器；如果没有这东西，恐怖时代的判决就无法执行。人们先用死人进行试验，从中积累经验。这架机器同刽子手一样，为了它的保养，它的服务对象必须向它交付一笔钱。即使杀人机器是惩罚罪行所必需的，机器的发明是事物之间相互联系的值得纪念的证明，或者毋宁说是上帝暗地实施的行动的证明，当他想改变各帝国面貌的时候。

在吉伦特派煽动下，部长罗兰[①]应召进入国王的参政院。四月二十日，向匈牙利和波希米亚国王宣战。马拉发表《人民之友》，尽管他受到针对他的法令的打击。国王的德国团和贝尔赤尼团开小差。伊斯纳尔德说王室背信弃义。让梢内[②]和布里索[③]揭露奥地利委员会。由于国王的卫

---

① 罗兰（一七三四——一七九三）：政治家，一七九二——一七九三担任内政部长，吉伦特派的朋友。他得知他妻子被处死时自杀。
② 让梢内（一七五八——一七九三）：立法会议议员，吉伦特派，后被处死。
③ 布里索（一七五四——一七九三）：记者和政治家，立法会议议员，吉伦特派首领之一，后被送上断头台。

队被解散，发生了暴乱。五月二十八日，议会连续举行会议。九月二十日，圣安托万和圣马尔索郊区的群众强行闯入杜伊勒利宫，借口是国王拒绝批准废除神父；国王有生命危险。宣布祖国在危难中。人们烧毁拉斐德的画像。第二次联盟节的代表到达；被马拉吸引的马赛人正在赶来，他们于七月三十日进入巴黎，佩蒂翁将他们安置在科尔得利修道院住宿。

科尔得利俱乐部

在全国性的讲坛旁边，竖起了两个互相竞争的讲坛：雅各宾俱乐部的讲坛和科尔得利俱乐部的讲坛；后者力量最强大，它向著名的巴黎市府提供成员和行动手段。如果巴黎市府没有成立的话，巴黎由于缺乏一个中心，也许已经分裂，各区政府也许会变成互相对立的政权。

科尔得利俱乐部设在同名修道院里；一二五九年，圣路易实施统治时，为补偿一桩谋杀罪而支付的罚款用来修建该修道院的教堂。一五九〇年，教堂成为最有名的神圣联盟成员的巢穴。

有些地方似乎是乱党的实验室。埃图瓦尔说（一五九三年七月十二日）：

"已经通知德·马也纳公爵，两百名方济各会修士到达巴黎，他们正在准备武器，并同十六人团达成协议，后者每天在巴黎科尔得利修道院举行会议……今天，在科尔得利修道院集中的十六人团解除武装。"因此，我们的狂热的联盟成员将科尔得利修道院当作陈尸所，让给我们的富于哲学精神的革命者。

修道院的油画、雕像和画像、纱帐和窗帘都被拆除了；满目疮痍的长方形教堂只剩下骨架和梁柱。在教堂后部的圆室，风和雨通过没有玻璃的圆花窗刮进来；教堂开会的时候，细木工的工作台充当会议主席的办公桌。工作台上摆满红帽子；每个演讲者在登上讲台之前，都要戴上这种帽子。这个讲台是用四个架子支撑而成的，一块木板放在 X 形架子上，好像一个临时搭成的戏台。在会议主席身后，自由神雕像旁边放着旧时的所谓司法用具，这些用具被杀人机器取代了，就像那些复杂机械被水锤扬水器所取代一样。"清洗"过的雅各宾俱乐部借用科尔得利俱乐部的若干设施。

演说者

联合起来进行毁灭的演说者，对于要选择的头颅和要采用的方法持不同意见。在不同魔鬼派别的口哨和喊叫的不协调的吵闹声中，他们都指责对方是无赖、骗子、强盗、杀人犯。使用的词语来自有关谋杀的词汇，借用垃圾和粪便中最肮脏的物品，或者取自男女卖淫的场所。手势使形象更加突出：一切都以本来的名字相称，带着狗的恬不知耻，带着诅咒和谩骂的亵渎和蔑视宗教的夸张。破坏和生产，死亡和生殖，通过充塞耳朵的野蛮语言，人们听到的只是这些东西。声音尖细或洪亮如雷的发言者，除了他们的对手，还受到别的东西干扰：没有修士的修道院和没有钟的钟楼有黑色小猫头鹰，它们在破烂的窗口嬉戏，希冀得到战利品；它们打断演说。人们先摇铃，希望恢复秩序，但无济于事，它们仍然叫唤着；为了让它们安静下来，人们朝它们开枪：受伤的猫头鹰掉下来，在潘德莫尼翁①中间挣扎，这是它们命中注定的结局。倒塌的屋架，瘸腿的长凳，拆毁的神职祷告席，滚在一边靠墙的圣人雕像，给穿卡马尼奥服的观众当阶梯座位；他们臭汗淋漓，浑身是泥土和灰尘，醉醺醺的，长矛靠在肩上，或者将裸露的胳膊交叉在胸前。

人群中的最畸形者优先发言。灵魂和身体的残疾在我们的动乱中起了作用：受苦受难的自尊心造就一批伟大的革命家。

马拉和他的朋友

按照丑恶优先的原则，一群蛇发女魔的脑袋鱼贯而过，它们同十六妖魔混在一起。马拉出生在瑞士，德·阿尔图瓦伯爵的卫队医生，光着脚穿木鞋或钉鞋；根据他无可置疑的权利，他带头夸夸其谈。由于他在人民的宫廷里担当"小丑"角色，他带着平淡的表情和旧教育给所有面孔加上的平庸的微笑，大声叫道："人民呀，你们必须砍掉二十七万个脑袋！"在这位街头卡利古拉②之后，上台的是不信神的鞋匠肖梅特。他之后是"路灯总检察"卡米耶-德穆兰，口吃的西塞罗，屠杀顾问，老淫棍，喜欢文字游戏和讲俏皮话的轻浮的共和党人，下流玩笑专家。他说：在六月屠杀中，"一切都是井然有序的"。他同意变成斯巴达人，只

---

① 潘德莫尼翁（Pandémonium）：地狱鬼魂聚会的场所。
② 卡利古拉（Caligula，一二—四一）：本名盖约·恺撒，罗马皇帝（三七—四一在位）。

要让膳食总管梅奥①掌握烹制黑羹②的方法。

从筑伊和南特赶来的富歇③,在这些学者手下研究这场灾难。讲台下那帮聚精会神的凶残野兽当中,他像一只穿衣服的鬣狗。他嗅着血腥的气味;他嗅着驴子和刽子手的巡游队伍的香烟,一直到他被人当作强盗、无神论者、杀人犯,从雅各宾俱乐部里驱赶出来,被任命为部长。马拉下台之后,这个人民的特里布雷④变成他的主子的玩物:他们嘲弄他,竭力排挤他,朝他起哄,但这并未能阻止他成为众人的首领,登上市政府的钟楼,敲响全面屠杀的警钟,并且战胜革命法庭。

马拉,和"弥尔顿的罪恶"一样,受到死神的打击。谢尼埃将他奉为神明,大卫⑤描绘他浸在被血染红的浴缸里的情景,人们将他同《福音书》的神圣作者相提并论。有人为他祈祷:"耶稣的心,马拉的心;啊,神圣的耶稣的心啊,神圣的马拉的心啊!"马拉的这颗心被装在家具贮藏室珍贵的圣体盒里。在卡胡塞尔广场的草坪上为他建了衣冠冢,人们到那里参观他的半身雕像、浴盆、台灯和墨水瓶。后来,风向变了,污秽从玛瑙骨灰盒倒进另一个罐子里,扔进臭水沟。

① 梅奥(Méot):著名的王宫膳食总管。
② 古代斯巴达人吃的简单而粗劣的菜肴。
③ 富歇(Fouché,一七五九——一八二〇):法国政治家和警察组织建立者,善于政治投机。
④ 特里布雷(Triboulet,一四九八——一五三六):路易十二和弗朗索瓦一世的宫廷侍从小丑。
⑤ 大卫(David,一七四八——一八二五):法国画家。

丹东——卡米耶·德穆兰——法布尔·埃格兰蒂纳

科尔得利俱乐部的会议是由丹东控制和主持的；我旁听了三次或四次这样的会议。他是一个有哥特人身材的匈奴人，塌鼻子，鼻孔朝天，脸上有长条的伤疤，一副宪兵面孔，加上淫荡和残忍的检察官的表情。在他的教堂的外壳里，如同在时间的框架里，丹东和他的三个男性复仇女神——卡米耶·德穆兰、马拉、法布尔·德·埃格兰蒂纳，组织了九月大屠杀。比洛·德·瓦雷纳建议在监狱放一把火，将里面的人统统烧死；另一个国民公会议员主张将所有囚犯淹死；马拉表明态度，坚持进行大屠杀。有人为受难者哀求丹东，他回答说："我才不在乎这些囚犯呢。"他是市府公报的起草人，他敦请自由人民在外省重复在加尔默修院和修道院犯下的弥天大罪。

让我们留意历史吧：在拯救人类方面，西克斯特五世[①]可以同克雷门斯[②]的献身精神媲美，就像人们将马拉比作救世主一样。查理九世要求各省总督仿效圣巴托罗缪大屠杀[③]，就像丹东敦促革命者模仿九月大屠杀一样。雅各宾派是清教徒；他们以查理一世为榜样，杀死路易十六的事实再次证明这一点。由于这些罪行同伟大的社会运动混杂在一起，人们非常错误地认为，这些罪行造就革命的伟大，但罪行仅仅是革命的拙劣模仿。一些带偏见或刻板的人，由于他们的痛苦的天性，只欣赏动乱。

---

① 西克斯特五世(Sixte-Quint，一五二〇——五九〇)：一五八五年至一五九〇年担任罗马教皇。
② 克雷门斯(Jacques Clément，约一五一〇—约一五五六)：弗兰德斯作曲家，以写宗教音乐著称。
③ 圣巴托罗缪大屠杀：指一五七二年八月二十三日开始的法国基督教新教胡格诺派惨遭屠杀的事件。

丹东比英国人直率，说："我们不会审判国王，我们将把他处死。"他还说："这些神父，这些贵族并没有罪，但他们必须死，因为他们挡路，阻碍事物运动，妨碍前程。"这些话表面上很深刻，但没有任何精神的广度，因为这些话意味着可以不考虑无辜，可以将道德从政治中间分割出来，而后者继续存在，这是错误的。

丹东并不相信他所支持的原则；他在身上披上革命外衣只是为了发财致富。他向一个年轻人建议道："同我们一道闹吧！你发财之后，就可以为所欲为。"他承认，他之所以没有为宫廷效劳，是因为宫廷不愿意以相当的价格收买他。这是恃才傲物者和公开承认自己道德败坏的人才有的恬不知耻。他曾经是米拉波的代理人，但他比米拉波更加丑陋。他比罗伯斯庇尔高明；他同他一样，不曾在他所犯的罪行上写下他的名字。他保留宗教意识，说："我们摧毁迷信，不是为了建立无神论。"他的激情本来是好的，仅仅因为这是激情，在人的行动中应该看到性格的作用；像丹东这样想象力丰富的罪犯，正是由于他们的言谈和行动的夸张，似乎比那些冷静的罪犯更加卑鄙；事实上，前者比不上后者。这个看法也适用于人民。从整体看，人民是诗人，他们演出或别人叫他们演出的戏剧的作者和热情演员。他们的过激并非出自天生的残酷本能，而是被演出陶醉的人群的癫狂，尤其当上演的是悲剧的时候。千真万确的是，在人民的恐怖之中，总是给画面和激动加上某种多余的东西。

丹东落进他自己设置的圈套。他徒劳地朝审判官扔面包团，勇敢和高贵地回答提问，让法庭犹豫不决，使国民公会陷入危难和恐慌，以合乎逻辑的方式评论那些使他的敌人变得强大的重大罪行，因为突然感到悔恨而大声叫道："是我下令建立这个可耻的法庭的，我请求上帝和人民饶恕我！"这句话曾经不止一次被人剽窃。通常是在被移送到法庭之前，人们有必要揭露法庭的卑劣。

丹东所能做的，只是表明他对自己的死比他对他的受害者的死更加无情，将他的头扬得比挂着的屠刀更高，这正是他所做的。在恐怖时代的舞台上，他的脚黏在前一天留下的稠厚的血液中，他用他轻蔑和高傲的目光朝人群扫一眼，然后对刽子手说："你要把我的头给人民看，它配享受这样的光荣。"丹东的头颅留在行刑者手中，而他无头的亡灵去和被砍头的受害者的亡灵为伍。这也是平等。

丹东的副祭和副助祭，卡米耶·德穆兰和法布尔·埃格兰蒂纳，以跟他们的神父相同的方式死去。在供养断头台的时代，在扣眼上交替佩戴一枚小金质断头台和一小块被砍头者的心脏的时代，在人们高呼"地狱万岁！"的时代，在人们进行血、钢和愤怒的狂欢的时代，在人们为死亡干杯的时代，在人们为了省去死时脱衣的麻烦而赤身露体跟死者共舞的时代，有必要活到出席最后的宴会，痛苦的最后戏谑。德穆兰被带到富基埃－坦维尔法庭，庭长问他："你多少岁？"他回答道："无套裤党耶稣的岁数。"报复的困扰迫使这些杀害基督教徒的人不断使用基督的名字。

如果忘记卡米耶·德穆兰曾经顶撞罗伯斯庇尔本人，以他的勇气弥补他的过失，那是不公正的。他发出了反对恐怖的信号。一位年轻美貌和精力旺盛的女人，使他萌生爱意，也使他产生道德力量和牺牲精神。义愤使演说家的大胆和放肆的嘲笑雄辩有力。他以凛然正气攻击他曾经帮助竖起的绞架。他言行相符，不接受死刑：他在刑车上同行刑人扭打，到刑场时已经遍体鳞伤。

法布尔·德·埃格兰蒂纳，一个流传下来的剧本的作者，和德穆兰恰恰相反，表现得非常懦弱。神圣联盟时期巴黎的刽子手让·罗佐，因为职业原因杀死了布里松庭长，被处以绞刑；但他在绞索前显得畏葸不前。看来，人们并不能够通过杀人学会死。

科尔得利俱乐部的辩论证明，我们处在一个急剧变化的社会。我曾经目睹制宪议会在一七八九年和一七九〇年开始毁灭君主政体；

一七九二年，我在立法议员刽子手里，看见旧君主制仍然温热的尸体。他们在他们的低矮的俱乐部大厅里切开它的肚皮，将它肢解，就像持戟步兵在布卢瓦城堡的顶楼上焚烧巴拉弗雷①的尸体一样。

我提到的所有人，丹东、马拉、卡米耶·德穆兰、罗伯斯庇尔，至今没有哪一个还活着。我在我的路途上，在一个新生的美洲社会和一个垂死的欧洲社会之间，在新世界的森林和流亡的孤独之间，曾经碰见过他们；我在外国的土地上只待了几个月，这些死神的情人同死神一样，已经精疲力竭了。现在我距离他们的幽灵十分遥远，但今天我下到我年轻时的地狱，我仿佛模糊记得我过去见过的在克息特河②边游荡的鬼魂，它们补充我一生多姿多彩的梦幻，而且被记录在我的墓畔回忆之中。

一八二二年四月至九月，于伦敦

德·马尔泽尔布先生对流亡的看法

我很高兴重新见到德·马尔泽尔布先生，并且同他谈论我酝酿已久的计划。我带来的是需要耗时九年的第二次旅行的安排。在此之前，我只须到德国做一次短暂逗留：我跑去加入勤王军，再跑回来砍杀革命；这一切只需要两三个月时间。然后，我扬起风帆，回到新世界去；不同的是，少了一场革命，多了一次婚姻。

---

① 巴拉弗雷（Balafré）：即亨利一世（一五五〇——一五八八），被亨利三世叫人在布卢瓦杀死。
② 克息特河（Cocyte）：希腊神话中的地狱河流之一。

然而，我的热情超过我的信念。我觉得流亡是一件蠢事，一种疯狂。蒙田说："我到处挨打，对于皇帝派我是教皇派，对于教皇派我是皇帝派。"由于我对绝对王权的兴趣极少，所以我对我的决定不抱任何幻想。我心中有一些疑虑。虽然我决心为荣誉献身，但我还是想知道德·马尔泽尔布先生对流亡的看法。他同我谈话的时候很激动，他心中认为的继续犯罪，使这位卢梭的朋友的政治宽容荡然无存。在受害者的事业和刽子手的事业之间，他毫不犹豫。他认为，当时的事态是再坏不过了。关于我自己，国王在受压迫，落在他的敌人手中，去同他的弟兄们汇合是军人责无旁贷的义务。他称赞我从美洲回来，催促我哥哥同我一起走。

我向他提出那些通常的反对意见：同敌人联合、祖国的利益等。他对此做出答复。他从一般考虑到细节，给我举出一些令人尴尬的例子。他说：教皇派和皇帝派依靠皇帝或教皇的部队；在英国，贵族们起来造反，反对"没有土地的让"①。最后，他还举当代的例子，美利坚合众国曾经要求法国支援。德·马尔泽尔布先生继续说："因此，自由和哲学的最坚定支持者、共和党人和新教徒，从来不因为自己借用一个能够使他们的观点胜利的力量而感到有罪。没有我们的金钱，没有我们的船只，没有我们的士兵，新世界今天能够得到解放吗？我，现在正在同你们讲话的马尔泽尔布，一七七六年不是接待了重开迪恩谈判的富兰克林吗？然而，富兰克林是一个叛徒吗？美国的自由，是否因为得到拉斐德的帮助和由法国士兵夺得，而减少光彩呢？任何政府如果违反公平法则、司法规则，不向社会基本法则提供保障，它就不复存在，而使人回到野蛮状态。那么，尽可能自卫，采用最适合的办法推翻专制、恢复每个人和大家的权利就是合法的。"

---

① "没有土地的让"（Jean-sans-Terre，一一六七——二一六）；英国国王（一一九九——二一六）。

由最伟大的政论家提出、被德·马尔泽尔布这样的人加以发挥，而且得到众多历史事例支持的天赋权利原则打动我，但没有令我信服。我只是屈从于我那个年龄的冲动，屈从于荣誉感。除了德·马尔泽尔布先生所举的例子，我还要加上一些最近的事例：一八二四年西班牙战争期间，法国共和党人在科尔特斯①的旗子下作战，而且并不忌讳将武器对准祖国；一八三〇到一八三一年，立宪派波兰人和意大利人要求法国援助，而宪章派葡萄牙人用外国的钱和士兵入侵他们的祖国。我们有两套衡量标准：为了一种思想，我们赞同一种制度、一种利益、一个人；而我们为了另一种思想，谴责另一种制度、另一种利益、另一个人。

一八二二年四月至九月，于伦敦

我赌博而且输了——公共马车奇遇——罗兰夫人——巴雷斯在埃米塔热——七月十四日的第二次联盟节——流亡的准备工作

我和这位著名保王分子之间的谈话是在我嫂子家进行的。她刚刚生下第二个男孩；德·马尔泽尔布先生充当他的教父，而且用自己的名字（克里斯托夫）给外孙命名。我参加孩子的洗礼仪式。这孩子只在他没有记忆的年代里见过他的父亲和母亲；今天，远远看去，他好像一个无法追忆的梦幻的影子。我的出发准备工作拖延着。人们曾经以为，我结

---

① 科尔特斯（Cortès，一四八五——五四七）：征服墨西哥的西班牙殖民者。

婚会给我带来财富，结果我的太太的财产是教会的定期租金，政府将负责以它的方式支付。而且，德·夏多布里昂夫人得到她的保护人的赞同，将这笔租金的很大一部分借给她姐姐德·普来西-帕尔斯科伯爵夫人。我仍然缺钱，必须借债。

一位公证人为我们弄到一万法郎。我在把这笔指券①拿回菲鲁胡同途中，在黎塞留街碰见我在纳瓦尔团的一位同事——阿夏尔伯爵。他是一个大赌棍；他建议我到某某先生的沙龙去，说我们可以在那里聊聊。神差鬼使，我爬上楼，赌了，输了，仅剩下一千五百法郎。我非常后悔和懊丧，带着剩下的钱，爬上碰到的第一辆公共马车。在此之前，我从未赌过钱，金钱的游戏使我感到一种痛苦的陶醉。如果我染上这种嗜好，它可能会令我晕头转向。我魂不守舍，在圣絮尔皮斯教堂下车，把装着我的剩余财产的钱包忘在车上。我跑回家，说我把一万法郎丢在车上了。

我出门，沿多芬内街往下走，穿过新桥，几乎想跳进河里；我到我刚才上车的王宫广场。我向给马饮水的萨瓦车夫打听。我把我坐的车描绘了一番，他们随便告诉我一个号码。区警察局局长告诉我，这个号码是一位车行老板的车，他住在圣德尼区。我来到此人的车行，坐了整整一个晚上，等候马车回来。大批车辆渐次回来了，但我没有看见我坐的那辆车；到清晨两点，我终于等到我坐过的那辆马车。我刚刚认出我那两匹白马，疲惫不堪的牲口就倒在草上，直挺挺的，鼓着肚皮，伸长四条腿，好像死了似的。

车夫记得载过我。在我之后，他拉过一位在雅各宾俱乐部下车的男公民；男公民之后，他把一位太太送到克莱里街十三号；在这位太太之后还有一位先生，他把这位乘客带到圣马丁街。我答应给车夫酒钱；于

---

① 指券：指一七八九——一七九七年流通于法国的一种用国家财产作担保的证券，后来当作通货使用。

是，等天一亮，我就去寻找我的一千五百法郎，就像寻找西北通道一样。我觉得事情很清楚，雅各宾俱乐部下车的那位公民把我的钱没收了。克莱里街下车的小姐声称她在车上没有看见任何东西。我到达第三站，心中已经不抱任何希望了。车夫好歹描述了他的那位乘客。门房叫道："是某某神父！"他带我穿过走廊，走过一些空无一人的房间，来到一位教士身边。他独自一人，正在清点他的修道院的家具。这位教士穿着满是灰尘的衣服，坐在一堆破烂家具上，听我讲完我的故事。他说："你是德·夏多布里昂骑士吗？"我回答说："是的。"他接着说："这是你的钱包。我在里面找到你的地址。"他正在为驱逐他的人认真清点修道院的物资，是这位被驱逐和被剥夺财产的修士，还给我一千五百法郎；就是靠这点钱，我走上流亡之路。如果没有这一小笔钱，我可能不会流亡。那么，我可能变成什么人呢？现在，我的生活完全变了。如果今天要我移步去寻找一百万，我宁可被吊死。

这是一七九二年六月十六日发生的事情。

我忠实于我的本能，从美洲回来，用我的剑为路易十六效力，而不是为了参加党派阴谋。马拉所在的国王卫队被解散；罗兰、迪穆里埃、迪波尔·德·代尔特尔相继担任部长；宫廷的钩心斗角或人民的大规模造反，仅仅令我感到厌烦和鄙视。我常常听人谈到罗兰夫人，但我没有见过她；她的回忆录证明，她具有非凡的精神力量。人们说，她是很讨人喜欢的；但要知道的是，她是否可爱到那种程度，使人能够容忍那种反常的恬不知耻。她在断头台下，要求别人给她纸和笔，以便记述她的旅行的最后时刻，将她从巴黎裁判所附属监狱到革命广场途中的观感记录下来；当然，这样的女人表现了对前途的关注，和对生命的蔑视，这样的例子是很罕见的。罗兰夫人有个性，但没有天才：前者可以产生后者，后者不能产生前者！

六月十九日我到蒙特莫朗西山谷，拜访卢梭居住过的埃米塔热庄园。并非我怀念埃皮耐夫人和那种做作和反常的社交生活，而是想同一个其作风同我的作风截然相反的孤独者告别，尽管他的非同凡响的才气曾经令青年时代的我感动。第二天，我仍然在埃米塔热；在这对于君主制度致命的一天，我在这个僻静的乡村，碰见两个同我一样散步的人；我想，他们对世界上发生的事情可能是漠不关心的。一位是马雷先生[①]，属于帝国的人；一位是巴雷尔先生[②]，属于共和国的人。和善的巴雷尔先生避开喧嚣，带着他的情感哲学，来到朱莉的树荫下[③]，讲说革命的甜言蜜语。根据这位断头台行吟诗人的报告，国民公会宣布："恐怖已列入日程。"他躲在装脑袋的篮子里，逃脱了恐怖。在断头台下，从血淋淋的木桶底，传来他哇哇的叫声："杀死他！"巴雷尔是那种奥比昂[④]所写的：用微风变成的老虎。

然格内、尚福尔，我旧时的作家朋友，对六月二十日事件很满意。继续在中学教书的拉阿尔普，以他洪钟般的声音喊道："你们疯了！你们顶撞所有的人民代表。刺刀！刺刀！刺刀来了！"虽然我的美洲之行使我成为一个不那么默默无闻的人，但我还无法站立在原则和雄辩的峰顶。封塔纳由于他过去同君主社的联系，此刻面临危险。我哥哥是愤激俱乐部的成员。根据维也纳和柏林之间的政府协议，普鲁士人在行动；在蒙斯方面，法国人和奥地利人之间已经发生了相当严重的冲突。必须当机立断了。

我哥哥和我弄到了去里尔的假护照。我们俩都装扮成酒贩子，穿着国民自卫军制服，打算就军需供应投标。我哥哥的随身仆人路易·普兰，

[①] 马雷（Maret，一七六三——八三九）：拿破仑时代的外交家和政治家，大革命初期为新闻记者。
[②] 巴雷尔（Barrère）：法国大革命中的人物，与罗伯斯庇尔有联系，雾月九日倒台。
[③] 此处暗示卢梭的《新爱洛伊丝》。
[④] 奥比昂（Oppien）：公元二世纪的希腊诗人。

又称圣路易，用他的真实姓名旅行。尽管他是下布列塔尼朗巴尔人，他到弗朗德勒去探亲。我们出发的时间定为七月十五日，即第二次联盟节次日。十四日，我们同罗桑玻一家、我的姐姐们和我的妻子，来到蒂沃利花园。蒂沃利属于布坦先生，他的女儿嫁给德·马尔泽尔布先生。将近傍晚，我们看见许多参加联盟节的人逛来逛去，帽子上用粉笔写着："佩蒂翁或死亡！"蒂沃利，我流亡的出发地，要变成娱乐和喜庆的场所。我们的亲人们同我们分手的时候，并不感到忧伤。他们认为我们不过是去旅游。我那找回的一千五百法郎似乎足以让我们凯旋回到巴黎。

一八二二年四月至九月，于伦敦

我同哥哥一起流亡——圣路易的遭遇——我们越过边境

六月十五日上午六时，我们登上公共马车。我们预订了前车厢的座位，就在车夫旁边。我们假装不认识的随身仆人同其他乘客一起，坐在后面车厢里。圣路易有梦游的毛病。晚上，他到巴黎去寻找他的主人，睁着眼睛，但实际上在梦游。他发病的时候，帮我哥哥脱衣服，安排他上床，用同一句话回答问题："我知道，我知道。"要等别人在他脸上泼一盆冷水，他才能醒过来。他四十来岁，身高六尺，既高大，又丑陋；除了我哥哥，这个可怜人从未服侍过其他主人。晚饭时，他不得不和我们同桌用餐，他显得非常尴尬。乘客都充满革命激情，大谈要把贵族们吊在路灯杆上，这更增加他的恐惧。他考虑要穿过奥地利人的岗哨，参加勤王军打仗，终于精神崩溃了。他喝了很多酒，重新上车；我们回到前车厢。

半夜，我们听见乘客们大叫："下去！公民，下去！"车停了，车门打开，立即听见男人和女人的吼叫声："我们忍受不了啦，下去，猪猡！强盗！下去，下去！"我们也下车。我们看见圣路易被人揉着，被赶下车；他站立起来，光着头，用他睁开的睡眼四处张望，撒腿朝巴黎方向跑去。我们不能够认他，否则我们会暴露自己；只能听天由命了。他在第一个村庄就被人抓住，他对人说他是德·夏多布里昂伯爵的仆人，住在巴黎邦迪街。骑警队几经转手，将他一直押到罗桑玻庭长家中。这个倒霉人的证词就是我们流亡的证据，结果将我哥哥和嫂嫂送上断头台。

第二天，停车吃早餐时，我们听见乘客无数次重复这个故事："此人脑瓜有毛病。他睁着眼睛说瞎话。他满嘴奇谈怪论，肯定是阴谋分子，逃避追捕的杀人犯。"有教养的女公民红着脸，一边摇晃着印有《宪法》的绿纸大伞子。从这个故事，我们可以看到夜游症、恐惧和饮酒的恶果。

到达里尔之后，我们寻找那个应该带我们过境的人。流亡运动有联络人；从后果看，这些拯救人员变成了葬送者。君主派仍然很强大，问题没有解决；软弱和胆小的人继续效劳，等待形势变化。

我们在城门关闭之前出城。我们到一间偏僻的房子里等候。到晚上十时，到天完全黑下来的时候，我们才重新上路。我们什么也没有带，手里只有一根棍子；几个月之前，我在美洲森林里，就是这样跟在我的荷兰向导后面的。

我们穿过麦田，田间蜿蜒着依稀可辨的小路。法国和奥地利巡逻队在四处搜索；我们有可能落进这边或那边的巡逻队手里，也可能被骑哨的手枪击中。我们远远看见一些单个的骑兵，他们手里拿着武器，一动也不动；我们听见低凹的道路上传来马蹄声；我们用耳朵贴地，听见步兵整齐的步伐声。我们有时奔跑，有时踮着脚尖慢慢走；三个小时之

305

后，来到树林内的十字路口，听见有几只夜莺唱歌。一群躲在树后的枪骑兵举着马刀向我们扑过来。我们叫道："我们找勤王军，我们是军官！"我们要求他们把我们带到图尔耐，声称会让人认出我们的身份。哨所指挥官叫骑兵押着我们，将我们带走。

天亮时，枪骑兵发现我们的礼服里面穿着国民卫队制服，他们咒骂那种法国将要带到被征服的欧洲去的颜色。

克洛维[①]在他统治的最初几年，住在图尔耐——法兰克人的原始王国。他同他的伙伴从图尔耐出发，去征服高卢人。塔西佗说："用武器可以得到一切权力。"四八六年，第一个种族的头一个国王从这里出发，去建立他悠久的、强大的君主统治；一七九二年，我从这座城市经过，到异国土地上去和第三个种族的王储们汇合；一八一四年，当法国人的最后一个国王抛弃法兰克人的第一个国王的王国的时候，我又从那里路过。

到达图尔耐之后，我让我哥哥去同有关当局交涉，而我在一名士兵监视下，参观大教堂。从前，这座教堂的教士奥东·德·奥尔良，晚上坐在大门口，向他的弟子们讲解天体的运行，指出银河和星辰的位置。我愿意在图尔耐碰见这位十一世纪的朴素的天文学家，而不是宪兵。我喜欢那个时代。根据传说，一〇四九年，诺曼底有人变成驴子：像人们所看到的，我在我书中的情人古帕尔小姐那里，差一点碰到同样的事情。一一一四年，海尔德贝尔发现，一个姑娘的耳朵里长出麦穗：也许是谷神。我即将渡过的马斯河，一一一八年高悬在空中流淌，证人是纪尧姆·德·南吉和阿尔贝里。里高尔断言，一一九四年，在博瓦资地区的孔皮埃涅和克莱蒙之间，下了一场夹杂乌鸦的冰雹，乌鸦像煤炭一样引起火灾。热尔维·德·迪尔布里对我们说，大风吹不灭放在卡米撒圣

[①] 克洛维（Clovis，四六五—五一一）：即克洛维一世，法兰克人的国王。

米歇尔修道院窗口的蜡烛；也是他说，在于泽斯教区，有一眼清冽的泉水，如果有人往里面扔脏东西，泉水就会改变位置——今天就不会有人为这种小事费心了。读者，我不再浪费时间了。我同你聊天，是为了等候正在谈判的哥哥，现在他回来了。经过解释，奥地利军官感到满意，我们可以到布鲁塞尔去了。这是一个来之不易的流亡。

一八二二年四月至九月，于伦敦

布鲁塞尔——在德·布勒特伊男爵家晚餐——出发找勤王军——里瓦罗尔——路遇普鲁士军队——到达特里维

布鲁塞尔是流亡贵族的总部。巴黎最漂亮的女人，和那些只能充当副官的最时髦的男人，怀着愉快的心情在那里等候胜利的时刻。他们身穿崭新的军装，耀武扬威，将轻浮暴露无遗。可以养活他们几年的巨款，几天就用得精光；何必节约呢，既然很快就回巴黎啦。

这些杰出的骑士与古代骑士恰恰相反，以情场的胜利开辟通向光荣的道路。他们鄙夷地看着我们这些背着背囊、徒步走路的外省小贵族，或者变成士兵的穷军官。这些海洛立斯[①]在他们的翁法勒脚下用纺纱杆纺纱[②]；他们把纺纱杆寄给我们，但我们奉还，我们有剑就够了。

---

① 海洛立斯（Hercule）：希腊神话中的英雄，以非凡的力气和勇武著称。
② 翁法勒（Omphales）：希腊神话人物，国王伊阿尔达诺的女儿，在她丈夫死后成为国王。传说海洛立斯有一段时间在她身边当奴隶；一般将海洛力斯描绘成在翁法勒脚下纺线做工。

在布鲁塞尔，我找到了我在到达之前已经偷运来的小件行李，里面有我的纳瓦尔团制服，一些换洗衣服，还有我须臾不能离开的珍贵的手稿。

我同哥哥被邀请到德·布勒特伊男爵家吃晚饭。我在那里碰见德·蒙特莫朗西男爵夫人——她当时是年轻貌美的，此刻却性命垂危——身穿波纹轧光长袍，戴着金十字架的受难的主教们，变成匈牙利上校的年轻法官，和我一生只见过这一次的里瓦罗尔[①]。没有人通报后者的姓名；我吃惊地看着他独自娓娓而谈，而其他人洗耳恭听。里瓦罗尔的幽默损害了他的才能，他的言谈损害了他的作品。他谈到革命时说："头一次打击的是上帝，第二次打击的只是没有感觉的大理石。"我重新穿上我的平庸的步兵少尉军服，餐后我就出发，我的背囊就放在门后。由于美洲的太阳和海风，我的脸孔仍然是黝黑的，我留着平头。我的面孔和我的沉默令里瓦罗尔感到纳闷；德·布勒特伊男爵发现了他惴惴不安的好奇心，有意满足他，于是问我哥哥："你的骑士弟弟从哪里来的？"我回答说："从尼亚加拉。"里瓦罗尔叫道："从瀑布来的！"我没有搭话。他想提问题："先生到……"我打断他的话："到战场去。"我们站起来，离开饭桌。

我憎恶这些妄自尊大的流亡分子。我急于见到同我一样，领六百镑年金的流亡者。我们可能是十分愚蠢的，但是至少我们佩着剑，而且如果我们取得成功的话，我们不是坐享其成的人。我哥哥留在德·布勒特伊男爵身边，当他的副官；而我独自出发往格布朗兹。

没有什么比我走的这条道路更富于历史意义了。它处处让人想起往事和法国的光荣。我穿过列日城，它的居民无数次暴动，反对他们的主教或弗朗德尔伯爵。同列日人结成同盟的路易十一，为了从可笑的佩隆

[①] 里瓦罗尔（Rivarol，一七五三——一八〇一）：法国作家和记者。

纳监狱逃出，不得不眼看这座城市遭到洗劫。

我去寻找的是那些以做这种事为荣的人，我要加入他们的行列。一七九二年，列日和法国之间的关系比较平静。圣于贝尔修道院院长不得不每年送两条猎狗给达戈贝尔特国王的继承人。

送给艾克斯·拉沙佩勒教堂的，是其他礼物，是由法国赠送的。一条用于安葬虔诚的基督教徒的裹尸布，作为直属封地的忠君旗子，送到查理大帝的坟墓。我们的国王们，通过继承永生的遗产，表达他们的信仰和敬意。他们在吻了死神——他们的圣母——之后，跪在她膝下，发誓永远忠实于她。而且，这是法兰西俯首称臣的唯一宗主权。艾克斯·拉沙佩勒教堂由大卡尔建造，并且是由利奥三世祝圣的。两名高级教士由于未出席祝圣仪式，被两位去世已久，但特意为此复活的马斯特里赫特大主教取代。查理大帝在一位美丽的情人死后，将她搂在怀里，不愿意松手。人们将这种爱情归咎于魔力。于是对年轻的死者进行检查，在她舌头底下发现了一枚珍珠。珍珠被扔进沼泽里；查理大帝对沼泽一片痴情，弄得神魂颠倒，于是下令将它填平。在上面建造了一座宫殿和一座教堂，目的是在宫殿里度过余生，死后埋葬在教堂里。这里的权威人士是特平大主教和彼特拉克。

在科隆，我参观了大教堂。如果它建成的话，那会是欧洲最漂亮的哥特式建筑。僧侣们是建造教堂的画家、雕刻家、建筑师和泥水匠；他们以泥水师傅的称号为荣。

今天，听见一些无知的哲学家和饶舌的民主派反对修士、修女的叫喊，好像这些信教的无产者、这些赐给我们一切的乞丐是贵族似的。

科隆让我想起卡利古拉和圣布吕诺：我在巴伊参观了前者兴建的堤防的遗址，在大查尔特勒修道院参观了后者住过的小房间。

我沿多瑙河而上，一直到格布朗兹。勤王军已经离开那里。我穿过这些空荡荡的王国，inania regna[1]，欣赏了美丽的多瑙河河谷，蛮族缪斯的藤比河谷[2]；那里，当战争临近时，骑士们出现在城堡废墟周围，听得见刀剑的碰撞声。

在格布朗兹和特里维之间，我碰见普鲁士军队。我沿着纵队走过去，到达卫队附近时，发现他们成散兵队形，加农炮排成一行；国王[3]和不伦瑞克[4]在由腓特烈的老战士组成的方阵的中央。我的白色制服引起国王的注意；他叫我过去。不伦瑞克公爵和他自己把帽子拿在手里，我为旧法国军队的代表，表示敬意。他们问我的姓名，我的团队的名称，我到何处去找勤王军。这种军事礼节令我感动，我激动地回答说，因为我在美洲得知国王的不幸，于是赶回来用我的血报效他。腓特烈-纪尧姆周围的军官和将军都点头表示赞赏，而普鲁士国王则对我说："先生，我们始终敬佩法国贵族的感情。"他重新脱下帽子，光着头，肃然不动，一直目送我消逝在大队士兵之后。现在，人们声嘶力竭地谴责流亡者，说他们是"撕碎他们母亲的胸膛的老虎"。在我回顾的那个年代，人们崇敬古老的榜样、荣誉和祖国有同样的分量。一七九二年，信守誓言被看作义务；今天，信守誓言变成非常稀罕的事情，变成一种品德。

一个别人已经多次碰到的奇怪场面，几乎令我折回。在勤王军驻扎的特里维，人们不愿意接纳我。他们说，我是形势明朗时才下决心的那种人；三年以前我就应该到这个军营里来；现在胜利在望，我露面了。他们不需要我；这种打完仗才来的勇敢分子太多。每天都有开小差的骑兵，甚至炮兵也大量倒戈，这样下去，不知道如何处理这些人是好。

不可思议的派系偏见！

---

[1] inania regna：拉丁文，引自《埃涅阿斯纪》。
[2] 藤比河谷（Tempé）：希腊色萨利区东北部山谷。
[3] 指普鲁士国王腓特烈-纪尧姆二世。
[4] 不伦瑞克（Brunswick）：联军统帅。

我碰见我表兄阿尔芒·德·夏多布里昂。他庇护我,将布列塔尼人召集起来为我辩护。我被召见,我做了解释。我说,我从美洲回来,为的是有幸和同伴们一道效力;战争开始了,但并没有打响,所以我来得及参加头一场战斗;再说,如果需要,我可以离开,但是,在此之前,我要知道我平白受辱的理由。事情解决了:因为我是乖孩子,各个连队都敞开欢迎我,我倒难以选择了。

一八二二年四月至九月,于伦敦

勤王军——古罗马圆形剧场——阿达拉——亨利四世的衬衣

勤王军是由贵族组成的,他们按省编队,作为普通士兵效力。当贵族和君主制度即将消逝的时候,贵族回到它自己和君主制的本源,就像返老还童的老人。此外,还有来自各个团的流亡军官队,他们也重新当兵;他们当中有我在纳瓦尔团的伙伴,他们由德·莫特马尔侯爵率领。我很乐意同拉马迪涅尔在一起,即使他仍然在谈情说爱。但是,阿尔莫里克的乡情终于占了上风。我进入德·戈荣-米尼亚克率领的第七布列塔尼连。我那个省的贵族提供七个连的部队;另外还有一个由第三等级成员组成的第八连,这个连穿铁灰色制服,有别于穿王室蓝色制服、配白鼬鼠皮翻边的其他七个连。献身同样的事业、同样出生入死,却用令人憎恶的标志维持他们在政治上的不平等。真正的英雄是平民士兵,因为在他们的牺牲中没有掺入任何个人利益。

我们这支小军队的构成如下：

贵族士兵和军官组成的步兵；由流亡军官组成的四个连，他们穿他们原来所在团的制服；炮兵连；几位工兵军官，加上几门不同口径的大炮、榴弹炮、迫击炮（炮兵和工兵几乎全部站在革命事业那边）。德国来复枪手，德·蒙莫朗西老伯爵指挥的火枪手，布雷斯特、罗什福尔和土伦的海军军官组成了一支剽悍的骑兵，用来支持步兵。海军军官的大量流亡使法国海军大伤元气，使它回复到路易十六之前的状况。从迪凯纳和图尔维尔[1]以来，我们的舰队从未取得这样显赫的战绩。当我看见这些海上龙骑兵走过的时候，我的同伴们兴高采烈，而我却流下眼泪：他们不再驾驶那些曾经打败英国人和解放美洲的战船了。阿佩鲁斯[2]的伙伴们在德国泥浆里打滚，而不是为法国去发现新大陆。他们骑着献给海神的马匹，但是他们改变了生活习惯，陆地并不属于他们。他们的司令官在他们前面徒劳地举着"漂亮母鸡"的破旗，那是白旗的神圣的纪念；旗子还显示过去的光荣，但不再象征胜利了。

我们有帐篷；除此之外，我们一无所有。我们的德国造步枪是次品，重得要死，压弯我们的肩膀，而且不管用。在战斗中，我一直扛着那杆连狗也打不死的火枪。

我们在特里维停留两天。在参观俄亥俄的无名废墟之后，我很高兴看见这些古罗马遗址，参观这座常常被劫掠的城市。萨尔维[3]谈到该城的时候说过："特里维的亡命者呀，你们想看戏，你们要求皇帝们再现古罗马竞技场的表演。请问，为了哪个等级，为了哪个民众，为了哪个城市？" Theatra igitur quaeritis, circum a principibus postulatis？ cui,

---

[1] 迪凯纳（Duquesne，一六一〇——一六八八），图尔维尔（Tourville，一六四二——一七〇一）：十七世纪法国的两位著名海军将领。
[2] 阿佩鲁斯（La Pérouse，一七四一——一七八八）：法国航海家。
[3] 萨尔维（Salvin，三九〇——四八四）：出生在特里维的基督教圣师。

quaeso, statui, cui populo, cui civitati？[①]

法国亡命者呀，人民在哪里？为了他们，我们要重建圣路易[②]的纪念碑。

我带着我的枪，坐在废墟中间。我从背囊里掏出我的《美洲游记》手稿，将手稿摊开放在周围草地上；在一座古罗马圆形剧场的废墟中，我重读和修改《阿达拉》中一段关于森林的描写，准备以此征服法国。然后，我将我的宝贝藏好。稿件的重量，加上衬衣、斗篷、白铁水壶、加套的瓶子和我的一小本荷马诗选，压得我喘不过气来。我试图将我的《阿达拉》和无用的子弹一起塞进弹盒；我的同伴嘲笑我，把皮盖两边露出的纸拉出来。上帝关照我：一天晚上，我在一间堆放干草的房子里睡觉，醒来时，我发现衬衣不见了，但是小偷没有要那些破纸。我感谢上帝。这个意外事件给我保留了我赖以成名的著作，同时救了我的命，因为压在我肩上的那六十斤重量也许会使我得肺病的。亨利四世问他的随身仆人："我有多少件衬衣？""十来件，陛下，而且有几件是破的。""手帕呢？我有八条吧？""现在只剩下五条了。"贝阿尔纳[③]没有衬衣也打赢了易夫里战役；我虽然丢掉衬衣，也不能把他的国家还给他的孩子。

---

① 拉丁文，是前面一句引文的重复。
② 指路易九世。
③ 指亨利四世。

士兵生活——旧法国军队的最后代表

部队接到向蒂永维尔进军的命令。我们每天行军六至七法里。天气糟透了；我们在雨水和泥浆中行进，一边唱着《啊，里夏尔！啊，我的国王！》或者《可怜的雅克！》[①]。到达宿营地之后，我们既没有供应车，也没有食品，好像阿拉伯沙漠的商队，牵着跟随部队的驴子，到农庄和村子里去寻找食物。我们照价付钱，可是我仍然有一次被罚站岗，原因是我无意中在一座古堡的果园里摘了两只梨。谚语说，大钟楼、大河、大老爷都是坏邻居。

我们随处扎营。我们得拍打帐篷布，为的是将布拉平，不让水流进来。我们十个人一顶帐篷；大家轮流做饭。有的去买肉，有的去买面包，有的去捡柴，有的去弄草。烧汤是我的拿手好戏，受到大家的赞扬，尤其在我以布列塔尼方式在里面加上牛奶和卷心菜的时候。我在易洛魁人那里学会对付烟熏的办法，所以我在烧湿树枝的火堆旁边也不在乎。这种士兵生活是很好玩的；我仿佛觉得自己仍然生活在印第安人中间。在帐篷下吃饭的时候，我的同伴请我讲我的旅行故事；他们也给我讲美丽的民间传说。我们都像在酒吧向新兵胡吹乱侃的下士班长。

有件事令我烦不胜烦，那就是洗衣服。这是不可避免的事情。因为那位客气的小偷只给我留下一件衬衣，那是我向表兄阿尔芒借的，就是我身上那件。当我在小溪边洗短裤、手帕和衬衣的时候，我低着头，弯着腰，几乎要晕倒；胳膊的运动使我胸部非常疼痛。我不得不在木贼和水田芥中坐下来，在战火纷飞的时候，看着溪水静静地流淌我觉得开心。洛伯·德·维伽叫一位牧羊女给爱神洗头带；如果这位牧羊女帮我

[①] 一首保王党歌曲。

洗佛罗里达姑娘送给我的头巾,那就帮我的大忙了。

一支部队通常由年龄、身材和体力大致相同的士兵组成。而我们的部队则完全不同,是由成年人、老年人和稚气未消的少年拼凑的大杂烩;他们讲各自的方言:诺曼底话、布列塔尼话、庇卡底话、奥弗涅话、加斯科尼话、普罗旺斯话、奥克话。父子在一个连队,岳父和女婿在一起,叔叔和外甥在一起,哥哥和弟弟在一起,表兄和表弟在一起。这样七拼八凑的队伍虽然看上去非常可笑,但它具有某种光辉的、感人的东西:它提供了古老君主制度的形象,代表即将消逝的世界。我见过一些老贵族,他们表情严肃,头发灰白,衣衫褴褛,背上背着背包,步枪斜挂在肩上,拄着棍子,靠在儿子胳膊上,艰难地行走着。我见过德·布瓦舒先生,我那位在雷恩三级会议时被杀害的同学的父亲,他赤脚独自在泥地上行走,神情悲哀;他为了不弄坏鞋,将鞋举在刺刀尖上。我见过躺在树下的年轻伤兵,一名穿礼服、佩襟带的随军神父跪在他们面前,送他们到圣路易那里去;他们是为保卫他的继承人而死的。这支穷困的队伍没有从亲王那里领到一分钱,他们自费作战,国内颁布的法令最后剥夺了他们的一切,并且将我们的妻子和母亲投进监狱。

从前的老人不像今天的老人这样不幸和孤独。过去,如果他们在这片土地上失去朋友,他们周围的事物很少发生变化;他们失去青春,但他们没有失去他们熟悉的社会。现在,一个在世上残存的老朽不仅目睹他的亲友死去,而且也目睹他的思想死去:原则、风俗、趣味、娱乐、痛苦、感情,现在没有任何他熟悉的东西。他在一个不同的种族中结束他的生命。

可是,十九世纪的法国呀,学会尊重这个同你一样崇高的古老法兰西吧。你将来也会衰老,人们将来也会指责你抱残守缺,就像人们今天指责我们思想陈旧一样。你们打败的是你们的父亲;不要否认他们吧,你们的血管中流着他们的血。如果不是他们慷慨大度,忠实于古风,你们就不可能在天生的忠诚中吸取力量，造就你们在新时期的荣耀。在两个法国之间，这仅仅是德行的嬗变。

一八二二年四月至九月，于伦敦

开始围攻蒂永维尔——德·拉巴罗纳骑士

在我们简陋和阴暗的营地旁边，另外还有一座豪华和辉煌的营地。在参谋部，到处都是满载食品的供应车，厨师、仆人、副官川流不息。没有什么更能够代表宫廷和外省，凡尔赛临终的君主制度和在杜·盖克兰灌木丛中垂危的君主制度了。我们特别憎恶副官们；当蒂永维尔城下有什么情况，我们就喊道："副官们，冲呀！"如同革命党人叫喊"军官们，冲呀"一样。

我们到达那天天空阴沉，当我听说前面树林后就是法国时，心中感到难受。带着武器越过祖国的边境，这是一种难以形容的滋味。我仿佛对前途有预感，因为无论对于我的同伴们支持的事业或者对于他们幻想的胜利，我都不抱任何希望。我在那里，就像福克兰在查理一世的军队里一样[1]。没有哪个芒什省的头戴睡帽、顶着三角海狸皮的骑士不信心十足，坚信自己一个人完全有能力打败五十名身强力壮的革命党，尽管他们生病、瘸着腿。这种令人尊敬但可笑的自信，在另一个时代是创造奇

---

[1] 福克兰（Falkland，一六一〇——一六四三）：一六四三年，福克兰在查理一世的军队里战死，但实际上他是忠实于议会的。

迹的源泉，但对我毫无影响：我并不相信我有不可战胜的臂力。

九月一日，我们在蒂永维尔城前出现时，我们还没有打过败仗，因为我们一路上没有碰见任何人。骑兵在通往该城的大路右边扎营，步兵在大路左边扎营。从营地所在位置，我们看不见对方的要塞；但站在前方六百步处的山岗上，可以看见摩泽尔河谷。由海军军官组成的骑兵将我们步兵右翼同瓦尔德克王子的奥地利部队连接起来，而步兵左翼有红房子和皇家德国团一千八百名骑兵掩护。我们在正面掘壕据守，将枪支架在战壕边上。八个布列塔尼连占据营地内的两条横街，在我们下面，驻扎着由我从前的伙伴组成的纳瓦尔军官连。

持续三天的工程完成之后，国王的大弟和德·阿尔图瓦伯爵来了。他们观察对面那座设防的城市；但该城对劝降的敦促充耳不闻，虽然温分①似乎想开城投降。像大孔代一样，我们没有打赢洛克鲁瓦战役，所以我们不能夺取蒂永维尔；但是，我们并没有在城下被打败，像弗计埃尔②一样。我们占领大路，接近守卫桥梁的角堡，进入离城不远的村庄。我们进行枪战，夺取一间间房屋；我们巩固夺取的阵地。但是我并没有参加最早的战斗。我的表兄阿尔芒参加了，而且表现很出色。当人们在村里进行争夺战的时候，我所在的连调去支援炮队；炮队准备在山上树林边缘建立阵地。山坡上，葡萄园往下延伸，一直到蒂永维尔城外围工事的位置。

一位工程师指挥我们为炮队修筑掩体；为了躲避对方的炮弹，我们挖了一条平行坑道。土方工程进行得很慢，因为无论是年老的还是年轻的军官，都不太习惯使用铲子和镐。我们没有手推车，不得不用衣服

---

① 温分（Wimpfen，一七四四——八一四）：法国将军，一七九二年他领导法国军队保卫蒂永维尔，抵抗普鲁士军队的进攻。
② 弗计埃尔（Feuquières，一五九〇——六四〇）：路易十三统治时期，弗计埃尔侯爵未能将西班牙人从蒂永维尔赶走。

当袋子运土。一个外围碉堡的火力对着我们；由于我们无法还击，这股火力令我们更加恼火。整个炮队只有两门八寸炮和一门射程有限的高豪尔榴弹炮①。我们发射的第一发炮弹就落在自己所在的山坡前，引起营地一片哄笑。过了几天，奥地利大炮和炮兵到达。每二十四小时，一百名步兵和一个小分队骑兵轮流守卫炮兵阵地。被围困的敌军准备向炮队发动攻击，通过望远镜已经观察到对方在城墙上运动。傍晚，我们看见一个纵队从暗道冲出，并且在树荫掩护下，接近外围碉堡所在的位置。我们连奉命增援。天亮时，五百到六百名革命党人穿过大路，进入村庄；然后，他们向左转，越过葡萄园，夺取我们在山坡上的炮队。骑兵勇敢地迎上去，但受到阻击，将我们暴露在敌人的火力之下。我们的装备太差，无法应付敌人的炮火。我们上刺刀迎上去。不知什么原因，他们后撤了；如果他们再坚持一会儿，炮兵阵地肯定会落入他们的手中。

　　我们有几个人受伤，还有几个人死了，死者当中有德·拉巴罗纳骑士，一个布列塔尼连的连长。他的死是我造成的：那一发致命的子弹先打中我的枪管，然后反弹击中他，子弹的力量很大，打穿他的太阳穴，脑浆喷在我脸上。一个失败的事业的徒劳无益的和高贵的牺牲品！当德·奥贝泰尔元帅主持布列塔尼三级会议的时候，他去拜访老巴罗纳先生，一位住在圣马洛附近迪南的穷贵族。事先，元帅要求贵族不要邀请外人，但当他走进德·拉巴罗纳家中的时候，却发现一张摆着二十五副餐具的饭桌，于是亲切地责怪他的主人。而拉巴罗纳先生回答说："老爷，来吃饭的都是我的孩子。"拉巴罗纳先生有二十二个儿子和一个女儿，而且是一个母亲生的。革命在这位父亲的丰硕果实成熟之前，就把

---

① 高豪尔榴弹炮：一种战壕炮，由荷兰工程师高豪尔（Cohorn，一六四一——一七〇四）发明。

它们毁了。

一八二二年四月至九月，于伦敦

继续围城——反差——树林中的圣人——布汶战役——巡逻——不期而遇——一颗炮弹和一枚炸弹的效果

瓦尔德克指挥的奥地利部队开始行动。我们这方面的进攻变得更加猛烈。晚上的景色是美丽的：营火照耀着挤满士兵的工事；开炮的时候，突然的闪光照亮云彩或蓝天，而炮弹在空中飞来飞去，绘出抛物线形的光亮。当轰鸣暂时停止时，我们听见鼓声、军乐声和蒂永维尔城墙上以及我们哨位上传来的哨兵的喊声。不幸的是，两个阵营都用法语喊叫："哨兵，提高警惕呀！"

如果战斗发生在黎明，在炮声齐鸣之后，有时听得见云雀的歌声，而沉寂的大炮张着嘴，透过炮筒望着我们。鸟的歌唱使人想起田园生活，似乎在谴责人类。当我在长满开花的苜蓿的田野上看见战死者的时候，或者当我在小溪里看见死者飘浮的头发的时候，我也有同样的感觉。在离战火纷飞的战场几步远的树林里，我看见几座圣人和圣母的雕像。牧羊人、牧人、背着背囊的乞丐，跪在这些和平天使脚下，在远处传来的炮声中，数着念珠祈祷。一次，附近镇上的全体居民连同他们的神父来到树林里，向他们的主保圣人的雕像献花；雕像就在树林里，面对一眼泉水。本堂神父是瞎子，这位上帝的战士在慈善事业中，像士兵在战场上一样，丧失了视力。副本堂神父代替神父，因为本堂神父无法将圣体放在领圣体的信徒嘴里。在仪式进行过程中，沉浸在黑暗里的神父却赞美光明!

我们的先辈相信,村庄的主保圣人,沉默的让,穿护甲的多米尼克,残废的雅克,纯朴的保罗,隐居的巴斯勒,还有其他许多,除了保护收成,也影响战争的胜负。在布汶战役打响那天,一群强盗在昂载尔闯进一座圣热尔曼保佑的修道院,抢走一些圣瓶。虔诚的教徒跪在幸运的主教的遗骸盒前面,呜咽着说:"热尔曼,这些强盗亵渎你的圣殿时,你到哪里去了?"一个声音从盒子里传出来,回答道:"我到西奏安去了,离布汶桥不远;我同其他圣人一起,帮助法国人和他们的国王;依靠我们的协助,他们取得辉煌的胜利。"

<blockquote>Cui fait auxilio victoria praestita nostro[①]。</blockquote>

我们在平原上搜捕敌人,将他们驱赶到蒂永维尔城下的村庄里。有一座桥跨越摩泽尔河,桥两边的村庄多次失而复得。我两次参加攻击。革命党人把我们当作"自由的敌人""贵族""卡佩[②]的仆从";而我们称他们为"强盗""杀人犯""叛徒"和"革命党"。有时我们停止前进,因为战士中间发生决斗,而其他人是不偏不倚的证人。甚至苦难也不能窒息法国人的奇特天性!

一天,我在一个葡萄园里巡逻,看见一位惯于打猎的老贵族用他的枪支敲打葡萄枝,好像在赶野兔出来似的;然后,他紧张地四处张望,希望有一个"革命党"跑出来。每个人都有无法改变的习惯。

另一天,我去参观奥地利人的营地。他们营地和骑兵营地之间的树林成了屏障,城里的炮兵无法准确射击。他们拼命发射炮弹,他们将我

[①] 拉丁文:引自纪尧姆·勒布雷东(Guillaume le Breton,一一六五—一二二七)的诗句。
[②] 卡佩(Capet):路易十六的俗名。

们的人数估计过多，所以蒂永维尔司令部的战报总是那么辉煌。当我穿过这片树林的时候，我发现有什么东西在草丛中晃动，我走过去，看见一个人躺在地上，鼻子向下，只露出宽广的肩膀。我以为他受伤了，于是用手扶住他的颈背，把他的头仰起来。他睁开他恐慌的眼睛，用手掌垫地，坐起来。我放声大笑起来：原来此人是我表兄莫罗！从我们一道去拜访夏特纳太太之后，我一直没有见过他。

他在炮弹落下时扑倒在地，无法重新站起来。我花了好大力气才把他扶起来；他的肚皮比过去大了两倍。他告诉我，他在食品供应处服务，准备向瓦尔德克王子供应牛肉。而且，他身上挂着一串念珠。于格·梅太尔①讲一只狼的故事，说这只狼使他下决心出家当修士。但是，由于他不习惯吃素，于是变成议事司铎。

我回营途中，一位工兵军官从我身边经过。他用缰绳拉着马。一颗炮弹击中马脖子，将脖子齐齐削掉。马头和马脖子吊在骑士手上，把骑士拖倒在地。我曾经看见一颗炮弹掉在一群围成一圈吃饭的海军军官当中，饭盒炸飞了，军官们被推倒在地，满身泥沙，他们好像老船长一样大叫："右舷中弹，左舷中弹，到处中弹！我的假发中弹！"

这种奇特的炮击似乎是蒂永维尔的特产。一五五八年，弗朗索瓦·德·吉兹包围这座城市。斯特洛兹②元帅在战壕里被打死，而他当时"正在同吉兹老爷谈话，而且将手搭在他肩上"。

一八二二年四月至九月，于伦敦

---

① 于格·梅太尔（Hugues Métel）：十二世纪法国诗人，寓言《当隐士的狼》的作者。
② 斯特洛兹（Strozzi，一五一〇——五五八）：法国元帅。

营地市场

在我们营地后面形成一个市场。农民用车将摩泽尔白葡萄酒运来，小桶的酒摆在车上；卸套的马系在车的一头，在吃饲料；而顾客在车的另一头喝酒。到处是火红的炉火。有用油煎香肠的，煮玉米糊的，用生铁锅摊煎饼的，摊好的煎饼晾在篮子上。商贩兜售的有加茴香的烘饼，一个苏一个的黑麦面包，玉米糕，青苹果，红壳和白壳鸡蛋，烟斗和烟草；树枝上挂着带风帽的粗呢大衣，四周围着讨价还价的顾客。村妇跨坐在小凳上挤奶，大家都向她伸着杯子，等候轮到自己。穿罩衣的随军商贩和穿制服的军人在炉子前面游来逛去。随军女贩用德语和法语吆喝着。有的人聚集在一起，有的人坐在歪歪斜斜放着的松木桌子旁边，地面凹凸不平；有的人坐在用包装布搭成的凉篷底下，或者像在圣枝主日一样，用树枝编成顶棚。我相信，在那些有篷盖的货车里，有人为了纪念法兰克王，在举行婚礼。革命党人本来可以仿效马若里安的榜样，轻易夺取载新娘的马车：Rapit esseda victor, Nubentemque nurum（西杜瓦纳·阿波里内尔[①]）。人们唱着歌，笑着，抽着烟。晚上，地面有照明的灯光，天空闪烁着星星，场面是极为愉快的。

当我不为炮队站岗，也不在帐篷里值班的时候，我喜欢到市场吃晚饭。那里，继续讲军营的故事。由于有美酒和盛馔助兴，故事更加动听。

我们有个同伴，是科班出身的大尉，他的本来姓名我已经忘了，因

[①] 拉丁文："胜利者夺取车辆和新娘"，西杜瓦纳·阿波里内尔是五世纪的诗人。

为他善于讲故事,我们称他为迪纳尔扎德[①];称他为希赫拉扎德[②]可能更加确切些,但我们不讲究那么多了。我们一见他,就争相跑过去,把他拉到自己身边:大家抢着为他付饭钱。他个子矮小,腿倒不短,扁平的面孔,阴郁的小胡子,两只眼睛八字一般撇开,沙哑的嗓门,长剑插在咖啡色剑鞘里,一副军旅诗人的派头,好像随时准备自杀或决斗似的。迪纳尔扎德喜欢嘲弄人,但自己却从来不笑,别人看见他都忍不住乐。每逢决斗,他必定在场,而且他是所有女贩子的情人。他讲话的时候煞有介事,只是为了喝酒、重新点燃烟斗或啃一根香肠,他才会暂时中断他的故事。

一天晚上,下着毛毛雨,我们围坐在一个朝我们倾斜的酒桶的龙头周围;酒桶放在一辆大车上,车辕翘起来对着天空。一根蜡烛黏在酒桶上;车辕和两根杆子作支架,上面搭一块粗布,我们坐在棚下。迪纳尔扎德按照腓特烈二世的姿势斜佩着剑,站在车轮和马臀之间,正在讲故事,我们洗耳恭听。给我们端食品的女贩也同我们待在一起,听我们的阿拉伯人侃侃而谈。男女听众聚精会神,随时对故事做出反应,表达他们的惊讶、赞同或者不以为然。

讲故事的人说:"先生们,你们都知道国王让的时代有一个绿衣骑士吧?"大家齐声回答道:"知道,知道。"迪纳尔扎德拿起一个滚烫的薄饼卷,吞了下去。

"绿衣骑士,先生们,你们知道,既然你们见过他,长得很帅。当风儿吹拂他的头发,盖住他的头盔时,好像绿色头巾周围绕着一绺亚麻。"

听众齐声叫道:"好啊!"

[①] 迪纳尔扎德(Dinarzade):《天方夜谭》中的给魔鬼讲故事的女主人公希赫拉扎德的妹妹。
[②] 希赫拉扎德(Sheherazade):《天方夜谭》中的给魔鬼讲故事的女主人公。

"五月的一个夜晚,他站在一座庇卡底古堡——或者奥弗涅古堡,这无关紧要——的吊桥边,吹响号角。城堡里住着一位高贵的夫人。她盛情接待这位骑士,叫人给他解下武器,带他去洗澡,然后同他一起用餐,桌上摆满丰盛的菜肴。但是,她自己什么都不吃,而仆人们哑巴似的不声不响。"

听众齐声感慨:"啊!啊!"

"先生们,贵夫人高个子,干瘪,瘦削;而且像副官的妻子一样有残疾;此外,她颇有姿色,举止风骚。当她笑的时候,露出她那塌鼻子底下的长牙,那就叫人魂不守舍了。她对骑士一见钟情,而骑士也爱上了贵夫人,尽管他心中有些害怕。"

迪纳尔扎德在车轮上磕磕烟灰,想往嘴里再塞一个滚烫的薄饼卷;大家强迫他继续往下讲。

"绿衣骑士精疲力竭,决定离开古堡。在离开前,他请求古堡女主人解释几件古怪事情;同时,他郑重其事地向她求婚,如果她不是巫婆的话。"

迪纳尔扎德的长剑笔直地竖在他的膝盖之间。我们坐着,身子往前倾,用我们的烟斗在他底下组成一圈火光,好像土里的光环。突然,迪纳尔扎德发疯般大声叫道:"不过,先生们,高贵的夫人是死神呀!"

大尉冲开听众行列,嚷着:"死神呀!死神呀!"那些女贩撒腿就跑。故事讲完了:会场闹哄哄的,笑声不绝。在炮声中,我们靠近蒂永维尔了。

一八二二年四月至九月,于伦敦

架枪休憩的夜晚——荷兰狗——对殉道者的怀念——我在前哨阵地的伙伴——欧多尔——尤利西斯

继续围城，或者不如说没有围城，因为我们没有挖掘战壕，而且由于兵员不足，我们无法保持经常的包围。人们将希望寄托在里应外合上；我们在等待普鲁士军队或克莱尔菲①率领的军队的捷报，他们与波旁公爵的部队并肩作战。我们有限的人力和物力正在耗尽，而巴黎似乎越来越远。坏天气持续不断，我们被淹在工事里；有时，我在战壕里醒来时，发现脖子浸在水里，第二天走路都困难。

在我碰见的同乡当中，有我在迪南的同班同学费隆·德·拉西戈尼埃尔。我们在帐篷里睡得不安稳；我们将头伸到帐篷外面，水槽的水滴在我们脸上。我爬起床，同费隆一道在附近溜达，旁边是架着的枪支，因为我们并非每晚都同迪纳尔扎德一起度过，都那么快乐。我们默默地走着，听哨兵喊叫，观看帐篷间的灯火，就像我们过去看中学走廊的灯火一样。我们谈论过去和未来，谈论我们过去犯的错误和正在犯的错误；我们对王子们的轻率表示惋惜，他们以为带着一小撮仆从就可以重新返回他们的祖国，借助外国人的支持就可以巩固他们的长兄头上的王冠。我记得我在谈话中说过，法国将步英国后尘，国王将死在断头台上，而且我们对蒂永维尔的围攻将来是指责路易十六的主要罪名之一。费隆对我的预言感到吃惊：这是我一生当中所做的第一个预言。从那时开始，我还做过其他许多准确的预言，但相信者很少。事情一旦发生，人们都找地方躲起来，让我去对付我已经预见过的灾难。荷兰人在海上遇见风暴的时候躲进船舱，将舱门关好，喝潘趣酒，只让他们的狗留在

---

① 克莱尔菲（Clairfayt，一七三三——七九八）：奥地利将军。

甲板上，对着暴风狂吠。危险过去之后，他们重新将狗关进底舱的狗笼，而船长回到艉楼，享受美妙的阳光。我就是正统君权这条船上的荷兰狗。

我的军人生涯的回忆铭刻在我头脑里，我在《殉道者》第六章记述的就是这些事。

在王子的军营里，我是阿尔莫里克的野孩子，我佩着剑，也带着荷马诗集；与一百座克里特城市相比，我更爱我的故乡——可怜的、小小的亚伦岛①。我像忒勒玛科斯一样说过："对于我，只能够养羊的荒凉国度比养马的国度更加可爱。"我这些话也许会引起天真的墨涅德摩斯发笑②。

一八二二年四月至九月，于伦敦

越过摩泽尔河——战斗——聋哑女人莉芭——进攻蒂永维尔

有传闻说，我们要采取行动了。瓦尔德克王子打算发动进攻，而我们将越过摩泽尔河，佯攻要塞，以钳制敌人。

包括我们连在内的五个布列塔尼连、庇卡底和纳瓦尔军官连、由洛林的年轻农民和各团逃兵组成的志愿兵团执行这项任务。我们将得到皇

---

① 亚伦岛（Aaron）：指圣马洛半岛。
② 忒勒玛科斯和墨涅德摩斯都是荷马史诗《奥德赛》中的人物。

家德国团、火枪队和掩护我们左翼的各支龙骑兵部队的支持。我哥哥同德·蒙布瓦西耶男爵在骑兵部队里；德·蒙布瓦西耶男爵娶德·马尔泽尔布的女儿为妻，而这个女儿是罗桑玻夫人的姐姐，也就是说，她是我嫂子。我们保护三个营的奥地利炮兵，他们配备大口径炮和三门迫击炮。

我们晚上六时出发，利用铜制浮桥，在蒂永维尔上游越过摩泽尔河：

amoena fluenta Subterlabentis tacito rumore Mosellae[①]

（奥索尼乌斯）

天亮时，我们在左岸投入战斗，胸甲骑兵在我们两翼展开，而轻骑兵打先锋。在部队第二次运动的时候，我们组成纵队，开始向前挺进。

将近九时，我们听见左翼传来齐射的枪声。一名骑兵军官飞快地跑来告诉我们，克勒曼手下的一个分队准备同我们汇合，阻击兵之间已经接火了。这位军官的坐骑头部中弹，马直立起来，嘴里吐着泡沫，鼻子流着血。这位军官骑着受伤的马，手里挥舞着军刀，威武极了。从梅斯赶来的部队进攻我们侧翼；他们有野战炮，他们的炮轰使我们的志愿兵团遭到损失。我听见几个被炮弹击中的新兵在号叫；这些青年临终的叫喊引起我深深的怜悯：我想到他们可怜的母亲。

战鼓擂起冲锋号，我们一窝蜂向敌人冲去。我们同敌人非常近，连硝烟也不妨碍我们看清敌人凶恶的面孔，他们决心死战。革命党人还没有那种经过长期战斗才能培养的镇定自若；他们的行动优柔寡断；五十来个老卫队的掷弹手，脚下踩着一群不守纪律的年迈和年轻贵族冲上

[①] 拉丁文："摩泽尔河欢笑的波浪在城下静静地流淌"。作者奥索尼乌斯（Ausone，约三一〇—约三九五）是拉丁诗人兼修辞学家。

去；一千二百名步兵受到奥地利重炮的轰击，惊惶失措；他们往后撤了；我们的骑兵追杀了两公里。

一个名叫莉白或莉芭的又聋又哑的德国女子，看上我的表兄阿尔芒，跟随着他。她坐在草地上，裙子上染了血。她两肘支在合起的膝盖上；手掌支撑着头发散乱的脑袋。她凝视着三个或四个躺在她周围、像她一样聋哑的死者，哭泣着。她只见过闪电，从未听过雷鸣；当她凝视阿尔芒的时候，她听不到他嘴里的叹息；她从未听过她所爱的男人的声音，永远听不到她怀的孩子的第一声啼哭。如果坟墓仅仅意味沉寂的话，那么她被埋葬进去也不会觉察。

而且，到处都是屠场；在巴黎的东公墓[①]，两万七千座坟墓、二十三万具尸体告诉我们，死神每天都在我们门口向我们发动残酷的进攻。

休息相当长时间之后，我们重新上路，并且我们在夜色降临时到达蒂永维尔城下。

战鼓不响；命令是低声传递的。骑兵为了打退任何试图突围的敌人，沿着道路和树篱悄悄前进，一直到达我们要炮轰的城门附近。由我们步兵负责保护的奥地利炮兵，在离开前沿工事二十五法尺[②]处，匆忙筑好工事，摆下阵势。九月六日凌晨一时，要塞另一边的瓦尔德克王子的营地射出一枚火箭，那是进攻信号。王子开始猛烈炮击，城里猛烈还击。我们也立即开始射击。

被围困者没有想到我们这边也有部队，他们在南面城墙上毫无布置，所以对我们的进攻大吃一惊。我们也没有占什么便宜：守城敌军调来大量炮兵，摧毁我们的火炮的掩体，击毁我们两门炮。天空火光通明，我们被包围在硝烟之中。我变成小亚历山大：我由于疲劳过度，在

[①] 又称"拉雪兹神父公墓"。
[②] 法国古代度量单位，相当于一点九四七公尺。

我守护的大炮的炮架旁边呼呼大睡。一颗炮弹在离地面六寸处爆炸，一块弹片击中我的右腿。我马上醒过来，但我丝毫不感觉疼痛。我看见我腿上的血，才知道自己受伤了。我用手帕将伤口包扎好。我穿过开阔地，在改变前进方向时，两颗子弹打中我的背囊。阿达拉这位忠实的姑娘，将自己挡在他父亲和敌人的铅弹之间；她以后还要抵挡莫尔莱①的火力。

清晨四时，瓦尔德克王子停止进攻；我们以为这座城市投降了；但是，城门并未打开。我们必须考虑撤退。我们经过三天艰苦的行军，重新回到我们的营地。

瓦尔德克王子曾经到达壕沟边，试图越过去，希望以佯攻迫使对方投降。他们始终想象城内发生了分裂，以为保王党会交出城门钥匙。奥地利人没有修筑掩体就开炮射击，人员损失惨重；瓦尔德克王子丢了一只胳膊。当蒂永维尔城下流几滴血的时候，巴黎监狱里血流成河：我妻子和我姐姐的处境比我更危险。

一八二二年四月至九月，于伦敦

---

① 莫尔莱（Morellet，一七二九——一八一九）：百科全书派成员，曾经猛烈抨击《阿达拉》。

撤围——进入凡尔登——普鲁士病——撤退——天花

我们解除了对蒂永维尔城的包围,向凡尔登进发;该城是九月二日向联军投降的。隆维、弗朗索瓦·德·梅西①的故乡,八月二十三日陷落。到处都是花彩和花环,因为腓特烈-纪尧姆从那里经过。

在纪念战争的装饰品当中,我看见沃邦堡垒上挂着普鲁士鹰。但是,这头鹰在那里不会停留很久;至于花朵,它们同采摘花朵的姑娘一样,很快就会凋谢。恐怖时代最残酷的屠杀之一就是杀害凡尔登少女。

里乌菲②说:"十四位天真无邪的凡尔登姑娘,盛装打扮,好像去参加节日活动似的,一起被送上断头台。她们骤然消逝了,她们在风华正茂的时候夭折了。她们死后第二天,'女人宫'好像一座花朵被摧残的花坛。这种野蛮暴行在我们当中引起绝望的情绪,这是前所未有的。"

凡尔登是以牺牲女人著名的。根据格雷古瓦·德·图尔③说,德特里克为了使女儿摆脱提奥德贝尔特的追求,将她绑在一架套着两匹野牛的车上,然后让牛车冲入马斯河。煽动杀害凡尔登姑娘的是一名弑君的蹩脚诗人,名叫蓬斯·德·凡尔登;他对他出生的城市充满仇恨。《缪斯年鉴》所记载的恐怖时代的警察是令人难以置信的。庸才未得到满足的虚荣心和残疾人被伤害的骄傲同样造就革命者,这是精神和身体缺陷的同样性质的反叛。蓬斯给他迟钝的诗歌加上锐利的匕首。诗人看来忠实于

---

① 弗朗索瓦·德·梅西(Franço is de Mercy,一五九〇——六四五):德国将军。
② 里乌菲(Riouffe):法国历史学家。
③ 格雷古瓦·德·图尔(Grégoire de Tours,约五三八—五九四):三十年战争中的女英雄。

希腊传统，他奉献给他的上帝的仅仅是处女的血，因为国民公会根据他的报告颁布法令，禁止对任何孕妇进行审判。也是他，叫人取消对著名的旺代将军邦尚的寡妇的判决。唉！我们这些追随王子的保王党，我们蒙受了旺代的厄运，却不曾享受它的光荣。

在凡尔登，为了消遣，我们没有那位"著名的圣巴尔蒙伯爵夫人。她脱下女人服，骑上马，护卫那些陪伴她的贵夫人，让她们坐在她的豪华马车里……"我们对"古老的高卢语"没有兴趣，我们不用"阿马第的语言"相互写信（阿尔诺①）。

普鲁士病②传染给我们这支部队，我也被感染了。我们的骑兵到瓦尔米那里同腓特烈-纪尧姆的部队会合。我们对发生的事情一无所知，只是继续等待前进的命令；结果，我们得到的却是后撤的命令。

我身体极度虚弱，由于受伤行动不便，走路腿痛。虽然我极力跟随我的连队，但不久我就掉队了。让·巴吕，凡尔登一位磨坊主的儿子，幼时就随一个僧侣离开他父亲，僧侣让他背着他的褡裢。从凡尔登（按照索马兹③的解释，是涉水岗的意思）出来时，我背着君主制度的褡裢，但是，我既没有变成财务总监，也没有变成大主教或红衣主教。

如果说，我写的小说都是与我有关的故事，那么我写的历史故事讲的都是我亲身的经历。所以，在讲到德·贝里公爵的生平时，我再现了若干我亲眼看见的场面：

当人们解散一支军队的时候，士兵回家去；但是，孔代的士兵有家吗？在放下他们手中那条保卫国王的火枪之后，他们在德国森

---

① 阿尔诺（Arnauld）：教士，上面的话引自他写的回忆录。
② 指痢疾。
③ 索马兹（Saumaise，一五八八——六五三）：法国学者。

林中砍的那条木棍能够将他们指向何处？……现在必须分手了。战友们最后道别，然后各奔前程。大家在离去之前，向他们的父亲和首领、白发苍苍的孔代致敬。可敬的老人祝福他的孩子们，为解散的部族哭泣；当他看见他的营地的帐篷倒下时，他好像看见自己的祖屋倒塌那样痛苦。

十多年之后，法兰西新军队的首领波拿巴也向他的部下告别；人物和帝国转瞬即逝！最显赫的声名也不能使人摆脱最平常的命运！

我们离开凡尔登。雨水冲坏了道路；我们到处看见弹药车、炮架、沾满泥土的大炮、翻倒的车辆、背着孩子的女贩、泥土中奄奄一息或者已经断气的士兵。我在穿越一片耕耘过的田地时，陷进泥浆，一直到膝盖。费隆和我的另一个伙伴不顾我的抗议，将我救出来：我曾经哀求他们让我留在那里，我宁愿死去。

十月十六日，我们连的连长戈荣·米尼雅克在隆维附近营地，给我颁发一张十分体面的证明书。在阿尔隆，我们在大路上看见一长列套着牲口的四轮车：有的马站着，有的马跪下，有的已经倒下咽气了，它们的尸体在车辕间已经僵硬了。这仿佛是斯提克斯[①]河边发生的一场野战的影子。费隆问我打算干什么，我回答他说："如果我能够到达奥斯坦德，我会坐船到泽西岛找我舅舅贝德；从那里，我可以出发寻找布列塔尼的保王党。"

发烧使我虚弱不堪；我用我那条肿胀的腿，痛苦地支撑着。我又患了另一种病。经过二十四小时的呕吐，我全身酸痛，天花暴发了。天花按照接触空气的情况，依次出现和消退。我这副模样，带着图尔城铸造的十八镑钱，开始两百里的长途跋涉，这一切都是为了君主制度的荣

---

① 斯提克斯（Styx）：希腊神话中最大的地狱河流。

光。费隆借给我六枚值三法郎的埃居，然后离开我走了，因为有人在卢森堡等他。

一八二二年四月至九月，于伦敦

篇章十

阿登[①] 妇女

走出阿尔隆之后,我花四个苏请一个农民用马车捎我一程,将我放在五法里外的一堆石头上。我借助拐杖跳了几步,到路边小溪里将沾有脓血的内衣洗干净,我顿时清爽多了。天花完全出来了,我觉得轻松多了。我并未扔掉我的背囊,尽管它沉重地压在我的肩膀上。

第一个晚上,我是在一座谷仓里度过的,什么也没有吃。谷仓主人,一位农妇,拒绝收住宿费;天亮时,她给我送来一大碗牛奶咖啡,还有一个大圆面包,我觉得面包香极了。我情绪很好,重新上路,尽管我常常跌跤。四五个伙伴追上我,他们将我的背囊抢过去;其实,他们也都病得厉害。我们碰见农民的时候,常常搭他们的马车。这样,在五天时间内,我们赶了不少路,到达阿太尔、弗拉米佐尔和贝尔福。第六天,天花的疤痕变白,伤口平复了。

---

① 此处指比利时一个地区,毗邻法国东北部。

我用六小时走了两法里之后，看见一道壕沟后面有一家波希米亚人露营，他们围着一堆篝火，同他们在一起的还有两头山羊，一匹驴子。我走到他们身边，倒在地上，那些奇特的流浪者赶忙来救我。一个褐色皮肤、衣衫褴褛、活泼、机灵的年轻女子，唱着，跳着，旋转着，胸前斜抱着她的孩子，好像抱着给舞蹈伴奏的弦琴似的；然后，她在我身边蹲下来，借助火光好奇地端详我，同时抓住我有气无力的手给我算命，只要我出"一个小苏"。这太贵了。没有谁比这个给我算命的女人更有学识、更加可爱、更加穷困的了。我不知道这个流浪家庭是何时离开的；我天亮醒来的时候，已经看不见他们了。我的算命女郎带着我的命运的秘密悄然离去。她在我身边留下一只青苹果，换我那"一个小苏"。我像让诺·拉潘一样，在"百里香"①和"露水"中抖动着身体，但我既不能"吃草"，也不能"小步快跑"，也不能转很多"圈"。但我仍然想站起来，向"曙光致敬"。曙光女神是美丽的，而我是丑陋的；她玫瑰色的面孔表明她身体健康；她比阿尔莫里克的可怜的塞法尔②健壮。虽然我们两个都很年轻，但已经是老朋友，我想象她那天上午的眼泪是为我流的。

我走进森林。我并不太忧伤；孤独使我回复我的天性。我哼起了不幸的卡佐特③唱的浪漫曲：

在阿登中部，

悬崖上有一座城堡……

在这座幽灵经常光顾的城堡里，西班牙国王菲利普二世不是曾经禁闭我的同乡拉努上尉吗？拉努上尉的外祖母姓夏多布里昂。菲利普同意

---

① 这一段化用拉封丹的寓言《猫、鼬和小兔子》。
② 塞法尔（Céphale）：曙光女神所爱的王子。
③ 卡佐特（Cazotte，一七一九——一七九二）：法国作家，著有神怪小说《恋爱的魔鬼》。

释放这位著名的囚徒，如果他让人挖掉他的眼睛的话；拉努打算接受这个建议，因为他太渴望回到他亲爱的布列塔尼了。唉！我也有同样的愿望，而且我不仅愿意失去视力，还愿意忍受上帝给予我的一切痛苦。路上，我没有碰见西班牙来的恩格兰老爷，而是一些可怜的受苦人，还有那些同我一样将所有财产背在背上的小贩。如果一个套着粗布护膝的樵夫走进树林，他也许会把我当作一根枯树枝，将我砍倒。几只小嘴乌鸦、几只云雀、几只类似大燕雀的鸟，在路上快步小跑，或者停在一溜石头上，一动也不动，眼睛注视着在天空兜圈子的鹰。我不时听见牧猪人的号角声，他让母猪和小猪在橡树林中吃橡栗。我在牧人的可以滚动的小房子里休息；房子里只有一只小猫，它非常可爱，亲昵地缠着我。牧人站在远处牧场中央，他的狗蹲在羊群周围。白天，这个牧人采摘草药，是医生，巫师；晚上，他观察星辰，他是一名伽勒底[①]牧人。

再过去半里路，有一片林中空地，那是鹿吃草的地方，我停下来。猎人在附近走过。一泓泉水在我脚下低鸣；在这泓泉水附近，在这片森林里，"不死的"罗兰，而不是"愤怒的"罗兰，发现一座住满贵夫人和骑士的水晶宫殿。如果那位见过这些闪光的水神的游侠骑士，在泉水边留下了他的金笼头马，如果莎士比亚给我送来罗萨林德和流放的公爵，他们也许会帮我的大忙的。

我歇口气，继续往前走。我脑袋晕乎乎的，眼前一片模糊；昔日幽灵淡淡的影子围着我，同我道别。我什么也记不起来了；在模糊的远方，我看见我双亲和我的友人的缥缈的身影，混在一些不相识的面孔当中。当我靠着一块里程碑坐下的时候，我在茅屋飘出的袅袅轻烟中，在树梢上，在透明的云彩中，在照耀欧石南的金色阳光里，仿佛看见站在茅屋门口对我微笑的面孔。我的幻觉中出现缪斯女神，她们来参加诗人

[①] 伽勒底：巴比伦尼亚南部一地区，在《旧约》中经常提到。

的葬礼：我的坟墓在阿登的一棵橡树下，是用缪斯的竖琴掘成，对于士兵和旅人是很适合的。几只松鸡迷失在女贞树下的兔窟里，唯有它们同昆虫一道，在我周围低声鸣叫；它们的生命同我的生命一样微不足道，同样默默无闻。我再也走不动了；我觉得非常难受；天花被压下去了，令我感到窒息。

入夜，我仰天躺在壕沟里，头枕装着《阿达拉》的背囊，拐杖放在身边，眼睛望着同我一样即将熄灭的太阳。我以无限的温存凝望着故乡荒原上曾经照耀我的少年时代的星辰。我们一起躺下，它醒来时更加灿烂，但种种迹象表明，我将永远不会苏醒。我在虔诚的宗教感情中昏过去。我最后听到的是树叶跌落的沙沙声和灰雀的嘶鸣。

一八二二年四月至九月，于伦敦
一八四五年二月修改

利涅王子的供应车——那慕尔妇女——我在布鲁塞尔找到我哥哥——我们永别

看来，我有两个小时处于昏迷状态。利涅王子的供应车刚好从那儿经过，有一名车夫停车，想砍一条桦树嫩枝；他没有看见我，在我身上绊了一跤。他以为我死了，用脚拨了我一下，我哼了一声。车夫将他的同伴们叫来；他们出于怜悯，把我扔在车上。车的摇晃使我苏醒过来。我可以同我的救命恩人讲话了；我对他们说，我是勤王军的士兵，还说，如果他们愿意将我捎带到他们要去的布鲁塞尔，我会报答他们的。

他们当中一位对我说:"好吧,伙计。但是,到那慕尔的时候你要下车,因为我们是不能载任何人的。我们穿过城市之后,你再上车。"我求他们给我点水喝;结果我吞了几口烧酒。酒使我的症状重新显露出来,呼吸倒是顺畅些了;天赐我一个强壮的体质!

上午十时左右,我们到达那慕尔城外。我下车,远远跟在车后;不久,我就看不见马车了。进城的时候,卫兵拦住我。他们检查我的证件,我在城门口坐下来。看守城门的士兵见我身上穿着军服,给我一点面包,而下士用一个蓝玻璃盅,给我喝了一点加胡椒的葡萄烧酒。我推让了一会儿,他骂了一声,生气地叫道:"喝下去吧!"

对于我,穿过那慕尔城是艰苦的事情。我扶着房屋的墙壁往前走。首先看见我的那位妇女走出店铺,怀着同情心扶着我走了几步;我向她表示感谢,而她回答说:"不用啦,当兵的。"很快,其他妇女也跑过来,送给我面包、葡萄酒、水果、牛奶、汤、旧衣服、毯子。"他受伤了。"有些妇女用布拉班特法语方言说。"他患天花。"另外几个妇女叫道,同时让孩子们走开。"可是,年轻人,你不能走;你要死的;到医院去吧。"她们想带我到医院去;她们轮流扶着我,一直将我送到医院门口。在医院外面,我又看见那些供应车。前面我已经讲过,一位农妇帮助过我;下面你们还要读到另一位妇女在盖尔耐西收容我。在危难中帮助过我的妇女们呀,如果你们还活着,愿上帝在你们的迟暮之年和你们的痛苦中帮助你们!如果你们已经不在人世,愿你们的孩子享受上天长期拒绝给我的幸福!

那慕尔妇女帮助我上车,嘱咐车夫照顾我,并且一定要我收下一条毛毯。我注意到,她们以尊重和恭敬的态度对待我:在法国人的天性中,有其他民族认可的某种崇高和正直的东西。利涅的车夫们最后将我送到布鲁塞尔城外的马路边下车,并且拒绝接受我剩下的最后一个埃居。

在布鲁塞尔，没有一个旅店老板愿意收容我。歌谣说，流浪的犹太人俄瑞斯忒斯①曾经到过这座城市：

当他来到布拉班特，
进入布鲁塞尔城……

比起我，他在那里受到更好的接待，因为他口袋里起码有五个苏。我敲门，老板把门打开。他们看见我那副模样，马上说："走开！走开！"他们让我吃闭门羹。

人们将我从一间咖啡馆里赶出来。我的头发垂在长满胡子的脸上；我的腿上黏着泥土；在我破烂不堪的制服外面，我披着那慕尔妇女送给我的毛毯，我在脖子那里将毛毯打个结，当外套用。《奥德赛》中的乞丐更加放肆，但不至于像我这样穷困。

我找到我同我哥哥住过的旅店，但一无所获；我做第二次尝试。我走近大门的时候，看见德·夏多布里昂伯爵正好同德·蒙布瓦西耶男爵走下马车。他看见我那副模样大吃一惊。他到其他地方去找房间，因为这间旅店的老板无论如何也不愿意接纳我这个房客。结果，一名理发师让我住进一间破房子。我哥哥给我请来一位外科医生和一位内科医生。他收到巴黎来信；德·马尔泽尔布先生请他回法国。他向我讲述了八月十日事件、九月屠杀和其他政治新闻，对这些我都一无所知。他赞成我到泽西岛去，而且给我二十五个路易。我视力模糊，看不清我不幸的哥哥的面孔；我以为这是我的问题，而事实上，这是上帝在他身体周围散布的暗影：我们没有料到，这竟是我们的永诀。对于我们所有人，我们只拥有现在；未来属于上帝。任何时候都会有两种情况，使我们不能重

---

① 俄瑞斯忒斯（Oreste）：希腊神话人物，他由于弑母受到惩罚，过浪游生活。

新看见我们离去的朋友：我们的死或他的死。多少人下楼之后就不能再上去啊！

死亡在一个朋友去世之前比在他去世之后更加触动我们：这是我们的一部分脱离我们了，童年的记忆、家庭的亲密、共同的感情和兴趣瓦解了。我哥哥在我之前进入娘胎。他首先进入这同一个神圣的躯体，我在他之后出生；他先于我坐在故居的炉火旁边；他等候了几年才看见我，陪伴我度过了我的整个童年。我的血和他的血在革命的熔炉中混在一起，具有同样的滋味，就像同一个山岗的草场喂养的牛羊挤出的奶。如果说人们提前砍了我哥哥、我的教父的头颅，岁月也不会轻易放过我：我的头发已经变得稀疏了；我感觉乌高兰①，时光，俯身对着我，啃噬我的头颅。

...come'l pan per fame si manduca.②

一八二二年四月至九月，于伦敦

奥斯坦德——渡海至泽西岛——我被丢弃在根西岛

---

① 乌高兰(Ugolin，一二八八年卒)：比萨暴君。
② 意大利文，意思是："好像在饥饿者吞噬的面包里面"。(但丁《神曲·地狱篇》)

上——驾驶员的妻子——泽西岛——我舅舅贝德和他的一家——岛上景色——德·贝里公爵——死去的家人和朋友——衰老的不幸——我到英国——和热斯里尔最后一次见面

　　医生惊诧不已：天花的反复居然没有夺去我的生命，没有导致本来不可避免的病情恶化，他认为我的病情是医学无法解释的。我的伤口变成坏疽，医生用金鸡纳霜包扎起来。在这样初步处理之后，我坚持到奥斯坦德去。我厌恶布鲁塞尔，我急于离开这座城市。当时城里又挤满从凡尔登坐车来的奴性十足的英雄；但在百日王朝时期，当我追随国王来到这同一个布鲁塞尔的时候，我没有再看见他们。

　　我顺着运河，从容地来到奥斯坦德。我在那里碰见几位布列塔尼人，我的战友。我们租了一艘有甲板的小船，向英吉利海峡驶去。我们待在底舱里，躺在当压舱物的石块上。我精疲力尽了。我不能说话；海上的颠簸最终将我击倒。我勉强呷了几滴水和一点柠檬汁；当恶劣的天气迫使我们在根西岛靠岸的时候，大家都认为我就要咽气了。一位流亡神父为我做了临终祈祷。船长怕我死在船上，命令水手将我抬到岸边。他们让我靠着墙，坐在阳光下，面对大海；我的正前方就是奥里涅岛；八个月前，死神曾经以另一种方式出现在我面前。

　　看来，我的状况引起怜悯。一位英国驾驶员的妻子刚好从那里经过；她萌生同情心，把她丈夫叫来。他在两名水手帮助下，将我抬到一个渔民家里；他们让我躺在一张舒适的床上，给我盖上了洁白的被子。年轻的海员妻子对我这个外国人照顾得无微不至，是她救了我的命。第二天，我重新上船。女人对于不幸者有天使般的同情心。照顾我的美丽的英国金发女郎好像英国古代雕像中的女子，将我的浮肿和滚烫的手握在她纤细和娇嫩的手心里。我自惭形秽，十分过意不去。

我们升起帆，在泽西岛西端登陆。我的同伴之一——蒂耶勒先生，到圣赫利尔找我舅舅。次日，德·贝德先生请他乘马车来接我。我们穿过整个岛屿。尽管我生命垂危，沿途的绿荫仍然令我心旷神怡。但是，我开始神志不清，嘴里胡言乱语。

我在生死之间徘徊了四个月。我舅舅、他妻子、他儿子和三个女儿轮流在我床边照顾我。我住在港口旁边一栋房子里，占据一套房间。我房间的窗子是落地窗，从床上就可以看见大海。医生德拉特尔先生禁止我谈论严肃的事情，尤其不能谈政治。一七九四年最后几天，我看见我戴重孝的舅舅进入我的房间，我颤抖了，我以为我们失去一位亲人。他告诉我，路易十六死了。对此，我并不感到惊讶；我早料到了。我打听亲人的消息。九月屠杀之后，我的两个姐姐和我妻子回到布列塔尼；她们历尽艰辛才逃出巴黎。我哥哥回到法国，在马尔泽尔布家隐居。

我可以起床了；天花已经过去。但是，我胸部感到不适，而且变成长期折磨我的痼疾。

泽西岛，安东南的游记中称之为"高埃萨雷阿"，在诺曼底公爵死后，变成英国王朝的属地。我们曾经好几次想把它收回，但都未成功。这座岛屿是我们的远古历史的遗迹；从爱尔兰和阿尔庇翁[①]到布列塔尼-阿尔莫里克去的圣人，都在泽西岛歇息过。

圣赫利尔，孤零零一人，住在塞扎雷的岩洞里；汪达尔人将他杀害了。我们在泽西岛看到古代诺曼底人的样板；人们仿佛听见杂种纪尧姆或小说《鲁》的作者在说话。

这座岛屿是富饶的。岛上有两座城市，分为十二个堂区。农民的房舍和牲口群处处可见。猛烈的海风在岛上似乎变得温和了，岛上

[①] 阿尔庇翁（Albion）：大不列颠旧称。

出产精美的蜂蜜、非常可口的奶皮和散发堇菜香的深黄色奶油。贝纳丹·德·圣皮埃尔断言,我们的苹果来自泽西岛,其实他弄错了。我们的苹果和梨来自希腊,我们的桃子来自波斯,柠檬来自拉梅迪,杏子来自叙利亚,樱桃来自赛拉松特[1],栗子来自伽斯塔纳[2],木瓜来自息东[3],而石榴来自塞浦路斯。

五月初,我很高兴能够出门了。春天在泽西岛仍然生机盎然;它可以和从前一样自称为"报春"使者。它变得衰老的时候,将这个名字留给它女儿,它头上的头一朵鲜花。

这里,我引用两页关于德·贝里公爵的生活的文字,但实际上讲述的是我自己的经历:

> 经过二十二年的战斗,锁闭法国的铜墙铁壁被冲破;文艺复兴的时代临近了。我们的王公们离开他们的偏僻住所。他们都走出边境,像冒着生命危险进入那些神奇国度的旅人。国王的大弟到瑞士;德·昂古莱姆公爵老爷到西班牙,而他弟弟到泽西岛。查理一世的几个法官死在岛上,不为人所知;也在这座岛上,德·贝里公爵老爷遇见一些保王党人,他们在流亡中衰老,而且人们忘记他们的功德,就像从前人们忘掉英国弑君者的罪行。他碰见一些年迈的、从此生活在孤独中的神父。他同他们一道编造神话,让一位波旁公爵在经历暴风雨之后,在泽西岛登陆。某位听忏悔的神父和殉难者可能对亨利四世的继承人说,就像泽西岛的隐士对那位伟大的法国国王所说的一样:

---

[1] 赛拉松特(Cérasonte):黑海边的城市。
[2] 伽斯塔纳(Castane):小亚细亚古城。
[3] 息东(Cydon):小亚细亚克里特的城市。

> 那时，远离宫殿，在这个阴暗的岩洞里，
> 我哭泣对我的宗教的凌辱。

（埃尔尼雅德）

德·贝里公爵老爷在泽西岛生活了几个月；大海、狂风、政治使他不能脱身。一切都同他作对，他失去耐心；他准备放弃行动，乘船回波尔多。他给莫罗元帅夫人写了一封信，生动地描绘他在岛上的生活：

于是，我现在同坦塔尔①一样，面对着这个难以从她的枷锁中解放出来的法兰西。你有一个如此美丽、如此热爱法国的灵魂，你设想我此刻的感受吧。由于离开这片两个小时就能到达的海岸，我付出多么沉重的代价！当太阳照耀它的时候，我登上最高的岩石，手拿望远镜，细细端详整个海岸；我看见库坦斯的岩石。有时我让想象力驰骋，看见我登陆上岸，被法国人包围，他们帽子上闪烁着白色帽徽；我听他们叫道："国王万岁！"法国人听见这句话任何时候都不会无动于衷；全省最美丽的夫人给我戴上白色肩带，因为爱情和光荣从来是不可分的。我们向瑟堡进发。由外国人守卫的几座简陋的碉堡想负隅顽抗，我们一冲锋就攻克了；我们派出一艘船，去寻找国王，船上悬挂的白旗使人想起法兰西昔日的光荣和幸福的岁月！"啊！夫人，既然离开一个很可能实现的梦只有几个小时，我们能够考虑离去吗？"

一八一四年二月八日

这几页是我三年前在巴黎写下的；在德·贝里公爵之前二十二年，

---

① 坦塔尔（Tantale）：希腊神话中吕底亚的国王，因为得罪了诸神，被投入地狱。

我就去过泽西，这座流放者的城市；当地人应该知道我的名字的，因为阿尔芒·德·夏多布里昂在岛上结婚，而且他的儿子在那里出生。

那里甚至流传着关于我舅舅一家的笑话。我舅妈特别宠爱一条狗，在此之前我已经讲述过它的祖先的出色品质。由于这条狗乱咬人，而且满身疥疮，我的外甥女叫人将它悄悄逮走，尽管它出身高贵。德·贝德太太却一直认为，一定是哪位英国军官爱上了这条漂亮的"阿枣儿"，把它偷走了，现在想必在联合王国最豪华的城堡里养尊处优。唉！我们眼前的快乐只是由我们过去的美好时光构成的。通过回顾蒙舒瓦的情景，我们找到在泽西岛开心的办法。这种事是非常稀罕的，因为在人们心里，快乐时刻在它们之间并不保留悲哀时刻在它们之间保留的联系：新的欢乐不能使昔日的欢乐恢复青春，但新痛苦使旧痛苦更加鲜明。

而且，流亡者引起普遍好感；我们的事业似乎成了欧洲的事业：受到尊重的不幸是伟大的，我们的不幸正是如此。

德·布荣先生是法国流亡者在泽西岛的保护人，他使我打消回布列塔尼的念头，因为我现在的状态无法承受地窖和森林的生活；他建议我到英国去，在那里寻找一个经常性的服务工作。我舅舅带来的钱很少，他家中人口众多，已经感到紧张了；他不得不将他儿子送到伦敦去，过着穷困的生活，把希望寄托于未来。我由于担心变成他的负担，决定离去。

一条从圣马洛偷偷开来的船给我带来三十路易，使我有可能实施我的计划。我在开往南安普敦的邮船上预订了座位。同我舅舅告别的时候，我非常伤心。他像父亲一样照料我，我童年时代很少的幸福时光是和他分不开的；他熟悉我热爱的一切；我觉得他的面孔同我母亲有几分相像。我已经离开我那位杰出的母亲，而且我不会再看见她了；我已经离开我姐姐朱莉和我哥哥，我也不会再和他们相逢；现在我又离开我舅舅，我也不会再看见他那快乐的面容了。在几个月时间里，我失去这么多亲人，因为我们的亲人的死不是从他们去世时算起的，而是从我们不再在一起生活的时候开始的。

如果我们能够让美妙的时光驻留，那该是多么好啊！但是，这是做不到的。那么，我们就别留在世上吧。在看见我们的朋友消逝之前，在诗人心目中唯一值得生活的岁月消逝之前，我们就离去吧："Vitâ dignior aetas"[①]。在交往的年代令人神往的东西，在被抛弃的年代变成痛苦和悔恨。人们不再盼望欢乐时刻归来；毋宁说人们害怕它们回来：小鸟，花朵，四月末美妙的夜晚，以夜莺的歌唱开始、以燕子的啁啾结束的夜晚，这一切都煽起对幸福的需要和渴望，杀害你。你还感觉得到这些可爱的东西，但它们已经不再属于你。在你身边领略它们，并且以轻蔑的目光注视你的年轻人，令你嫉妒，使你更清楚地明白你是多么被人抛弃。大自然的清新和妩媚在令你想起昔日幸福的同时，也增加了你的悲惨处境的丑陋。你现在只是大自然当中的一个污点，你以你的存在、你的言语，甚至你胆敢表达的感情，破坏它的和谐和美妙。你可以爱，但人们不可能再爱你。春天之泉已经更新了泉水，但并未使你恢复青春，而目睹万象更新、百业兴旺，更勾起你对昔日欢乐的痛苦回忆。

我乘坐的邮船挤满流亡家庭。我在他们当中认识了安岗先生，他是我哥哥以前在布列塔尼议会的同事，是一个风趣的人，以后我会谈到许多关于他的故事。一位海军军官在船长室下棋；他没有认出我，因为我的变化太大了；但是我认出他是热斯里尔。自从我们在布列斯特分手之后，我们一直没有见面；南安普敦是我们永别的地方。我对他讲述了我的旅行，他给我讲了他的旅行故事。这位在我身边海浪中出生的年轻人，在海浪中第一次拥抱他最老的朋友，而这些海浪又将是他的光荣的死的证人。朗巴·多里亚，热那亚海军元帅，在打败威尼斯舰队之后，

[①] 拉丁文，引自罗马诗人维吉尔的《埃涅阿斯纪》："更加值得生活的岁月"。

得知他儿子战死。"把他扔到海里去！"父亲以古罗马人的方式说，犹如说"把他扔给他的胜利女神吧"。热斯里尔自愿从他投入的波浪中出来，只是为了在岸边更好显示他对波浪的胜利。

我在《回忆录》第六篇章开始处，已经讲过我在泽西岛登船前往南安普敦。这样，经历美洲森林的探险和德国军营的生活之后，我这个可怜的流亡者于一七九三年踏上这片土地；一八二二年，我在那里是显赫的大使；我在那里写下这一切。

一八二二年四月至九月，于伦敦

文学基金——霍鲍尔的顶楼——我的健康恶化——就诊——伦敦的流亡者们

伦敦成立了一个援助英国和外国作家的团体。这个团体请我出席它的年会。我把出席这个会议和参加这个组织当成我的义务。约克公爵殿下坐在主席位置上；他右边是萨默塞特公爵，托灵顿和博尔东勋爵；他安排我坐在他左边。我在会上碰见我的友人坎宁先生。这位诗人、演说家、著名的部长发表了一篇演说，演说中有一段已由报纸转载的对我过分恭维的话："虽然此地认识我的高贵的朋友、法国大使的人不多，但他的性格和他的作品在整个欧洲是非常驰名的。他以阐述基督教原则开始他的生涯；他通过捍卫君主制原则继续他的事业；现在，他来到我国，用君主制原则和基督教美德的共同之处将两个国家联合起来。"

很多年之前，坎宁先生作为作家，在伦敦师从皮特先生学习政治学；在同样长久的时间之前，我在英国首都，在默默无闻中开始我的写作。现在我们两人都是非常富有的人，但我们都加入这个以资助穷困作家为宗旨的组织。是我们都享有的显赫声名还是我们的共同的痛苦经历使我们聚集在这里呢？东印度总督和法国大使在痛苦的缪斯的宴会上能够做什么呢？乔治·坎宁和弗朗索瓦·德·夏多布里昂在此就座，是为了纪念他们过去的厄运，也许是过去的幸福；他们为荷马干杯，为一块面包吟唱荷马的诗篇。

如果这个文学基金，在我一七九三年五月二十一日从南安普敦到伦敦时就存在，它也许会替我支付看病的诊费。那时，我舅舅贝德的儿子、我表兄布埃塔阿代安排我住在霍鲍尔的一间顶楼上。人们曾经希望出现奇迹，通过改变环境使我恢复当兵所需要的体力。但是，我的健康非但没有恢复，反而每况愈下。我肺部有毛病；我瘦削而苍白，咳嗽，呼吸困难，出盗汗，咯血。和我一样穷困的朋友带我到处求医。那些希波克拉底①让成群的叫花子在他们门口等候，以一畿尼②的代价向我宣布，我的病只能忍耐，还加上一句说："T'is done, dear Sir.（没治了，亲爱的先生。）"以其关于溺水者的实验出名的戈德温医生比较慷慨：他免费给我看病；但他以冷酷的态度（他对他自己也如此）对我说，我还可以活几个月，也许一年或两年，如果我注意不让自己劳累的话。"你不要打算从事长期工作。"这是他的诊断结论。

对我的末日即将来临的断言，除了不可避免地引起我感情上的悲哀，也给我带来难以置信的心灵平静。《革命论》的出版说明中的一段话和《革命论》本身的一段话，可以用这种精神状态来解释："由于受到一场希望甚微的疾病的打击，我以平静的目光看待一切；对于离开坟墓才几步路的旅行者，他受到坟墓的肃穆气氛的感染。"贯穿《革命论》的苦

---

① 希波克拉底是古希腊最著名的医生。
② 畿尼：英国旧金币，一畿尼相当于二十一先令。

涩的思考是不奇怪的：这本书是我在死亡的威胁之下，在对我的宣判和执行之间写的。一位生活在流亡的穷困之中，而且相信自己的死期即将到来的作家，不可能带着欢笑面对世界。

但是，怎样度过这一段恩赐给我的时光呢？我本来可以靠我的剑生活或者很快死去，但剑已经与我无缘；我还能做什么呢，拿起笔？我这杆笔既没有名气，也没有把握，我不知道它有多大分量。我与生俱来的文学趣味、童年的诗作、我的游记草稿，这些是否足以引起公众注意？我有意写一部对历次革命进行比较的著作；我考虑这个题材是因为这比较适合当时的趣味。但是，谁会印刷这本没有人推荐的书呢？在写作过程中，谁来养活我？如果说我在这个世界上来日不多，我也要找到在这不多的时间里支撑我的办法。我的三十个路易已经用了不少，不久就要用光，而且除了我个人的不幸，我还要忍受流亡者共同的困境。我在伦敦的朋友都有工作：有的做煤炭生意，有的同他们的妻子编织草帽，还有人教他们自己也不甚了了的法语。他们都生活得挺快活。轻浮——我们民族的这个缺点，此刻变成美德。他们当面嘲笑命运女神；这个女贼异常尴尬，把人们不再向她乞求的东西带走了。

一八二二年四月至九月，于伦敦

佩尔迪埃——文学工作——我同安岗的交往——我们的散步——威斯敏斯特教堂一夜

佩尔迪埃①,《Domine salvum fac Regem》②的作者和《使徒行传》的主编,在伦敦继续他在巴黎的事业。他说不上有什么严重缺点,但他充满无可救药的小毛病:放荡,恣意妄为,挥金如土,既是正统派的仆从也是黑人国王克里斯托夫③的大使,德·"柠檬水"伯爵的外交通讯员,人们用糖支付他的薪俸,他拿来换香槟酒喝掉。这位用袖珍小提琴演奏革命的伟大乐章的维奥莱先生④式人物,以布列塔尼同乡的身份来看我,表示愿意帮助我。我同他谈起我写作《革命论》的计划,他十分赞赏,大声说:"这好极了!"他建议我到印刷商贝利先生那里去住,他的报纸就是在贝利那里印的。黛博夫书店可以负责销售,而他将在他的报纸《暧昧》上大吹大擂,同时可以在伦敦出版的《法国信使报》上介绍。佩尔迪埃对什么都充满信心:他说,因为我参加过围攻蒂永维尔的战斗,他要设法让人给我颁发圣路易十字勋章。我的吉尔·布拉斯⑤身材高瘦,笨手笨脚,头发上擦了粉,没有戴帽子,不停地嚷嚷和讲笑话;他把帽子压低在耳朵上,挽着我的胳膊,把我带到贝利那里。印刷厂老板很爽快,租给我一个房间,月租一畿尼。

我的前程似锦;但是,如何度过眼前的难关呢?佩尔迪埃给我提供一些拉丁文和英语的翻译工作。白天,我翻译;晚上,我写《革命论》。

---

① 佩尔迪埃(Pelletier,一七六五——一八二五):论战家,保王党。
② 拉丁文:《上帝,救救国王吧!》
③ 黑人国王克里斯托夫:他出身黑奴,后来在海地北部自称国王。
④ 维奥莱:作者北美之行中讲到的一个法国人,他在美洲教土著人跳舞。
⑤ 吉尔·布拉斯(Gil Blas):法国作家勒萨日创造的人物,招摇撞骗者的典型。

在这本书里，我放进我自己的一部分旅行经历和一些随想。贝利向我提供书籍，我又在书摊上乱买了一些旧书。

我在到南安普敦的船上碰见的安岗和我来往密切。他知识广博，耕耘文学，偷偷地写小说，而且把他写的小说的片段念给我听。他住的地方离贝利的印刷厂很近，在一条通向霍鲍尔的小街尽头。每天上午十时，我同他一起吃早饭；我们谈论政治，尤其谈论我的工作。我告诉他我夜间工作——写《革命论》——的进展；然后，我回去从事我白天的工作——翻译。我们又聚在一间小咖啡馆吃午餐，一人一个先令；离开咖啡馆，我们到野外去。我们也常常独自去散步，因为我们都喜欢纵情遐想。

这个时期，我常常到肯辛顿或威斯敏斯特去。我喜欢肯辛顿；我喜欢在它的偏僻角落闲逛，而靠近海德公园一带挤满衣着华丽的人群。我的穷困和周围的富裕、我的孤独和人群的熙攘形成反差，我喜欢差别。我在远处带着模糊的憧憬看着年轻的英国女人走过；过去，我的女精灵曾经让我感受这种感情；在用我狂热的爱情将她打扮之后，我几乎不敢抬眼看我的杰作。我认为已经临近的死亡，使我对自己差不多要走出的这个世界的看法增添了神秘色彩。这个世界对坐在松树下的那个外国人看过一眼吗？哪一个美丽的女人想到过勒内的无形的存在？

在威斯敏斯特，有另一种消遣：在迷魂阵般的坟墓中，我想象不久之后，会有我自己的墓穴。我这个无名之辈的半身像永远不会放在这些名人的雕像当中！跟着，我眼前出现君王们的陵墓：在他们当中，克伦威尔不复存在，而查理一世也不见踪影。一名叛徒——罗贝尔·德·阿尔图瓦[①]——的骨灰埋在一块石板底下，我用我忠实的脚践踏它。查理

[①] 罗贝尔·德·阿尔图瓦（Robert d'Artois）：伯爵，后来的查理十世。

一世的命运刚好延伸到路易十六头上；在法国，每天都有人倒在屠刀下，而我的亲人的墓穴已经掘好。

唱经班领班的歌声和行人的谈话打断我的思考。我不能常常参观公墓，因为我不能将我生活必需的先令送给看守死者的门卫。这样，我就同小嘴乌鸦一道在修道院外面徘徊，或者停下来观赏那两座大小不同的钟楼；旧城烟雾的黑色帷幔下，落日的余晖将钟楼染得血红。

一次，为了欣赏夜色降临后大教堂内部的情景，我沉醉于对充满激情和变化的建筑物的赞美，乐而忘返。被"基督教阴沉辽阔"（蒙田）的感情所支配，我慢慢逛着，结果出事了：大门已经关闭。我试图寻找一个出口；我叫守门人，我撞门，但除了寂静中传来的回响，这一切都毫无效果；我不得不同死者共眠了。

为了挑选我的寄居之所，经过一番犹豫，我在祭廊里，在骑士们和亨利七世的双层祭台底下，在切特姆公爵的墓旁止步。在楼梯和用栅栏封锁的侧翼入口，面对手拿镰刀的大理石死神，一根嵌入墙壁的石床给我提供了庇护所。一条裹尸布的褶子，也是大理石的，充当我的床褥。我以查理五世为榜样，逐渐习惯于我的葬身之地。

我在头排包厢里，直面眼前的世界。这些圆顶之下，聚集了多少辉煌呀！但是，现在剩下什么呢？苦难同幸福一样也是虚妄的；不幸的简·格雷① 同幸福的阿丽克丝·萨里斯伯利没有什么差别；只是他的骷髅没有那样可怕，因为他没有头颅；由于他承受的苦刑和他缺乏使他秀美的东西，他的骨架变得美丽。在这阴森的大厅堂，优胜者克雷西② 的比武，亨利八世的金毯营游戏不会重新开始。培根、牛顿、弥尔顿也被深深地埋在地下，和他们同时代最卑微无闻的人一样过去了。我这个被排斥的可怜流浪汉，因为曾经是这些著名的、强大的、享尽人间欢乐的

---

① 简·格雷（Jane Gray，一五三七——一五五四）：英国贵夫人，被玛丽·都铎处死。
② 克雷西（Crécy）：法国小城。

死者中的一员，能接受不再是我现在这样被人遗忘的痛苦的小人物吗？啊！生活不仅是这一切！如果我们从这世界的边岸看不见神圣之物，我们不要感到惊讶：时间是隔在我们和上帝之间的一重帷幕，就像我们的眼睛和光明之间的眼皮。

我蜷缩在我的大理石被褥之下，从这些崇高思想走下来，满足于对所处地点和时间的真实感受。我的夹杂快乐的烦恼同从前冬天我在贡堡塔楼上听风儿呼啸时的感受类似：风声和阴影的性质是相同的。

我对黑暗逐渐习惯了，我隐隐约约看见坟墓间的雕像。我注视着英格兰圣德尼教堂的突出轮廓，我觉得过去的事件和流逝的年华是从哥特式灯柱上落下的，整个建筑物好像变成化石的各个世纪的圣殿，而这个圣殿是一整块石头雕成的。

我听见挂钟响十点，十一点；在这个地方，敲钟的钟锤和我是仅有的活物。外面，只听见车辆驶过，更夫喊叫：我觉得远处传来的这些声响是另一个世界传来的。泰晤士河的雾霭和地上的煤烟飘进大教堂，在那里散布第二重黑暗。

终于，一线曙光在最黑暗的角落显现了：我目不转睛地看着这束光线逐渐扩大；光线来自被叔叔杀害的爱德华四世的两个儿子吗？伟大的悲剧作家[①]说："这两个可爱的孩子躺在一起；他们用他们纯洁的、方解石般洁白的手臂拥抱着对方，他们的嘴唇像同一根茎上的四朵鲜红的玫瑰，光艳夺目，互相接吻。"上帝并未给我送来这样悲哀和可爱的孩子，但是，一名少女轻盈的身影出现了，她手里拿着一支卷成贝壳状的纸遮住的蜡烛：她是敲钟女孩。我听见一声接吻声，随后晨钟敲响了。当我和她同时走出廊门的时候，敲钟女孩惊骇不已。我向她讲述了我昨夜的遭遇；她对我说，她来代替她生病的父亲干活；我们

[①] 指莎士比亚，下面的句子引自他的剧本《理查三世》。

没有提起接吻。

一八二二年四月至九月，于伦敦

困境——出乎意料的援助——俯临公墓的住宅——新难友——我们的快乐——我表兄德·布埃塔阿代

我的遭遇令安岗大为开心，而且我们计划一起将自己关在威斯敏斯特教堂里面；可是，我们的穷困以不那么富于诗意的方式将我们召唤到死者那里。

我们的钱用光了：凭一张若销售不成功予以赔偿的保证书，贝利和黛博夫冒险开始印刷《革命论》。从这时开始，他们就不再慷慨了，当然这是再自然不过的事情；我对他们的大胆甚至感到吃惊。翻译工作没有了。佩尔迪埃是一个寻欢作乐的人，对于长期帮助别人感到厌烦。如果他不是更喜欢吃喝的话，他可能会把一切都给我。但是，要他到处替我找工作，持之以恒，对于他是不可能的事情。安岗也眼看自己的财富日益减少；我们一共才有六十法郎。我们减少饮食量，就像在一条延长航程的船舶上一样。以前我们午餐每人花一先令，现在我们只花半先令。早晨饮茶时，我们少吃一半面包，取消黄油。这样节制饮食使我的朋友感到无法忍受。他经常心不在焉；他竖起耳朵，好像听谁讲话似的；有时他独自放声大笑，或者流泪。安岗相信动物磁气①的存在，被斯维登

---

① 动物磁气：十八世纪德籍医生麦斯麦提出的学说。

堡①那些玄乎其神的理论弄得神魂颠倒。他早上对我说，前夜有人吵闹，使他不得安宁；如果我对他说他在胡思乱想，他就会发脾气。他的状态使我感到不安，并且使我忘记自己的痛苦。

其实，我自己的痛苦也是严重的：苛刻的节食，加上工作，使我的肺病恶化；我开始感到走路困难，但是，我白天和大部分夜晚是在外面度过的，以免别人发现我的困窘。当我们只剩下最后一个先令的时候，我们决定把钱留着，只装装吃饭的样子。结果，我们只买了一个两苏的面包，我们和平常一样叫人端来开水和茶壶；但是，我们没有往茶壶里装茶叶，我们吃光面包，只是将糖罐里剩下的一点糖末冲水喝了。

五天这样过去了。我饥饿难忍，发烧了；我无法入眠；我把几块布浸在水里，吮吸湿布团；我啃噬青草和纸张。当我从面包铺门前走过的时候，我的痛苦是可怕的。在一个严冬夜晚，我站在一间卖干果和熏肉的铺子前面待了两小时，望着那些食物解馋；如果可能，我不仅会吃掉那些食品，而且会吃掉那些装食品的盒子、篮子和篓子。

第五天上午，我几乎不能动弹了，我拖着身子来到安岗住的地方。门关着，我敲门；我叫他，安岗有一段时间没有回答；他终于起来了，给我开了门。他不自然地笑着；他身上的礼服扣了扣子；他坐在餐桌前，以异乎寻常的声调说："我们的早餐快来了。"我看见他衬衣上仿佛有一些血迹；我蓦地解开他的礼服：他用小刀在自己胸部左侧刺了一个两寸深的口子。我叫救命。女仆跑去找来一名外科医生。伤势是危险的。

这新的不幸事件迫使我下了决心。安岗是布列塔尼议会的参议员，曾经拒绝接受英国政府向法国法官提供的薪俸，就像我不愿接受每天赐

---

① 斯维登堡（Swedenborg，一六八八——一七七二）：瑞典著名科学家、神秘主义者、哲学家和神学家。

给流亡者的一个先令的施舍一样。我给德·巴朗坦①先生写信，向他透露我朋友的境况。安岗的亲戚立即赶来，将他带到乡下。在同一时候，我舅舅贝德叫人给我送来了四十埃居，这是我的被迫害的家庭所做的令人感动的奉献。我仿佛看见秘鲁的全部黄金：法国囚徒的钱喂养流亡的法国人。

我的穷困成了写作的障碍。由于我不再交原稿，印刷中断了。由于没有安岗陪伴，我不再保留贝利租给我的一个月一畿尼的住宅；我支付了到期房租，走了。在那些最初充当我在伦敦的保护人的穷流亡者底下，还有一些更加缺吃少穿的人。同在富人之间一样，穷人当中也有不同的等级；从冬天抱着狗取暖的人到身穿破衣服发抖的人，什么人都有。我的朋友给我找到一个对于我日益减少的财富更加适合的房间（人们并非总是飞黄腾达的）。他们将我安顿在玛丽勒保纳街附近，那是一间顶楼，天窗对着坟场。每天晚上，守坟者的木铃声告诉我，有人刚才偷走了尸体②。我得知安岗已经脱离危险，于是心中放下一块石头。

我的同伴们常常到我的工作室来看望我。看到我们无羁无绊和我们的穷困，他们也许会把我们当作罗马废墟的画家；我们是描写法国废墟的落魄艺术家。我的面孔充当写生的实物，我的床是我的学生的座位。这张床就是一张床垫和一条被子。我没有床单；天冷的时候，除了被褥，我再加上衣服和一张椅子。我太虚弱，无力移动床，它始终保持上帝给它安排的位置。

我的表兄德·布埃塔阿代由于不能付房租，被人从一间爱尔兰人的破房子里赶出来，尽管他已经把他的提琴送到当铺里去了；为了逃避警察，他躲在我那里；一位下布列塔尼的副本堂神父借给他一张行军床。布埃塔阿代同安岗一样，是布列塔尼议会参议员；他没有头巾包头；但

---

① 德·巴朗坦（Barentin）：路易十六的掌玺官，当时流亡在伦敦。
② 当时尸体解剖是非法的，所以常常有人偷盗尸体用于医科学校的解剖课程。

他逃跑的时候，带着武器和行李，即他的方帽子和红袍，这样，他就盖着他的大红袍子睡在我身边。他很滑稽，精通乐器，有一个动听的嗓子。我们不睡觉的时候，他光着身子坐在行军床上，戴着方帽子，用一个只有三根弦的吉他给自己伴奏，唱起浪漫曲。一天晚上，他这样哼着梅塔斯塔齐奥①的"维纳斯颂歌"：Scendi propizia②：一阵穿堂风吹过来，把他的嘴吹歪了，痛得他要死。但他并未立即死去，因为我热忱地给他搓面颊。我们在我们高高在上的房间里举行会议，议论政治，评论流亡者当中的流言蜚语。晚上，我们到我们姑姑和表妹家去跳舞，厮混在丝带装饰的时装和各色帽子之间。

一八二二年四月至九月，于伦敦

盛大的节日——四十埃居用光——新的困境——客饭——主教——在伦敦酒馆午餐——卡姆登的手稿

读我的《回忆录》的这一部分的读者也许没有发现，我的回忆录已经中断两次了：一次是为了宴请约克公爵，英国国王的弟弟；第二次，是七月十八日为法国国王返回巴黎举行的庆祝晚会。这次活动我花掉四万法郎。大不列颠帝国的贵族院议员及他们的夫人、大使们、有名望的外国人将我的装饰得金碧辉煌的客厅挤得满满的。我的餐桌闪烁着伦

---

① 梅塔斯塔齐奥（Métastase，一六九八——一七八二）：意大利诗人，歌词作者。
② 意大利文，意思是："你下来吧，慈悲的……"

敦水晶的光泽和塞夫勒瓷器的流金溢彩。最精美的菜肴、葡萄酒和花朵应有尽有。波特兰广场停满闪闪发光的车辆。科利内和阿尔玛克的音乐使面带时髦的忧郁表情的纨绔子弟和服饰典雅的太太们着迷。反对派和执政的多数派休战：坎宁夫人和伦敦德利公爵交谈，泽西夫人同威灵顿公爵聊天。国王的大弟托人告诉我，他祝贺我一八二二年盛会的豪华，但他不知道，一七九三年，在离他不远的地方，为了等候他大驾光临，一位未来的部长，由于一片忠心，在一个公墓旁边的楼上挨饿。今天，我庆幸自己冒过沉船的风险、上过战场、分担过社会最微贱的阶级的痛苦，就像我在飞黄腾达的时候因为曾经受到不公正待遇和诽谤而感到洋洋自得一样。我从中吸取了教训。生活如果没有使其变得庄严的痛苦，是儿童的玩物。

我曾经是腰缠四十埃居的人[①]；但是，在发财之前和商品降价之前，没有任何东西取代我空空如也的钱包。我的家庭在布列塔尼蒙受朱安党叛乱和恐怖时代的双重灾难，我不能期望它给我提供新的接济。除了医院或泰晤士河，我看不到别的前景。

流亡者的仆人，由于他们的主人无法再养活他们，自己变成饭店老板来养活他们的主子。上帝才知道他们用什么残羹剩菜招待客人！也只有上帝才知道他们在饭桌上如何谈论政治！共和国的一切胜利都被讲成失败，如果偶然有人对立即实现复辟的可能表示怀疑，他就会被人当作雅各宾派。两位半死不活模样的大主教，春天在圣雅各公园散步：其中一位说："大人，你是否相信我们六月份能回法国呢？"——"大人，"另一位经过一番思考回答说，"我觉得没有什么不可能的。"

神通广大的佩尔迪埃将我从我所在的角落里挖掘出来，或者毋宁说将我从我所在的巢穴里赶出来。他在一张雅茅斯萨福克报纸上看到，一

[①] 化用伏尔泰写的一篇同名故事。

个古董收藏家协会打算研究该郡的历史，招聘一位能够阅读十一世纪法文的法国人，辨识卡姆登藏书中的手稿。贝克尔斯的牧师是这件工作的负责人：应该同他联系。"这是你干的活，"佩尔迪埃对我说，"去吧，你能够弄懂这些古老玩意的；你要继续向贝利寄《革命论》的手稿，我会迫使他重新开印。你赚两百畿回伦敦，作品也完成了，何乐不为呢？"

我想表达一点不同意见，他嚷道："嗨！真见鬼！你想留在这座'宫殿'里吗？这地方我都冷得受不了哪。如果里瓦洛尔、尚普塞贝兹、米拉波-托诺和我这样挨冻的话，我们会成为《使徒行传》的头号新闻！你不知道安岗的事闹得满城风雨吗？难道你们俩都想死在这里不成？哈！哈！哈！得了……！哈！……"佩尔迪埃笑得前俯后仰，双手扶着膝盖。他刚把一百份他编的报纸送到"殖民地"书店，而且收了货款；他把口袋里的钱币弄得叮叮作响。他拖着我，连同患抽风的布埃塔阿代，和他碰见的两个衣衫褴褛的流亡者，到伦敦酒馆吃饭。他让我们喝波尔图葡萄酒，吃牛排和布丁，撑得我们要爆裂了。他对我表兄说："怎么样？伯爵先生？你的嘴怎么歪的？"布埃塔阿代，既感到不快，也感到高兴，尽他的最大可能解释事情的经过。他说，他在唱"O bella Venere"①这几个字的时候，突然嘴歪了！我可怜的歪嘴表兄说这句话的时候，显得如此痛苦、如此僵硬、如此无奈，以致佩尔迪埃身子往后仰，放声狂笑，他翘起来的双脚，几乎把饭桌掀翻了。

我经过考虑，觉得我的同乡的建议是蛮不错的；他的为人同我的另一位同乡——"圣贤"——一模一样。经过五天联系，在佩尔迪埃的裁缝给我做了几身衣服之后，我带着黛博夫借给我的一点钱，出发去贝克尔斯；黛博夫同意借钱给我是因为我保证继续写完《革命论》。由于我的名字英国人念起来很困难，我改名为贡堡，这是我哥哥用过的名字，它

---

① 意大利文："美丽的维纳斯！"

让我想起我童年时代的痛苦和欢乐。住进旅舍之后，我带着黛博夫的信去见牧师。黛博夫在英国图书界是一位很受尊重的人，他把我推荐给牧师，说我是一流学者。我受到热烈欢迎，我同当地的所有绅士见面，而且我碰见法国皇家海军的两位军官，他们在那里教法文。

一八二二年四月至九月，于伦敦

我在外省工作——我哥哥的死——我的家庭的不幸——两个法国——安岗的信

我恢复了体力，骑马散步使我的健康状况略为改善。日常生活中的英国是阴沉的，但有迷人之处。到处都是同样的东西，同样的景色。贡堡先生被邀请出席所有的聚会。我的命运的初步改善归功于我的学业。西塞罗倡导在生活悲哀的时候耕耘文学，他是有道理的。女人们很高兴碰见一个法国人，以便操练她们的法语。

我从报纸上得知我的家庭遭遇的不幸，使人们知道我的真实姓名（因为我无法掩饰我的痛苦），这更增加了社交界对我的兴趣。报纸报道德·马尔泽尔布先生、他女儿德·罗桑玻庭长夫人、他孙女德·夏多布里昂伯爵夫人和他的孙女婿——我哥哥歌德·夏多布里昂伯爵的死讯；他们是在同一天、同一时刻、在同一断头台被杀害的。德·马尔泽尔布先生在英国人当中很受崇敬；我同这位路易十六的捍卫者的亲戚关系更增加我的主人的友善。

我舅舅写信，将其他亲人所受的迫害告诉我。我年迈和杰出的母亲同其他被害者一样，被扔在马车上，从布列塔尼深处押到巴黎，投进监狱，让她分享她宠爱的儿子的命运。我的妻子和我姐姐吕西儿被关在雷恩的监狱里，等待判决。人们曾经考虑将她们关进变成国家要塞的贡堡；她们无辜受到指控，仅仅因为我犯了流亡之罪。同那些留在祖国的法国人所承受的苦难相比，我们在异国的苦难算得了什么呢？然而，在流亡的苦难之中，得知我们的流亡变成我们亲人受迫害的借口，这令我们多么痛苦！

两年之前，我嫂嫂的结婚戒指在卡塞特街的沟渠中被人拾获。人们把戒指给我送来：戒指已经损坏了，两个小环串在一起吊着；上面刻的姓名仍然清清楚楚。这只戒指是怎么找到的？它是在什么地方、什么时候丢失的？关在卢森堡公园的受害者在押往刑场途中，是否从卡塞特街走过？这只戒指是在行刑之后从她手指上剥下来的吗？看见这个象征物，我非常激动，它的损坏和它上面的铭刻让我记住亲人的悲惨命运。看来，是我嫂嫂从阴间将这只戒指送来给我，作为对她和对我哥哥的纪念，这中间有某种神秘和命中注定的东西。我将戒指交给她儿子：但愿戒指不会给他带来不幸！

> 亲爱的孤儿，你母亲的影子，
> 我在此为你乞求上天，
> 愿你享受你父亲不曾享有的幸福，
> 愿你拥有你叔叔没有的孩子。

当我侄儿结婚的时候，这段蹩脚诗，还有另外两三段，是我送给侄儿的唯一礼物。

我还保留另一件证实这个惨祸的纪念物：贡坦桑先生给我寄来一封信。他在查阅巴黎市的档案时，找到革命法庭将我哥哥和他的家庭送上断头台的命令：

子爵先生，

在一个经受了许多苦难心灵里，唤醒那些最痛苦的回忆是一件残酷的事情。这种考虑使我犹豫再三，最后才决定将这份十分令人悲伤的材料送给你；这材料是我在历史研究工作中找到的。这份死亡公证书由一个同死亡一样无情的人签署；每次他看见某颗头颅上汇集了声名和美德，就写下他的名字。

我希望，子爵先生，你不会因为我给你的家庭档案增加了这份使人想起这些残酷时刻的材料而过分责怪我。我估计这份材料对你是有意义的，因为我觉得它有价值，于是我想到送给你。如果我不冒昧的话，我会因此感到双重的荣幸，用这个行动，我可以向你表达长期以来我对你的尊重和诚挚的崇敬。子爵先生，我是你非常谦卑、非常顺从的仆人。

阿·德·贡坦桑
一八三五年三月二十八日，于巴黎塞纳省政府

下面是我对这封信的复信：

先生，我曾经叫人到圣夏佩尔教堂寻找我不幸的哥哥和他妻子的诉讼材料，但他们没有找到你寄给我的命令。这道命令和其他命令，连同里面被涂改的字句，残缺的姓名，在上帝法庭上会拿到富基埃面前，他必须承认是他签的名。这就是人们所惋惜的时代；为了它，有人写下歌功颂德的著作！而且我羡慕我哥哥：至少他在多年之前就离开了这个悲惨的世界。先生，我非常感谢你在你美丽和高贵的来信中，对我表达的敬重，并请你接受我崇高的敬意。

等等。

这张处死令证明，屠杀是以何等轻率的方式犯下的：有些姓名的拼写不正确，还有些模糊不清。这些形式上的毛病本来足以使一个普通判决书失去效力，但并不能够阻止刽子手；他们只重视死亡的准确时间："五时正"。下面是原文，我照抄不误：

刑事判决执行人
革命法庭

刑事判决执行人应该遵照命令，到巴黎裁判所附属监狱，执行对下列罪犯处死的判决：穆塞、德斯布梅尼、夏普里耶、图莱、埃尔、拉穆尼瓦翁·马尔泽布尔、勒佩尔蒂埃（女）、夏多布里昂及其妻子（名字抹去，无法辨识）、寡妇迪萨特莱、前格拉蒙公爵的妻子、罗沙舒阿尔（女）和帕尔蒙基耶等一共十四人。死刑将于今天五时正，在本市革命广场进行。

检察官 富基埃

法兰西共和历第二年花月三日

车两部。

热月九日救了我母亲的命；但是，她被人遗忘在巴黎裁判所监狱里。国民公会的特派员看见她，对她说："你在这里干什么呀，女公民？"我母亲回答说，她失去了儿子，她不想知道正在发生的事情，死在监狱里面或外面对她是无所谓的。"你可能还有别的孩子吧？"特派员问她。我母亲讲出我妻子和我姐姐的名字，她们被关在雷恩。将她释放的命令很快下达，她不得不离开监狱。

在这场革命的历史中，人们忘记将外部法国的图画放在内部法国的图画旁边，忘记描写那些数量众多的流亡者，他们在异国不同的气候和风俗中，以不同手段谋生，忍受了各种痛苦。

在法国之外，一切都是个人的事情：地位的变化，默默忍受的不幸，无声的、无报偿的牺牲。在这些不同地位、不同年龄、不同性别的人的大杂烩当中，保留着固定的想法；古老法兰西浪游时带着它的偏见，它的信徒，就像上帝的教会过去在大地上漫游时，带着它的德行，它的殉道者。

在法国国内，一切都是群众的事情。巴里埃宣布屠杀和征服，内战和同外国的战争；旺代和莱茵河的大规模战役；我们的舰队在海上沉没；民众在圣德尼将君主们挖出来，将已死国王的骨灰扔到活着的国王脸上，使他们看不见东西；以刚刚获得的自由为荣，甚至因为自己的罪行感到骄傲的法兰西，虽然从边境退却，但在自己的土地上是巩固的；它佩戴着双重的武器：屠夫的大刀和士兵的利剑。

在失去亲人的悲痛中，我的朋友安岗的几封信使我放下了对他的牵挂，而且这些信写得极为出色，写信时间是一七九五年九月："你八月二十三日的来信洋溢着令人感动的关切。我拿给几个人看，他们读的时候，眼睛都湿润了。我很想对他们重复狄德罗对到樊尚监狱探望他的眼泪汪汪的卢梭所说的话：'你看，我的朋友多么爱我呀！'说实话，我的病只是令人痛苦的神经冲动，时间和耐心是治疗这种疾病的妙药。在病中，我读了《斐多篇》和《蒂迈欧篇》[1]的片段。这种书读了叫人想死，我同加图[2]一样说：

---

[1] 都是柏拉图的著作。
[2] 加图（Caton，创作时间约为公元三世纪）：古罗马诗人。

Il must be so, Plato; thou reason'st well！ ①

我想象我在旅行，就像人们想象的大印度之行一样。我认为我在'精神世界'（如斯维登堡所说）里将看到许多新东西，尤其我将省却旅行的疲劳和危险。"

一八二二年四月至九月，于伦敦

夏洛特

在离贝克尔斯四法里的地方，有一座名为本盖的小城，住着一位英国牧师，尊敬的艾夫斯先生。他是古希腊语专家，数学专家，他妻子还年轻，容貌迷人，谈吐风雅，举止端庄；他们有一个十五岁的女儿。与其他地方相比，我在这个家庭中受到更好的待遇。我们按照古代英国人的方式喝酒，在女人离去之后，在餐桌边还待上两个小时。艾夫斯先生去过美洲，他喜欢讲他的旅行故事，也喜欢听我讲我自己的旅行故事，他还喜欢谈论牛顿和荷马。他的女儿，为了使他高兴，也变得博学多才；她擅长乐器，唱起歌来像今天的帕斯塔夫人②。喝下午茶的时候，她重新出现，用她的音乐驱除老牧师的感染人的睡意。我在钢琴旁边，静静地听艾夫斯小姐演奏。

---

① 英语："他应该这样，柏拉图；你是有道理的！"（艾狄生的悲剧《加图》的台词）艾狄生（Addison，一六七二——一七一九）是英国剧作家。
② 帕斯塔夫人（Pasta，一七九八——一八六五）：当时著名的歌唱家。

演奏完毕，少女问我一些有关法国和有关文学的问题；她问我应该读什么书；她特别想了解意大利作家，要求我给她讲解《神曲》和《耶路撒冷的解放》。渐渐，我觉得自己对她产生了眷念之情。我曾经给佛罗里达姑娘戴上花环，但我不敢接受艾夫斯小姐的挑战。当我试图翻译塔索的某个章节的时候，我感到尴尬。但碰到但丁这样的比较纯洁、比较刚劲的天才，我就比较自在了。

夏洛特的年龄和我的年龄相当。在仅仅由于职业原因而形成的关系中，有某种凄凉色彩；如果人们事先不相识的话，对你爱的人的回忆就不会扰乱你未同她相识前的平静生活；这些日子属于另一个环境，不堪回首，好像从你的生活中截去了。有年岁距离吗？不便之处多一些：年轻的出世之前，年老的已经开始生活；年轻的也注定要独自生活；一个曾经在摇篮内独自行走，另一个在坟墓后要穿越孤独；对于前者，过去是沙漠，而对于后者，未来是沙漠。爱要满足幸福的一切条件是困难的：青春，美貌，合适的时机，心灵、趣味、容貌和年岁的和谐。

由于骑马摔了一跤，我在艾夫斯先生家住了一段时间。那是冬天；我生活中的美梦在现实面前开始消散。艾夫斯小姐变得比较矜持；她不再给我送花；她不再愿意唱歌。

如果有人对我说，我将在这个很少与人交往的家庭里默默度过我的余生，我会高兴得要死。但是，为了同时成为堕落前的伊甸园和无穷无尽的凯歌，爱情所缺乏的是持久。如果能让美貌长在，让青春驻留，让心灵永不衰老，你将再现天国。爱情是凌驾一切的幸福，以致它被永世长存的幻觉追随着。它只愿意发出不可挽回的誓言；既然不能享受它的欢乐，它试图使它的痛苦永恒；天使已经倒下了，但它还讲着它在那些不可败坏的日子里讲的语言；它的希望是永不停息；它以它在人世的双重的本性和双重的幻觉，希冀通过不朽的思想和连绵的世代使自己长存。

我沮丧地看着我不得不离开的日子临近。我预定离去的那天前夜，晚餐是沉闷的。令我大吃一惊的是，艾夫斯先生在用餐后点心的时候带着女儿离去；而我独自同艾夫斯太太待在一起；她非常尴尬。我以为她会责怪我对她女儿的倾慕，但我从来没有透露过这种感情。她瞅着我，垂下眼睛，脸红了；她自己在慌乱中显得分外迷人，令人销魂。最后，她终于鼓足勇气，用英语对我说："先生，你看见我的窘态了。我不知道你是否喜欢夏洛特，但事情瞒不过母亲的眼睛；我女儿肯定爱上你了。艾夫斯先生和我商量了一下；从各方面看，你对于我们是适合的；我们相信你会使我们的女儿幸福。你已经没有祖国了；你刚刚失去双亲；你的财产卖掉了；这样，谁会要求你回法国呢？你在等候遗产期间，就同我们住在一起吧。"

在我经历过的痛苦当中，这一次对于我是最尖锐和最巨大的。我跪在艾夫斯夫人脚下，流着眼泪吻她的手。她以为我喜极而泣，因为幸福而流泪，她自己也由于快乐而开始抽泣。她伸出手臂，想拉响铃铛，叫她丈夫和女儿。"别叫！"我大声说，"我已经结婚了！"她晕倒了。

我走出去。连房间也不回，就徒步出发了。我到达贝克尔斯。我给艾夫斯夫人写了一封信，然后坐上去伦敦的邮车。很遗憾，这封信我没有留底。

这件事给我留下最温柔、最甜蜜、最充满感激之情的记忆。在我成名之前，艾夫斯一家是唯一希望我幸福，而且对我真情相待的家庭。尽管我穷困、默默无闻、流落异乡、没有魅力、没有美貌，我找到有保证的前途、祖国、迷人的妻子，找到一个几乎具有同样魅力的母亲，取代我年迈的母亲，找到一个有教养、重感情、致力文学的父系，取代我被上天夺去的父亲。为了报答这一切，我能够拿出什么呢？他们挑选我的时候，对我不会抱任何奢望；我应该相信，自己是被人爱的。在那之后，我只碰见过一次唤起同样信任的崇高的爱恋之情。至于在那之后人们对我的兴趣，我从来弄不清，是否其他外部原因、声名的显赫、党派的光彩、文学和政治的崇高地位的光辉导致对我的殷勤。

而且，如果我娶夏洛特为妻，我在世上所起的作用会不同：关在大不列颠的一个郡里，我可能会变成一个打猎的绅士，我的笔会一行字也写不出；我可能会忘记我的语言，因为我用英文写作，开始用英文思考。我的国家因为失去我，会蒙受很大损失吗？如果我能够将那些使我得到安慰的东西放在一边，也许我已经度过不少平静日子，而不是我碰到的那些动荡岁月。帝国、复辟、分裂、法国的争吵，这一切会同我有什么牵涉呢？那样，我因此不必天天掩饰错误，同谬论搏斗。能否肯定我具有真正的天才，而且值得为它牺牲我的生活呢？我将超越我的坟墓吗？如果我能够超越，在正在实现的变化中，在一个已经改变，并且忙于其他事情的世界里，将会有公众听我说话吗？我是否会变成一个过去的人，对于新的一代无法理解？我的思想、我的感情，甚至我的文笔对于倨傲的后代是否成为令人厌烦的东西？维吉尔的影子对但丁说：Poeta fui et cantai[①]。"我曾经是诗人，我歌唱。"我的影子将来能够这样说吗？

一八二二年四月至九月，于伦敦

[①] 意大利文，引自《神曲》的《地狱篇》。

返回伦敦

虽然我回到伦敦，但没有得到安宁。我逃避我的命运，好像坏人逃避罪行。这家人接待我这个素不相识的人，而且以从祖先那里继承的纯朴、信赖和谨慎想给我一个新家园；一个如此值得我尊重、崇敬和感激的家庭，遭到我的拒绝，对于他们该是多么痛苦的事情！我想象夏洛特的痛苦，他们对于我可能的，而且是理所当然的责怪，因为我曾经自觉沉湎于我知道不合法的感情。我是否不经意地试图引诱她，而未意识到这是应该受到谴责的行为？但是，为了保持自己的清白，像我所做的那样，我刹车了，或者，为了纵情于这种因为我的行为事前就凋谢的爱恋，我超越障碍，我只能够使被我引诱的对象陷入悔恨或痛苦。

从这些苦涩的思考，我又转向其他同样充满苦涩的情感：我诅咒我的婚姻。按照我当时非常病态的心理的错误感觉，这场婚姻使我步入歧途，夺去我的幸福。我不曾想，由于注定我痛苦的性格，也由于我对自由的浪漫想法，同夏洛特小姐的婚姻和一个比较独立的婚姻一样，对于我也许会是同样痛苦的。

一个纯洁和美妙的东西留在我心中，尽管它是非常悲哀的：夏洛特的形象。这个形象结果制服我对我的命运的反抗。我曾经一百次试图返回本盖，不是到那个被搅乱的家庭里去，而是去躲在路边，看着她走过，尾随她进入教堂，我们在那里有相同的上帝，如果不是有相同的祭坛的话，目的是向这个女子奉献我无法表达的热情祝愿，目的是念出——起码在思想上——婚配降福的祈祷；本来我是可以从这间教堂的牧师嘴里听见这个祈祷的：

"啊，上帝，请将这对夫妇的灵魂结合起来，在他们心灵里撒下诚挚的友谊。请以嘉许的目光看待你的女仆吧。让她身上的约束是爱情和和平的约束，让她多子多福；主呀，让这对夫妇看见他们孩子的孩子，一直到第三代和第四代，让他们享受幸福的晚年。"

经过无数次决心，我给夏洛特写了一些长信，但我又把它们撕掉了。我从她那里收到几封无关紧要的短笺，我时刻铭刻在心里，成了我的避邪物。妩媚和温柔的夏洛特，在女精灵的小路上跟随着我，净化我的步伐。她令我丧魂落魄；她是我的心灵活动的中心，就像血液都通过心脏一样；她令我厌弃一切，因为任何东西与她相比，都相形见绌。一个真正的和不幸的爱情是一个被毒化的根源，它留在心灵深处，败坏天使的面包。

我走过的地点，我同夏洛特分享过的时光，我同她交换过的话语，都铭刻在我的记忆里：我看见许配给我的妻子在微笑；我怀着崇敬的心情抚摸她的黑发；我把她美丽的手臂压在我胸前，如同百合花组成的链子。每次我来到一个僻静地点，夏洛特就用她白净的手拉着我，坐在我身边。我感到她的存在，就像人们在黑夜中呼吸看不见的花朵的芳香。

没有安岗的陪伴，我的散步比任何时候更加孤独，使我享有让夏洛特的形象陪伴我的充分自由。在离伦敦三十法里的地方，没有哪一丛欧石南，没有哪一条小路，没有哪一个教堂不是我参观过的。最偏僻的地点，一小块长满荨麻的地，一条栽种大蓟的小沟，所有人迹罕至的地点都成了我喜爱的地方；拜伦曾经在这些地方踯躅。我用手支撑着头，凝望着这些别人不屑一顾的风景；当我不能忍受这些凄凉的景象时，想起夏洛特，我就心旷神怡。那时候，我像一个朝圣者，来到荒漠之中，面对西奈的岩石，听夜莺歌唱。

在伦敦，人们对我的行为感到吃惊。我的眼睛不看任何人，我不回答任何人的问话，我听不见别人同我讲话；我的老朋友们怀疑我疯了。

不寻常的会见

在我离开之后，本盖发生了什么事情？我给这个家庭带来欢乐和痛苦，它现在怎么样了？

你们始终要记住，我现在是派往乔治四世身边的大使，现在是一八二二年，我在伦敦记述一七九五年的在伦敦发生的事情。

一个星期以来，由于事务繁忙，我被迫中断记述，今天才重新提笔。在这中间，有一天，在正午到一时之间，我的随身仆人进来对我说，有一辆马车停在门口，一位英国太太求见。由于我担任的职位的性质，我规定自己不拒绝任何来访者；因此，我吩咐让这位太太上来。

我在我的办公室里；仆人宣布萨尔顿夫人到。我看见一个戴孝的女人走进来，身后跟着两个同样戴孝的漂亮男孩：一个约莫十六岁，另一个十四岁。我朝英国太太迎上去。她非常激动，几乎不能迈步。她用异样的声音对我说："My lord, do you remember me？"（我的老爷，你还记得我吗？）记得，我认出艾夫斯小姐！尽管岁月流逝，她仍然保持青春。我抓住她的手，请她坐下，我也在她身边坐下。我讲不出话来；我的眼睛噙满泪水；我眼睛模糊，无言地看着她；从我此刻的感受，我知道我曾经深深地爱她。终于，我能够开口了："而你，夫人，你还认得我吗？"作为回答，她抬起低垂的眼睛，凄楚地微笑着，朝我看了一眼，好像要唤起遥远的记忆。她的手始终留在我的双手里。夏洛特对我说："我给我母亲戴孝，我父亲几年以前就死了。这是我的两个孩子。"讲完这句话，她将她的手抽回，靠在她的扶手椅里，同时用手帕遮住眼睛。

随后，她说："老爷，我现在用我在本盖同你尝试过的语言讲话。我感到羞愧，请原谅。你离开英国之后第三年，我同萨尔顿海军上校结婚，这两个孩子是我们的儿子。今天，我没有心情同你详谈。请允许我以后再来。"我问她的住址，然后送她出门上车。她哆嗦着，我把她的手放在我胸口。

次日，我到萨尔顿夫人那里去。我看见她的时候，只有她一人在。于是，在我们之间开始了一连串的"你记得吗？"这些问题再现了整个生命。每讲一次"你记得吗？"我们都互相看着；我们试图在我们脸上发现时光的痕迹，这些痕迹以残酷的方式，标志着走过的道路的起点和距离。我问夏洛特："你母亲怎么告诉你的？"……夏洛特脸红了，急忙打断我："我这次到伦敦来，是为了请你关照萨尔顿将军的孩子。长子想到孟买去。被任命为印度总督的坎宁先生是你的朋友，如果他能将我儿子带去，我将感激不尽，我希望你能够出面促成我大儿子的幸福。"她强调最后这几个字。

"啊，夫人，"我回答说，"你让我想起什么呢？命运多么反复无常！在你父亲好客的餐桌上，你们接受一个被驱逐的人；你们并未蔑视他的苦难；你们可能想将他提高到光荣和出乎意料的地位；是你们要求在你们国家里保护他！我将去看坎宁先生；你的儿子——尽管这样叫他我感到难受，你的儿子，如果这事由我决定的话，肯定能够到印度去。但是，告诉我，夫人，我的新境况让你怎样哪？你今天怎么看我？你用'老爷'这个词，这使我感到十分难受。"

夏洛特回答说："我觉得你一点也没有变，甚至没有老。你走后，当我同我父母谈起你的时候，我总是称你为'老爷'；我觉得应该这样称呼你：对于我，你不是如同丈夫吗？my lord and master，我的老爷和主人？"这位妩媚动人的女人在讲这些话的时候，有弥尔顿的爱娃身上的某种东西；她不是另一个女人生育的；她的美貌有搓揉她的圣手的痕迹。

我赶到坎宁和伦敦德利勋爵那里；为了这个小小的职位，他们故意为难，就像在法国人们刁难我一样；但是，他们许下诺言，就像那些宫廷的许诺。我把我努力的结果告诉萨尔顿夫人。我又见过她三次。在我第四次拜访她的时候,她告诉我她即将回本盖。这最后一次见面是痛苦的。夏洛特仍然同我谈我们过去的心照不宣的故事,我们一起读书,我们一起散步,听音乐,昔日的花朵,逝去的希望。"我认识你的时候,"她对我说,"你默默无闻;现在,有谁不知道你呢?瞧,我现在还保存一份材料和你写的几封信。喏。"说着,她将一个包裹交给我。"我不愿保留你的任何东西,请不要介意。"随后,她哭了。她说:"Farewell! Farewell!(永别了!永别了!)记得我儿子的事。我永远不会再看到你了,因为你不会到本盖来找我。""我要去的,"我叫道,"我会把你儿子的证书给你送去。"她满脸怀疑地摇摇头,然后走开了。

回到使馆之后,我把自己关起来,打开包裹。里面只有我的几封无关紧要的短信,一份阅读计划,还有对英国和意大利诗人的一些评注。我原来希望找到一封夏洛特的信,但没有。在手稿的白边上,我看见几条用英文、法文和拉丁文写的批语,陈旧的墨水和新近的笔迹证明,这些批语在空白上存在已久。

这就是我同艾夫斯小姐的故事。讲完这段往事,我感觉我第二次失去夏洛特,在那个我第一次失去她的同一个岛屿上。但是,在我此刻对她的感情和那些温情脉脉的时刻我对她的感情之间,隔着天真纯洁时代的整个空间:在艾夫斯小姐和萨尔顿夫人之间插进了别的爱情。我对一个纯朴女人不再心怀天真的欲望,不再有近乎梦幻的爱情的甜蜜无知。我那时在我忧郁的波浪上写作,今天我已经摆脱生活的波浪。好吧!这位在处女时代许配给我做妻子的女人如今是妻子和母亲,如果我把她拥抱在自己怀里,那会是一个疯狂举动,结果会使奉献给另一个男人的二十七年黯然无光、充满苦涩。

我应该将我刚才回忆的感情,当作第一次进入我心扉的感情;但这种感情同我暴躁的天性是不相容的;我的性格也许会破坏这种感情;它也许会令我无法长久地品味这神圣的欢愉。那时候，我被苦难激怒，已经经历了海外的朝圣，已经开始我孤独的旅行；正在那个时候，我在勒内的秘密中描绘过的那些疯狂念头困扰着我，使我成为世上最受折磨的人。无论如何，夏洛特纯洁的身影，在让几许真正的阳光照进我心扉同时，首先驱除大群魔鬼：我的女精灵，像一个女魔潜入深渊；她在等候时机，希望重新出现。

篇章十一

我的性格缺陷

由于《革命论》的关系,我与黛博夫的联系从来不曾中断过,我需要在伦敦重新捡起这项工作,以便支持我的物质生活。但是,我最近的不幸是从何而来的呢?来自我顽固的沉默。

任何时候,我都无法超越这种含蓄和孤僻的性格,这种性格阻止我讲出我心中牵挂的东西。任何人都不能不顾事实,说我在痛苦、欢乐和满足的时刻,讲的话是大多数人会讲的东西。从我嘴里,从不讲出或者极少讲出性质严重的词语、性质严重的忏悔。我从来不会同过路人谈我的兴趣、我的打算、我的工作、我的牵挂、我的快乐、我的悲哀,因为我认为谈论自己会令别人厌烦。我坦诚,讲实话,但我不够直率。我的心总想将自己关闭起来。只是在这部回忆录里,我才暴露我的全部生活。如果我试图讲故事,想到故事的漫长我就突然感到害怕;几句话之后,我就无法容忍我讲话的声音了,于是我住口。除了宗教,我没有任何信仰,于是我怀疑一切:恶意和诋毁是法国精神的两个特点;嘲讽和诽谤是推心置腹的必然结果。

然而，我从我含蓄的天性中得到什么好处呢？因为我不可捉摸，我变成一个同我的现实毫无关系的无法形容的怪人。甚至我的朋友对我也捉摸不透，用他们感情的错觉美化我，以为这样会让人更好地了解我。一切客厅、办公室、报纸、咖啡馆的庸人，都以为我雄心勃勃，而事实上我毫无野心。在日常生活中我显得冷漠无情，与热情和伤感无缘。我透辟和迅速的观察立即看穿事和人，剥掉煞有介事的伪装。我的想象力非但不会引诱我，将可以实施的真理理想化，反而贬低最崇高的事件，讪笑我的幻想；我首先看到的，是事物微小和可笑的方面；在我眼里，伟大的才华和伟大的事件是不存在的。对于那些刚愎自用、声称自己的才能高人一等的人，我彬彬有礼，肯定，赞扬，我带着含而不露的轻蔑哂笑着，给所有这些被香火环绕的面孔戴上卡洛①的面具。政治上，我的观点中表现的热情从来不超过我的演说或我的小册子。在内心生活和理论上，我是一个充满幻想的人；在外部和实际存在中，我是一个很实际的人。由于我既富于冒险精神又井井有条，既充满激情又有条不紊，从来没有谁比我更加喜欢幻想和讲求实际，比我更加热情和更加冷漠；我是用我母亲和我父亲的不同血液糅合而成的奇异的两性畸形人。

人们描绘我的画像千篇一律，主要是由于我的木讷。人们过于轻浮，过于粗心，如果不事先告诉他们，他们就不会花工夫如实观察人。当我偶尔在我的前言中，试图纠正某些错误判断的时候，他们不相信我讲的话。结果，由于我觉得这些对于自己无关紧要，我没有坚持；"随你们便吧"，这倒使我省去说服人和试图恢复事情真相的烦恼。我躲到我

---

① 卡洛（Callot，一五九二——一五九三）：法国油画家、铜版画家。卡洛善于讽刺和揭示人物的内心世界。

内心深处，像兔子躲进窝里一样；在那里，我重新开始观察抖动的树叶或弯折的青草。

我并不把我这种无法克服和无意的审慎当作美德。如果它不是虚假的，至少它有虚假的外表；这种脾气与那些比我的性格更加快乐、更加可爱、更加随和、更加天真、更加感情外露的性格是不相容的。它常常损害我的感情和事业，因为我从来无法容忍解释，无法用抗议和澄清、诉苦和眼泪、唠叨和责怪、细节和辩解来达到和解。

关于艾夫斯一家这件事，我对自己情况的顽固的沉默对于我是致命的。夏洛特的母亲无数次打听我的家人的状况，给我提供透露真情的方便。我未意识到我的沉默会造成什么后果，我同平常一样，满足于用几句含糊其词和简短的话回答她。如果我没有这种怪癖，任何误解都是不可能的，而我也不会给人企图欺骗这个慷慨和好客的家庭的印象。我在决定性时刻讲出了真相并不能使我得到原谅：我仍然在事实上伤害了别人。

我在悲哀和自责的心情中重新捡起我的工作。我甚至适应了这种工作，因为我想，我通过成名，也许会令艾夫斯一家不那么后悔他们对我表达的关注。这样，夏洛特支配着我的研究工作，我要用荣誉跟她和解。我写作时，她的形象坐在我面前。当我的目光从纸张上抬起来，望着我热爱的形象，好像她真的在我面前。锡兰岛的居民一天上午，看见太阳披着盛装升起，太阳的球体打开了，里面走出一个光灿夺目的人，对锡兰人说："我来统治你们。"夏洛特从一道光线里走出来，统治着我。

忘记这些往事吧；同希望一样，往事也衰老和不留痕迹。我的生命将改变，它将在其他星空下、在其他山谷里度过。我青春时代的初恋呀，你带着你的魅力逝去了！的确，我刚才重新看见夏洛特，但是，这中间过去了多少年？往事的温柔的光线，黑夜前黄昏淡淡的玫瑰红，而太阳早就落山了!

一八二二年四月至九月,于伦敦
一八四六年十二月修改

《革命论》——它的影响——诗人勒米埃尔的侄儿的来信

人们(首先是我)常常将生活比作一座山,我们从一边上去,在另一边下来。也可以将它比作阿尔卑斯山,山顶光秃秃的,覆盖着冰雪,看不见背面。按照后一种形象,旅行者老是往上爬,不再下来;这样,他对走过的空间和小路看得更加清楚;这些小路不是他选择的,但他沿着这些小路爬上平缓的山坡。他怀着遗憾和痛苦注视他开始迷路的地点。因此,应该说,《革命论》的出版是我偏离平静的道路、将我引入歧途的第一步。我写完我给自己确定的巨大工程的第一部分;写下这部分的最后一个字时,我处在死的念头(我又生病了)和梦已做完的感觉之间:"In somnis renit imago conjugis"①。《革命论》是在贝利印刷厂印的,一七九一年在黛博夫出版社出版。这个日期标志我人生的转变。有时候,我们的命运或者屈服于社会,或者屈从于性格,或者开始让我们承担我们应该承担的角色,突然偏离它原来的路线,像一条河流突然弯曲而改变方向一样。

《革命论》概述了我作为诗人、伦理学家、政论家和政治家的一生。

---

① 拉丁文,引自《埃涅阿斯纪》:"她丈夫的身影在她梦中出现"。

说我希望这部作品取得巨大成功——至少在我可能希望达到的范围内，这是不在话下的。我们这些作家，奇迹般的世纪奇才，我们拥有和未来人民保持沟通的抱负；但是，我认为，我们不知道后代住在什么地方，我们写错了他们的地址。当我们躺倒在坟墓里的时候，死亡将把我们写的或唱的话冻结得非常僵硬，以致它们不会像蒙田的"冻结的"话那样融解。

《革命论》应当成为历史百科全书。出版的第一卷已经是相当庞大的研究工作；续集已经完稿；接踵而来的，除了编年史作者的研究成果和注释，还有诗人的短小诗篇,《纳奇兹人》等。直到今天，我还几乎无法理解，在我到处流浪的、遭遇那么多挫折的职业生涯当中，我怎么能够从事如此规模的研究。年轻时，我常常坐下来，一口气写十二个小时到十五个小时，连桌子也不离开，反复涂改和重写一页文字。年迈未能使我失去这种埋头苦干的能力。今天，我的外交函件全部由我自己起草，而且这些工作毫不影响我的文学创作。

《革命论》在流亡者当中引起轰动。这部作品同我的患难朋友的感情是矛盾的；我在我的各种职位上表现的独立性总是伤害与我同路的那些人。我担任过不同军队的首领，而士兵们并不属于我自己的党派。我率领保王党去争取民众自由，尤其是他们所厌恶的新闻自由；我以同样的自由的名义，将自由党人集合在他们憎恶的波旁王朝的旗子之下。有时，流亡者的舆论出于虚荣心，依附于我这个人：英文的《杂志》以赞扬的口气谈论我,《拥护者》则充满溢美之词。

我将《革命论》寄给拉阿尔普、然格内和德·萨勒。勒米埃尔，同姓诗人的侄儿，格雷①的诗作的翻译者，一七九七年七月十五日从巴黎给我来信，说我的《革命论》取得巨大成功。肯定的是，如果说《革命论》

---

① 格雷（Thomas Gray，一七一六——一七七一）：英国诗人。

一时有些名气，但它很快被人遗忘了：一个突然出现的影子吞没了我的荣耀的最初光芒。

由于我几乎成了名人，上层流亡分子在伦敦寻找我。我一条条街往前走。首先，我离开霍尔鲍尔-托特汉考路，搬到汉姆斯底德路。在那里，我在奥拉里夫人家中待了几个月。她是一位爱尔兰寡妇，有一个十四岁的漂亮女儿，特别喜欢猫。我们被共同的爱好联系在一起，但不幸的是，两只可爱的小母猫死了。那两只猫白得像白鼬，只有尾巴是黑的。

在奥拉里夫人家中，一些邻居老太太常来喝茶。我不得不按照传统习惯陪伴她们。斯塔尔夫人在《埃杰蒙夫人家中的科琳娜》中描绘过这种场面："我亲爱的，你是否认为水可以冲茶吗？""我亲爱的，我想还要等一会儿吧。"

经常参加这种晚会的还有一个年轻漂亮的爱尔兰姑娘，玛丽·尼尔；她身材高大，由一个保护人陪同。她在我的目光深处发现伤感，因为她对我说："You carry your heart in a sling？（你把你的心当作肩带佩在身上）"。我不知道我是怎样披露心迹的。

奥拉里夫人动身到都柏林去了。这样，我又离开穷困流亡分子聚集的地区，逐渐搬到西部富裕流亡分子的居住地，生活在主教、朝臣和马提尼克岛的殖民者当中。

佩尔迪埃又回到我身边；他轻率地结了婚；他仍然爱吹牛，到处帮助人，同邻居的钱打交道，而不是同邻居打交道。

我结识一些新朋友，尤其在那些同我的家族有关系的圈子里，如克里斯蒂昂-拉穆瓦翁。在基贝隆事件[①]中，他的腿受了重伤，今天是我在贵族院的同僚。他把我介绍给林赛夫人；这位夫人爱上他哥哥奥古斯

[①] 基贝隆（Quiberon）事件：基贝隆是布列塔尼的一座海滨城市，一七九五年，一支由流亡分子组成的军队在英国人帮助下，在那里登陆，结果许多人被俘，七百四十八人被枪决。

特·德·拉穆瓦尼翁。纪尧姆议长①因此没有迁进他在下城的新居,到布瓦洛、塞维涅夫人和布达卢中间去生活。

林赛夫人原籍爱尔兰,思想僵硬,脾气有点粗暴,身材优雅,容貌漂亮,有高贵的灵魂和高尚的性格,有名望的流亡者在尼农家族这最后的继承人家中聚会。旧君主制度连同它的一切特权和优雅死亡了。一天,人们将把它发掘出来,像人们在埃特吕利挖出来的那些皇后的骨架,戴着项链、手镯、耳环。我在这些集会上碰见马娄埃特先生、可爱的贝洛瓦夫人、蒙洛西埃伯爵和庞纳骑士。最后这位以幽默、肮脏和贪食出名,而且这个名声是十分恰当的。他是那种有鉴赏力的人,从前他们坐在那里,冷眼观察法国社会;他们无所事事,任务是观察一切,对一切指手画脚;他们的作用相当于现在新闻记者的作用,但没有他们的尖酸刻薄,而且在民众当中他们没有那样大的影响。

蒙洛西埃完全符合他那句关于"木十字架"的名言②给他带来的声誉,我在引用这句话的时候,对它进行了删节,但仍然是符合原话精神的。离开法国后,他来到科布伦茨③。他在王子们那里未受到礼遇,同别人吵了一架,夜晚在莱茵河边殴斗,被人用剑刺穿胸。他不能动弹,又什么也看不见,他问身边的人,剑尖是否穿过去了。人们摸了一下,对他说,"有三个指头长。"蒙洛西埃回答说:"那就没什么了。"跟着又说:"先生,再来一剑。"

蒙洛西埃对王室忠心耿耿,却受到这样的对待。于是,他来到英国,躲藏到文学中;文学是流亡者的巨大医院,在那里,他的草垫旁

---

① 纪尧姆议长(Guillaume de Lamoignon,一六一七——一六七七):巴黎议会的首任议长。
② 在制宪会议上,蒙洛西埃反对向拒绝宣誓的主教发放年金的提案,他说:"如果人们夺走他们的金十字架,他们将拿起木十字架,而这个木十字架拯救了世界。"
③ 科布伦茨(Koblentz):德国城市。

边放着我的草垫。他得到《法国信使》的编辑职位。除了编辑报纸,他还写物理、政治、哲学著作。在他的一本书里,他证明蓝色是生命的颜色,因为人死后血管变成蓝色,生命浮现到人体表面,以便蒸发,并且回到蔚蓝的天空。由于我喜欢蓝色,我感到很高兴。

蒙洛西埃是封建的自由主义者、贵族和民主派,他的思想是各种倾向的混合;他提出一些互相矛盾的想法,但是,如果他能够使它们摆脱狂放的话,这些看法有时是很出色的,尤其是强劲有力的。他是反神父的贵族,通过诡辩论变成基督教徒,旧世纪的爱好者;在异教的统治之下,他也许会成为理论上的独立和实际上的奴隶制的热情拥护者,以人类自由的名义,叫人将奴隶扔进海里喂海鳝。虽然他胡言乱语,吹毛求疵,僵硬,粗暴,可是里翁的前贵族议员趋炎附势;他懂得维护他的利益,但他不让别人发现这一点,而且懂得将他作为人的缺点掩盖在他的绅士的荣誉之后。我不愿意讲我的"著名奥弗涅人"[①]的坏话,连同他的"金山"浪漫曲,和关于"平原"的论战。我对他这个怪人感兴趣。他冗长的发挥和转弯抹角的阐述,连同题外话,喉音,和颤抖的"啊,啊"使我感到厌烦(我憎恶暧昧、杂乱、含混、生涩);但是另一方面,这位火山博物学家,这位平庸的帕斯卡,这位好像他的小同乡在烟囱顶唱歌一样、在讲坛上夸夸其谈的山岳派演说家令我开心。我喜欢这个泥炭沼和小城堡的办报人,这位通过哥特式窗口解释宪章的自由主义者,这位几乎同他的挤奶女工结婚、亲自在他的布满卵石的地皮上冒雪播种大麦的牧人老爷;由于他在他的多姆山木屋里将一块黑岩石送给我,我对他怀着感激之情;那块岩石是他在一个高卢人公墓里发现的。

德利尔神父[②],西杜瓦拉·阿波里内尔、医院主管、德·拉法耶特、德·托马和德·尚福尔的另一位同乡,由于共和党人的节节胜利而被赶

[①] "奥弗涅人"(Auvernat):奥弗涅是法国一个地区的名称。
[②] 德利尔神父(Jacques Delille,一七三八——一八一三):当时被视为大诗人。

出大陆,也到伦敦安家落户。流亡者骄傲地将他排在他们的队伍中;他讴歌我们的苦难,这是我们爱他的缪斯的另一个理由。他很勤奋,而且他非这样不可,因为德利尔夫人将他关起来,等他写完一定数目的诗行后,才放他出来。一天,我到他家里去;他叫我等候,然后,他出现了,但两颊通红:有人断言,德利尔夫人掴了他几耳光;我对此一无所知,只讲我亲眼看见的东西。

谁没有听过德利尔神父念他自己写的诗呢?他很善于讲故事;他丑陋和愁眉不展的脸孔,因为他的想象力变得生气勃勃,同他有声有色的讲话、同他的个性、同他的教士职业非常和谐。德利尔教士的杰作,是他翻译的《牧歌集》[1],但那些有关感情的诗不怎么样;然而,这本书读起来好像译成路易十五时代语言的拉辛的作品。

十八世纪文学,除了几个统治它的杰出天才之外,这个位于十七世纪的古典文学和十九世纪的浪漫文学之间的文学,并不缺乏淳朴,但没有个性;由于它专心致力于词的排列,所以缺乏新流派的特点,也没有古典派的纯粹。德利尔是现代城堡诗人,就像行吟诗人是古代城堡诗人一样;前者的诗和后者的抒情短诗,让人感觉壮年时期的贵族和衰老的贵族之间的差别。神父描绘城堡里读书和下棋的情景,而行吟诗人过去歌唱远征和骑士比武。

我们战斗的教会的杰出人物那时都在英国:我前面讲到过的卡隆神父(是他救过我姐姐朱莉一命);圣波尔-利奥大主教,严厉和迟钝的高级教士,他为使阿尔图瓦伯爵渐渐离开他的世纪做出了贡献;埃克斯红衣主教,可能由于他在世上的成就,因而备受诽谤;还有另一位红衣主教,他博学而虔诚,但非常吝啬:如果他不幸丢失灵魂的话,他绝对不会把它再买回来。几乎所有吝啬鬼都是才子:我一定蠢得可以。

---

[1]《牧歌集》(Géorgiques):古罗马诗人维吉尔的作品。

在西城的法国人当中，我们可以举德·布瓦涅夫人为例；她可爱、风趣，才气横溢，非常漂亮，而且最年轻；她以后和她父亲德·奥斯蒙侯爵一道，代表流亡英国的王室，比我这个性格孤僻的人所做的好得多。她此刻在写书，凭她的才能，她将出色地再现她的所见所闻。

德·科蒙夫人、德·贡托夫人、德·克吕泽尔夫人也住在那些幸福的流亡者居住的地区，但是，关于德·贡托夫人和德·克吕泽尔夫人，我不知道是否张冠李戴了；我仿佛在布鲁塞尔见过她们。

但非常肯定的是，德·迪拉斯公爵夫人这时在伦敦；我同她相识是十年以后的事情。在生活中，我们多少次在美妙的东西旁边经过呀！就像航海者在海上航行，上天青睐的土地就在天际，只需一天航程！写下这几行字的时候，我在泰晤士河畔，明天我要通过邮局给塞纳河畔的德·迪拉斯夫人寄一封信，告诉她我在回忆录中头次提及她。

一八二二年四月至九月，于伦敦

封塔纳——克莱里

革命不时给我们送来一些具有新观点的流亡者；流亡者的不同层次正在形成，就像土壤包含洪水的波浪冲积而成的不同土层：沙层或黏土层。其中一道波浪给我送来一个人，我今天惋惜他的去世；他是我在文学上的领路人，而他的友谊是我一生的荣誉和安慰。

前面，读者在本《回忆录》其他章节已经读到，我于一七八九年认识德·封塔纳先生；去年，我在柏林得知他去世的消息。他出生在尼奥尔一个贵族和新教徒家庭里,他父亲在一场决斗中不幸打死他的内兄。

封塔纳由他哥哥抚养长大,来到巴黎。他目睹伏尔泰逝世;他的最早诗篇是在这位十八世纪的伟大代表的启迪下写成的;他的诗论引起拉阿尔普的注意。他开始从事戏剧工作,结识了迷人的女演员德加森小姐。他住在奥德翁剧场附近,常常在查尔特勒修道院周围转悠,他喜欢那里的幽静。他结识一位朋友儒贝尔先生;后来,此人也变成我的朋友。革命发生后,他加入一个主张维持现状的政党;这种政党被主张前进的政党往前拖,又被落后的政党往后拉,始终逃脱不了被撕裂的命运。君主主义者叫他担任《调停者》的编辑。但事态恶化的时候,他躲到里昂,并且在那里结婚。他妻子生了个儿子。里昂被围困期间,这座城市被革命者称为"自由市府",就像路易十一世驱逐阿拉斯居民,将该城称为"自由城市"一样。这段时间,封塔纳太太不得不改变住处,以免她襁褓中的婴儿遭到炮弹袭击。热月九日,他回到巴黎,同拉阿尔普先生和沃宰勒神父一道创办《备忘》。果月十八日他被放逐,英国成了他的避风港。

德·封塔纳,以及谢尼埃,是老一辈古典派的最后一位作家:他的散文跟他的诗很相似,取得同样的成就。他的思想和他创造的形象有一种忧郁情调,是只知道宗教雄辩术的严峻和悲怆的路易十四时期不曾见过的。这种情调流露在他写的《死者之日》等作品中,是他生活的时代的印记;这种情调标志他的诞生日期,表明他是在卢梭的影响下诞生的,并且表明他的趣味与费奈隆接近。如果有人将德·封塔纳先生的作品编成两小卷,一卷诗,一卷散文,那将是人们在古典主义的坟墓上能够树立的最好的纪念碑。

在我的朋友留下的手稿中,有《被拯救的希腊》中的几首抒情诗,几本颂歌,还有一些杂诗等。他后来什么都没有发表,因为当政治观点不蒙蔽他的时候,他是那样精细、那样明智、那样公正,他害怕批评。

他对斯塔尔夫人是非常不公平的。在他的诗人生涯刚刚开始的时候,加拉在《纳瓦尔森林》上发表的充满嫉妒之心的文章,几乎使他立即搁笔。封塔纳的作品的发表,毁灭了多拉的矫揉造作的流派,但是他无力重建随着拉辛语言的死亡而死亡的古典主义。

在德·封塔纳先生遗下的颂歌中,有一首名为《他的生日》。同《死者之日》一样,这首诗很有魅力,但感情更深沉,更有个性。我只记得下面两段:

> 衰老连同它的痛苦已经来到:
> 未来给我什么?希望渺茫。
> 过去给我什么?谬误,遗憾。
> 这就是人的命运;人逐渐成熟,
> 但是,睿智有什么用处,
> 既然来日可数?
>
> 过去,现在,未来,一切都令我哀伤:
> 对于我,暮年不再轩昂,
> 在时光的镜子中,它失去魅力。
> 快乐!去寻找爱情和青春吧;
> 让我在哀伤中苟延,
> 不要扰乱我的安宁!

如果世界上有什么东西应该令德·封塔纳先生感到厌恶,那就是我的写作方式。随着浪漫派的诞生,在我身上开始法国文学的一场革命。然而,我的朋友非但不反对我的粗犷,反而对它倍加赞扬。我给他念《纳奇兹人》《阿达拉》《勒内》的片段时,看见他脸上显得非常惊讶。他无法用文学批评的一般规则来衡量这些作品，他感觉他进入一个新的世界；他看见一种迥然不同的气质；他面对一种他自己不熟悉的语言。我从他那里得到极好的建议；我的文笔的长处得益于他的指导；他教我尊重耳朵；他使我不堕入学徒般的胡编乱造和生涩。

我庆幸他流亡，很高兴在伦敦欢迎他。人们要求他朗诵《被拯救的希腊》中的抒情诗；人们聚集在一起听他朗诵。他住在我的住所附近；我们形影不离。我们一起目睹一个与这个不幸时代相称的事件：不久前坐船到达的克莱里，给我们念了他的回忆录的手稿。流亡者听路易十六的随身仆人和见证人讲述那位囚徒的痛苦和死亡，我们可以想象他们的激动心情！督政府对克莱里的《回忆录》感到恐慌，出版了《回忆录》的窜改本；在这个版本里，他们让作者像仆役一样说话，而让路易十六满嘴脚夫的腔调。在革命者的卑鄙行径当中，这可能是最肮脏的事情之一。

一八二二年四月至九月，于伦敦

一个旺代农民

德·阿尔图瓦伯爵在伦敦的代办迪泰伊先生，急忙寻找封塔纳。封塔纳请我把他带到王子的代办家中。我们到达他的住处时，看见他周围有一大群王位和祭坛的保卫者（他们终日在皮卡迪利广场闲逛）、间谍、化名和化装从巴黎逃出的精明的骑士、以出卖反革命为业的比利时、德国、爱尔兰的冒险家。在这群人当中，有一个毫不起眼的三十岁到三十五岁之间的男人,他在专心看一幅描写沃尔夫[1]将军之死的版画。他的神态令我吃惊,我打听此人是谁。我身旁的人告诉我:"他什么都不是;他是一个旺代农民,为他的头头送信来。"

这个"什么都不是"的农民,曾经看见旺代的第一位农民将军、同他一样的农民卡特利诺战死;再现贝亚尔的邦尚;穿苦衣的莱斯居尔,但不是为了躲避子弹;他是德·埃尔贝[2],他是拉罗什拉克,革命党人下令"验明"他的尸体,以便让节节胜利的国民公会感到放心。这位"什么都不是"的人,曾经两百次参加攻打和收复城市、村庄和堡垒,七百次个别行动和十七次对阵战;他曾经与三十万正规军,六十万到七十万征召的士兵和国民卫队作战;他曾经帮助夺取一百门炮和五万条枪;他曾经穿越由国民公会议员指挥的放火连队——地狱纵队;他曾经三次冲进席卷旺代森林的火海之中;最后,他曾经看见三十万犁地大力士——他的劳动伙伴——死去,并且看见土地肥沃的家乡的一百平方里土地化成荒凉的焦土。

两个法国在这片被它们整平的土地上相遇。十字军东征的法国身上剩下的全部血液和记忆,与革命法国身上的一切新鲜血液和希望搏斗。战胜者感到战败者伟大。共和国将军蒂罗说:"旺代人是历史上最善战的人民之一。"另一位将军写信给梅兰·德·蒂永维尔说:"打败这些法国人的部队可以吹嘘自己能够打败任何其他民族。"普罗布斯[3]军团的歌声也这样赞颂我们的祖先。波拿巴称旺代的战斗是"巨人的战斗"。

在会客室拥挤的人群中,唯有我怀着赞美和崇敬的心情端详这位古

---

[1] 沃尔夫(Wolf:一七二七——一七五九):从法国人手中夺取魁北克的英军司令。
[2] 德·埃尔贝(d'Elbée,一七五二——一七九四):旺代将军。被枪弹击毙在一张扶手椅里,他身上的伤使他不能站立。
[3] 普罗布斯(LaProbus):公元三世纪的罗马皇帝。

代"雅克"①的代表;在查理五世时代,古代雅克在粉碎老爷们的枷锁同时,击退外国入侵。我仿佛看见查理七世时代的那些市府的后代;那些市府和外省小贵族一道,一寸寸土地,一道道犁沟,重新夺回法国的疆土。他显出野蛮人无所谓的神气;他的目光像铁棒一样忧郁和坚定;他的下唇在咬紧的牙齿上颤抖;他的头发像僵硬的蛇从头上垂下、但这些蛇随时准备重新挺立起来;他的手臂垂在腰两侧,带着刀伤的硕大手腕神经质地抖动着;人们可能将他当作一名锯木板的工人。他的外貌表现了粗人的性格,这种性格被强劲有力的风尚驱动,为与这种性格相反的利益和思想服务;仆从的天生的忠诚,基督教徒的纯朴信仰,在那里同习惯于自尊和被人公正对待的平民的强烈独立性混杂在一起。他身上,他对自由的感觉仅仅是对他的手臂的力量和对他的心灵的勇敢的意识。他并不比一头狮子的话多;他像狮子一样给自己搔痒,像狮子一样打呵欠,像感到烦闷的狮子一样侧卧在地上,仿佛在怀念鲜血和林莽。

那个年头,各个党派里的法国人是什么人呀?而今天,我们是什么样的种族!共和党人自己、他们之间,有他们的原则,而保王党人的原则在国外。旺代人向流亡者派出代表;巨人向侏儒派出代表,听从他们指挥。我端详的粗野的信使抓住革命的脖子,大声叫道:"你们进来吧;跟在我后面吧;它不会伤害你们的;它不能动弹;我抓住它了。"谁也不愿意跟他过去:这样,老实人雅克将革命松绑,而夏雷特②把自己的剑砸烂。

---

① "雅克",或"老实人雅克"是法国贵族对农民的称呼,有讥讽意味。
② 夏雷特(Charette,一七六三——一七九六):旺代农民的领袖。他于一七九五年二月十七日同国民公会代表签署和平条约。

同封塔纳散步

当我因为看见这个农夫，而引起上面的思考时——就像我看见米拉波和丹东而引起的思考一样，封塔纳受到他笑称为"财务总监"的那位先生的单独接见。他出来时，显得非常满意，因为迪泰伊先生答应资助我的作品出版：封塔纳一心想着我。不可能有比他更好的人了：关于他个人的事，他畏葸不前，但为了朋友他勇往直前。当我在当甘公爵死后提出辞职时，他证实了这一点。谈话中，在文学问题上，他以可笑的方式发脾气。在政治上，他胡言乱语；国民公会犯下的罪行使他憎恶自由。他讨厌报纸，讨厌侈谈哲学，讨厌意识形态，而且当他接近波拿巴的时候，将这种仇恨传染给这位欧洲的主人。

我们常常到野外散步；我们在草场的榆树下停留。我的朋友靠着榆树干，向我讲述他革命前在英国旅行的故事，并给我念他当年写给两位英国小姐的诗篇；这两位小姐在维斯敏斯特塔的阴影之下已经成了老妪，塔依然耸立在那儿，但塔下埋葬了他年轻时代的梦想和时光。

我们常常在切尔西一间偏僻的小酒馆吃午饭，旁边是泰晤士河；我们谈论弥尔顿、莎士比亚。他们看见过我们现在看见的东西；他们曾经同我们一样，坐在他们祖国的这条河，流旁边。我们在依稀的星光下返回伦敦；星星逐渐被该城的浓雾吞没。透过环绕每盏路灯的发红的煤烟，模模糊糊的光线让我们勉强识别回家的道路；我们返回我们的住所。诗人就是这样生活的。

我们仔细参观伦敦。我这个老流亡者为新到达的流亡者充当导游——无论他们是年老的，还是年轻的；承担苦难，并没有法定年龄。在一次远足中，我们突然碰到雷雨，我们不得不躲进路边一间简陋的小屋里；屋子的门是开着的。我们在那里碰见德·波旁公爵。我头一次碰见这位王子是在尚蒂伊,他那时还不是孔代家族的最后继承人。

波旁公爵、封塔纳和我同样是被放逐的人,我们在外国土地上,在一个穷人的屋顶下,躲避同一场雷雨! Fata viam invenient[①]。

封塔纳被召回法国。他拥抱我,希望我们不久会重新见面。他到达德国之后,给我写了一封信:

> 如果你对我离开伦敦感到惋惜,我向你发誓,我的惋惜也是同样真诚的。在我一生当中,你是我碰到的第二个同我的思想和心灵相同的人。我永远不会忘记在异国流亡期间,你给我带来的安慰。离开你之后,我常常怀着欣喜的心情想到你的《纳奇兹人》。你给我读的章节,尤其在最后几天念的,美妙极了,我永远不会忘记。但是,我来到德国之后,你给我留下的诗的魅力有一阵消逝了。除了我离开时给你看的消息之外,法国传来最可怕的消息。我有五六天惶惶不可终日。我甚至担心会对我的家庭进行迫害。今天,我的恐惧心理已经大大减少。事态并没有那样严重;他们威胁多,动手少,灭绝者针对的并非我这个"年代"的人。最近收到的信给我带来安全的保证和良好的祝愿。我可以继续我的行程,下月初我就动身。我将住在圣热日曼森林附近,生活在我的家人、希腊和我的书籍之间,其中可以说也包括《纳奇兹人》! 刚刚发生在巴黎的这场未曾料到的暴风雨,我相信是由你认识的那些轻率的官员和头头们制造的。我手头掌握明显的证据。根据这种信念,我写信到大普尔特耐街(泰伊先生住的那条街),信中我尽量彬彬有礼,但也表现出必要的审慎。我打算至少在下一段时间避免通信,我对我即将做出的决定和我要挑选的住所不置一词,让别人完全摸不透。此外,我

[①] 拉丁文,引自《埃涅阿斯纪》:"命运将找到自己的道路"。

仍然以友好的口气谈论你,衷心希望能够对你有所帮助,以报答你的关照,而且凭你的人品和才能,你是完全当之无愧的。努力吧,努力吧,我亲爱的朋友,显名扬姓吧。你是做得到的:前途属于你。我希望"财务总监"多次重复的许诺至少能够部分兑现。即使部分兑现,也会使我感到安慰,因为一想到这样一部作品由于缺乏资助无法写下去,我就感到难受。给我写信吧。让我们的心灵继续沟通吧,让我们的缪斯永远是朋友。当我能够自由地在我的祖国散步的时候,我会在我的蜂巢和花朵旁边给你准备蜂巢和花朵,对此你不要怀疑。我的友情是忠贞不渝的。只要我不在你的身边,我就独自一人。你给我谈谈你的工作吧。最后,我要告诉你一件令你高兴的事:我在易北河畔写了半首新式抒情诗;我对这半首诗,比对其他诗更加满意。

再见,我亲切地拥抱你。

　　　　　　　　　　　　　　　　　　你的朋友　封塔纳
　　　　　　　　　　　　　　　　　　一七九八年七月二十八日

封塔纳告诉我,他由于换了流亡地,才写出诗。永远不可能剥夺诗人的一切;他随身带着他的竖琴。让天鹅自由飞翔吧,每天晚上,无名的河流将反复发出悦耳的低鸣,这是他情愿让欧洛塔斯河①听见的声音。

"前途属于你":封塔纳讲的是真话吗?我对他的预言应该感到高兴吗?唉!他预言的前途已经过去了:我会有另一个前途吗?

我一生当中的第一个朋友的亲切来信,从它发出到现在,陪伴我度过了二十三年;它以痛苦的方式,警告说我将变得日益孤独。封塔纳不在了;他儿子的悲惨的死使他十分悲痛,将他过早地推进坟墓。我在这

---

① 欧洛塔斯河(Eurotas):古希腊的一条河流。

部《回忆录》中提到过的人几乎都死了；我手上拿着的是一本死者的姓名录。再过几年，我这个被迫记录死者的人，将把我自己记录在亡人登记簿上，谁都不会遗漏。

但是，如果我要独自留在这个世界上，如果不再有爱我的人留在我身边，陪我到我最后的归宿，与别人相比，我更加不需要向导：我已经打听了道路，我研究过我要经过的地点，我希望看到临终时发生的事情。我常常在墓穴旁边，看见人们拉着绳索将棺材往下放，我听见绳索的窸窣声；然后，我听见第一铲土落在棺材上：每铲一次，沉闷的响声都减弱一些；在泥土填满墓穴时，逐渐让永恒的沉寂压在棺材上面。

封塔纳！你在给我的信中说过："愿我们的缪斯永远是朋友。"你这句话没有白说。

我母亲的死——回归宗教

  Alloquar？ audiero nunquam tua verba loquentem？
  Nunquam ego te，vita frater amabilior，
  Aspiciam posthac？ at，certe，semper amabo！[①]
  我不能再同你说话？我永远不会再听见你的声音？比生命更加可爱的兄弟，我将永远不再看见你吗？啊！我永远爱你！

[①] 拉丁文，古罗马最杰出的抒情诗人卡图卢斯（Catulle，公元前八四—公元前五四）的诗句。

我刚刚失去一位友人,又要告别我母亲:必须一再重复卡图卢斯写给他哥哥的诗句。在我们的眼泪的山谷里,如同在地狱里一样,有一种我说不出的永恒的悲叹,它构成人类悲哀的本质和基调;我们不断听见它,当一切痛苦沉寂下来的时候,它仍然继续下去。

在封塔纳的信之后不久,我收到朱莉的信,证实我将日益孤独的预感。封塔纳鼓励我"工作","显名扬姓";我姐姐要求我"放弃写作":一个建议我追寻荣誉,另一个主张我隐姓埋名。你们在德·法尔西夫人的故事中看到,她是这样看待问题的;她憎恨文学,因为她将文学视为她一生中的诱惑之一。

> 我的朋友,我们刚刚失去世界上最好的母亲;我怀着悲痛的心情向你宣布这个噩耗。当你不再是我们关心的对象的时候,我们的生活就失去意义了。如果你知道你的错误让我们尊敬的母亲洒多少眼泪,如果你知道对于一切能够思考、不仅主张孝顺而且主张理智的人,那些错误是多么令人惋惜的话,也许会帮助你睁开眼睛,促使你放弃写作;而且,如果上天被我们的愿望感动,让我们团聚,你在我们当中会找到人们在世上能够享受的一切幸福;你会赐给我们这个幸福的;因为我们现在并不拥有它,而我们想念你,并且有理由为你的命运担忧。
>
> 一七九八年七月一日,于塞尔旺

啊!为什么我没有听从我姐姐的劝告呢?为什么我继续写作呢?如果这个世纪少了我写的那些东西,难道这个世纪的历史和思想会有所不同吗?

这样,我失去我的母亲;这样,我令她弥留之际痛苦!当她远离她的幼子撒手而去的时候,我在伦敦干什么呢?我可能趁早上的清凉正在散步，而她头上大汗淋漓，等候我的手去揩拭！

我对德·夏多布里昂夫人的敬爱之心是深沉的。我的童年和我的青年时代同对我母亲的亲切回忆交织在一起；我懂得的一切都来自她那里。想到我让生我养我的母亲暮年蒙受这样的折磨，我就感到绝望，我怀着厌恶之情将几本《革命论》当作犯罪工具付之一炬。我如果能够毁灭这部作品的话，我会毫不犹豫地这样做。在我萌生用一部宗教著作弥补我的第一部作品的念头时，我才摆脱这种惶恐：这就是《基督教真谛》的初衷。

"我母亲，"我在这部作品的第一篇序言中说，"在七十二岁高龄被关进监狱；她在狱中看见她的一些孩子死去，而她自己在苦难中死在病榻上。由于我步入歧途，使她最后的日子充满苦涩。她临终时，交代她的一个女儿，要我重新皈依抚育我成长的宗教。我姐姐把我母亲临终的愿望告诉了我。当她的信从海外送到我手上时，我姐姐自己也去世了。这两个从坟墓传出的声音，这个传达噩耗的死，令我震惊。我变成基督教徒。确实，我并未被伟大的神奇光辉诱惑：我的信念来自我内心；我哭泣了，我信仰了。"

我可能夸大了我的错误：《革命论》并不是一部亵渎宗教的书，而是一部流露怀疑和痛苦的书。透过这本书揭示的黑暗，看得见一道照耀我的摇篮的光线。从《革命论》的怀疑到《基督教真谛》的信心，并不需要做出很大的努力。

一八二二年四月至九月，于伦敦

《基督教真谛》——德·帕那骑士的信

得知德·夏多布里昂夫人去世的令人悲伤的消息之后,我决定改弦易辙。我立即想到的《基督教真谛》这个题目启发了我:我动手写这部作品;我怀着为母亲建造陵墓的儿子的热忱写作。我此前发表的著作给我提供了经过长期积累和挑选的素材。我比现在的人更熟悉神父们的著作。我对这些作品进行了研究,甚至批判;由于我深入其中的时候带着不良动机,我非但未能作为优胜者从中走出来,反而被打败了。

至于历史本身,我在写《革命论》的时候,已经进行过专门研究。不久前我研究的卡姆登①所收集的手稿使我熟悉了中世纪的习俗和制度。最后,我写的长达两千三百八十页对开本的《纳奇兹人》手稿,包含《基督教真谛》描写大自然所需要的一切;我可以充分利用这笔财富,就像我写作《革命论》时已经做过的那样。

我完成《基督教真谛》第一部分。为法国流亡教会服务的书商迪鲁兄弟负责出版。第一卷的头几页已经印刷了。

这部一七九九年在伦敦开始写的作品,一直到一八○二年才在巴黎完成:请看《基督教真谛》的不同序言。整个写作过程中,有一种冲动激励我:我同时在头脑里、在血脉中、在心灵里孕育着《阿达拉》和《勒内》,把《基督教真谛》余下部分的酝酿同这对棘手的双胞胎的痛苦诞生交错在一起,人们永远无法知道这意味着什么。对夏洛特的回忆贯穿和激励着这一切,更甚的是,对荣誉的渴望激发我的想象力。这种渴望来自我对母亲的热爱;我希望造成极大的轰动,让这种轰动上升到我母亲居住的天国,并且让天使们给她带去我的圣洁的悔罪。

---

① 卡姆登(Camden,一五五一——一六二三):英国学者。

由于研究工作是互相有联系的,我不能埋头于法国的论述而不考虑我所在国的文学和人物,于是我投入其他研究。我将白天和夜晚都用来读书、写作,向一位名叫卡佩兰的博学的神父学希伯来文,跑图书馆,请教了解情况的人,带着我执拗的遐想到田野上溜达,接受来访和回访。如果未来事件有追溯和征候效应的话,我本来应该估计到这部反映我的澎湃的思潮和我的缪斯的激情的作品,会引起骚动和震动,为我博得名声。

有几个人读了我的初稿,他们的意见给了我启发。让人读稿是非常有益的,如果人们不把违心奉承当作谋取利益的手段的话。只要作者是诚心诚意的,从别人的直觉印象,他很快就会发现自己的作品的弱点,尤其关于这个作品是否太长或太短,是否符合或超过分寸。我现在找到德·帕那骑士的一封信,当时完全默默无闻的他,在信中谈到他读稿的感想。信写得很优美,邋遢骑士[①]的实事求是和嘲讽看来不可能是伪装的:

> 我的上帝!谢谢你的殷勤好意,我有幸读了这本有趣的书!我们的宗教在它的捍卫者当中,有一批伟大的天才、著名的神父;这些巨人以雄辩有力的方式运用了所有的论证武器;怀疑已经被克服了,但这还不够:必须指出这令人赞美的宗教的一切魅力;必须指出它是如何适宜人类的心灵和它向思想展示的壮丽画面。这不再是学校的神学家,而是开阔新视野的伟大画家和敏锐的人。以前缺乏你这样的作品,你被指定完成这个使命。大自然将它要求的优美品质赐给你:你属于另一个世纪……啊!如果说在本性中感情的纯真最重要,没有谁比你更好地证明了我们的宗教的纯真感情;你在寺

---

① 邋遢骑士:作者在前面讲过骑士"不修边幅"。

庙门口使不信教的人哑口无言，而你把高尚的思想和敏锐的心灵引进圣殿。你描绘了那些古代哲学家，他们教诲的时候，头上戴着花环，手上捧着馨香。这个形象还不足以刻画你如此温柔、如此纯洁和如此古朴的精神。

我每天都庆幸自己有同你接近的美好机会；我不能忘记这是封塔纳做的一件好事；我因此更加爱他，而我的心不会忘记这两个同样荣耀的名字，如果上帝为我们敞开我们祖国的大门的话。

德·帕那骑士

德利尔神父也听我念了《基督教真谛》的片段。他显得很惊讶；不久之后，他把他喜欢的散文写成韵文。他把我的美洲野花移植到他的法国花园里；把我的温热的酒放到他的清泉的凉水中冷却。

在材料的编排上，伦敦出版的《基督教真谛》不完全本，同法国出版的版本略有不同。执政府检察署，即不久后的皇家检察署，对国王们的人品，对他们的荣誉感，对他们的德行本来就抱有好感。富歇的警察已经看见圣瓶和白鸽——波拿巴的率直和革命的纯洁的象征——从天而降。里昂参加宗教仪式的虔诚教徒，迫使我删去"不信神的国王"中的一章，而我将其中各个段落分散到全书各处。

一八二二年四月至九月，于伦敦

我的舅舅德·贝德先生——他的长女

在继续文学方面的探讨之前，我有必要暂停一下，以便同我舅舅德·贝德告别。唉！这是同我的童年的欢乐告别：freno non remorante dies（奥维德），"什么东西也不能阻止时光前进。"你们看看那些放在教堂地下室里的旧棺材吧：它们自己被岁月打败，变得陈腐，失去记忆，连墓碑也不见了，甚至忘记了棺材里面安葬的死者的名字。

关于我母亲的死，我给我舅舅写了一封信；他回我一封长信，信中有几句表示哀悼的动人的话，但两页对开信纸的四分之三篇幅都是谈我的家谱。他特别嘱咐我，要我回法国的时候，一定要把贝德家族祖先的头衔弄清楚；家谱是交给我哥哥的。这样，对于这位可敬的流亡者，无论流亡，无论毁灭，无论亲人的去世，无论路易十六的牺牲都不能使他醒悟革命已经发生；什么都没有出现，什么都没有发生；他仍然停留在布列塔尼三级会议时代和贵族议院时代。眼看他的身体日益衰弱，他的岁月流逝，他的亲人和朋友相继去世，他的思想却一成不变，这实在令人吃惊。

我舅舅流亡归来之后，隐居在迪南，后来死在那里；迪南离蒙舒瓦六法里，一直到死他都没有回去过。我的表妹卡罗莉娜是三位表妹当中年纪最大的一位，现在还活着。她至今还是老姑娘，虽然往日的青春对她提出正式的警告。她给我写了一些充满拼写错误的信，信中对我以"你"相称，叫我为"骑士"，谈我们过去的美好时光："in illo tempore"。她有一双漂亮的黑眼睛，身段优美；她跳舞像卡玛尔格[①]。她似乎记得我曾经暗中对她一往情深。我用同样的语调给她回信，并且以她为榜样，

[①] 卡玛尔格（Camargo，一七一〇——七七〇）：当时巴黎歌剧院的著名舞蹈演员。

将我的年龄、显要地位和声名放在一边："是的，亲爱的卡罗莉娜，你的骑士，等等。"我们已经有六年或七年时间没有见面了。感谢上天！因为，上帝知道，如果我们偶然碰到一起，互相拥抱，我们会发现对方已经面目全非了！

甜蜜的、纯朴的、天真的、令人尊敬的亲情呀，你的世纪已经过去了！我们不再被无数花朵、胚芽、根维系于地面；现在，我们独个儿诞生，独个儿死去。活着的人急于将死者扔进永生，急于摆脱他的尸体。朋友之间，有的人到教堂等候灵柩到来，一边因为惯常的生活秩序被打乱而嘀咕；另一些人忠心耿耿，跟在灵车后面，一直到墓地；墓穴一填满，一切记忆都抹去了。宗教和温情的日子呀，你们不会再回来了。那时候，儿子同他的先辈一样，死在他父亲和祖先去世的同一栋房子里、同一张扶手椅里、在同一个壁炉旁边，身边围着流泪的子女和孙辈，而死者向子孙表示最后的祝福！

永别了，我亲爱的舅舅！永别了，舅舅一家！作为我的家族的另一部分，它永远消逝了！永别了，我过去的表妹！你现在仍然像过去一样爱我，那时我们一起听我们的善良的布瓦泰伊尔姑婆唱关于"鹰"的民歌，或者你到纳扎雷特修道院参加我乳娘的还愿仪式。如果我死后你们还活着，请你们接受我在此留给你们的感激和爱心！你们不要以为我在谈论你们的时候脸上露出勉强的笑容：我的眼睛，请你们相信，噙满泪水。

一八二二年四月至九月，于伦敦

篇章十二

题外话：英国文学——旧派的衰落——历史学家——诗人——政论家——莎士比亚

  我从事的与《基督教真谛》有关的研究，逐渐（我前面已经讲过）引导我对英国文学进行更深入的考察。一七九二年我到英国避难时，我不得不对我从评论家那里得到的大部分看法予以修正。在史学家当中，休姆被认为是托利党成员和落伍分子；像对吉本一样，人们指责他在英国语言中加进太多的法语词；人们喜欢他的继承人莫莱特甚于他。吉本生前是哲学家，死时变成基督教徒；由于这个身份，他受人打击，并被人视为可怜人。人们还谈论洛贝特松，因为他文笔枯燥乏味。
  诗人方面，高雅的《精华》登载了几首德莱顿的诗；人们不能原谅波普在韵律方面的缺陷，尽管人们参观他在特维克纳姆的故居，并且砍伐那棵由他栽种的、如今像他的名声一样衰败的垂柳的树枝。
  布莱尔被视为法国式的令人讨厌的批评家；人们认为他远在约翰逊之下。至于老斯佩克塔托尔，他的作品已经被人束之高阁了。

我们对英国的政治著作没有多少兴趣。但经济著作局限少一些；关于国家财富、资本使用、贸易平衡的计算部分适用于欧洲社会。

伯克摆脱政治的民族性：他通过反对法国革命，将他的国家拖进与法国为敌的漫长道路，结果导致滑铁卢之战。

然而，巨人是存在的。到处看得到弥尔顿和莎士比亚的影响。蒙莫朗西、比隆、絮利，先后是法国派遣到伊丽莎白和詹姆斯一世身边的大使，他们是否曾经听人讲起一名小丑呢？他在他自己写的闹剧和别人写的闹剧中担任演员。他们是否曾经提到用法语念起来挺奇怪的莎士比亚这个名字？他们是否想过那是一个光荣的名字，在这种光荣面前，他们的豪华、地位如同尘土？嗳！在《哈姆莱特》中扮演鬼魂的喜剧演员是一个伟大的幽灵，像月亮一样。当中世纪行将灭亡的时候，是在世界上升起的中世纪的影子：由但丁开始、而由莎士比亚完成的伟大世纪。

和《失去的天堂》的作者同时代的怀特洛克所著的《简史》中，有下面这句话："一个名叫弥尔顿的盲人，是议会的拉丁文秘书。"莫里哀，"历史学家"，扮演他的普尔索涅克；同样，莎士比亚是江湖艺人，扮演他的法尔斯塔夫。

这些戴面纱的旅行者不时到我们餐桌旁坐下，被我们当作一般客人；一直到他们消逝，我们都不知道他们的身份。他们在离开世界的时候，面目已经变了；他们像上天派往多比的使者，对我们说："我是天主身边的七个使徒之一。"但是，如果说这些圣人走过时不为人所知，他们之间是互相认识的。"为了他被人崇敬的遗骸，"弥尔顿说，"我的莎士比亚难道需要一个世纪的劳动所堆积的石头吗？"米开朗琪罗嫉妒但丁的命运和天才，叫道：

Pur fuss'io tai...

Per l'aspro esilio suo con sua virtute

Darei del mondo più felice stato.

为什么我不能像他那样？为了他在艰苦流放中的品德，我愿意放弃人世的一切幸福！

塔索赞美几乎不为人所知的卡莫埃尔，为他制造声势。这些同样显赫的人物，通过暗号识别对方，他们使用只有他们懂得的语言交谈，有什么比这更值得赞美的事吗？

莎士比亚是否同拜伦勋爵、司各特和朱庇特的女儿一样是瘸腿？如果果真如此，斯特拉特福的儿子丝毫不像恰尔德·哈罗尔德，因为自己的残疾而感到羞愧，并不害怕告诉他的情妇之一：

... lame by fortune's dearest spite.
由于对命运的最高昂的讽刺而瘸着腿。

以一首十四行诗表现一次爱情来计算，莎士比亚经历的爱情非常之多。德斯德蒙娜①和朱丽叶的创造者日渐衰老时，仍然爱心不死。莎士比亚用优美的诗赞美不相识的女人，她们是否因为受到他的十四行诗讴歌而感到骄傲和幸福呢？这是值得怀疑的：对于一个老者，荣誉犹如钻石对于一个老妇人：钻石是老妇人的装饰，但不能使她变得美丽。

"我死之后，不要为我长久哭泣"英国悲剧诗人对他的情妇说。"如果你读到这些诗句，你不必想到写下诗句的那只手；我这样爱你，如果你因为想起我而感到不幸，那么我宁愿被你遗忘。啊！你看见这些诗行的时候，我也许已经变成一堆尘土，你甚至不要念出我可怜的名字，让你的爱同我的生命一道枯萎吧。"

---

① 德斯德蒙娜（Des demone）莎士比亚的悲剧《奥赛罗》的女主人公。

莎士比亚爱着，但他并不相信爱情，就像他不相信别的东西一样：一个女人对于他是一只鸟、一阵微风、一朵花，一个可爱的，但转瞬即逝的东西。由于他对他的声誉漫不经心或者无知，他的境况将他排斥在社交界之外，在他无法企及的命运之外，他似乎将生命当作一个轻浮和无所事事的时刻，当作一个转眼逝去的甜蜜的闲暇。

莎士比亚在青年时代，碰见两个从修道院赶出的老修士，他们曾经目睹亨利八世，他的改革，他对寺院的毁坏，他的"小丑"，他的妃子，他的情妇，他的刽子手。当诗人离开人世时，查理一世才十六岁。

这样，莎士比亚一只手碰过图德的倒数第二个儿子用剑威胁的白发苍苍的头颅，另一只手碰过议会的斧头要砍下的斯图尔特的次子的头颅。这位伟大的悲剧作家，扶着这些悲惨的头颅走进坟墓。他用他的鬼魂、他的盲眼国王、他的受到惩罚的野心家、他的不幸女人，填满他岁月的空间，以类似的虚构故事将过去的现实同未来的现实衔接起来。

莎士比亚属于那些足以满足思想的需要和滋养的五六个作家之列；这些母亲般的天才似乎孕育和抚养了其他天才。荷马养育了古代文化：埃斯库罗斯[①]、索福克勒斯、欧里庇德斯、阿里斯托芬、贺拉斯、维吉尔是他的孩子。但丁孕育了现代意大利文学，从彼特拉克一直到塔索。拉伯雷创建了法国文学；蒙田、拉封丹、莫里哀是他的继承者。英国到处是莎士比亚留下的痕迹，一直到最近，他还把他的语言借给拜伦，把他的对话借给司各特。

我们常常否认这些至高无上的大师；我们挺身反对他们；我们历数他们的错误；我们谴责他们无聊、冗长、怪诞、乏味，同时又剽窃他们，拾他们的余唾；可是，人们徒然地在他们的枷锁下挣扎。一切都同他们的色彩相像；他们发明的词语和名称扩大了各民族的普通词汇；他

[①] 埃斯库罗斯（Eschyle，公元前五二五—四五六）：古希腊诗人，古典悲剧的创始人。

们的话变成成语，他们虚构的人物变成真实的人物，这些人物有他们的继承人和后代。他们打开了地平线，从那里喷射出光明；他们播种思想，启发千万种其他思想萌发；他们向所有艺术提供构想、题材、风格；他们的作品是人类思想的矿山或母腹。

这样的天才站在头排；他们的博大，他们的多产，他们的创新，使人们将他们当作各种才智的规律、典范、模式、典型，就像同一个始祖繁殖的四个或五个人种，其他的不过是分支。我们不要蔑视这些有时会陷入混乱的巨人；我们不要模仿被人咒骂的卡姆①；如果我们在亚美尼亚的群山上，在方舟的阴影下，碰见深渊的孤独船夫②裸着身体在睡觉，我们不要嘲笑吧。我们要尊重这位洪荒时代的航海者，他在天上的瀑布干涸之后重新开始创造：恭顺的孩子们呀，我们享有父亲的祝福，让我们将我们的外套盖在他身上吧。

莎士比亚生前从未考虑死后永生。今天，我的赞歌对他有什么重要呢？即使同意所有的假设，根据人类思想所渗入或浸透的真理或谬误思索，对于莎士比亚，一个不可能到达他身边的声誉有什么重要呢？基督教徒吗？在永恒的至福当中，他理会这虚无的世界吗？自然神论者吗？摆脱了无知的阴影，失落在上帝的光辉之中，他会俯首看一眼他走过的沙粒吗？无神论者吗？他无声无息地沉睡着，人们称这种睡眠为死亡。因此，进入坟墓之后，没有什么比荣誉更加虚妄的东西了，除非它让友谊长存，对德行有裨益，在不幸中可以求助，让我们在天上能够享受一个我们留在地上的令人安慰的、慷慨的、使我们得救的思想。

一八二二年四月至九月，于伦敦
一八四五年二月修改

---

① 卡姆(Cham)，《圣经·创世纪》中挪亚的儿子。
② 指挪亚。

题外话：旧小说——新小说——理查森——瓦尔特·司各特

上世纪末，小说是一种受到普遍排斥的体裁。已去世的理查森被人遗忘了；他的同胞觉得他的文笔中有他生活过的下层社会的痕迹。菲尔丁还能站稳脚跟；别具一格的斯特恩已经过时了。还有人读韦克菲尔德的《副本堂神父》。

如果说理查森的文笔不行的话（我们是外国人，对此无法判断），他将无法生存，因为作家仅仅是靠文笔存在的。与这个真理相对抗是徒劳的：一部精心构思、用逼真的肖像点缀、充满其他长处的作品，如果文笔欠佳，是注定要失败的。文笔千姿百态，是无法学习的；这是上天的恩赐，是天才。但是，如果理查森被抛弃仅仅因为作品中有某些高雅社会不能容忍的粗鄙词语，那么，他可以重新获得生命。正在进行的革命降低了贵族，提高了中产阶级，将使人们对于家庭日常琐事和下层语言的痕迹不再那样敏感。

从克拉丽斯和汤姆·琼斯，衍生了英国现代小说家族的两个分支，家庭图画、家庭悲剧小说和冒险及社会图画小说。理查森之后，"西城"风俗闯入小说：小说中充满城堡、贵族和贵夫人、湖畔风景、跑马场、舞会、歌剧院和拉内拉赫的故事，连同没完没了的闲聊和唠叨。背景不久就转移到意大利；情人冒着可怕的风险，并且忍受令狮子感动的心灵痛苦越过阿尔卑斯山；"狮子痛哭流涕！"一句颇风趣的话被接受了。

半个世纪以来淹没英国的成千上万部小说当中，有两部长盛不衰：《迦勒·威廉》和《修道士》。我在伦敦居留期间，不曾见过戈德温；但我两次碰见刘易斯。他是一位年轻的下议院议员，非常讨人喜欢，举止很像法国人。巴鲍德的作品是另一种风格。安娜·拉德克里夫的作品另具一格。巴鲍德夫人、埃奇沃斯小姐、伯内特小姐等的作品,据说有可能站住脚。蒙田说:"应该运用法律,制裁那些无能又无用的作家,就像制裁流浪汉和懒虫一样。将我和另外一百个作者从人民手中驱赶出去。粗制滥造的作品成了这个失去控制的世纪的征兆。"①

但是,这些深居简出的小说家、乘公共马车或敞篷马车的小说家、湖畔和深山蛰居的小说家、废墟和鬼魂小说家、城市和客厅小说家的不同流派,都消失在瓦尔特·司各特的新流派之中,如同诗人争相仿效拜伦勋爵一样。

我在伦敦流亡期间,这位著名的爱尔兰画家以翻译歌德的《贝利欣根》开始他的文学生涯。随后,他继续以诗歌知名,后来,他的爱好转向小说。我觉得他似乎建立了一种不伦不类的体裁;他败坏小说和历史;小说家动笔写历史小说,而历史学家写小说化的历史。如果说,我读司各特的作品时,有时不得不跳过没完没了的对话,那是我的过错;但是,在我看来,司各特的伟大功绩之一,是大家都愿意读他的书。比起为了讨好而不顾分寸,使人感到有趣而不违背章法需要付出更大的努力。比起扰乱心灵的平静,控制心绪更加困难。

伯克使英国政治滞留于过去,司各特使英国人倒回到中世纪:人们写作的、制造的、建筑的,都是哥特式的:书籍、家具、房屋、教堂、城堡。但是,大宪章时代的地主是今天邦德街的"时髦人士";这轻浮的一代在古代庄院里露营,等待新一代来将他们赶出。

一八二二年四月至九月,于伦敦

---

① 引自蒙田《随笔集·论虚荣心》。

题外话：新诗——贝蒂

在小说转向"浪漫状态"的同时，诗经受了类似的变化。柯珀抛弃法国派，使民族派复活；布伦在爱尔兰开始同样的革命。在他们之后，接踵而来的是抒情诗的复兴派。介于一七九二年和一八〇〇年之间的这些诗人当中，有好几位属于"湖畔派"（这个名称今天继续沿用），因为小说家们住在坎伯兰湖和威斯特摩湖畔，而且有时讴歌它们。

托马斯·穆尔、坎贝尔、罗杰、克雷布、伍德沃斯、骚塞、亨特、诺尔勒、霍兰男、坎宁、克洛克仍然在世，继续为英国文学争光。但是，必须是土生土长的英国人，才能鉴别当地人才能够领会的表现内心世界的文学作品的价值。

现代文学方面，任何人只能充当用本民族语言写的作品的权威评论家。你认为你精通外国语是徒劳的，你没有吮吸过乳母的奶汁，你没有从襁褓时代起就在她怀中牙牙学语；你不能摆脱你的乡音。关于我们的文学，英国人和德国人有一些非常奇特的看法：他们称赞我们鄙视的东西，他们鄙视我们热爱的东西；他们不懂拉辛，不懂拉封丹，甚至不能完全理解莫里哀。你要是知道，在伦敦、维也纳、柏林、彼得堡、慕尼黑、莱比锡、哥廷格、科隆，谁是我们的最伟大作家，你要是知道人们在那里热衷读的和不读的东西，你会哑然失笑的。

如果一位作者擅长措辞，外国人永远无法理解这种长处。才能越深刻、越有个性、越具有民族性质，这些秘密越难于被并非才能诞生地的人所理解。我们凭口头一句话赞美希腊人和古罗马人；我们的赞美是世代相传的；而希腊人和罗马人不会嘲笑蛮子们的判断。我们当中有谁能像讲希腊语和讲拉丁语的人一样，领会狄摩西尼和西塞罗的散文的和谐，阿尔赛和贺拉斯的诗歌的节奏呢？有人断言说，真正的美适用于所有时代、所有国家。感情美和思想美是这样；但文笔美不是。文笔不像思想一样是国际性的：它有它的故乡，一个属于它的天空和太阳。

我在伦敦流亡期间，一八〇〇年或一八〇〇年之前，布伦、梅森、柯珀去世了；他们结束了一个世纪；我开始一个世纪。我从流亡地回国两年之后，达尔文和贝蒂死了。

贝蒂宣布诗的新世纪诞生。《吟游诗人》或《才华的进步》，描写缪斯对一位行吟诗人最初的启迪，诗人还不知道令他备受折磨的灵感。很快，未来诗人将在暴风雨中坐在海边；很快，他将抛弃乡村游戏，到僻静之处听远处传来的风笛声。

贝蒂经历各种各样悲哀的梦幻和思想，而成百个诗人自以为是这些感情的"discovers"（发现者）。贝蒂打算继续他的诗；的确，他创作了他的第二首歌：一天晚上，埃德温听见一个低沉的声音从山谷底升起；那是一个孤独者发出的呼喊；他看破红尘，躲进幽静的山谷，以便在那里沉思默想，歌唱造物主的奇迹。这位隐士启发了年轻的吟游诗人，向他披露了他的才能的秘密。念头是极好的，但执行起来没有那样顺利。贝蒂注定要流泪的：他儿子的死使父亲心碎了，他像失去奥斯卡后的奥西昂[①]，将他的竖琴挂在橡树的树枝上。也许贝蒂的儿子，就是那个父亲歌唱过，但他在山上不再看见脚印的年轻的吟游诗人。

一八二二年四月至九月，于伦敦

[①] 奥西昂（Ossian）：苏格兰传说中的诗人。

题外话：拜伦勋爵

在拜伦的诗句中，看得出对《吟游诗人》的惊人模仿。我在英国流亡时期，拜伦勋爵在哈罗兹中学读书；中学在一座离伦敦十里的村庄里。他是孩子，我还年轻，同他一样默默无闻；他在爱尔兰的欧石南丛中、在海边长大，我也一样，在布列塔尼的荒原上、在海边长大；同我一样，他喜欢读《圣经》、奥西昂；他在新斯迪德修道院歌唱他的童年，如同我在贡堡歌唱我的童年。

"当我这个山里孩子，在黑色的欧石南丛生地摸索，攀登你倾斜的峰顶时，啊，白雪皑皑的摩尔温山呀，我听山下的激流轰鸣，或看云雾在我脚下缭绕，酝酿着风暴……"

当我在伦敦教区奔走的时候，我穷困潦倒，曾经无数次从哈罗村前经过，但不知道村里住着多么伟大的天才。我坐在公墓的一棵榆树下；一八〇七年，我刚从巴勒斯坦回来时，拜伦勋爵在那棵树下，写了下面的诗行：

Spot of my youth! whose hoary branches sigh, Swept by the breeze that funs thy cloudless sky...

在我度过童年的地方，微风吹拂着光秃秃的树枝，而晴空万里，空气清新！我如今独自在那儿踯躅，而过去我常常同我爱的人脚踩你柔软的青草；当命运使胸中洋溢的热情变得冰凉，当它使忧愁和激情平息……过去，我的心在这儿跳动，将来也许在此休憩。在这片我的希望苏醒之地，我能够进入梦乡吗？脚踏我过去走过的土地……被我年轻时的朋友哀悼，被今天的世界忘记！

而我将写道：你好，古老的榆树！幼年时代的拜伦曾在这里沉湎于童年的幻想，而我在你的荫蔽下幻想勒内；以后，诗人到这里来构想《恰尔德·哈罗尔德游记》！拜伦要求他童年时代嬉戏的墓地，给他留下一个朴实无华的墓穴：他的荣耀不会让他实现这个无法实现的请求。现在的拜伦与过去的拜伦不可同日而语；在威尼斯，我到处看见他的身影。几年之后，在这座我过去到处看见他的名字的城市里，我看见他的名字被抹掉，不留痕迹。丽都岛的回声不再重复他的姓名，威尼斯人不知他为何许人。对于他们，拜伦勋爵已经完全死去；他们不再听见他的马嘶鸣。伦敦的情形也一样，他已被人遗忘。这就是我们的命运。

如果说我经过哈罗的时候，不知道童年的拜伦在那里生活，路过贡堡的英国人也不曾想过，一个在这些树林中长大的野孩子将来会留下几许痕迹。旅行家阿尔蒂尔·扬格曾经路过贡堡镇，写道[1]：

"（从蓬套尔松）一直到贡堡，这个地区一片荒凉：并不比休伦人[2]那里先进；在一个有人居住的地方，这是令人难以置信的；当地居民几乎同那里的土地一样粗野，贡堡镇是人们看得到的最肮脏和最艰苦的地方之一：泥土的房子没有窗户，铺路的石头坑坑洼洼，走路绊脚，没有任何富裕生活的迹象。但是，那里有一座城堡，里面甚至住了人。城堡主人有相当坚强的神经，居然敢生活在污秽和穷困之中；城堡主人是德·夏多布里昂先生，此君何许人也？在这一堆惨不忍睹的贫困中，有一个漂亮的湖泊，湖泊周围是郁郁葱葱的树林。"

这位德·夏多布里昂先生是我父亲；在脾气暴躁的农学家眼中，如此丑陋的偏僻角落仍然不失为高贵和美丽的住所，虽然阴暗和肃穆。至于我，一条在粗陋的塔楼脚下开始攀登的藤蔓，只关心考察我们的收成的扬格先生会看见我吗？

---

[1] 扬格的作品《法国游记》出版于一七九〇年到一七九四年。
[2] 北美印第安的一族。

在一八二二年写的这些文字之外,请允许我再加上一八一四年和一八四〇年写的内容:这样,关于拜伦的文章就做完了;人们在读了我经过威尼斯时关于这位伟大诗人所讲的话之后,这篇文章就全面了。

将来,法国和英国两个新流派领袖的会见也许是一件引人注目的事情。他们有共同的基本看法,差不多相同的命运,如果不是共同的生活习惯的话:一位是英国贵族,一位是法国贵族;两位都曾经到东方旅行,一前一后,但两人从未见过面。不同之处,仅在于英国诗人的生活不像我的生活那样,我曾经卷入一些重大事件。

在我之后,拜伦勋爵去朝拜希腊遗址:在《恰尔德·哈罗尔德游记》中,他似乎用他自己的颜色美化了《从巴黎到耶路撒冷纪行》的描写。在我的朝觐的开头,我再现德·儒安维尔老爷同他的城堡告别;拜伦也向他的哥特式住宅告别。

在《殉道者》中,欧多尔从麦西尼亚出发去罗马。"我们的航程是漫长的,"他说,"我们看见所有被寺庙和坟墓装点的岬角……我的年轻伴侣未听人讲过朱庇特的化身,对眼前的遗址一无所知;而我曾经同先知坐在被毁灭的遗址上,而巴比伦告诉我科林斯的存在。"

在塞维卢斯①写信给西塞罗之后,英国诗人犹如法国散文家:这样完美的会见对于我特别荣耀,因为我在永恒的诗人之前到达那里,我们在那里有相同的记忆,我们在那里朝拜过同样的遗址。

在罗马的记述中,我和拜伦勋爵也有共同之处:对于我,《殉道者》和我关于罗马乡村的信,由于猜到一位杰出天才的灵感而具有无可估量的价值。

拜伦勋爵的最早一批翻译者、评论家和赞美者,对于《恰尔德·哈罗尔德游记》的作者可能读过我的作品避而不谈;他们也许认为这样做

---

① 塞维卢斯(Sulpicius,约三六三—约四二〇):高卢人,早期基督教虔诚修士,历史权威,最著名的著作是《圣马丁传》。

会损害他的才能。现在，狂热平静了一点，人们不像过去那样拒绝给予我这种荣誉。我们的不朽歌手[①]，在他的歌集的最后一卷曾经写道："在前面一段里，我讲过法兰西应该感谢德·夏多布里昂先生的诗才。我不害怕这句话遭到新诗派反对，它是在鹰的翅膀下诞生的，自然以这样的来源为荣。《基督教真谛》的作者在国外同样有影响，也许应该说句公道话，承认《恰尔德·哈罗尔德游记》的作者和勒内是一家人。"

在关于拜伦的一篇杰出文章里，维勒曼先生重复了贝朗瑞的观点，他说："《勒内》有几页无与伦比的文字，的确，将这种政治特征表现得淋漓尽致。我不知道拜伦是否对此进行了模仿，或者以天才的方式予以革新。"

我刚才说的，关于《勒内》的作者和《恰尔德·哈罗尔德游记》的作者之间，在想象力和命运方面的相似之处，并不剥夺行吟诗人的一根毫毛。我的缪斯徒步，没有竖琴，能够奈何迪河[②]的背竖琴、有翅膀的缪斯吗？拜伦勋爵，或者同我一样是他的世纪的孩子，像我和我们之前的歌德一样，将经历爱情和苦难；或者我的高卢船的航程和灯光，在未曾探索的大海上，向阿尔必翁[③]的船只指明了道路。

而且，相同性质的两个头脑很可能有相同的想法，而别人不能指责他们曾经卑屈地走同样的道路。利用外国语言表达的观念和形象是允许的，为的是丰富我们自己的语言：这是任何世纪、任何时代都见过的事情。我首先承认，在青年时代，《奥西昂歌谣》《维特》《一个孤独的散步者的遐想》《自然论》，同我的想法是亲近的；但是，我丝毫没有隐瞒我喜欢的作品给我带来的快乐。

如果在《恰尔德·哈罗尔德游记》里面，以不同名字（康拉德、拉

[①] 指法国民间诗人和歌手贝朗瑞（Bérangn，一七八〇——一八五七）。
[②] 迪河（Dee）：苏格兰的一条河流。
[③] 阿尔必翁（Albion）：大不列颠旧称。

雷、曼弗雷德、勒吉阿乌尔）登台的那个独特人物深处的确有勒内的些许影子；如果拜伦公爵偶然让我生活在他的生命之中，他难道会如此懦弱，竟然从不提及我的名字？我难道是一个被人否认的父亲，当人们已经功成名就的时候？拜伦提到过几乎所有他同时代的法国作家，他怎么能够完全无视我呢？当英国和法国报纸在他身边围绕我的作品进行了二十年争论的时候，当《新时报》(*New-Times*)将《基督教真谛》的作者和《恰尔德·哈罗尔德游记》的作者进行对比的时候，他难道从来没有听人谈到过我吗？

无论怎样得宠的才子，都有忌讳和疑心：他要保留权杖，怕有人来分享，因为将他与别人对比而感到愤慨。因此，另一位上等才子在一部名为《关于文学》的作品中避开我的姓名。多亏上帝，我对自己有正确的评价，我从来不曾打算称王称霸；由于我只相信宗教真理（自由是其表现形式之一），我对自己的信任并不超过对其他东西的信任。但是，如果我对什么东西赞赏过，我绝不会感觉有必要沉默不语；所以，我公开宣布我对斯塔尔夫人和对拜伦勋爵的赞美。有什么比赞美更加甜蜜的事吗？这是上天的爱，是上升到崇拜的温情；对于扩展我们的才能，为我们的心灵打开新的视野，赐给我们如此巨大、如此纯洁、不包含任何恐惧和嫉妒的幸福的赞美对象，我们觉得自己充满感激之情。

而且，我在这部《回忆录》中，对英国自从弥尔顿以来最伟大的诗人的微词，仅证明一样东西：我对他的缪斯的崇高评价。

拜伦勋爵开启了一个令人惋惜的流派：同在我身边幻想的勒内给我带来痛苦一样，我推测他的孩子《恰尔德·哈罗尔德游记》也给他带来痛苦。

拜伦勋爵的生活是众多调查研究和诽谤的对象：年轻人对那些神乎其神的说法深信不疑；妇女们怀着恐惧心情，觉得自己随时可能被这个"魔鬼"勾引，随时可能去安慰这个孤独和不幸的撒旦。谁知道呢？也许他还在寻找他梦想的女人,一个相当漂亮、心胸同他一样宽广的女人。根据那些弄神弄鬼的人的看法,拜伦过去是一条到处引诱人、欺骗人的蛇,因为他看到人类的败坏;这是一位命中注定的、痛苦的天才,他处在物质秘密和智慧之间,找不到能够解开宇宙之谜的答案,将生活当成一种无缘无故的辛辣讽刺,罪恶的卑鄙微笑;他是绝望的儿子,表现轻蔑和否定,身上有一块不可愈合的伤痕,用享乐将一切接近他的东西引向痛苦而进行报复;他是一个从未经历童年的人,从来不曾有幸被上帝抛弃和诅咒;被大自然的怀抱排斥的人,定是虚无的受苦人。被虚无判决。

那些头脑发热的人就是这样想象拜伦的,但我觉得这并不符合事实。

像大多数人一样,两个不同的人统一在拜伦身上:自然的人和"制度"的人。诗人了解公众的愿望,同意扮演他们希望他扮演的角色,开始诅咒他起初不过茫然相对的世界;这种过程在他的作品的前后变化之中是感觉得到的。

至于他的才能,远没有人们所讲的那样博大,而是相当含蓄的;他在诗中表达的感情,只不过是呻吟、哀叹、诅咒;在这方面,他是值得称赞的:不必问竖琴所表达的思想,只须问它歌唱的是什么。

至于他的幽默,那是富于讽刺意味和丰富多样的,是具有煽动性的黑色幽默:作者读过伏尔泰,并且模仿他。

拜伦勋爵享有种种优越,对他的出身没有什么好责怪的地方;令他不幸、并且使他的优越和人类的病弱结合起来的偶然事件,本来不应该使他感到痛苦,因为这并未妨碍他受人爱戴。不朽的歌手从他自身的体验懂得,泽农①的格言是多么千真万确:"声音是美的精华所在。"

---

① 泽农(Zénon,公元前四九〇—公元前四三〇):古希腊哲学家。

令人感慨的是，显赫的声名今天转瞬即逝。几年之后，怎么说呢？几月之后，迷恋就消失了，跟着而来的是贬抑。我们看见拜伦的荣耀已经变得暗淡，他的天才更为我们所理解，他在法国比在英国将受到更长时间的崇拜。由于《恰尔德·哈罗尔德游记》的主要成就是对个人感情的描绘，但英国人更看重大家共有的感情，所以他们最终会否认诗人：他的喊叫太深邃、太悲哀了。但是，他们得当心。如果他们打碎这位曾经赐给他们新生命的人的形象，他们还剩下什么呢？

一八二二年，我在伦敦居留期间，当我写下我对拜伦勋爵的感想的时候，他在人世只剩下两年生活时间了：他死于一八二四年，当他开始觉悟和厌倦的时候。我先于他出生，他先于我死；还未轮到他的时候，他就被召去了；我的号码在他的号码之前，可是他先走了。"恰尔德·哈罗尔德"本来应该活下去；这个世界可以失去我而不发现我的缺失。在我继续向前的路上，我在罗马遇见圭恰奥利夫人①，在巴黎遇见拜伦夫人。这样，我目睹了弱点和德行：前者可能太真实，后者不够虚幻。

一八二二年四月至九月，于伦敦

---

① 圭恰奥利夫人（Guiccioli）：拜伦的情妇之一。

英国——从里士满到格林威治——与佩尔迪埃同行——布雷汉——斯托——汉普顿·科特——牛津——爱顿学院——私人生活习俗；政治风尚——福克斯——伯克——乔治三世

在议论我在英国流亡时期的英国作家之后，现在我还要谈谈这个时期英国发生的一些事件，它的风貌，它的名胜，它的古堡，它的生活习俗和政治风尚。

从伦敦北面的里斯满到伦敦南面的格林威治，在这四法里方圆的空间里，我们可以窥见英国之一斑。伦敦南部是工业和商业的英国，连同它的码头、海关、船坞、仓库、酿造厂、工厂、铸造厂，船舶；每天涨潮的时候，这些船舶分三批溯泰晤士河而上，最小的船舶领头，跟着是中型船舶，最后，巨型船舶的风帆掠过历史悠久的海员医院的柱廊和外国人寻欢作乐的酒馆的窗口。

伦敦北面，是农业和畜牧业的英国，其中有它的牧场、它的牲口群，它的农舍、它的公园，而泰晤士河的河水被潮汐推动，一天两次浸润矮树丛和草地。在这相对的两点之间，伦敦将双重面貌的英国的一切混杂在一起：西部的贵族，东部的民主，伦敦塔和威斯敏斯特是两个界碑，大不列颠的全部历史都在界碑之间演出。

一七九九年夏天，我有一部分时间是跟克里斯蒂昂·德·拉穆瓦翁在里斯满度过的，我忙于《基督教真谛》的出版。我常常在泰晤士河上划船，或者在里斯满公园里跑步。我很希望伦敦附近的里斯满变成"光荣的里斯满迪奥奥条约"中的里斯满，那样我就会回到我的祖国，我将在下面解释这是怎么一回事。纪尧姆一私生子将四百四十二块领地送给他女婿布列塔尼公爵阿兰，这些土地构成后来的里斯满伯爵领地。阿兰的继承人——布列塔尼众公爵,将这些土地作为封地赐给一些布列塔尼骑士——罗昂、坦特尼亚、夏多布里昂、戈荣、蒙布歇家族的后代。但是,尽管我的愿望是善良的,我必须在约克郡去寻找里斯满伯爵的领地,而后者在查理二世时代因为一个私生子,变成公爵领地:泰晤士河边的里斯满是爱德华三世时代的西恩。

爱德华三世,这个被情人阿丽克丝·皮尔斯掠夺的著名国王,一三七七年死在那里;这个女人不再是克雷西的征服者早年的阿丽克丝或卡特琳·德·索尔兹伯里了:在你可能被爱的时候,你才去爱别人吧。亨利八世和伊丽莎白也死在里斯满:何处不是葬身之地?亨利八世喜欢住在那里。英国历史学家因为这个臭名昭著的人物感到尴尬;一方面,他们无法掩饰他的专制和议会的唯命是从;另一方面,如果他们过多谴责宗教改革的领袖,他们可能会整到自己头上:

压迫者越卑鄙,奴隶越可耻。

(拉哈尔普[①])

在里斯满公园里,人们把一座小山丘指给我看,那里曾经是亨利八世的观察哨,用来观察安妮·博凌受刑的情况。看见伦敦塔发出的信号后,亨利高兴得直哆嗦。多么开心的事情呀!屠刀已经砍下那美丽的脖子,鲜血染红了诗人国王曾经深情爱抚的秀发。在空无一人的里斯满公园里,我并不等候屠杀的信号,甚至丝毫不想损害背叛我的人。我同几只平静的黄鹿散步:它们习惯在猎犬群前面奔跑,一直到精疲力竭才停下来。它们对这种游戏非常满意,非常高兴,然后人们用一辆铺满干草的两轮车将它们送回来。我常常到基尤去看袋鼠,这是一种可笑的动

[①] 拉哈尔普(Laharpe,一七三九——一八〇三):法国批评家,法兰西学院院士。

物,与长颈鹿截然不同;与昆斯布里老公爵让里斯满小街小巷充斥的妓女相比,这些跳着走路的天真的四脚动物更能够使澳大利亚增色。泰晤士河从一座农舍的草地边流过,而农舍被垂柳包围着,在一棵黎巴嫩柏树的遮掩下隐隐约约。一对新婚夫妇来此天堂度蜜月。

一天傍晚,我平静地在特维克纳姆的草坪上散步,面前突然出现佩尔迪埃。他用手帕捂着嘴,俟他走到听得见的地方,就叫道:"这倒霉的雾,没完没了!""活见鬼,你怎么能够待在这里?我已经猜过了,斯托、布兰希姆、汉普顿科特、牛津;按你那个喜欢幻想的脾气,即使你一辈子待在约翰·布尔[①]那里,也不会看见任何东西。"

我求他放过我,但白搭,必须跟他走。在敞篷四轮马车里面,佩尔迪埃跟我谈了他的种种愿望;他的愿望是接力式的;一个破灭了,就骑上另一个,于是到处闯,往前走,一直到天黑。他最强烈的愿望之一,以后把他引导到拿破仑身边,他揪住拿破仑的衣领,而后者不拘礼仪,同他玩拳击。佩尔迪埃的助手是雅姆·玛金道斯;虽然他被法庭判刑,但是他通过出卖有关他的官司的材料发了一笔财(赚的钱被他马上吃掉了)。

我憎恶布雷汉。由于最近发生的冲突,我感到受到侮辱,我更因为我的祖国过去的败北而感到痛苦。泰晤士河上游的一条船看见河岸上的我,桨手们估摸我是法国人,发出欢呼;当时英国刚刚收到阿布基尔海战的消息;外国人的胜利可能为我打开重返法兰西的大门,但我憎恶这些胜利。我多次在海德公园见过的纳尔逊,将他在那不勒斯的胜利保留在哈密顿夫人的披肩上,而无业游民把脑袋当球滚。这位海军上将光荣地战死在特拉法尔加,而他的情妇失去了美貌、青春和财富,悲惨地死在加莱。阿布基尔的胜利使我在泰晤士河边蒙受羞辱,我看见利比亚海

[①] 约翰·布尔:又译"约翰牛",指英国文学和政治漫画中具有英国传统性格的人物形象。

岸上耸立着一排排棕榈树,而海水被我的同胞的鲜血染红了。

斯托公园是以它的建筑物出名的,但我更喜欢它的绿荫。在一道阴暗的小山沟里,我看见一座寺庙的复制品,而我以后在塞菲兹阳光灿烂的山谷里才看见原建筑物。在几间无人居住、窗门紧闭的房间深处,一些意大利画派的美丽油画显得分外凄凉。可怜的拉斐尔,囚禁在老布列塔尼人的一座城堡里,远离拉法内基纳的天空!

汉普顿科特收藏着一些查理二世的情妇的画像:在一场让他父亲人头落地并且要驱逐他的家族的革命之后,这就是王子的所作所为。

我们在斯劳看见赫歇耳,连同他博学多才的姐姐和他四十尺长的大天文望远镜;他正在寻找新的行星:他的执着引起佩尔迪埃的讪笑,因为他只相信七个老行星。

我们在牛津停留两天。我在阿尔弗烈德大王①的共和国怡然自得;它是中世纪享有特权的学术机构的学风的代表。我们参观了二十五间中学、图书馆、画廊、博物馆、植物园。我以极大的乐趣,翻阅了伍斯特中学收藏的手稿,发现这位王子的传令官用法文诗句撰写的黑王子的生平。

牛津让我想起多尔、雷恩和迪南的外貌朴素的中学。我翻译了格雷写的名为《乡村墓地》的哀歌:

The curfew tolls the knell of parting day.②

这是对但丁的诗句的模仿:

---

① 阿尔弗烈德大王(Alfred-Le-Grand,八四九—九〇一):英国国王,被视为牛津大学的创始人。
② 夏多布里昂将这首诗译成法文,大意是:在颤抖的空气中,我听见缓慢的晚钟在长久低鸣……

Squilla di lontano

Che paja'l giorno pianger che si muore.①

佩尔迪埃在他的报纸上立即将我的译诗刊登出来，而且大吹大擂。看见牛津，我想起同一位诗人所写的名为《伊顿中学远眺》的颂歌。

　　幸福的山岗，美妙的绿荫，徒然爱慕的田野，我在那儿度过我无忧无虑的童年！我感觉从你们那儿吹来的微风：它们似乎在抚慰我颓丧的灵魂，它们散发欢乐和青春的芬芳，焕发我的第二度青春。

　　告诉我，慈祥的泰晤士河呀……告诉我，哪一代人朝三暮四，如今得势，加快铁环的滚动，或者射出飞逝的子弹？唉！幼小的牺牲者嬉戏着，不为他们的前途担忧！他们既不预见未来的灾祸，也不考虑将来的岁月。

　　谁不领会以缪斯的全部温柔在此表达的感情和惋惜？谁忆起童年的游戏、学习和爱情，能够不怦然心动？但是，它们能够再现吗？记忆中的童年的欢乐是火把照耀下的废墟。

一八二二年四月至九月，于伦敦

---

① 意大利文："（旅人）听见远处的钟在鸣响，仿佛在哭泣落山的太阳。"

英国人的私生活

英国人，由于长期战争同大陆隔离，一直到上世纪末，仍然保留他们的风俗和民族特性。那里只有一个民族，以它的名义，一个贵族政府行使主权。那里只有被共同利益连接起来的两大阶级：老板和顾客。在法国被称作资产阶级的那个心怀嫉妒的阶级在英国是不存在的：它刚刚诞生。没有任何东西隔在富裕的地主和忙于实业的人士之间。在制造业中，尚未普遍采用机器——那只是特殊阶层的荒诞行为。现在，我们看见面孔肮脏的人同穿礼服的人在同一条人行道上并肩而行，但当时只看见身披短斗篷的小姑娘走过，头上的草帽用丝带系在颔下，臂上挽着篮子，篮子里放着水果或书本，她们个个都低垂着眼睛，发现有人看她们就脸红。莎士比亚说："英国是一个四面环水的天鹅巢。"一七九三年，伦敦很少有人穿礼服，所以一位泪流满面、对路易十六的死表示哀悼的妇女对我说："可是，亲爱的先生，可怜的国王被砍头的时候，真的穿着礼服吗？"

乡绅们尚未卖掉他们的产业，到伦敦居住。在下议院，他们仍然构成独立的派别，成为内阁里的反对派，维护自由、秩序和繁荣的观念。他们秋天去猎狐或锦鸡，圣诞节吃肥鹅，看见牛排啧啧叫好，对现实不满，歌颂过去的美好时光，诅咒皮特和战争，因为战争使波尔图葡萄酒的价格上升，他们睡觉的时候酩酊大醉，第二天又开始相同的生活。他们相信，只要人们唱"上帝保佑国王"，大不列颠的光荣就不会褪色，腐朽的市镇将维持下去，关于狩猎的法律将继续执行，人们会继续偷偷地在市场上把兔子和山鹑当"狮子"和"鸵鸟"卖。

英国圣公会是博学、好客和慷慨的；它以真正的基督的乐善好施接待法国神父。牛津大学出资印制了罗马异版的《新约》，免费发给教士们，上面写着："供为教会而流亡的天主教神职人员使用"。至于英国上流社会，我这个卑微的流亡者只能看见它的外表。在王宫或加莱公主宴请的时候，侧身坐在轿子里的夫人们经过，她们的大裙环露在轿子门口，好像祭坛的前部。在她们的裙子构成的祭坛上，她们本人俨如圣母或佛像。这些漂亮的太太是圭彻公爵和洛赞公爵赞美过的女子的女儿；一八二二年，她们的女儿或孙女穿着短连衫裙，在我的公寓里随着克里奈的笛声翩翩起舞，花朵般转瞬即逝的一代代人。

政治风尚

  一六八八年的英国，在上世纪末达到了它的巅峰时期。我这个可怜的流亡者，从一七九二年至一八〇〇年，听人谈论皮特、福克斯、谢里登、威尔伯福斯、格林威尔、怀特布雷德、劳代当，厄斯金们；一八二二年，我是声名显赫的驻伦敦大使，所以当我看见我头一次旅英时的那些伟大演说家被他们的助手取代时，我无法形容我是何等惊讶：学生取代了老师。"普遍的"思想进入这个"个别的"社会。但是，一百四十年来，领导这个社会的开明贵族向世人展示一个从罗马贵族以来给人类带来光荣的最完美、最伟大的社会之一。也许，在某郡深处，某个古老家族会认出我刚刚描写的社会，而且怀念我在此叹惋的时代。

  一七九二年，伯克先生[①]同福克斯先生[②]分道扬镳。因为伯克先生攻

[①] 伯克（Burke Edmund，一七二九——一七九七）：英国政治家。
[②] 福克斯（Fox charles James，一七四九——一八〇六）：英国政治家。

击法国革命,而福克斯先生捍卫法国革命。到那时为止一直是朋友的两位演说家,从未表现如此杰出的雄辩才能。整个议会激动不已,而当伯克先生用下面的话结束他的答辩的时候,福克斯先生双眼噙着泪水:"非常令人尊敬的绅士先生在他发表的演说里,每句话都是对我的残酷攻击;他品评了我的整个一生,我的行为和我的观点。尽管他对我进行了违背事实的严重攻击,我不会被吓倒;我不害怕在这个议会或任何其他地方表明我的态度。我将向全世界宣布,宪法受到威胁。当然,任何时候,尤其在我这个年龄,招惹敌人或向朋友提供抛弃我的理由,是不适宜的。但是,如果为了支持英国宪法舍此没有其他办法,我宁可冒失去一切的危险。最后,正如公民的义务和公民的审慎对我要求的那样,我要高呼:'避开法兰西宪法吧!——Fly from the french Constitution。"

听见福克斯说这样"会失去朋友"的时候,伯克先生大声叫道:"是的,会失去朋友!我知道我的行为的后果;我愿意以失去朋友的代价履行我的义务,我们的友谊结束了:I have done my duty at the price of my friend; our frendship is at an end." 我告诫本议会的两位敌对的非常令人尊敬的绅士,他们在未来(他们或者像两个流星消亡在政治半球里,或者他们像两个兄弟并肩前进),我告诫他们,他们应该维护和珍惜英国宪法,他们应该防止革新,避开那些新理论可能带来的危险。"From the danger of these new theories." 令人怀念的时代!

我是在伯克的晚年认识他的,他那时虽然因为失去独子而痛苦,仍然创办一所为穷困流亡者的孩子开办的学校。我去参观他称为"他的苗圃"的学校,"his nursery"。他看见在他慈祥的照顾下,这些外国孩子天真活泼感到十分开心。望着那些无忧无虑的小流亡者蹦蹦跳跳,他对我说,"我们的孩子不会这样做:Our boys could not do that." 而他的眼睛噙满泪水:他想念到更远的地方流亡的他的儿子。

皮特、福克斯、伯克都不在了，而英国宪法接受了"新理论"的影响。要目睹过当时议会进行的激烈辩论，要听过这些演说家仿佛宣布革命即将爆发的预言，才能想象我刚才描绘的场面。关于限制在秩序允许范围内的自由辩论，在威斯敏斯特似乎是在无政府主义式的自由的影响下开展的，而这种自由仍然笼罩着国民公会散发血腥的讲坛。

高高瘦瘦的皮特表情悲哀，面带讥讽。他的话是冷漠的，他的声音单调，他的手势不为人觉察；可是，他活跃的思想，他闪烁雄辩光辉的推理的逻辑性，使他成为才华出众的人物。

我经常看见皮特先生徒步离开他的府邸，穿过圣雅姆公园到王宫去。而乔治三世，在同住在附近的农夫一道用锡杯喝了啤酒之后，也从温莎方面走过来。他乘一辆灰色马车，穿过他的肮脏的城堡中肮脏的院子，后面跟着几名骑马的卫士。这就是欧洲国王们的领袖，就像五个或六个伦敦旧城的商人是印度的主宰一样。皮特先生，身着黑衣服，钢手柄的剑佩在身旁，帽子夹在腋下，攀登台阶，一步跨两级或三级。他所经之处，碰见三个或四个无所事事的流亡者；他昂着头，脸孔苍白，从我们身边走过，用不屑的目光扫视我们。

这位大金融家家中杂乱无章；睡觉或吃饭都没有固定时间。他债台高筑，从不还债，而且从来没有把一份账单弄清楚的决心；一名侍者管理家务。他衣着随便，没有嗜好，没有爱情，仅仅贪图权力；他轻视荣誉，满足于当威廉·皮特。

一八二二年六月，利物浦勋爵请我到他的乡村别墅晚餐，经过普尔特内灌木丛的时候，他将查塔姆勋爵的可怜儿子去世的小屋指给我看。查塔姆这位国务活动家曾经收买欧洲，亲手发放亿万财富。

乔治三世在皮特死后还活着，但失去理智和视力。每个季度，议会开幕的时候，内阁成员向沉默和感情激动的议会宣读国王的健康情况通报。一天，我去参观温莎。我花了几个先令，请门房让我躲在一个角落偷偷看国王一眼。白发和瞎眼的国王出现了，像李尔王一样在他的宫殿里游荡着，用手摸索着大厅的墙壁。他在他熟悉的一架钢琴前面坐下来，弹了哈昂戴尔的一首奏鸣曲：这是"古老英国"的美妙结局。"Old England！"

流亡者返回法国——普鲁士公使发给我一张假护照，我变成拉萨涅，瑞士纳夫夏泰尔邦人——伦敦德利勋爵之死——我的士兵和旅人生涯结束——我在加莱上岸

我开始把目光转向我的祖国。一场伟大革命完成了。拿破仑成为首席执政官，他采用专制手段恢复秩序；许多流亡者回国，尤其是上层流亡分子，他们急于回去收拾他们剩下的财产：头脑的忠诚所剩无几，但忠诚的心还在几个变成穷光蛋的外省贵族胸膛中跳动。兰得赛夫人已经走了；她写信叫德·拉穆瓦翁兄弟回去；她也请德·阿格索夫人，德·拉穆瓦翁兄弟的姐姐，越过海峡回国。封塔纳催促我，叫我回巴黎完成《基督教真谛》的印刷。虽然我思念我的祖国，但我没有重见它的愿望。比家神更加强大的神挽留我；在法国，我不再拥有财产和住所；对于我，祖国变成石头胸脯，没有乳汁的乳房：我在那里再也看不到我的母亲、我的哥哥、我的姐姐朱莉。吕西儿还活着，但她成了德·科德先生的妻子，不再和我同姓了；由于浩劫和八年的分离，我年轻的"寡妇"同我一道只生活了几个月。

如果事情能够由我自己决定，我不知道我是否有勇气回去；但是我

看见我周围的小圈子渐渐人去楼空；德·阿格索夫人提议带我回巴黎，我听从了。普鲁士公使为我弄了一本护照，上面的名字是拉萨涅，纳夫夏泰尔邦居民；迪洛兄弟中断《基督教真谛》的印刷，将印好的书页交给我。我从《纳奇兹人》中抽出《阿达拉》和《勒内》的轮廓；我将剩下的书稿装进箱子，叫我在伦敦的房东保管，随后我就同德·阿格索夫人一道启程前往多佛尔：兰得赛夫人在加莱等我们。

一八〇〇年，我就这样离开英国。我当时的心情同我在一八二二年写这本回忆录时的心情是不同的。我从我的流亡地带回的只是悔恨和幻想；今天我头脑里塞满了野心、政治、荣华、宫廷的场面，而这些东西与我的本性是格格不入的。我此刻的生活当中堆积了多少事件呀！人啊，过去吧，过去吧；快轮到我了。至今，我仅仅向你们展示我的三分之一的生活；如果说我忍受的痛苦曾经影响我的春天的晴朗，现在我进入更加成熟的年龄，《勒内》的幼苗将长高，另一种苦涩将混杂在我的故事当中！关于我的祖国、它的革命，我已经描绘了它们的近景，但是谈到它们的时候，谈到帝国和我看见倒下的那个巨人的时候，谈到我积极参与的、今天是光荣的、但我只能透过我说不出的某种阴郁的云雾瞥见的王朝复辟时期的时候，我还有多少话要说！

写到一八〇〇年春天为止的这一卷结束了。我的头一个生涯到头了，面前展现的是我的作家生涯；我从一个自在的人，要变成一个抛头露面的人；我走出纯洁的孤独和清静的庇护所，步入人世肮脏和喧闹的十字路口；灿烂的阳光将照亮我的充满幻想的生活，光明将进入黑暗的王国。我带着感动的心情，朝这些包含我的逝去岁月的书瞥了一眼；我仿佛向我的祖屋永诀；我离开我青年时代的思想、梦幻，就像离开我留在故乡而且不会再见面的姐妹、情人。

从多佛尔渡海到加莱，我们用了四个小时。我用一个外国人的名字潜回我的祖国：以瑞士人的默默无闻和我自己的默默无闻作为双重的掩护，我同新世纪一道走近法国。

一八二二年四月至九月，于伦敦

卷二
我的文学生涯

篇章十三

迪耶普小住——两个社交圈子

你们知道,我写这本回忆录的过程中曾经多次改变住地;我常常描写这些我住过的地方,谈这些地方在我身上唤起的感情,描写我经历的事件,这样,将我的思想和我的流动的家的历史同我的一生的历史交错在一起。

你们知道我现在住在什么地方。今天上午,我在迪耶普古堡后的峭壁上散步时,远远看见通向峭壁的暗门,穿过一座搭在壕沟上的桥就可以到那里。德·隆格维尔夫人①就是从那里逃走,躲避奥地利王后安娜的追捕。她偷偷在勒阿弗尔登船,在鹿特丹上岸,然后到斯特内找德·迪雷纳元帅。大统帅的名声不再是洁白无瑕的,而流亡的善谑夫人对那个罪人并不十分友好。

与朗布耶宫、凡尔赛王权、巴黎市政府有千丝万缕联系的德·隆格

---

① 德·隆格维尔夫人(Madame de Longueville,一六一九——一六七九):大孔代王子的姐姐,在投石党运动中扮演了重要角色。

维尔夫人，对《格言》的作者萌生了感情，而且尽量对他一片忠心。后者是靠德·拉斐德夫人和德·塞维涅夫人的友谊、拉封丹的诗句和格林威尔夫人的爱情，而不是靠他的思想生活的：这就是人们所讲的对名人的眷念。

临终前的德·孔代夫人对德·布里埃内夫人说："我亲爱的朋友，把你所见的关于我的情况告诉那个在斯特内的苦命人吧，让她学会死。"话说得挺漂亮。但是公主忘记了，她本人曾经是亨利四世所爱恋的人，她被她丈夫带到布鲁塞尔时，她曾经出走，想去同贝阿尔纳见面，"半夜从窗口逃出，然后骑马跑了三四十里地"；那时她是一个十七岁的可怜女孩。

从峭壁上下来之后，我站在通往巴黎的马路上；一出城，马路很快变得越来越陡峭。右边，在逐渐升高的河岸上，高耸着墓园的墙壁；沿着墙壁架着搓绳的纺车。两个制绳工匠并排向后倒退，左右摇摆，一齐小声唱着歌。我竖耳倾听；他们正在唱《老下士班长》中的一段：这是美丽的政治谎言，它使我们今天沦落到这个地步：

那里，谁在哭泣，张望？
嗯！是鼓手的寡妇……

两人唱着叠句："行进中的新兵呀，别哭泣吧……往前走吧，往前走。"歌声是如此慷慨，如此激动人心，我忍不住流下眼泪。他们自己踏着步，摇着纱，似乎在纺着老下士班长的临终一刻。两个水手望着大海，为一名死去的士兵唱挽歌，这证明贝朗瑞享有特殊的声誉，但我说不清这种声誉意味什么。

峭壁令我想起君主的伟大，大路令我想起平民的声誉。我头脑里将处于社会两个极端的这两种人做比较；我扪心自问，我更喜欢我自己属于这两个时代中的哪一个呢？当现实同过去一样消失的时候，这两种声名中哪一个更吸引后代呢？

可是，如果说事实是一切，如果说声名的价值在历史上不能同事件的价值相提并论，那么，在我的时代同从亨利四世去世到马萨林去世之间逝去的时代之间，差别是多么大呀！同吞噬旧世界，而且因为它在它之后既没有留下旧社会、也没有留下新社会、可能自己也会死去的这场革命相比，一六四八年的动乱算得了什么呢？我在我的《回忆录》中，不是描绘过一些比德·拉罗什福科公爵讲述的场面重要得多的画面吗？就在迪耶普，与德·贝里公爵夫人相比，巴黎崇拜的萎靡和淫荡的偶像算得了什么呢？过去向大海宣布国王的遗孀临幸的炮声今天不再鸣响；海边，硝烟的谄媚只留下浪涛的呜咽。

波旁家族的两个女儿，安娜·热纳维埃夫和玛丽-卡罗莉娜，退出了舞台；歌唱平民诗人写的歌曲的两位水手将撒手人寰；我已经离开迪耶普：那是另一个我，逝去的早年岁月的我，曾经在那里居住，因为我们的岁月在我们之前就死了。在这里，你们曾经看见我在纳瓦尔团当少尉，在卵石上训练新兵；后来在拿破仑统治下，你们在那里又看见我流亡；你们将来还会在那里看见我，当七月事件的日子突然降临在我面前的时候。现在我也在这里；我在此重新提起笔，继续写我的忏悔录。

为了我们互相通气，了解我的《回忆录》的进展情况是有益的。

一八三六年，于迪耶普
一八四六年十二月修改

我的《回忆录》写到哪里了？

　　我的做法同所有从事伟大工程的人的做法一样：我首先搭起两端的楼阁，然后搬动脚手架并将它们在别的地方重新架好，我为中间的建筑物垒起石头和水泥；要用好几个世纪才能建好一座哥特式教堂。如果上天假我以时光，我将用好多年时间完成这座建筑物；建筑师是同一个人，但随着时光的流逝，年岁增长了。而且，在一个磨损的物质外壳里面，完整保存他的精神生命是一种苦刑。圣奥古斯丁①公爵感到他的泥土在崩塌，于是对上帝说："请你庇护我的灵魂吧！"而他对人们说："如果你们通过这本书认识我，请你们为我祈祷。"

　　我这本《回忆录》从开始记述到现在，时间跨越了三十六年。过去，这对于我曾是一个充满激情的题材；而今天，当我交谈的对象不再是活人的时候，当现在的问题是要到永恒中去唤醒冰凉的塑像、下降到坟墓中同生命游戏的时候，我怎么能够保持热情，继续我的叙述？我自己不也几乎死了吗？我的观点不是改变了吗？我仍然以同样的观点观察事物吗？在世人眼中，如同在我自己眼中一样，那些曾经令我惴惴不安的与个人有关的事件，连同那些普遍的或非常的事件，不是已经显得不那么重要了吗？任何生涯漫长的人，都感觉他的生命日益冷却；前一天还趣味盎然的事情第二天就变得索然无味。当我在记忆中搜寻的时候，有些名字，甚至大人物的名字，我也记不起来了；然而，它们曾经令我激动：健忘和容易被人遗忘的人是多么虚荣呀！面对梦想、爱情，呼唤它们回来是徒然的，只有用金树枝才能打开亡灵的冥府，而采摘这样的树枝需要年轻的手。

---

① 圣奥古斯丁（Saint Augustin，三五四—四三〇）：古代拉丁教会圣师。

一八〇〇年——法兰西的面貌——我到达巴黎

由于八年来我一直被禁锢在英国,只看见英国人的世界,而这个世界同欧洲其他地方是非常不同的,尤其在那个时候。一八〇〇年春天,随着多佛尔开出的邮轮渐渐驶近加莱,我凝望着眼前的海岸。我对我的国家的贫穷感到吃惊:港内只看见几根桅杆;一群穿短上衣、戴布帽的人沿着防波堤朝我们走过来:尚未看见欧洲的胜利者,就先听见他们木鞋的嗒嗒声。当我们的船沿防波堤泊好后,宪兵和海关官员跳上甲板,检查我们的行李和护照。在法国,人永远是可疑的,在日常生活中或在职业生活中,我们远远看见的头一样东西,是三角帽或刺刀。

兰得赛夫人在客栈里等候我们。次日,德·阿格索夫人、她的一位亲戚和我,启程前往巴黎。路上,几乎看不到人。黝黑或褐色皮肤的妇女光着脚,光着头或者头上包一条手巾,在地里劳作:人们很可能以为她们是奴隶。这片土地上,女人挥动镢头,男人侍弄火枪,这个景象颇令我吃惊。看来战火曾经殃及这些村庄,它们满目疮痍,颓垣断壁,到处是泥土或灰尘,粪便和瓦砾。

路两边,看得见毁坏的城堡;高大的树木被铲平了,只剩下用树干锯成的方木,孩子们在木头上嬉戏。我们看见围墙有缺口,教堂废弃了,而死人被人从里面抬出来,钟楼没有钟,墓地没有十字架,圣像在他们的壁龛里遭到亵渎,头颅被砍下。墙壁上涂写着已经过时的共和党人的口号:"平等、自由、博爱,或者死"。有时,人们试图将"死"字抹掉,但黑色或红色的字迹在一层石灰底下仍然依稀可辨。这个民族过去似乎曾经面临瓦解,却开创了一个新世界,好像人们走出了野蛮的黑夜和中世纪的毁灭。

接近首都时,在埃古安和巴黎之间,榆树并没有被砍倒;这些在英国土地上看不到的美丽的林荫道令我惊喜。同从前我见到的美洲森林一样，法兰西对于我是新鲜的。圣德尼教堂的屋顶被掀掉了，窗子破碎了，雨水飘进变成绿色的殿堂，不再看见坟墓的踪影：我以后在那里见过路易十六的骸骨，哥萨克人，德·贝里公爵的棺材和路易十八的灵柩台。

奥古斯特·德·拉穆瓦翁来迎接兰得赛夫人：他的华丽马车同我从加莱过来一路所见的笨重大车、瘦马拉的又破又烂的驿车形成鲜明对比。兰得赛夫人住在特而内街。车停下，让我下去；我穿过田野，进入我的女主人家中。我在她那里停留二十四小时；我在她家中遇见一位名叫拉萨尔的高大和肥胖的男人，他帮她处理有关流亡者的事务。她叫人通知封塔纳先生，说我到了；四十八小时之后，封塔纳先生到我住的客栈来找我，客栈就在兰得赛夫人家旁边，是由她安排的。

那是一个星期天。大约下午三时，我们徒步从星门进城。今天，我们无法想象这场革命的过激行动留给欧洲人的印象，尤其对那些恐怖时期不在法国的人。我觉得我真是下地狱去。的确，我曾经目睹刚刚发生的革命；但是，那时人们尚未犯下昭彰的罪行，而我停留在后来发生的事实的阴影之中，就像平静和循规蹈矩的英国社会里所传说的。

由于我用假姓名旅行，而且担心连累我的朋友封塔纳，所以当我进入香榭丽舍大街，听见小提琴、号角、单簧管和鼓齐声奏鸣的时候，不禁大吃一惊。我看见男人和女人在小酒馆里跳舞；稍远处，在两丛栗树掩映下，杜伊勒利宫露出它的身影。路易十五广场空无一人；它像一座毁圮的古老的圆形剧场，凄清而荒凉；我听不见抱怨声，对此我十分纳闷；我害怕涉足一泓痕迹已干的血潭；我久久凝望那一片曾经竖立死亡机器的天空；我仿佛看见我的哥哥和嫂嫂，他们身上只穿着一件衬衣，被绑在血腥的机器旁边；那是路易十六被砍头的地点。尽管街头一片欢快景象，教堂的钟楼是沉寂的；我仿佛在一个无限痛苦的日子——耶稣受难日——归来。

封塔纳先生住在圣罗克教堂旁边的圣奥诺雷街。他把我带到他家中,把我介绍给他妻子,然后引我到他的朋友儒贝尔家,我被临时安顿在那里;人们把我当作一个小有名气的旅人接待。

第二天,我到警察局去,以拉萨涅的名义,将我的外国护照押在那里,领取了我在巴黎的居留证,而且这张居留证每个月要去办理延期。几天后,我在圣父街旁边的里尔街,租了一个位于中二楼的房间。

我带来了《基督教真谛》和在伦敦印刷的这部作品的头几页。人们将我介绍给马涅雷先生。他是一位很有尊严的人,他同意恢复中断的印刷,而且向我预付了一点钱,让我能够维持生活。无人知道《基督教真谛》这部作品,尽管勒米埃尔在他的信中对我讲过那番话。我发现了老哲学家德利尔,他刚刚发表《献给上帝的回忆录》;我去拜访然格内。他住在"善良的拉封丹"旅店附近的格雷内尔-圣日耳曼街。他的门房上还写着:"此地人们以公民的称号为荣,并以'你'相称。请关门。"我上楼。然格内好半天才认出我,他以傲慢的口气同我谈论他目前的情况和过去。我唯唯诺诺地退出了,未曾试图建立这种不太相称的联系。

我心中对英国始终抱有怀念之情;我长期生活在这个国家,甚至接受了当地的生活习惯。对于我们的肮脏的房屋、楼梯、桌子,对于我们的不卫生的习惯,对于我们的喧嚣,对于我们的不拘礼仪,对于我们的不得体的闲聊,我无法适应。从行为方式、趣味上说,甚至在某种程度上从思想上说,我已经是英国人了;因为,像人们所说的,如果说拜伦勋爵的《恰尔德·哈罗尔德游记》多少受《勒内》的启发的话,英国八年的生活,再加上此前的美洲之行,用英语说话、写作,甚至思考的长期习惯必然影响我的思维方式和语言表达,这是不可否认的事实。可是,我逐渐领略我们特有的社交习惯,这种令人喜悦的、容易做到的、敏捷的思想交流,这种傲慢和偏见的荡然无存,这种对财富和声名的轻蔑，这种不同等级的拉平，这种令法国社会无与伦比和弥补我们的缺陷的思想平等：人们在我们当中生活了几个月之后，就感觉只能在巴黎生活了。

一八三六年，于迪耶普

一八〇〇年——我在巴黎的生活

我将自己关在房间里，埋头工作。休息的时候，我到处走走，熟悉环境。在王宫中央，竞技场填平了；再看不见卡米耶·德穆兰在众人当中高谈阔论；再看不见那些在礼服商人和哥利本僧祭司①达维德引导下，游来逛去的妓女队伍，理智女神的未婚伴侣。在每条小街出口，在走廊下，到处看得到吆喝着兜售新奇玩意儿的人，皮影戏、西洋镜、健身表演、怪兽。虽然砍了那么多脑袋，仍然还有闲人。从"商人宫"的地窖里，传来音乐声，伴随着大鼓的轰鸣：也许住在那里的正是我寻找的、时势造就的巨人。我走下地窖，坐在喝啤酒的观众当中，人头涌动的地下舞会正在进行。一个矮驼子，站在一张桌子上拉小提琴，唱一首歌颂拿破仑的歌曲，歌词最后两句是这样的：

> 以他的德行，以他的魅力，
> 他做他们的父亲当之无愧！

---

① 哥利本僧（corybante）：古希腊自然女神库柏勒（Cybèle）的祭司。

歌唱完之后，有人赏他一个苏。这就是支持亚历山大和拿破仑的这群人的实质。

我参观那些我早年曾经带着幻想漫游过的地点。在我从前去过的修道院里，俱乐部成员在修道士之后，也被撵走。在卢森堡公园后面散步的时候，我信步走到查尔特勒修道院；建筑物快拆光了。

胜利广场和旺多姆广场在为那位伟大国王不见踪影的雕像哭泣；嘉布遣会女修道院被洗劫一空，隐修院变成罗贝尔松的放映场①。在科而得利修道院，我要求参观该修院的哥特式殿堂，但未得到允许；当年我在那里见过崭露头角的马拉和丹东。在德亚底安修会旁的河岸上，修士的教堂变成咖啡馆和表演走钢丝绳的剧场。门口，一幅彩色图画上画着一些走钢丝绳的杂技演员，而且用大字写着："免费演出"。我同人群一道走进这个凶险的洞窟。我刚坐下，手上搭着抹布的侍者就走过来，大声叫道："请用饮料，先生们！请用饮料！"我不等他重复，就在众人的哄笑声中狼狈逃窜了，因为我没有钱"用饮料"。

一八三七年，于巴黎

社会的变化

这场革命分成截然不同的三个部分：共和国，帝国和复辟王朝。这三个不同的世界都实现了，但它们之间似乎相隔了几个世纪。这三个

---

① 指比利时人罗贝尔松改进的一种幻灯。

世界中的每一个都遵循明确的原则：共和国的原则是平等，帝国的原则是力量，复辟王朝的原则是自由。共和时期是最有特点和影响最大的时期，因为它在历史上是独一无二的：人们从来未曾见过，而且人们永远不会再看见那种道德混乱所产生的实际上的秩序，民众政府下出现的统一，取代法律和以人类的名义运作的断头台。

一八〇一年，我目睹第二次社会变革。那种混乱是匪夷所思的：通过大家约定的乔装打扮，许多人变成另一个人：每个人脖子上挂着自己入伍时的化名或假名，就像狂欢节上的威尼斯人，手里拿着一个小面具，以警示别人他们是戴着面具的。这位被视为意大利人或西班牙人，另一位装成普鲁士人或荷兰人，而我是瑞士人。母亲装扮成她儿子的姑妈，父亲装扮成儿子的舅舅；地主变成管理员。另一方面，这种混乱使我想起一七八九年的运动，那时僧侣和教士走出他们的隐修院，旧社会正在被新社会取代。后者取代前者之后，自己也要被取代。

可是，有条理的新世界开始重新出现；人们纷纷离开咖啡馆和街道，回到自己家里；人们重新将残剩的家人聚拢来；人们收集剩下的财产重组家业，好像战斗之后清点人数，统计损失。剩下的完好的教堂重新开放：我有幸在教堂门口吹喇叭。人们区分正在引退的老共和党人的一代，正在前进的帝国的一代。征用的将军们一副穷酸相，语言粗暴，表情严肃，他们身经百战，结果只得到身上的伤痕和褴褛的衣服，而同他们交错而过的三执政政府的军队的军官们身上金光闪闪。归来的流亡者同杀害他们亲人的杀人犯平静地交谈。所有看门人——已故的罗伯斯庇尔的坚定支持者，都怀念路易十五广场的表演；人们过去在那里砍妇女的头。那些女人的脖子，我住的里尔街那栋房子的门房对我说，"同鸡肉一样白"。九月屠杀的参与者改换了姓名和住址，变成马路边卖炸苹果的小贩；但是，他们常常被迫逃窜，因为人们认出他们，将他们的摊子掀翻，威胁揍死他们。那些发了财的革命党开始搬进日耳曼区被人出卖的大公馆。雅各宾派正在变成男爵和伯爵，他们口口声声讲的是一七九三年的恐怖，惩罚无产者和镇压下等人的必要性。波拿巴将布鲁图①和斯高沃阿尔们安排在警察局，准备用丝带将他们装扮起来，用头衔玷污他们，强迫他们背叛他们的观点，并且使他们的罪行蒙羞。在这一切当中，在腥风血雨中出生的坚强的一代正在成长，他们站出来，一心想让外国人流血。共和党人正在逐渐变成帝制主义者，所有人的专制变成一个人的独裁。

我经历的一八〇一年——《信使报》——《阿达拉》

我在对《基督教真谛》进行增删、修改润色的同时，不得不做一些其他工作。封塔纳先生那时负责编《法兰西信使报》，他建议我为该报写一些文章。这种战斗并不是没有危险的：人们只能通过文学达到政治，而波拿巴的警察敏感得很。一个特殊情况妨碍我睡眠，但另一方面使我的工作时间延长，给我提供更多时间。我买了两只斑鸠，它们整天咕咕叫个不停；我没有办法，晚上将它们关在一只小旅行箱里，但它们因此叫得更欢了。我在被吵得无法入眠的时候，想到在《信使报》上给斯塔尔夫人写封信。这个玩笑使我不再是一个默默无闻的人；我的两卷《革命论》未能做到的事情，报纸上发表的一篇文章就做到了。我开始崭露头角。

---

① 布鲁图（Brutus，公元前八五—前四二）：公元前四四年三月，刺死罗马独裁者朱乌斯·恺撒的密谋集团的领袖。

首次成功似乎预告了接踵而来的胜利。我在忙于修改《阿达拉》(同《勒内》一样，是包含在《基督教真谛》中的插曲)的清样时，突然发现有些页找不到了。我害怕了：我以为有人偷我的小说，这种担心其实是多余的，因为没有人相信我值得偷。无论如何，我决定单独出版《阿达拉》，我在写给《论战报》和《政论家报》的信中，宣布了我这个决定。

我在公开发表这部作品之前，先拿去给封塔纳先生看。在伦敦，他已经看过手稿的片段了。当他读到奥布里神父在阿达拉临终时在病榻前讲的那段话时，突然用严厉的声调对我说："这不真实；写得不好，重写这一段吧！"我沮丧地退了出来；我觉得自己无法写得更好。我想将一切付之一炬；从晚上八点到十一点，我待在我的房间里，坐在桌子前面，头伏在盖住稿件的摊开的双手上。我恨封塔纳，我恨自己，我甚至打算放弃了，因为我实在太泄气。将近午夜的时候，斑鸠的叫声传到我耳朵里。由于两只鸟被囚禁，叫声变弱了，但更加凄凉：我恢复了灵感。我一口气将神父的讲话重写了一遍，没有停顿，没有涂改，以后原文照发，一直到今天一字未改。第二天上午，我的心跳动着，拿去给封塔纳看。他叫道："就是这样！就是这样！我跟你说过，你可以写得更好一些嘛！"

我在这个世界上的影响，是从《阿达拉》出版开始的。我不再自在自为地生活，我的公众生涯开始了。在经历了这么多军事胜利之后，一个文学上的成功显得是奇迹；人们对此期待已久。这部作品的新奇更增加了群众的惊讶。在帝国的古典派文学当中，在这个看见就令人厌烦的改头换面的旧文学当中，从天而降临的《阿达拉》是一种从未见过的文学作品。人们不知道应该将它视为"畸形的怪物"还是"美人"。它是戈尔工①还是维纳斯？院士们聚集在一起，旁征博引，研究它的性别和性

---

① 戈尔工（Gorgone）：希腊神话中的怪物。

质，就像他们对《基督教真谛》所做的那样。旧世纪拒绝它，新世纪欢迎它。

　　阿达拉大受欢迎，甚至同布兰维利埃一道，进入库尔提乌斯[①]的人物群像之中。运货马车车夫住的客栈贴上了印有夏克达斯、奥布里神父和希马岗的女儿的红色、蓝色和绿色版画。河岸上摆的木书箱里，陈列着我创造的人物的蜡像，好像集市上摆的圣母和圣徒的画像。在林荫大道一间剧场的舞台上，我看见我的女野人头上插着鸡毛，与一个同类的男野人大谈"孤独的灵魂"，让我窘得直冒汗。游艺场上演一出戏，剧中一位少女和一个男青年离开他们寄宿的公寓，乘车到一座小城去结婚；由于他们下车时一副魂不守舍的样子，满口讲的是鳄鱼、鹳和森林，他们的父母以为他们在发癫。滑稽模仿、漫画、讥笑铺天盖地向我袭来。为了使我难堪，莫尔莱教士叫他的女仆坐在他膝盖上，但无法将处女的脚抱在怀里，就像夏克达斯在暴风中抱住阿达拉的脚一样：如果安茹街的夏克达斯被画成这副模样，我是会原谅他的批评的。

　　这一切的结果是，我一露面就引起轰动。我成了一个大红人。我觉得晕头转向了：我从前不知道自尊的乐趣，而我因此陶醉了。我爱荣耀像爱女人，像爱初恋。然而，由于我生性胆怯，我的恐慌同我的热情同样强烈：我入伍，但不敢上战场。我天生腼腆，对我的才能始终抱有怀疑，令我在胜利中谦卑。我躲避我的光彩；我躲到一边去散步，试图扑灭我头上的光环。傍晚，我将帽子压下，盖住眼睛，以免别人认出我这个伟人。我到咖啡馆去，偷偷读那些不知名小报对我的颂扬。面对我的名声，在那条曾经令我分外痛苦的去王宫的路上，我一直散步到夏约宫消防队驻地。虽然有这些新荣誉，我并不感到更自在些。当我这个不同凡响者花三十苏到拉丁区吃晚饭的时候，由于认为别人在看自己，咽呛

[①] 库尔提乌斯（Curtius）：德国人，在巴黎开设了两间蜡像馆。

了。我端详自己，对自己说："瞧，你这个非同一般的创造物，像别的男人一样狼吞虎咽！"在香榭丽舍大街，有一间我特别喜欢的咖啡馆，因为店内墙壁上挂着一个关着几只夜莺的鸟笼；卢梭太太是咖啡馆的老板，她见过我，但不知道我是谁。将近晚上十时，有人给我送来一杯咖啡，在五只或六只唱歌的夜莺陪伴下，我在《小告示报》上寻找有关《阿达拉》的文章。唉，不久，可怜的卢梭太太就去世了；我、夜莺和唱"爱是美好的习惯，生活中不可或缺"的印度女人组成的社交圈子，只维持了很短时间。

如果说成功未能延长我的愚蠢的自恋的话，却带来另一种危险；这种危险随着《基督教真谛》发行和我因为当甘公爵被害而辞职增加了。那时，许多人簇拥在我周围，其中有因为读小说而哭泣的年轻女人，成群的基督教徒，还有另外一些热情而高贵的人，光彩的行为令他们冲动。十三四岁的少年是最危险的，因为他们不知道他们要干什么，也不知道他们对你的要求，他们着迷似的，将你的形象同传奇、花边和花朵的世界混同。卢梭说过，在他的《新爱洛伊丝》出版时，收到许多表白爱情的信件，一些女人向作者自荐；我不知道人们是否会将帝国对我拱手相让，但我知道我当时被一大堆洒了香水的信件淹没。如果这些信今天不是祖母们的手迹，我不会以适当的谦虚态度重提这些事而不感到尴尬的：人们为了得到我的手迹相互争吵，人们收藏我写的信封，红着脸，垂下头，在长长的秀发底下，将信藏起来。我没有被宠坏，这说明我的本性是好的。

出于真心实意的礼貌或者无法理解的懦弱，我有时甚至相信，我有义务到这些写信恭维我但从未谋面的太太们家去登门致谢。一天，在一栋房子的五楼，我看见一位在母亲护佑下的极可爱的女子，但我以后没有再跨进她们的门槛。一位波兰女人在她雅致的客厅里等候我；她是女奴和瓦尔基丽的混合，像一朵盛开的雪莲花，或者像欧石南，在花神的其他花朵尚未到来或已经过去时取代它们。不同年龄和不同容貌的女人的合唱班是我从前的女精灵的再现。由于到那时为止，除了一次认真的眷恋，我从未被人追求和引人注目，这一切对我的虚荣心和我的感情产生的双重影响，可能更加可怕。然而，我要说：虽然我滥用一时的错觉是容易的，但通过宗教的纯洁道路达到享乐是我诚挚的本性无法接受的：因为《基督教真谛》被人爱！因为《临终涂油礼》《亡人的节日》被人爱！我永远不会成为这种可耻的伪君子。

我结识了一位名为维嘎鲁的普罗旺斯医生；他已经到了欢娱之日所剩无多的年龄，但他对我说，他丝毫不惋惜这样浪费时光。如果时光给他带来幸福的话，他会坦然地走向死亡，而且他希望将死亡变成他的最后乐趣。可是，我目睹他临终时流下可悲的眼泪；他无法对我掩饰他的哀伤之情；但为时已晚：他的满头白发也不能掩盖他的眼泪。在离开人世的时候，只有不信神者是真正不幸的：对于没有信仰的人，生命的可怕之处是它令人感到虚无；如果人们未曾降临人世，就不会有死亡的恐惧；无神论者的一生是一道可怕的闪电，它只是让人发现深渊。

伟大和慈悲的上帝呀！你将我们扔到世界上，不是为了大可不必的悲哀和可怜的幸福！我们的不可避免的醒悟告诉我们，我们的命运是更加崇高的。无论我们有什么过错，如果我们保留一个严肃的心灵，并且在我们的懦弱中想到你，你会慈悲为怀，解放我们，我们将被送到那个永远眷恋的国度！

一八三七年，于巴黎
一八四六年十二月修改

我经历的一八〇一年——德·博蒙夫人：她的社交圈子

不久，我由于作家的虚荣心而受到惩罚，那是最可恶的惩罚，如果不是最愚蠢的惩罚的话。我曾经以为可以悄悄地享受作为崇高天才的满足心理，但不必像今天那样借助一绺与众不同的胡子或一身奇装异服，而只是保持正派人的穿着、仅仅以才气出众：不切实际的幻想！我的骄傲理应受到惩罚；惩罚来自我被迫认识的政界人物：声名是以灵魂为代价取得的特权。

封塔纳先生同巴兹奥希夫人[①]有交往。他将我介绍给波拿巴的妹妹，不久又介绍给首席执政官的弟弟吕西安。后者在桑利（勒普莱西）附近有一座别墅，我被邀请去那里吃晚饭。这座古堡过去属于德·贝尼斯主教。在吕西安的花园里有他前妻的坟墓；这位夫人有一半德国血统和一半西班牙血统，是诗人主教留下的纪念物。给用铲子挖掘的小溪提供营养的仙女是一头汲井水的骡子：那是波拿巴帝国的所有河流的发源地。人们设法从流亡者名单中删掉我的名字：大家对我已经以夏多布里昂相称，我也毫无忌讳，忘记我的名字应该是拉萨涅。一些流亡者找上门来了，其中有博纳尔先生和谢诺多莱先生。克里斯蒂昂·德·拉穆瓦翁，我伦敦流亡期间的伙伴，将我带到雷卡米埃夫人家中：她和我之间的帷幕突然降下了。

我流亡归来后，在我生活中德·博蒙伯爵夫人占据最重要的位置。她一年当中有一部分时间住在帕西城堡，城堡位于儒贝尔先生避暑的伊冯娜-索尔-维尔纳韦附近。博蒙夫人回到巴黎，想认识我。

为了使我的生命成为一连串遗憾，在我的公众生活开始时，上帝安

[①] 拿破仑的妹妹。

排的头一个善意接待我的人也是头一个死去的人。德·博蒙夫人走在那些在我之前死去的女人前头。我最遥远的记忆建立在骨灰上，从棺材到棺材，它们不断坠落；我像印度的博学者为死者祈祷，一直到我的念珠上的花朵凋谢。

德·博蒙夫人的父亲是阿尔芒·马克·德·圣埃兰，德·蒙莫朗西伯爵，前法国驻马德里大使，布列塔尼驻军司令，一七八九年贵族议会议员，路易十六时期担任外交部长而且颇受国王赏识。他死在断头台上，在他之后，他的一些亲人也被处死。

从相貌看，说德·博蒙夫人美丽不如说她其貌不扬；勒布伦夫人为她画的像很真实。她的脸是瘦削而苍白的；如果不是一种不寻常的温柔使她的目光显得黯淡的话，她那双杏眼本来会炯炯有神的，犹如一道光线穿过晶莹的水变得温柔一样。她性格中的强硬和急躁来自她性格的力量和她身体上的痛苦[①]。她心灵崇高，勇气过人，生来适于社交生活，但她由于自己的选择和不幸，从中退出了；可是，当朋友在门外呼唤这个孤独的才女出来的时候，她会来到你面前，并且对你讲一些天上才有的话语。由于德·博蒙夫人极度虚弱，她讲话很慢，而这种缓慢是动人的；我在她躲避人世的时候才认识她；她已经受到死亡的威胁，我努力安慰她。我在新卢森堡公园街附近的埃丹贝旅店住下来。德·博蒙夫人在这条街上有一套房子，面对司法部的花园。每天晚上，我同她的朋友和我的朋友到她那里去，都是文学界和政界有地位的人：德·巴纳尔先生、莫莱先生、帕斯埃先生、谢诺多莱先生。

儒贝尔先生是一个满身怪癖、风格奇特的人，认识他的人永远想念他。他对别人的思想和心灵有非凡的吸引力，他一旦攫取你，他的形象就无法摆脱。他的最大愿望是冷静，但没有谁像他那样躁动不安。他

[①] 她患肺结核病。

力图控制自己，避免他认为有害健康的激动，但是他的朋友们总是扰乱他的健身原则，因为他不能禁止自己因为他们的悲哀和快乐而激动。他是一个只考虑别人的利己主义者。为了恢复体力，他觉得有必要闭目养神，几个钟头一言不发。上帝才知道，在这些他强加给自己的沉静和休息中，他内心是怎样动荡不安。儒贝尔先生三天两头改变他的禁食和节食制度，今天只喝奶，另一天只吃肉末，在崎岖不平的道路上奔走颠簸，或在最平整的林荫道上徐行。他读书时，将书中那些他不满意的书页撕下来；结果，他的书架上尽放一些松松垮垮的空书壳。

他是一个深沉的形而上学者，他的哲学通过他特有的方法，变成图画或诗歌；他是一位具有拉封丹的心灵的柏拉图，他追求完美，结果什么也做不成。在他死后留存的手稿里，他说："我是一个风动琴，只能奏出几个美丽的乐音，但成不了曲调。"维克多·德·夏特内认为："他的灵魂似乎偶然碰到一个躯体，而躯体极力摆脱它。"这是一个俏皮但符合事实的评价。

我们嘲笑封塔纳先生的敌人，他们想将他描绘成一个老练而不动声色的政治家。其实，他只是一个坦率和容易发怒的诗人，他容易恼羞成怒，他无法掩饰自己的观点，也不能采纳别人的观点。他的朋友儒贝尔的文学原则并非他自己遵循的原则：儒贝尔在任何地方、在任何作家身上都看见某种好东西；相反，封塔纳憎恶这种或那种学说，不愿意听别人提起某些作者的名字。他是现代写作原则的死敌：他认为，在读者眼皮下展开具体的情节、罪行或带绳索的绞架，是非常可笑的；他认为，人们只应在诗意盎然的环境下看见事物，就像在一个玻璃罩下一样。他认为，一眼望穿的痛苦只是罗马竞技场或沙滩广场的感觉；他只能理解因为赞美变得崇高，而且用艺术方法变成"可爱的怜悯"的悲剧感情。我向他举希腊花瓶为例：在这些花瓶的装饰图案中，可以看见阿喀琉斯的战车拖着赫克托尔的尸体，而空中飞着的小人代表帕特洛克罗斯的身影，她因为儿子忒提斯被报仇雪恨而感到欣慰。"什么！儒贝尔，"封塔纳叫道，"你对缪斯的这个花神怎么看？这些希腊人多么崇敬灵魂呀！"儒贝尔觉得自己受到攻击，讽刺封塔纳自相矛盾，责怪他对我宽容。

这种滑稽可笑的争吵常常发生，而且没完没了。我还住在路易十五广场德·库瓦斯兰夫人公馆楼上的时候，一天晚上十一时半，封塔纳怒气冲冲，爬八十四级楼梯来找我。他用手杖敲着地面，阐述他没有讲完的论点。此次涉及的是皮卡尔：他那时认为皮卡尔远在莫里哀之上。那些话他可能不愿意白纸黑字写出来：说话和写文章时，封塔纳是两个不同的人。

我愿意在此重复说，是封塔纳先生鼓励我进行最初的尝试；是他预言《基督教真谛》会成功；他的缪斯充满献身精神，在我的缪斯匆匆走上的新路上引导她；他教会我以采光方式掩饰物体的丑陋；是他教会我让我的浪漫主义人物讲古典语言。从前，有一些趣味保守的人，就像守护赫斯珀里得斯花园里的金苹果的龙；只是当年轻一代能够碰到苹果而不损坏它的时候，龙才让他们进入花园。

我的朋友的作品以怡人的流畅吸引你；读起来有心旷神怡之感，仿佛进入一个一切都令人着迷、没有令人不快之处的和谐的境地。封塔纳先生不断修改自己的作品；没有谁比这位大师更加相信下面这句精辟的谚语："要快，但不要着急。"今天，人们只顾拼命赶路，以为快就是一切，他对此不知会作何感想？封塔纳先生宁愿按照舒缓的节奏旅行。你们知道，在我重返伦敦时，关于他我讲过什么话；我那时表达的遗憾我在此处应该予以重复：生活不断迫使我们提前或在回忆中哭泣。

德·波纳尔先生[①]思想灵活；人们把他比作天才；他在孔代军队里，在黑森林中，思考了他的形而上学策略，像耶拿和库丁格的那些老师一

[①] 德·波纳尔（M. de Bonald，一七五四——一八四〇）：绝对主义的空论家。无论在宗教问题或政治问题上与夏多布里昂的分歧都很大。

样，他们走在他们的学生前面，为德意志的自由牺牲自己。尽管他在路易十六手下当过火枪手，但他是主张革新的；他把古人当作政治和文学方面的儿童；他首先使用现在流行的妄自尊大的语言，认为国民教育部部长"还不够成熟，无法理解这一点"。

谢诺多莱[①]有知识，有才能；但他的才能不是天生的，而是后天的；他非常忧郁，甚至自称乌鸦。他从我的作品中剽窃一些东西。我们之间达成协议：我将我的天空、气体、云彩让给他；而他同意把我的微风、浪涛和森林留给我。

我现在谈的只是我的文学朋友；至于我的政治朋友，我不知道是否要同你们谈论他们：一些原则和一些演说造成我们之间的深渊！

奥卡尔夫人和德·万蒂米尔夫人，参加新卢森堡公园路的聚会。德·万蒂米尔夫人是旧式女人，这样的人如今所剩无几；她经常涉足社交界，为我们带来那里的新闻：我问她人们是否还在"建造城市"。细小的丑闻遭到辛辣的讽刺，虽然无伤大雅，但使我们更好体会我们的安全的价值。德·万蒂米尔夫人和她的妹妹曾经被拉阿尔普赞美过。她的语言是谨慎的，性格是含蓄的，思想是成熟的：她曾经同德·谢弗勒兹夫人、德·隆格维尔夫人、德·瓦利埃夫人、曼特农夫人、若奥弗兰夫人和德芳夫人一道生活。她曾经融入一个由不同思想和不同价值观的人构成的社交圈子，而这种丰富多样正是这个圈子的乐趣。

奥卡尔夫人被德·博蒙夫人的弟弟深深地爱上了，一直到他走上断头台，他心中一直牵挂着她，就像奥比雅克在被绞死之前，还吻着他保留的玛格丽特·德·瓦卢瓦夫人的海蓝色天鹅绒手笼。现在，在任何地方，在同一个屋顶下，不可能聚集这么多属于不同阶层和不同命运的杰出人物，这样无所不谈：朴素的语言并非来自匮乏，而是有意的选择。

---

① 谢诺多莱（Chênedollé，一七六九——一八三三）：法国诗人和大学教师。

这可能是最后一群闪烁旧法兰西精神的人。在新一代法国人当中，再也看不到这种彬彬有礼，那是长期教育的结果，并且从旷日持久的习惯变成性格特征。这群人现在怎么样了？你们订出计划吧，将你们的朋友聚集起来吧，为的是准备永恒的丧事！德·博蒙夫人不在了，儒贝尔不在了，谢诺多莱不在了，万蒂米尔夫人不在了。从前，收葡萄的时候，我到维尔纳韦去看望儒贝尔；我同他一道在约讷的山坡上散步；他在矮树林中采摘红鹅膏，采摘菲伊花。我们谈论各种各样的事情，尤其回忆永远离开我们的友人德·博蒙夫人：我们回忆的这些往事从前是我们心中的希望。晚上，我们回到维尔纳韦。维尔纳韦周围是菲利普-奥古斯特时代斑驳的城墙和半毁的塔楼，塔楼上飘逸着从收葡萄者的炉灶中升起的袅袅轻烟。儒贝尔指着远处树林中的砂石小路，对我说他在恐怖时代常常沿着这条小路走，去看他的躲在帕西古堡中的女邻居。

　　自从我的导师死后，我有四次或五次经过桑斯地区。我从大路上遥望山坡：儒贝尔不再在那里散步了；我认出那些树、田野、葡萄园和我们习惯坐下来休息的石头堆。进入维尔纳韦后，我凝望着空无一人的街道和我的朋友的关闭的房屋。我最后一次经过那里，是在我赴罗马大使馆就任途中。啊，如果他在家中，我会带他去瞻仰德·博蒙夫人的坟墓！上帝很乐意为变成基督教徒的儒贝尔先生打开天上的罗马，它更加适合于他的崇尚精神的灵魂。

　　在人世，我不会再看见他了："我不会同他相遇；他不会同我相会。"（《诗篇》①）

一八三七年，于巴黎

---

① 《圣经·旧约》中的一部书。

我经历的一八〇一年——萨维尼的夏天

《阿达拉》的成功使我下决心将已经印了两卷的《基督教真谛》写下去,德·博蒙夫人提议,在她在萨维尼租的房屋里给我留一个房间。我同儒贝尔和其他朋友在她的隐居地度过了六个月。

房屋位于面对巴黎方向的村口,被当地人称为"亨利四世之路"的大道从村边经过;村后是种满葡萄的山坡,前面是萨维尼公园,公园深处是一道树木的屏障,一条叫奥热的小河从中穿过。左边是一直延伸到朱维齐泉的维里平原。村子周围有一些山谷,傍晚我们到那里去散步,寻幽探胜。

清晨,我们一块儿用早餐;早餐后,我关门写作;德·博蒙夫人替我抄一些我需要的引文。在我需要的时候,这位高贵的夫人向我提供住所:没有她提供的幽雅环境,我也许永远不会完成我在逆境中无法完成的作品。

我永远记得我在这个友爱的住宅中度过的几个夜晚:散步回来之后,我们待在果园里,聚集在草地中央一泓流水潺潺的水池旁边。儒贝尔夫人、德·博蒙夫人和我,我们坐在长凳上,儒贝尔夫人的儿子在我们脚下的草地上打滚:这孩子现在已经不在了。儒贝尔先生在一条僻静的沙路上散步;两条看门狗和一只猫在我们周围嬉戏;而一群鸽子在屋檐边咕咕叫。在经历八年的穷困潦倒的生活(除了几个转瞬即逝的日子)之后,对于一个刚刚流亡归来的人,这是多么大的幸福啊!傍晚,我的朋友们通常让我讲我的旅行见闻;我从未像那时那样绘声绘色地描绘新世界。晚上,当客厅的窗子开着的时候,德·博蒙夫人把各种星座指给我看,还说我将来有一天会记得,是她教会我辨识星星的:自从我失去她之后,在离开她的坟墓不太远的地方,在罗马,我多次站在旷野里,在空中寻找她教我认识的星座；我远远看见它们在萨宾山上空闪烁；光芒照耀着台伯河平静的水面。过去，我在萨维尼树林上空看见这些星星的故地，我重新看见它们的地点，我反复无常的命运，一个女人为了让我记得她给我在天空留下的印记，这一切令我心碎。一个终究不免一死的人，出于什么奇迹，竟然同意做他在世上所做的事情呢？

一天傍晚，我们看见一个人偷偷从窗口爬进我们僻静的住所，再从另一个窗口出来：此人是拉博里先生；他在躲避波拿巴的魔爪。不久之后，出现一个痛苦的灵魂，那是同其他灵魂不同的灵魂；她走过的时候，将她的不为人知的痛苦同人类司空见惯的痛苦混杂在一起：那是吕西儿，我的姐姐。

我到达法国之后，写信给我的家人，告诉他们我已经回国。伯爵夫人德·马里尼，我的大姐，头一个来找我；她走错地方，碰见拉萨涅五兄弟，其中最小的一个从补鞋匠的翻板活门底下钻出来，回答她的询问。德·夏多布里昂夫人也来了：她是迷人的，而且具有令我幸福的一切品质；自从我们重聚之后，我在她身边是心满意足的。德·科德伯爵夫人、吕西儿，随后到来。儒贝尔先生和德·博蒙夫人对她十分眷念，而且对她怀有一种温存的怜悯之心。从那时起，她们之间开始通信，一直到这两个女人去世；她们相互钦慕，好像两朵即将凋零的同一种类的花儿。一八○二年九月三十日，吕西儿夫人曾在凡尔赛停留，我收到她一封短信："我写此信是为了请你替我告诉德·博蒙夫人，感谢她邀请我去萨维尼。我打算两周后去享受这种快乐，除非德·博蒙夫人方面有什么障碍。"科德夫人按时来到萨维尼，就像她所通知的那样。

我对你们说过，我姐姐年轻时是阿尔让蒂埃尔教士会享有教俸的修女，而且准备加入勒米尔蒙教士会，她和布列塔尼议会参事德·马菲拉特尔先生有一段恋情，但她将自己的感情隐藏在心里，这更加重了她天生的忧郁。革命期间，她嫁给德·科德伯爵，但结婚十五个月之后，她就失去丈夫。她深情爱戴的姐姐德·法尔西伯爵夫人的死更增加了她的悲哀。后来，她依恋于我妻子德·夏多布里昂夫人，左右她，但这种关系是令人难以忍受的，因为吕西儿脾气暴躁、专横、缺乏理智，德·夏多布里昂夫人迁就她的任性，暗地帮助她，那是一个比较富裕的朋友向一个敏感和不那样幸福的朋友提供的帮助。

吕西儿的才气和性格几乎接近让-雅克·卢梭的疯狂；她认为自己遭到隐藏的敌人的算计：她向德·博蒙夫人、儒贝尔先生和我提供假地址，让我们给她写信；她检查封印，试图发现封印是否被破坏。她经常改变住所，既不愿留在我的姐妹们家里，也不愿同我妻子待在一起；她厌恶她们，而对她一片忠诚的德·夏多布里昂夫人，最终也无法忍受这种变成负担的残酷的眷恋之情。

另一个不幸是吕西儿蒙受的打击：家住维勒的德·谢诺多莱先生到富热尔去看她；不久就谈婚论嫁，但没有成功。我姐姐似乎样样都不顺心，结果她重新缩回到自己身上，失去自持的勇气。在萨维尼的怡人的孤独中，这个哀怨的灵魂有时找一块石头坐下来：那么多颗心曾经怀着喜悦在那里接待她！它们本来应该让她过甜蜜的生活，生活在无比的幸福之中！但是，吕西儿的心只能够在专门为她营造、不曾为人呼吸的空气中跳动。在上天安排的特殊世界里，她急速地吞噬着岁月。为什么上帝创造了一个生命，仅仅是为了让它痛苦呢？在苦难的天性和永恒的原则之间，存在什么样的神秘关系呢？

我姐姐一点也没有变化；她只是采用一成不变的方式表达她的痛苦：她微微垂着头，好像承受时光的重压。她让我想起我的双亲；这些从墓中唤醒的对家庭的最早的回忆，好像在焚尸的柴堆的颤动的火光映照中，一群为了取暖的昆虫飞过来围住我。我端详吕西儿的时候，仿佛在她身上看见我的整个童年：她曾用略显迷茫的眼睛看着我。

痛苦的幻影消失了：这位承受生活重负的女人，似乎来寻找她应该带走另一个沮丧的女人。

一八三七年，于巴黎

我经历的一八〇二年——塔尔玛

夏天过去了：按照习惯，我希望来年同它再见。但是，时钟不会回到人们期望它回到的位置。在巴黎度过的冬天里，我结识几位新朋友。朱利安先生，一位乐于助人的富人和愉快的客人；尽管他家中的人互相厮杀，他在法国人剧场有一个包厢；他把包厢借给德·博蒙夫人。有四五次，我同封塔纳先生和儒贝尔先生一道去那里看戏。当我刚刚步入人世的时候，传统喜剧处在鼎盛时期；但是，此刻我看见喜剧正在土崩瓦解。依靠迪歇努瓦小姐，尤其依靠达到戏剧天才顶峰的塔尔玛[①]，悲剧得以维持。他从艺初期我见过他；他当时没有现在这样帅，而且可以说没有我重新看见他时那么年轻：他身上具有岁月赋予的优雅、高贵和庄重。

斯塔尔夫人在她写的关于德国的著作中，所描绘的塔尔玛的形象只有一半是真实的：这位杰出的女作家以女性特有的想象力看待这位伟大艺术家，在他身上加上了他并不具备的东西。

塔尔玛并不需要中介的世界：他不理解"贵族"，他不知道我们的旧社会；他不曾登上密林深处的哥特式塔楼，在领主夫人的餐桌上就座；

---

① 塔尔玛（Talma，一七六三——八二六）：法国剧作家和悲剧演员。

他对声调的抑扬变化、献殷勤和轻浮的习俗、天真的荣誉感、温情脉脉和英雄主义、骑士们的基督教献身精神一无所知。他不是唐克雷德、库西①，或者他至少将他们改造成他创造的中世纪英雄：旺多姆深处的奥德罗。

塔尔玛究竟是怎样一个人呢？他，他的世纪和古代社会。对于爱情和祖国，他有深刻和专注的激情；这种激情从他的胸膛中迸发出来。他具有他经历过的大革命的痛苦灵感，乱世天才。曾经包围他的种种可怕场面，以索福克勒斯和欧里庇德斯的哀伤和遥远的合声在他的才能中再现。他身上的优美不是惯常的优美，它像苦难一样攫取你。阴郁的野心，悔恨，嫉妒，心灵的忧伤，肉体的痛苦，因为神灵和厄运而疯狂，人类的悲哀：这就是他了解的东西。他的出场，他的声调本身，就具有强烈的悲剧性。痛苦和沉思展现在他脸上，表现在他的沉默、姿势、动作、步态中。他扮演希腊人，气喘吁吁，神情忧伤，从阿尔戈斯废墟走过来，是不朽的奥雷斯特斯，三千年来饱受欧梅尼乌斯的折磨；他作为"法国人"，从圣德尼的孤独里走来，在那里，一七九三年的复活节，国王世代相传的血脉被切断了。他全身有一股阴郁之气，期待着某种未知的，但已经被不公正的上天确定的东西；他这位命运的苦役犯，不可避免地束缚在厄运和恐惧之间，行进着。

时光在正在变得陈旧的戏剧杰作上投下不可避免的阴影；它投下的阴影将最纯洁的拉斐尔变成伦勃朗。如果没有塔尔玛，高乃依和拉辛的一部分杰作会不为人所知。戏剧天才是一只火把，他将火传给其他快要熄灭的火把，使那些以他们的革新的辉煌令你心醉神迷的天才复活。

人们将演员服装的完美归功于塔尔玛。但是，对于艺术，戏剧的真实和服装的严谨像人们想象的那样必要吗？拉辛的人物未向服装式样借

---

① 库西（Coucy）：德·贝洛瓦的一部悲剧中的主人公。

用任何东西：最初，在画家的作品中，背景遭到忽视，而服装是不相称的。《奥雷斯特斯的狂怒》或《乔德的预言》，被穿礼服的塔尔玛在客厅里朗诵，同穿希腊长袍或犹太长袍的塔尔玛在舞台上演出相比，有同样的效果。当布瓦洛向他的朋友念如下悦耳的诗句时，伊菲革涅亚那身打扮俨如塞维涅夫人：

> 伊菲革涅亚牺牲在奥立德，
> 从未让希腊洒下如此多眼泪，
> 我们眼前这出杰出的戏里，
> 拉尚梅莱顶替她，让人哭泣。①

这种再现无生命物体的一丝不苟，是我们时代的艺术精神：它宣告高雅诗和真正的戏剧的堕落。当人们无力表现大美的时候，人们满足于小美；当人们无力描绘坐在天鹅绒扶手椅中的人物的面部表情的时候，人们用逼真的画仿效扶手椅和天鹅绒。然而，一旦堕落到这种物质形式的真实，就不得不再现这种真实；因为公众自己物质化了，有这样的要求。

一八三七年，于巴黎

---

① 引自费奈隆的《书简诗》Ⅶ。

我经历的一八〇二年和一八〇三年——《基督教真谛》——预言的失败——最后成功的原因

我完成《基督教真谛》后，吕西安希望读读清样，我寄给他；他在清样的白边上写了一些相当平庸的批注。

虽然我这本重要著作的成功同我的小书《阿达拉》的成功一样光彩夺目，但它受到较多的非议。这是一部严肃的作品，我并非用一部小说同旧文学和旧哲学的原则作战，而是用推理和事实向它们发动攻击。伏尔泰帝国发出一声惊叫，并且急忙拿起武器。斯塔尔夫人对我的宗教研究的前景做出错误的判断；有人给她送去一本尚未裁开的书；她随意用手指翻翻，碰到《童贞》那一章，于是对身边的阿德里安·德·蒙莫朗西说："啊！我的上帝！我可怜的夏多布里昂！这次他会一败涂地的！"修道院院长布洛涅手里有我这部著作的部分章节，在该书付印之前，他答复一位咨询他的书商说："如果你想破产的话，就印这本书吧。"可是，布洛涅院长后来对这本书赞扬有加。

的确，一切似乎都预告我的失败：一个不出名、像我这样没有后台的人，怎么能够期望摧毁半个多世纪来占统治地位的伏尔泰的影响呢？伏尔泰建立的大厦是由百科全书派完成的，而且被欧洲一切名人所加固。什么！狄德罗、德·阿朗贝尔、杜克洛、迪皮伊、埃尔韦絮斯、孔多尔塞之类的人难道没有权威吗？什么？世界应该回到金色的《圣徒传》时代，放弃已经赢得的对科学和理性杰作的赞美？难道我能够赢得这个挥舞严惩大棒的罗马和势力强大的教会所不能挽救的事业吗？这个事业曾经枉然地被巴黎大主教克里斯托夫·德·博蒙所捍卫，尽管他得到议会、武装力量和国王的支持，但他并未成功。一个卑微无闻的人，反对如此势不可挡，甚至引起一场革命的哲学运动，难道不是一个既可笑又鲁莽的行为吗？看见一个侏儒伸直他短小的手臂，试图阻止时代进步，阻挡文明的进程，并且将人类往后拉，这实在是奇怪！多亏上帝，只需一句话就可以让这个疯子粉身碎骨。所以，然格内先生在《十日》上对《基督教真谛》予以贬低，声称批评来得太晚，因为我的唠叨已经被人遗忘了。他这番话是在作品出版五个月或六个月之后讲的，而法兰西学院在十年一次的颁奖仪式上，院士们众口一词对这部作品发动的攻击并未能将它置于死地。

我是在我们的教堂的废墟当中发表《基督教真谛》的。信徒们以为自己得救了：人们那时需要信仰，渴求得到宗教的安慰，而这种需要和安慰多年来被剥夺了。为了克服积累的那么多对立，需要多少超自然的力量呀！多少被肢解的家庭需要到天父身边寻找他们失去的孩子！多少被粉碎的心灵，多少孤独的灵魂呼唤圣手的救治！人们拥进上帝的房屋，如同瘟疫流行时拥进医生的诊室。动乱的受害者（而且受害者的种类何其多！）向祭坛奔去；海上遇难者攀附着岩石，希望得救。

那时，波拿巴希望将他的力量建立在社会的原始基础之上，不久前同罗马教廷达成谅解：首先，对一部可能使他更加得人心的作品的出版，他不会设置任何障碍；他当时需要同他周围的人和宗教信仰的公开敌人做斗争；所以他很高兴在外部被《基督教真谛》召唤的舆论所保卫。后来，他对他的错误估计感到后悔：正统君主观念和宗教观念同时来到。

当时不像《阿达拉》那样引起轰动的《基督教真谛》中的一个插曲，确定了现代文学的特征之一；而且不仅如此，如果《勒内》未完成的话，我就不会写它了；如果我能够将它毁掉，我会这样做的。诗人勒内和散文家勒内的家族大量繁殖：此后，人们听见的只是哀怨和不连贯的句子；到处是狂风骤雨，到处是与乌云和黑夜有关的生僻的词语。没有哪一个从中学出来的无知学生不认为自己是人类最不幸的人；没有哪一个十六岁的孩子不对生活感到厌烦，不认为自己被自己的天才折磨；没有谁在他思绪的深渊里，不纵情于"激情的波浪"，没有谁不敲打自己苍白的面孔和披头散发的脑袋，并且用他自己不知道、别人也不了解的苦难令世人惊讶得目瞪口呆。

在《勒内》里，我披露了我们世纪的一个弱点；但是，试图将不着边际的痛苦描绘成普遍现象是小说家们的另一个荒唐想法。构成人类基础的普遍感情，父母之爱，子女的孝敬，友谊，爱情，是取之不尽的；但是，特殊的感觉方式，思想和性格的个性，只能在宏伟和数量众多的图画中得到延伸和增加。人类心灵尚未被发现的细小角落是狭小的地盘；在这片田地收获一遍之后，不再剩下什么可以采摘的东西了。心灵的疾病并不是经常和自然的状态：我们不能再现这种病态，使它变成文学，并且从中得益，像从一种按照艺术家的喜好不断修改，而且改变其形态的普遍感情得益一样。

无论如何，文学涂上我的宗教图画的色彩，就像政界保留我的作品中关于国家的用语一样：《按宪章建立的君主政体》是我们的代议制政府的基础，而我关于"保守派"与"精神利益和物质利益"的文章使这两种说法成了政治术语。

有些作家模仿《阿达拉》和《勒内》，就像讲道者借用我的关于传教士和基督教的恩惠的故事一样。一些段落里，我证明：我们将异教的圣灵从树林中赶出来，我们在扩大信仰的同时，也使大自然回复到孤寂之中；有些段落里，我议论了我们的宗教对我们的观察和描绘方式的影响；有些段落里，我探讨诗和雄辩术中发生的变化；有些章节，我研究古代戏剧中引进的外国感情包含新批评的萌芽。就像我说过的，拉辛的人物既是，也不是希腊人物；他们是信奉基督教的人物：这是人们完全没有理解的东西。

如果《基督教真谛》的后果，仅仅是对人们认为造成革命所带来的苦难的一些学说的反动，那么，这种后果随着起因的消失本来应该不复存在；它不可能一直延续到我写书的时候。但是《基督教真谛》对舆论的影响不只是人们声称已经被埋葬的宗教的暂时复活；一种更加持久的变化发生了。如果说作品的文笔焕然一新的话，还有教义的变化；实质和形式同样都变了；无神论或唯物论不再是年轻人信仰或不信仰的基础；上帝和灵魂不死的观念重新占上风：从那时起，在互相联系的观念的链条中变化发生了。人们不再因为反对宗教偏见而固定在他的位置上一成不变；人们不再认为自己必须被哲学的头带包裹着，充当虚无的木乃伊；人们胆敢审视任何体系，甚至是基督教的体系，无论人们觉得它如何荒谬。

除了回应牧师召唤的信徒，由于自由思考的权利，其他信徒也出现了。你将上帝当作本原吧，圣言会接踵而来：儿子必定出自父亲。

各种抽象组合不过是用更加无法理解的奥义取代基督教的奥义：泛神论有三四种，而且人们如今时兴将其归因于开明的智慧，其实泛神论是东方幻想中最荒唐的一种，由斯宾诺莎重新阐明：这方面，只须读读怀疑论者贝勒有关那位阿姆斯特丹犹太人的文章。某些人谈论这一切时，使用不容置辩的腔调，如果不是来自研究的欠缺，这令人感到愤慨：他们使用一些自己也不懂的词，还以出类拔萃的天才自诩。但愿人们明白，阿贝拉耳、圣贝尔纳、圣托马斯·德·阿甘诸圣人，为了推广形而上学，带来了我们无法接近的超级智慧；各种圣西门系统、法伦斯泰尔系统、傅立叶系统已经被各种异端发现和运用，人们向我们提供的当作进步和发明的东西，是一千五百年以来在希腊学校和中世纪学堂里用滥了的陈旧货色。糟糕的是，头一批宗派分子未能创建他们的新柏拉图主义共和国，而伽利昂答应普劳丹在坎帕尼亚进行这种试验。以后，人们犯了严重错误，烧死宗派分子，那时他们想建立共同财产，并提出一个女人不能拒绝一个男人以耶稣基督的名义要求同她苟合，因此宣告卖淫是神圣的。他们说，为了实现这种结合，只须消灭她的灵魂，并且将它暂时寄放在上帝怀中。

《基督教真谛》对世人的冲击，使十八世纪脱离它的轨迹，永远偏离它的道路：人们重新开始或者毋宁说开始研究基督教的起源：他们重读神父们的作品（假设人们曾经读过），感到非常惊讶，因为他们碰见那么多奇特的故事、那么多哲学知识、那么丰富多彩的文体美、那么多思想，而通过这一切的逐渐进步，使古代社会过渡成现代社会：这是人类唯一值得怀念的世纪，在这个世纪里，通过天才人物的心灵，天和地实现交流。

从前，在正在崩溃的异教旁边，仿佛在社会之外，另一个世界崛起了，它是这些伟大场面的观众，它穷困，孤独，躲在一边，仅在人们需要它的教训或它的帮助时，它才干预生活。这些最早的大主教——他们几乎都有幸取老圣人和殉道者的名字，这些普通教士守护着圣骨和公墓，这些修士和隐士躲在他们的修道院或洞窟里，起草着和平、伦理、慈善的规则，而外面到处是战争、腐化、野蛮，他们从罗马的暴君走到靼鞑和哥特人的首领那里，到处游说，目的是防止一些人的不公正和另一些人的残忍，用木头十字架和心平气和的言语阻止军队进发；他们是人类当中最弱小的人，却保护人类免受阿提拉[①]的践踏；他们站在两个世界之间，充当它们的联系，慰藉一个垂死世界的临终时刻，并且支持还在摇篮中的世界迈出最初的步伐。看见上面这一切，真是一件美妙的事情。

[①] 阿提拉（Attila，？—四五三）：进攻罗马帝国的最伟大的蛮族统治者之一。

《基督教真谛》（续篇）——作品的缺点

《基督教真谛》中阐明的真理，不可能不促进思想的变化。今天对中世纪建筑的兴趣与这部作品是分不开的：是我唤醒这个年轻世纪对旧教堂的赞美。如果说人们滥用我的观点，如果认为我们的大教堂能够同帕提侬神庙媲美是不恰当的，如果认为这些教堂用它们石垒的档案可以告诉我们未知的事实是错误的，如果认为这些花岗岩的记忆向我们披露了本笃会学者不知道的东西是无稽之谈，如果人们由于听我反复讲哥特式建筑而对此感到厌烦，那不是我的过错。而且，在艺术方面，我知道《基督教真谛》的缺陷；我的作品有一部分是不完善的，因为在一八〇〇年，我还不懂艺术：我没有去过意大利，也没有到过希腊和埃及。同样，我未从圣人的生平和传说中得到充分的教益；但它们给我提供了一些奇妙的故事，只要懂得在其中挑选，就可能取得丰硕的收获。这片可以任由想象力驰骋的中世纪的宝贵园地，其丰富程度超过奥维德的变形和米利都的寓言。此外，我的作品中有一些发挥得不够和错误的判断，例如我对但丁的看法：后来，我对他表达了诚挚的敬意。

认真说，我在《革命论》中对《基督教真谛》进行了补充。人们对这部作品谈论得最少，但剽窃得最多。

《阿达拉》的成功令我十分高兴，因为我的心还是年轻的；《基督教真谛》的成功却令我困苦：我被迫牺牲我的时间，进行一些毫无益处的通信和无聊的应酬。所谓赞美无法补偿不可避免的厌恶之情，这仅仅因为你的名字被群众记住了。什么好处能够弥补你在将公众引进你的私生活时失去的宁静呢？除此之外，还有缪斯喜欢用来折磨她的崇拜者的焦虑，性格随和带来的尴尬，聚敛财富的无能，闲暇的丧失，变化无常的性格，更加强烈的感情，无法解释的忧郁，无缘无故的快乐：如果人们能够做主的话,谁愿意以这样的代价购买名望的并无把握的好处?何况这种名望不一定能够得到,有人在你一生当中对此提出异议,得不到后代的认可,而且你死后这一切对你会变得毫无意义。

《阿达拉》引起围绕新文风的争论,《基督教真谛》出版时,这种争论重新出现。

帝国学派,甚至共和国学派的一个特点是值得研究的:在社会朝善或恶前进的时候,文学是停滞不前的;文学置自己于思想的发展之外,不属于它的时代。喜剧中,在粗鲁和嗜血成性的观众面前展现的,是乡村老爷,科兰们,巴贝们,或人们不再了解的客厅情节,是风俗画,而那些看戏的人是风俗的破坏者;悲剧中,坐在剧场里的平民所关心的,是贵族家庭和王室。

在十八世纪,两样东西使文学停滞:它从伏尔泰和大革命继承的对宗教的蔑视,和波拿巴用以打击它的专制。国家元首利用这种俯首听命的文学,将它关进兵营,而文学向他举枪致敬。当人们喊"卫兵站出来"时,它就走出来,它列队前进,像士兵一样进行操练。任何独立的意图都是对他的权力的反叛;他不再希望有文字和思想的骚动,他不容许叛乱。他中止执行人身保护法对思想和个人自由的保护。我们也要看到,公众对无政府状态感到厌倦,乐于给自己重新套上法规的枷锁。

反映新世纪的文学,只是在它所表达的时代的四十年或五十年之后才占统治地位。在这半个世纪里,它只是被反对派利用。首先讲这种语言的,是斯塔尔夫人,是本杰明,是勒梅尔西埃,是博纳尔,是我自己。十九世纪所标榜的文学变化,来自流亡和放逐;是封塔纳先生孵化了这些不同类的小鸟,因为他回溯到十七世纪,汲取了这个多产的时代的力量,并且抛弃十八世纪的贫乏。一部分人类的思想,即探讨超验性题材的那一部分,独自和文明一道同步前进;不幸的是,学识的光荣并不是洁白无瑕的:拉普拉斯、拉格朗热、蒙热们,夏普塔尔、贝托莱之流，这些奇才曾经是骄傲的民主派，后来都变成拿破仑的最卑躬屈节的奴仆。为了文学的荣耀，必须说：新文学是自由的，才能是缺乏独立精神的；性格和才气并不相称，那些思想上升到天空顶点的人，没有能力将他们的心灵提高到比波拿巴的脚跟更高的位置：他们声称不需要上帝，因此他们需要暴君。

拿破仑式的经典作家是一位头戴路易十四式假发，或像路易十五时代一样头发卷曲的十九世纪天才。波拿巴曾经要求革命人士进宫时穿礼服，佩剑。人们眼中没有当时的法国；这不是秩序，只是纪律。所以，没有什么比旧文学的苍白的再现更加令人厌烦的东西了。当新文学通过《基督教真谛》而声势浩大地闯进来的时候，这种冷漠的模仿，这种没有生产能力的过时游戏消失了。当甘公爵之死，虽然将我撇在一边，对于我也有好处，让我在孤独中跟随我的个人灵感，阻止我加入老品达的正规步兵：我的精神自由得益于我的道义自由。

在《基督教真谛》的最后一章我研究过，如果在蛮族进犯的时候，没有人传播信仰，世界可能会变成什么模样。我在另一段里指出，君士坦丁改宗之后，基督教在法律上引起的变化是一个值得探讨的题目。

设想当时我具有我现在的宗教观念，《基督教真谛》尚未动笔，我会以完全不同的方式写作：我会让人们看到基督教是未来和人类解放的思想，而不去回顾我们宗教过去的恩惠和组织；我会说赎罪和救世的思想是社会平等的唯一基础；唯有这种思想能够建立这种平等，因为这种思想对民主的本能起纠正和调节作用的必要性摆在这种平等旁边。合法性不足以抑制，因为它不是长久的；它的力量来自法律，而法律是匆匆走过和变化的人的作品。一部法律并非必须永远遵守；它始终可以被另一部法律取代：与此相反，伦理是持久的；它的力量在它自身，因为它来自不会变化的秩序，唯有它才能够赋予持久性。

我会让人看到，所有基督教占上风的地方，都改变了思想，修正正义和非正义的概念，用肯定取代怀疑，使整个人类接受它的教义和告诫。我会努力推测我们离开福音的完全实现还有多大距离，估量在过去十八个世纪里，在十字架这边，被摧毁的罪恶和实现的改进的数目。基督教的影响是缓慢的，因为它到处发生影响；它并不关心个别社会的改革，它致力于普遍的社会；它的恩泽延伸到所有亚当的孩子身上：这正是它在最平凡的祈祷里，在它每日的祝愿中，以动人的纯朴方式所表达的："让我们为人世所有受苦受难的人祈祷吧。"哪种宗教过去这样讲过话？圣言并不体现在寻欢作乐的人身上，而是体现在苦难者身上，为的是解放一切人，实现普遍的博爱和无限的拯救。

如果《基督教真谛》满足于这样的研究，我会庆幸自己发表了这本书：现在要知道的是，在这本书出版的时候，如果另一本按照我大约勾勒的新大纲编写的《基督教真谛》是否会取得相同的成功。一八〇三年，当旧宗教毫无地位的时候，当它受到蔑视的时候，当人们对问题之所在一无所知的时候，当人们还在蒙受过分自由的伤害的时候，谈论从耶稣受难十字架下来的未来自由难道符合时宜吗？波拿巴会容忍这样一部作品吗？唤起悔恨，使人们对一个如此不熟悉的事业感兴趣，在指出它是多么严肃、强大和有益身心之前，将视线吸引到遭到蔑视的物体身上，使它变得可爱，这可能是有好处的。

现在，假如我的姓名能够留下一点痕迹，那是得力于《基督教真谛》。我对作品的内在价值并不抱幻想，我认为它的价值是偶然的。它生逢其时。由于这个缘故，它使我在一个历史时期有自己的位置；而历史时期将个人和事件混在一起，强迫人记住此人。四十年来，如果我的作品不限于在在世的几代人当中引起变化，如果它还有助于在后人当中重新点燃人世教化的真理的火花，如果人们认为在其中看到的生命的轻微征兆在后代将得以维系，那么我会对上帝的仁慈抱着满怀希望离去。重新和好的基督徒呀，我离去之后，在你的祈祷中请不要忘记我。我由于过错，也许会停留在门前，但在那里我曾经怀着好意为你高声呐喊："开门吧，永生之门！Elevamini，portae aeternales！"

篇章十四

我经历的一八〇二年和一八〇三年——城堡——德·居斯蒂纳夫人——德·圣马丹先生——德·乌代托夫人和圣朗贝尔

自从我出名之后,我的生活受到极大干扰。除日常来往的人之外,我有一大群熟人。我被邀请到那些正在修复的城堡里去做客。我尽可能到这些家具残缺不全,或者尚未配齐的庄园里去。然而,其中有些城堡是完好无损的,如落到德·拉布里希夫人手里的马雷城堡;这是一位杰出的女性,一直过着幸福的生活。我记得,我这个名人到圣多米尼克-当菲街,乘一辆破出租车到马雷去,在车上碰见德·万蒂米尔夫人和德·费泽萨克夫人。在阿尚普拉特勒,莫莱先生叫人改建了三楼的小房间。在破破烂烂的大客厅里,有一幅油画表现他在革命中被处死的父亲[1]。马蒂厄·莫莱在画里戴着方帽子,试图制止骚乱。这幅画让人感觉

---

[1] 他父亲是巴黎议会主席,一七九四年四月被送上断头台。

时代的变迁。一丛很壮观的椴树被砍掉了；但是，三条林荫道中的一条仍然保持葱郁的浓荫；后来，路旁混栽了其他种类的树：现在时兴柳树。

流亡归来之后，再穷的流亡者也要在他重新得到的十尺土地上或院子里开辟一块英国式花园。我自己从前不也在狼谷种过树吗？我不是在那里开始写这本《回忆录》吗？我不是在蒙布瓦西耶的花园里继续这本书的写作吗？那时候，我们试图让因为无人居住而满目疮痍的院子恢复生机。后来，我搬到刚修复的曼特农公园里进行写作，不是吗？结果，花园成了重新归来的民主的牺牲品。对于残存的城堡，一七八九年被烧毁的城堡无疑是一个警告：还是将自己藏匿在废墟中为好。维苏威火山的熔岩吞噬了村庄，而穿过熔岩耸立于地面的钟楼，并不能阻挡在同一片熔岩上建立别的教堂和别的村庄。

在构筑蜂巢的蜜蜂当中，有德·居斯蒂纳侯爵夫人，她是圣路易的妻子玛格丽特·德·普罗旺斯的继承人；她一头秀发，有圣路易的血统。她搬进她继承的费法克城堡时我在场，而且我有幸在贝阿尔纳的床上睡过，就像在贡堡，我在克里斯蒂娜王后睡过的床上睡过一样。这次旅行非同小可；马车要载年幼的阿斯托尔夫·德·居斯蒂纳、管家贝尔兹特、一名讲德语的阿尔萨斯老女仆，还有著名的狗特兰——它在路上还要吃东西。这帮人到费法克去，准备在那里长住吗？但是，城堡的家具尚未配齐，迁出的通令就下达了。我看见她以大无畏的勇气面对断头台；我看见她比帕尔卡更加苍白，穿着黑衫，因为面对死亡显得更加单薄，丝一般的秀发是她头上仅有的饰物；她死在贝克斯[①]之前，我看见她离开日内瓦附近的塞榭隆：她翕动着苍白的嘴唇、露出美丽的牙齿对我微笑。我听见她的棺材半夜通过洛桑恬静的街道，运往她在费法克的永久

[①] 她于一八二六年七月二十五日在贝克斯（Bex）一间旅店里去世。

的停放所。她急于到她仅仅占有片刻时间——就像她只占有片刻生命一样——的土地上躲藏起来。我在古堡壁炉的一个角落,看见下面两句据说由加布里埃尔的情人所写的蹩脚诗:

> 值得向费法克夫人
> 发动猛烈的进攻。

士兵国王向其他许多人讲过类似的话:从一位美人到另一位美人,一直到居斯蒂纳夫人,男人一时的信誓旦旦很快烟消云散。费法克被出卖了。

我还碰见德·沙蒂隆公爵夫人。百日王朝时期我不在的时候,她给我的奥尔内山谷增添了光彩。我经常见面的德·兰得赛夫人介绍我认识朱莉·塔尔玛。德·克莱蒙·托内勒夫人将我吸引到她家里。她称我为表兄,因为我们有共同的祖母。她丈夫克莱蒙·托内勒去世后,她又同德·塔拉吕侯爵结婚。她在狱中使德·拉阿尔普先生改变信仰。我是通过她认识画家内弗的;内弗是服侍她的骑士之一;内弗又将我介绍给圣马丹①。

圣马丹先生认为,他在《阿达拉》中发现了某种我自己并未意识到的行话,证明他同我之间学术上有某种亲缘关系。内弗为了让我们这两个兄弟②建立联系,请我们到他在波旁宫区的住宅里吃晚饭。我六时赴约;天上的哲学家③已经在那里了。七时,一个不引人注目的仆人将一盆汤放在餐桌上,然后退出,关好门。我们就座,开始默默吃饭。圣马丹先生举止优雅,只讲了几句简短却有分量的话。内弗以画家的风度和

---

① 圣马丹(Saint-Martin,一七四三——一八〇三):哲学家。
② 指学术上的亲缘关系。
③ 指圣马丹。

鬼脸,用欢呼作为答复;我一言不发。

半小时过后,招魂者①回来,将汤端走,在餐桌上摆上另一道菜:菜一道接着一道,但中间隔的时间很长。圣马丹逐渐活跃起来,开始以大天使的派头讲话;越讲,他的语言越变得晦涩。内弗在同我握手的时候,暗示我说,我们将看到一些出其不意的东西,我们将听到一些声音。在死一般沉寂的六个钟头里,我倾听着,但什么也没有发现。到午夜,白日做梦者突然站起来,我以为撒旦或天使降临,铃声将在神秘的走廊里回响;但是,圣马丹先生宣布他累了,下次再聊。他戴上帽子,走了。但是,他倒霉,在门口被人拦住,被迫折回来,因为他碰见另一位来访者;然而,过不久他就不见了。我以后没有再见过他:他死在我在奥尔内的邻居勒努瓦尔-拉罗什先生的花园里。

对于斯维登堡主义②,我是一个有反叛精神的臣民:教士法里阿③在德·居斯蒂纳夫人的一次晚宴上,吹嘘自己可以令金丝雀受磁气作用而死。结果金丝雀更厉害,而惊慌失措的教士,由于担心被金丝雀杀死,被迫放弃这场游戏。仅仅因为有我这个基督教徒在场,三角支架也没用了。

另一次,也是在德·居斯蒂纳夫人家里,赫赫有名的高尔④吃晚餐时坐在我旁边,但他不认识我。他弄错了我的面角,将我当成青蛙;当他知道我是谁之后,用一种令我为他感到羞耻的方式,试图修补他的学说。头颅的形状可能有助于区分人的性别,指出属于动物、属于动物感情的东西;至于说智力,骨相学从来是无能为力的。如果人们能够将有

---

① 指仆人。
② 斯维登堡主义(Swedenborgisme):斯维登堡(一六八八——一七七二)是瑞典神智学者,认为一切事物都具有精神上的含义,但只有上帝才了解。
③ 动物磁气疗法的施行者。
④ 高尔(Gall,一七五八——一八二八):德国医生。

史以来死去的伟人的各种头骨汇集起来，并且让骨相学家来辨识，他们会一个也认不出来。研究头盖骨的隆凸导致最滑稽可笑的错误。

我感到有点后悔了：我谈到圣马丹的时候略带讥讽，我感到内疚。这种我不断拒绝，但又不断重犯的讥讽使我痛苦；因为我痛恨嘲讽的性格，将它当作一切个性中最渺小、最平庸、最容易做到的个性。当然，我在此并非攻击崇高的喜剧。圣马丹先生毕竟是一位具有独立性格、德高望重的人。当他的思想可以理解的时候，这些思想是崇高的，性质是非凡的。《圣马丹先生自绘像》的作者做了慷慨和过分恭维的表白，我不应该将前面两页文字当作祭品奉献给他吗？如果我讲的话可能对圣马丹先生庄严的名声和人们对他始终一贯的尊重有丝毫损害，我会毫不犹豫地将它们抹去。而且我高兴地看到，我的记忆并没有欺骗我：在我谈到的晚餐上，圣马丹先生不可能以同我完全一样的方式感到吃惊，但是人们看得到，我并非无中生有，圣马丹先生自己的叙述实质上同我的回忆是相近的。

他说："一八〇三年一月二十七日，我在综合理工学校内弗先生家中，出席一次特意安排的晚餐，同德·夏多布里昂先生见面。我要是早一点认识他就好了：这是我有生以来见过的唯一的正直文人，而且我只是在进餐过程中同他聊了一下。由于此后有人来访，使他在余下时间里沉默无语，我不知道何时再有这样的机会，因为这个世界的国王有意给我制造麻烦。何况，我需要谁呢，除了上帝？"

圣马丹先生比我强千倍：他最后那句话的尊严以其严肃的性质压倒我的善意讥讽。

在马雷，我远远见过德·圣朗贝尔先生和德·乌代托夫人[①]，两个人都代表精心补缀和保养的旧时的观点和自由：这是以它自己的方式消逝

[①] 他们之间的爱情甚笃，但当时他们都七十多岁了。

和出嫁的十八世纪。在生活中只须坚持，非法也会变成合法，人们对伤风败俗感到无限的敬意，因为它无时不在，而且时光用皱纹点缀它。事实上，两位贞节的夫妻并不是夫妻，他们出于人类的尊敬结合在一起，因为他们的令人敬仰的状况而略感痛苦；他们感到厌倦，他们以老年人的全部乖戾相互憎恶：这是上帝的公正。

上天青睐的长寿者多么不幸！

要是人们知道卢梭激动的原因，《忏悔录》的某些章节就难以理解了[1]：德·乌代托夫人保留了他那些据说比《新爱洛伊丝》中的信更加热烈的信吗？人们认为，她把这些信送给圣朗贝尔了。

德·乌代托夫人在将近八十岁的年龄，还用愉快的诗句大声叫道：

爱情给我安慰！
什么东西也不能减轻
我对他的思念。

她睡觉之前，一定要用拖鞋击打地面三次，同时向《四季随笔》已故的作者[2]说："晚安，我的朋友！"一八○三年，十八世纪哲学成了这种玩意儿。

德·乌代托夫人、狄德洛、圣朗贝尔、卢梭、格林和德·埃皮纳夫人的社交圈子，使蒙莫朗西山谷在我心目中变得无法容忍，而且尽管有一件伏尔泰时代的纪念物就在我眼前，我对这个时代一点儿也不怀念。

---

[1] 卢梭在《忏悔录》中说，德·乌代托夫人是他唯一真正爱恋的女人。
[2] 指圣朗贝尔。

最近，我在萨努瓦重新参观了德·乌代托夫人的故居；那不过是一间徒有四壁的空壳。一个废弃的壁炉总是令人感兴趣的；但是，那些旁边没有坐过美人、母亲和教徒的壁炉有什么意义呢？如果他们的骨灰尚未飘散，只会令人想起那个只懂得毁灭的岁月。

一八三七年，于巴黎
一八四六年十二月修改

法国南方之行（一八〇二）

阿维尼翁发现了盗版的《基督教真谛》，为此，一八〇二年十月，我到法国南方走了一趟。我只了解我可怜的布列塔尼和我去国时经过的北方各省。这次，我要去看普罗旺斯的太阳了，那里的天空将让我提前体验意大利和希腊的滋味，我的本能和缪斯女神使我对这两个国家无限神往。我此刻心情愉快；我的名声使我的生活变得轻松起来：声名带来的最初陶醉包含许多梦想，惬意的眼睛立即充满正在升起的光芒；但是，如果这道光芒熄灭，你就会堕入黑暗之中；如果光芒继续，由于你对它已经习以为常，很快就会对此无动于衷了。

里昂给我带来极大的愉快。我又看见那些罗马建筑遗址。我头一次看见的罗马建筑是特里维的圆形剧场，我坐在那里，将《阿达拉》的手稿从背囊中拿出来，读着。索恩河上，扬帆的小船在两岸之间穿梭；到晚上，船上点一盏灯；驾船的是女子：一名十八岁的女船夫让我乘她的船，她每划一次桨，就用手扶正插在她帽子上的花朵。早上，我被钟声

唤醒。悬在半山腰的修道院似乎恢复了宁静。巴朗赫先生的儿子[①]，米涅雷之后《基督教真谛》的拥有者，是我的主人：他成了我的朋友。今天，谁不知道这位基督教哲学家呢？他的作品闪耀着平静的光辉，这种光辉赏心悦目，就像空中友善的星星射出的光芒。

十月二十七日，由于暴风雨，载我去阿维尼翁的驿船被迫在丹镇停留。我仿佛到了美洲：在我眼中，罗讷河代表那些蛮荒的大河。我住在北岸一间客栈里；一位新入伍的士兵站在壁炉旁边，背着背囊，他准备返回他在意大利的部队。我面对客栈女主人，伏在壁炉边的风箱上写作；女主人对着我默默坐着，而且出于对房客的尊重，制止狗和猫吵闹。

我正在写一篇关于博纳尔的著作《原始法律》的文章，我在沿罗讷河而下的旅途中，文章差不多完稿了。我已经料到会发生什么事情："法国文学将发生变化；随着革命，将诞生其他思想，对人对事的其他看法。作家将分裂成派别，这是不难预料的事情。有人极力摆脱旧道路，其他人将试图仿效古代的榜样，但需要对其改头换面。结果，很可能后者将战胜对手，因为他们有伟大的传统和伟大的人物作后盾，他们有更为可靠的向导和更为丰富的资料。"

这篇旅途中写的批评文章今天属于历史文献；从那时起，我的思想随着我的世纪前进。我说："这篇文章的作者无法拒绝他的地位给他提供的形象。"在写上面这几个字的时候，他正沿着法国最大的河流之一顺流而下。在相对的两座山上，耸立着两座毁圮的塔楼；塔楼顶挂着小钟，山里人在我们走过时把钟敲响。这条河流，这些山岗，这钟声，这些哥特式建筑，使旅人的眼睛感到片刻的欢愉；但是，谁也不会停下来，朝钟楼走去。今天宣扬伦理和宗教的人也是这样，他们在他们的废墟上，

[①] 指皮尔-西蒙·巴朗赫（Pierre-Simon Ballanche，一七七八——一八四七），里昂印刷商的儿子，神秘哲学家。

枉然地向被世纪的急流带动的人发出信号；旅人对壮观的废墟、从中发出的悦耳的声音、从中升起的庄严回忆感到惊奇，但是他并不因此中断他的旅程，而且在第一个拐角处，一切都被遗忘了。"

诸神瞻礼节前夕，我到达阿维尼翁。一个卖书少年向我推销他的商品，我一下子就买了三种赝制的名为《阿达拉》的小说。我在各个书店转悠，终于找到赝造者，他不知道我的身份。他卖给我四本《基督教真谛》，每本只收九法郎，而且他在我面前对作品和作者倍加赞扬。他住在一座有院子又有花园的漂亮公馆里。这次，我认为人赃俱全了。二十四小时之后，我对这种追索钱财的事感到厌倦，结果我几乎没有索取任何代价就同剽窃者达成妥协。

我看望德·让松夫人，一位矮小、干瘪的女人；她皮肤洁白，行动果断。她在她的庄园里同罗讷河搏斗，她跟河边居民相互射击，还同衰老做斗争。

阿维尼翁让我想起我的一位同乡。杜·盖克兰[①]可以同波拿巴匹比，因为他使法国从外国征服下解放出来。他同那些被他的荣耀吸引到西班牙的冒险分子来到教皇之都[②]附近，对教皇派来见他的修道院院长说："兄弟，请不要对我隐瞒什么：这些钱是哪里来的？是不是教皇自己的钱？"院长回答说："不，是阿维尼翁老百姓凑集的。"贝特朗说："这笔钱我们一个子儿也不要，我们要求把这些钱还给老百姓，而且请教皇监督此事，要是我知道情况不是这样，我会感到不安的；即使我们过海了，也会回来。"这样，贝特朗收了教皇的钱，而他的手下人重新被赦免，头一次的赦免得到确认。

翻越阿尔卑斯山的旅行过去从阿维尼翁开始，那是意大利的门户。

---

① 杜·盖克兰（Bertrand du Guesclin，一三二〇——三八〇）：法国陆军统帅，布列塔尼人。
② 指阿维尼翁，十四世纪到十五世纪，该城是"阿维尼翁"教皇皇宫所在地。

地理书说:"罗讷河属于国王,但索尔盖河(该河的一条支流流经阿维尼翁城)属于教皇。"教皇有把握长期保留台伯河这份产业吗?人们在阿维尼翁参观塞勒斯坦修道院。勒内是一个善良的国王,碰到刮北风就减税;他在塞勒斯坦修道院的一个大厅里画了一副骷髅:那是他爱过的一个女人的骨骼。

在方济各会的教堂里,有圣母洛拉的坟墓,弗朗索瓦一世下命令将墓掘开,向不朽的遗骸致敬。马里尼亚诺战役的胜利者在他叫人新修的坟墓上留下如下的墓志铭:

> 在这块小地方,你可以看见
> 那声名显赫的遗迹:
> ……
> 啊,可爱的灵魂呀,
> 你被人尊重,
> 谁能够歌颂你又缄口沉默?
> 因为言论始终被压抑,
> 而题材远非言语所能够表述。

人们是徒然的,"文学之父",切利尼、达·芬奇、普利马蒂乔国王(我们的狄安娜,阿波罗·德·贝尔维迪尔的妹妹,和拉斐尔的神圣家族都来自他那里)的朋友;洛尔的歌手,彼特拉克的赞美者,从感恩戴德的艺术中获得不朽的生命。

我到沃克吕兹,在泉水边采撷芬芳的欧石南和幼小的橄榄树上结的第一个果实:

> Chiara fontana, in quel medesmo bosco,

Sorgea d'un sasso; ed acque fresche e dolci

Spargea soavemente mormorando:

Al bel seggio riposto, ombroso e fosco

Ne pastori appressavan, ne bifolci;

Ma nimfe e muse a quel tenor cantando.[①]

绿荫之下，一道清冽的泉水从岩间流出；泉水清凉而甘甜，潺潺低鸣。在这美妙的床榻之上，既没有牧人也没有牲口群，而女精灵和缪斯在那儿歌唱。

彼特拉克讲述过他是如何发现这个山谷的，他说："我寻找一个隐蔽的角落，当作我的退隐之地。结果我找到与世隔绝的沃克吕兹山谷，那是一切溪流之皇后索尔盖河的源泉。我在那儿安顿下来。那儿，我用通俗语言写诗，在诗中描绘我年轻时的烦恼。"

也是在沃克吕兹，他听见——就像我从那儿经过时仍然听见一样——意大利传来的兵器的碰撞声；他叫道：

Italia mia…

…

O diluvio raccolt.

Di che deserti strani

Per inondar i nostri dolci campi!

…

Non è questo 'l terren ch' io toccai pria?

Non è questo 'l mio nido,

[①] 意大利文，引自彼特拉克的诗《坎左纳》三二三页。

Ove nudrito fai si dolcemente？

Non è questa la patria，in ch'io mi fido，

Madre benigna e pia

Che copre l'uno et l'altro mio parente？ ①

我的意大利……啊，从国外荒漠涌来的洪水，淹没我们的美丽的田野！……那不是我最早抚摸的土地吗？那不是喂养我的甜蜜的巢穴吗？那不是我信赖的祖国吗？她像温柔和虔诚的母亲，庇护我的双亲！

稍后，洛尔的情人请乌尔班五世②搬迁到罗马，他雄辩地大声说："当圣皮埃尔问你们：'罗马出了什么事呀？我的寺庙、我的坟墓、我的人民怎么样哪？为什么你们不回答我？你们从哪里来？你们在罗讷河边住过吗？'你们如何回答他的问题？你们会说，你们在那里出生，而我，我不是出生在加利利吗？"

多产的、年轻的、敏锐的世纪，它的赞美感人肺腑；听从一位伟大诗人的竖琴的世纪，就像服从一位立法者的法律！由于彼特拉克，教皇才重返梵蒂冈；是他的声音使拉斐尔诞生，使米开朗琪罗的圆屋顶拔地而起。

回到阿维尼翁，我寻找教皇的宫殿，而人们将冰窖③指给我看：革命不放过那些出名的地点；往事的回忆不得穿越这些地点，在尸骨上苏醒。唉！牺牲者的哀叹在牺牲者死后很快就听不见了；哀叹勉强唤起回声，回声让它们存活片刻，而哀叹之声已经沉寂。但是，当痛苦的呐喊

---

① 意大利文，引自彼特拉克的诗《坎左纳》一二八页。
② 乌尔班五世（Urbain V）：法国人，一三六二年至一三七〇年担任教皇，住在阿维尼翁。
③ 指教皇城堡内的冰窖。一七九一年，一百个保王党俘虏在那里被杀害。

在罗讷河边消失时，人们听见远处传来彼特拉克的琴声。一首从墓中飘出的孤寂的抒情诗，继续用永恒的古老哀歌和情歌令沃克吕兹陶醉。

阿兰·夏蒂埃来自贝额，被埋葬在阿维尼翁的圣-安托万教堂。他写过《无情美人》，而他靠玛格丽特·德·苏格兰的亲吻生活。

我从阿维尼翁到马赛。关于这座城市，西塞罗讲过如下的话、而波舒哀曾经模仿过这些话的雄辩语调："马赛，我不会忘记你，你德行崇高，大多数民族不得不甘拜下风，甚至希腊也不能和你匹比。"马赛难道还会别有所求？塔西佗在《阿格里科拉的一生》中，也赞美马赛，认为它兼有希腊的典雅和拉丁城市的和谐。希腊的女儿，高卢的女教师，被西塞罗讴歌，被恺撒抢掠，这还不够荣耀吗？为了观赏马赛的海，我急忙登上监护圣母院教堂。所有的著名古国，连同它们的遗址，都在这片大海的美丽的海岸上。不会走动的大海是神话的源泉，就像一天两次起立的大洋是深渊；耶和华对大洋说："你不会远去。"①

今年，一八三八年，我重新登上这座教堂之颠；我重新看见这片对我变得非常熟悉的大海，而在海的尽头，树起了胜利的十字架和坟墓。外面刮着西北风；我走进弗朗索瓦一世建造的堡垒，那里再也看不见埃及军队的老兵，而一位准备去阿尔及尔，但在黑暗的拱顶下迷路的新兵站在那里。在修复的小教堂里，一片恬静，而北风在外面怒号。我记起布列塔尼的水手在慈善圣母院唱的圣歌，你们知道我曾经向你们引用这首我初次接触大海时听见的民歌：

    我信仰的圣母呀，
    我期待你的救助……

---

① 引自《圣经·约伯记》。

我经历了多少事件，才来到"海之星"脚下，我在儿时就许愿给它了！当我端详这些还愿物，这些挂在我周围的表现海难的油画的时候，我仿佛阅读我自己的生活的历史。维吉尔将特洛伊的英雄摆在迦太基的柱廊下，而歌唱哈姆莱特的天才诗人利用歌唱迪东的诗人的心灵。

在这块过去被吕甘①赞美过的森林覆盖的岩石下，我没有认出马赛：在它笔直、漫长和宽广的街道上，我不会再迷路了。海港内挤满船舶，而在三十六年前，我费好大劲才找到一条小船，女船夫是皮太阿斯②的后裔，她好像儒安维尔，载着我到塞浦路斯。同人类的情况相反，时光使城市变得年轻。我更加喜欢古老的马赛，连同她对贝朗瑞、安茄公爵、勒内国王、吉兹、埃佩尔农的纪念，连同路易十四的建筑物和贝尔曾斯③的德行，我喜欢它额上的皱纹。也许在悼念它失去的岁月的时候，我只是为我增加的岁月哭泣。的确，马赛以优雅的方式接待我，但是，我觉得，雅典的竞争对手变得太年轻了。

如果阿尔菲耶里④能够在一八〇二年出版他的回忆录，我在未参观诗人沐浴地的岩石之前是不会离开马赛的。这个性格粗犷的人这次表现了梦幻般的魅力：

在马赛，除了看戏，我的消遣之一是几乎每天下海沐浴；港外右边一个狭长的小岛上，我找到一角非常惬意的地方，我坐在沙滩上，背靠岩石——它挡住来自陆地的视线，面前只有天空和大海。在夕阳照耀的这两个广袤的空间里，我纵横遐想，度过美妙

---

① 吕甘（Lucain，三九——六五）：拉丁诗人，他有一部史诗，描写恺撒和庞贝之间的斗争。
② 皮太阿斯（Pythéas）：公元前四世纪的马赛航海家。
③ 贝尔曾斯（Belzunce，一六七一——七五五）：马赛大主教。
④ 阿尔菲耶里（Alfieri，一七四九——一八〇三）：意大利悲剧诗人。他的回忆录在一八〇三年出版。

481

的时刻；在那里，如果我能够用任何语言写作的话，我早就成为诗人了。

我经过朗格多克和加斯哥涅往回走。在尼姆，竞技场和方屋尚未暴露出来，而在一八三八年，我看见发掘正在进行。我还去寻找让·勒布尔[①]。我本来是不相信这些工人诗人的，通常他们既不是诗人，也不是工人。应该向勒布尔请罪。我在面包房里找到他；我同他说话，但不知道他是谁，他同他的伙伴没有差别。他问我的姓名，然后说他去看看我要见的人在不在。他很快就回来了，然后做自我介绍；他将我带到他的仓库里，我们在迷魂阵般的面粉袋中转来转去；然后我们顺着一个楼梯般的东西上去，进入一间陋室，好像风磨顶部的小房。我们在那里坐下来交谈。

我像在我的伦敦顶楼里一样高兴，觉得比坐在巴黎的部长扶手椅里更加自在。勒布尔先生从一张五斗柜里取出一份手稿，给我念他以"末日"为题所写的强劲有力的诗句。我祝贺他的宗教信仰和才能。我还记得他的《致流亡者》中充满魅力的诗句：

> 一个伟大事件在世界上酝酿；
> 啊，年轻的国王，
> 你的心灵必须准备妥当；
> 哟！上天抚慰我们的忧伤，
> 有意通过死者披露你的生命；
> 同样，若干年后，面对天下，
> 兴高采烈的民族，身后跟着孩子，

[①] 让·勒布尔（Jean Reboul）：尼姆的面包师诗人。

在棺材边用手臂将你托起！

我必须同主人告辞了，我祝他在诗的园地里取得丰收。我可能更喜欢他在蒂比尔瀑布旁边沉思，而不是看见他在瀑布上的磨坊里搬运研磨的面粉。的确，索福克勒斯也许在雅典当过铁匠，而罗马的普劳图斯[①]，是尼姆的勒布尔的先驱。

从尼姆到蒙彼利埃途中，艾格莫尔特在我左边掠过；一八三八年，我参观了这座城市。该城保存完好，连同它的塔楼和城墙。它好像一艘远洋船舶，被圣路易、时光和大海抛弃在那里。圣王规定了艾格莫尔特城的规章和地位："他希望监狱并非用来毁灭人，而是看管他；对辱骂者不予追究；通奸者仅在某些情况下被传讯，而强奸处女者，volente vé nolente[②]，既不丢掉性命，也不砍掉四肢，sed alio modo puniatur[③]。

在蒙彼利埃，我重新看到海，我本来很乐意为她写下下面的话，就像笃信基督教的国王写给瑞士联邦的话：

"我忠诚的盟邦，我的伟大朋友。"斯卡利杰[④]可能愿意将蒙彼利埃当作他"暮年的巢穴"。城市的名称来自两位神圣的处女，Mons puellarun；因此，这里的女人特别美。蒙彼利埃在黎塞留红衣主教手中时，是法兰西贵族政体消亡的见证。

从蒙彼利埃到纳博纳途中，我的与生俱来的幻想病发作了。如果我不像某些心病者，将发病日期记在一张小纸头上帮助记忆的话，我会把这件事忘掉的。这次我经过的是一片荒凉的、长满毛地黄的土地，它让

[①] 普劳图斯（Plaute，公元前二五四—前一八七）：古罗马著名喜剧作家。
[②] 拉丁语词组：无论同意与否。
[③] 拉丁语词组：或以其他方式处罚。
[④] 斯卡利杰（Scaliger，一四八四——五五八）：出生在意大利的学者。一五二五年他离开意大利移居法国，并成为法国公民。

我忘记这个世界：我的眼睛望着这片红色的茎的海洋，一直到天际淡蓝色的康塔尔山脉。在大自然中，除了天空、海洋和太阳，启迪我的不是庞然大物；它们给我的仅仅是庞大的感觉，将我的失落的、得不到安慰的渺小投掷在上帝脚下。可是，一朵我采摘的花朵，一条在灯芯草当中蜿蜒的小溪，一群准备起飞和在我面前停留的小鸟，令我萌生各种各样的遐想。这样无缘无故地动感情，不比在生活中追逐利益更好一些吗？利益由于反复和众多，反而使人对它变得迟钝和冷漠。今天，一切衰退了，甚至苦难。

在纳博纳，我看见双海运河。高乃依通过歌颂这项工程，颂扬了路易十四的功绩[①]：

> 长久以来，在她们幽深的洞窟，
> 加龙河和塔尔河盼望她们的水流结合，
> 穿过一道倾斜的山坡，
> 让黎明的珍宝汇入夕阳的江河。
> 大自然恪守永恒的法则，
> 作为不可逾越的屏障，
> 竖起崇山峻岭，
> 使善良的愿望成为泡影。
> 法兰西呀，伟大的国王说话了，
> 岩石裂开，大地让路，
> 崇山峻岭低头。
> 从此畅通无阻……

[①] 高乃依这首名为《关于奥克语运河》的诗，发表于一六六八年，是对一首拉丁诗的模仿。

在图卢兹，我从加龙桥遥望朦胧的比利牛斯山；四年之后，我将翻过这座山。地平线像我们的岁月一样连绵起伏。有人提议带我到一个地下墓室去看美丽的波勒的干尸。有些事只能想象，亲眼看就倒胃口了。蒙莫朗西是在市政府大院里被砍头的。这颗被砍掉的头果真那么重要吗，既然在其他许多头颅被砍掉之后，人们还在谈论它？我不知道在刑事诉讼历史上，是否有谁的证词让人更好地辨识一个人的身份："他身上披着战火和硝烟，"吉托说，"最初，我没有认出他；但是，看见一个人在冲散我们的六排队伍之后，还在砍杀第七排的士兵，我断定：除了蒙莫朗西，不可能是别人；当我看见他翻倒在地，被压在一匹死马之下时，我更加肯定无疑了。"

废弃的圣塞尔兰教堂以它的建筑风格令我吃惊。这座教堂同阿尔比人的历史是联系在一起的，由福利耶尔翻译的诗很好地再现了这段历史：

"骁勇的年轻伯爵，他父亲的阳光和继承人，十字架和剑，进城了。无论在闺阁里，或在楼台上，一个年轻姑娘都不剩了；全城居民，无论长幼，都来欣赏伯爵的风采。"

奥克语的消亡是从西蒙·德·蒙福尔时期开始的："西蒙看见自己拥有这么多领地，于是将土地分给贵族们，有法国贵族，也有其他国家的贵族，atque loci leges dedimus（我们在此发号施令）。"八位签名的大主教和主教是这样说的。

我本来很乐意花时间，了解一位我十分敬佩的人——居雅斯[①]。他伏着睡觉，周围散放着书籍。我不知道人们是否还记得他两次结婚的女儿苏珊。苏珊不大欣赏坚贞不渝，把这种品德不当一回事；她教唆她的一位丈夫不忠，结果另一个丈夫因此丧命。居雅斯受到弗朗索瓦一世的

---

① 居雅斯（Cujas，一五二二——一五九〇）：图卢兹法学家。

女儿保护,皮布拉克受到亨利二世的女儿保护,两个玛格丽特都有瓦卢瓦家族的血统,缪斯的纯粹血统。皮布拉克以他的翻译成波斯语的四行诗出名(我从前的住处可能是他当法院院长的父亲的公馆)。"这位善良的皮布拉克先生,"蒙田说,"和蔼可亲,看法公正,作风温和;他的心灵同我们的腐败和激烈迥然不同。"而皮布拉克曾经为圣巴托罗缪事件辩护。

我不停地奔跑;命运使我回到一八三八年,让我仔细欣赏雷蒙·德·圣吉尔①的城市,让我谈论我在那里新结识的朋友:德·拉韦涅先生,一个充满才气、幽默感和理性的人;奥诺里纳·加斯克小姐②,未来的马利布朗。后者让作为克莱芒斯·伊泽尔的新侍从③的我,想起夏佩尔和巴肖蒙在图卢兹附近的昂比儒岛上写下的诗句:

唉!如果西尔维坚贞不移,
在这如画的地方
同她一起度过一生,
那是多么幸福!

但愿奥诺里纳小姐不被这美妙的歌声诱惑!才能是"图卢兹金"④锻造的,它们会带来不幸。

波尔多刚刚清除它的断头台和它的卑怯的吉伦特派。我所看见的一切城市都好像患了一场重病、刚刚恢复生气的漂亮妇人。在波尔多,路

---

① 雷蒙·德·圣吉尔(Raimond de Saint-Gilles,一〇四二——一一〇五):指雷蒙五世,图卢兹伯爵。
② 奥诺里纳·加斯克小姐(Honorine Gasc):歌唱家。
③ 一八二一年四月夏多布里昂被选为图卢兹百花诗赛的"游戏大师"。
④ 根据古老的传说,"图卢兹金"会带来不幸。

易十四从前为了兴建喇叭城堡,叫人拆毁保护女神庙。斯篷①和捍卫古迹的朋友发出哀叹:

为什么拆毁诸神的这些圆柱,
它们是恺撒的杰作,护佑我们的庙宇?

圆形剧场的几个遗址依稀可辨。如果要为一切被毁坏的建筑物惋惜,那么要流太多的眼泪。

我启程往布莱。我参观这座当时默默无闻的城堡;一八三三年,我为它写了下面的话:"布莱的女囚!对你此刻的命运我无能为力,我因此愧疚!"我前往罗什福尔城,经过旺代到南特。

这个地区像一名老兵,肢体残缺,身上留有记录他的勇敢的伤疤。由于时光而变白的尸骨,和由于火焰而变黑的废墟引人瞩目。旺代人在向敌人发动进攻之前,跪下来接受神父的祝福。战火下的祈祷并不表现软弱,将剑举向天空的旺代人乞求的是胜利,而不是生命。

我乘坐的驿车挤满乘客,他们讲述旺代战争中他们引为骄傲的奸淫和杀戮。我们在南特渡过卢瓦河之后,我的心急剧地跳动着:我进入布列塔尼了。我沿着雷恩那间中学的围墙走过,它是我的童年的最后几年的见证。在我的妻子和我的姐妹们身边,我只停留二十四小时,随后我赶回巴黎。

一八三八年,于巴黎

---

① 斯篷(Spon,一六四七——一六八五):考古学家。

我经历的一八〇二年和一八〇三年——德·拉阿尔普先生：他的死

我赶回巴黎看望一位处于弥留之际的人；在十八世纪，他属于二线的杰出人物，这些人物构成社会坚实的后卫线，是社会宽阔和巩固的基础。

我是在一七八九年认识德·拉阿尔普先生[①]的。同弗兰一样，他爱上了我姐姐法尔西夫人。他来的时候，短小的手臂下夹着三大本他的作品；他的光荣无法征服桀骜不驯的心灵，这令他感到吃惊。他言辞激烈，表情生动，因为时弊大动肝火；一次到部长家赴宴时，他觉得饭不合口味，叫人给他煎一个摊鸡蛋；他吃饭用手，袖口拖在碟子里，对赫赫有名的大老爷讲一些有哲学意味的粗话，而老爷们居然十分欣赏他的放肆。但是，总的来说，他为人正直，开明，在感情激动的时候能够保持公正，善于发现人才，赏识他们，能够用美好的诗句或美好的行动表达惋惜，如果他觉得有必要，也乐于表示悔恨。他没有错过他的目标：他由于宗教信仰，趣味而变得崇高，只对亵渎宗教的言行表示轻蔑，只憎恨"革命语言"，我看见他死的时候，像一名勇敢的基督教徒。

我流亡归来时，宗教信仰使拉阿尔普对我的作品产生好感，尽管他有病，仍然坚持工作，给我念他写的关于大革命的长诗的一些段落，我注意到，诗中有一些针对当时的罪行和针对忍受这些罪行的"诚实人"的强有力的诗句：

[①] 德·拉阿尔普（de Laharpe，一七三九——一八〇三）：当时著名的文学批评家。

但是，如果说

他们胆大妄为，

你们听之任之，

压迫者越残暴，

奴隶越卑劣。

他头戴白帽，身穿棉衣，忘记自己是病人，扯着嗓门朗诵；随后，他把他的笔记本丢开，用几乎听不见的微弱声音说："我受不了啦，我觉得胸口里有一只铁爪在抓我。"不幸得很，此刻碰巧有一名女仆走过，他有意提高嗓门，叫道："滚开！滚开！把门关上！"一天，我对他说："为了宗教的利益，你应该活下去。""是的，"他回答说，"这对上帝有好处，但他不乐意，我这几天就要死了。"他重新跌进扶手椅里，将帽子盖住耳朵，用他的顺从和谦卑补偿他的骄傲。

在米涅雷家的晚餐上，我听见他以极谦卑的语气谈论自己，说他没有做任何超过别人的事情，但是他相信艺术和语言在他手中没有退化。

德·拉阿尔普先生于一八〇三年二月十一日离开人世。在哲学的一切安慰中，《四季随笔》的作者几乎同时去世，而德·拉阿尔普先生死的时候，享受宗教的一切安慰：一位被人抚慰，另一位被神抚慰。

德·拉阿尔普先生于一八〇三年二月十二日安葬于沃吉拉尔门公墓。棺材放在墓坑旁边的一小堆泥土上，泥土很快就要将它掩盖了。封塔纳先生发表了演说。场面是哀伤的：旋转的雪花从天空飘落，使棺罩变成白色，而风儿掀起棺罩，让友人最后的话语传到死者耳中。现在，公墓已经被毁坏，德·拉阿尔普先生的尸体被挖出来了：他纤细的骸骨几乎不剩下任何东西。他是在督政府时期结婚的，他同他美丽的妻子在一起并不幸福；她非常厌恶他，从来不给他任何权利。

而且，同其他事情一样，随着革命日益发展，德·拉阿尔普先生的地位越来越降低；在这场革命的代表人物面前，荣誉急忙退却，如同危难在他面前失去威胁力。

一八三八年，于巴黎

我经历的一八〇二年和一八〇三年——会见波拿巴

当我们这些庸人忙于生和死的时候，世界却完成了伟大的长征；时代的代表人物领导人类的潮流。在作为普遍变化之先驱的激烈动荡中，我在加莱登陆，为的是有助于总的行动，尽战士的责任。这个世纪的头一年，我来到波拿巴敲打集合鼓的营地；他不久就变成首席执政官。

一八〇二年，立法会议通过和解协议之后，内政部长吕西安为他的兄弟组织了一次庆祝活动；由于我聚集了基督教力量，并且使他们采取攻势，所以我被邀请参加。拿破仑进来时，我在走廊里；我一阵惊喜。我以前只是远远地见过他。他的微笑是温柔动人的；他的目光炯炯有神。他的目光尚无任何江湖骗子的印记，没有任何做作和虚伪。《基督教真谛》当时引起轰动，对拿破仑也有影响。出奇的想象力激励着这位如此冷峻的政治家：如果没有缪斯，他不可能是这个模样；理智完成诗人的思想。一切伟人都是由两种性格构成的，因为他们既有灵感，又能行动；一种性格酝酿计划，一种性格付诸实施。

波拿巴老远就看见我，并且认出我，我不知道他是根据什么。当他朝我走过来的时候，大家不知道他要找谁；人群相继让开了；每个人都希望执政官停在自己面前。他对于人们的误会显得有些不耐烦。我躲到我的邻居后面；波拿巴突然提高嗓门，叫道："德·夏多布里昂先生！"这时只有我还留在前面，因为其他人后退了，而且在我们周围很快形成一个圆圈。波拿巴以很自然的方式同我说话：他没有恭维我，没有废话，没有开场白，马上就同我谈论埃及和阿拉伯人，好像我是他的老朋友，好像他不过是在继续我们之间已经开始的谈话。"我始终感到吃惊，"他说，"当我看见阿拉伯酋长们在沙漠中下跪，面对东方，并且头碰地。他们向东方膜拜什么呀？"

波拿巴中断讲话，不经过渡就转向另一个问题："基督教！观念学者不是想把它变成一个天文系吗？如果这样，他们能够让我相信基督教是渺小的吗？如果基督教是天体运动的寓意画，行星的几何学，无神论者就无能为力了，他们不得不让'无耻者'拥有足够的伟大。"

饶舌的波拿巴走开了。在我的黑夜里，如同约伯所说的，"一个幽灵从我面前走过；我毛骨悚然；他停留在那里：我不认识他的面孔，而我听见他声音，犹如轻微的气息。"

我的生命只是一连串幻觉；地狱和天空不断在我脚下或我头上开启，而我来不及探测它们的黑暗或它们的光明。在两个世界的边岸上，我只见过一次上世纪的伟人和新世界的伟人，华盛顿和拿破仑。我同两人都谈了一会儿；两人都让我重新回到孤寂中去，头一个用善良的愿望，第二个用罪行[①]。

我注意到，波拿巴在人群中走动时，向我投射的目光比他在同我谈话时的目光更加深沉。我也用目光跟随着他：

Chi è quel grande, che non par che curi

L'incendio？

[①] 指杀害当甘公爵。

> 这位不把火灾放在心上的伟人是谁？ [1]
>
> （但丁）

一八三八年，于巴黎

我经历的一八〇三年——我被任命为驻罗马大使馆一等秘书

此次会见之后，波拿巴考虑派我去罗马；他一眼就看出他在什么地方、在哪方面可以利用我。对于他，我涉世不深，毫无外交经验是无关紧要的。他认为这样的人才什么都懂，不需要学习。他是一个善于发现人才的人；但是，他希望他们的才能仅仅为他服务，而且以尽量少提及这种才能为条件。他嫉妒任何声誉，并且视之为对他的声誉的篡夺：世界上应该只有拿破仑存在。

封塔纳和巴兹奥希夫人对我说，执政官对"我的谈话"感到满意。但我根本没有开口；这意味着波拿巴对他自己感到满意。他们敦促我利用这个良机。我从未想过我会是一个人物；我断然拒绝了。这时，他们让一个我难以拒绝的权威人物讲话了。

圣絮尔皮斯修道院院长埃梅里以教会名义，恳请我为了宗教的利益接受大使馆一等秘书的职务；波拿巴打算任命他舅舅菲舍红衣主教担任大使。他暗示我说，红衣主教并不是很聪明的人，我很快就会左右局

---

[1] 引自但丁《神曲·地狱篇》。

势。一个非常偶然的情况使我认识了埃梅里院长。你们知道，我是同纳戈神父和其他修士一道去美国的。对我当年的卑微无闻、对我的青年时代和我的旅行生活的回忆，后来反映在我的公众生活当中，始终占据我的思想和心灵。得到波拿巴赏识的埃梅里院长，由于他天生的性格、由于他身上的道袍和由于革命，是一个精明人，这三重的精明仅仅为他的真正的长处服务。他唯一的野心是做善事，他的一切活动以促进他的修道院的繁荣为目的。他做事、说话谨慎，要勉强他是徒劳的，他随时准备用他的生命为你效劳，但他永远不会放弃他的观点：他的力量在于他坐在他的坟墓上等候你。

他第一次努力没有成功；他卷土重来，他的耐心终于打动我。我接受了他负责向我提议的职务，但我对自己在这个岗位上的作用一点信心也没有：我在二线完全不起作用。如果不是考虑德·博蒙夫人，我也许还会后退。德·蒙莫朗西先生的女儿奄奄待毙，有人说，意大利的气候可能对她有好处，如果我同意去罗马，她就会答应越过阿尔卑斯山。抱着拯救她的希望，我牺牲自己。德·夏多布里昂夫人准备来同我汇合；儒贝尔先生说要陪伴她，而德·博蒙夫人启程前往金山，以便随后到台伯河①边治病。

德·塔莱朗先生当时是外交部长；他给我送来了任命书。我到他家里吃晚饭。他给我的印象跟我初次见到他时的印象一样。而且，他优雅的举止同他周围那些无赖形成反差；他的狡诈有无法想象的重要性：在一个无法补救的危险形势下，腐败作风是天才，轻浮思想是深刻。革命太谦虚了；对它自己的优越不够重视：将自己摆在罪恶之上或之下，这不是一回事。

红衣主教身边的教士当中，我认得的有快乐的德·波那教士，他从

---

① 指罗马，台伯河是横穿罗马城的河流。

前在勤王军里是布道牧师，凡尔登撤退时他在场；他还担任过沙隆主教德·克莱蒙-托乃尔先生的代理人，主教尾随我们登船流亡，并且声称自己是教皇的表兄，要求教廷发给他抚恤金。我准备妥当就启程了：我应当在拿破仑的舅舅之前赶到罗马。

一八三七年，于巴黎

我经历的一八〇三年——从巴黎到萨瓦省的阿尔卑斯山之行

在里昂，我再次同我的朋友巴朗谢见面。我目睹圣体瞻礼节的恢复。我相信，我为这些花束、为这种我唤回地面的天堂的欢乐贡献了一份力量①。

我继续上路；沿途受到诚挚的欢迎：我的姓名同祭坛的恢复混在一起。我感到最开心的是，我在法国和国外受到诚心诚意的尊重。我在乡村小客店休息的时候，有时看见一位父亲和一位母亲带着儿子走进来。他们对我说，他们带他们的儿子来向我表示感谢。我是由于自尊心，才有这种高兴的感觉吗？在大路上，在不知名的村落里，一些善良和默默无闻的人向我表示他们的满意心情，这同我的虚荣心有什么关系？触动我的——至少我敢这样相信，是我曾经做过一点好事，安慰过一些受苦人，让母亲心中恢复了将儿子培养成基督教徒的希望，即培养一个顺从

---

① 指以《基督教真谛》的出版促成基督教节日的恢复。

的、恭敬的、依恋父母的儿子的希望。如果我写过一本使道德和宗教受到损害的书,我会体会这种纯洁的快乐吗?

从里昂出城后,一路相当沉闷。从松塔一直到善邻桥,路上绿树成荫。

在贝亚尔充分表现了骑士精神的尚贝里,一名男子受到一个女人的接待,而作为对所受的款待的报答,男人以哲学家的洒脱往她脸上抹黑①。文学的危险就在这里:一鸣惊人的欲望战胜高贵的情操。如果卢梭没有成为作家,他会将收养过他的女人的弱点埋没在萨瓦的深山里;他会为他的朋友的缺点而牺牲自己;他可能会安慰她的暮年,而不是将她痛打一顿,然后溜掉。啊!但愿被出卖的友谊的声音永远不会对着我们的坟墓怒吼!

过了尚贝里,伊泽尔河出现在眼前。山谷里、大路上到处看得见十字架,松树树干上挂着圣母像。树木包围中的小教堂与高耸的大山形成令人激动的反差。当冬天的风暴从积满冰雪的山顶降临时,萨瓦人躲在田间的庙宇里祈祷。

在蒙梅里安北面的山谷两侧,是形状各异的山岗,有的是半秃的,有的布满森林。

埃格贝尔似乎位于阿尔卑斯山的尽头;但是,绕过一块横在路中间的孤立的岩石,你就可以看见通往阿尔克河的山谷。

两边耸立着高山,山坡是笔直的,光秃秃的山顶上开始有积雪了。瀑布飞流而下,壮大了汹涌的阿尔克河。在水声的喧哗中,一道轻盈的瀑布,在由柳树构成的帘子下,以无限优美的姿势往下倾泻。

我穿过圣让-德莫里埃那,日落时到达圣米歇尔;在那里,我找不到马匹,于是被迫在那里留宿;我走到村外散步。山顶的空气清澈透

---

① 暗示卢梭在他的《忏悔录》中讲述的他同瓦朗夫人的爱情故事。

明，锯齿状的山峰历历在目，而夜色逐渐向山顶升去。山下夜莺在唱歌，山上老鹰在鸣叫；花楸树在山谷里开花，白雪在山顶闪烁。按照传统，由迦太基人建造的城堡屹立在陡峭的山坡上，下面是岩石上开凿的凸角堡。那里，岩石中加进了个人[①]的仇恨，那种仇恨比一切障碍更加强大。人类的报复心压在自由民族的头顶上；这个自由民族在其他民族沦为奴隶并且抛洒鲜血时才能缔造它的伟业。

我在天蒙蒙亮时出发，下午二时到达塞尼山脚的朗勒布尔。进村的时候，我看见一位农夫手里抓着一只鹰；一群人无情地扑打那只鸟中之王，欺侮它年幼和无力反抗。高贵的孤儿的父亲和母亲被杀害了，有人提议将鹰卖给我，但在我释放它之前，雏鹰已被虐待致死。当时，我想起未成年的路易十七；此刻，我想起亨利五世：衰落和苦难来得多么快呀！

我们开始攀登塞尼山，抛下将我们引导到山脚的阿尔克河。在塞尼山的另一侧，我们越过杜瓦尔河进入意大利。河流不仅是"会走的大道"——像帕斯卡所说的，它还给人们指引道路。

当我头一次登上阿尔卑斯山山顶的时候，我有一种奇怪的冲动；我好像那只同我一道穿越冰冻的山顶的云雀，它在唱过平原的歌谣之后，突然坠落在雪堆里，而不是下山寻找成熟的庄稼。一八二二年，这座山在我心中唤醒的诗篇，相当准确地表达了一八〇三年在同一地点我心中激荡的感情：

阿尔卑斯山呀，
你没有我的遭遇！
时光对于你无能为力；

[①] 指汉尼拔（Hannibal，公元前二四七—前一八二），迦太基人，古代最伟大的军事统帅之一，终生与罗马共和国为敌。

曾经压在我头上的岁月
在你额上只留下轻微的痕迹。

我满怀希望,屏障,
广阔的前景像地平线
展现在我眼前。
意大利在我脚下,
世界在我前面!

  这个世界,我真的深入其中了吗?哥伦布在发现新大陆之前,是神灵指引他到达他日思梦想的土地;伽马在途中遇见飓风。这两个伟人当中,哪一个预示我的前途?本来我一心向往的,是以辉煌的成绩使我默默无闻的一生变成荣耀的一生。你们知道最早埋葬在美洲的欧洲人是谁吗?是斯堪的纳维亚人比奥纳:他在文兰登陆时丧命,被同伴们埋葬在一个岬角上。谁知道这一段掌故?谁知道他的帆船在哥伦布的帆船之前到达新大陆?比奥纳在一个不为人知的岬角上长眠,而一千年来,我们在北欧诗人用现在无人讲的语言所写的传说里,才知道他的名字。

一八三八年,于巴黎

从塞尼山到罗马——米兰和罗马

旅行开始时,我的方向与其他旅人相反。在发现欧洲古老的都市之前,我发现了美洲古老的森林。我来到欧洲各个古都的时候,由于一场新的革命,它们正在同时经历新生和死亡的过程。米兰被我们的军队占领着,人们正在拆毁那座经历过中世纪战争的城堡。

法国军队驻扎在伦巴第平原上,好像一个军事殖民地。这些高卢来的外国人戴着警察的橄榄帽,在他们的圆鼓鼓的上装外面佩着马刀,好像没有拿镰刀的殷勤而快乐的收割者;在他们周围,各处有他们的伙伴放哨。他们搬动石块,推动火炮,驾驶马车,修盖库房和草棚。马匹在人群中跳动着,转动着,竖起前蹄,好像正在同主人嬉戏的狗。在这武装的集市上,意大利妇女在她们的露天货摊上出卖水果:我们的士兵将他们的烟斗和火镰送给她们,好像他们的蛮族祖先对他们心爱的人说:"埃尔吉娜,我亲爱的妻子,我,福特拉,厄贝尔的儿子,法兰克人,为了对你的美貌表示敬意(in honore pulchritudinis tuae),我把我在松树区的住宅送给你。"①

我们是与众不同的敌人:最初,人们觉得我们有点放肆,有点放荡,有点不安分;但我们刚转身,人们就怀念我们了。法国兵活泼、风趣、聪明,帮他们的房东干活,做家务:他像穆瓦兹帮助马迪昂的女儿一样,打井水,驱赶牧人,带羊羔去洗澡,劈柴,烧火,帮助做饭,抱孩子或哄摇篮中的婴儿入睡。他的善良和他的活泼使一切充满生气;人们习惯将他当作家中的一员。鼓一响,当兵的马上跑去抓起火枪,离开茅屋,留下房东的女儿在门槛上哭泣。可是,在他进入荣军院之前,他

---

① 引自一部八世纪的著作:《嫁妆的置办》。

不会再想起这间茅屋。

我经过米兰时,一个觉醒的伟大民族睁开了眼睛。意大利走出梦境,记起她的精神,好像记起她的神圣的梦:这种精神对于正在复兴的我们的国家是有益的,它在我们的困窘中,给我们带来横跨阿尔卑斯山的大自然的伟大;这位奥索尼乌斯①是在对举世闻名的祖国的崇高回忆中,在艺术杰作的熏陶下长大的。奥地利来了;她重新给意大利人套上枷锁,她迫使意大利人重新回到棺材里。罗马重新沦为废墟,威尼斯回到大海。威尼斯陷落了,用它最后的微笑给天空增添异彩;她以迷人的姿态躺卧在她的波涛之中,像一颗不会再升起的星辰。

米拉将军是米兰驻军司令。我给他带来巴兹奥希夫人的一封信。我同他的副官们一道过了白天:他们并不像我的同伴们在蒂永维尔城下那么穷。法国式的礼貌在战场上再现了,试图证明它继承了洛特雷克②时代的传统。

六月二十三日,我在梅尔齐先生家中出席一个盛大的晚宴,庆祝米拉将军的一个儿子接受洗礼。米拉先生认识我哥哥;南阿尔卑斯山共和国副总统举止优雅;他的住宅好像一个世代相传的王公的府第:他对我冷漠而有礼;我对他的态度同他对我的态度完全一样。

我于六月二十七日晚,即圣彼得节的前两天,到达我的目的地。圣徒们的教皇在等候我,就像我贫穷的保护主以后在耶路撒冷接待我一样。我沿着佛罗伦萨、希埃内、拉迪科法尼一路过去。我急于拜访菲舍尔即将接任的卡科尔先生,而我将取代阿尔托先生。

六月二十八日,我奔波了一整天。我匆匆忙忙,看了一眼罗马斗兽场、先贤祠,图拉真圆柱和圣昂热城堡。晚上,阿尔托先生带我到圣彼得广场附近的一栋房子里参加舞会。飞旋的人群在窗前跳华尔兹舞,透

---

① 奥索尼乌斯(Ausonius,约三一〇一约三九五):拉丁诗人兼修辞学家,生于高卢。
② 洛特雷克(Lautrec):路易十二和弗朗索瓦一世时期的法国元帅。

过敞开的窗子,可以远远看到米开朗琪罗的圆屋顶上五彩缤纷的焰火;从艾得利安码头发射的烟花火箭落在塔索的坟墓上开花。寂静、荒凉和黑暗笼罩着罗马的田野。

次日,我出席圣彼得广场的弥撒。庇护七世脸色苍白,阴郁而严肃,是名副其实的苦难教皇。两天之后,我被介绍给教皇:他让我坐在他身边。他的桌子上有一本《基督教真谛》,书被好意地翻开了。康萨尔维红衣主教①灵活又坚定,如果他有不同意见,那也是以温和和彬彬有礼的方式表达的;他是古罗马政治的化身,代表世纪的容忍,而不是时代的信仰。

穿过梵蒂冈时,我停下来欣赏那些可以骑在骡背上参观的楼梯,那些被艺术杰作所装饰、螺旋上升的层叠的长廊。从前,教皇和他的仪仗队从那里穿过由那么多不朽的艺术家装饰的会议厅;那么多名人欣赏过这个会议厅:首先是彼特拉克、塔索、亚里士多德、蒙田、弥尔顿、孟德斯鸠,然后是正在进行统治或倒台的王后和国王们,最后是从世界各地赶来的朝圣者。现在,这一切都静止不动;只有一线阳光射进空无一人的剧场。

有人建议我到月光下散步:从三神山往下看,远处的建筑物好像画家的草图或从船舶上看到的朦胧的海岸。月亮这个被人想象为有限世界的球体,在寂寥的罗马上空来回移动着它苍白的孤独;她照亮没有居民的街道,阒无一人的院落、广场、花园,听不见祈祷的寺院,同斗兽场的柱廊一样沉寂和空旷的隐修院。

十八个世纪之前,在同一地点,在同一时间,发生过什么事情呢?谁在此脚踏过这些方尖碑的阴影,在这些阴影不再倒映在埃及的沙漠上之后?非但古代意大利不复存在,连中世纪意大利也消逝了。然而,在

---

① 庇护七世的国务秘书。

永恒之城里，还保留这两个意大利的痕迹：如果现代罗马炫耀它的圣彼得广场和它的杰作，古罗马则展现它的先贤祠和它的废墟；如果一个让它的执政官从卡皮特尔山上走下来，另一个则将教皇们从梵蒂冈带过来。台伯河是两种光荣的分界线：同样坐落在尘埃之中，不信神的罗马日渐陷进它的坟墓，而基督教的罗马慢慢沉没在它的地下墓穴之中。

菲舍红衣主教的宫殿——我的工作

菲舍红衣主教在台伯河畔租了朗斯洛迪宫，我于一八二七年在那里见过朗斯洛迪公主。我住在这栋楼的最高一层。我们刚走进去，一大群跳蚤就跑过来黏在我腿上，连我的白裤子都变黑了。博纳维神父和我想尽办法，叫人给我们彻底打扫住宅。我仿佛回到我在新路（New-Road）的狗窝。对我，回忆过去的困窘并不是令我不快的事情。这间外交办公室收拾停当之后，我开始颁发护照和履行其他同样重要的职责。我的字体成了发挥我的才能的障碍，红衣主教菲舍看见我的签名之后，耸了耸肩膀。我待在我高高的房间里，几乎无事可做。我从屋顶往下看，在隔壁房子的屋顶下，几个洗衣女工同我打招呼；一位未来的女歌唱家在吊嗓子，她不停顿的视唱练习伴随着我。如果有送殡的队伍走过，让我解解闷，那我就高兴极了！我从窗口往下望，只见一位年轻妇女的灵柩：在两行穿白衣服的送葬者中间，人们抬着死者的遗体，死者的脸裸露着；她刚刚出生的儿子也死了，头上戴着花环，躺在她脚边。

我犯了一个大错误：我想得太简单，认为应该去拜访当地名流；我登门向退位的撒丁国王①表达我的敬意。我这个异乎寻常的举动引起可怕的闲话;所有外交官都幸灾乐祸。"他完蛋了!他完蛋了!"那些吹牛拍马和攀附权贵的人,怀着看见别人倒霉的快乐心情反复说。所有外交界的傻瓜都兴高采烈,自认为比我高明。人们很希望我倒下去,尽管我微不足道,尽管我无足轻重:没什么,只要有人倒下去,总是令人高兴的事情。由于我的单纯,我没有意识到我的罪行,而且以后我也从未把高官厚禄当一回事。人们以为我很看重国王,事实上他们在我眼中只是一些可怜虫。有人从罗马写信到巴黎,讲述我干的可怕的蠢事。幸亏我是同波拿巴打交道:本来要使我遭受灭顶之灾的事情反而救了我。

我一跃成为拿破仑的舅舅、一位教会领袖领导下的使馆的一等秘书,这似乎是一件了不起的事情,但是我在那里好像一名省政府的抄写员。在正在酝酿的冲突之中,我本来可以找些事干干,但是人们对我封锁消息。我完全置身于使馆的纠纷之外;而且,我何必为那些任何办事员都可以解决的细节问题浪费时间呢?

我花许多时间散步、在台伯河畔流连,但当我回到使馆,看到的只是红衣主教的吹毛求疵、沙隆主教的贵族式的吹牛、未来的摩洛哥主教的难以想象的谎言。吉荣神父利用他的姓名听起来同另一个人的姓名相像,声称他在奇迹般地逃脱加尔默修院大屠杀②之后,在福尔斯监狱③为德·朗巴尔夫人赦罪。他吹嘘说,罗伯斯庇尔在最高主宰节上发表的演说是由他起草的。一天,我打赌,说有办法让他夸口到过俄国:他不敢讲得很肯定,但他谦虚地说,他在圣彼得堡生活过几个月。

---

① 指维克多·伊曼纽尔(Victor Emmanuel,一七九五——一八二四),意大利公爵,一八〇二年成为撒丁国王。一八〇二——八一四年间,除撒丁外,他的领地全部被法国人占领。夏多布里昂到达罗马时,他的住所成为反拿破仑的法国流亡者的总部。
② 加尔默修院(Carmes)大屠杀:大屠杀一七九二年九月发生在巴黎。
③ 福尔斯监狱(la Force):巴黎的一所监狱,德·朗巴尔夫人在那里被杀害。

梅松福尔先生是一个有头脑但不露锋芒的人，他向我求救；不久之后，大贝尔坦先生，《辩论报》的老板，在一桩痛苦事件中友好地帮助过我。他被流放到厄尔巴岛，放逐他的人[①]后来从厄尔巴岛回来后，又把他赶到根特[②]。一八〇三年，他得到共和党人布里奥的批准，在意大利结束他的流亡生涯。我同他一起参观了古罗马遗址，并且目睹德·博蒙夫人去世。这两件事使我们成了朋友。他是一个情趣高尚的批评家，他同他兄弟一样，对我的作品提出过许多极好的建议。如果他有机会登上讲坛的话，一定会成为杰出的演说家。长期以来他是正统主义者，经受过坦普尔监狱和厄尔巴岛流放的考验，但他仍然坚持他的原则。我将忠实于我这位艰苦岁月的伙伴；人世的一切政治观点抵不上真诚友谊所做的一个小时的牺牲；我只须保持自己的观点不变，就像我忠实于我的记忆。

我在罗马居留期间，博尔盖兹公主[③]来过：我负责将巴黎的鞋子送给她。我被引见；她当着我的面梳妆打扮。她那双漂亮的鞋子大概在这片古老土地上只走了一会儿。

终于，一个不幸事件让我忙了一阵：这种事是随时可能发生的。

[①] 指拿破仑。
[②] 根特（Gand）：比利时城市。
[③] 博尔盖兹公主（Borghèse）：拿破仑的妹妹之一。

篇章十五

我经历的一八〇三年——德·博蒙夫人的手稿——德·科德夫人的信

我离开巴黎时，我们对德·博蒙夫人的病还抱有幻想。她经常哭泣，她在遗嘱中说，她认为自己没救了。可是，她的朋友们在他们之间并不提及他们的担忧，试图安慰自己；他们相信意大利的水和阳光会创造奇迹；他们分手了，各走各的路，约定罗马再见。

后来，在德·博蒙夫人的遗物中，我找到她在巴黎、金山、罗马写的一些信，我们从中可以看出她当时的心态：

几年来，我的健康明显恶化。从一些症状看，启程的日子不远了，但我尚未做好远行的准备。随着病情的发展，幻觉越来越频繁。我见过许多这类极度虚弱的病例，但我发现这些事例对我毫无帮助。我已经采用过一些既麻烦又无用的治疗方法，可能我还无法避免另一些残酷的治疗，患肺病的人注定要遭罪。像别人一样，我还抱着希望,希望!我还有希望活下去吗?我一生是一连串的不幸,我目前的生活充满动荡和烦恼;我从此失去心灵的平静。我的死对于某些人只是一时的痛苦,对于其他人是一件好事,而对于我自己,是最大的幸事。

花月二十一日,即五月十日,是我母亲和我哥哥的忌辰:

我最后死,命运最悲惨! ①

啊!为什么我没有勇气死?这种我畏惧的病稳定下来了,也许我还要活很久,可是我相信我会高高兴兴地死去:

我的生命不值得我为之叹息。

谁也不会比我更有理由抱怨大自然:它向我关上一切大门,令我痛感我的缺失。我无时无刻不感觉我注定承受的平庸的重负。我知道,自满和幸福常常是我怀着苦涩抱怨的这种平庸的代价;但是,由于天性未在其中加入幻觉,使平庸变成我的苦刑。我像一个失落者,无法忘记失去的东西,没有勇气直面现实。幻觉的绝对缺失,即锻炼的缺失,使我蒙受各种各样的苦难。我像局外人一样审视自己,我如实地看待我的朋友。我的价值仅仅来自我的极度善良,但我这种本性没有充分表现出来,既未得到赏识,也未真正发挥作用,而且我急躁的性格剥夺了它的一切魅力:它使我更加为别人的苦难痛苦,但未向我提供拯救苦难的手段。然而,多亏它,我在生活中才有些许真正的享受。尤其多亏它,我不曾有嫉妒之心——它通常伴随平庸的感觉。

金山

---

① 引自拉辛的悲剧《费德尔》。

我打算仔细剖析自己,但是烦恼使我放下已经提起的笔。

如果我能肯定我在几个月内将停止生命,我处境中的一切痛苦和艰难都会变成幸福。

当我有力量自己结束烦恼的时候,我不会使用它:这将违反我给自己确定的目标,使我的苦难大显身手,给在痛苦中支持我的心灵留下太大的创伤。

我流着泪,哀求我自己痛下决心,一个如此严峻和必不可免的决心。夏洛特·科黛①断言,"对于任何牺牲,人们从中得到的享乐超过下决心时的痛苦";但是她要死了,而我可能还要活很久。我会有怎样的结局呢?我到什么地方躲藏起来呢?选择怎样的坟墓呢?如何阻止希望进入其中呢?什么力量能够堵住这扇门呢?

悄悄离去,让人遗忘自己,将自己永远埋葬,这就是我强加给自己的义务,我希望有勇气完成。如果酒太苦涩,一旦我被人遗忘,就没有什么东西再强迫我将它全部饮尽,而且,也许我的生命根本不会像我害怕得那么长久。

如果我选定了退隐之地,我想我会比较平静;可是,在我因为懦弱而产生的困难之上又加上此刻的困难,要有非凡的力量才能够同自己做强劲有力的搏斗,像残暴的敌人那样苛刻地对待自己。

十月二十八日,于罗马

十个月来,我一直感到难受;六个月来,肺病的种种症状出现,其中有些到了极严重的程度:我缺的只是幻觉,也许我已经有了!

---

① 夏洛特·科黛(Charlotte Corday,一七六八——一七九三):暗杀法国革命家马拉的凶手。

儒贝尔先生被折磨博蒙夫人的这种死的欲望吓坏了，将他的《思想》中的话送给她："请爱护和尊重生命吧，如果不是为了生命本身，至少为了你的朋友们。无论你的状况如何，我总是更希望你编织它，而不是把它拆掉。"

那时候，我姐姐同博蒙夫人通信。姐姐死后，这些信落到我手里。古代诗歌将涅瑞伊德斯①描绘成漂浮在深渊上的花朵，吕西儿就是这样的花朵。将她的信同上面引用的信件片段对比，这两位落难天使用不同语言所表达的不幸灵魂的雷同令人吃惊。当我想到，我曾经生活在这样聪明的人当中，我对自己的平庸感到惊讶。这两位杰出女性相继离开人世，中间只隔很短时间；我一读她们的信，就感到难受。

　　夫人，我很高兴终于收到你的信。我是如此高兴，甚至还没有读完，就急于告诉城堡里的所有人：我收到你的消息了。我没考虑到我的欢乐在这里是无足轻重的，甚至几乎无人知道我和你通信。看见周围都是冷漠的面孔，于是我上楼回到房间里，决心独自享受我的快乐。我把你的信读完，而且重读了几遍，但是，夫人，我仍然没有弄懂信的全部内容。收到这封我期待已久的信时我欣喜异常，干扰了我的注意力。

　　夫人，你真的要走了吗？到金山后，你不要忘记你的健康；你要千万小心，我怀着最诚挚、最亲切的心情恳求你。我弟弟告诉我，他希望在意大利同你见面。命运如同天性，有意使他和我不同，对他特别青睐。至少，在爱戴你这方面，我不会比我弟弟逊色：我同我弟弟终生共享这种幸福。我的上帝呀，夫人，我的心情多么紧张和忧伤啊！你不知道你的信对于我是多么重要，它如何启

---

① 涅瑞伊德斯（Néréide）：希腊神话中海神涅柔斯的女儿。

发我，让我蔑视我的苦难！想到我令你操心，我引起你的关切，我就格外提高了勇气。给我写信吧，夫人，让我常常想到你，这对于我是非常重要的。

我还没有看见谢诺多莱先生，我盼望他到来。我可以同他谈谈你和儒贝尔先生的情况；这对于我将是极大的快事。请允许我，夫人，再次恳求你注意身体，你的病让我们难受，让我们操心。你怎么能够不爱惜自己呢？你对于大家是这样宝贵：请小心照料自己吧。

吕西儿

七月三十日，于拉斯卡尔代①

夫人，你告诉我的你的身体状况令我不安，令我悲哀。然而，想到你那样年轻，想到你虽然虚弱，但那样充满活力，我就放心了。

我很遗憾你现在生活在一个你不喜欢的地方。我希望你周围的环境能够使你舒心，能够帮助你恢复体力。我希望你恢复健康后，能够同奥弗涅和解②。对于你这样的慧眼，任何地方都有其美妙之处。我此刻住在雷恩：我对我的孤独很满意。夫人，正如你所知道的，我常常改换住地；这个世界对于我似乎是不适宜的：的确，我视自己为多余之物，而且这并非始于今日。我相信我同你谈过我的烦恼和我的不安。现在，这些都不成问题了，我享受一种谁都无法夺走的内心平静。虽然我到了这个年龄，虽然我由于遭遇和趣味，几乎一直过着孤独的生活，但是，夫人，我过去对社会毫无了解，现在我终于得到这种阴暗的看法。幸亏，潜心思索救了我。我想，这个世界，无论从好的方面看，或从坏的方面看，从来都只是一个

---

① 拉斯卡尔代（Lascardais）：夏多布里昂的二姐的庄园。
② 德·博蒙夫人说，奥弗涅（Auvergne）的群山使她感到压抑。

可怜的东西，它究竟有什么了不得的地方呢？它究竟有何价值呢？夫人，人的判断力同他生命的其余部分一样是有限的，同样变化无常，同人的无知一样不可信赖，不是这样吗？所有这些充分的或不充分的理由，让我将我穿过的那件奇怪的袍子轻易地扔到身后。我现在充满诚挚的感情和力量，别人不再能够扰乱我。我尽我的一切可能重新把握生活，让它完全听从我的支配。

请相信，夫人，我并不需要过分怜悯，因为我情同手足的弟弟境况甚佳，因为我还有眼睛欣赏大自然的奇迹，有上帝做我的支撑，有一个平静和充满美好回忆的心灵作为庇护所。夫人，如果你能继续给我写信，那对于我将是莫大的幸福。

九月二日

文笔是玄妙的，这种玄妙无处不在，但又任何地方都看不到它；一个有才能但痛苦的天性崭露头角；一种人们以为处于青春时期的少女的天真，和一种不为人知的天才的质朴显露在这些信件中，尽管有许多信还未引用。塞维涅夫人给格里尼夫人①写信时，是否比德·科德夫人给博蒙夫人写信时怀有更多的感激之情？"她们两人的温情可以相提并论"。我姐姐以坟墓的全部激情爱我的朋友，因为她感觉她快死了。吕西儿几乎一直住在罗歇②附近；她是她那个世纪的女儿，是孤独的塞维涅夫人。

一八三八年，于巴黎
一八四五年二月二十二日修改

---

① 塞维涅夫人（Mme Sévigné，一六二六——一六九六）：法国女作家。格里尼夫人是她的女儿。
② 罗歇（Rochers）：塞维涅夫人的庄园所在地。

德·博蒙夫人到罗马——我姐姐的信

巴朗谢先生果月三十日的来信告诉我,德·博蒙夫人将离开里昂的金山到意大利来。他还告诉我,我不必担心我害怕的事,病人的健康有所改善。博蒙夫人到达米兰之后,同到那里处理事务的贝尔坦先生汇合。贝尔坦殷勤地照顾可怜的旅行者,将她送到佛罗伦萨;我将在那儿等候他们。看见她那副模样,我吓了一大跳;她只有微笑的力气了。休息几天之后,我们启程前往罗马;为了避免颠簸,车走得很慢。博蒙夫人到处受到殷勤的照料:这位可爱的妇人虽然那么疲倦和痛苦,但她仍然保持吸引人的魅力。在客栈里,甚至女仆也动了恻隐之心。

我的感情是大家猜想得到的:我们将朋友们送到坟地,但他们是沉默的,而令人费解的微小希望不会使你的痛苦变得更加尖锐。我对沿途的景色熟视无睹;我取道佩鲁贾:意大利同我有什么关系呢?我觉得那儿的气候令人受不了,如果刮风的话,轻微的海风也是猛烈的。

在特尔尼,博蒙夫人说想去看瀑布;她强打精神,靠在我胳膊上,但随后她又坐下来,对我说:"水往低处流,要听其自然。"在罗马,我为她在苹丘下、西班牙广场附近租了一栋孤立的房子;房子旁边有一座小花园,种着排成梯级的柑树;还有一个种无花果树的院子。我将垂危的病人安置在那里。我费了许多周折才租到这套幽静的住宅,因为当时在罗马流传一种偏见,认为肺病是可以传染的。

在这个社会秩序正在恢复的时代,人们寻找旧君主制度的遗迹:教皇派人来了解德·蒙莫朗西的女儿的近况;康萨尔维红衣大主教和红衣主教团的成员也仿效教皇的做法;菲舍红衣主教本人对德·博蒙夫人,一直到她去世,都显得很敬重,这是我始料不及的,使我忘记我刚到罗马时我们之间的分歧。德·博蒙夫人到达之前,我曾经写信给儒贝尔，表达我的不安心情："我们的朋友从金山来信，"我对他说，"使我心碎了。她说，她'感觉灯里的油烧光了'；她谈到'她的心脏的最后跳动'。你为什么让她独自旅行呢？你为什么不给她写信呢？要是失去她，我们怎么办哪？谁能够弥补这样的损失呢？只是在我们有可能失去友人的时候，我们才感觉到他们的价值。当一切都顺利时，我们相当麻木，以为我们可以离开他们而不受到惩罚：上天为此处罚我们了。他从我们身边将他们夺走，我们因为他们离去而来临的孤独感到恐惧。请你原谅我，我亲爱的儒贝尔；今天，我心里感到我才二十岁。意大利使我变得年轻了；我和我年幼时一样，强烈地爱一切我珍视的东西。忧愁是我的天性：仅仅在不幸的时候，我才能找到自己。现在，我的朋友是如此稀少，想到他们可能被夺走就令我寝食不安。请原谅我的哀叹，我相信你也同我一样感到不幸。给我写信吧，也给另一个住在布列塔尼的不幸女子①写信吧。"

最初，德·博蒙夫人感觉稍好，她以为自己会活下去。我满意地想，至少德·博蒙夫人不会离开我们了。我打算春天带她到那不勒斯去，然后我在那里向我们的外交部提出辞职。德·阿然古②先生，一位真正的哲学家，来看望那只在飞往未知土地之前在罗马逗留的轻盈的小鸟；我们的画家们的前辈博盖③先生也来探访。

这些来访增强了希望，对病人是一个支持，使她萌生了幻想；但是，在她内心深处，她已经不抱希望了。一些读起来令人难受的信件从四面八方寄到我那里，表达寄信人的恐惧和希望。十月四日，吕西儿从雷恩给我写道：

---

① 指夏多布里昂的姐姐吕西儿。
② 德·阿然古（d'Agincourt，一七三〇——八一四）：学者。
③ 博盖（Boguet，一七五五——八三九）：定居罗马的法国画家。

前些日子,我给你写信,但只开了个头,我现在找不到这封信了。我在信中谈到德·博蒙夫人,我抱怨她没有给我回信。我的朋友,几个月来,我过的是多么伤心和奇特的日子呀!所以,我常常想起预言家的这些话:"上帝将给你戴上痛苦的花冠,而且把你像球一样扔掉。"可是,我们别谈我的痛苦吧,谈谈你的担心吧。我不认为你的担心是有根据的,我看见德·博蒙夫人精神焕发,充满生气,这几乎是令人难以置信的。关于她,我没有任何不祥的感觉。上天知道我们对她的感情,为了我们,上天无疑会保护她。我的朋友,我们不会失去她的;我觉得,我内心有这样的信念。我高兴地想,你收到这封信的时候,你的担忧已经消除了。请替我告诉她,我很关心她,我想念她;请告诉她,对于我,对她的回忆是世上最珍贵的东西之一。你要说话算数,别忘记尽量把有关她的消息告诉我。我的上帝!要等多长时间我才会收到你的复信呀!天南地北是多么残酷的事情呀!为什么你同我谈回法国的事呢?你想讨好我,骗我吧?在我的一切苦难之中,我心中有一个凌驾一切的甜蜜思想,那就是你的友情,是我在你心目中按上帝意愿形成的地位。我的朋友,对于我,除了你的心,我在世上不再有可以信赖的家园。对于其他人,我是外人,不为人理解。别了,我可怜的弟弟!我会重新看见你吗?我这个想法并不是很清晰的。如果你能重新见到我,我担心你会觉得我完全失去理智了。我欠你太多。别了,弟弟。别了,我的至福!啊,对我的美好岁月的回忆呀,你们现在难道不能照耀一下我的悲哀时刻吗?

我并不是离别时尽情倾倒苦水的人;因为你不在,我的忧愁日益深重,而且只要你留在罗马,我就无法不忧伤。为了抚慰我对你的思念,我没有一天不读几页你的书;我做一切努力,为的是造成似乎听见你讲话的错觉。我对你的情谊是十分自然的:从儿童时代起,你就是我的保护人和朋友;你的朋友都变成我的朋友。我可爱的兄弟,以嘲弄我的一切其他幸福为乐的上天,却希望我在你身上找到幸福,让我向你推心置腹。你快将德·博蒙夫人的近况告诉我吧。来信请寄拉莫特小姐处,虽然我还不知道我在她那里会住多久。上次我们分手以来,我住无定所:的确,对于任何不了解我的人,我想必是无法被人理解的;然而,我只是外形上有变化,而本质上我是始终如一的。

天鹅临死前的绝唱由我转给濒死的天鹅:我是这些不可言喻的最后合唱的回声!

一八三七年,于巴黎

德·克吕登纳夫人的信

下面这封信是由另一个女人——德·克吕登纳夫人写的,与前面的信十分不同。德·克吕登纳夫人起过非凡的作用;虽然她并不享有美貌、名声、权势或财富带来的力量,这封信却表明了她对他人的影响。

前天,我从里昂来的米肖先生处得知,德·博蒙夫人此时在罗马,而且病得很重,这是他对我说的。我因此深感忧虑;我心情很不好,十分想念这位我认识不久,但我真心爱戴的迷人女性。我多少次祝愿她幸福呀!我多少次祝愿她越过阿尔卑斯山,在意大利天空下找到我自己在那里感受过的温柔和深刻的激情呀！唉！但是，她到达那个如此美丽的国家，难道只是为了在那里蒙受痛苦，使自己置身于我害怕的危险境况之中吗？我无法向你表达每念及此我是多么伤心。请原谅，我亲爱的夏多布里昂，我对此事太专注了，还没有问你的近况。你应该知道，我对你怀有诚挚的感情，向你表明我对德·博蒙夫人的关注，比谈你自己更能够触动你。我面对这令人伤心的景象；我掌握痛苦的奥秘，但面对这些天性使然，比别人更能承受苦难的人，我的心好像被撕碎一样难受。我希望德·博蒙夫人享受她的特权，更加幸福；有意大利的阳光和你在她身边，我希望她的身体会好一些。啊！同我谈谈吧，让我放心吧；请告诉她，我由衷地爱她，我为她祈祷。她是否收到我对她从克莱蒙寄来的信的复信呢？请将你的复信寄到米肖处！我只要求你给我一句话，因为，我亲爱的夏多布里昂，我知道你是多么敏感，而且你是多么痛苦。我相信她好些了；我没有给她写信；我被事务压得喘不过气来；但是我可以想象，她重新看到你是多么高兴。同我谈谈你的健康状况吧：请相信我的友谊，和我对你始终不渝的关心，别忘记我。

比·克吕登纳
一八〇三年十一月二十四日，于巴黎

德·博蒙夫人之死

罗马的空气给博蒙夫人带来的好处没有持续多久。的确，不再有即将离世的迹象；但是，为了欺骗我们，临终时刻仿佛永远停滞不前。我有两三次用车载着病人去散步；我努力使她分散注意力，让她注视田野和天空：她对什么都没有兴趣了。一天，我带她到斗兽场去；那是罗马才有的十月的一天。她摇摇晃晃地下车，在一块石头上坐下，面对着竞技场周围那些祭坛中的一座。她抬起眼睛，悠悠地望着那些死去已久、并且曾经目睹许多人死去的柱廊；废墟上生长着荆棘和被秋天染成橘黄色的楼斗菜，沉浸在阳光里。垂危的妇人的视线离开阳光，从一级台阶到另一级台阶，往下移到斗兽场；她将目光停留在祭坛的十字架上，对我说："我们走吧，我觉得冷。"我将她送回家；她躺下去，从此没有再起来。

我同德·拉吕泽尔纳伯爵①联系上了；我通过每次信使，从罗马将他小姨的健康情况通报寄给他。他被路易十六派到伦敦去执行外交使命的时候，带我哥哥同行；安德烈·谢里埃②那时是使馆成员。

在做过散步的尝试之后，我又请医生来会诊；他们向我宣布，只有奇迹才能够拯救德·博蒙夫人。她自己认为，她最多能够活到十一月二日，即万灵节；然后，她想起她的一位亲戚——我不知道是哪一位——是十一月四日死的。我对她说，她在胡思乱想，她将来会知道这些担心是多余的；为了安慰我，她回答说："啊！是的，我会走得更远一些！"她看见我想对她掩饰我的眼泪，于是对我说："你真是个孩子，难道你对此没有准备吗？"

十一月三日星期四，她去世前夕，显得比较平静。她同我谈财产的处理，并且谈到她的遗嘱，说："一切都完了，可是一切要从头开始。为了处理这些事，只要两个钟头时间。"晚上，医生告诉我，他不得不通知

---

① 德·拉吕泽尔纳伯爵：德·博蒙夫人的姐夫；德·博蒙夫人死后，夏多布里昂给他写信，报告她临终的情况。
② 安德烈·谢里埃（André Chénier，一七六二——一七九四）：法国诗人。

病人,是做临终忏悔的时候了。我一时无法自持,我担心死亡仪式会促使德·博蒙夫人为时不多的生命更快结束。我对医生发脾气,然后,我哀求他起码等到第二天。

由于我心中隐藏着这个秘密,这个夜晚对于我是残酷的。病人不让我留在她房间里守夜。我待在门外,听见一点动静就浑身发抖。当门微微打开时,我远远看见一支即将熄灭的蜡烛的微光。

十一月四日星期五,我走进房间,身后跟着医生。德·博蒙夫人发现我神情慌乱,问我:"你怎么啦?我晚上睡得不错。"医生此时故意大声对我说,他想同我到隔壁房间谈谈。我出来了。当我重新进入房间的时候,我手足无措。德·博蒙夫人问医生对我说了什么。我跪倒在她床下,泪流如雨。她沉默片刻,望着我,然后好像要鼓励我似的,以坚定的语调对我说:"我以为不会这么快的。好吧,要同你永别了。请你叫德·博纳维神父来。"

德·博纳维神父得到授权,来到德·博蒙夫人家中。她对他说,她心中一直怀有深厚的宗教感情;可是,她在革命时期遭受的闻所未闻的不幸,使她有一段时间怀疑上帝的公正;她准备承认错误,乞求仁慈的主保护;不过,她希望她在人世蒙受的苦难,会缩短她在阴间的赎罪。她做手势叫我退出,让她独自同听忏悔的神父待一会儿。

一小时后,我看见神父出来了,他一边擦着眼睛一边说,他从未听过这样优美的语言,从未见过这样的英勇气概。为了行圣事,人们派人去找本堂神父。我回到德·博蒙妇人身边。她看见我的时候,对我说:"怎么!你对我满意吧?"她对她所称的我对她的"照顾"表示感激。啊!如果此时我能够用我的生命换取她一天的生命,我会多么心甘情愿呀!德·博蒙夫人那些没有目睹这个场面的其他朋友只需要哭一次;可是我站在这苦难之床旁边,听她临终的时刻敲响,她的每次微笑都令我兴奋振作,她笑容的消失令我沮丧。一个可悲的想法令我震惊:我发现德·博蒙夫人在她的最终一刻,才发现我对她的真正感情;对此,她不断地表示惊讶,而且她似乎既绝望又高兴。她曾经认为她对于我是一个负担,希望离去,让我卸下她这个包袱。

  本堂神父十一时到达。房间里挤满了好奇和无动于衷的人群;罗马神父身后经常有一帮这样的人。德·博蒙夫人面对这样隆重的场面毫无惧色。我们跪下来,而病人领圣餐和行临终涂油礼。所有人都退出之后,她叫我坐在她床边,怀着最崇高的思想和最动人的友情同我谈我的事业和我的打算。她特别鼓励我到德·夏多布里昂夫人和儒贝尔先生身边去生活。但是,儒贝尔先生还能够活多久呢?

  她请我打开窗子,因为她感觉气闷。一道阳光照射在她床上,这似乎令她高兴。此时,她向我重提到乡下隐居的打算,随后她哭了。

  下午两时到三时之间,德·博蒙夫人向年迈的西班牙女仆提出要换床,医生表示反对,因为他担心病人会在移动过程中死去。这时她对我说,她感觉临终时刻近了。突然,她把被子掀开,朝我伸出一只手,将我的手紧紧攥住;她的眼睛失去了光彩。她用她那只空着的手指指床脚,好像同谁打招呼似的;然后,她把手缩回到胸前,说:"是这里!"我十分愕然;问她是否认得我。她在迷茫之中想露出笑容;她对我轻轻点点头,表示肯定;她已经不能讲话了。痉挛只持续了几分钟。我、医生和看护,我们用手臂扶着她。我的一只手放在她不堪重负的心上,她的心急剧地跳动着,好像一只断了发条的表。啊!我一阵恐慌:我觉得她的心停止跳动了!我们将平静下来的妇人轻轻放在枕头上;她垂下头。她的几缕散发跌在脸上;她的眼睛闭上了,永恒的黑夜降临了。医生将一面镜子和一根蜡烛放在她嘴前;镜子没有因为生命的气息失去光泽,烛光一动也不动。一切都结束了。

一八三八年,于巴黎

葬礼

通常，哭泣者可以静静地享受他们的眼泪，其他人负责料理最后的宗教仪式。我作为法国的代表——红衣主教公使此刻不在，作为德·蒙莫朗西先生的女儿的唯一朋友和她的家族的代理人，不得不主持一切：我要选择墓地，确定墓坑的深度和宽度，叫人准备裹尸布，将棺材的尺寸通知木匠。

两位修女守护在棺材旁边；棺材应该运到圣路易法国人公墓。神父当中有一位是奥弗涅人，是蒙莫朗西当地出生的。德·博蒙夫人说过，她希望裹着她哥哥奥古斯特从法兰西岛①寄来的料子入殓；奥古斯特是她唯一逃脱断头台的兄弟。但她所讲的料子不在罗马；人们找到一段她随身带的料子。圣日耳曼太太将布裹住德·博蒙夫人的遗体，用她平时束头发的红玛瑙发卡扣住。法国神父请来了，博尔盖兹公主将她家族的灵车借出；菲舍红衣主教曾留下命令，说遇到非常情况，可以使用他的仆役和车辆。十一月五日星期六晚上七时，在火把照耀下，在人群的簇拥中，德·博蒙夫人启程了，走上那条我们大家都要走的路。十一月六日星期天，做下葬弥撒。巴黎举行的葬礼可能也不及罗马的葬礼那样具有法国特点。这个用我们古老祖国的徽号和铭文作装饰的建筑物，这些铭刻我们历史上最古老的家族的姓名的坟墓，这座被大圣人、大国王、大人物保护的教堂，这一切都无法安慰不幸，但使不幸增添了荣耀。我希望一个显赫家族的后裔，在我卑微的眷恋之情中至少找到一点支持，并且希望她不会感觉缺乏友谊，就像她不缺乏财富一样。

对外国人习以为常的罗马居民，把外国人当作兄弟姐妹。德·博蒙

---

① 法兰西岛：法国的一个省。

夫人在这片对死者友善的土地上，留下恭敬的回忆；人们今天还记得她：我看见利奥十二世在她墓前祈祷。一八二七年，我拜谒这座代表一个消逝的社会的灵魂的纪念碑；在一座孤寂的教堂里，我在这座沉默的纪念碑周围的脚步声对于我是一种警戒。"我将永远爱你，"希腊文的墓志铭写道，"但是，在阴间，我求你，请别喝这杯酒，它会令你忘记你的老朋友。"

巴黎

我经历的一八〇三年——谢诺多莱先生、封塔纳先生、内克先生和斯塔尔夫人的信

如果我们将私人生活中的不幸同国家发生的事件的重要性相比，那么这些不幸在《回忆录》中的位置几乎可以忽略不计。谁没有失去朋友？谁没有看着他死去？谁不曾讲述过这类丧事？这样想是对的，但是，没有谁能够纠正自己的做法，不讲自己的遭遇：水手们在负载他们的船上，想念他们的陆地上的家庭，谈论他们的亲人。每个人自身包含一个特殊的世界，这个世界和人世的普遍规律和命运是完全不同的。而且，认为各种革命、轰动一时的事件、影响巨大的灾难是我们生命中唯独值得纪念的大事是错误的。我们大家都在为共同的历史出力，而且在上帝眼中，人类世界就是由这些个体的存在组成的。将悼念之情聚集在德·博蒙夫人的骨灰周围，我只有把献给她的花环摆在她的墓旁。

谢诺多莱先生的信

我亲爱和不幸的朋友，请相信我分担你的哀伤。我的痛苦没有你的痛苦那么巨大，因为这是不可能的；但我由于这个损失而感到异常悲痛，这个损失使长久以来对于我只意味痛苦的生活更加阴暗。这样，一切善良、可爱和敏感的人都走了，从地上消失了。我可怜的朋友，你赶快回法国来吧，到你的老朋友身边来寻找一点安慰吧。你知道我是否爱你：来吧。

我很为你担心：我三个多月没有收到你的消息了，而我寄了三封信都没有回音。你收到这些信了吗？两个月之前，德·科德夫人突然停止给我写信。这件事令我懊丧极了，可是，我没有任何对不起她的地方。而且，无论她做什么，都不能剥夺我永远奉献给她的温柔和恭敬的友情。封塔纳和儒贝尔也不给我写信了；这样，我爱的一切人似乎联合起来，要同时将我忘记掉。啊！请你不要忘记我，我的好朋友，让我在这充满泪水的土地上，还有一个我能够信赖的心灵吧！再见！我流着眼泪拥抱你。请相信，我的好朋友，我会分担你的损失。

一八〇三年十一月二十三日

封塔纳先生的信

我分担你的全部忧伤，我亲爱的朋友：我体会你此时的痛苦。她死时是这样年轻，而且是她的家族唯一的幸存者！但是，这位有趣和不幸的女子不会缺乏友谊的支持和回忆。她将活在同她一样高贵的人心里。我将有关死者的记述转交给德·拉吕泽尔纳先生。是由你朋友的仆人、年迈的圣日耳曼送去的。我一边听这位善良的仆人谈他的女主人，一边哭了。我对他说，他有一笔一万法郎的遗赠，但他完全没有理会这件事。如果在这悲哀的时刻，有可能谈别的事，我就会对你说，将她的遗产的用益权给你是理所当然的事情，但这些财产要传给遥远和几乎无人知晓的旁系亲属。

我赞成你的行为；我知道你是正直的；但是，为了我的朋友，我承认，我不能像他对自己那样无私。人们忘记这件事，这令我感到吃惊和难受。德·博蒙夫人在她临终的病床上，用富有感情的方式同你道别，谈及你的前途和命运。她的声音应该比我的声音更有说服力。可是，正当你的职业生涯刚摆脱最初的困境，你却打算放弃八千或一万法郎的薪俸，她同意你这样做吗？我亲爱的朋友，在如此重要的问题上，你能够轻率从事吗？请相信，我会很高兴重新看见你。如果我只考虑我自己的幸福，我会对你说：马上来吧。但是，你的利益同我的利益一样重要，我看不到眼前有什么办法能够弥补你自愿放弃的好处。我知道，凭你的才能，你的名气和你的工作，你不会有衣食之忧；但是，我在这件事上看到的是名誉，而不是财富。你所受的教育，你的习惯，免不了会有些开销。为了应付日常生活，光名望是不够的，其他人头脑里都有解决柴米油盐问题的可悲的窍门，如果他们希望过独立和平静的日子的话。我始终希望，不要有什么东西让你下决心到国外去寻求财富。嗯！我的朋友，请相信，在开头的热乎之后，外国人比同胞更差劲！的确，你的女友在弥留之际对你讲过这些话，但她在最后时刻想必有点迷糊了。我希望你在她墓前得到超过你剩下的朋友可能向你提供的教训和启发，这位可爱的女人爱你：她会给你提供好建议。你对她的思念和你的心会正确引导你：如果你能够听从它们，我就放心了。再见，我亲爱的朋友，我亲切地拥抱你。

内克先生给我写了信，那是我从他那里收到的仅有的一封。这位以其正直的观点为推翻君主制度做出贡献的部长被解除职务时，我曾经目睹宫廷的兴高采烈。他曾是德·蒙莫朗西先生的同事。内克先生不久之后就在他这封信发出的地点去世。当时斯塔尔夫人不在他身边，他为他女儿的朋友洒了些眼泪：

内克先生的信

先生，我女儿启程去德国时，请我打开一个体积相当大的包裹，以便决定是否有必要通过邮局给她寄去。这就是我先于她知道德·博蒙夫人的死讯的原因。先生，我已将你的信寄往法兰克福，信很可能会从那里再转到更远的地方，也许是魏玛或柏林。如果你尚未收到斯塔尔夫人的答复，先生，请不要惊讶，你可能很快就会收到的。你可以相信，先生，斯塔尔夫人得知失去一位我常常听她怀着深厚感情谈及的友人时，一定会感到痛苦。我分担她的悲伤，我分担你的悲伤，而且，当我想到我的朋友德·蒙莫朗西一家的不幸遭遇时，我更加难受。

看来，先生，你打算离开罗马回法国了。我希望你回国途中经过日内瓦，我不久要去那里过冬。我将很高兴带你参观一座知道你的大名的城市。而且，先生，你何处不在呢？一切喜欢读书的人手里，都有你的闪烁着无可比拟的美丽光泽的新作。

先生，我谨向你致以最崇高的敬意。

内克

一八〇三年十一月二十七日，于科佩

斯塔尔夫人的信

啊！我的上帝呀，"my dear Francis"，收到你的信我是多么痛苦呀！昨天，我已经从报纸上读到这个可怕消息，而你令人心碎的来信更用血字将它铭刻在我心上。你怎么能够，你怎么能够跟我谈关于宗教和神父的不同观点呢？[①] 当只有一种感情的时候，难道有两种观点？我噙着痛苦的眼泪读完你的记述。"My dear Francis"，你还记得你对我怀着殷殷友情的那段时间吗？你千万不要忘记我的心被你吸引的那段时间，要知道，我心中的这种感情现在比任何时候更加甜蜜，更加深沉。我喜欢，我欣赏德·博蒙夫人的性格：我没有见过更加慷慨，更加知恩图报，更加富于同情心的人。自从我进入社交界以来，我一直同她有联系，我始终觉得，我们之间尽管有些差异，但由于共同的根源，我们是很相像的。我亲爱的弗朗西斯，让我在你的生活中占有一席之地吧。我佩服你，我爱你，我爱你哀悼的人。我是忠诚的朋友，我将是你的姐妹。我应该比任何时候更加尊重你的观点。和你持同样观点的马蒂厄，在我刚刚感受的哀恸中，天使般地安慰我。请你给我一个迁就这些观点的新理由吧：让我以某种方式，对你有所帮助或者使你感到愉快吧。没有人写信告诉你，我已经被流放到远离巴黎的地方吗？此刻我正在周游德国，但到春天，如果我的流放结束，我将回到巴黎，或巴黎附近，或日内瓦。你想个办法，让我们聚聚吧。你不感到我的思想、我的心灵理解你的心灵吗？你不感觉，在我们的分歧之中，我们有相像之处吗？德·洪堡先生[②] 几天前写信给我，他在信中以敬佩的心情谈到你的作品；一个他这样身份和观点的人能够这样讲，应该使你

[①] 夏多布里昂在将"记述"寄给斯塔尔夫人时，要求她不要就宗教和神父在其中的地位"开玩笑"。
[②] 德·洪堡先生（Humboldt）：普鲁士驻罗马公使。

感到高兴。但是，关于你的成功，我此刻还要说什么呢？她对你的成功是感到高兴的，并且以此为荣。继续努力吧，让她如此爱戴的人名扬四海吧！再见，我亲爱的弗朗西斯。我到魏玛之后，再给你写信。给我回信吧，请将信寄到银行家德波尔兄弟家。在你的记述中，多少令人心碎的话呀！还有收留可怜的圣日耳曼太太的决定：你找一天把她带来看看吧。

亲切的再见，痛苦的再见。

斯塔尔

一八〇三年十二月三日，于法兰克福

这封由一位著名女性写的殷勤和温馨的信令我倍受感动。如果上天让德·博蒙夫人复活的话，她此刻会无比幸福的！但是，我们对死者的眷恋并无回天之力。当拉扎尔从坟墓中站起来的时候，他的手脚被捆绑着，脸上包着裹尸布：不过，友谊不能像基督一样对马尔泰和玛丽所说的："给他松绑吧，让他走。"①

他们也走了，那些安慰我的人，而且他们要求我替他们悼念另一女人。

一八三八年，于巴黎

---

① 引自《福音书》，耶稣使马尔泰和玛丽的兄弟拉扎尔复活。

我经历的一八〇三年和一八〇四年——写《回忆录》的初衷——我被任命为驻瓦莱公使——离开罗马

我决定放弃我的外交生涯。在我任职期间，个人的不幸同工作中庸俗和细小的政治烦扰纠缠在一起。当你不曾在一个接受你的生命的人居住过的地方独自浪游时，你就无法体会什么是心灵的凄凉。你寻找她，但寻而不获；她同你说话，对你微笑，陪伴你；一切她用过或接触过的东西都让人想起她；在她和你之间只有一层透明的帷幕，但它是那么沉重，你无法将它掀起。对头一个中途抛弃你的朋友的回忆是残酷的；因为，如果你的生命延长的话，你必定还会蒙受其他损失：这些接踵而来的死亡同头一个死亡串在一起，你在哀悼一个人的时候，也同时哀悼你相继失去的其他人。

在我做出安排，准备离职期间，我被抛弃在罗马的废墟上。由于远离法兰西，我的离职申请被拖延了。我头一次散步时，周围的景色似乎变了，树木、建筑物和天空都是陌生的；我在田野上、沿着瀑布和引水渠到处乱走，像过去在新世界森林中绿荫蔽天的小径上一样。我回到永恒的城市，它在无数逝去的生命当中又加上一个熄灭的生命。由于我经常在台伯河孤寂的河岸上漫游，我已经将河岸的景色铭记在心里，而且在给封塔纳先生的信中做了相当准确的描述："如果一个外国人是不幸的，"我说，"如果他将他的心爱者的骨骸同那么多名人的骨骸放在一起，为什么他不怀着沉醉的心情，从塞西里亚的墓地走到那位不幸女子的棺木那里去呢！"

也是在罗马，我头一次想到撰写《我一生的回忆录》；现在，我找到当时随便乱涂的几行字，从中辨别了如下内容："在世上到处浪游，在远离祖国的地方度过我青年时代的黄金岁月，在忍受了一个人可能忍受的几乎所有痛苦（甚至饥饿）之后，我于一八〇〇年回到巴黎。"

在给儒贝尔先生的一封信中，我这样草拟了我的计划：

> 我唯一的乐趣是挤出几个钟头时间写一部作品；只有这部作品才能减轻我的痛苦。这部作品是《我一生的回忆录》。罗马在其中有它的位置；从此，我只能以这种方式谈及罗马。请放心，这不会是令我的朋友们难堪的忏悔：如果我将来有所作为的话，我的朋友们在其中将有一个美丽和令人尊重的名字。我也不会同后代详谈我的弱点；关于我，我只会讲那些符合我的个人尊严的东西，而且我敢说，那些符合我的崇高心灵的东西。只能向世人介绍美的东西；只暴露我们生活当中能够让我们的同类产生高贵和勇敢的感情的东西，这不是对上帝撒谎。这并非因为我确实有什么需要隐瞒。我既没有因为一条丝带被偷而让人驱逐一名女仆，也没有将一个垂危的朋友扔在街上不管；既没有侮辱收容我的女人，也没有将我的私生子抛弃在孤儿院①。但是，我有我的弱点，我的沮丧；我的一声叹息，就足以让世人明白那些应该放到纱幕之后的不光彩的事情了。再现这些人们到处都可碰见的伤口，对社会有什么好处呢？如果要揭示人类可怜的天性，事例是俯拾即是的。

在这份我草拟的大纲里，我忘记我的家庭，我的童年，我的青年时代，我的旅行和我的流亡，然而那是我更喜欢的故事。

我仿佛一个幸福的奴隶：他习惯于给自己套上枷锁，当枷锁被粉碎时，他不知道如何度过他的闲暇。在我打算投入工作的时候，一个人影来到我面前，而且我不能将我的视线从它身上移开：只有宗教以它的庄

---

① 影射卢梭。

严和它启迪我的高层次思考令我静下心来。

然而，在我考虑写《回忆录》的过程中，我感到古人对他们的姓名的价值的重视：在这种人们死后留下的永恒的纪念当中，也许有令人感动的东西。可能古代伟人当中，人类长生不死的想法取代了他们无法解释的心灵的永恒。如果说，当名誉仅仅同我们自己有关时是无关紧要的，但必须承认，赋予他爱过的人以不朽的生命，这是天才人物的友谊才享有的美妙特权。

我从《创世纪》开始，评论《圣经》的几个章节。关于下面一段："亚当已经与我们相似，能知道善恶，现在恐怕他伸手又摘生命树的果实吃，就永远活着。"我注意到创造者的辛辣讽刺："亚当已经与我们相似，人不应该摘生命树的果实吃。"为什么？因为他尝过知识的果实，并且懂得善和恶；现在他作恶多端；"所以，不能让他永生"：死亡是上帝赐以的多大的恩典呀！

祈祷已经开始了，有的为了"灵魂的不安"，另一些为了"变得坚强，与恶人对抗"：我试图将我的在身外漂泊的思想引到一个休憩之地。

由于上帝不愿意在那里结束我的生命，要使它经受长期的考验，要爆发的雷雨平息了。突然，红衣主教大使改变了对我的态度：我同他进行了一次谈话，要求他做出解释，并且宣布我决定辞职。他表示反对：他声称，我在此刻辞职有失宠之嫌，会令我的敌人开心，首席执政官会生气，使我在我希望退隐的地方不得安宁。他建议我到那不勒斯去休息两周或一个月。

与此同时，俄国叫人向我试探，问我是否愿意当一位大公爵的家庭教师：这最多等于问我是否愿意当亨利五世的家庭教师，向他奉献我生命的最后几年。

正当我在各种可能的选择之间犹豫不定的时候，我收到首席执政官任命我为驻瓦莱公使的消息。首先，因为有人控告我，他发了脾气；但是，他冷静下来之后，明白我这种人只能处在第一线，不能让我同别人一道平起平坐，要不人们休想得到我的支持。由于没有空缺职位，于是他决定按照我爱好清静和独立的性格创建一个，将我安排到阿尔卑斯山里去。他给我一个天主教共和国①，连同它由众多急流组成的天地：罗讷河和我们的士兵在我脚下交错而过，一条流向法兰西，其他回溯到意大利，辛普朗山在我面前打开它的险峻的通道。为了让我到意大利旅行，我要多长假期执政官都会同意；巴兹奥希夫人叫封塔纳告诉我，重要的大使馆一有空缺就是我的。这样，我出乎意料地取得第一次外交胜利。的确，执掌政权的是一个非常聪明的人，他不希望让另一个他感觉准备同政权分道扬镳的聪明人被衙门的倾轧所埋没。

德·博蒙夫人死后，几乎在菲舍主教对我的态度变得比较友好的同时，他将两封恶意的信寄到巴黎，这更证明我上面的意见是符合事实的。虽然如此，我在这部《回忆录》中仍然为他讲了公道话，这是他始料不及的。当他答应我到那不勒斯去的时候，他究竟在谈话中，还是在他的外交公文中表达了他的真实思想呢？谈话和信件是同一个日期，但内容是矛盾的。如果我愿意，通过销毁有关我的报告的痕迹，我可以使主教先生同他自己统一起来：我任外交部长期间，我只须从那些文件夹里面将大使那些胡说八道的东西抽出来。如果我这样做，也不过是模仿德·塔列朗②处理他同皇帝的来往信件的方式。我不认为我有资格为自己的利益滥用权力。如果万一有人寻找这些文件，在原来的位置是找得到的。这样做是耍手腕，我完全同意；但是，为了不让人认为我具备我并没有的德行，人们必须知道，我是出于轻蔑，而不是出于慷慨大

---

① 指瓦莱（De Valais）共和国。瓦莱是瑞士南部一个州，南与意大利，西与法国接壤。一八〇二年拿破仑出于战略上的需要把瓦莱建立为独立的共和国。
② 德·塔列朗（de Talleyrand，一七五四——一八三八）：法国政治家和外交家，在法国大革命时期、拿破仑时期、波旁王朝复辟时期都担任过高官。

度，才尊重我的诽谤者的信件。我也在驻柏林使馆的档案中，看到一些德·博内侯爵①写的攻击我的信件：我非但不加掩饰，还让别人读这些信。

菲舍主教先生对可怜的吉荣神父（摩洛哥主教）并不宽厚些：他被指责为"俄国间谍"。波拿巴视莱内先生为"英国间谍"：正是通过警察的这些报告，这位伟人养成了胡说八道的恶习。但是，难道他对菲舍本人毫无意见吗？他自己的家庭对他怎样看？一八〇三年，德·克雷蒙-托内尔主教同我一样在罗马，关于拿破仑的舅舅，他什么话都没有说过！我有信为证。

而且，四十年来一直埋没在虫蛀的卷宗里的这些争吵有什么重要呢？在这个时代的形形色色的演员当中，只有一个还在：波拿巴。我们这些人自以为活着，实际上我们已经死了：昆虫爬行时，人们在它拖在身后的微弱光线中，会看到它的姓名吗？

以后，我担任驻利奥十二世身边的公使时，菲舍主教又见过我；他尊重我，而我对他是殷勤和尊敬的。而且，人们以严厉的态度评论我是自然的事情，我对自己也是严格的。这一切都是过去很久的事情了：我甚至不屑去辨识那些当年担任菲舍主教先生的正式或非正式秘书的人的笔迹。

我启程去那不勒斯。在那里，开始了没有德·博蒙夫人的一年；故人不在的一年，还有多少这样的岁月接踵而来啊！此后，我没有再去那不勒斯，尽管以后我在一八二七年陪同德·夏多布里昂夫人到了这座城市的大门口。柑树上挂满果实，而爱神木开满花朵。海湾，香榭丽舍和大海的美丽是我无法用语言表达的。在《殉道者》中，我描绘了那不勒斯湾。我登上维苏威火山，下到火山口里面。我在剽窃自己；我在模仿

---

① 德·博内侯爵（Bonnay）：法国驻柏林大使，夏多布里昂的前任。

《勒内》的一个场面。

在庞贝，人们将一具带枷锁的骷髅和士兵们在墙上乱涂的拉丁字指给我看。我回到罗马。卡诺瓦①让我参观他的工作室，那时他正在完成一座仙女雕像。在另一个地方，我预订的大理石墓碑已经雏形初具。我到圣路易公墓②向死者祈祷，然后我于一八〇四年一月二十一日启程回巴黎，那是另一个不幸的日子③。

这是不可思议的苦难：从发生这些事件的日期到现在，三十五年过去了。在那些遥远的日子里，悲痛欲绝的我不是信誓旦旦地说，刚刚夭折的友情是我最后的友情吗？然而，我多么快就用别的东西取代（不是忘记）了对于我珍贵的东西呀！人就是这样不断失言。当他年轻，前途无限的时候，他还有一丝借口；但是，当他套上车，在身后艰难地拖拽着生活的时候，怎么为他辩解呢？我们的本性是那么贫乏，甚至在我们朝三暮四的弱点中，为了表达我们的新感情，我们只能使用我们在从前的眷恋中使用过的词语。可是，有些词应该只使用一次的：如果重复，就是亵渎了。我们的被背叛和被抛弃的友情谴责我们进入新的社交圈子；我们的岁月已经认罪：我们的生活令我们永远汗颜，因为它是持续不断的罪愆。

一八三八年，于巴黎

---

① 卡诺瓦（Canova，一七五七——八二二）：意大利雕刻家。
② 德·博蒙夫人埋葬在那里。
③ 路易十六于一七九三年一月二十一日被处决。

篇章十六

我经历的一八○四年——瓦莱共和国——参观杜伊勒利宫——蒙莫朗西公馆——我听见被处死的当甘公爵控诉——我辞职

由于我不打算留在巴黎，所以我下榻在博纳街的法兰西旅店。德·夏多布里昂夫人到那里同我汇合，准备一起去瓦莱。我从前的社交圈子一半已经散伙，已经七零八落了。

波拿巴正在向帝国前进；随着形势的发展，他的才气更加飞扬。他像正在膨胀的炸药，可以毁灭整个世界。他已经拥有无限的力量，但他并不觉得到了顶峰，他拥有的力量使他倍受折磨；他摸索着，似乎在寻找道路。当我到达巴黎的时候，他正在同皮歇格律和莫罗纠缠。出于狭隘的嫉妒心，他居然将那些远在他之下的人物（莫罗、皮歇格律、乔治·卡杜阿尔）当作对手，将他们逮捕。

这种在日常生活中动辄要阴谋诡计的卑劣做法，与我的天性完全不符合，于是我宁愿逃到山里去。

锡永市议会给我写信。由于该信的口气十分天真,我将它保留下来了。我通过宗教进入政治:《基督教真谛》为我打开了政治的大门。

锡永市议会,
致法兰西共和国驻罗马使团秘书夏多布里昂先生:

先生:

从我们的大法官的正式公函,我们得知你被任命为法国驻我们共和国的公使。我们愿意立即向你表达我们对这个选择的完全满意的心情。我们认为,这次任命是首席执政官对我们共和国的宝贵支持,我们因为你能够来到我们的城市而倍感荣幸:我们从中看到对于我们祖国和我们城市的最吉祥的征兆。为了向你表达我们的欢迎之情,经过讨论,我们在条件允许的范围内,为你准备了一套符合你的身份的临时住宅,配备了家具和日常用品,在你自己做出满意的安排之前供你使用。

先生,请将我们的建议当作我们诚挚欢迎法国政府特派代表的证明予以接受,这个选择令"一个信教的民族特别感到高兴"。我们请你将你到达本城的时间通知我们。

先生,请接受我们的敬意。

锡永市议会主席

德·里德马尔唐

市议会授权:

议会秘书

德·索兰特

瓦莱共和国

一八〇四年二月二十日,于锡永

三月二十日之前两天，我穿好衣服到杜伊勒利宫向波拿巴辞行；自从他在吕西安家同我讲话之后，我一直没有见过他。接待厅挤得满满的，他由缪拉和首席副官陪同；他从人群中走过，几乎没有停顿。他靠近我的时候，我对他面色的变化大吃一惊：他青灰色的两颊下垂，眼睛闪耀着粗野的目光，脸色苍白而暗淡；他从前吸引我的魅力不见踪影；我没有在他要经过的地方停留，为了避开他，反而往后退了一步。他朝我瞟了一眼，好像试图认出我是谁似的，还朝我的方向移了几步，但是他后来转身走开了。在他眼中，我也许是一个警告吧？他的副官注意到我；当人群遮住我的时候，副官试图越过我前面的人找我，把执政官往我这边引导。这种情况持续了近一刻钟，而我始终往后退。拿破仑朝我这边走是无意的。我始终弄不明白，是什么东西引起副官注意。他将我当作一个不认识的可疑人物吗？如果他知道我是谁，他是否会有意让波拿巴同我谈谈呢？无论如何，拿破仑进入另一个客厅。我因为自己到杜伊勒利宫完成了自己的任务而感到高兴，于是告退了。从我走出城堡时的愉快心情来看，显然我是不适于进去的。

回到法兰西旅店后，我对我的几个朋友说："一定出了什么我们不知道的事情，因为波拿巴的模样变得太厉害，除非他病了。"布里埃纳先生知道我做过这种与众不同的预言，他只是将日期弄错了，下面是他的原话："从首席执政官的官邸回来时，德·夏多布里昂先生对他的朋友们说，他觉得首席执政官变化很大，目光凶险。"

是的，我注意到这一点了：超群的智慧孕育罪恶不可能没有痛苦，因为这不是它的天然果实，它不应该结出这样的果实。

两天之后，三月二十日，我因为心中的悲哀和眷恋，很早起床。德·蒙莫朗西先生在荣军院大街普吕梅路拐角处建了一座公馆。在这座革命时期卖掉的公馆的花园里，幼年时代的德·博蒙夫人栽种了一棵柏树，她每次从旁经过的时候，都喜欢将树指给我看；只有我才知道这棵树的来源和故事。我那天要去向这棵树告别。这棵树现在还在,但枯萎了,只有齐窗高。我在三四棵同类树木中认出这棵树;它似乎认得我,看见我走近特别高兴;悠悠的风将它变黄的头吹得朝我倾斜,而且对着空房间的窗子喃喃细语:这是我们之间的神秘的默契,我们当中任何一个倒下时,这种默契就结束了。

我虔诚地履行了义务,然后我沿着荣军院大街和广场而下,穿过路易十六大桥和杜伊勒利宫;在马尔桑亭附近,我在通向里沃利街的栅门那里走出公园。那是在十一时到正午之间,我听见一个男人和一个女人在大声宣读一条官方新闻;路人止步,突然被下面这句话惊呆了:"在樊尚召开的特别军事委员会,判处一七七二年八月二日出生在尚蒂伊、名为路易-安托万-亨利·德·波旁的人死刑。"

这对于我犹如一声晴天霹雳;这条消息改变了我的生命,就像它改变了拿破仑的生命一样。我回到家中,对德·夏多布里昂夫人说:"当甘公爵刚被处决①。"我在桌子前面坐下,开始写辞职信。德·夏多布里昂夫人没有反对,以极大的勇气看我起草。她并非不知道我所冒的风险:当时正在对莫罗将军和乔治·卡杜阿尔起诉;狮子尝过血腥了,这不是激怒他的时候。

这时,克洛泽尔·德·库斯盖来了;他也听见有人宣读判决。他看见我手里拿着笔,劝我为可怜的德·夏多布里昂夫人着想,把一些激烈的句子删去。信送到外交部。措辞是无关紧要的:我的观点和我的罪行表现在我辞职的行动本身。波拿巴不会看不到这一点。巴兹奥希夫人得知她称之为我的背叛行为时大嚷大叫;她派人找我,对我进行最激烈的

---

① 当甘公爵(Duc d'Enghien,一七七二——一八○四):法国波旁公爵的独生子。大革命爆发后逃亡国外。一八○四年拿破仑接到情报,说当甘公爵策划推翻他的阴谋,这份情报是假的,但拿破仑下令把他关入监狱,后组织军事法庭进行审判,将他处决。

谴责。封塔纳先生害怕得几乎乱了方寸：他认为我将同所有同我有关系的人一道被枪决。好几天时间里，我的朋友们一直战战兢兢，担心我被警察抓走；他们不时来到我家中打听，而且走近门房的时候，都忍不住发抖。帕基埃先生在我辞职次日，来同我拥抱，说他高兴有我这样一个朋友。在相当长时间里，他保持体面的温和立场，远离权力和官位。

然而，赞扬勇敢行为的普遍同情心消失了。我出于宗教的考虑，接受到法国以外的地方任职。这个职位是一位势力强大的天才、无政府状态的征服者、一个人民推举的领袖、一位共和国执政官给予的，而不是一个继续被篡夺的君主制度的国王给予的。那时，带着那种感情的我是孤立的，因为我的行为始终如一；当我可以接受的条件变化之后，我就引退了；可是，一旦英雄变成屠夫，人们立即拥进他的候见厅。三月二十日事件发生六个月之后，人们可以认为，除了暗地的嘲笑，上层社会只剩下清一色的观点。那些"倒下去"的人[①]声称他们是"被迫的"，而且他们说，人们只强迫那些有名声和有地位的人，每个人为了证明他的重要和高贵，在被人哀求之后"迫不得已"接受了。

那些曾经向我热烈鼓掌的人离我而去；我的留任对于他们是一种谴责。谨小慎微的人觉得向荣誉让步是不谨慎的。有时，崇高的心灵是真正的缺点；谁对此都无法理解；它被视作思想的狭窄，偏见，不良的习性，异想天开，妨碍正确判断的怪癖；有人说，也许这是一种体面的愚蠢，一种愚蠢的卑下和无知。如果我们闭眼不看世界，置身时代进步、思想运动、风向变化、社会进步之外，我们能够有什么作为呢？夸大事件的重要性，难道不是一个令人惋惜的错误吗？你将自己锁闭在你的狭窄的原则里面，思想和判断同样短浅，结果你像一个住在房屋后部的人，只看得见狭小的院子，不知道街上发生的事情，也听不见外面的

[①] 应该理解为"向拿破仑屈服的人"。

声音。看，因为有一点独立性，你就落到这种地步，成为庸人怜悯的对象。至于那些骄傲和目光高贵的大人物，oculos sublimes，他们怀着悲天悯人的心情原谅你，因为他们知道"你无法理解"。于是，我默默地重新投入我的文学生涯；可怜的品达注定我的第一次奥林匹克会①还是唱"水的清甜"，而将酒留给幸运者。

友谊使德·封塔纳先生恢复了勇气；巴兹奥希夫人怀着好意在她哥哥的愤怒和我的决心之间斡旋；塔莱朗先生，出于漫不经心或者另有算计，把我的辞职报告在抽屉里放了几天之后才谈到此事。当他向波拿巴汇报的时候，后者已经有充裕的时间进行思考。从一个不害怕冒犯他的正直的人那里，他收到唯一的直接谴责的迹象。他只说了两个字："很好。"稍后，他对他妹妹说："你的确为你朋友操心了。"很久之后，他有一天同封塔纳先生交谈，向他承认，我的辞职是最令他震惊的事情之一。塔莱朗叫人给我发了一份公函，他在其中以委婉的方式责怪我，说他的部门从此少一个我这样有才干的人工作。我退还了安置费，表面上一切都结束了。但是，通过采取离开波拿巴的大胆行动，我将自己摆在和他平等的地位，因此他怒火中烧，以他的全部叛逆之心②反对我，而我以我的全部忠诚反对他。一直到他败落，他将剑悬在我头上。他出于本能，有时回到我身边，并试图将我淹没在他命定的成功之中；由于他在我心中唤起的赞美，由于想到我面临的是社会变革，而不是改朝换代，我向他致敬。可是，在许多方面，我们两人的针锋相对的个性还是表现出来了，而且如果说他本来会乐于枪毙我的话，我要是能够杀死他，也不会悲痛欲绝的。

死亡创造或毁灭一个伟人，使他在下坡的路上或上坡的台阶上止步：这是一个成功或失败的命运；但是，在前一种情况下，人们审视它

---

① 古代奥林匹克会不仅有体育竞技比赛，还有艺术比赛。
② 指对正统君权的叛逆。

的成功之处；在后一种情况下，人们对可能的后果做种种推测。

如果从长远抱负来说，我尽了应尽的义务，这种看法也许不符合事实。查里十世到布拉格才让我明白我在一八〇四年究竟做了什么：他改变了对君主制度的看法。"夏多布里昂，"他在赫拉德钦宫对我说，"你为波拿巴效过力，是吗？""是的，陛下。""当甘公爵被处死的时候，你辞职了？""是的，陛下。"苦难教育人，或者让人永志不忘。我对你们讲过，在伦敦，我有一天同德·封塔纳先生在一条林间小道旁边避雨，波旁公爵也来到同一地点躲避。在法国，他勇敢的父亲①和他，虽然向给当甘公爵写悼词的人表示深切感谢，却没有跟我提及此事。他们也许不知我的所作所为；的确，我从来不曾同他们谈过。

一八三八年，于巴黎
一八四五年二月二十二日修改

当甘公爵之死

同候鸟一样，我到十月份就惴惴不安，想搬到另一个地方去住，如果我的翅膀还有力量，我还有这样的兴致的话：天上的飞云令我产生逃遁的愿望。为了排遣这种愿望，我跑到尚蒂伊去。我在草地上踯躅，而年迈的看林人在树林边步履蹒跚地走动着。几只小嘴乌鸦在我前方的染料木、矮树丛和空地上方飞动，将我引导到科麦尔湖。死亡带走了过去

---

① 指孔代王储。

陪伴我到白皇后城堡去的朋友们，这些寂寥的景色是一扇朝过去半开的窗口，只令人感到凄凉。在勒内的岁月里，我本来要在特里维的小溪中找到生命的奥秘：溪流将它的踪迹隐藏在木贼和青苔之中；芦苇遮盖着它；它消失在它不断死去、又不断复苏的青春所滋养的水潭里。当我同那些我用花朵装点、对我凄凄微笑的幽灵在一起的时候，虽然我心中空虚，但潺潺流水令我心醉神迷。

我沿着依稀可辨的树篱归来时，碰到下雨；我躲在一棵山毛榉树下：它最后的叶子像我的岁月一样剥落了；它的顶部像我的头一样秃了；树干上画了一个红圆圈，准备同我一样被砍倒。带着采摘的秋天植物和与欢乐无涉的心境，面对尚蒂伊的废墟，我将向你们讲述当甘公爵是怎样死的。

当初，他的死令所有人因为恐惧而感到心寒；人们害怕罗伯斯庇尔的专制卷土重来。巴黎人以为处死路易十六的日子又回来了。波拿巴的仆从、朋友、亲戚都愕然。在国外，尽管外交语言扼杀了人民的感情，但群众的心情是激动的。对于流亡的波旁家族，这是沉重的打击。路易十八将金羊毛勋章退还给西班牙国王，因为波拿巴也刚刚被授予这种勋章；退还的勋章还伴有一封颂扬王室精神的信件：

"陛下和亲爱的堂兄，在我和那个被胆量和运气摆在王位上的大罪人之间，没有任何共同之处，他野蛮之极，用波旁家族的后裔当甘公爵的纯洁的血将王位玷污了。宗教可能劝导我原谅杀人犯；但是，压迫我的人民的暴君应该永远是我的敌人。上帝出于无法解释的原因，可能迫使我在流亡中结束我的生命；但是，根据我在敌对时代的一贯表现，无论我的同代人或后代都不能说，我不配继承我祖先的王位。"

不要忘记跟当甘公爵的名字联系在一起的另一个名字：后来被废黜

和驱逐的居士塔夫-阿道夫①。在当时他是为拯救年轻的法国王子而唯一敢大声呐喊的在位国王。他叫一名副官从卡尔斯吕赫出发,送一封信给波拿巴。信来得太迟了:最后一个孔代已经被处死。居士塔夫-阿道夫将黑鹰勋章寄还给普鲁士国王,就像路易十八将金羊毛勋章寄还给西班牙国王一样。居士塔夫像大腓特烈的继承人一样宣布:"根据《骑士章程》,我无法接受成为当甘公爵的屠夫的战友"(波拿巴有黑鹰勋章)。在这种对骑士风俗近乎荒谬的回忆中,有一种我无法说清的讽刺;这些过去的习惯现在到处都不存在了,只有一个不幸的国王,为了他被杀害的朋友,还铭记在心里。这是对苦难的高贵同情心,它被人忽视,存在于一个不为人所知的世界里,不为人理解!

唉!我们经历了太多的不同形式的专制,我们的性格被一系列苦难和压迫所钳制,失去锐气,所以我们虽然痛苦,但不会长时间为年轻的孔代佩戴黑纱。眼泪渐渐干了;关于首席执政官刚刚逃脱的危险,害怕之情变成庆幸;它因为如此神圣的屠杀所拯救而感激涕零。内隆在塞内克口授下向元老院写了一封信,为屠杀阿格丽品娜②辩解;而激动的议员们,对这个敢于用如此必要的弑君而采取果敢行动的高贵儿子,大加祝福。社交界很快恢复了娱乐;它害怕服丧;在恐怖时代之后,幸免的受难者翩翩起舞,努力显得幸福;而且由于害怕被怀疑犯有怀旧罪,极力显得高兴,他们跟上断头台一样兴高采烈。

逮捕公爵不是一个偶然事件。波拿巴叫人汇报欧洲波旁王朝成员的数字。在一次有德·塔莱朗和富歇先生参加的会议上,人们确认德·昂

---

① 居士塔夫-阿道夫(Gustave-Adolphe,一七七六——一八三七):瑞典国王,一八〇九年被废黜。
② 阿格丽品娜(Agrippine,约公元前一四一公元三三):罗马皇帝奥古都斯的孙女。她竭力为自己的儿子争夺王位。公元二九年,她被流放到潘塔里亚岛。此处影射被指控阴谋推翻拿破仑的当甘公爵。

古莱姆同路易十八在华沙；德·阿尔图瓦伯爵和德·贝里公爵，连同孔代和波旁王子在伦敦。最年轻的孔代住在巴登公国的埃藤海姆。泰勒先生和德雷克先生，英国间谍，在这方面耍了阴谋诡计。一八〇三年六月十六日，波旁公爵警告他的孙子，说他有可能被逮捕，这封从伦敦寄出的信还保存着。波拿巴将另外两个执政官召到他那里：首先，他对雷阿尔①先生诸多责怪，说他被蒙在鼓里，不知道有人在策划反对他的阴谋。他耐心地听了解释。态度最激烈的是德·康巴塞雷斯，波拿巴因此对他表示感谢，然后改谈别的事情。这是我在康巴塞雷斯先生的回忆录中读到的，他的一个侄儿德·康巴塞雷斯先生，法国贵族院议员，让我查阅了这本回忆录，我对他的殷勤帮助十分感激。发射出去的炮弹收不回了；炮弹朝针对的目标飞去，跌落在地。为了执行波拿巴的命令，必须侵犯德国领土，而且立即这样做了。当甘公爵在埃藤海姆被捕。人们在他身边看到的不是迪穆里埃将军，而是德·蒂梅里侯爵和其他几个不出名的流亡分子：这本来应该让人明白事情弄错了。当甘公爵被带到斯特拉斯堡。樊尚事件开始时的情况是由王子自己讲给我们听的：他留下一小册日记，记述他从埃藤海姆到斯特拉斯堡途中的情况。悲剧的主角走上前台，念了如下的开场白：

当甘公爵的日记

三月十五日星期四，我住的房子被一队龙骑兵和宪兵包围；总共约二百人，两位将军，龙骑兵上校，斯特拉斯堡宪兵上校夏洛，时间是清晨五时。五时半，门被撞开，我被带到制瓦厂附近的磨坊。我的文件被拿走，封存。我被带上一辆大车，两侧围着步枪兵，一直押送到莱茵河。登船到里斯瑙下船，步行到普福尔次海

---

① 雷阿尔（Réal）：当时的警察部长助理。

姆。在小客栈吃午饭。同夏洛上校坐上车,宪兵中士和一名宪兵坐在前座上,还有格兰斯坦。将近五时半,到达斯特拉斯堡,进入夏洛上校的办公室。半小时后,在大本营改乘出租马车……

十八日星期天,清晨一时半我被带走。他们只给我穿衣服的时间。我拥抱我的不幸的同伴,我的仆从们。我独自同两名宪兵出发。夏洛上校对我说,他接到巴黎的命令,我们到少将家中去。但是,我在教堂广场看见一辆六匹驿马拉的马车。彼得马内少尉上车坐在我身旁,布里太道尔中士坐在前座上,两名宪兵在车内,一名在车外。

至此,遇难者即将被淹没,中断了日记。

将近晚上四时,马车从斯特拉斯堡到达首都一个城门口;车没有进入巴黎市中心,而是沿着外大街行驶,停在樊尚城堡。王子在内院下车,被带进城堡的一个房间里。他被关起来,并且入睡了。随着王子离巴黎越来越近,波拿巴故作镇静。三月十八日,他出发去马尔梅松;那天是圣枝主日。波拿巴夫人和她全家都得知王子被捕的消息。她同波拿巴谈到此事。波拿巴回答她说:"你对政治一窍不通。"萨瓦里上校是波拿巴的常客之一。为什么?因为他曾经看见首席执政官在马伦戈①哭泣。与众不同的人物应该提防他们的眼泪,因为眼泪会使他们被庸人钳制。眼泪是一个弱点,目睹者可以利用它作为把柄,左右一位伟人的决心。

人们肯定说,樊尚执行的所有命令都是首席执政官的指示。其中一道命令说,如果做出的决定是判处死刑,那么死刑应该立即执行。我相信这种说法,尽管我无法证实,因为我没有找到有关命令。三月二十日晚,德·雷米扎夫人在马尔梅松同首席执政官下棋,听他轻轻念了几句

---

① 马伦戈(Marengo):意大利北部的平原,拿破仑在那里同第二次反法联盟的军队展开战斗并险胜。

歌颂奥古斯特的宽大胸怀的诗句；她以为波拿巴改变了主意，王子得救了。不，命运之神已经发布了旨谕。当萨瓦里重新在马尔梅松出现的时候，波拿巴夫人猜到不幸已经发生了。波拿巴独自在房间里待了几个钟头。随后，风刮着，一切都结束了。

任命军事法庭

共和国十二年风月二十九日，拿破仑命令由巴黎军区司令缪拉将军任命的一个七人军事法庭在樊尚开庭，对"前面提到的当甘公爵"进行审判，他"被控告以武力反对共和国"。

根据此命令，在同一天，即风月二十九日，若阿基姆·缪拉指定七名军人组成该军事法庭，即：

于兰将军，执政官近卫军投弹手部队司令、主席；
吉东上校，胸甲骑兵第一团司令；
巴赞库尔上校，轻步兵第一团司令；
拉维埃上校，野战步兵十一团司令；
巴鲁瓦上校，野战步兵九十六团司令；
拉贝上校，巴黎卫戍部队第二团司令；
奥唐库尔公民，骑兵上尉，担任推事职务。

上尉推事预审记录

奥唐库尔上尉，精锐骑兵分队队长雅坎，该部队的两位骑兵——勒尔瓦和塔尔西，和该部队的少尉努瓦罗公民，来到当甘公爵的房间，将他叫醒：只须再等四小时，他就重新入睡。上尉推事，在由他挑选的书记官、十八团上尉莫兰协助下，对王子进行审讯。

问：姓名、年龄和出生地。

答：姓名为路易-安托万-亨利·德·波旁，当甘公爵，一七七二年八月二日出生于尚蒂伊。

问：自从你离开法国之后，住在何处？

答：我随着我父母出走，孔代军团成立后，参加了所有战斗；在此之前，我随波旁军团在布拉班特参加一七九二年战役。

问：你是否到过英国，这个强国是否一直向你支付薪俸？

答：从未去过。英国一直向我支付薪俸，我只有这个生活来源。

问：你在孔代军团中担任什么职务？

答：一七九六年之前，是我父亲参谋部的志愿人员；此后一直担任前卫司令。

问：你是否认识皮歇格律将军？同他有无联系？

答：我想，我从未见过他。我跟他没有关系。我知道他想见我。传说他手腕卑鄙——不知此事是否属实，幸亏我不认识他。

问：你是否认识前将军迪穆里埃，同他有无联系？

答：没有。

上述审判记录由当甘公爵、奥唐库尔上尉，精锐骑兵分队队长雅坎、努瓦洛少尉、两位宪兵和上尉推事签字。

在这份记录上签字之前，当甘公爵说："我坚决要求单独会见首席执政官。我的姓氏、我的地位、我的思考方式和我的可怕处境，使我有理由相信他不会拒绝这个请求。"

军事法庭开庭审判

三月二十一日清晨二时，当甘公爵被带到军事法庭的审判大厅，他重复上尉推事在审判记录中记录的话。他坚持他讲过的话,说他准备打仗,而且说他希望参加英国针对法国的新战争:"当他被问到,还要说什么为自己辩护时,他回答没有什么要补充。

"主席叫人将被告带走;法庭进行秘密辩论;主席从军衔最低的军官开始统计票数,最后,他发表自己的意见。法庭一致同意宣布当甘公爵有罪,并援引……法第……条关于……判处他死刑。(法庭)命令,按照上尉推事的建议,在向被告宣读判决书之后,面对本军营各驻防部队,立即执行本判决。

"前述年、月、日,审判、结案、判定于樊尚,签字。"

墓坑"掘好、填满和封闭"了,十年的遗忘、普遍的赞同和闻所未闻的光荣压在上面;在宣布胜利的礼炮声中,在照耀教会加冕礼、恺撒女儿的婚礼或罗马国王诞生的彩灯中,草儿长高了。唯有几个罕见的伤心人在树林中漫步,在壕沟底朝那个凄惨的地点偷偷地瞟一眼,而关在城堡主塔里的囚犯从塔顶望着那块地方。复辟时期到了:墓地被翻动,连同人们的良心;这时,每人都觉得应该把问题讲清楚。迪潘先生将他的不同意见公开;军事法庭主席于兰先生讲话了;德·罗维戈由于指控德·塔莱朗先生而同他发生冲突;一位第三者为德·塔莱朗先生辩解,而拿破仑在圣赫勒拿岛上提高了嗓门。

要复制和研究这些文件,明确每人在这场悲剧中的责任和占据的位置。天黑了,我们在尚蒂伊;当甘公爵在樊尚的时候,天也是黑的。

一八三八年十一月,于尚蒂伊

我经历的一八〇四年

迪潘先生出版他的小册子之后，寄给我一本，并且附有如下的信：

子爵先生：

请接受一本我写的关于当甘公爵被害事件的书。

如果我从前未考虑尊重波旁公爵大人的意愿，这本书早就出版了。他得知我在写这本书后，叫人对我说，他希望不要把这个悲惨事件再挖掘出来。

但是，既然上帝让其他人开了头，那就有必要让人了解真相；在确信人们不再坚持要我保持沉默之后，我就坦率直言了。

子爵先生，请接受我最深挚的敬意。

        阁下最谦卑、最顺从的仆人 迪潘
        一八二三年十一月十日，于巴黎

我对迪潘表示赞扬和感谢；他在他的作品的前言中，披露了受难者的高贵和仁慈的父亲的一个鲜为人知的品德。迪潘先生的小册子是这样开始的：

不幸的当甘公爵之死，是最令法兰西民族伤心的事件之一：它使执政府蒙受耻辱。

一位风华正茂的年轻王子，在外国领土上平静地睡着觉，本应受到保护，却遭到突然袭击。他被强制带回法国，被那些完全没有资格审讯他的所谓审判官传讯。他被控以莫须有的罪名，被剥夺雇请辩护律师的权利，受到秘密的审讯和判决，连夜被处死在充当国家监狱的城堡的壕沟里。这么多不为人知的品德、这么多宝贵的希望毁掉了，使这次灾难成为专制政府能够犯下的最令人愤慨的罪行之一！

不仅任何法律手续都未受到尊重，审判官是无权能的，他们甚至不愿意花工夫在他们的判决书中明确他们当作判决依据的法律的日期和条文。不幸的当甘公爵是根据一纸无人签名的判决书被处决的，而且该判决书在事后才补充完善，这说明他不仅是一个司法错误的无辜牺牲品；事情的真相是：这是一桩卑鄙的谋杀。

这雄辩的开场白之后，迪潘先生转而研究文件。他首先指出，逮捕是非法的：当甘公爵不是在法国被捕的；他不是战俘，因为他被捕的时候手中没有武器。这是对当事人的武力绑架，可以同突尼斯和阿尔及尔的海盗行为相比，是强盗行径，incursio latronum。

其次，法学家指出军事法庭的无权能：调查所谓反国家的阴谋活动不是军事法庭的职能。

然后，对判决进行分析：

审判（下面仍是迪潘的话）是风月二十九日深夜进行的。风月三十日清晨二时，当甘公爵被带到军事法庭。

审判的原始记录上写道：今天，共和国十二年风月三十日"清晨二时"。之所以这样写，是因为审判的确是在这个时刻进行的；这几个字在原始记录上被擦掉了，没有换上其他时间。

没有听任何有关被告的证人发言，没有出示任何证据。

"宣布被告有罪"！有什么罪？判决书未予说明。

任何判决书都应该引用量刑使用的法律。

然而，此处完全不符合上面讲的对法律形式的要求。记录中没有一句话证明，军事法庭成员手中有一份法律文本；没有任何东西证明，主席在宣判之前念了用以量刑的法律的原文。非但如此，判决书以其具体形式证明，法庭成员宣判时既不知道援引的法律的日期，也不知道该法律的内容，因为在判决书原文中，有关法律日期、条款序号和条款文字的位置"都是空着的"。可是，就是在这种手续极不完备的情况下，最高贵的血液在刽子手的屠刀下流淌了！

辩论应该是秘密的，但宣判应该是公开的，法律有这样的规定。可是，风月三十日的判决书讲得很清楚：法庭"闭门辩论"。但是，我们在其中看不到重新把门打开，公开宣布辩论结果的说明。即使这样说了，我们能够相信吗？清晨二时，在樊尚城堡里，能够公开宣判吗？何况城堡的所有大门都被精锐的宪兵部队把守着！何况，他们并没有采取预防措施，求助于谎言；在这一点上，宣判书保持沉默。

宣判书是由主席和六位其他委员（包括推事）签字的，可是，值得注意的是，书记官未在判决书原本上签字，但为了证明文件的真实性，他的签字是必不可少的。

判决书以这句可怕的话结尾："按照上尉推事的请求，死刑立即执行。"

立即！这令人绝望的话是审判官的杰作！立即！而共和国六年雾月十五日的法律明确规定，对任何军事法庭的判决都有权要求复审！

关于处决，迪潘先生继续说：

当甘公爵在深夜被审讯、判决之后，在深夜被处决了。这恐怖的牺牲应该在黑影中完成，以便表明一切法律都遭到蹂躏，一切，包括关于公开处决的法律。

这位法学家谈到预审的违法处：共和国五年雾月十三日通过的法律第十条规定，在预审结束之后，推事要求被告"选择一位朋友作辩护人"。被告"有权"在当地所有阶层的在场公民中"选择辩护人"；如果他宣布无法做这种选择，推事将为他选择。

啊！无疑，王子在他周围的人中间没有"朋友"；这种情况是由这个可怕场面的制造者之一向他宣布的！……唉！为什么我们不在场？为什么不让王子向巴黎的律师团体求助？在那里，他本来会找到同情他的朋友，为他的不幸辩护。为了使判决在公众眼中说得过去，他们似乎比较从容地重新起草了文件。比原始文件看来较为合乎规定的第二稿的采用（尽管也是不公正的），并未丝毫减轻将当甘公爵处死的令人发指的罪行，何况处决所依据的是一纸匆忙签署、有许多空白的判决书。

这就是迪潘先生的小册子的主要内容，作者观点鲜明。可是，我不知道，在作者分析的情况当中，合法的程度是否重要。如果人们将当甘公爵掐死在从斯特拉斯堡到巴黎的驿车上，或者将他杀死在樊尚的森林里，事情也不会有什么不同。但是，许多年之后，有人指出谋杀的非法性质，另一些人对此进行公开谴责，这难道不是天意吗？他们听见什么哪？上天的什么声音促使他们挺身而出呢？

一八三八年十一月，于尚蒂伊

于兰将军

在那位大法学家之后，一位盲眼老战士出来讲话了。他曾经指挥老近卫军投弹手；对于勇士们来说，这意味什么是再明白不过了。他最后一个伤口是马莱①赐给他的；铅弹留在他脸孔里面，一直没有取出来。"他失明了，从社交界退出，唯有家人的照顾使他得到些许安慰"（这是他本人的话）。当甘公爵的审判官似乎应最高审判者②之召，从坟墓里走出来。他为这桩案子辩解，既不抱什么幻想，也没有道歉。

他说："但愿人们不要误解我的动机。我并不是因为害怕才动笔的，因为我本人受皇上亲自颁布的法律的保护，而且在一位公正的国王的政府治理下，我丝毫不害怕暴力和专断。我讲明真相，甚至讲出那些于我不利的情节。我并不试图为审判的形式和实质辩解，但我愿意指出，宣判是在什么形势下做出的；我想否认我和我的同事是为派别的利益行事的。如果说我们仍然应该受到谴责的话，我也希望人们这样看待我们：'他们是很不幸的！'"

于兰将军肯定地说，他被任命为军事法庭主席时，并不知道成立法庭的目的。他到达樊尚之后，还是一无所知，法庭的其他成员对此也不清楚。当城堡的指挥官阿雷尔被问及时，他回答说，他什么都不知道，还加上一句说："有什么办法？我在此毫无地位。一切事情都不征求我的意见，也不要我参加：在此发号施令的是别人。"

到晚上十时，于兰将军看了材料，心里才明白是怎么回事。由上尉推事主持的对在押人的预审结束后，军事法庭在午夜开庭。"材料宣读后，"法庭主席说，"出现意外情况。我们注意到，上尉推事读完审判记

---

① 马莱（Malet，一七五四——八一二）：法国将军。
② 指上帝。

录后，王子在上面签字之前，亲笔写了几行字，表示希望能够同首席执政官当面解释。一位法庭成员建议将这个意见转交给政府，大家表示赞同。可是，这时站在我的扶手椅后面的那位将军①对我们说，这个要求'不适当'。而且，我们在法律中找不到任何条款授权我们推迟判决。所以，法庭对此要求不予理会，打算在辩论之后满足被告的愿望。"

上面这些话是于兰将军讲的。然而，在德·罗维戈公爵的小册子中，我们读到另一种说法："人相当多，由于我是最后到达的，所以我好不容易才挤到主席座位后面站着。"这样说，"走到"主席的"扶手椅之后站立"的是罗维戈了？但是，他，或者另一位，由于不是法庭成员，有权在辩论中发言，并且称别人的要求"不适宜"吗？

让我们听老近卫军说话，看他如何描写这位孔代家族的年轻后裔的勇气；他对此是有发言权的：

> 我开始对被告进行审讯。应该说，他在我们面前表现出高贵的自信，完全否认直接或间接卷入针对首席执政官的暗杀阴谋；但是，他承认曾经同法国打仗，他勇敢和骄傲地说："我维护我家族的权利，一个孔代家族的成员只能拿着武器返回法国。"他还说，"我的出生，我的观点，注定我永远是你们政府的敌人。"为了他的利益，无论我们怎样努力，他都不愿意改变上述观点。
>
> 他的毫不动摇的坦诚使审判人无计可施。我们多次想引导他收回他讲的话，但他毫不动摇，不时说："我知道法庭成员的可尊敬的意图，但是，我不能采用他们向我提议的办法。"关于军事法庭的判决是最终判决的警告，他回答说："这我知道，我知道我所冒的风险；我只要求同首席执政官见一面。"

---

① 指萨瓦里将军。

在我们的整个历史上，有比这更加悲怆的一页吗？新法兰西审判旧法兰西，向她致敬，向她行军礼，判决她的时候向她降半旗志哀。法庭坐落在过去囚禁孔代大公的城堡里，大公当时在那儿栽种花朵；波拿巴的近卫军司令官坐在洛克鲁瓦战役的胜利者的后代对面，审判被一切人抛弃、没有辩护人的被告，心中充满敬佩之情，而掘墓人说话的声音同年轻战士的坚定的回答交错在一起！处决后数日，于兰将军大声说："啊，勇敢的年轻人！多么勇敢！我愿意以同样的方式死去！"

于兰将军在谈及判决书的原件和第二稿之后说："至于第二稿，即唯一的正式文件，没有提到'立即处决'的命令，只是说'立即向被告宣读'判决书，'立即处决'不是法庭决定的，仅仅是那些擅自匆忙执行处决的人的责任。"

唉！我们当时有许多想法！判决书一签字，我作为法庭成员共同愿望的代言人，立即动笔给首席执政官写信；在信中，我向他转达了王子要求同他见面的愿望，请求他缓期执行我们由于自身所处的地位不得不做出的判决。

这时，一直待在会议室内的那个人——等一会儿我将讲出他的姓名，因为我不认为，我即使为了替自己辩解，也不应该指控他……走到我身边，对我说："你在做什么？""我给首席执政官写信，"我回答说，"向他表达法庭和被告人的愿望。"他从我手里将笔夺过去，对我说，"你的事情办完啦，现在让我来处理。"

我承认，我和我的几位同事理解他的意思是："通知首席执政官是我的事"。我们这样理解他的话，给了我们希望，意见毕竟反映了。我们无论如何没有想到，我们身边的这个人收到"对一切法律手续置之不顾"的命令。

这个惨案的全部秘密在这几句话当中。这位随时准备在战场上捐躯的老兵，从死神那里学会了真理的语言，用下面的话作为结论：

我谈谈刚才在审判室隔壁门厅里发生的事情。大家在个别交谈；我在等车，因为我的车同其他成员的车一样不能进入内院，这样我们未能及时离去。我们被关在那里，谁也不能同外面联系。这时，外面传来一声爆炸：这可怕的声音令我们心灵震动，将我们吓呆了。

是的，我以我的全体同事的名义发誓，处决不是我们授权的：我们的判决书上写着，判决书副本将呈送陆军部、司法部部长大法官和巴黎军区司令。

按照规定，处决命令只能由后者发布。副本还没有寄出去；副本要在天亮后过一段时间才能准备妥当。我回到巴黎后，本来要去找军区司令、首席执政官，还有别人。可是，可怕的响声突然告诉我们，王子已经死了！

我们不知道，那位以如此残酷的方式匆忙执行处决的人是否收到命令。如果他并未收到命令，那么他要承担全部责任；如果他收到命令，军事法庭同这些命令无关；法庭是秘密审判的，而且其最后的愿望是拯救王子，它无法预防也无法阻止命令的后果，人们不能因此谴责它。

二十年过去了，但遗憾在我们心中造成的痛苦并未减轻。要是有人指责我无知、犯了错误，我是同意的；让人们责怪我顺从吧。今天，如果碰到同样的情况，我就不会俯首听命了。对于一个我相信会给我们国家带来幸福的人，我是眷恋的；我对一个我当时认为合法的政府是忠诚的，而且我向它宣过誓；但是，希望人们考虑，我和我的同事们是在身不由己的情况下被召去表明态度的。

辩护是无力的，但是，你后悔了，将军：愿你心灵平静！如果说，你的判决书变成最后一位孔代的路条，你将在冥府的死者的前卫部队里，同你古老祖国的最后一名入伍者汇合。年轻的士兵将很乐意同老近卫军的投弹手分享床榻；弗里堡①的法兰西和马伦戈②的法兰西将一道安眠。

一八三八年十一月，于尚蒂伊

德·罗维戈公爵

德·罗维戈公爵先生痛心疾首，加入坟墓前忏悔的行列。我曾经长期受到警察部长的关照；正统王朝复辟后，他的地位降低到我的权势之下，于是他将他的部分回忆录给我看。他这样地位的人，以奇妙的率直谈到他们做过的事情；他们没有想过，他们讲的东西对于他们自己是不利的：他们在不知不觉当中谴责自己；他们没有想到，关于他们在职期间的所作所为，别人的看法同他们自己的看法并不相同。即使他们不忠诚，他们也不认为违背了自己的誓言；即使他们承认充当了其他人感到厌恶的角色，他们也认为自己做出了重大贡献。他们的天真不会使他们变得清白，只是为他们辩解。

德·罗维戈公爵先生就有关当甘公爵之死的章节，征求我的意见。

---

① 弗里堡位于德国，当年是法国流亡分子的根据地之一。
② 马伦戈(Marengo)：指马伦戈战役。在第二次反法联盟战争中，是拿破仑的一次险胜。

正因为他了解我的所作所为，所以他想知道我的看法。我对他尊重我的意见十分感激，所以对他坦诚相见，建议他不要发表任何东西。我对他说：让这一切死去吧；在法国，遗忘是很容易的事情。你想使拿破仑免受谴责，并将错误推到德·塔莱朗身上。然而，你并没有充分证明前者无罪，也并没有充分谴责后者。你授敌人以口实，他们一定会反驳你。你何必让公众记起你是驻樊尚的精锐骑兵部队的司令呢？他们不知道你直接参与了这次不幸的行动，而你向他们披露这一点。将军，把你的手稿付之一炬吧[①]：我为你着想才这样说。

德·罗维戈公爵满脑子帝国的治国准则，他认为这些准则同样适用于正统王权。他深信，他的小册子会给他重新打开通往杜伊勒利宫的大门。

后代将根据这本书的披露，看见吊丧的幽灵出现。我想把半夜向我求宿的罪人藏起来，但他不接受我的保护。

德·罗维戈讲述了德·科兰古出发时的情况，但他没有点名；他讲述埃藤海姆绑架、囚犯转移到斯特拉斯堡和到达樊尚的经过。在诺曼底海岸出征归来之后，将军回到马尔梅松。一八〇四年三月十九日傍晚五时，他被召到首席执政官办公室。首席执政官将一封加封的信交给他，请他送到巴黎军区司令缪拉那里去。他立即赶到将军家中；他在路上同外交部长相遇，接到率精锐骑兵到樊尚去的命令。他晚上八时到达，看见军事法庭成员逐渐来齐。他马上走进审判王子的会议厅，那是二十一日早上一时。他坐在主席身后。他说当甘公爵的答话大致和那仅有的审判记录相符。他对我说，王子解释完毕之后，激动地将帽子脱下，放在桌子上，而且像一个将生命置之度外的人一样，对法庭主席说："先生，我没有什么要补充了。"

[①] 萨瓦里于一八二三年将该手稿发表。

德·罗维戈先生坚持说，审判并不是秘密进行的："对于任何此时想去旁听的人，大厅的门是开着的。"迪潘先生已经指出这种看法的荒谬。对此，阿希尔·罗什先生似乎站在塔莱朗先生的立场写道："并不是秘密审判！半夜！审判是在该城堡有人居住的部分举行的，在监狱里面进行的！谁能够出席这样的审判？狱卒、士兵、刽子手。"

对于处决的时间和地点，没有人比德·罗维戈更加详细了。看他怎样写的：

> 宣判之后，我和其他一道旁听审判的军官们退场，走到聚集在城堡广场上的部队旁边。我的步兵指挥官十分激动地对我说，有人要他派出一个分队，负责执行军事法庭的判决。"你派给他们吧。"我说。"可是，在哪里执行呢？""找一个不会伤人的地方。因为巴黎郊区人口稠密，此时居民已经上路赶集了。"
>
> 军官经过实地勘查，选择壕沟作为刑场，因为那里最安全，不会伤害任何人。当甘公爵先生通过塔楼通往花园的楼梯，被人带到壕沟，听宣读判决，然后被处死。

在这一段底下，回忆录的作者有一条注解："在宣读判决和处决之间，人们挖了一个墓坑。有人据此说，墓坑在审判之前就挖好了。"

不幸得很，此处的疏忽是令人感慨的："德·罗维戈先生声称，"德·塔莱朗先生的辩护士阿希尔·罗什先生说，"他服从命令！谁向他转达了处决的命令？看来是后来战死在瓦格朗[①]的德尔加。但是，无论是不是德尔加先生，如果萨瓦里先生弄错了，今天无疑不会有人为自己要求他赐给这种光荣。人们谴责德·罗维戈先生匆忙执行处决；他回答说，

[①] 瓦格朗（Wagram）：奥地利地名，一八〇九年七月六日拿破仑在瓦格朗战役中取得对奥军的胜利。

并不是他干的：一个已经死去的人对他说，有尽快处决的命令。"德·罗维戈公爵说处决是在白天进行的，这种说法令人难以置信，而且这也丝毫不能改变事实，不过给处决减少了一只火把。

"太阳升起的时候，在露天里，"他说，"还需要灯笼才能看清六步之外的人吗？"他补充说，"阳光是不明亮的；由于一晚的小雨，天空笼罩着浓雾，太阳迟迟不露面。处决是清晨六时进行的，有不可辩驳的文件作证。"

可是，将军没有提供文件，也没有指出文件的来源。审判程序表明，当甘公爵清晨二时受审，随即被处决。"清晨二时"几个字先出现在判决书的原件上，后来被删掉。发掘记录证明处决是晚上进行的，有三个人（邦太太、戈达尔先生和布纳莱先生——后者曾协助挖掘墓坑）作证。迪潘先生回忆细节说，一盏风灯挂在当甘公爵的胸口，当作瞄准点；或者出于同样目的，风灯是由王子强劲有力的手提着的。墓坑里发现一块大石头，可能是用来砸负伤者的脑袋的。最后，德·罗维戈想必吹嘘过保留死者的部分骸骨。我本人相信这个流言，但正式文件表明，这种讲法并没有根据。

根据一八一六年三月二十日星期三由医生签署的验尸记录，证实死者头部碎裂，"上颚同脸部骨骼完全脱离，有十二枚牙齿；下颚中间被打碎，分成两部分，只看见三枚牙齿"。尸体俯身向下，头比脚更低；颈椎骨上系着一条金项链。

第二份验尸报告（跟头一份验尸报告一样，日期为一八一六年三月二十日）证实，连同遗骨，还找到了一个皮钱袋，里面装有十一枚金币、七十枚卷成筒状的金币，还有头发、被子弹打穿的帽子的碎片。

看来，德·罗维戈先生并未取走任何遗骨。埋在地下的东西都挖掘出来了，证明将军的廉洁；风灯并未绑在胸口，不然会找到风灯的碎片，就像帽子的碎片一样。大石头没有从墓坑里挖出来；相距六步的行刑队的火力足以粉碎脑袋,使"上颚同脸部骨骼完全脱离",等等。

对于人类的可笑的虚荣心,只缺少巴黎军区司令缪拉的同样的牺牲,囚徒波拿巴的死,和当甘公爵棺材上的铭刻:"此处埋葬的是高贵和强大的正统王子的遗体,一八〇四年三月二十一日死于樊尚,享年三十一岁七个月十九天。"遗体只是残破和裸露的骨骼;"高贵和强大的王子"是一名士兵的躯壳的碎片。在这由痛苦的家人刻下的墓志铭中,没有一个字提到这件惨祸,没有一个字表示谴责或痛苦;这个世纪对革命成果和革命感情的尊重造成这奇迹般的后果!同样,人们赶忙拆毁德·贝里公爵的祭堂。

多少虚妄呀!波旁家族的子孙们,即使你们能够回到你们的宫殿也白搭,你们只是忙于验尸和安葬;你们生存的时代已经过去。这是上帝的意愿!在孔代大公的幽灵注视下,法兰西从前的光荣在樊尚的一个墓坑里消亡了。也许就在这个地方,人们今天奉为圣人的路易九世从前"坐在橡树下,谁有事都可以找他,同他谈话,不会受到看门人或其他人的刁难;在那些仗义执言的人的意见中,如果他发现有什么需要改正,他会亲自下达指示,而所有与他的工作有关的人都在他周围"(儒安维尔[①])。

当甘公爵要求同波拿巴谈话,他有事找他,但无人理会!在浓雾和黑影中,好像在永恒的暗夜里,在半月堡旁边,谁注视着壕沟里这些被风灯依稀照耀的武器和士兵呢?风灯放在何处?当甘公爵的双脚是否站在洞开的墓坑旁边?他是否被迫跨过坑,以便达到德·罗维戈公爵所讲的六尺的距离?

人们保留当甘公爵九岁时写给他父亲波旁公爵的一封信,信中说:"所有当甘家族的人都是幸福的:参加过塞里早勒战役的人,在洛克鲁

---

① 儒安维尔(Joinville,一二二四——三一七):法国历史学家。

瓦战役中打了胜仗的人。我也希望这样。"

人们拒绝为受难者找一位神父，这是真的吗？他几经周折，才找到一个人，答应为他向一个女子转交他的爱情的最后信物，这是真的吗？对于刽子手，虔诚之心或爱情算得了什么呢？他们在那里是为了屠杀，当甘公爵在那里是为了死！

当甘公爵在一位神父面前，同夏洛特·德·罗昂公主秘密结婚。在祖国到处流亡的时代，那些身份高的人反而被无数政治束缚所制约；为了享受公众社会允许所有人做的事，他不得不躲躲闪闪。这个今天披露给世人的合法婚姻，使悲剧性的结局更增加了光彩。它用上天的光荣取代上天的宽恕。苦难结束之后，当十字架在空无一人的地方竖起，宗教使苦难的盛典长存。

德·塔莱朗先生

在德·罗维戈先生的小册子出版之后，德·塔莱朗先生向路易十八呈交了一份辩解性的备忘录。我没有读过这份备忘录；它本来应该澄清一切事实，但结果什么也没有澄清。一八二〇年，我担任驻柏林全权大使期间，我在大使馆的档案中，发现拉福雷公民就当甘公爵先生的事写给塔莱朗公民的一封信。这封措辞强硬的信，由于作者不害怕葬送自己的前程和得不到公众舆论的报偿，更加表现了写信人的凛然正气，因为他的行动是不为人知的。他在这件事情中表现出高贵的献身精神；正是由于此人默默无闻，结果他做的好事被埋没。

德·塔莱朗先生接受教训，沉默不语了。至少，我在那批关于王子之死的档案中，没有看见他的任何东西。然而，外交部长于风月二日曾经告诉巴登大公国的部长，"首席执政官认为不得不命令若干分队到奥芬堡和埃藤海姆去，逮捕一件骇人听闻的阴谋的煽动者；由于阴谋的性质恶劣，所有明显参与阴谋的人不再受到保护。"

古尔戈将军、蒙托隆将军和瓦尔德医生的一段话将波拿巴推上舞台。这段话说："我的部长对我强调说，必须抓住当甘公爵，虽然他住在一个中立国的土地上。但是，我还在犹豫，而德·贝内文亲王两次给我送来逮捕令，让我签字。只是在确认这样做的紧迫性之后，我才决心签字。"

根据《圣赫勒拿岛回忆录》，下面这句话是波拿巴讲的："当甘公爵在法庭上表现了极大的勇气。他到达斯特拉斯堡时，给我写过一封信；这封信交给塔莱朗了，他将这封信一直保留到执行死刑。"

我不大相信有这样一封信。拿破仑也许将当甘公爵要会见他的请求，或者王子在审判记录上签字之前亲手写的表达这种要求的几行字说成信。尽管如此，由于信没有找到，不必绝对肯定这封信不存在。德·罗维戈公爵说："我知道在复辟王朝初期，即一八一四年，德·塔莱朗先生的一位秘书在博物馆的档案中不断查找。我是从那位接到命令让此人进馆的人那里知道这件事的。在战争档案馆，有人也查找有关当甘公爵这个案子的文件，那里现在只剩下判决书。"

上面讲的情况是符合事实的：全部外交档案，尤其德·塔莱朗先生同皇帝和首席执政官的通信，都从博物馆档案室转移到圣弗洛朗坦大街的房子里；一部分档案被销毁了，剩下的塞进炉子里，但炉子没有点火；对于王子这样一个无足轻重的人，部长认为这样做已经够谨慎了。没有销毁的信找到了；有人认为，这些文件应该还在。我手里有一封德·塔莱朗先生的信，而且亲自看过。信是一八〇四年三月八日写的，与逮捕当甘公爵的事有关，但那个命令尚未执行。部长请求首席执政官采取严厉措施对付他的敌人。由于人们不允许我保留这封信,我只记住其中两段:"如果说法律迫使人严惩,政治要求毫无例外的惩处……我将向首席执政官提议,他可以命令德·科兰古完成此事,他会谨慎和忠实地执行命令。"

德·塔莱朗有关王子的这份报告有一天会全文发表吗?我不知道;据我所知,这个文件两年前还在。

内阁会议就逮捕当甘公爵问题进行了讨论。康巴塞雷斯在他未发表的《回忆录》中说他反对逮捕,这我是相信的;但是,在回忆他的讲话之后,他没有说别人的反应如何。

而且,《圣赫勒拿岛回忆录》否认有人乞求波拿巴怜悯。至于传说约瑟芬①抓住她丈夫的衣服,跪下来替当甘公爵求情,并且被怒不可遏的丈夫推开,那完全是凭空臆造。我们有些人,今天正是采用这种编故事的手法撰写正式的历史。三月十九日晚,约瑟芬不知道当甘公爵将受到审判,她只知道他被捕了。她答应德·雷米扎夫人关注王子的命运。十九日晚,当德·雷米扎夫人同约瑟芬来到马尔梅松时,人们发现未来的皇后常常从车窗探头,看她的随从当中的一位将军,而不是仅仅牵挂着樊尚的囚徒的安危问题。一个风骚女人可能挽救王子的生命的想法成了泡影。直到三月二十一日,波拿巴才对他妻子说:"当甘公爵被枪决了。"

我读过的德·雷米扎夫人的《回忆录》中,关于宫廷内部情况的记述是非常奇特的。作者在百日王朝期间,将她的回忆录烧了,以后又提笔重写;色彩变淡了,但波拿巴在其中暴露无遗,而且受到公正的评价。

拿破仑身边的人说,他们在王子被处决之后才得知此事。从德·罗维戈所讲的关于雷阿尔到樊尚的故事,这种讲法在某种程度上得到证

---

① 约瑟芬(Joséphine):拿破仑的妻子。

实，如果那个故事是真实的话。由于革命党人的阴谋，王子死了，波拿巴马上承认既成事实，以免激怒那些他认为势力强大的人物：这种巧妙的解释是无法接受的。

一八三八年十一月，于尚蒂伊

各人的责任

归纳以上事实，我现在得出如下看法：

波拿巴想置当甘公爵于死地；谁也不曾提出，王子的死是他登上皇帝宝座的条件。这种假想的条件是政治家们故弄玄虚，他们声称任何事情背后都有原因。然而，某些被牵连的人物，看见首席执政官同波旁家族从此永远分道扬镳，很可能会感到高兴。樊尚的审判是由波拿巴的暴躁性格造成的，是他的部长的报告所煽动的愤慨情绪的爆发。

德·科兰古先生的罪过只是执行了逮捕令。

缪拉应该感到内疚的地方只是转达了命令，没有勇气告退。审判期间，他不在樊尚。

德·罗维戈公爵负责处决，可能他接到秘密命令：于兰将军暗示了这一点。如果不是根据一道强制性的命令行事，谁敢自作主张，立即将当甘王子处死呢？

至于神父和贵族德·塔莱朗先生，他千方百计煽动波拿巴的不安情绪，酝酿和准备了谋杀：他害怕正统王朝复辟。根据拿破仑在圣赫勒拿岛所讲的话和欧坦公爵的信，也许可以证明德·塔莱朗对于王子的死应该承担重大责任。有人徒然地反驳说，部长无足轻重、他的性格和他所受的教育应该使他远离暴力，腐化应该使他丧失魄力，但是他坚决主张执政官发出实施逮捕的命令。关于三月十五日逮捕王子，德·塔莱朗先生不是不知情的；他每天同波拿巴联系和商讨问题。在逮捕和处决之间的时间里，挑起事端的德·塔莱朗先生后悔过吗？为了不幸的王子，他向首席执政官求过情吗？认为他极力支持执行判决是很自然的事情。

军事法庭对当甘公爵进行了审判，但带着痛苦和后悔的心情。

通过认真、公正和严格的分析，这就是各人应该承担的责任。我的命运同此事关系太密切，所以我力图弄清含糊的地方，并且澄清事实。如果波拿巴没有杀死当甘公爵，他可能会让我越来越靠近他（而且他有这种倾向），那么我可能怎么做呢？我的文学生涯会结束；我会全身投入政治生涯，我可能会变得有钱有势；西班牙战争已经证实我在这方面的能力。法兰西从我同皇帝的联盟中可能会得益；而我在其中会受到损失。也许我能做到在这位伟人的头脑中维持某些自由和节制的观念；但是，我的生命由于同那些人们称之为幸福的生命排在一起，兴许会被剥夺那造成其个性和荣誉的东西：穷困、战斗和独立。

波拿巴：他的诡辩和悔恨

终于，主要的被告在其他人之后站起来了。他是沾满鲜血的忏悔者的行列的殿后者。让我们设想一位审判官传一个名为波拿巴的人应审，就像上尉推事传名为当甘的人应审一样。设想后者的审判记录是按照前者的审判记录起草的，我们可以读读，做一个比较：

问：姓名、年龄和出生地？

答：姓名是波拿巴·拿破仑。

问：自从你走出法国之后，住在何处？

答：比利牛斯山、马德里、柏林、维也纳、莫斯科、圣赫勒拿岛。

问：你在军中的职务？

答：上帝军团的前卫司令。

被告没有回答其他东西。

这场悲剧的各个演员互相指责；唯有波拿巴不推诿责任。在诅咒的重压下，他保持尊严；他站着，但并不低头；他像一名斯多葛主义者一样大声说："痛苦呀，我从来不承认这是一件坏事！"但是，他出于骄傲不向生者承认的东西，却被迫向死者坦白。这位普罗米修斯，虽然秃鹰在啄着他的胸口，这位窃天火者，他自以为高于一切，但他被迫回答他过早处死的当甘公爵的问题：那具他造成的骷髅、战利品，以上天的严峻审问他，令他慑服。

仆役、军队、前厅和帐篷在圣赫勒拿岛有他们的代表。一位以其对他选择的主人的忠诚而备受尊敬的人①来到他身边服侍他。头脑简单的人重复神话，使它变成响当当的真理。波拿巴是命运之神；同她一样，他以外表欺骗那些被迷惑的人；但是，在他的虚伪深处，人们听见严酷的真理在大声呐喊："我在这里！"而世界感到它的分量。

那本关于赫勒拿岛的最可信的作品，阐述拿破仑发明的为杀人犯辩

---

① 指德·拉卡齐（Las-Cases）伯爵：由于没有任何东西和任何人强迫他尾随拿破仑到圣赫勒拿岛，夏多布里昂在下面称他为"自愿流亡者"。德·拉卡齐后来将这段经历写成回忆录。

护的理论。自愿流亡者将杀人犯的胡说八道当作《福音书》中的话，按照他的意图解释拿破仑的一生，就像他所记录的那样。他教导他的新信徒们说，德·拉卡齐伯爵在不知不觉中受益匪浅；神奇的囚犯在孤寂的小径上散步，用谎言将他的轻信的崇拜者吸引在身后，如同海格立斯用金链将人们悬挂在他的嘴上。

"头一次，"诚实的侍从说，"我听见拿破仑提到当甘的名字的时候，我由于尴尬而脸红。幸好，我是在一条狭窄的小路上，尾随在他身后，不然他一定会发现我的窘态。然而，当皇帝第一次讲述整个事件的时候（连同细节和附带情况），当他以严格、清晰和吸引人的逻辑分析各种动机时，我承认，事件似乎渐渐面目全非……皇帝常常谈这件事，这帮助我留意他身上一些非常突出的性格特征。利用这个机会，我在他身上多次清楚地看到，个体的人同公众的人在搏斗，他心中的自然感情同因为他的地位而产生的骄傲和尊严的感情在斗争。私下闲谈时，他对不幸的王子不是漠不关心的；但是，一旦涉及公众，那就完全是另一回事了。一天，他同我谈到风华正茂的王子，最后他这样说：'我以后得知，我亲爱的，他对我是有好感的；人们向我保证说，他每次谈起我都带着敬佩之情；这就是人世安排的公正！'他讲最后这句话的时候，他的话同他脸部的表情非常和谐，我们甚至可以认为，如果此时他同情的那个人的命运由他掌握的话，无论那人的动机或行动如何，都会得到原谅……皇帝惯于从两个截然不同的角度看待这件事：普通法或既定法的角度，天赋权利或暴力差异的角度。

"皇帝私下对我们说，在内部，错误可能应该归咎于他身边的人过分热忱，一些人的个人看法，或一些人的阴谋诡计。他说，他曾经无意中被他人推动，可以说毫无准备，他仓促应付，导致以后的一连串后果。'肯定无疑的是，'他说，'如果有人及时向我报告王子的思想观点和性格特征，特别是如果我读到他写给我，但我并未收到的那封信，我肯定会原谅他,但上帝才知道我会出于什么动机:这是马后炮了。'我们很容易看出,这些话是皇帝的肺腑之言,而且仅仅是对我们讲的,因为如果有人认为他试图往别人身上推卸责任或降低身份为自己辩解的话,他会感到屈辱的。他在这方面非常害怕,或者说非常忌讳,所以他在同外人讲话,或在这个问题上口授向公众发表的文件时,他只说,如果他收到王子的信,考虑他因此可以得到的政治利益,他也许会赦免王子。在写他的估计会留给同代人或后人的遗嘱时,在这个关系他的名声的微妙问题上,他说,如果需要重新开始,他还会这样做的。"

至于作者,这段话的语气非常诚恳;一直到德·拉卡齐伯爵声称波拿巴本来会欣然原谅一个没有罪的人那句话,赤诚之情跃然纸上。领袖的理论是微妙的,人们用它努力调和那些不能调和的东西。在区分普通法(或既定法)和天赋权利(或暴力差异)的同时,拿破仑似乎求助于诡辩;事实上,他并未成功。他不能像他征服世界一样征服他的良心。当上等人和小人物犯错误之后,他们的天生弱点是想将这个错误说成天才的杰作,说成凡人无法理解的宏图大略。骄傲的人讲这种话,而蠢人相信。波拿巴可能把他怀着伟人的内疚所讲的那句格言视为统治者的标志:"我亲爱的,这就是人世安排的公正!"真正的哲学同情心!多么不偏不倚!它将罪恶算在命运账上,为来自我们自身的罪恶百般辩解!在喊过下面的话之后,人们以为现在可以原谅一切了:"有什么办法呢?这是我的天性,这是人类的弱点。"一个杀害父亲的人反复说:"我生来是这个样子!"而人群张口结舌地待在那里,而有人研究这个统治者的颅骨[①],并且承认它"生来是这个样子"。你生来是这个样子同我有什么关系!我为什么要承受这样的后果?如果所有"生来是这个样子的人"都要别人接受自己,世界就会大乱了。当人们犯错误的时候,他们将错误神圣

[①] 影射加尔(Gall)的骨相学。

化，将错误变成教条，将亵渎圣物变成宗教，而且人们因为放弃对自己的罪恶的崇拜而认为自己是叛逆。

一八三八年十一月，于尚蒂伊

从这个故事应该得出的结论——当甘公爵的死引发的敌对情绪

从拿破仑的一生，可以得出严重的教训。两次行动，两次都是错误的行动，导致他的衰落：当甘公爵之死，西班牙战争。虽然他做这两件事的时候声名显赫，但他仍然不免摔跟斗。他正是失败在他自认为强大、根基深厚、不可战胜的那个方面；当他忽视和轻蔑他的真正力量，即在维护秩序和公正方面的崇高品德的时候，他违反道德准则。当他只是向无政府主义和法兰西的敌人进攻的时候，他是战无不胜的；一旦他走上腐败之路，他就变得软弱无力。被达里拉剪下的头发不是别的东西，而是德行的丧失①。任何罪行本身孕育力量的丧失和灾难的萌芽。因此，为了幸福，让我们行善吧；为了精明能干，让我们公正吧。

为了证实这个道理，请你们注意如下事实：王子一死，分裂就开始了。由于形势恶化，分裂日益严重，注定了樊尚悲剧的组织者倒台。俄国内阁就当甘公爵被捕事件，提出强烈抗议，反对侵犯帝国的领土。波拿巴感到不快，在《箴言报》上发表一篇咄咄逼人的文章；那篇文章让

---

① 借用《圣经》中力士参孙的典故。

人想起保罗一世的死。在圣彼得堡，为年轻的孔代举行了追悼仪式。衣冠冢上刻着："纪念被科西嘉的猛兽吞噬的当甘公爵"。以后，两个强大的敌人①表面上和解了；但是政治给双方造成伤害，而这种由于谩骂被扩大的伤害留在他们心中。拿破仑认为，一直到他进入莫斯科睡觉那一天，他才算解恨；亚历山大要等到进入巴黎之日才会心满意足。

柏林政府的仇恨也是基于同样的原因。我讲过德·拉福雷先生的崇高的信。他在信中，向德·塔莱朗先生指出杀害当甘公爵在波斯坦宫廷中造成的后果。当樊尚的消息传来时，斯塔尔夫人在普鲁士。"我住在柏林，"她说，"在斯普雷河码头附近；我住楼下。一天上午八时，人们将我叫醒，说路易·斐迪南亲王②骑着马，在我窗下等候，请我出去同他说话。"你知道吗？"他对我说，"当甘公爵在巴登领土上被绑架，而且二十四小时后被枪毙了。""有这种事吗？简直发疯了！"我回答说，"你不认为这是法国的敌人散播的流言吗？的确，我承认，无论我怎样恨波拿巴，但还不至于相信他会犯下这样的滔天大罪。""既然你怀疑我的话，"路易王子对我说，"我叫人将《箴言报》给你送来，报上有判决书。"他说完这句话就走了，而他脸部的表情显露出复仇或死亡的决心。一刻钟后，我看到三月二十一日（风月三十日）的《箴言报》，上面登载着在樊尚开庭的军事法庭，将名为路易·当甘的人判处死刑的判决书！一些法国人是这样称呼那些为他们祖国带来光荣的英雄的后代的！当人们公开放弃一切有关高贵出身的偏见时（君主制度的复辟必然要恢复他们），人们能够这样亵渎对朗斯和洛克鲁瓦战役的纪念吗？波拿巴也打过胜仗，但他不懂得尊重战争中的英雄。对于他，既没有过去，也没有未来；他性格专横、骄傲，不愿意承认舆论中有任何神圣的东西。他只尊重现存力量。路易王子给我写了一封信，信是这样开头的："名为路

---

① 指拿破仑和亚历山大。
② 路易·斐迪南亲王（Louis-Ferdinand）：普鲁士王子，腓特烈二世的侄儿。

易·普鲁士的人让人请求斯塔尔夫人"，等等。他感觉对他出身的王族、对他急于加入的英雄人物的侮辱。在这个罪恶行动之后，欧洲的国王们怎么能够同这样一个人打交道呢？也许有人说，这是需要。心灵的圣殿里永远不应该有这种想法，不然，世上还有什么道德可言呢？那只是随意的消遣，只适用于作为个体的人的悠闲。

当一八〇六年普鲁士战役打响时，王子心中仍然保持这种他以后用生命偿付的愤恨。腓特烈-纪尧姆[①]在他十月九日的申明中说："德国人没有为死去的当甘公爵复仇；但是，对这个滔天大罪的记忆在他们心中永远不会磨灭。"

这些不大被人重视的个别的历史事实值得注意；因为那些人们难以在其他地方找到解释的敌对情绪的根本原因就在这里。同时，这些事实也披露了上帝支配一个人的命运的不同阶段，从错误到受到惩罚。

《信使报》的一篇文章——波拿巴生活的变化

无论如何，我的生活是幸福的，它未受到恐惧的干扰，未受到时尚的感染，也未受到榜样的诱惑！今天，我对我当年的所作所为感到满意，这保证我良心的平静。我比所有专制君主和拜倒在那位光荣的士兵脚下的民众更加心满意足，我怀着可以原谅的骄傲心情重读这一页；它是我保留的唯一财富，而且我完全是依靠自己得到它的。一八〇七年，

---

① 腓特烈-纪尧姆（Frédéric-Guillaume，一七七〇——一八四〇）：普鲁士国王（一七九七——一八四〇）。

我的心还在为刚才讲的谋杀激动，写下如下的文字。我的文章使《信使报》遭到查封，并且使我的自由重新受到威胁。

"在卑鄙的沉默中，当人们只听见奴隶的枷锁和告密者的声音在回响，当所有人在暴君面前颤抖，而且当得宠和失宠变得同样危险的时候，历史学家肩负为人民复仇的责任出现了。内隆的兴旺是徒然的，塔西佗已经在帝国出生。他在格马尼库斯①的遗骸旁边成长，而公正的上帝已经将世界主人的殊荣赋予这名默默无闻的孩子。如果说历史学家的角色是美妙的，它也同样危险；但是，还存在一些祭坛，如荣誉的祭坛，它们虽然荒芜，但还要求奉献牺牲。上帝并不因为庙宇空无一人而被消灭。一切命运还有机会的地方，它不会被英雄气概所诱惑；高尚的行为，即其可预见的后果是苦难和死亡的行为。总之，在我们死去两千年之后，如果后代谈起我们的时候，我们的名字能够使高贵的心灵激动，那么挫折算得了什么呢？"

在波拿巴的行为中，当甘公爵的死引入另一个原则，使他正直的才智解体：他被迫采用一些格言，当作挡箭牌；但他并不掌握这些格言的全部力量，因为他不断以他的光荣和他的天才曲解它们。他变得疑神疑鬼；他让人恐惧；人们对他和他的命运失去信心；他被迫接触——如果不是寻求的话——一些他本来永远不应该见的人，而这些人，因为他的举动，认为自己成了和他一样的人：他被他们的污秽玷污了。他不敢在任何事情上责怪他们，因为他已经失去进行谴责的道义自由。他伟大的品质依旧；但他善良的本性变了，不再是他的伟大品质的支撑。由于原始污点的变质，他的本性败坏了。上帝要求他的天使们打乱这个世界的和谐，改变它的规律，使它向天极倾斜："天使们出力，"弥尔顿说，"斜斜地推移着世界的中心……太阳收到离开赤道的命令……狂风撕碎森

---

① 格马尼库斯（Germanicus，公元前一五一公元一九）：指格马尼库斯·恺撒，罗马皇帝提比略的义子，战功卓著的名将。

林，在大海上掀起巨浪。"

> 他们千辛万苦，
> 推歪了这个中心球；有人说太阳
> 被吩咐以同样远距离的幅度离开。
> ……北风，东北风，
> 狂吼怒号的西北风和偏北西北风，
> 吹裂树林又掀翻海洋。①

尚蒂伊的废弃

波拿巴的遗体将同当甘公爵的遗体一样被挖掘出来吗？如果我当时能够作主，后者的遗骸可能还会无声无息地躺在樊尚城堡的壕沟里。这位"被开除教籍的人"，也许同雷蒙·德·图卢兹②一样，躺在一个没有盖子的棺材里；没有人敢用木板遮住他的目光；他是荒谬的判决和上帝的震怒的见证。当甘公爵被抛弃的骸骨和拿破仑在圣赫勒拿岛荒凉的坟墓遥遥相对：没有什么比位于世界两端的这两副遗骨更令人回首往事了。

无论如何，当甘公爵没有留在异国土地上，像那位被国王们放逐的人；后者让前者回到他的祖国③，虽然采用的方式的确有点粗暴；但是，

---

① 引自弥尔顿的长诗《失乐园》第十卷。
② 雷蒙·德·图卢兹（RaymonddeToulouse，一一五六——一二二二）：雷蒙四世，图卢兹伯爵，因为支持阿尔比教派被开除教籍，死后不得入土。
③ 指拿破仑下令将他从国外绑架回国。

会永远如此吗？法兰西（革命之风簸扬的那么多尘土已经证明这一点）对遗骨并不忠诚。老孔代在他的遗嘱中说，"他不敢肯定他将死在哪个国度"。啊，波舒哀！当你面对大孔代的棺材发表悼词的时候，如果你能够预见未来，会给你雄辩的作品增添多少风采！

当甘公爵出生在这里，在尚蒂伊："路易-安托万-亨利·德·波旁，一七七二年八月二日出生于尚蒂伊"，判决书是这样写的。他童年时代在这片草地上玩耍，踪迹已经抹去了。而弗里堡、讷德林根、朗斯、塞尼费的凯旋者，"过去战无不胜，现在却虚弱"，此刻在何处呢？还有他的后代，约翰内斯堡和贝尔斯特海的孔代①，还有他的儿子，他的孙子，他们现在在何处？那座城堡，那些花园，那些"日夜不停流淌"的喷泉，现在怎么样了？残缺的雕像，补上爪子和下颚的石狮，断垣残壁上用武器组成的装饰，模糊不清的百合花盾形纹章，被铲平的小塔楼的地基，空空如也的马厩上方的几匹大理石骏马（它们听不见洛克鲁瓦的战马嘶鸣），驯马场附近一座未建成的大门：这就是一个英雄家族的遗物；用一条绳索绑着的遗嘱改变了遗产的主人②。

森林多次遭到滥伐。过去，不同时代的几代人曾经在这片从前喧嚣、如今寂静的狩猎地上奔跑。他们在这些橡树下停留时，有多大年纪？心中怀着什么样的感情？心中有什么幻想？啊，我于事无补的《回忆录》呀，我此刻不能对你说：

愿孔代在尚蒂伊有时读你这本书：

---

① 约翰内斯堡和贝尔斯特海的孔代：指老孔代，当甘公爵的祖父，一七七二年他在约翰内斯堡（Johannisberg，法国马延省）的战斗中建立了功勋。一七八九年，他组成孔代军团，在普鲁士的贝尔斯特海（Berstheim）打了胜仗。
② 影射当甘公爵的父亲，他于一八三〇年八月的一天自缢身亡，留下遗嘱，将尚蒂伊城堡让给德·奥马尔公爵。

愿当甘因此激动!

卑微的人呀,在这些名人旁边,我们算得了什么呢?我们将消逝,永无归期。"诗人的康乃馨"呀,你将再生;你们现在静静地插在我的桌子上,在纸张旁边;这迟到的小花是我在欧石南当中采摘的;但是,我们,我们不能在这令我心旷神怡的芳香中再生。

篇章十七

我经历的一八〇四年——我搬到米罗梅尼尔街——韦纳伊——阿列克西·德·托克维尔——梅斯尼尔——梅齐——梅雷维尔

从此,我离开官场,但多亏巴兹奥希夫人的保护,我躲过波拿巴的震怒。我离开我在博纳街的临时住所,搬到米罗梅尼尔街。我租的小公馆后来被德·拉利-托朗答尔先生和德南夫人,"他最心爱的人"——就像迪亚娜·德·普瓦提埃时代人们所讲的那样,占据。我的小花园同一间货栈毗邻,而我的窗子附近有一棵大柳树,但德·拉利-托朗答尔先生为了空气干爽,用他粗大的手亲自把树砍倒;他认为自己的手透明少肉,这是一个幻觉,同别的幻觉一样。街石铺到我门口;再过去,一条小路蜿蜒而上,穿过一片人们称为"兔子岗"的荒地。兔子岗上分布着几座孤立的房屋,右边通往蒂沃利公园,我跟我哥哥就是从那里启程去流亡的。我经常到这荒废的公园里散步;革命是从那里开始的,正当奥尔良公爵和他的宾客狂欢的时候。这个幽静的地点被大理石的裸体雕像和人造的废墟装点着；这是轻浮和放荡的政治的象征，它将用娼妓和垃圾覆盖法国。

我无所事事；至多，我在公园里同杉树聊聊天，或者在一条被青苔遮掩的人造小溪旁边，同三只乌鸦谈论当甘公爵。我失去我的阿尔卑斯公使馆和罗马的友谊，就像我过去突然同我伦敦的朋友们分开一样，我不知道如何利用我的想象力和我的感情。我让它们傍晚追随太阳，但夕阳的光辉不能将它们带到海上去。我回来，试图在我的柳树的呜咽中入眠。

然而，我的辞职扩大了我名声：在法国，表现一点勇气总是一件好事。德·博蒙夫人的旧社交圈子把我介绍给新城堡。

德·托克维尔先生，我哥哥的姐夫和我的两个侄儿的保护人，住在德·塞诺奘夫人的城堡里：那时，到处是断头台的遗产。我在那里看见我的两个侄儿同托克维尔的三个儿子一起成长。在托克维尔的儿子当中，有一个名叫阿列克西，他后来是《论美国的民主》一书的作者。他在韦纳伊比我在贡堡更加被溺爱。这是不是我见到的最后一个在襁褓中不被人看好的名人呢？阿列克西·托克维尔走遍文明的美洲，而我跑遍它的森林。

韦纳伊改换了主人，变成圣法尔若夫人的财产。这位夫人是因为她父亲和将她收为养女的革命而出名的①。

在芒特附近的梅斯尼尔，住着罗桑玻夫人。我的侄儿路易·德·夏多布里昂后来在那里同罗桑玻夫人的侄女奥尔格朗德小姐结婚。可是现在，城堡的水塘边和山毛榉下再也看不到她的情影了：她已经去世。当我从韦纳伊到梅斯尼尔去的时候，我在途中碰见梅齐。梅齐夫人是体现母亲的美德和痛苦的传奇故事。至少，如果她那个从窗口跌落、摔碎

---

① 她父亲是一位旧制度的法官，投票赞成将路易十六处死，结果他自己被一名警卫杀害；国民公会以革命的名义收养他的女儿。

脑袋的孩子,像我们猎取的年轻鹧鸪一样腾空升起,从城堡上空飞走,躲到塞纳河中的美丽岛上去,那该是多么美妙呀!Coturnix per stipulas pascens[①]。

在塞纳河的另一边,离马雷不远的地方,德·万蒂米尔夫人将我引荐到梅雷维尔。梅雷维尔是由微笑的缪斯创造的一片绿洲;高卢诗人称这种缪斯为"博学的仙女"。在那里,衣着优雅的几代人,都听过朗读《布兰卡》和《韦莱达》的故事;这些人像花朵般世代相继,至今还在听我的岁月的叹息。

我住在米罗梅尼尔街,对闲逸渐渐感到厌倦了,头脑中渐渐出现远方的幽灵。《基督教真谛》启发我,使我萌生检验这部作品的念头,将基督教人物同神话人物混杂在一起。一个我很久之后称为西莫多塞的影子,在我头脑中若隐若现,但还没有任何确定的轮廓。西莫多塞一露面,我就同她待在一起,杜门谢客,就像从前我同我想象的女孩所做的那样;但是,在她走出梦境之前,在她通过象牙之门从忘河岸边走来之前,她不断改变模样。如果说我因为爱而创造她们,我也因为爱毁掉她们,而我随后呈献的唯一和心爱的女子是无数变幻的结晶。

我在米罗梅尼尔街只住了一年,因为房子被人卖掉了。我同德·库瓦斯兰夫人商量,她将她位于路易十五广场的公馆的顶楼租给我。

---

① 拉丁文:鹧鸪在牧场上觅食。

德·库瓦斯兰夫人

德·库瓦斯兰夫人是一个很有气派的女人。她年近八旬,骄傲和专横的眼睛流露出诙谐和讥讽的神情。德·库瓦斯兰夫人对文学一窍不通,而且以此为荣。她在不知不觉之中度过了伏尔泰世纪;如果说她对那个世纪有什么看法的话,她会说,那是一个能说会道的平民的世纪。这并非说她影射她的出身;她太高贵,不会有这种可笑的举动。她很懂得同"小人物"打交道,而不降低自己的身份。但是,她毕竟是"法国第一侯爵"的后代。虽然她的祖先当中,有一〇九六年死在巴勒斯坦的德鲁贡·德·内斯尔,路易九世的王室总管德·拉乌尔·德·内斯尔骑士,圣路易最后一次出征时的法国摄政王让二世·德·内斯尔,但德·库瓦斯兰夫人承认,这都是荒唐的命运使然,她不应该承担责任。她生来是宫廷人物,而其他一些人更加适于市井生活,就像良种牝马和拉出租马车的瘦马之间的差别一样。她对这种偶然性是无能为力的,只能忍受上天用来惩罚她的痛苦。

德·库瓦斯兰夫人曾经同路易十五有过瓜葛吗?她从未向我承认这一点,但她声称她曾经以最严厉的方式对待她的王室情人。"我看见他跪在我脚下,"她对我说,"他有一双迷人的眼睛,满嘴甜言蜜语。他有一天提出送一套瓷梳妆台给我,像德·蓬巴杜夫人有的那种。我叫道:'啊,陛下!那是为了把我藏在底下啊!'"

我在一个非常偶然的机会,在伦敦德·坎宁安侯爵夫人[①]家中看见这套梳妆用具;她是从乔治四世那里收到这份礼物的,她把东西指给我看,露出逗人的天真表情。

[①] 乔治四世宠幸的女人。

德·库瓦斯兰夫人住在她的公馆里，房间上面是一列柱子——就像家具仓库的那种柱子。两幅韦尔内的海洋风景画挂在一张略带绿色的旧壁毯上面，那是"可爱的"路易送给贵夫人的礼物。德·库瓦斯兰夫人躺在挂着床帷的大床上，床帷也是绿色的。她头上随意戴一顶睡帽，露出她灰色的头发，在床上一直待到午后二时。像投石党运动时代的美人一样，老式钻石耳环垂在她充满烟草味的睡袍的肩带上。在她周围的被褥上，散放着写有地址的信封，她利用这些纸头，在上面记下各种各样的想法：她不买纸张，纸都是邮差给她送来的。一条叫莉莉的小狗不时从毯子底下钻出来，朝我吠五六分钟，然后又叫着钻进她女主人的巢穴。路易十五的年轻情妇们曾经这样打发着日子。

德·夏托鲁夫人和她的两个妹妹是德·库瓦斯兰夫人的堂姐妹。德·库瓦斯兰夫人没有德·马伊夫人那样的好脾气。据说德·马伊夫人，虔诚的基督教徒，一次在圣罗什教堂里，碰到一个用粗话侮辱她的男人，而她只是说："我的朋友，既然你认识我，请你为我祈祷上帝吧。"

德·库瓦斯兰夫人同许多聪明人一样吝啬，把她的钱藏在壁橱里。她被她皮肤上的埃居[①]寄生虫吞噬着，她手下的人帮她减轻痛苦。当我看见她埋在数字堆里呕心沥血的时候，她令我想起吝啬鬼赫莫克拉特斯；后者在口授遗嘱的时候，为自己确定了继承人。但她偶尔也请人吃晚饭。可是她大骂咖啡，说其实大家并不喜欢那玩意儿，喝咖啡不过是为了延长用餐时间。

德·夏多布里昂夫人同德·库瓦斯兰夫人和德·内斯勒侯爵夫人结伴到维吉去。侯爵夫人先行，叫人准备好美味的晚餐。德·库瓦斯兰夫人随后到达，但她只要了半磅樱桃。离开客栈时，她要付数目很大的账单，结果闹得不可开交。她只愿意付樱桃；而客栈老板说，不管你吃不

[①] 埃居：法国古代货币名。

吃，按照惯例，住客栈都要付晚餐。

德·库瓦斯兰夫人随她自己的意愿理解问题。她既轻信，也不轻信。由于她自己没有信仰，所以喜欢嘲弄别人的信仰，但迷信又使她感到恐惧。她碰见过德·克吕登纳夫人；这位神秘莫测的法国贵夫人在看见财产清单的时候，才会头脑清醒；俄国信女不喜欢她，她也不喜欢俄国信女。克吕登纳夫人满腔热忱地问德·库瓦斯兰夫人："夫人，是哪位神父听你忏悔呀？""夫人，"德·库瓦斯兰夫人回答说，"我不了解我的忏悔神父；我只知道我的神父在他的告解座里面。"以后，两位夫人不再见面。

德·库瓦斯兰夫人吹牛说，是她将一种新玩意儿引进宫廷，那就是飘动式发髻，尽管非常虔诚的莱克金斯卡先生反对这个危险的革新。她断言说，有身份的人过去从来不给医生付酬金。她极力反对女人有一大堆内衣，"这好像是新贵的派头，"她说，"我们这些宫廷命妇只有两件衬衣；穿破了才换；我们穿绸长袍，不像现在那些小姐，打扮得像轻佻的女工。"

住在王府街的絮阿尔夫人养了一只公鸡，鸡鸣声穿墙越户，德·库瓦斯兰夫人不胜其扰。她写信给絮阿尔夫人说："夫人，叫人把你那只鸡宰了吧。"絮阿尔夫人将信退回来，加上一张便笺："夫人，我荣幸地答复你，我不会叫人把我那只鸡宰掉。"通信就此结束。德·库瓦斯兰夫人对夏多布里昂夫人说："啊！我的心肝，这是什么年头呀！她还是潘库克的女儿，法兰西学院院士的妻子，你知道吗？"

埃南先生，外交部的前办事员，是一个令人厌烦的人物，他正在胡编大部头小说。一天，他向德·库瓦斯兰夫人念一段描写：一位被抛弃的女情人泪流满面，悲哀地钓鲑鱼。德·库瓦斯兰夫人不喜欢鲑鱼，听了颇不耐烦，于是打断作者，用使她变得十分可笑的严肃口气说："埃南先生，你不能叫这位太太钓别的鱼吗？"

德·库瓦斯兰夫人讲的故事是无法记述的，因为那些故事毫无内容，一切都表现在她的手势、声调中。她自己从来不笑。有一段《雅克米诺先生和夫人的对话》，那真是绝了。在夫妻两人的对话中，雅克米诺夫人反驳道："可是，雅克米诺先生！"她念这个名字的声调非常古怪，你忍不住会哈哈大笑。德·库瓦斯兰夫人不得不停下来，一本正经地嗅鼻烟。

她在报纸上读到有几位国王去世的消息。她取下眼镜，一边擤鼻涕一边说："戴皇冠的动物当中，发生了流行病。"

在她准备撒手归西的时刻，有人在她床边说，只是在人们自暴自弃的时候，才会倒下；如果聚精会神，眼睛盯着敌人，就不会死。她听完这句话回答说："我相信这种说法。但是我担心会分心。"话毕，她就断气了。

次日，我到她家里去。我在那儿碰见德·阿沃雷先生和夫人，她妹妹和妹夫。他们坐在壁炉前面，围着一张小桌子，正在清点从护壁板里面取出来的一袋金路易。可怜的死者躺在床上，床帷半开着：她听不见那本来应该唤醒她的清点金币的声音了。

在死者写在印刷物的空白和信封上的感想中，有一些是非常优美的。在路易十六之后的波拿巴时代，德·库瓦斯兰夫人让我看到残存的路易十五宫廷的风尚，就像德·乌德托夫人让我在十九世纪看到哲学社会留下的痕迹。

维希、奥弗涅和勃朗峰之行

一八〇五年夏天，我到维希同德·夏多布里昂夫人汇合；像我刚才所说的，是德·库瓦斯兰夫人带她到那里去的。那里，我没有看见塞维涅夫人所说的，一六七七年在她前后入狱的朱萨克、太尔姆、弗拉马朗[①]。他们已经沉睡了一百二十多年了。我将我姐姐德·科德夫人留在巴黎；她从一八〇四年夏天起就住在那里。在维希住了很短一段时间之后，德·夏多布里昂夫人建议我去旅行，让我们在一段时间内远离政治的烦扰。

人们将我那时写的两篇关于奥弗涅和勃朗峰的小游记收进我的作品。三十四年之后，一些同我素不相识的人在克莱蒙像迎接一个老朋友似的欢迎我。长期维护人类共同享受的那些原则的人，在所有家庭里都有朋友、兄弟和姐妹，因为如果说人是忘恩负义的，人类是知恩图报的。对于那些从未见过你、由于你名声好而同你相识的人，你永远是一个模样；你永远保持你在他们心目中的年龄；他们的眷念之情并不因为你在面前而受到干扰，在他们眼中，你永远是年轻和美丽的，就像他们在你的作品中所喜欢的感情。

在布列塔尼，当我还是孩子的时候，常常听别人讲起奥弗涅，我想象那是一个很遥远、很遥远的地方，那儿可以看到一些奇怪的东西，要在圣母的保佑下，历经千辛万苦才能到达那里。我每次看见那些背着小杉木箱去闯荡世界的奥弗涅年轻人，心里就有一种激动的好奇心。他们从山崖上走下的时候，木箱里只装着希望；要是他们能够将希望带回来，那该是多么幸福呀！

[①] 塞维涅夫人在她的一封信中说，这些先生在她之前或之后入狱。

唉！德·博蒙夫人在台伯河边安眠之后不到两年，我在一八〇五年来到她的故乡；我离金山不过几里路；她去罗马之前，在那里休养过一段时间。去年（一八三八年）夏天，我重新回到同一个奥弗涅。在一八〇五年和一八三八年之间，我可以摆进我周围社会发生的变化。

我们离开克莱蒙。在赴里昂途中，我们经过蒂埃尔斯和罗阿纳。那时这条路走的人不多，有些地段是沿着里农河修建的。《阿斯特雷》的作者并不是一个大才子，但他创造了一些有生命的人物和地点。当虚构的故事同它出版的时代符合的时候，有多么强大的创造力呀！在那些与牧羊人、贵夫人、骑士混杂的精灵和水神的再现当中，有某种出乎意料的神奇。这些缤纷的世界很和谐，人们乐于接受这些同小说的谎言交错在一起的寓言和神话。卢梭讲述他如何被于尔菲①欺骗。

在里昂，我们又找到巴朗赫先生，他同我们一道去游览日内瓦和勃朗峰。他陪人到处闲逛。在日内瓦城门口，我没有受到克洛维斯的未婚妻克洛蒂尔德的欢迎：她父亲巴朗特先生提升为莱蒙州州长。我到科佩去看望斯塔尔夫人。我见她独自待在城堡深处，内院满目凄凉。我同她谈起她的财富和她的孤独，说那是实现独立和自由的宝贵手段：我的话伤害了她。斯塔尔夫人是喜欢社交生活的；她认为自己是最不幸的女人，流亡异乡，而我对那种生活是求之不得的。在我眼中，这种在自己土地上生活的不幸，连同生活的舒适，意味什么呢？同千万父母死在断头台上、没有面包、没有姓名、没有钱财、分散在欧洲各处的苦难相比，在一套面对阿尔卑斯山的豪华别墅里，享有光荣、闲逸、和平的不幸意味什么呢？被一种众人无法理解的痛苦所折磨是一件令人烦恼的事情。而且，这种痛苦因此只会更加强烈：在将它同别人的痛苦相比的时候，它不会减弱；人们无法判断别人的痛苦；令此人痛苦的东西是另一

---

① 于尔菲（Urfé，一五六八——六二五）：法国作家。他的田园小说《阿斯特雷》在十七世纪家喻户晓。

个人的欢乐。不同的心灵隐藏着不同的秘密，其他心灵是无法理解的。我们不要非议别人的痛苦吧；痛苦同祖国一样，是因人而异的。

次日，斯塔尔夫人到日内瓦拜访德·夏多布里昂夫人，随后我们出发去夏蒙尼。我关于山区风景的观点引起议论，说我追求标新立异；其实，并不是这么回事。人们将看到，在我谈到圣哥达①的时候，我仍然持这种观点。我的《勃朗峰游记》中的一段，将我生活中的过去的事件和未来的事件联系在一起，而那些未来事件今天也过去了。

"仅在一种情况下，山确实让人忘记人世的骚动：那就是当人们远离红尘、潜心宗教的时候。一位献身人类的隐修者，一位默默思索上帝的伟大的圣人，在空无一人的岩石上可以找到宁静和欢乐；这时，并非那个地方的安宁渗入这些孤独者的灵魂，相反，是他们的灵魂将它的安详传播给闪电雷击的地区……有些山，我会怀着极度的喜悦去游览：那是希腊和犹地亚②的山。我希望走遍我的新研究工作迫使我关心的地区；在描写过新世界的无名的群山和河谷之后，我很乐意到塔波尔和戴热特去寻找其他的颜色和其他的和谐。"后面这句话，是我次年（一八〇六年）要进行的旅行的预告。

回日内瓦途中，我们在科佩未能重新看见斯塔尔夫人，而客栈都住满了。要不是德·福尔班先生③出乎意料地来帮忙，叫人在前厅为我们准备了一顿粗劣的晚餐，我们就会空着肚子离开卢梭的故乡了。德·福尔班那时生活在极度的幸福之中；他的眼神透露他内心的快乐，有点飘然若仙的味道。他满怀才情和喜悦，好像从天而降似的从山上下来，身穿画师的紧身外衣，拇指掐着调色板，笔筒里插满画笔。这位先生虽然非常幸福，但仍然打算有一天模仿我；那时，我打算完成叙利亚之行后

---

① 圣哥达（Saint-Gothard）：瑞士的阿尔卑斯高原。
② 犹地亚（Judée）：古代希腊-罗马时代巴勒斯坦南部的一个省。
③ 德·福尔班先生（de Forbin）：当时的著名画家。

去加尔各答,为的是让爱情通过一条不寻常的道路归来,既然在老路上找不到它们的踪迹。他的眼睛流露出恩主般的怜悯;我当时是穷困的,卑微的,对自己信心不足,而且我手心里没有公主的芳心[①]。在罗马,我有幸偿还德·福尔班先生的湖畔晚餐;那时我成了大使。那个年头,一个白天在街上分手的穷鬼晚上可能变成国王。

这位由于革命变成画家的高贵绅士,是那一代艺术家的前驱;他们潜心于素描、荒诞画、漫画。有的蓄着可怕的小胡子,好像要去征服世界似的;他们的刷子是戟,他们的刮刀是军刀;另一些留着大胡子,长长的或蓬松的头发;他们像火山一般抽雪茄。正如我们的老雷尼耶所说的,这些"彩虹的表兄"满脑子洪水、大海、河流、森林、瀑布、暴风雨、屠杀、苦刑和断头台。他们想的是人的头骨、花式剑、曼托林、高顶盔和土耳其长袍。他们夸夸其谈,敢想敢说,蔑视礼仪,豁达大度(他们甚至为独裁者画像),他们意在组成一个位于猴子和森林之神之间的特殊种类。他们坚持要人明白,画室的奥秘有它的危险,模特儿是靠不住的。但是,为了弥补这些缺陷,有什么代价他们不愿意付出呢?用激动的生活,痛苦和敏锐的天性,完全的献身,对他人苦难的毫无算计的关怀,细致的、崇高的、理想化的感受方式,以骄傲的方式接受,并用高贵的方式忍受的穷困;最后,有时以不朽的才能,即勤劳、激情、天分和孤独的果实!

我们晚上离开日内瓦回里昂,结果被阻隔在闸门炮台脚下,因为城门尚未打开。在这个麦克佩斯[②]的巫婆的出没之地,我头脑中出现一些奇怪的事情。我逝去的岁月像一群幽灵复活了,他们将我团团围住;我热烈的季节带着它们的火焰和悲哀回到我身边。我的生命被德·博蒙夫

[①] 德·福尔班是意大利公主波利娜·博盖塞的情人之一。
[②] 麦克佩斯(Macbeth):苏格兰国王。他的生平故事构成莎士比亚《麦克佩斯》一剧的基本情节。

人的死所挖掘，变得空空如也：从深渊底升起的漂浮的形体，天堂的仙女或梦幻，牵着我的手，把我带到女精灵的时代。我离开我居住的地点，幻想其他疆域。某种神秘的影响将我推向东方，而且我的新工作计划和来自我乳母的心愿的宗教之声，将我朝那里拖去。由于我所有的官能都壮大了，由于我没有滥用生命，它充满我的智慧的活力，而在我的本性中占上风的艺术，更增添了诗人的灵感。我具有代巴伊德①的父辈称为心灵的"升腾"的东西。同我还不知道姓名、我仅仅通过爱情和荣耀的气氛瞥见的欧多尔和西莫多塞对我的冲击相比，拉斐尔（请原谅这样比喻可能亵渎神明）在他仅仅勾勒的变容图前面，可能不会更加为自己的杰作而激动。

　　这样，在摇篮时代就折磨我的与生俱来的天才，在抛弃我之后，有时重新归来；这样，我从前的痛苦又重新出现；我身上，什么也没有治愈；即使我的伤口立即愈合了，但它们像中世纪带耶稣像十字架的伤口，在耶稣受难日会突然绽开，流淌鲜血。在危机中，我除了放任我激动的思绪，没有其他减轻痛苦的办法，就像人们在血液涌向心脏或冲向头脑时，让医生切开自己的血管。可是，我在说什么呢？啊，宗教呀，你的伟力、你的约束、你的抚慰在哪里呀？从我赐给勒内以生命时开始，我不是长年累月在写这一切吗？我有无数理由认为我已经死了，可是我活着！这实在是极大的悲哀。孤独的诗人注定承受违背农神的意志的春天；对于尚未逾越共同法则的人，诗人的痛苦是无法理解的。对于他，岁月永远是年轻的："此刻，年轻的山羊羔，"奥比昂②说，"守护着它们的生命的创造者；当后者一旦跌进猎人的网，它们从远处给它衔来开花的嫩草，并且用嘴给它衔来在附近小溪中汲取的清水。"

---

① 代巴伊德（Thébaï）：古埃及的南部地区。
② 奥比昂（Oppien）：古代希腊诗人，生活于公元二世纪。

回里昂

回到里昂，我看到儒贝尔先生的几封信：他在信中告诉我，他九月前不可能到维尔纳韦来。我回信说："你离开巴黎的时间太久，去的地方太远，令我感到不便；你知道，我妻子不会同意在你之前到维尔纳韦去的；她是一个固执的人，自从她同我一道生活以来，我要统帅两个不易管理的脑袋。我们将留在里昂。这里的饭食出奇的好，我没有勇气离去。博纳维神父在这里，他是从罗马回来的；他身体棒极了，心情愉快，他忙于布道，忘记了自己的不幸；他拥抱你，很快就会给你写信。总之，除我之外，大家都很快乐；只有你发牢骚。请你告诉封塔纳，我到萨热先生家用晚餐了。"

萨热先生是议事司铎们的保护人；他住在圣弗瓦的山坡上，那是葡萄酒的著名产地。大致从卢梭在索恩河畔过夜的地方往上走，就可以到他家。卢梭是这样描写的：

> 记得我曾经在一条沿着索恩河蜿蜒的小路上度过了一个美妙的夜晚。河的对岸是修成梯田的园子。那天白天十分炎热，夜色是迷人的：露水湿润着干枯的野草；落日在空中留下红色的烟霞，将河水映成玫瑰色；园中树上栖息着百灵鸟，它们婉转啼鸣，隔枝唱和。我如痴如醉地漫步着，用我的感官和心灵享受这一切，只因为没有人同我一起分享而感到惋惜。我沉湎于甜美的遐想，直到深夜还在继续漫步，而没有疲倦的感觉。但我终于困乏了……树枝是我床顶的华盖：一只百灵鸟刚好栖息在我头上，它的歌声伴随我进入梦乡。我的睡眠是甜蜜的，我的苏醒更是如此。天色大亮了：我睁

开眼睛，看见河流、翠绿的树木、令人赞叹的景色。①

手持卢梭的美妙的路线图，我们到达萨热先生家。这位有古人遗风的瘦削的单身汉从前结过婚；他头戴绿鸭舌帽，身穿灰羽纱服，一条本色布蓝裤子、蓝袜子、水獭皮鞋。他曾经长期生活在巴黎，同德维埃纳小姐有交情。她向他写了一些很风趣的信，骂他，还向他提了一些很好的建议：他对她的意见置若罔闻，因为他并不认真看待这个世界，他好像墨西哥人，相信这个世界有过四个太阳，到第四个（即今天照耀我们的这个）的时候，人变成猕猴。他对圣波坦和圣伊雷内的殉教，对按照里昂市长芒德罗的命令屠杀排列成行的新教徒，都毫不在乎。面对布洛托的枪杀现场，他给我讲述枪杀的细节；而他在葡萄树中穿行，在故事当中夹杂几行卢瓦兹·拉贝②的诗句。他在宪章-真理时期③，在里昂最近蒙受的苦难当中，可能没有吃什么苦头。

某些日子，人们在圣弗瓦端出特别烹制的小牛头。牛头经过五天腌制，里面填满美味食品，再用马雷尔葡萄酒烹制。漂亮的村姑端菜送酒；她们用有三个酒瓶大的坛子给你斟满极好的当地葡萄酒。在萨热的宴会上，我和穿黑道袍的教士都醉倒了：山坡上一片漆黑。

我们的主人很快就吃光他的积蓄。在他临死前的最后日子里，一贫如洗的他被两三个他养肥的老情妇收容。"这种女人活着，"圣西普里安说，"仿佛她们还能够被人宠爱，quae sic vivis ut possis adamari。"

---

① 引自卢梭的《忏悔录》。
② 卢瓦兹·拉贝（Louise Labé，一五二六——一五六六）：里昂女诗人。
③ 这句话讽刺路易-菲利普的宪章。一八三一年至一八三四年，里昂对异教徒和起义者进行了血腥镇压。

访大查尔特勒修道院

也是同巴朗谢先生一道，我们依依不舍地告别美妙的卡布，启程去参观查尔特勒修道院。我们租了一辆四轮敞篷马车；车轮滚动时发出吱吱的响声。到达沃雷普之后，我们住进上城的一间客栈。次日，天刚蒙蒙亮，我们就在向导带领下，骑马启程了。在查尔特勒修道院脚下的圣洛朗村，我们越过山谷入口的大门，沿着两侧是岩石的山路，朝隐修院进发。在谈到贡堡时，我跟你们讲过我在此时此地的感受。修道院的房屋有许多裂缝，看守者好像守护废墟的农夫。一位办事修士住在那里，为的是照顾一位孤单的残疾人，残疾人刚刚死去；宗教要求人们对朋友忠诚和顺从。我们看见不久前填满的墓穴。在同一时刻，拿破仑将去奥斯特里茨挖掘一个巨型墓坑。人们把修道院的围墙指给我们看，每间寝室都有花圃和工场；工场里面有木工工作台和镟工车床。凿子还在那里，人不见了。长廊里挂着修道院历届院长的画像。威尼斯公爵的宫殿里挂着历届总督的画像：不同地点有不同的纪念物！再往上，稍远处，人们将我们带到勒絮厄尔描绘过的不朽的隐修士①的小教堂。

我们在宽敞的厨房吃完晚餐，然后像印度王子一样坐轿子下山；路上，我们碰见夏普塔尔先生。他从前是药剂师，随后当参议员，以后成为尚特卢的领主；他是甜菜制糖的发明人，还是西西里岛的印度玫瑰园的继承人；是奥奥塔黑提的阳光使这些玫瑰娇艳迷人。穿过树林下山时，我想起古代的修士；在几个世纪里，他们用长袍兜泥土栽种杉树；这些树在岩石上长大了。啊，你们无声无息地穿过人世，走过时连头也不回，你们是多么幸福呀！

---

① 指圣布吕诺。

我们还未到达山谷入口的大门，雷雨就暴发了。山洪倾泻，咆哮的浊水到处奔流。德·夏多布里昂夫人由于恐惧反而变得勇敢。她脚踏卵石，在暴雨和闪电中狂奔。为了更清楚地听见雷鸣，她把伞扔掉；向导对她喊道："求上帝保护你吧！以上帝、耶稣和圣灵的名义！"我们在警钟声中到达沃雷普；雨还未停。我们看见远处有一座村庄起火，而月亮在烟霭之上露出了它的上半个面孔，好像沉默修会的创始人圣布吕诺的苍白和光秃秃的脑袋。巴朗谢先生虽然被淋得像一只落汤鸡，仍然以他惯常的平静口气说："我是如鱼得水。"今年（一八三八年），我重新访问达沃雷普；暴风雨不再了。然而，那次参观的两个证人都健在：德·夏多布里昂夫人和巴朗谢先生。我之所以提到这一点，是因为在这部《回忆录》提到的人当中，太多的人已经走了。

我们回到里昂之后，和同伴分手，然后动身去维尔纳韦。我向你们介绍过这座小城，叙述过我同儒贝尔先生在约讷河边散步的情景，和我心中的怀念之情。那地方，生活着三位老小姐，皮亚特三姐妹。除了社会地位不同之外，她们令我想起我外婆的三位女友。维尔纳韦的老处女渐次死了，我看见她们住过、现在空无一人的房子外的台阶上长满青草，于是想起她们。她们在世时，她们之间谈什么呢，这些乡村小姐？她们谈她们父亲在塞斯集市上给她们买的狗和手笼。这件事同该城宗教评议会一样使我着迷；圣贝尔纳在城里将我的同乡阿伯拉尔[①]判刑。戴手笼的处女可能是爱洛伊丝一样的人物；她们也许爱恋过。一天，她们的信件将被世人发现，令人欣羡不已。谁知道呢？她们的信也许是写给她们的"老爷"的，还有她们的父亲，还有她们的兄弟，还有她们的丈夫："domino suo, imo patri, etc." 她们因为被称作女朋友、情妇或交际花

[①] 阿伯拉尔（Abailard）是布列塔尼人。

而感到荣幸,"Concubinae vé scorti"①。"当他用爱情引诱他的学生爱洛伊丝的时候,"一位严肃的学者说,"我觉得对于学识渊博的阿伯拉尔,这是一个令人赞美的疯狂举动。"

德·科德夫人之死

在维尔纳韦,一个新的悲痛降临到我头上。为了向你们讲这件事,我要倒回去,讲讲我去瑞士旅行之前数月发生的事情。一八〇四秋天,德·科德夫人到巴黎时,我还住在米洛梅尼尔街。德·博蒙夫人的死最终使我姐姐精神错乱了;她几乎不相信她死了,她怀疑这里面有什么奥秘,把上天也算在那些以她的痛苦取乐的敌人之中。她一无所有:我为她在科马尔丹街挑选了一套住宅,向她隐瞒了房租的真正价格和我为她的饮食同一个饭店老板达成的安排。像一根即将熄灭的蜡烛,她的天资放射着耀眼的光芒;而她自己也被光芒照亮。她写点东西,但随后又扔进火里;或者她到书籍中抄一些同她的心绪吻合的思想。她在科马尔丹街住的时间不长;后来她搬到圣米歇尔女修院;德·纳瓦尔夫人是修道院院长。吕西儿住在一个对着花园的房间里;我注意到她怀着一种我无法形容的阴郁的向往,望着那些在院内菜地周围散步的修女。我们猜想她羡慕圣女,甚至更进一步,她向往天使。我在这部《回忆录》里收进德·科德夫人在上升到永恒的天国之前写的几封信,作为她的遗物,使

---

① 上面的话都引自爱洛伊丝的信。爱洛伊丝(约一〇九八——一一六四)是法兰克女隐修院院长、神学家和哲学家阿伯拉尔之妻。他们年轻时相恋,生一子,然后秘密结婚。

这本书变得圣洁。

　　我把我的幸福寄托在你和德·博蒙夫人身上；想到你，我就摆脱烦闷和忧愁：我唯一的牵挂是爱你。前晚，我对你的性格和你的生存方式进行了长时间的思索。由于我们总是住在邻近的地方，我想，了解我需要时间，我头脑里有多少各种各样的想法呀！我的腼腆和我外表的软弱同我内心的力量多么不同呀！瞧，我尽讲我自己。我的声名显赫的弟弟呀，对你不断给予我的照料和友情，请接受我最亲切的感谢。这是你早上收到的我的最后一封信。我徒然地将我的想法告诉你，它们仍然完整无缺地留在我心里。

一月十七日

　　我的朋友，你真的觉得我不会受到谢诺多莱先生的无礼对待吗？我决定不再邀请他来访了；我允许他星期二最后来一次。我不想使他难堪。我永远合上了我的命运之书，而且我用理智之印将它封上了。无论是生活中的小事或大事，我都不会查看这本书了。我放弃我的一切疯狂念头；我不愿意理会、也不愿意为别人的疯狂念头悲哀、伤感。我将潜心思索我在这个世界上经历的一切事件。我对自己的担忧是多么令人怜悯呀！除了发生在你身上的事情，上帝不能再令我悲伤。我感谢他将你当作珍贵的、善良的、亲切的礼物送给我，也感谢他让我保持清白无瑕的生命：这就是我的全部财富。我可以将云中的月亮当作我的生命的标志，连同如下的箴言："经常被遮掩，从不失去光泽"。再见了，我的朋友。从昨天上午起，你可能对我使用的语言感到吃惊。看到你之后，我的心朝上帝升腾而去，而且我将我整个的心放在十字架底下，那是它唯一和真正的归宿。

无日期

你好，我的朋友。今天上午，你的情绪是什么颜色的？我记得，当我为德·法尔西夫人①的健康担心时，只有一个人能够安慰我。此人曾经对我说："你在她之前死是合乎情理的。有比这更公正的事吗？"有人说，死的念头可以使我们摆脱对前途的烦恼。我的朋友，完全不是这么回事。今天上午，我急于让你摆脱我，因为我觉得自己尽讲一些美好的事物。再见，我可怜的弟弟。保持快乐的心境吧。

星期四

德·法尔西夫人在世时，由于我一直在她身边，所以从来不曾感觉有必要同别人交流思想。我享有这样的财富，但没有意识到这一点。可是，自从我们失去这位朋友，而环境将我同你分开以来，我体会到无法在同他人的交谈中解除苦闷和更新思想的痛苦；我感觉，我目前的情绪对我是不利的，如果我无法摆脱的话；这肯定来自我的构造不佳。然而，从昨天开始，我对我的勇气是相当满意的。我对我的忧愁、对我内心的空虚毫不在意。我厌倦了。继续善待我吧：这几天是有人情味的。再见，我的朋友。希望不久就能见面。

无日期

你放心吧，我的朋友。我的健康眼看在恢复。我常常问自己，我为什么花那么多工夫来支撑它。我好像一个疯子，想在荒漠当中建造一座堡垒。再见了，我可怜的弟弟。

无日期

---

① 德·法尔西夫人（Madame de Farcy）：他们的姐姐朱莉。

因为今天傍晚我觉得头痛得厉害,所以只随便抄几句费奈隆的话寄给你,以履行我的承诺:

——当人们将自己封闭起来的时候,会感到周围非常狭小。相反,当人们走出这座监狱,进入上帝的辽阔天地时,会感到非常宽敞。

——我们很快就会找到我们失去的东西。我们每天都迈着大步走近目标。再加把劲,就不再有什么需要哭泣的东西了。将要死去的是我们,我们爱的东西继续存在,而且不会死去。

——你的力量是虚假的,就像病人的高烧。几天以来,人们看见你为了表现勇气和欢乐,有一种痉挛性的冲动,其实是临终挣扎……

这就是今晚我的脑袋和我的秃笔允许我写给你的全部东西。如果你愿意,我明天继续,也许会更多一些。晚安,我的朋友。我仍要对你说,我崇拜费奈隆,我觉得他的感情是如此深刻,而他的德行是如此崇高。再见,我的朋友。

我醒来时,向你倾诉无数温情,给予你无数祝福。我今天上午身体不错,我担心费奈隆那些话是否选得恰当——如果你有时间读的话。我害怕我的心受他的影响太深。

无日期

你会想到,从昨天起,我为了修改你的作品忙得不亦乐乎吗?布洛萨克兄弟偷偷将你的一首八音节诗给我看。我觉得你这首诗未能充分表达你的思想,我尝试做些改动,作为消遣。有比这更加大胆妄为的事情吗?请原谅,大人物,你要记得我是你姐姐,多少有权滥用的你的财富。

无日期

我不会再对你说：别来看我了。因为我在巴黎的日子只剩几天了，我感觉你的来访对于我是至关重要的。四点钟才来吧，在此之前我要外出。我的朋友，我对那些我感觉存在或不存在的东西有无数互相矛盾的想法，这些东西好像反射到镜子里面的物体，尽管历历在目，但人们不能肯定它们的真实。我不想再理会这一切了；从此刻起，我放任自己。我没有办法像你那样到处走动，但我有勇气不将我所在地的任何东西放在心上，而将自己完全和最后地固定在正义和真理的创造者身上。我害怕的只是走过的时候，无意中触犯某人，而不是因为人们对我有兴趣；我还没有疯到愿意干这种事的地步。

于圣米歇尔女修院

我的朋友，你的声音从未令我这样高兴，当我昨天在楼梯上听见的时候。那时，我的思想试图超过我的勇气。因为感到你在我身边，我突然变得轻松了；你一出现，我内心就恢复了平静。有时，我十分厌恶喝下这杯苦酒。这小小的心怎么能够容纳这么多存在，这么多伤悲？我对自己是很不满意的，很不满意。我的事情和我的念头拖着我；我几乎不再关心上帝了，我只是每天对他讲一百次："主呀，快点满足我的愿望吧，因为我的心已经无法坚持了。"

无日期

我的弟弟，你不要对我的信和我这个人感到厌倦。想想吧，你很快就会摆脱我的纠缠了。我的生命放射着最后的光芒，这是一盏在长夜黑暗中燃尽的灯，曙光升起的时候就会熄灭。我的弟弟，请想想我们年幼时的日子吧。你记得吗？我们常常坐在同一个膝盖上，被抱在同一个怀抱里，你用你的眼泪伴随我的眼泪；从小开始，你就呵护我，保护我脆弱的生命；我们一起嬉戏，我们一道学习。我姑且不谈我们的少年时代，我们的幼稚的想法，我们朝夕相处的欢乐和我们相互的需要。我之所以旧事重提，我承认，我的弟弟，是为了让我在你心中占有更多的位置。当你第二次离开法国的时候，你将你妻子交给我，你要我答应永远不同她分开。我信守诺言，自愿让人给自己套上枷锁，走进那专门关闭死囚的监狱。在那个地方，我心中只担心你的命运；我对你的命运做种种猜测。当我重新获得自由之后，在各种痛苦的重压之下，唯有同你再聚的想法支撑着我。当我今天永远失去在你身边度过余生的希望时，请容忍我的悲哀吧。我将听从我的命运，而且仅仅因为我还在同它抗争，我才感到心碎般的痛苦。但是，当将来我向我的命运屈服的时候……而且这是什么样的命运呀！我的朋友、我的保护人和我的财富到哪里去啦？谁再关心我的命运呢？这个被所有人抛弃、形单影只的命运！我的上帝呀！对于纤弱的我，这些苦难还不够吗？还要加上对未来的恐惧！对不起，我最亲爱的朋友，我会顺从的；面对我的命运，我会俯首听命。可是，在我留在这座城市的为数不多的日子里，允许我在你身上寻求我最后的安慰吧。让我相信你是高兴看见我的。你要相信，在爱你的人当中，没有哪一个比我对你的无能为力的友情更加诚恳，更加温柔。记得那些愉快的事情吧，它们会延长我在你身边的生命。昨天，当你叫我到你家去的时候，我觉得你的表情是不安和严肃的，可是你的话很亲切。怎么，我的弟弟，难道我也应该远离你，我令你厌烦吗？你知道，不是我提议去看你的，我答应过不会随意去的；但是，如果你改变了主意，你为什么不对我直说呢？我没有勇气拒绝你的彬彬有礼。从前，你将我同芸芸众生分开，对我更加公正一些。既然你今天等着我，我十一时去看你。我们寻找一个将来对你最适合的办法。我给你写信，因为我肯定自己没有勇气当面对你讲这封信的内容。

无日期

这封如此令人伤心和如此美好的信是我收到的最后一封。我赶到圣米歇尔女修院。我姐姐同德·纳瓦尔夫人在花园里散步；当人们告诉她我上楼等她的时候，她回来了。她显然努力重复她的想法，不时咬紧嘴唇。我求她别再胡思乱想，不要再给我写那些如此不公正、让我心碎的东西，别再想我会对她感到厌倦。听见我重复这些宽慰她的话，她平静了一点。她对我说，她觉得修院的生活对她不利，如果能够在植物园一带找一套独立的房子住，她可能会觉得好一些，而且这样她可以散散步，看医生也方便。我鼓励她按她自己的意愿办，而且还说，我会把老圣日耳曼[①]派到她那里去，帮助她的女仆维吉妮。她对这个建议很满意，因为这使她想起德·博蒙夫人；她叫我放心，说她会处理有关新住宅的事。她问我夏天的打算，我告诉她我要到维希找我妻子，然后到维尔纳韦同儒贝尔先生见面，从那里再去巴黎。我建议她同我们一起去。她回答说，她希望独自度过这个夏天，而且她要打发维吉妮回富热尔。我同她告别；她显得比较平静。

德·夏多布里昂夫人启程到维希，而我准备去同她汇合。离开巴黎之前，我去看望吕西儿。她很亲热；她同我谈她写的一些小作品，在本《回忆录》的第三章我们见过其中一些非常优美的片段。我鼓励这位大诗人；她拥抱我，让我答应尽快回来，祝我一路平安。她送我到楼梯平台上，靠着栏杆，平静地看我下楼。在楼梯底下，我停步，抬起头，对仍然注视我的不幸的姐姐说："再见，亲爱的姐姐！再见！多保重。给我写信，寄到维尔纳韦。我会给你写信的。希望到冬天你会同意和我们一起

[①] 老圣日耳曼：德·博蒙夫人的老仆人。

生活。"

傍晚，我见到年迈的圣日耳曼。我向他交代一些事，给他一些钱，要他对她所需要的一切物品，偷偷把价钱少算一些。我要求他向我报告一切，而且在需要我的时候，通知我回来。三个月过去了。我到达维尔纳韦的时候，看到有关德·科德夫人健康状况的两封相当令人安心的信。但是，圣日耳曼忘记把新住址和我姐姐的新打算告诉我。我动笔给我姐姐写一封长信，而这时德·夏多布里昂夫人突然得了重病。我收到圣日耳曼下一封信的时候，我守候在妻子床边。我打开信，一行令人震惊的字告诉我，吕西儿突然去世了。

我一生当中料理过许多丧事，我姐姐却死无葬身之地，我和我姐姐命该如此。她死的时候，我不在巴黎；我在那里没有任何亲戚；我由于妻子生命垂危，无法脱身去安葬她神圣的遗体；我从远处发出的命令未能及时到达，未能将她的遗体以正常的方式埋葬。吕西儿是无人认识的，没有任何朋友，身边只有德·博蒙夫人的老仆人，仿佛他负有将这两个命运连接起来的责任。只有他跟在孤独的棺材后面，而且在德·夏多布里昂夫人的病情好转、允许我带她回巴黎之前，他自己也死了。

我姐姐被埋葬在穷人当中，在哪个公墓里呢？她被怎样的死者的静止不动的潮水吞没呢？从圣米歇尔女修院出来之后，她是在哪座房子里去世的？即使我通过查找，在市政府的档案或堂区教堂的登记表中找到我姐姐的姓名，这又于事何补呢？我找得到那座公墓的看守人吗？我会找到挖掘那个没有姓名、没有标记的墓坑的掘墓人吗？那些最后接触这堆纯洁的黏土的粗糙的手，它们还记得死者吗？冥世的书会给我指出这被抹煞的坟墓吗？它不会弄错吗？既然这是上天的愿望，让吕西儿从此销声匿迹吧！我觉得，墓地的缺失是同我其他朋友的坟墓的差别。在我之前来到和离开这个世界的姐姐为我祈祷救世主；她在包括她的遗骨在内的穷人的遗骨当中向他祈祷：在耶稣基督所喜爱的人当中，也安息着不知下落的吕西儿的母亲，也是我的母亲。上帝一定会认出我姐姐；而对人世不甚留恋的她在那里不应该留下痕迹。她离开了我，这位天才的圣女。我没有一天不哀悼她。吕西儿喜欢闭门索居；我为她在我心中留下一块僻静的角落：当我停止生命的时候，她才会从中走出来。

这就是我的真实生活中唯一真实的事件！在我失去我姐姐的时候，万千士兵在战场上倒下、王位的崩塌和世界面目的变化同我有什么关系呢？

吕西儿的死触及我的灵魂的根本。随着消失的，是我在家人环绕中度过的童年，是我一生的最初的痕迹。我们的生命好像空中被一些拱扶垛支撑的脆弱的建筑物：拱扶垛不会同时倒塌，而是逐渐与建筑物脱离；它们还支撑着某个走廊，但它们已经放弃了建筑物的圣殿或摇篮。由于德·夏多布里昂夫人对专横任性的吕西儿的伤害还记忆犹新，她认为吕西儿的长眠对于这个女基督教徒是一种解脱。让我们温良些吧，如果我们希望别人怀念的话。杰出的天才和高贵的品质只会被天使悼念。可是，我不能分享德·夏多布里昂夫人的宽慰。

篇章十八

我经历的一八〇五年和一八〇六年——我回到巴黎——东方之行

当我从勃艮第大路回巴黎时，远远望见瓦尔-德格拉斯修道院的拱顶和俯瞰植物园的圣热纳维埃夫教堂的圆盖，心情黯然：我又失去了一个生活的伴侣！我们重新回到库瓦斯兰公馆。虽然德·封塔纳先生、儒贝尔先生、德·克洛泽尔先生、莫莱先生傍晚到我家中聚会，我心中不断涌现的往事和思念仍然折磨着我，到了令人不堪的地步。我独自被撒手而去的亲人们撇在他们身后，好像一名雇佣期满的外国水手，既没有家园，也没有祖国；我在岸上跺着脚；我急于投身新的海洋，穿越它，沐浴清凉的海风。我是品达的弟子，索里门的表亲，急切地希望到雅典的废墟中安慰我的孤独，将我的眼泪同马德莱娜的眼泪混在一起。

我回布列塔尼探访家人；从那里返回巴黎后，我于一八〇六年七月十三日启程去里雅斯特①。德·夏多布里昂夫人陪我一直到威尼斯，巴朗

---

① 里雅斯特（Trieste）：意大利港口城市。

谢先生再到那里同她汇合。

除了旅行前后收到或寄出的几封信，旅途情况我都逐日逐时记在《游记》中，我在此不赘述。于连，我的仆人和同伴，也写了他自己的《游记》，好像一条探险船上的乘客各自记下自己的感受一样。我手头有他的日记手稿，可以用来印证我的记述：我是库克，他是克拉克[①]。

为了突出由于社会地位和文化差异而感受不同的事实，我将我的记述同于连的记述放在一起。我让他先讲，因为他记述了从莫东[②]乘船到士麦那[③]的旅行，我没有这一段经历。

于连的记述

我们于八月一日登船；但是，由于风向不适于出港，我们在那里一直待到次日天亮。引港员通知我们可以出港了。由于我从未乘船出海，将海上的危险想象得太严重，可是接下来的两天里并未碰见任何危险的事情。到第三天，刮起了大风；闪电，雷鸣，还有可怕的暴风雨向我们袭来，大海上恶浪滔天。船上有八名水手、一位船长、一名军官、一位领水员和一名厨师，还有五名乘客，其中包括先生和我：一共十七人。这时，我们都动手帮水手收帆，尽管下着雨；为了工作方便，我们都脱掉外衣，但大家很快就被淋湿了。我全心全意投入工作，忘记了危险；其实，想象中的危险比实际危险更加可怕。两天时间里，风雨不断，这使我在航行的头几天受到锻炼；我并无任何不适的感觉。先生担心我会在海上病倒；当海上恢复平静的时候，他对我说：我对你的身体放心了；既然你顶住了

[①] 库克和克拉克都是英国航海家，在一七七六年开始的航行中，库克是船长，克拉克是大副。
[②] 莫东（Modon）：土耳其城市。
[③] 士麦那（Smyrne）：即伊兹密尔，爱琴海上的土耳其海港。

这两天的风雨，在其他恶劣天气下你都不会有事的。在我们前往士麦那途中余下的时间里，并不是这么回事。十日是星期天，先生叫船在一座名为莫东的土耳其城市旁边停泊，他从那里登岸去希腊。和我们同行的乘客当中，有两位到士麦那去的米兰人，他们做白铁和铸锡生意。两人当中的一位名叫约瑟夫，讲一口相当好的土耳其话；先生提议雇他当仆人和翻译，陪伴先生去旅行；他在他的《游记》中提到过这件事。他同我们分手时对我们说，此次旅行只用几天时间，他将在一个我们四五天后要经过的岛上重新登船；如果他先到的话，他会在那里等候我们。先生认为那位米兰人适合陪伴他做这次小小的旅行（斯巴达和雅典），于是将我留在船上照管行李，随船一直到士麦那。他交给我一封写给法国领事的介绍信，以备他不能同我们汇合时使用；这正是后来发生的事情。第四天，我们到达指定地点。船长登陆，先生不在那里。我们在那里过夜，一直等他直到次日上午七时。船长又上岸，通知说他不得不趁顺风开船了，因为他要赶路。而且，他看见一名海盗试图接近我们的船只，当务之急是赶快进行防御。他命令给四门炮装填了炮弹，将步枪、手枪和刀剑搬到甲板上；可是，由于风向对我们有利，海盗丢下我们走了。我们于十八号星期一晚七时到达士麦那港。

横穿希腊之后，我经过戴阿和希俄斯[①]，在士麦那找到于连。今天，在我的记忆当中，希腊是我闭上眼睛就能看见的灿烂光环之一。在这片神秘的磷光之上，显现一些精美和令人赞叹的建筑物遗址，这一切由于披上我无法形容的缪斯的光彩，而变得更加辉煌。我什么时候能够重新

[①] 希俄斯（Chio）：爱琴海上的希腊岛屿。

看到伊米托斯山①的百里香，欧罗塔斯河②畔的夹竹桃呢？我在外国土地上碰见的最令我欣羡的人之一，是皮雷的土耳其海关官员。他独自一人生活在那里，管辖着三个空无一人的海港，凝视着略带蓝色的岛屿，闪光的岬角，金色的大海。那里，我只听见地米斯托克利③的坟墓中海浪呼啸，和遥远往事的喃喃低语：在斯巴达残骸的沉寂中，光荣地缄默不语。

在荷马的摇篮，我丢下我可怜的翻译约瑟夫，让他留在他的白铁铺里，而我自己朝君士坦丁堡进发。由于我对诗的痴情，我从帕加马经过，打算先去特洛伊；上路不久，我就从马上摔了下来。并不是我的坐骑失足，而是我在马上睡着了。我在我的《游记》中记述了这件事；于连也讲到这件事；他关于道路和马匹的评语我认为是符合事实的。

于连的记述

先生在马上睡着了，跌落在地，而且落地时没有醒过来。他的马一停步，跟在后面的我的马也停下来。我立即跳下地了解原因，因为他和我之间有一段距离，我弄不清是怎么一回事。我看见先生躺在他坐骑旁边的地上，十分惊讶。他叫我放心，说他没有受伤。他的马没有试图离开，那是很危险的，因为我们旁边就是深渊。

出索玛，经过帕加马之后，我同我的向导发生了争吵，就像人们在《游记》中读到的。下面是于连的记述：

---

① 伊米托斯山（Hymète）：希腊雅典南面的石灰岩山。
② 欧罗塔斯河（Eurotas）：希腊河流，古希腊城市斯巴达建立在河岸上。
③ 地米斯托克利（Thémistocle，约公元前五二四—前四六〇）：雅典海上强权的缔造者。

将我们的旅行箱放在马背上之后,我们很早就离开村庄。我看见先生对向导发脾气,感到非常吃惊。我问他是怎么回事。先生回答说,他跟向导在士麦那谈妥,他要把我们带到特洛伊平原。可是,路走了一半,他却变卦了,说平原上到处是强盗。先生完全不相信,谁的话也不听。看见他火气越来越大,我跟向导打招呼,叫他到翻译和那位土耳其士兵这边来,请他解释别人对他是怎样说的,先生想参观的平原究竟有什么危险。向导对翻译说,有人对他说,要大批人一起走才不会受到攻击。土耳其士兵对我讲了同样的话。随后,我找到先生,向他重复了他们三人讲的话,而且补充说,我们离前方的小村庄有一天路程,那里有个类似领事的人物,他可以把真相告诉我们。听了这番话,先生平静下来了。我们继续往前走,一直到上面所讲的小村庄那里。我们一到达,他就去找领事。后者对先生说,如果他坚持同这几个人到特洛伊平原去,那确实非常危险。这样,先生不得不放弃他的计划,我们继续前往君士坦丁堡。

我到达君士坦丁堡。

我的记述

几乎看不见妇女,没有车辆,成群的野狗。由于行人都穿着皮拖鞋,由于没有马车的喧闹,由于既听不见钟声也听不见铁匠的锻锤响,到处是宁静的。默默的人群从你身边擦过,仿佛他们故意不引人注目,而且仿佛是在逃避别人的目光似的。在你漫步途中,市场和墓地交替出现,好像土耳其人活着只是为了买、卖和死。街市中间那些没有围墙的墓地是优雅的柏树林:鸽子在树梢筑巢,分享死者的安宁。不时可以看见一些古老的建筑物,它们同现代市民和四周房屋极不协调:好像无限的法力将它们搬进这座东方的城市。

没有任何欢乐的迹象，没有任何幸福的印记：我们看见的不是人，而是一群被阿訇牵着、将被士兵宰杀的用来祭献的羊。除了饕餮没有别的欢乐，除了死刑没有别的刑罚。在监狱和劳役场之间耸立着一座宫殿——那施行奴役的卡皮托利山。那儿，一位神圣不可侵犯的守护者，细心保管着瘟疫的根苗和专制的原始戒律。

于连不像我那样坠入五里雾中：

于连的记述

由于通向运河和港口的斜坡，君士坦丁堡城内令人感觉非常不舒服。人们不得不在所有通往这个方向的街道上设置一道道挡土墙，阻止雨水将泥土冲下去。车辆很少：同其他民族相比，土耳其人使用的驮马多得多。在法国人的居住区，有几台供女士乘坐的轿子。也有一些载运货物的骆驼和马匹。我们还看见一些土耳其挑夫，他们手持又长又粗的棒子；他们可以一头五六个人，迈着整齐的步伐，搬运庞大的物件。一名挑夫也可以扛非常重的物体。他们用一种由肩及腰的钩子，非常灵巧地搬运各种包裹，而不必用绳子捆绑。

一八三九年，于巴黎
一八四六年十二月修改

在君士坦丁堡，我登上载运希腊朝圣者到叙利亚去的船只

我的记述

　　船上大约有两百名乘客，其中有男人、女人、儿童和老人。统舱内，两边整整齐齐排列着数目相同的草席。在这个共和国里，每人随意做他的家务：妇女照顾孩子，男人抽烟或煮饭，教士们聊天。到处都听见曼陀林、小提琴和里拉的声音。人们唱歌，跳舞，放声大叫或高声祈祷。大家都非常快乐。有人对我说："耶路撒冷！"同时用手指着南方；我也回答说："耶路撒冷！"总之，如果心里不害怕的话，我们可能是世界上最幸福的人；但是，稍许有点风，水手们就收帆，而朝圣者叫道："Christos, Kyrie eleison！"风暴一过去，我们立即恢复勇气。

在这里，同于连相比，我就相形见绌了。

于连的记述

　　我们准备出发去加法[①]。我们是十八日星期四启程的。我们登上一艘希腊船；船上载着至少一百五十名去耶路撒冷朝圣的希腊人，其中有男人、妇女和儿童。这样，船上就显得非常拥挤。

　　我们同别的乘客一样，有我们自己的口粮和我在君士坦丁堡购买的烹调用具。另外，我们还有大使先生送给我们的另一批种类相当齐全的食品，包括优质面包、火腿、香肠、各种葡萄酒、朗姆酒、柠檬，甚至还有治发烧有效的金鸡纳酒。这样，我们随身携带

[①] 加法（Jaffa）：位于现在的以色列首都特拉维夫一带。

的食品是非常丰富的，但我用起来仍然很节省，因为我知道我们的路途遥远。船上到处是人，无法走动。

由于船上肮脏和种种不便，不过十三天的航程显得非常漫长。有几天天气不好，许多妇女和孩子病了，到处呕吐，以致我们不得不走出我们的房间，到甲板上去睡觉。我们等希腊人闹腾完了之后，才在甲板上吃东西，这比别的地方自在得多。

我穿过达达尼尔海峡；我接近罗德岛①，为了在叙利亚登岸，我雇了一名引水员。由于没有风，我们停在旧时的歇里多里亚角对面，滞留在亚洲大陆以南。我们在海上停留两天，不知自己所在的位置。

我的记述

天气晴朗，气候暖和，因此，所有乘客晚上都在甲板上露宿。我同两个粗野的希腊僧侣争夺后艄楼的一个角落，最后他们无可奈何地把地方让给我。九月三十日清晨六点，我还在睡觉，突然被一阵嘈杂声吵醒。我睁开眼睛，看见朝圣者都朝船头方向凝望。我问出了什么事，人们回答说："Signor, il Carmelo！"（老爷，卡梅尔山！②）卡梅尔山！昨天晚上八时开始刮风，我们在半夜已经到达同叙利亚海岸遥遥相望的位置。由于我是和衣睡的，所以马上起身，打听哪里是圣山。大家都殷勤地指给我看；但是，由于我们对面的太阳正在上升，我什么也看不见。此时此刻有某种宗教和庄严的气氛；所有朝圣者手持念珠，用同样的姿态保持肃静，恭候圣地出现。领头的教士高声祈祷：我们只听见他的祈祷声，和在风儿推动下船只在闪光的海面上滑动的声音。当人们重新看见卡梅尔山的时

---

① 罗德岛（Rhodes）：爱琴海中的希腊岛屿。
② 卡梅尔山（le Carmel）：位于以色列，被视为加尔默罗会教派的摇篮。

候，喊声又在船头升起。终于，我自己也看见这座在阳光下像一个圆点的山。此时，我仿效拉丁人的榜样跪倒。我丝毫体会不到我在发现希腊海岸时感到的那种惶惑。但是，看见以色列人的摇篮和基督教徒的祖国时，我心中充满喜悦和崇敬！我很快要登上这片奇迹的土地、来到最令人赞叹的诗篇的泉源、亲临这个从人类的角度说曾经发生改变世界面目的最重大事件的地点。

…………

中午，风停了；到四时，又起风。但是，由于引水员的无知，我们超越了我们的目标……下午二时，我们重新看到加法。

一条船载着三名修士离开陆地。我同他们一道乘一只小艇；我们穿过在岩石中开凿的险峻的通道进港；那个地方连土耳其小船都不容易进去。

岸上的阿拉伯人蹚着齐腰的深水朝我们走过来，为的是将我们背上岸。此时，出现一个很滑稽的场面：我的仆人穿着白礼服，而白色对于阿拉伯人是显贵的颜色。他们认为于连是酋长。他们抓住他，将他抬起来，尽管他表示抗议；而我多亏我的蓝色服装，不那么显眼，于是被一名衣衫褴褛的乞丐背上岸。

现在，且看当时那个场面的主要演员如何叙述吧：

于连的记述

令我非常惊讶的是，我看见六个阿拉伯人过来将我抬上岸，而只有两个人背先生。先生看见人们像抬圣人遗骸盒似的抬着我，十分开心。不知是不是我的穿着看起来比先生更加显眼；他身上是一件褐色礼服，同样颜色的扣子；而我身上是一套白色礼服，连同在阳光下闪闪发光的白色金属纽扣：这大概是造成误会的原因。

十月一日星期三，我们来到加法的修士们当中，他们属于方济各修会，讲拉丁语和意大利语，但不大会讲法语。他们热情地接待我们，而且尽力向我们提供我们需要的东西。

我到达耶路撒冷。按照修道院教士会的意见，我很快穿过圣城到约旦。在伯利恒①修道院稍事休息后，我在一队阿拉伯人护送下出发；在圣萨巴停留。午夜，到达死海之畔。

我的记述

在犹地亚地区旅行时，人们感觉非常单调；但是，从荒芜到荒芜，无垠的空间在我们面前展开，烦闷的感觉渐渐消散，大家有一种莫名的恐惧；这种恐惧非但不降低灵魂，反而给人勇气，提高精神境界。从各方面涌现的非凡景观展现一片蕴藏奇迹的土地：灼热的太阳，矫健的雄鹰，没有果实的无花果树。《圣经》的全部诗意、所有图画都在那里。每个名称都包含奥秘；每个洞窟都预告前途；每个山峰都回响着先知的声音。上帝本人曾经在河畔讲话。干涸的激流、裂开的岩石、半开的坟墓证实着奇迹；由于恐惧，沙漠似乎仍然缄默着，好像自从它听见上帝的声音，不敢打破沉寂。

我们从圆形山顶下来，到死海边过夜，然后启程往约旦河。

于连的记述

我们下马，让牲口和我们一样休息和进食。由于耶路撒冷的修士们的馈赠，我们的食物相当丰富。吃完点心，护送我们的阿拉伯人走到离我们有一段距离的地方，用耳朵着地面，听听有什么声

---

① 伯利恒（Bethléem）：巴勒斯坦中部城镇。

响。他们说，我们可以放心，于是大家进入睡乡。尽管躺在卵石上，我还是打了个好盹；清晨五时，先生过来将我叫醒，让我通知大家准备出发。他用一个能装三杯水的白铁罐装满死海的水，准备带回巴黎。

我的记述

我们出发了，在白色的细沙中艰难地跋涉了一个半小时。在一片光秃秃的沙漠中央，我吃惊地发现一个由芳香植物和罗望子树组成的小树林。突然，阿拉伯人停下来，对我用手指着山沟深处某种我并未注意的东西。我弄不清是怎么回事，只隐约看见在静止的土地上有类似沙的东西在流动。我走近这奇特的物体，看见几乎无法同周围沙漠区别的一条黄色的河流。它夹在深深的陡壁之间，里面缓缓流动着稠厚的水：这是约旦河。

阿拉伯人脱掉衣服，跳进约旦河。由于发烧一直折磨我，我不敢仿效他们。

于连的记述

我们在沙漠中经过跋涉，在清晨七时到达约旦河。我们的马匹行走时陷进齐膝的沙，爬上难以攀登的壕沟。我们沿着河岸一直走到十时。为了消除疲劳，我们在河边小树的荫蔽下舒舒服服地洗了个澡。在我们所在的位置，河宽仅四十法尺[①]，要游过去是很容易的事情。但这样做是很不谨慎的，因为有些阿拉伯人试图靠近我们；他们在很短时间内，可以聚集人数众多的队伍。先生用他的第二个白铁罐装满了约旦河的水。

---

① 约八十公尺。

我们回到耶路撒冷。于连对圣地的印象并不特别深刻;作为真正的哲学家,他的记述是枯燥的。他说:

> 骷髅地位于一座和我们攀登过的许多山相似的山上,在一座教堂里;从山顶,我们看见远处的荒地,和被动物啃噬的灌木和小树。约扎法山谷在外面,在耶路撒冷城墙脚下,像环绕城墙的壕沟。

我离开耶路撒冷,到达加法,随后我登船前往亚历山大。我从亚历山大到开罗,让于连留在德罗维迪[①]先生那里;德罗维迪先生盛情为我租了一条去突尼斯的奥地利船。于连在开罗继续写他的日记,他说:"犹太人像在其他各处一样,也在这里做生意。离城半里远的地方,有红色花岗岩的庞贝柱,柱子耸立在一大堆巨石之上。"

我的记述

十一月二十三日中午,顺风,我登船。我在岸边拥抱德罗维迪先生,我们殷殷道别,答应保持联系。今天,我偿还了我欠的人情。

我们二时起锚。引水员将我们带到港外。风是微弱的,南风。在三天时间里,我们在天际都看得见庞贝柱。第三天傍晚,我们听见亚历山大港的归营炮回响。这是我们真正离去的信号,因为起北风了;我们向西面驶去。

十二月一日,一直刮着西风,阻挡我们前进。风向渐渐转为西南,变成风暴,一直到我们抵达突尼斯时才平息。为了消磨时间,

---

① 德罗维迪(Drovetti):法国驻亚历山大领事。

我抄写和整理旅行笔记和《殉道者》中的描写部分。晚上，我跟大副迪内里上尉在甲板上散步。在一条被风浪击打的船只上、在波浪中度过的夜晚不会没有收获的；前途的变化不定赋予事物以真正的价值：风急浪大的海上看到的这片陆地，好像临死者眼中的生活。

于连的记述

离开亚历山大港后，头几天相当顺利，但这种情况未能继续下去，因为剩下的航程里，我们碰到的都是逆风、坏天气。甲板上随时有一位军官、一位驾驶员和四名水手值班。傍晚，当我们估计夜晚不会平静的时候，我们就登上甲板。将近午夜，我调好潘趣酒。我先招待驾驶员和水手，然后我端给先生和军官，最后才轮到自己。但是，我们饮酒的时候，不像在咖啡馆里那样平静。那位军官比船长的阅历多得多。他的法语讲得很好，这在我们的旅途中是非常愉快的事情。

我们继续航行，在克尔克尼岛前面下锚。

我的记述

东南风骤起，这令我们无比欣喜。五天时间，我们就到达马耳他岛附近水域。我们是在圣诞节前到达的；但是圣诞节那天，风向转为西偏西北，将我们吹到兰佩杜斯岛南面。我们在突尼斯王国的东海岸边滞留十八天，生死未卜。我一辈子忘不了二十八日那一天。

我们在克尔克尼岛前面下锚。我们在希尔特停泊一周，在那里迎接一八〇七年到来。在多少星空之下，在多少不同的境况里，我见过我的岁月更迭！倏忽即逝的岁月，或漫长的岁月！我的童年时代，已经离开我多么遥远呀！那时候，我以欢快的心情接受父亲的祝福和礼物！元旦总是我期待已久的日子！而现在，在一条外国船上，在大海的包围之中，面对蛮荒的土地，元旦就这样飞逝了，没有见证，没有欢乐，没有家人的拥抱，没有母亲对儿子最诚挚的祝愿！在暴风雨中诞生的这一天在我的额头上只留下忧虑、遗憾和白发。

于连有同样的遭遇，而他责怪我急躁，但幸亏我现在已经改掉了这个毛病。

于连的记述

我们离马耳他岛很近，而且我们担心如果被英国军舰发现，会强迫我们进港。但是，无人理会我们。我们的船员非常疲倦，而风向继续对我们不利。船长在海图上发现，一个名为克尔克尼的锚地离我们不远，于是扬帆驶过去，而没有征求先生的意见。先生看见我们接近这个锚地，就发脾气了，因为事先没有同他打招呼。他对船长说，既然我们已经忍受了最恶劣的天气，就应该继续我们的航程。可是，我们已经偏离太远，无法继续了；而且，船长的谨慎做法是有道理的，因为当晚风刮得更猛，浪更大。由于我们在锚地比预订时间多待了二十四小时，先生向船长表示了强烈不满，尽管船长是正确的。

我们航行了大约一个月，再过七八小时就可到达突尼斯港。突然，风变得非常猛烈，我们被迫驶向外海，在海上滞留三个星期不能进港。这时，先生又责怪船长在锚地浪费了三十六小时。人们无法说服他：如果不是船长有预见，我们本来会遭殃的。令我担心的，是我们的食品日益减少，但又不知道什么时候能够到达。

我终于在迦太基①登岸。我在德瓦兹夫妇②家中受到最殷勤的款待。于连向我详细介绍我的主人,他也谈到野外的景色和犹太人,说:"他们祈祷,哭泣。"

我登上一条美国双桅战船,越过突尼斯湖到拉古莱特。于连记述说:"半路,我问先生是否取了他放在房间抽屉里的金币;他回答说忘了,我不得不返回突尼斯。"金钱在我的头脑里从来没有位置。

当我从亚历山大港过来时,我们在阿尼巴尔古城遗址对面下锚。我从船舷凝望着,但弄不清是怎么回事。我远远望见几间摩尔人的小屋,一座位于岬角顶端的穆斯林隐修教士的住所,羊群在废墟间吃草;废墟极不显眼,难以同周围的地面区别:这就是迦太基。我们启程回欧洲之前,参观了这座城市的遗址。

我的记述

从比尔萨山之巅,可以纵览迦太基遗址;废墟的数目比通常人们想象的多。它们好像斯巴达城遗址,保护得不好,但占地面积很大。我是二月份去的,无花果树、橄榄树和角斗树已经发出新芽;在各种颜色的大理石建筑残骸之中,高大的白芷和老鸦企形成茂密的绿荫。我遥望远处的地峡,两个海,岛屿,欢快的田野,湛蓝的湖水,蔚蓝的群山。我凝视森林、船舶、水渠、摩尔人的村庄、穆斯林教士的隐居院、突尼斯清真寺的尖塔和白屋。千百万椋鸟组成军团,乌云一般在我头上翱翔。在最伟大和最感人的纪念物的包围

---

① 迦太基(Carthage):非洲北部(今突尼斯)的奴隶制国家。约公元前八一四年由腓尼基城邦推罗的移民所建。
② 德瓦兹(Devoise):德瓦兹是法国驻突尼斯领事。

之中，我记起迪东①、索福尼斯伯②和阿斯德律巴尔的高贵的妻子；我注视着埋葬阿尼巴尔、希皮翁和恺撒军团的辽阔平原；我的眼睛希望辨识乌提卡③皇宫的遗址。唉！提比略④的宫殿的遗址还留在卡普雷，但在乌提卡，已经找不到卡统⑤的房子的痕迹！最后，可怕的汪达尔人，轻捷的摩尔人渐次在我记忆中走过，而头脑中闪现的最后图画，是圣路易在迦太基废墟上临终的情景。

于连同我一样，以对迦太基的记述结束他的非洲游记。

于连的记述

七日和八日，我们在迦太基遗址上散步。那里，在旷地里，还可以看到一些墙基，证明古代建筑的坚固。还有一些被大海淹没的澡堂设施。还有异常美丽的水槽；另外，有些水槽被土填满了。住在这一带的为数不多的居民以种田为生。他们收集大理石、石头或钱币，当作古物卖给游客：先生买了些，准备带回法国。

从君士坦丁堡到耶路撒冷

---

① 迪东(Didon)：传说中的提尔公主，迦太基的奠基人。
② 索福尼斯伯(Sophonisbe)：公元前三世纪努米底亚王国王后。
③ 乌提卡(Utique)：北非城市，在迦太基西北部。
④ 提比略(Tibère)：罗马皇帝（公元前三二—公元三七）。
⑤ 加图(Caton)：古罗马政治家，主张粉碎西庇阿的权力和强大的迦太基。

我从突尼斯取道西班牙回法国

于连简要记述了我们如何穿越突尼斯到直布罗陀湾。他从阿尔热西阿赶到卡的斯,再从卡的斯到格拉纳达①。他在布兰卡毫无感触,只注意到"阿尔罕布拉和其他建筑物竖立在高耸的岩石上"。关于格拉纳达,我也没有详谈;我只说:"阿尔罕布拉虽然不能同希腊的庙宇相比,但值得一看。格拉纳达河谷风景优美,与斯巴达河谷颇相似:我们理解为什么摩尔人怀念这样的国家。"

在《阿邦塞拉奇末代王孙的奇遇》中,我描写了阿尔罕布拉。阿尔罕布拉、热内拉利菲和桑多峰好像黎明霞光中看见的神奇景色,永远铭记在我心中。我觉得自己有足够的才情来描绘维伽②;但是,由于我害怕得罪格拉纳达大主教,我不敢做这样的尝试。我在苏丹的这座城市居留期间,一天,我经过一座村庄,一位因为地震离开家乡的六弦琴手对我发生了兴趣。他聋得厉害,到处跟着我。当我在一座摩尔人宫殿的遗址上坐下时,他站在我身边唱歌,用六弦琴给自己伴奏。歌喉优美的乞丐也许没有谱写《创造》交响乐,但他在他褴褛的上衣底下露出褐色的胸脯,很可能也需要倾诉衷肠,就像贝多芬对布勒宁小姐一样③:"令人尊敬的埃莱奥诺,我最亲爱的朋友,我很希望有一件由你编织的兔毛上衣。"

我横穿整个西班牙。十六年之后,上天让我扮演一个重要角色,在一个高贵的民族当中协助制止骚乱,解救波旁王室。我们的军事威望恢复了,而且如果正统王位的继承者能够理解他们继续存在的条件,我本

---

① 这三个地方都是西班牙城市。
② 维伽(Vega):西班牙格拉纳达平原。
③ 贝多芬一七九三年十一月二日的信。

来是可以挽救他们的。

一八〇七年六月五日下午三时，在于连将我带到路易十五广场之前，从未离开过我。他从格拉纳达把我带到阿兰胡埃斯、马德里、埃斯科里亚尔，他又从那里赶到巴约讷①。

他记述道："五月九日星期二，我们从巴约讷出发，去波城、塔布、巴雷热和波尔多。十八日我们到达波尔多时，大家精疲力竭，个个都发烧。十九日，我们又从那里出发，经过昂古莱姆和图尔，二十八日到达布卢瓦过夜。三十一日，我们继续赶路，一直到奥尔良；随后，我们在昂热维尔度过我们的最后一个夜晚。"

我在一座城堡的驿站里；我的长途跋涉未能使我忘记那里的居民。但是，阿米德的花园②在哪里？有两次或三次，我重返比利牛斯山的时候，我从大路看见梅雷维尔的圆柱。它如同庞贝柱，向我宣告沙漠临近了；如同我在海上的遭遇，一切都变了。

我回到巴黎时，我寄的信尚未到达：我走在我的生活之前了。虽然我那些信无关紧要，但我仍然像观看象征我访问过的地点的粗劣图画似的浏览它们。那些信是从莫东、雅典、载阿、士麦那和君士坦丁堡寄出的；是从加法、耶路撒冷、格拉纳达、马德里和比戈斯寄出的。我对这些用各种各样的墨水、写在各种各样的纸上、从各地寄来的信饶有兴趣。甚至那些敕令，我打开的时候无不怀着喜悦的心情。我喜欢抚摸这些敕令的羊皮，欣赏上面的优雅的书法，对文笔的华丽惊叹不已。我是一个大人物了！在这些扎头巾的君王旁边，我们这些持推荐信和四十苏的护照的人是十足的可怜虫！

奥斯曼·塞伊德，莫雷的帕夏，在关于我去雅典的敕令上是这样写的：

---

① 巴约讷（Bayonne）：法国西南部城市，靠近西班牙。
② 指纳塔利·德·诺阿耶（Natalie de Noailles），夏多布里昂在阿尔罕布拉重新找到的"迷人的女子"。

米西特拉（斯巴达）和阿尔戈斯各城镇执法人、法官、至尊、老爷们，愿你们的智慧日益增长；你们的贵族和我们的大领主的光荣，你们的主人的全权代表；信用日益增长的军人和商人：

我们通知你们，法国巴黎的一位贵族，持本敕令，由一名带武器的土耳其士兵和一名仆人陪同，请求允许他通过你们辖区的某些地点和关口，前往与你们辖区相邻的地峡雅典。

上述人物到达你们辖区各地时，各地官员和其他人等均应以友情为重，恭谨相待。

伊斯兰教历纪元一二二一年

我从君士坦丁堡到耶路撒冷的护照上写着：

致库德斯（耶路撒冷）法官阁下的崇高法庭，非常杰出的老爷：

请非常杰出的老爷、庄严法庭的法官阁下接受我们的诚挚祝福和亲切致敬。

我们知照你们，法国宫廷的一位高贵人物，为了朝圣（基督教徒），此刻正在去你们地区的途中。

我们能够这样保护那些素不相识的旅行者吗，当他们向市长和宪兵交验护照的时候？从这些敕令，我们也可以看出各民族的变革。上帝要给各帝国发放多少通行证，米西特拉法官才会给一个鞑靼奴隶放行呢？而一个伊斯兰教徒要向库德斯（即耶路撒冷）法官推荐一名基督教徒呢？

《游记》进入具体描写。一八〇六年我出发的时候，到耶路撒冷朝圣是一个壮举。那时，关注我的人很多，大家都殷勤相助；现在，神奇的色彩消失了；我还剩下突尼斯：人们关于这地区谈得不多，应该说我描写了迦太基各港口的真实状况。下面这封令人尊敬的信是一个证明：

子爵先生，我刚刚收到一张迦太基遗址的地图，提供了准确的轮廓和地形；它是采用三角法以一千五百公尺为基线绘制的，以气压计观察的结果为依据。这是十年细致和耐心工作的成绩，证实了你描绘的比尔萨①各港口的位置。

我将这张精密地图同所有古代文献对照，相信我可以确定高东、比尔萨和梅伽拉的外城墙和其他部分的位置，等等。我认为，从许多方面看，你都是正确的。

如果你不担心我的三角法和我的沉闷的学识有损你的天才的话，只要你打招呼，我立即就会去拜访你。如果说在文学方面，我父亲和我远远不如你的话，Longissimo intervallo②，在保持高贵的独立方面，我们至少曾经试图仿效你，这方面，你给法国提供了一个美好的榜样。

我有幸是你的真诚的崇拜者，并且以此自诩。

迪罗·德·拉马尔

过去，这样纠正地理位置足以使我在地理学上扬名。今后，如果我还有显名扬姓的怪癖，为了吸引公众的注意，我不知道我还可以跑到什么地方去。也许，我会重新拾起探索北极通道的计划；也许我会溯恒河而上。那里，我会看到作为喜马拉雅山屏障的森林。当我来到连接甘豪山两个主要山峰的山口，发现长年积雪的圆形剧场形的山脊，当我像加尔各答圣公会主教希伯一样，问向导东面其他山的名字时，他们会对我说，翻过山就是中华帝国了。好极了！但是，从金字塔归来犹如从蒙莱

---

① 比尔萨（Byrsa）：迦太基城市。
② 拉丁词组，意思是：隔着很长的距离。

里[①]归来。这方面,我想起法国圣德尼郊区的一位规矩的古董商人,他给我写过信,问我蓬图瓦兹[②]跟耶路撒冷是否相像。

游记的最后一页似乎就是此刻写的,它完全反映我今天的感情。

"二十年前,"我说,"在各种危难和各种苦恼包围中的我,致力于研究:diversa exilia et desertas quaerere tarras[③]。我的作品的许多篇章是在帐篷下,在沙漠里,在波浪中写成的;我常常手里提着笔,不知道如何将我的生命延长数刻……如果上天将我从未体验过的内心平静赐给我,我会默默努力为祖国树立一座纪念碑[④]。如果上帝拒绝将这种平静赐给我,那么,我只考虑让我最后的岁月避免从前的岁月的忧愁。我已经不年轻了,我不再喜欢喧嚣;我知道,文学事业是个人私事的时候是非常甜蜜的,但文学一公开就会给我们招惹麻烦。无论如何,如果我的名字应该流传下去,我写的东西够多了;如果它应该死去,我已经写得太多了。"

对于跟我一样流浪的犹太人,我的游记也许会变成教科书。我小心翼翼地标志每段路程,还绘制路线图。很多旅行者在耶路撒冷写信给我,对我的精确描写表示祝贺,并且感谢我。我举一个例子:

> 先生,几周之前,我和我朋友圣洛梅先生有幸被你接见。我们给你送来阿布-高士[⑤]的一封信,同时要对你说,在当地读了你的游记之后,我们发现它有许多以前未曾注意到的长处,除了遗址的数目有所增减之外——那是这个地区唯一的变化,每走一步都证明你的描写是何等准确;我们也欣赏这本书的名称,尽管你选择的书名

---

① 蒙莱里(Montlhéry):法国埃松省的首府,离巴黎不远。
② 蓬图瓦兹(Pontoise):瓦尔德瓦兹省的首府,在巴黎附近。
③ 拉丁文,引自维吉尔写的《埃涅阿斯纪》:"寻找不同的流放地和被抛弃的土。"
④ 夏多布里昂已经考虑写一部《法国史》。
⑤ 带领夏多布里昂到耶路撒冷的阿拉伯村长。

是那样朴素、那样谦虚。

朱尔·福朗特洛
科马尔丹街二十三号

  我的描写之准确并非来自我平凡的良知；我属于克尔特人和乌龟的步行的种族，而不属于骑马和有翅膀的鞑靼人和飞鸟的种族。的确，宗教有时劫持我；但是，当它把我放回地上的时候，我扶着拐杖往前走，在界石旁边停下来吃橄榄和黑面包充饥。"虽然我常常到树林中去，像弗朗索瓦所做的那样"，可是我从来不为了改变而喜欢改变。旅途令我厌烦：我喜欢旅行，只是因为它使我独立，就像我喜欢田野不是为了田野，而是为了孤独一样。"任何天空对于我都是一样的，"蒙田说，"让我们在家人当中生活吧，到不相识的人当中去死和发牢骚吧。"

  关于东方国家，我还保留几封寄出几个月之后才收到的信。圣地的神父、领事、家庭，以为我在复辟王朝时期变成有权有势的人物，向我提出种种要求。人在远处，常常有错误的看法，相信那些似是而非的东西。一八一六年，加斯帕利先生给我写信道："致皇家巴黎大学教授夏多布里昂子爵先生"。

  加费①先生关注我周围发生的事情，同时也从亚历山大给我写信，将他那里的新闻告诉我："你走后，国家的状况没有改善，虽然到处是平静。领袖完全不必害怕逃到上埃及的马穆鲁克②们，但他仍然要保持警惕。阿伯-埃-乌阿仍然守护着麦加。马诺夫运河不久前关闭了。穆罕默德-阿里由于完成了这项工程，在埃及将永远被人怀念，等等。"

  一八一六年八月十三日，小庞加洛先生从载阿③写信给我说：

---

① 加费（Caffe）：在亚历山大接待过夏多布里昂的法国商人。
② 马穆鲁克（Mamelucks）：十四世纪到十六世纪埃及的军事特权阶级。
③ 载阿（Zéa）：希腊基克拉泽斯群岛中的一个岛，位于爱琴海。庞加洛先生是法国的代理领事。

老爷：

你的《从巴黎到耶路撒冷纪行》运到载阿。我给家人读了阁下写的关于我们家庭的非常客气的话。你在我们家的时间很短，我们对你的接待很随便，不值得你称赞。我们还刚刚得知，由于最近发生的事件，你升迁了，现在身居要位，这与你的功绩和出身是相称的。我们向你表示祝贺，我们也希望夏多布里昂伯爵先生在他登峰造极的时刻，记得载阿、他的房东老庞加洛人口众多的一家。从光荣的大路易[①]时期开始，国王就给我们祖先颁发证书，任命我们家的人担任领事。沉疴不起的老人已经不在了，我失去父亲；现在，我用微薄的家产抚养全家；我负担母亲、六个待嫁的姐妹和几位拖儿带女的寡妇的生活。我请求阁下照顾，救救我们全家。载阿是国王的舰只经常停泊的港口；我请求你让载阿副领事馆同其他副领事馆一样领取薪俸，将我从现在担任的无报酬代理人提升为副领事，享受相应的待遇。我相信，考虑我祖先长期为国效劳，阁下很容易满足这个请求，如果阁下肯过问此事的话。阁下，请原谅你在载阿的房东放肆无礼，我们盼望你的关照。

老爷阁下，

请接受我最深厚的敬意。

你最谦卑和最顺从的仆人　庞加洛

一八一六年，于载阿

每当我得意忘形的时候，我都跟做了错事一样受到惩罚。重读关于我在东方受到领事们殷勤接待的一段话（的确，由于用了一些表示感激

[①] 大路易（Louis-le-Grand，一六三八——一七一五）：法国国王，号称"太阳王"，即路易十四。

的词语，口气婉转一些），这封信使我感到后悔："庞加洛小姐，"我在游记中写道，"用希腊文唱道：

'啊！你听我说，妈妈！'

庞加洛先生叫嚷着，公鸡引颈长鸣，而尤路斯、阿里斯泰俄斯、西摩尼得斯[①]的故事一扫而光。"

要求保护的请求，几乎都是在我失宠和穷困潦倒的时候提出来的。一八一四年十月十一日，复辟王朝开始的时候，我收到这封寄自巴黎的信：

大使先生[②]：

圣皮埃尔岛的杜邦小姐，和有幸在该岛见过你的米克隆先生，希望晋见阁下。因为她知道你住在乡下，请你告诉她你回巴黎的日期，和你在什么地方可以接见她。

我荣幸地……

杜邦

我记不起这位我在大西洋上旅行时见过的小姐，人是多么健忘呀！但我清楚记得，在严寒和寂寥的基克拉泽斯群岛，有一位我不认识的姑娘坐在我身边："一位年轻姑娘出现在山坡上面；尽管天气严寒，她光着腿，踏着露水走路"，等等。

一些不以我的意志为转移的情况阻止我会见杜邦小姐。如果万一她是纪尧姆的未婚妻，四分之一世纪之后，她的境况如何呢？她在新世界的严冬里苍老了，或者她仍然保持青春，好像躲藏在圣皮埃尔要塞壕沟

[①] 尤路斯（Iulis）、阿里斯泰俄斯（Aristée）、西摩尼得斯（Simonide）：都是希腊神话中的人物。

[②] 当时夏多布里昂担任法国驻瑞典大使。

里的蚕豆？

《圣热罗门信札》的杰出译本的两位主要译者，科隆贝尔先生和格雷古瓦先生①，在他们的附言中，认为这位圣人和我在对犹太地区的看法上，有相似之处；可是，出于对圣人的尊重，我拒绝这种对比。生活在孤独中的圣热罗门描绘他内心斗争的图画：我不可能写出伯利恒洞窟居士的天才句子；我最多能够同我在法国的主保圣人圣弗朗索瓦一道唱两首圣歌，用比但丁的意大利文更古老的意大利文写的圣歌：

> In foco l'amor mi mise,
> In foco l'amor mi mise.②

我喜读海外来信：它们仿佛给我带来几声风的呜咽，几许阳光，几声被海洋隔开、但被受到殷勤接待的回忆联系起来的各种遭遇的回响。

我是否希望重新访问这些遥远的国度呢？也许其中一两个。阿提卡③的天空曾经令我心醉神迷，留下不可磨灭的印象；我心中还保留着"花朵包围中的维纳斯神庙的爱神木"和塞菲兹的彩虹的芬芳。

费奈隆在动身前往希腊之前，给波舒哀写了如下的信。《特勒马科斯历险记》的未来作者在其中表现了传教士和诗人的热情：

> 迄今，各种没有料到的小事推迟了我回巴黎的日期。可是，老爷，我终于动身了，而且我恨不得插翅飞翔哩。这次旅行还未结束，我已经在考虑另一次更大规模的旅行了。整个希腊向我敞开门

---

① 两位里昂学者。
② 意大利文，意思是：爱情在我心中燃烧。
③ 阿提卡（Attique）：希腊的一个半岛，雅典在半岛上。

户，苏丹因为害怕而后退，伯罗奔尼撒①已经在自由地呼吸，而科林斯教堂②即将鲜花盛开；那里还会听见使徒的声音。我觉得自己已经飞到这些美丽的地方，周围是珍贵的遗址；我怀着极大的好奇心，在那里汲取古代的精神。我寻找那个长老会；圣保罗在会上向全世界的圣贤宣布上帝将降临，这是不为世人所知的；但是，不敬神者在圣人之后到来，而我心甘情愿到皮雷③。我攀登到帕尔纳索斯山上，采摘德尔斐④的桂枝，品味藤比河谷的美味。

什么时候，土耳其人的血和波斯人的血在马拉松平原上流在一起，让整个希腊民族献身于将它视为祖国的宗教、哲学和艺术呢？

...Arva, beata

Petamus arva divites et insulas.⑤

啊，我不会忘记你，被亲爱的弟子的卓越想象神圣化的岛屿呀。啊，幸福的巴特姆斯呀，我将在地面亲吻使徒的脚印，而且我似乎看见苍穹洞开。那里，我义愤填膺，怒斥伪先知，他想发挥真先知的权威意见；我还祝福万能的主，他非但不像巴比伦那样抛弃宗教，还驯养龙，使它所向披靡。我已经看见分歧消失了，东方和西方汇合在一起，而亚洲在漫漫长夜之后看见太阳重新露面。被救世主的脚步圣化、被他的血灌溉的土地从亵渎者手中解放出来了，闪烁着新的荣耀。最后，分散在世界各地的亚伯拉罕⑥的孩子们，人数比天上的星星还多，他们被四面八方的风聚集在一起，将成群结队归来，承认被他们刺死的基督，并且在世纪末日展示他们的复

---

① 伯罗奔尼撒（Péloponnèse）：希腊最大的半岛。
② 科林斯：在希腊。
③ 皮雷（Pirée）：雅典郊区的海港，苏格拉底曾经在那里设计他的共和国。
④ 德尔斐（Delphes）：最重要的希腊阿波罗神庙所在地。
⑤ 拉丁文：引自贺拉斯《讽刺诗集》："夺取田野，富饶的田野，充满财宝的岛屿。"
⑥ 亚伯拉罕（Abraham）：希伯来人的祖先，古代圣人。

兴。这就够了，老爷，要知道，这是我的最后一封信，我不会再用这些令你生厌的唠叨麻烦你，你会因此感到高兴的。请原谅我从远处给你写这些啰唆话，希望见到你时能够详谈。

弗朗索瓦·德·费奈隆

这是名副其实的新荷马，只有他有资格向新克里斯托门[1]歌颂希腊和描绘它的美好风光。

我对这次出游的思考——于连之死

我在叙利亚、埃及和布匿人居住地的风景中，看到的仅仅是那些与我的孤僻性格相符合的东西。我对它们的喜爱与古代艺术和历史无关。金字塔给我留下深刻的印象，仅仅因为金字塔周围的荒漠，而不是它们自身的伟大；比起戴克里先圆柱[2]，沿着利比亚沙漠展开的月牙形花边的大海更令我瞩目。在尼罗河出口处的佩吕资城，我并不希望看见一座纪念碑，让我记起普卢塔克[3]描写过的情景：

> 被解放的奴隶沿着海滩寻找，捡到旧渔船的碎片，其数量足以焚烧一个可怜的裸尸，而且是不那样完整的。这样，当他正在搜

---

[1] 克里斯托门（Chrysostome，三四四—四〇七）：希腊教神父，以杰出的口才著称，有"金嘴"之称，此处指法国作家波舒哀。
[2] 戴克里先（Dioclétien）圆柱：在亚历山大，又被称为"亚历山大"圆柱。
[3] 普卢塔克（Plutarque，约四六——一一九）：古希腊作家，对欧洲有重大影响。

索、将物体聚在一起的时候，突然出现一个年纪不轻的罗马人。他年轻时在庞贝手下打过仗。"啊！"罗马人说，"你不要独自享受这个荣誉吧，在这神圣和虔诚的机会，请你收下我这个伙伴，不然我会永远悔恨；为了补偿我忍受的痛苦，让我利用这个良机，用我的手，协助埋葬罗马最伟大的统帅吧。"

恺撒的对手在利比亚附近不再有坟墓，但一个年轻的"利比亚"女奴被一位"庞贝"埋葬在罗马附近，而伟大的庞贝是被人从罗马赶出来的。从命运的这些游戏，我们可以理解为什么基督教徒躲藏到拉泰巴伊。

> 我出生在利比亚，正当青春的时候被埋葬在奥索尼亚[①]的尘土中；我沿着沙岸，在罗马附近长眠。将我抚养大的著名的庞贝，怀着母亲的温情哀悼我，将我安葬在一座坟墓里，使我这个可怜的奴隶同自由罗马人一样享受同样的权利。
>
> (《文选》)

在我刚刚向你们讲述的、我经历过的风雨当中，欧洲、亚洲、非洲的人物被吹散了：一位从雅典卫城跳下，另一位在希俄斯海滨坠落；这一位从锡永山跌下，那一位永远不会从尼罗河或迦太基的水槽中走出。各个地方也都变了：在美洲，过去我只看见森林的地方兴起了城市；同样，一个帝国在埃及的砂砾中形成，过去我在那里只看见"赤裸裸的、像盾牌的隆起部分一样浑圆的地平线，和上、下颚像一条裂开的棍子般的骨瘦如柴的野狼"——正如阿拉伯诗歌所说的。希腊获得自由，我在

[①] 奥索尼亚(Ausonia)：意大利的另一名称。

一名土耳其士兵护送下穿越它的时候,那还仅仅是我心中的祝愿。可是,希腊现在享有民族自由,还是仅仅改换了枷锁?

在某种意义上说,我是被旧风俗统治的土耳其帝国的最后参观者。我所到之处,在我的访问前后发生的革命延伸到希腊、叙利亚、埃及。一个新的东方将会很快出现吗?将出现什么样的局面?我们向那些建立在奴隶制和一夫多妻制基础上的民族,传授现代武器的艺术,我们将因此受到应得的惩罚吗?我们将文明传播到国外去了,还是将野蛮带到基督教民族中去了?新的政治利益、关系,可能在东方出现的强国的建立,将导致什么样的结果呢?谁也说不清楚。汽船、铁路、制成品的销售、被帕夏雇佣的几个法国、英国、德国和意大利士兵的发财,都是新的诱惑;可是,我不让自己眼花缭乱:这一切并不是文明。依靠未来的易卜拉欣①的纪律严明的军队,在查理·马特②时代曾经威胁欧洲、后来勇敢的波兰将我们从中解救出来的灾难,也许会卷土重来。我怜悯那些在我之后到来的旅行者:后宫不再有秘密可言;他们再也看不见东方古老的太阳和穆罕默德的头巾。当我进入犹地亚山区的时候,一名贝督因儿童用法语向我喊道:"前进,起步走!"口令发出了,东方前进了。

尤利西斯的伙伴,于连,他后来怎么样哪?他在将他的手稿交给我的时候,请求担任我在地狱街的住宅的门房。这个位置已经被一位老看门人和他的家庭占据了,我不能将他们赶走。上天的震怒使于连变得固执和酗酒,我长期容忍他;最后,我们不得不分手。我给他一小笔钱,又在我的财产中留给他一份抚恤金,数目不多,但一直是用我的西班牙城堡③的极好的抵押票据支付的。我按照他的愿望,安排他进入老人院。

---

① 易卜拉欣(Ibrahim,一六一五——六四八):奥斯曼苏丹。
② 查理·马特(Charles-Martel,约六八八——七四一):法兰克王国东部奥斯特拉西亚的宫相,他的功绩是重新统一法兰克王国。
③ 意思是空中楼阁,幻想,指他的尚未完成的回忆录。

他在那里完成他伟大的、最后的旅行。我很快就会去占据他的空床位，就像我过去在埃特尼尔-卡匹的宿营地，睡在一名刚被抬走的患鼠疫的穆斯林的床上一样。最后，我的愿望是躺在旧社会寿终正寝的医院里。旧社会似乎还活着，但它只是在苟延残喘。它断气之后会分解，以便在新形式下再生，但是它必须先死去；民族的第一需要，就像人一样，是死亡："上帝吹口气，冰块形成了。"约伯这样说。

一八〇七年、一八〇八年、一八〇九年和一八一〇年——一八〇七年《信使报》的一篇文章——我购买狼谷，并在那里隐居

我旅行期间，德·夏多布里昂夫人病得很厉害；我的朋友们好几次以为我死了。德·克洛泽尔先生很乐意将他为他的孩子们写的几则笔记给我看，其中有一段是这样的：

"一八〇六年六月，德·夏多布里昂先生出发到耶路撒冷旅行。他远行期间，我每天去看望德·夏多布里昂夫人。我们的旅行家从君士坦丁堡给我写了一封数页的长信，现在放在我们在库斯尔格的书房的抽屉里。一八〇六至一八〇七年之间的冬天，我们知道德·夏多布里昂先生正在海上航行，准备回欧洲。一天，寒风凛冽，我跟德·封塔纳先生在杜伊勒利宫花园内散步。我们躲在水池旁的凉亭下。德·封塔纳先生对我说：'这个时候，一阵狂风也许让他葬身鱼腹了。'我们后来知道，这种预感差一点变成现实。我记下这件事，是为了证明我们对德·夏多布

里昂先生的深厚友情和关心；通过这次旅行，他会变成一位更加出名的作家。德·封塔纳先生是一个极好的人，他心怀崇高、深厚、非凡的感情，帮过我许多忙，我在上帝面前要求你们记住他。"

如果我能够活下去，而且让那些我爱的人活在我的作品中的话，我会以多么高兴的心情，带着我的所有朋友同行呀！

我满怀希望，将少数还找得到的朋友带到我家中；我不会休息太长时间。

经过一连串谈判，我成了《信使报》的唯一的所有者。一八〇七年六月底，亚历山大·德·拉博德先生发表他的《西班牙游记》；七月，我在《信使报》上发表那篇我在谈到当甘公爵之死时摘引过的文章："在卑鄙的沉默中，等等。"波拿巴的飞黄腾达非但没有使我屈服，反而激起我的愤慨；在暴风雨当中，我感情激昂，精神焕发。我并没有白白地让太阳晒黑我的面孔，我不顾上天的震怒，冒天下之大不韪，不是为了在一个发怒的人面前低头颤抖。如果说拿破仑打败了国王们，他并没有打败我。我在他最炙手可热的时候发表的文章，令法国震动：人们到处传播文章的手抄本；好些《信使报》的订户将文章剪下来，单独装裱好；人们在沙龙里朗读这篇文章，沿街叫卖。要在那个时代生活过，才能想象在世界的一片沉默中，这震耳欲聋的一声怒吼产生了什么样的效果。藏匿在心灵深处的高贵感情苏醒了。拿破仑大发雷霆：他因为别人对自己的看法，而不是因为受到攻击而大动肝火。什么！甚至蔑视他的光荣，再次冒犯那位全世界顶礼膜拜的人物！"夏多布里昂以为我是蠢货，以为我不懂他的意图！我叫人在杜伊勒利宫的台阶上把他宰了！"他下令封闭《信使报》，逮捕我。我的报纸完蛋了；而我本人奇迹般地逃脱：波拿巴忙于世界范围的事情，把我忘记了，但我在威胁的重压下生活。

我的境况是很可悲的：当我认为应该以符合我的荣誉的方式行动的时候，我因为个人承担的责任和我给妻子带来的忧虑而感到内疚。她很勇敢，但她感到痛苦，而接连降临在我头上的暴风雨扰乱她的生活。革命期间，她为我忍受了那么多痛苦；她希望生活安宁一些是很自然的事情。而且，德·夏多布里昂夫人毫无保留地支持波拿巴，她对正统王权不抱任何幻想。她不断预言，如果波旁王朝复辟，我会面对什么样的结局。

这部《回忆录》第一篇章开头写着"一八一一年十月四日，于狼谷"。那个篇章里面，有一段对我的隐居地的描写；我当时买那块地是为了躲藏起来，与世隔绝。离开我们在德·库瓦斯兰夫人家中的房间之后，我们搬到圣父街，住进以主人的姓氏命名的拉瓦莱特公馆。

德·拉瓦莱特先生五短身材，穿一套深紫红色的衣服，走路拄一根有金球饰的拐杖；如果我有什么事情要代理的话，他是我的代理人。他做过国王的掌酒吏，我不花的钱，他都喝掉。

到十一月底，我看见我的茅屋的维修工程进展缓慢，于是决定亲自去监督施工。我傍晚到达狼谷。我们没有走通常走的道路；我们从花园下面的栅栏进去。由于下雨，小路泥泞不堪，无法前进；马车翻倒了。放在德·夏多布里昂夫人身边的荷马半身石膏像，从车门跌出去，摔断了脖子：对于我当时正在写作的《殉道者》，这是一个不祥的兆头。

房屋里挤满工人，取暖的刨花燃烧着，蜡烛闪光，而工人们笑着、唱着、打闹着，好像朝圣者夜晚在树林中被篝火照亮的宿营地。我们很高兴有两个房间是稍稍收拾过的，其中一间里面还摆好了餐具；我们就座了。次日，我在锤子的响声和工人的歌声中醒来，我看见太阳升起，心中怀着比杜伊勒利宫的主人少得多的忧虑。

我心情舒畅；虽然我不是塞维涅夫人[①]，但我穿上一双木鞋，到泥地上种树，在小径上来回走动，反复查看每个细小的角落，在每丛荆棘旁

[①] 塞维涅夫人（Madame de Sévigné，一六二六——一六九六）：法国十七世纪女作家，她在自己的庄园里种果树。

边踟蹰,想象我未来的花园是什么模样,因为那时候,前途是广阔的。今天,当我在记忆中试图重新打开已经关闭的前景的时候,它变得面目全非。我迷失在我模模糊糊的思绪中;我沉浸的幻觉也许同最初的幻觉一样美丽;只是它们不再朝气蓬勃了;过去我在中午灿烂的阳光中看到的东西,今天我透过夕阳的余晖遥望着。如果我能够不受梦幻的骚扰,那该多么好呀!贝亚尔[①]被勒令交出要塞,他回答说,"等我用尸体搭一座桥,让我和我的部队从上面通过吧。"我担心,为了出去,我必须从我的空想的肚皮上通过。

我的树都还幼小,无法随着秋风鸣响;但是,到春天,微风将把附近草原的花香带来,让我的山谷弥漫芬芳。

我给茅草作屋顶的别墅添了几样东西;我用两根黑大理石柱和两座白大理石女像柱支撑柱廊,美化砖墙:这让我想起我去过的雅典。我还计划在小屋后面起一座塔楼;在此之前,我在小路边的墙上筑起雉堞:我因此开今天令我们着迷的中世纪癖之先河。在我所有失去的东西当中,狼谷是我唯一留恋的东西;我说过,我什么都不会留下。失去狼谷之后,我修建了玛丽-泰雷兹诊所,最近也放弃了。我向命运挑战,说它现在不能使我留恋世界上的任何东西;从此,我只须荣军院周围那些名称响亮的林荫道作花园,同我的断臂或瘸腿的同僚们在那里散步。在离那些林荫道不远的地方,挺立着德·博ров夫人的柏树;在这些人烟罕见的空间里,高大和轻盈的德·沙蒂隆公爵夫人从前曾经靠在我的胳膊上。现在,我的胳膊支撑的只是时光:它是那么沉重!

我兴致勃勃地写我的《回忆录》,《殉道者》也有进展;我将其中几卷读给德·封塔纳先生听。我在我的记忆当中坐下来,好像坐在一间大图书馆里一样。我翻翻这个笔记本,翻翻那个笔记本,然后我叹着气将

[①] 贝亚尔(Bayard,一四七六——一五二四):法国历史上著名的军人,以勇敢著称。

它们合上，因为我发现阳光照射进来了，毁掉这一切奥秘。一旦将生命的岁月照亮，它们就面目全非了。

一八〇八年七月底，我病了，不得不回巴黎。医生使病情变得更加危险。希波克拉底[1]在世时，地狱缺乏死者，像讽刺诗所说的；多亏我们的希波克拉底们，今天到处都是病人。

临近死亡的我，这可能是唯一希望活下去的一次。当我感觉自己要晕倒的时候——我常常有这种情况，我对德·夏多布里昂夫人说：

"你放心吧，我会苏醒过来的。"我失去知觉，但心中焦躁，因为上帝才知道我心中还牵挂着什么。我也有完成我相信的东西的强烈愿望，我仍然相信的东西是我最完美的作品。为了让我在东方之行中经历的千辛万苦产生结果，我要付出代价。

吉罗代为我的画像做最后的润色。他把像画成黑色的，像我当时的脸孔一样；但是，他在这幅画上面充分显示了天才。德农先生[2]收到这幅供展出的杰作；他作为高贵的廷臣，态度谨慎，将画像放在一边。波拿巴来参观画廊，他看完画之后说："夏多布里昂的画像哪里去啦？"他知道，那幅像应该摆在那里，结果人们不得不将那幅隐藏的画像拿出来。波拿巴的慷慨大度风一样吹过去了，他看着画像，说："他像一个从烟囱里钻出来的阴谋家。"

一天，我独自回到狼谷，花匠邦雅曼告诉我，一个外地来的肥胖的先生找我；由于我不在，他说要等我；他叫人给他摊了一个鸡蛋，然后倒在我床上睡了。我看见一个身材肥大的人在熟睡，我摇摇他，叫道："喂！你是谁呀？"那一堆肉颤抖了一下，坐起来。他头上戴着毛皮高帽，身穿点子绒的上衣和裤子，脸上黏着烟草末，舌头吊在嘴外。原来是我堂兄莫罗！自从蒂永维尔城下邂逅之后，我没有再见过他。他刚

---

[1] 希波克拉底（Hippocrate，公元前四六〇—三七七）：古代希腊名医。
[2] 德农先生（Denon）：当时的国家博物馆馆长。

从俄国回来，想进入专卖局。我从前在巴黎的向导后来在南特去世。这样，这本《回忆录》中最早出现的人物之一消失了。我希望他仍然躺在阿福花的床榻上，向夏特纳夫人谈我的诗篇，如果这个倩影如今在香榭丽舍[①]的话。

一八三九年，于巴黎
一八四七年六月修改

《殉道者》

一八〇九年春，《殉道者》出版。这是一部严肃认真的作品：我咨询过有见解、有学识的批评家德·封塔纳先生、贝尔坦先生、布瓦松纳先生、马耳他-布伦先生，而且我听取了他们的意见。我对文字做过反复修改。在我的全部作品当中，这是语言最讲究的一本。

我这部作品的提纲没有错误。今天，我的思想已经普遍为人接受。两种宗教中，一个正在兴起，另一个正在消亡；谁也不再否认，它们之间的战斗向缪斯们提供了最丰富、最富有成果和最富于戏剧性的主题之一。因此，我认为可以抱一点并非过分的奢望；可是，我忘记了我的头一部作品的成功：在这个国家，你别指望接连两次获得成功；一次成功毁掉另一次。如果你在散文方面有才能，你就应该避免再尝试韵文；如果你在文学方面出了名，那就不要再涉足政治：这就是法国人的精神和

---

① 香榭丽舍（Champs-Elysées）：希腊神话中有德行的灵魂在阴间的居留地。

悲哀。一位作者由于开头顺利,某些人的自尊心受到刺激,嫉妒之心随之而来;他们结成同盟,窥伺诗人的第二本书,进行声势浩大的报复:

  所有人都蘸着墨水,发誓报复。

  我应该为我在《基督教真谛》出版时不该得到的愚蠢赞扬付出代价。我理应退还我偷窃的东西。唉!为了卸下我自己认为不配享受的东西,我费了九牛二虎之力!如果说我解放了基督教的罗马,我只要求得到一顶草冠①,用永恒之城的青草编织而成的草冠。

  对虚荣心的惩罚由霍夫曼先生执行,愿上帝给他安宁!《战斗报》不再是自由的;它的所有者失去控制权,而且审查署指令该报对我进行谴责。尽管如此,霍夫曼先生放过了"法兰克人之战"和作品的另外一些章节。可是,虽然他认为西莫多塞是可爱的,但他作为最虔诚的天主教徒,认为我将基督教真理同神话传说相提并论是一种亵渎,因此感到愤慨。韦莱达未能拯救我。人们认为我将塔西佗的日耳曼祭司变成高卢人是一种罪行,似乎我除了借用悦耳的名称之外,还想借用其他东西!我通过重建法国基督教徒的祭坛,给他们帮了大忙,可是他们居然对霍夫曼的合乎福音的话愚蠢地感到愤慨!《殉道者》的标题使他们产生错觉,他们以为会看见一本殉道圣人名册,而那只撕碎荷马的女儿的老虎,在他们眼中是对圣物的亵渎。

  庇护七世被波拿巴绑架到巴黎,他的真正殉道不令他们感到愤慨,但他们因为我的故事却激动万分——据他们说,那些故事不大符合基督教精神。《基督教真谛》的作者亵渎了宗教,负责对他进行惩罚的是夏特雷大主教先生。唉!他今天应该发现,他的热忱本来应该用于其他战

---

① 在古罗马,军人在解放被围困的城市之后,得到一顶草冠作为奖赏。

斗的。

德·夏特雷大主教是我极要好的朋友德·克洛泽尔的哥哥；他是一位非常伟大的基督教徒，他不让自己被他弟弟这样品德崇高的批评家左右。

我觉得应该对审查做出答复，就像我的《基督教真谛》一书出版时所做的那样。孟德斯鸠对他的《法的精神》的辩护，对我是一个鼓舞。我错了。被攻击的作者即使讲得天花乱坠，也只会引起那些不偏不倚的人的哂笑和众人的嘲弄。他们所处的地位对他们不利：自卫立场是法国人的性格所不容的。我为了答复反对意见，指出有人在批评某个段落的时候，攻击了古代的某部优秀作品，而遭到驳斥的人为了自我解嘲，说《殉道者》只是一个仿制品。如果我引用宗教圣父的权威，为两种宗教并存辩解，他们就反驳说，在《殉道者》所描写的时代，在伟人当中，异教已经不复存在。我从心底认为，这部作品完了；猛烈的攻击动摇了我的信念。有几位朋友安慰我；他们坚持说，否定作品是没有道理的，公众迟早会得出另一种结论。德·封塔纳先生特别坚定：我不是拉辛，但他可能是布瓦洛，而且他不断对我说："他们会改变看法的。"他在这方面信心十足，甚至为此写了几节漂亮的诗：

"从一座城市到另一座城市，塔索到处流浪。"等等。

他不害怕他的鉴赏力和他的批评家权威受到影响。

的确，《殉道者》重新站立起来了，连续印了四版；它甚至特别受到文人的青睐：他们欣赏这部作品，是因为严肃的研究，精致的文笔，一丝不苟的语言和高尚的情趣。

实质性的批评很快停止了。因为我描绘了两种共同存在的宗教（其中每一种都有它自己的信仰、祭坛、教士、仪式），而指责我把渎神的东西和神圣的东西混为一谈，等于说我不顾历史。殉道者们是为谁死的？为耶稣-基督。人们将他们的牺牲奉献给谁？献给帝国诸神。因此，存在两种宗教信仰。

哲学问题,即在戴克里先①治理下,罗马人和希腊人是否信仰荷马的圣灵?公众的宗教信仰是否变质了?作为"诗人",这个问题与我无关;作为"历史学家",我本来是有许多话要说的。

现在,这一切都过去了。出乎我最初的预料,《殉道者》保留下来了;我现在只关心把作品再读一遍。

《殉道者》的缺点,来自它的不可思议的直率。我囿于我的古典主义成见,不恰当地滥用了这一点。我对自己的革新感到恐慌,但我似乎无法摆脱地狱和天国。其实,对于情节的处理,好天使和坏天使就足够了,不必援引那些用滥了的玩意。如果法兰克人、韦莱达、圣哲罗姆②、奥古斯都、欧多尔、西莫多塞、那不勒斯和希腊的描写不能使《殉道者》摆脱困境,地狱和天国也不能拯救这本书。德·封塔纳先生对下面这段文字最满意:

西莫多塞坐在监狱窗前,用手支着脑袋;脑袋上盖着殉道者的面纱,她如怨如诉地吟咏道:

"奥索尼乌斯③的轻舟呀,划破平静和闪光的大海吧。大海的奴隶呀,任由多情的风鼓动你的船帆吧;弯腰划动轻巧的桨吧。在我丈夫和父亲护卫下,把我送回帕米居斯的幸福的海岸吧。

"飞吧,脖子柔软优雅的利比亚鸟呀,飞到伊多姆的山顶上,告诉大家:荷马的女儿即将看到麦西尼亚④的月桂树!

---

① 戴克里先(Dioclétien,约二四五—三一二):古罗马皇帝。
② 圣哲罗姆(Saint Jérôme):早期西方教会中学识最渊博的教父,将《圣经》希伯来文《旧约》、希腊文《新约》翻译成拉丁文。
③ 奥索尼乌斯(Ausone,三一〇—一九五):拉丁诗人兼修辞学家。
④ 麦西尼亚(Messénie):希腊伯罗奔尼撒半岛西南部一带。

> "何时我将看到我的象牙床、对死者如此宝贵的光明、鲜花盛开的草原呢？"

《基督教真谛》将作为我的伟大作品流传，因为它引发或决定了一场革命，开辟了文学世纪的新纪元。《殉道者》的情况不同，它是在革命之后出现的，只证明我的思想异常丰富。我的文笔不再是新东西；除了韦莱达那个插曲和对法兰克人的风俗的描绘，我的诗有它"经常光顾的"地方的痕迹！其中，古典主义凌驾在浪漫主义之上。

最后，促成《基督教真谛》成功的环境已经不复存在：政府非但不优惠我，反而对我怀有敌意。由于《殉道者》，对我的迫害变本加厉：在加莱里乌斯①的肖像和戴克里先宫廷的图画中，帝国警察不可能不注意那些明显的影射；英文版译者毫无顾忌，不考虑是否会连累我，竟在他的前言中特别提到这些影射。

《殉道者》的出版同一件悲惨的意外事故巧合。多亏我们对政权的热情，事件并未使严厉而公正的批评家放下武器；他们感觉，有助于减少对我的兴趣的文学批评可能对波拿巴是愉快的事情。后者不会忽略细小的利益，就像那些腰缠万贯的银行家，在举行盛大宴会的同时，也叫人支付寄信的邮费。

---

① 加莱里乌斯（Galérius，？—三一一）：罗马皇帝。

阿尔芒·德·夏多布里昂

你们曾看见，阿尔芒·德·夏多布里昂是我童年的伙伴，也曾在亲王的军队里见过他和聋哑女人利巴在一起。现在他留在英格兰。他在泽西岛办完终身大事，就担任了亲王们的通信员。一八〇八年九月二十五日动身，当天晚上十一时，他被扔到布列塔尼圣卡斯特附近的海滩上。船员有十一个，只有两个是法国人：卢瑟尔和甘塔尔。

阿尔芒去住在圣卡斯特村的老德洛纳-布瓦泽-吕卡先生家投宿。当年英国人就是被迫从那个村登船撤退的。房主劝阿尔芒赶快离开。可是那条船已经启航回泽西岛了。阿尔芒和布瓦泽-吕卡先生的儿子接好头，把亲王们的代理人亨利·德·拉里维埃尔托带的包裹交给他。

我于九月二十九日回到海边，他在一次受审时说，守了两夜，却不见有船来接我。月光很亮，我便又退了回来。十月十四或者十五日再去海边，一直等到二十四日。每夜潜伏在岩礁间守候，却始终不见船来。白天，我回到布瓦泽-吕卡家。送我来的那条船，包括卢瑟尔和甘塔尔在内的那班船员应该把我接走。至于我和老布瓦泽-吕卡先生一起采取的安全措施，我都跟你们详细说了，再也没有别的可说。

勇敢的阿尔芒在离父亲农庄不远的地方上了岸，却像来到无法停船的托里德海岸，借着月光，望眼欲穿地在海浪上搜寻着本可以救他的船只，结果却是枉然。从前，我已经离开贡堡，准备漂洋过海去大印度的时候，也曾伤心地在茫茫波涛上扫视。阿尔芒潜藏的圣卡斯特岩礁，和我坐过的瓦尔德海岬，相距不过几海里，其间的波浪，都被我们从两个相反的方向观望过。这两处地方,都是我们两个同姓同宗的兄弟焦虑烦恼的见证。也是我们两人不同命运的分水岭。我最后一次见到热斯里尔,也是在这一片海浪之中。我在梦中,常常看见热斯里尔和阿尔芒在深渊洗濯额上的伤口;而我们童年时习惯在其中嬉戏的海浪则被染得血红,漫到我脚边。

阿尔芒终于上了一条在圣马洛买来的船,可是被西北风顶着,他只好退回来。最后,到了一月六日,在一位名叫让·布里昂的水手帮助下,他把一条小船推到海里,后来小船搁浅了,又上了海里漂浮的另一条小船。在三月十八日的审讯中,他是这样叙述他的海上经历的。其实这是我的经历和遭遇:

"从晚上九点起,我们就动身了。直到凌晨二时,都是一帆风顺。我们判断离曼吉埃岩礁不远了,就下了锚,打算等天亮以后再走。可是寒风凛冽,我们又怕风力加大,就收了锚继续航行。不久,就到了深海。我们的罗经被一根横桁打坏了,因此我们始终不知路线对不对。一月七日(当时应该是中午),我们碰到的第一块陆地是诺曼底海岸。这就使我们不得不上了另一条船,并且在诺曼底海岸和泽西岛之间的埃克莱奥岩礁附近下了锚。强烈的顶头风迫使我们当日及八日停在那里。九日早上,天一亮,我就对德帕涅说,风势看来小一些了,因为我们的船晃得不太厉害了。我让他看看风向。他告诉我,我们抛锚处附近那片岩礁不见了。我由此判断我们漂离了航道,锚也丢了。猛烈的风暴只留给我的一条生路,就是回到岸边。可是我们看不到陆地,不知距海岸有多远。我就是在这时候把证件文件扔到海里的。我还出于谨慎,在证件上绑了一块石头。然后,我们顺风朝大陆驶来,于上午九点到达诺曼底的布莱特维尔-絮尔-埃海岸。

"在岸边我们被海关人员拦获。我的手脚都冻僵了,他们把奄奄一息的我从船舱里拖出来。我们被送到布莱特维尔武装警察队长那里关押起来。过了两天,德帕涅被押送到库唐斯监狱。从此我就再没有见到他。又过了几天,我自己也被转送到该城的拘留所。进去第二天,即被警察中士带到圣洛,在他那儿关了八天。一月二十六日,该省警察局长先生提审了我一次,然后我就被武装警察队长和中士带往巴黎。一月二十八日到达,旋即被带到警察总署德马雷先生办公室,然后押往军事监狱。"

风、波涛和帝国警察都与阿尔芒作对,而波拿巴却同风暴串通一气。神祇发泄盛怒,惩罚一个虚弱的生命。

扔进海里的小包,又被海浪推回瓦洛涅附近阿卢埃圣母院的海滩。小包里有三十二份文件,成了确认阿尔芒身份的铁证。甘塔尔曾驾着小船,去布列塔尼海岸接阿尔芒。出于不幸的命运,他在我堂弟之前几天,也在诺曼底遇上了海难。甘塔尔船上的水手招了供。圣洛的警察局长便得悉德·夏多布里昂先生是亲王的谍报小组的头头。当他听到报告,说一艘载着两人的小船靠了岸,便判定阿尔芒必在其中。因为那些水手说起阿尔芒,都说在海上从未见过那么勇敢的人。

一八〇九年一月二十日,芒什的警察局长向警察总署报告,已将阿尔芒逮捕。报告是这样写的:

> 我的推测完全得到了验证:夏多布里昂已被抓获。他在布莱特维尔海岸登陆,化名约翰·法尔。
>
> 尽管我下了十分明确的命令,但还是担心约翰·法尔到不了圣洛。便委派莫杜伊警察中士去执行任务,不管该犯在何处,处于何种状况,都要提来见我。莫杜伊是个靠得住的人,办事十分积极。他在库唐斯找到了约翰·法尔。当时人们正准备把犯人送往医院治腿。因为那两条腿都冻坏了。
>
> 今天我把法尔提来面审。我命人把勒利埃维尔带到一套隔开

的房间。在那里他可以看见约翰·法尔到来,却又不会被约翰·法尔发现。当勒利埃维尔看见他迈步登上屋旁一座台阶的时候,忍不住拍手叫了起来,脸色也变了。"这是夏多布里昂!是怎样把他抓到的?"

勒利埃维尔事先一无所知。他是由于吃惊才说出这番话的。接着他求我不要说出是他指认出了夏多布里昂,否则他会没命的。

我没有让约翰·法尔知道我清楚他是谁。

阿尔芒被押解到巴黎,关在军事监狱,经受了修道院军事法院的秘密审判。老战士第一团的上尉贝尔特朗被此时当上巴黎驻军司令的于兰将军任命为阿尔芒专案军事调查委员会的独任推事。这个委员会是根据二月二十五日的命令成立的。

此案牵连的人有:被阿尔芒派到布雷斯特的德·古阿庸先生,和小德·布瓦泽-吕卡先生。阿尔芒托他把亨利·德·拉里维埃尔的书信交给巴黎的莱亚和西卡尔女士。

阿尔芒于三月十三日给富歇写了一封信。他在信中说:"有一些人,只因对我表示了过多的友情,就被关在监牢里吃苦。恳请皇帝宽大为怀,将他们开释。不论是什么情况,都请恢复他们的自由。我亦恳求皇帝的宽宏大量能惠及我不幸的家庭。"

一个心肠慈柔的人,给一个阴险狠毒的家伙写这些文字,真是打错了主意。再说波拿巴也不是佛罗伦萨的狮子;并不因为母亲流泪,就放了孩子。我曾写信向富歇求见。他同意了,并以革命者的轻率口气,大胆向我保证:"他见过阿尔芒了,我可以放心;阿尔芒跟他说会慷慨就刑的,他也确实是一副宁死不屈的神气。"要是我提出让富歇去死,他能保持这种大义凛然、视死如归的语气吗?

我转而求助德·莱米扎夫人,请她转呈一封信给皇后,要求皇帝公正审判，或者宽赦阿尔芒。在阿莱能堡，德·圣勒公爵夫人告诉我这封信的命运：约瑟芬将它交给了皇帝。皇帝读它的时候，似乎有些犹豫。但是信中有些话伤了他的自尊心，他一气之下，就把信扔进火里烧了。我忘了一条，人只顾自己的面子。

德·戈荣先生和阿尔芒一起被判处死刑。不过他的案子惊动了德·蒙莫朗西男爵-公爵夫人，引得她来说情。她是德·马蒂格尼翁夫人的女儿，德·戈荣家与她们是姻亲。倘若只要侮辱一个姓氏，便可把一个古老的君主国交给新政权，那么蒙莫朗西家族的一个成员是可以为他求到赦免的。可惜事情并非如此容易。德·戈荣夫人没有救出丈夫，却救了年轻的布瓦泽-吕卡。这个惨案牵扯到方方面面，打击的只是一些名不见经传的人物，似乎世界都要崩溃了：波涛上的风暴，陆地上的埋伏，波拿巴，大海，杀死路易十六的凶手，也许还有某种狂热的情绪，那是世上种种灾难神秘的起因。这一切大家甚至都没有想到，只有我一人注意到了。只有我一人把它铭记在心里。对拿破仑来说，皇冠上有几只小虫，哪有什么大惊小怪的，伸手把它们捏死不就行了吗？

行刑那天，我想把儿时的伙伴送到他最后的战场。可是我找不到车，只好徒步跑到格勒纳勒原野。我汗流浃背赶到时，已经晚了一秒钟：阿尔芒冲着巴黎城墙已被枪决了。他的头颅被打碎了。肉铺养的一条狗正在舔他的血和脑髓。我跟随拉着阿尔芒及其两位难友——甘塔尔和戈荣，一个是平民，一个是贵族——遗体的大车来到沃吉拉尔公墓。就是在那里，我安葬了德·拉阿尔普先生。我最后一次见到堂弟，却认不出来了：铅弹把他的面目全毁坏了，整张脸都被打掉了。我在上面看不出岁月的摧残，亦无法通过扭曲的带血的弹道看到死亡的踪迹。在我的记忆中，他始终还是围攻蒂永维尔时那副年轻的模样。他是在耶稣受难日被处决的：在我所有苦难的尽头，耶稣基督出现了。每当我在格勒纳勒原野的大路上散步的时候，都要驻足观看城墙上仍然残留的弹痕。

641

如果波拿巴的枪弹没有留下其他痕迹,大家就不会再议论他了。

命运的链环真是怪异!巴黎驻军司令于兰将军任命的委员会,打得阿尔芒脑浆迸飞。而从前,他也曾被任命为打破当甘公爵头颅的审判委员会主席。他在第一次不幸摊上那种事之后,难道不应该避免和一个军事法庭发生任何联系吗?至于我,每次提起伟大的孔代亲王儿子[①]的死亡,就免不了想到于兰将军在处决我的堂弟那位无名战士的案件中所起的作用。我毫不怀疑,现在轮到我接受上天的委托,来审判万森特别军事法庭那些法官们了。

一八三九年,于巴黎

一八一一年、一八一二年、一八一三年、一八一四年——发表《纪行》——博塞红衣主教的信——谢尼埃之死——我被研究院接纳为院士——演说事件

在我的文学生涯中,一八一一年是最引人注目的一年。

我发表了《从巴黎到耶路撒冷纪行》,接替德·谢尼埃先生当了研究院的院士,并开始写作回忆录,今日此书已告完成。

《纪行》获得了全面成功,正如《殉道者》引起了全面争议一样。一个作家,不管多么蹩脚,在他那乱七八糟的东西出版之时,也会收到一些贺信的。在写给我的贺信中,有一个德才兼备的人的信是不能忽略不

---

① 即前文提到的当甘公爵。

提的。此公已经出版了两部著作，其权威性已经得到承认，而且在研究波舒哀和费奈隆①方面，几乎让人无话可说。这就是阿莱主教，博塞红衣主教。他对我极尽溢美之词。人们给一本书的作者写信表示祝贺，只是由来已久的习惯，算不得什么。可是红衣主教至少让我感到了读者当时对《纪行》的普遍看法。关于迦太基那一段，他让我知道了有人对我的地理观念提出了一些异议。不过，这种地理观念还是占了上风。我还是确定了迪东②靠岸和避难的地点。在那封信里，人们会乐于发现一个由优秀人物组成的社会的表达方式，一种由于礼貌、宗教信仰和品德而变得庄严平和的文笔。

今日我们距那种优雅的调子是如此遥远。

经（塞纳和瓦兹省的）隆株莫，寄往维尔莫阿松。

先生，您也许已经收到公众满意和感激的正当表示。但是我可以向您肯定，您的读者都带着更真实的感情，享受您那部令人感兴趣的著作。您是第一个，也是唯一一个不须借助版画和图片，就能使读者看到那些胜地和古迹，回忆起那优美往事和壮丽场景的旅行家。您的心灵把一切都感受到了。您的想象力把一切都描绘出来了。读者感受了您心灵的感受，看见了您看见的东西。

从头九页起，当我随着您的笔，沿着克基拉岛的海岸旅行，看到相反的命运相继引来的那些永恒人物走上前来，我内心的感受，恐怕只能勉强向您表述。您只用寥寥几行文字，就把他们的足迹永远镌刻下来。人们永远可以在您的《纪行》中见到他们。您的著作

---

① 波舒哀（Bossuet，一六二七——一七〇四），法国高级教士、神学家、作家。弗奈隆（Fénelon，一六五一——一七一五），法国高级教士。
② 迪东（Didon），希腊传说中的公主，迦太基的创立者。

比那些大理石更忠实地保存了属于他们的英名。

现在，我终于如愿地了解雅典那些名胜古迹了。我在一些精美的版画中见过它们。我欣赏过它们，但我却没有感受过它们。人们常常忘了，建筑师固然需要准确的描述、精确的尺寸和比例，但平常人也需要感受构思设计这些宏伟建筑的灵魂和天才。

您推测出了建造金字塔那高尚而又深远的目的。一些浅薄的演说家甚至没有想到那一层道理。

先生，一千二百年来，这个愚蠢野蛮的民族①踩躏了地球上一些最美好的地区；您使各个世纪的人们对他们的憎恶有了合理的解释。我衷心感谢您！他们是从沙漠中出来的。我和您一样，希望看到他们被赶回沙漠。

您通过与北美的野蛮人做的出色的对比，使我一时产生了对阿拉伯人宽容的感情。

似乎天意把您引到耶路撒冷，去观摩基督教早期场景的最后一场表演。即使人眼再也见不到那座陵墓，那唯一在末日无任何东西需要偿还的陵墓，基督徒总是可以在《福音书》中见到它的，而喜欢思考、生性敏感的人则可以从您描绘的画卷中见到它。

既然迦太基的废墟已经不复存在，您便无法描绘它。于是您在那上面安上了许多人和事，这些，难免遭到批评家的指责。不过，先生，我要求您，只诘问那些批评家一句：若是在这些如此引人入胜的画卷里见不到那些废墟，他们会不会十分气愤。

先生，您有权享有一种专属于您的光荣。这是您通过创造赢得的。不过对于您这样的性格，还有一种更让人满意的快乐，这就是把您高尚的灵魂和崇高的感情赋予您天才创作的快乐。这就是保证

---

① 指土耳其人。

在任何时候，使您得到所有有宗教信仰的、品德好、名声好的朋友的尊敬和景仰。

先生，我正是以这个理由，请您接受我崇高的敬意的。

前阿莱主教、博塞红衣主教
一八一一年三月二十五日

德·谢尼埃先生于一八一一年元月十日去世。友人们生出一个要命的想法，敦促我去接替他在研究院的位置。他们声称，像我这样遭受政府首脑的敌视、警察的怀疑和骚扰的人，有必要进入一个名头大、成员地位高的强大机构；只有在它的庇护下，我才能安宁工作。

对于在有关机构，即使是政府以外的机构谋取一个位置，我有一种无法克服的厌恶。头一个差使让我吃的苦头，我记得太清楚了。在我看来，谢尼埃留下的位置是危险的。我若是把心里话都说出来，只可能招惹灾祸。可是对于弑君的罪行，我不愿意默默放过，尽管康巴塞雷斯①是国家的二号人物。我决心呼吁自由，大声疾呼反对暴政；我想叙说一七九三年的恐怖，怀念下台的王族，叹息忠于王室的臣民的不幸。友人的回答说，我想错了。在学士院作就职演说，只要歌颂政府首脑几句即可。做了这番歌颂，我就可以让他相信我想说的一切事实，我就可以既保留自己的看法，又打消德·夏多布里昂夫人的恐惧。再说，从某方面看，我也认为波拿巴值得歌颂。

这些朋友一个劲地劝说，我厌烦了，只好举手投降。但我向他们表示，他们的看法有错。我对波拿巴的儿子、妻子和他的光荣经常予以抨击，这些他是不会不知道的，而对我给他的教训，他更是感受甚深；至于对当甘公爵遇难后辞职的人，对他命人撤下的《信使》杂志那篇文章

---

① 康巴塞雷斯（Cambacérès，一七五三——一八二四），法国政治家，曾任执政府的第二执政，是投票赞成处死路易十六的人之一。

的作者，他是认得出的。总之，我不但得不到安宁，反倒会重新招来迫害。朋友们不久就会不得不承认我说的都是事实：他们确实没有料到我的演说有多么冒失。

我照例去拜访学士院的诸位院士。德·万蒂米尔夫人把我领到莫尔莱神父家里。我们发现他坐在炉前一把扶手椅上打盹，刚才在读的一本《纪行》从他手里落到地上。听到仆人通报我的姓名，他一惊而醒，抬起头来，叫道："长了一点，长了一点！"我笑着告诉他，我也发现了这一点，准备再版时压缩。他是个好人，答应投我一票，尽管不喜欢我的《阿达拉》。后来，当《论立宪君主制》面世时，他想不到这样一部政论作品竟是出自《弗洛里达姑娘》的作者之手。格罗蒂乌斯[①]不是写了悲剧《亚当与夏娃》，孟德斯鸠[②]不是写了《格尼德神庙》吗？不过我不是格罗蒂乌斯，也不是孟德斯鸠，这倒是真的。

投票选举完了；我得到了绝大多数选票，于是开始准备演讲词。我写了又推倒重来，如此不下二十次，总是不能让自己满意：有时，我想让人家读起来舒服点，就觉得言辞重了点，有时，怒火烧起来，我又觉得话还是说轻了。我不知道在学士院演说，歌功颂德的配方该定多大的剂量为宜。尽管我对拿破仑感到厌恶，但是我对他一生中为公众服务的部分还是钦佩的。我愿意把它表达出来。我的结论本可以做得更好些。我在演说开始时提到了弥尔顿[③]。他就给我提供了榜样。他在为英国人民的《再次辩护》之中，对克伦威尔做了高度赞扬。他说：

> 你不仅使我们历代国王的文治武功黯然失色，就是传说中英雄的丰功伟绩也无法与你相比。你出生的土地把国家交给你治理，请

---

① 格罗蒂乌斯（一五八三——一六四五），荷兰历史学家。
② 孟德斯鸠（一六八九——一七五五），法国思想家、哲学家。
③ 弥尔顿（Milton，一六〇八——一六七四），英国诗人、随笔作家。

你经常思考着这份贵重的抵押品。从前它希望从德才兼备的精英们手里获得自由，如今它指望从你手中获得；它以只从你一人手中获得为荣。我们怀着热切的希望。请你不要让我们失望；你不安的祖国有一些担心，请你让她放心；你英勇的战友在你的旗帜下勇敢地为自由而战，请尊重他们的关注，莫辜负他们的伤口。那些死于疆场的战士，你要对得起他们的英灵。总之，你要尊重自己，不要在历尽艰险追求自由之后，自己又来践踏自由，或者让别人来攻击自由。只有等我们大家都获得了自由，你才可能真正自由。这就是事物的性质：侵犯公众自由的人，会头一个失去自由，成为奴隶。

约翰逊[1]只引用了弥尔顿对护国公的颂扬，以便把共和党人拿来与他本人做对比。我刚才翻译的那段优美文字显示了做那些颂扬的条件。约翰逊的批评被人忘记了，而弥尔顿的辩护词留了下来。一切受党争派性所驱使，为一时的热情所裹挟的事物，都会像党争派性一样消亡，都会随那些热情一起消亡。

我的演说词写好以后，就被召去念给专门成立的委员会听：可是它被这个委员会打回来了，只有两三个成员认为可以通过。那些得意的共和党人听我演说时那副恐惧模样真应该看看。我那些不受束缚的看法把他们吓坏了。他们只要听到自由两个字，就气得怕得发抖。达吕[2]先生把我的演说词送呈圣克卢宫审阅。波拿巴表示，只要我发表了这个演说，他就会下令关闭研究院，把我扔进地下暗牢去度过余生。

我收到达吕先生这封便函：

本人有幸通知德·夏多布里昂先生，倘若他有时间或者有机会

---

[1] 约翰逊（Johnson，一七〇九——一七八四），英国伦理学家、文学批评家。
[2] 达吕（Daru，一七六七——一八二九），法国政治家、学者。

来圣克卢，我将奉还他的演说词。顺致崇高的敬意和热烈的问候。

达吕

我去了圣克卢。达吕先生把演说稿还给了我。波拿巴盛怒之下，拿起铅笔，时有涂改，还用括号圈起来：处处留下狮爪的深痕。我认为自己身上也被狮子抓过，竟生出某种刺激的快感。达吕先生并不隐瞒拿破仑发火的情形。他告诉我，结尾虽可以保留，但仍有几句话要改；至于其余部分则全部要改。如果做到这点，学士院将以热烈的掌声接纳我。有人在宫里抄了我的演说词，删去几段，又插进去几段。不久，外省就印出了被修改过的演说稿。

这一篇演说词最能表明我的观点独立和原则坚定。絮阿尔先生不抱偏见，做人很讲原则。他说，要是我在学士院大会上宣读了演说词，大厅的穹顶都会被雷鸣般的掌声震塌。的确，在奴性十足的帝国时期，竟有人如此热烈地歌颂自由，人们想象得到吗？

我怀着宗教的虔诚，将经过修改的稿子，保留了下来。可是不幸在离开玛丽-泰雷兹诊所时，那份手稿和一大堆文稿被火烧了。然而这部回忆录的读者还不致与它无缘，因为我在学士院的一个同事曾好心抄了一份。现转录如下：

  弥尔顿出版《失乐园》的时候，大不列颠三个王国中没有一人予以赞扬。这部作品虽说错误不少，却仍不失为人类思想最壮美的丰碑之一。这位英国的荷马死去的时候已被人遗忘，他的同时代人把这位伊甸园的歌手不朽的任务留给了后人。这是否是文坛上一件极不公正的事情呢？这种事情，几乎每个世纪都可以举出一些。不过，诸位先生，这算不上文坛的不公。因为英国人那时刚刚摆脱了内战，似乎还没有打定主意来纪念一位在不幸年代以激进的宗教观点引人注目的人。英国人说,要是我们对一位充其量只可能要求我们做出慷慨宽恕的人大表敬意,那我们在为拯救祖国而捐躯的公民坟头又能做些什么呢?后人对弥尔顿自会有公正的评价,但我们,我们应该给子孙们上一课,应该用我们的沉默告诉他们,才华一旦与偏见结合,就成了有害的天赋;与其利用祖国的危难来出名,还不如强迫自己默默无闻。

诸位先生,我是仿效这位永垂青史的榜样,还是给你们谈论谢尼埃先生其人与其作品呢?为了使你们的习惯与我的看法达成一致,我以为应该持一种公正的折中态度,既不完全沉默,也不做深入剖析。不过,不管我会说出什么话来,我都不会在其中夹带丝毫怨恨。如果你们发现我像我的老乡杜克洛①那样坦率,那我也希望你们会感到我和他一样正直。

大概,看到一个处于我这种地位,怀有我的原则和政治信念的人,来对今天由我占据其位的人发表议论是一件稀奇事。不过,若是能考察革命对文学发生了什么影响,指出社会制度怎样诱使才子犯错误,使他误入歧途,看上去是引他成名成家,其实只是使他被人遗忘,倒不失为一件有趣的事情。弥尔顿尽管在政治上迷失了方向,但还是留下了一些得到后人赞赏的作品,之所以能做到这一点,是因为他虽然没有摆脱自己的谬误,却摆脱了一个抛弃他的社会,在宗教中找到了减轻痛苦的良方,赢得光荣的办法。他既然得不到天的光明,就给自己创造了一个新地球,一个新太阳,可以说走出了一个满目所及只见灾祸和罪行的世界。他把雅各和拉结②帐篷里充满的那种原始的纯真、圣洁的幸福置放在伊甸园的摇篮之中,而把曾和他一起疯狂的那些人的烦恼、偏见和内

---

① 杜克洛(Duclos,一七〇四——七七二),法国伦理学家、历史学家,出生于迪南。
② 雅各和拉结,《圣经》中的一对夫妻。生活俭朴、和美、幸福。

疚置放于地狱之中。

不幸的是，尽管人们从谢尼埃的作品中发现了一种引人注目的才华的萌芽，但它们却并不是因为那种古代的简朴和那种崇高的庄严而闪耀光辉的。作者是由于完美的古典精神而显声扬名的。谁也没有他那样熟悉古今文学的原则：戏剧、演说词、历史、批评、讽刺诗，种种体裁他都有所涉足。但是他的作品是在灾难的日子诞生的，打上了那种岁月的烙印。它们常常是为党性派性所驱使而写出来的，也就为乱党所欢迎。在我前任的作品中，我应该把已经被视为我们的祸根和也许仍将是我们的光荣的东西分开来谈吗？文学的利益和社会的利益在这里混在一起了。我既然不可能忘记一方面来专谈另一方面，那么，诸位先生，我就只能沉默，不然就得讨论一些政治问题。

有一些人希望把文学改变为一种抽象的东西，希望把它与人类的种种事情隔离开来。这些人会问我：为什么要保持沉默？诸位先生，请你们只从文学方面来看待谢尼埃先生的作品。这就是说，我不得不滥用你的和我自己的耐心来重复人们到处都可听到的陈词滥调。对那些陈词滥调，你们比我更加熟悉。在古代，在不同的风习下，前贤们过着长久延续下来的平安日子，可以致力于一些纯粹经院式的辩论。这些辩论表明了他们的幸福，更证明了他们的才华。可是我们，劫后余生的倒霉鬼，我们不再有那些必不可少的条件，也就无法领略一种如此完美的安宁。我们的思想与精神都有截然不同的经历。在我们身上，常人的身份取代了院士的身份。把那些无关紧要的东西从文学中抽走之后，我们就只能通过鲜明的记忆和身处逆境的种种经历来看待它。什么？！在经历了一场数年之间使我们尝遍了许多世纪的辛酸苦辣的浩劫之后，竟还有人禁止作家做高屋建瓴的观察！禁止作家从事物严肃的一面进行审视！从语法上挑些毛病，提出几条风格上的规则，写出几句小里小器的文学格言，这些都是无聊的毫无价值的事情。作家会躺在摇篮里，包在襁褓中老去！他晚年的额头上显不出由长久的劳作，庄严的思想，常常是男性的痛苦加上人的威严所刻画的皱纹！操什么心事使他的头发变白？只不过是自尊心可怜的苦恼和幼稚的精神游戏罢了。

诚然，诸位先生，真要这么说，那就是极为蔑视我们！对我来说，我不可能这样返老还童，也无法在年富力强之时退回到童年状态。我也不能把自己封闭在人家给作家画出的狭小圈子里。举例来说吧，诸位先生，如果我愿意对主持这次会议的文人兼宫中大臣①做一番颂扬，你们认为我会满足于颂扬他身上那种轻松潇洒的法兰西精神？他从他母亲那里继承了这种精神。在我们当中，他提供了这种精神的最完美的榜样。毫无疑问，我还要充分颂扬他美好的姓氏。我要举出德·布夫莱公爵，他让奥地利人解除了对热那亚的封锁。我还要谈到他父亲德·布夫莱元帅，那位军区司令打退了敌人的进攻，保卫了里尔城，用可歌可泣的战功慰藉了一位伟大君主不幸的晚年②。德·曼特农夫人评论蒂雷纳元帅这位战友时说："在他身上，心是最后死的。"最后，我要提到路易·德·布夫莱③。他的浑名叫"强壮汉"，在战斗中表现出了海格立斯④的勇武和力量。这样一来，我就在这个家族的两极发现了勇武与优雅，发现了征战的骑士与抒情的诗人。有人希望法国人是赫克托尔⑤的后人，我却更认为法国人是阿喀琉斯⑥的子孙，因为他们也像那位英雄一样，一手挥剑，一手抚琴。

---

① 指睿智的德·布夫莱伯爵，时年七十四岁。
② 里尔保卫战发生于一七〇八年，其时路易十四已是风烛之年。
③ 路易·德·布夫莱（Louis de Boufflers，一五三四——五五二），法国贵族、军人，死时年仅十八岁。
④ 海格立斯（Hercule），希腊神话中的大力士。
⑤ 赫克托尔（Hector），希腊神话中的英雄，在特洛伊战争中作战勇猛，后被阿喀琉斯刺死。
⑥ 阿喀琉斯（Achilles），希腊神话中的英雄。

诸位先生,假如我希望跟你们谈谈那个以美妙声音歌唱大自然的著名诗人①,你们会认为我只限于让你们注意一种善于以同样的功力表现维吉尔那种匀称的美和弥尔顿那种不规则的美的才华,对吗?不对:我还要向你们指出这位诗人不愿与不幸的同胞分离,怀抱竖琴跟随他们流亡海外他乡,通过吟唱他们的痛苦来安慰他们。在我所属的那群流亡者中间,他是闻名遐迩的一个。确实,他的年纪,衰弱的身体,才华和光荣都不能使他在自己的祖国免遭迫害。有人想叫他写一些给他的诗才抹黑的诗歌,以换取平安。可他的诗才只能吟诵:罪恶遗臭万年,美德流芳千古:"放心吧,你们将永远被人铭记。"②

最后,诸位先生,如果我希望跟你们提到一位我十分敬爱的朋友,照西塞罗③的说法,一位助你更加成功,帮你化解不幸的益友④,那我就要夸赞他情趣高雅纯粹,散文写得优雅精致,诗歌写得和谐、有力、完美。它们虽然仿照了一些名篇巨作,却因有自己的独特风格而出类拔萃。我要赞颂这位超卓的才子,他从不知嫉妒是什么滋味,不论谁获得成功,他都为之高兴;十年来,我每取得一点成绩,他都感到快乐,那种纯真的发自心底的快乐,只有最高尚的品格、最深厚的友谊才感受得到。不过我却不应忽略我的朋友在政治上的丰功伟绩。他是国家最高机构之一的主席,他所发表的演说,篇篇都是温文尔雅的杰作。他牺牲了自己与缪斯女神的温情交往,转而忙于一些行政事务,倘若不是怀着培养子孙后代将来循着父辈的光荣足迹前进,避免我们谬误的希望,那么这些事务大概是不会有什么趣味可言的。

---

① 指法国诗人德利尔(Delille,一七三八——一八一三)。
② 德利尔一七九四年奉罗伯斯庇尔之命写了这首《酒神颂》。他于一七九五年流亡英国。
③ 西塞罗(Cicéron,公元前一〇六—前四三)古罗马政治家、演说家。
④ 指封塔纳,法国文学家、诗人,曾任拿破仑宫廷的国民教育大臣、立法机构主席。

在谈到出席这次会议的诸位杰出人物时，我忍不住要从精神和社会两个方面来评价。你们中的这一位[1]是以敏锐、高尚、达观的思想，以今日少有的文雅，尤其是以坚持自己的温和见解这种最可贵的节操而被人敬重。另一位[2]虽然年事已高，却恢复了青春活力，朝气蓬勃地为不幸者的官司进行辩护。这一位是博雅的历史学家，讨人喜欢的诗人[3]，他对一位父亲和一个儿子为祖国效力而伤残的回忆，赢得了我们更大的敬重与爱戴。那一位[4]通过让聋人恢复听力，哑巴开口说话，让我们想到他所献身的福音信仰带来的奇迹。先生们，在你们当中，难道没有你们昔日光辉业绩的见证人？他可以给德·阿格索大法官的孝子贤孙讲述他祖先的姓氏在本院大会如何受欢迎的情景。接下来我要提到缪斯九姊妹格外垂青的门生。我发现《俄狄甫斯》的可敬作者[5]退隐乡间，索福克勒斯在雅典附近的柯洛纳小村子忘记了把他召回雅典的光荣。梅尔波麦娜[6]的其他儿子，使我们对父辈所受的苦难格外关心的人，该得到我们多大的敬爱啊！

所有法国人预感到亨利四世的逝世[7]，他们的心再一次受到震撼。那些勇敢的骑士被历史可耻地遗忘，悲剧女神恢复了他们的光荣，并且通过我们一位现代欧里庇德斯[8]之手，高贵地替他们做了报复。

---

[1] 学士院院士絮拉特（Suard）。
[2] 指莫尔莱神父，他曾为恐怖时期的受害人提出申诉。
[3] 指德·塞居尔伯爵（Comte de Ségur）。其父与其子都在为法国效力的征战中受伤。
[4] 指西卡尔（Sicard）神父。
[5] 指法国戏剧家杜希（Ducis），他退隐巴黎郊外的凡尔赛生活。作者把他比作古希腊大戏剧家索福克勒斯。
[6] 缪斯九姊妹之一。
[7] 法兰西学士院院士加布里埃尔·勒古韦写了一出悲剧《亨利四世之死》。
[8] 欧里庇德斯（Euripides，公元前四八〇—前四〇六），古希腊悲剧作家。作者在此比喻法国剧作家莱鲁亚尔，剧本《圣殿骑士团》的作者。

接下来，在评价阿那克里翁①的继承人时，我要特别提到那位可爱的人②，他也像那位底奥斯老头，写的爱情歌在被人传诵了七十五年之后，仍然深受欢迎。诸位先生，我将去那些波翻浪涌的海洋追寻你们的功名。从前，是巨人阿达玛斯托尔看守它们。它们一听到埃莱奥诺尔和维吉妮③的芳名，就变得风平浪静。"Tibi rident aequora."④

咳！我们中间有太多的天才四处漂泊，远走他乡！诗不是用和谐的语句歌唱过海神的艺术，把它带往遥远海岸的如此不幸的艺术吗⑤？还有，法兰西的辩才在为国家和祭坛辩护之后，不是把圣昂布卢阿兹的祖国当作发源地，退去那儿隐居吗⑥？难道我不能把本次大会的全部成员都放在一幅画上来描绘一番吗？这幅画色彩艳丽，用不着靠阿谀奉承来增辉。因为，嫉妒虽然有时确实使文人的可敬品质黯然失色，但是这类人以高尚的情感，无私的美德，和对压迫的仇恨，对友谊的忠诚，对不幸者的一贯同情而显声扬名却更是事实。诸位先生，我喜欢把一个主题从各方面来考察，尤其喜欢把文学用于伦理道德、哲学和历史的最高题材，使它变得严肃，其原因就在于此。由于具有这种思想的独立性，有些作品我就只好不提，因为考察这些作品不可能不刺激情绪。如果我评论悲剧《查理九世》，我能忍住不去报复洛林红衣主教的记忆吗？能克制自己不去对这门不可理解的给君王准备的功课提出异议吗？凯厄斯、格

---

① 阿那克里翁（Anacréon），公元前六世纪古希腊抒情诗人，出生于小亚细亚的底奥斯，故下文的底奥斯老头亦是指他。
② 指法国情歌作者洛容。
③ 分别指法国诗人帕尔尼和小说家贝尔纳丹·德·圣-皮埃尔。这是他们作品中女主人公的名字。
④ 古罗马诗人卢克莱修的诗句："平静的大海向你微笑。"
⑤ 指法国诗人埃斯梅纳尔，他写过一首诗《远航》。
⑥ 指红衣主教莫利，他本已退隐意大利，但拿破仑又把他任命为巴黎大主教。

拉库斯、卡拉斯、亨利八世[①]，弗奈隆都在好些地方篡改了历史，以支持同样的学说。我读过讽刺作品，发现本次会议一些最重要的人在其中受了嘲讽，然而这些作品风格纯净，笔调优雅，文字浅易，令人愉快地想到伏尔泰的流派。尤其是我的名字也不能躲开作者的嘲弄，就更乐意为它们说上几句好话。不过，对于一些有可能引来严厉指责的作品，我们就按下不提吧。有一个作家是你们的同事，你们当中有些人是他的朋友，他的仰慕者，我也就不来搅乱你们对他的悼念了。我希望他在九泉之下得到安宁。这种安宁，他是靠人们对他的信仰才得到的，尽管在他看来，在那些维护这种信仰的人的作品里，这种信仰是那么微不足道。不过，诸位先生，在此碰到一个暗礁，我岂不是相当不幸？因为在把所有死者都应得到的敬意给谢尼埃先生献上的同时，我担心碰上一些更为出名的亡灵。倘若一些不大宽容的解释要把我这种不由自主产生的不安说成是罪过，那我就情愿躲在一个强大帝王在历代被侮辱的王朝尸骸上建起的赎罪坛脚下避难。啊！对谢尼埃先生来说，要是他没有参与群众动乱，他会更加幸福！

因为动乱的不幸后果最后还是落到了他头上。他和我一样，知道在风暴中失去一个至爱兄弟是什么滋味。要是天主在同一天把我们不幸的兄弟召到他的审判庭，我们的兄弟会说什么？要是他们在最后的时刻，在把血流到一起之前相遇，没准会向我们大喊："停止你们的内战，找回友爱与和平的意识。每一方都受到死亡的打击。无情的分裂会叫你们付出青春与生命的代价。"这也许就是他们出于手足之情的呐喊。

现在这些话只能安慰我的前任的亡魂了。要是他能够听到这些话，一定会感受到我在此对他兄弟所表达的敬意。因为他本是个豪爽的人，甚至就是这种豪爽的性格把他拖进了革新运动。想必革新运动很是诱惑

[①] 凯厄斯（Caius，一五一〇——一五七三），英国人文主义者、内科医生。格拉库斯、卡拉斯不详。亨利八世（Henri Ⅷ，一四九一——一五四七），英国国王。

人，因为它答应把法布里齐乌斯①的美德还给我们。可是他不久就失望了，情绪变坏，才华变得反常。他被运动的潮流裹挟，从诗人的孤独来到乱党贼众中心，怎么可能沉湎在那些使生活变得有趣的情感之中？他本是在希腊的天空下面出生的，要是他只见过希腊的天空，要是他只察看过斯巴达和雅典城邦的废墟，那该多幸运呀！我说不定会在他母亲②的美丽祖国与他相遇，我们也许会在佩尔默斯③海边发誓订交；或者，既然他注定要回到父亲的家园，何不让他跟随我去风暴把我抛进的荒漠呢？森林的静穆将会安抚这个骚动的灵魂，荒野的茅棚也许会使他对皇家的宫廷生出友善之情。可这都是毫无意义的愿望！谢尼埃先生始终在观看我们的骚乱、我们的痛苦。先生们，他年纪还轻，就患上了不治之症，你们眼见他缓缓走向坟墓，最后永离人世……他临终的情况，没人对我说过。

我们这些经历过动乱纷争的人，都逃脱不了历史的注视。在一个疯狂的年代，人人都多少失去理智的年代，谁又能自诩为出污泥而不染呢？因此，我们要对别人宽容，有些事我们虽不赞成，却也要原谅宽宥。有时才华、天才甚至美德也可能跨过责任的界限，这本是人类的弱点。谢尼埃先生热爱自由，我们可以说他这是罪过吗？就是那些骑士本人，要是他们能走出坟墓，也会追随我们时代的光明的。要是那样，我们就会看到荣誉和自由那种完美的结合得以形成，就像瓦卢瓦家族④统治时期，那些哥特式的齿形装饰在我们的宏伟建筑上无限优雅地环罩在希腊柱形顶端一样。自由难道不是最贵重的财富，不是人的第一需要？

---

① 法布里齐乌斯（Fabricius，公元前三世纪），罗马政治家，以廉洁正直著称。卢梭十分推崇他，称他为"罗马老人"。普鲁塔克的《名人传》记叙了他的一生。
② 谢尼埃的母亲出生在君士坦丁堡，是拉丁人，受的是希腊文化的教育。
③ 原文为 Permesse，查不到在哪个地域，通译为什么名字，姑用音译。
④ 瓦卢瓦家族，法国卡佩王朝的一支，一三二八——五八九年统治法国。

它使天才热情奔放,使心灵得到升华。对于缪斯的朋友,它像他呼吸的空气一样不可缺少。艺术在一定程度上可以依附他人而生存,因为它们使用的是一种单独的语言,并不为群众所理解。而文学则不同,它用的是通用语言,若是戴上了脚镣手铐,就会衰弱,就会死亡。若是在写作时,必须禁止自己表达高尚的感情,表达强烈而伟大的思想,那又怎么写得出不辜负未来的篇章?自由乃科学与文学之友,这本是如此自然的事情。当自由被人从人民中间驱走时,它就躲到科学与文学身边避难。先生们,自由委托我们替它撰写编年史,替它向敌人报仇,把它的名字与对它的崇拜传给后人,传到千秋万代。为了使人们不致误会我所表达的思想,我谨声明,我在此谈论的自由,是来自秩序和产生法律的自由,而不是源于放纵招来奴役的自由。《查理九世》作者的过错并不在于向那些神祇中的随便哪个奉上了乳香,而是在于认为它赋予我们的权利是与一个君主立宪政府水火不容的。一个法国人把这种自主表述在他的看法之中,而别的民族则把它写进了法律。自由在他看来只是一种观念,而不是一种原则。从本能上说他是公民,而他选择的却是臣民。即使你们哀悼的作家做了这种思考,他对于破坏性的自由与建设性的自由也不是怀着同样的热爱之情。

先生们,学士院的惯例交给我的任务,我已经完成了。在即将结束这场演说的时候,我忽然冒出一个想法,不觉悲从中来:不久之前,谢尼埃先生对我的作品做出了判决,正准备发表,而今日,却是我在这儿评判我的判官。我要十分真诚地说,我仍然宁愿遭受一个敌人的嘲讽,宁愿安安静静地生活在孤独之中,也不愿以我的到场提请你们注意,人在尘世的生死接替是何其迅速,死亡的出现是何其突然,它推翻我们的计划,打消我们的希望,骤然把我们带走,有时把对我们的回忆留给与我们的观念原则完全相反的人。从某种意义上说,这个讲台就是战场,才子们轮番登台,在这里大出风头,也在这里告别人世。这个讲台曾见过多少天才走过！高乃依、拉辛、布瓦洛、拉布吕耶尔、波舒哀、费奈隆、伏尔泰、布封、孟德斯鸠……先生们，想到自己将成为这条名人谱系链上的一环，谁又不害怕呢？我被这些不朽的名字压得喘不过气来。况且凭我的才华，我也不认为自己有资格成为他们的继承人。不过我至少会努力以我的感情证明，我是他们的后来人。

将来，轮到我让位给应该替我致悼词的人时，他可以苛严地对待我的作品。但有一句话他是不能不说的，这就是我怀着满腔激情热爱祖国；我宁肯自己吃千般苦，也不愿让祖国流一滴泪；我坚定不移地把生命的每一天奉献给这种高贵的情感。只有它使我们活得伟大，死得光荣。

可是先生们，我选择这样的时刻来谈论死亡葬礼是多么不合时宜！我们周围不是充满了欢乐吗？作为一个孤独的旅人，我在那些覆亡的帝国废墟上做过多日沉思：我发现一个新帝国在崛起。我刚刚离开安息着已逝民族的陵墓，又看到一只满载着未来命运的摇篮[1]。从四面八方传来士兵的欢呼。恺撒登上了卡皮托利山[2]，老百姓到处传诵奇迹，宏伟的高楼大厦一座座建起来了，祖国的边境线一直推进到了遥远的海边。那可是日耳曼尼库斯[3]都没见过的远海哟！那里浮载着西庇阿[4]的巨舰。

当胜利者接受凯旋式的欢迎，由他的军团簇拥着前进的时候，缪斯那些沉着安静的子孙将干什么呢？他们将迎着战车走去，以便把和平的橄榄枝和胜利的棕榈叶插在一起，以便向胜利者展现神圣的队伍，以便

---

[1] 拿破仑之子生于一八一一年三月二十日。
[2] 罗马山名，建有朱庇特神殿。此句喻拿破仑登上了政治巅峰。
[3] 日耳曼尼库斯（公元前十五—公元十九），古罗马名将，维护和扩大帝国疆土的功臣。日耳曼便是因其得名。
[4] 西庇阿，古罗马大家族，族内先后有多人率军出征非洲。

给战争故事加上让保罗-艾米尔看到佩尔修斯①的不幸潸然落泪的感人画面。

您,恺撒们的女儿②,抱着您年幼的儿子,走出宫殿,来给伟大增加一点妩媚,来使胜利生出几分怜悯,来用您王后兼母亲的带着威严的温柔,减弱武器的寒光。

在退还给我的演说稿上,开头部分提到弥尔顿的地方,都被波拿巴亲手画去了。我反对把文学孤立起来的部分也同样留下了铅笔画去的印痕。对德利尔神父的颂扬被括起来了,因为它使人想起了流亡贵族,想起了诗人对王室的灾难,对流亡难友的痛苦始终不变的同情。对德·封塔纳先生的颂扬被打上了叉。几乎所有提到德·谢尼埃先生,他和我的兄弟,以及在圣德尼建造的赎罪坛的地方,都被一笔勾销。以"德·谢尼埃先生热爱自由……"开头的那一段,被打上了两条直杠。不过后来帝国官员在发表这篇演说词时,还是相当合适地保留了这一段。

人家把这份演说稿退给我以后,事情并没有了结。他们想迫使我重写一份。我表示就用这一份,绝不重写。于是委员会宣称,我如果不改写,就不会被学士院接纳。

有一些十分美丽、热心,有胆有识的人对我很是关心,尽管我并不认识她们。我一八〇〇年回国时,是兰得赛夫人从加莱把我接到巴黎的,这一次她把我的情况告诉了盖夫人,盖夫人又把它告诉了莱约尔·德·圣-让-堂热利夫人。后者便请求德·罗维戈公爵放我一马。当代妇女把她们的美丽插在权势与厄运之间以作调停。

由于研究院要颁发十年大奖,我进学士院这件事就拖了下去,直到一八一二年才得到解决。波拿巴虽然迫害我,在审查获奖作品的时候,

----

① 保罗-艾米尔(Paul-Emile,生卒年月不详),古罗马大将,公元前一六九年,大败马其顿国王佩尔修斯(公元前二一二一前一六五)。
② 指拿破仑的妻子玛丽·路易丝皇后。

659

却也问及学士院为何《基督教真谛》榜上无名。学士院说明了原因：我的许多同事写的评审意见对我的作品不利。有一个希腊诗人对一只鸟说："雅典的女儿啊，你是用蜂蜜喂大的，你的歌唱得如此曼妙，可是你带走了一只蝉，一个和你一样好的歌手，要用她去喂你的雏儿。你和蝉都长着翅膀，都在这里居住，都庆贺春天的来临，你就不能还她以自由吗？一个歌手死于同类之喙，这件事儿可不道义。"我真应该把这段话说给我那些同事听听。

十年大奖——《革命论》《纳切兹人》

波拿巴对我又恼恨，又有好感，这种状况是经常的、奇怪的。不久前他还在威胁我，可突然一下他又质问研究院，在评审十年大奖时，为什么没有提我。他甚至向封塔纳表示，既然研究院认为我没有资格去竞争这项大奖，他就给我一个奖，他将任命我当法兰西全部图书馆的总管：这是个享受一级使馆薪俸供给的肥缺。波拿巴最初的想法是把我安排在外交界使用，但他又认为这不合适。出于他很清楚的原因，他对于我辞去外交部的职务一直不肯谅解。尽管他有这种慷慨的打算，他的警察总监不久之后还是请我离开巴黎，于是我去了迪耶普继续写回忆录。

波拿巴屈尊降贵，演起了爱戏弄人的小学生角色。他翻出《革命论》，为在这个题目上给我招来攻击感到快乐。有一个叫达马兹·德·莱蒙的先生出来为我辩护。我去维维安街向他致谢。他家的壁炉上摆着一些小玩意，还放着一个骷髅。不久，他与人决斗送了命，他那可爱的面孔就与似乎频频相召的可怕头骨会合去了。当时大家都来硬的：一个暗探奉命去逮捕乔治①，脑袋上挨了他一颗子弹。

为了打退我的强大对手发动的这场恶意攻击，我去找那位德·波默勒尔先生。我第一次到巴黎时曾向你们提到他：他当上了印刷出版行的总管。我请求他允许我把《革命论》全文重印一次。在一八二六版我的全集第二卷《革命论》的序言里，大家可以读到我关于这件事的通信及其结果。此外，帝国政府也有充足的理由拒绝我全文重印此书的申请。无论从论述自由还是从论述合法君主制度的言论来看，《革命论》都不是在专制政府与篡位者统治时期能够出版的书籍。警察装出不偏不倚的样子，让人说了我一些好话，可是在禁止我做唯一能为自己辩护的事情时，他们笑了。路易十八回国以后，有人又翻出了《革命论》。在帝国时期，人家利用这本书，从政治方面攻击我，而在复辟时期，人家则是从宗教方面来反对我。在新版《历史论著》的注释中，我对自己的错误做了全面的检讨，以致再也没有可以自责的地方了。这事还是留待后人去评说吧。假如这些陈旧的东西还能吸引他们的话，他们是会对论著和注释发表看法的。我敢于希望他们会像我这头斑斑白发一样来评价《革命论》，因为随着年岁增长，接近未来，人也接受了未来的公正态度。这本书和注释把我人生之初和晚年是什么样子，都如实地展现在人们面前。

此外，我毫不留情地谈论的这部著作，对我作为诗人、伦理学家和未来政治家的一生做了一个简略的概括。工作精力充沛，观点大胆至极。人们不能不承认，我虽步过不同的道路，却从没有受过偏见的支配，从没有盲目地从事任何事业，也从没有受过任何利益的驱使；我所做的决定都是出自内心，从没有受过别人指使。

在《革命论》里，我在政治与宗教上是完全自主的。我把一切都做

---

① 即卡都达尔（Cadoudal），曾策划二次反波拿巴的行动，一八〇四年被处决。

了审查：作为共和派，我却为君主政体效力；作为哲学家，我却向宗教表示敬意。这并不矛盾，而是人类实践的可靠性与理论的不可靠性所带来必然的后果。我的思想生来是什么都不相信的，甚至连我本人也不相信，是什么都瞧不起的，不管是伟大还是贫贱，是国王还是民众，都被一种理性的本能所支配。这种本能让它服从公认的美好事物，如宗教、正义、人道、平等、自由、光荣。今日人们对未来的梦想，眼下这代人认为自己发现的、建立在与旧社会截然不同的原则基础上的未来社会的东西，在《革命论》中早就得到了肯定的预告。一些人称自己宣告了一个陌生世界的来临，而我比他们早了三十年。我的行动属于旧的世界，我的思想却进了新的国度。前者由我的责任所规定，后者则是由我的本性所驱使。

《革命论》不是一部蔑视宗教的著作，而是一部充满疑惑和痛苦的著作。这点我早已说过。

尽管如此，我还是应该把自己的错误，看得严重一些，应该用合乎事理的观念来弥补我的著作中那么多带有偏见的观念。在我开始写作生涯的时候，我生怕伤害年轻人。对年轻人我是有要修正弥补的地方，至少我应该给他们一些别的忠告。但愿年轻人知道人们可以成功地与一种被搅乱的自然进行斗争。道德的美，神圣的美虽然比尘世的一切梦想都要高级，我却见到过，只要有几分勇气，我就可以达到它，持有它。

为了结束我关于自己的文学生涯的评价，我应该谈谈我的处女作。这部作品我一直没有拿出去发表，恐怕在收进我的全集之前它仍会是手稿。

《纳切兹人》开篇的序言叙述了在德·图依齐先生的关心和热情寻找下，作品在英国失而复得的经历。

我从这部手稿中抽出了《阿达拉》《勒内》两部作品以及穿插在《基督教真谛》中的许多描写。这样一部手稿绝不会是一部枯燥乏味的东西。

这第一部手稿是一气呵成的，并没有分开几部分来写。所有的主题都混在一起：游记、自然史、戏剧性的部分等。不过在这部一气呵成的手稿旁边，还有另一种分成篇章的部分。在这第二部分中，我不仅在题材上做了分别，在写作体裁上也做了改变，把它们从长篇小说改为史诗。

一个年轻人把思想、创意、所做的研究和阅读的材料乱七八糟地堆在一块，难免不拼凑出一个大杂烩，但是在这个大杂烩之中也确实显现了年轻力壮所具有的创造力。

我的情况也许别的作者都没遇到过，这就是事隔三十年后，重读连自己都完全忘记了的一部手稿。

我有一个风险要承担。在把画笔重新刷过画面时，我有可能把它弄得黯然失色。一只更稳重但也更呆板的手在抹去一些不准确的线条时，也会有抹掉年轻时最强烈的色块的危险：在创作中应该保留独立自主，也可以说保留自己的激情。应该允许年轻战马的嚼子上流点口沫。就算《纳切兹人》中有一些东西，今日让我来写，我会颤抖地把它们冒险写出来，但也有一些东西我是不愿再写的，尤其是第二篇章中勒内那封书信。它出自我最初的手法，并且再现了《勒内》整部作品。我不知道为了更靠近疯狂，在我之后写出来的种种《勒内》会说些什么。

《纳切兹人》通过一种祈求，朝荒野和夜的星辰——我年轻时最高级的神灵倾吐心声：

> 在美洲森林的阴影里，我想唱一些孤独的曲子，一些凡夫俗子尚未听见的曲子。啊，纳切兹人，我想叙说你们的苦难！啊！路易斯安那州的民族，如今只留下回忆的民族！不幸的默默无闻的林中居民，他们难道不如别的人那样有权让我们掬一捧热泪？而我们圣殿中君王的陵墓，未必比故乡橡树下印第安人的坟茔更打动人心？
>
> 而你啊，沉思的烛台，夜的星辰，你对于我就是希腊品都斯山

663

脉的星星！在我的脚步前面走吧，穿过新世界的陌生地区，让我借你的光，发现这些荒原迷人的秘密！

我的两个自然界在这部奇异的作品里，尤其在早期的手稿里交混在一起。人们会在其中发现一些政治事件和传奇情节，不过透过叙述，人们到处都听得见一个歌唱的声音，一个仿佛来自陌生世界的声音。

我的文学生涯的终结

从一八一二年到一八一四年，只有两个年头帝国就覆亡了。这两年发生的事情，人们预先就看出了一些眉目。我在这两年做了一些有关法兰西的研究，写了这部回忆录中的一些篇章。但我什么也没有付印。我发表了《基督教真谛》《殉道者》和《纪行》三部大部头作品以后，我的诗歌和学术生涯就真正完结了。我的政论写作开始于复辟时期。与这些作品同时开始的，还有我的政治活动家生涯。纯粹意义上的文学生涯到此结束了。我被时光的波涛所裹挟，把文学遗忘了。仅仅是在今年一八三一年，我才记起了置诸脑后的一八〇〇至一八一四年间的事情。

这段文学生涯，您可以确信无疑，丝毫不比我的旅行生涯和行伍生涯顺利。一样也有艰苦的劳作，也有战斗，也有沙场喋血。并非人人都是缪斯，处处都有卡斯塔利亚泉源[1]。我的政治生涯更是充满了狂风暴雨，更加动荡不安。

---

[1] 帕尔纳斯山脚的泉源，缪斯们经常光顾，能给诗人以灵感。

也许有一些残屑碎片标出了我的雅典学园①所在的地点。《基督教真谛》开始了反对十八世纪哲学的宗教革命。我同时也准备了这场威胁我们语言的革命，因为风格上没有创新，思想上也就不可能出新。在我之后会不会出现目前尚未为人所知的艺术形式？我们能否从目前的研究出发向前发展，正如我们从过去的研究出发向前迈步一样？有没有人不可能跨越的界限，因为人与事物的本质发生了碰撞？这些界限难道不是存在于现代语言的分裂、存在于这同一些语言的老朽，以及存在于新社会造就的人的虚荣之中？语言仅是在文明的运动完善之前才追寻它，到达语言自身的顶点之后，它们便暂时稳定下来，然后它们无力再往上攀登，便走上了下坡路。

现在，我要结束的叙述与先前不同日子写的我政治生涯的最初篇章结合起来了。回到我的大厦已经建成的部分，我觉得略微增添了几分勇气。当我重新开始工作时，我担心柯埃吕斯年老的儿子②会看见特洛亚城的建筑师手中的金砌刀变成了铅砌刀。不过我觉得，负责向我倾诉往事的记性还靠得住：在我的叙述中，你们深切感到冬天的寒冰了吗？我在讲述童年往事时，你们觉得我试图激活的黯淡尘封与我让你们看到的鲜活人物之间存在巨大差异吗？我的年岁就是我的秘书，当其中某一个年头即将逝去时，就把羽毛笔传给妹妹，于是我得以继续口授下去。由于她们是姐妹，她们写出来的东西也几乎完全一样。

---

① 柏拉图在其中讲学的花园。
② 柯埃吕斯为希腊神话中的天神。他年老的儿子似指克洛诺斯。此句意为：夏多布里昂开始写《回忆录》时，使的是阿波罗建造特洛伊城的金砌刀，但他担心自己变得与克洛诺斯一般老时，金砌刀会变成铅砌刀。